5TH PROCEEDINGS OF 2020

CHINA SHIELD ENGINEERING TECHNOLOGY ACADEMIC SYMPOSIUM

2020年第五届

中国盾构工程技术学术研讨会论文集

主　编：吴煊鹏　张金荣

副主编：桂轶雄　乔国刚　陈用伟

人民交通出版社股份有限公司

北　京

内 容 提 要

本论文集收录论文54篇,内容涉及盾构机设计与制造、盾构施工、盾构测量控制、盾构耗材生产等与盾构工程各领域有关的理论和实际问题。

本论文集可供从事盾构设计、施工、工程管理、教学、科研等相关工作的专业技术人员参考。

图书在版编目(CIP)数据

2020年第五届中国盾构工程技术学术研讨会论文集/吴煊鹏,张金荣主编. —北京:人民交通出版社股份有限公司,2020.10

ISBN 978-7-114-16883-3

Ⅰ.①2… Ⅱ.①吴… ②张… Ⅲ.①隧道施工—盾构法—学术会议—文集 Ⅳ.①U455.43-53

中国版本图书馆CIP数据核字(2020)第194285号

2020 Nian Diwujie Zhongguo Dungou Gongcheng Jishu Xueshu Yantaohui Lunwenji

书　　名:2020年第五届中国盾构工程技术学术研讨会论文集
著 作 者: 吴煊鹏　张金荣
责任编辑: 刘彩云　李　梦
责任校对: 孙国靖　宋佳时
责任印制: 刘高彤
出版发行: 人民交通出版社股份有限公司
地　　址: (100011)北京市朝阳区安定门外外馆斜街3号
网　　址: http://www.ccpcl.com.cn
销售电话: (010)59757973
总 经 销: 人民交通出版社股份有限公司发行部
经　　销: 各地新华书店
印　　刷: 北京市密东印刷有限公司
开　　本: 787×1092　1/16
印　　张: 25.75
字　　数: 650千
版　　次: 2020年10月　第1版
印　　次: 2020年10月　第1次印刷
书　　号: ISBN 978-7-114-16883-3
定　　价: 168.00元

编　委　会

前　言

2020年是我国全面建成小康社会和“十三五”规划收官之年，也是谋划“十四五”规划的关键之年。在这秋高气爽的美好时节，我们相聚在美丽的西子湖畔，共同迎来“2020第五届中国盾构工程技术学术研讨会暨复杂条件盾构施工技术国际论坛”。

在此，非常感谢北京盾构工程协会为我们搭建这么好的交流沟通平台，也很荣幸能与贵协会联合主办本次大会。大会邀请了来自政府、高校、建设、设计、施工、监理、制造、科研机构等单位代表与同行参会，组委会精心安排了国内知名专家做主旨演讲，组织了大量的盾构技术学术专题报告，将有助于先进技术交流和经验分享，引领我国盾构技术不断创新，为中国盾构工程技术发展增添浓重的一笔。

高水平建设“轨道上的杭州”是杭州展现“重要窗口”头雁风采的重要支撑。目前，杭州地铁已开通运营线路5条，运营总里程达206km，在建线路310km，在2022年杭州亚运会前杭州将形成12条线路、总里程516km的城市轨道交通骨干网络；杭州轨道交通四期规划上报工作也正在全力推进。地铁建设正在全面铺开，高峰时期有100余台盾构机同时掘进。建设环境也从起初的单一软土地层，到目前的沼气、孤石、溶洞、硬岩、承压水、砂卵石等诸多不良地层，还需大量穿越国铁、钱塘江、既有地铁线路等，这些复杂的建设条件促使各参建单位投入了大量的科研资源，开展了具有针对性的技术研究，确保了项目的顺利实施，同时也积累了丰富的科研成果和盾构工程实践经验。

杭州地铁有幸参与了本次论文集的编审工作，在国内同行和编委会全体成员的共同努力下，《2020年第五届中国盾构工程技术学术研讨会论文集》已编纂成册，共收录了50余篇高水平论文。论文内容丰富、案例精彩、技术先进，较好地反映了我国当前盾构工程技术创新水平。杭州地铁专篇部分收录了20余篇论文，涵盖了杭州地铁一期、二期、三期工程以来的设计、施工、监测、管理等方面的亮点和难点，希望能给兄弟城市及广大地铁建设者提供借鉴，也恳请对我们进行批评指正。

预祝2020年第五届中国盾构工程技术学术研讨会取得圆满成功！

杭州市地铁集团有限责任公司党委书记、董事长：

2020年10月

目　　录

超大直径复合式盾构施工技术的挑战和展望

竺维彬[1]　钟长平[2]

(1.中国岩石力学与工程学会　北京　100029;2.广州地铁集团有限公司　广东广州　510330)

摘　要:本文遵循"地质是基础、盾构是关键、人(技术和管理)是根本"的盾构工程技术决策理念,通过对超大直径盾构机在以三大典型岩类(花岗岩、灰岩、碎屑岩)为基础的复合地层中的勘察设计、盾构机选型及配置、施工过程中存在的风险进行分析并提出针对性对策,阐述了超大直径复合式盾构施工技术现状和挑战,并对其未来发展进行了展望,具有重要的引领作用和指导意义。

关键词:超大直径;复合式盾构机;花岗岩;灰岩;碎屑岩;挑战;展望

1　概述

进入21世纪,在经济和城镇化发达的国家和城市,地面的土地资源越来越紧缺,环保要求越来越高,规避大规模拆迁、改造,减少建设和运营期对周边居民的影响,既是投资和工期控制的需要,更是城市高质量发展的需求。因此,地下隧道尤其是大隧道的优势越来越明显。同时,随着复合地层盾构施工技术的日趋成熟及超大直径盾构穿越江、河、湖、海等的成功实践,超大直径复合式盾构工程前景广阔。

超大直径盾构隧道一般应用于公路或公路与轨道交通合建项目。早期,超大直径盾构机以直径10~12m级为主,可满足单层2车道需求。近十年来,基于交通需求量的大幅增长和盾构施工技术的进步,盾构机直径14m及以上是主流,以满足双层4、6车道或单层3车道需求。本文所述超大直径盾构机一般为直径14m以上盾构机。

国际上,1994年首次采用ϕ14.14m盾构机进行日本东京湾隧道施工;国内,2004年在上海上中路隧道引进荷兰绿色心脏ϕ14.87m盾构机进行施工。截至2020年8月,直径14m及以上的盾构隧道项目有59例(含在建项目),其中,国外有17例,国内有42例。

从发展历程上看,我国采用超大直径盾构机进行施工比国外整整晚了十年,但从2004年开始,我国奋起直追,发展迅速,目前我国采用超大直径盾构机施工的项目数量是国外的2倍多,其中多个项目采用国产盾构机。

就软土地层而言,长三角地区率先使用超大直径盾构机,施工技术日臻成熟,已赶上甚至超越国外的水平。对于复合地层,随着珠三角一体化进程的加快,特别是粤港澳大湾区构想的实施,超大直径盾构机的应用前景日趋广阔,以中铁十四局集团有限公司、上海隧道工程股份有限公司、中铁隧道局集团有限公司、中国交通建设股份有限公司为代表的盾构施工企业和以德国海瑞克公司、中铁工程装备集团有限公司、中国铁建重工集团股份有限公司、中交天和机械设备制造有限公司为代表的盾构制造企业各自发力,为超大直径盾构机在复合地层中的应用做出了贡献。随着武汉三阳路隧道和汕头海湾隧道的陆续贯通,以及深圳春风隧道的顺利推进,标志着我国超大直径盾构机在复合地层中的施工技术不逊于世界水平,国产超大直径复

作者简介:竺维彬(1962—),男,硕士研究生,教授级高级工程师,主要从事城市轨道交通施工与管理工作。电子邮箱:zhuweibin@gzmtr.com。

合式盾构机可与世界著名企业同台竞争。

同时,我们也应清醒地认识到,我国超大直径盾构机在复合地层中的应用喜中有忧,“忧”的是我国地质类型复杂,不可预见的风险多样,工程的安全、质量、工期、造价控制面临着严峻的挑战。

近十年来,国内厂家和承包商通过引进、消化、吸收德国海瑞克公司和布依格公司等的先进技术,成功研发和实践了多台超大直径复合式盾构机,集成技术与国外技术相当,但关键技术诸如刀盘主轴承、滚刀轴承及密封等与发达国家相比还有较大差距。施工方面,我国超大直径复合式盾构施工规范化、标准化、精细化尚需进一步加强。

笔者于2006年正式提出复合地层的概念,即在开挖断面范围内和开挖延伸三维方向上,由两种或两种以上不同地层组成,且这些地层的岩土力学性质、工程地质条件和水文地质条件等特征相差悬殊的组合地层。《全断面隧道掘进机 术语和商业规格》(GB/T 34354—2017)中,将复合式盾构机定义为适用于复合地层隧道施工的盾构机。

本文通过对超大直径复合式盾构机在以三大典型岩类(花岗岩、灰岩、碎屑岩)为基础的复合地层中的勘察设计、盾构机选型及配置、施工过程中存在的风险进行分析并提出针对性建议,阐述了超大直径复合式盾构施工技术现状和挑战,并对其未来的发展进行了展望。

2 花岗岩地层

花岗岩是酸性岩浆岩,主要矿物成分为石英和长石。花岗岩分布广泛,基岩多均质,强度高,完整性好,岩面起伏大。其风化地层中常存在孤石,即在深度风化的花岗岩地层中残留了微风化的坚硬的球状风化体,见图1。

图1 花岗岩地层中的球状风化体和盾构施工遭遇的孤石

(1)微风化花岗岩抗压强度高,普遍在90MPa以上,最高超过200MPa,岩土界面不平整,内部完整性好,盾构在微风化的花岗岩中施工,刀盘和刀具的磨损非常严重。

(2)对于花岗岩的全风化残积土,整状的岩体变为碎块,碎块变为细粒,部分矿物成分(如长石)被风化成黏土矿物,粉粒和黏粒的含量普遍超过40%。因此,盾构在这类地层中推进时,特别要防止在刀盘前和密封舱内结泥饼。

(3)超大直径盾构项目在花岗岩分布区域复合地层施工中常常遇到孤石和基岩凸入隧

道，经验表明，此类地层尽量对孤石和基岩凸起预先处理，避免对盾构掘进造成困难，目前较好的方法是采用地面钻孔微差挤压环保爆破法进行预先处理。

汕头海湾隧道、珠海马骝洲隧道、深圳春风隧道和香港屯门隧道盾构掘进均遇到花岗岩地层，下面分别进行介绍。

2.1 汕头苏埃通道

汕头苏埃通道盾构段东线长3047.5m、西线长3045.7m，采用2台气垫式泥水平衡盾构机(常压换刀刀盘)施工，其中东线为海瑞克盾构机，西线为中铁装备盾构机，刀盘开挖直径分别为15.01m和15.03m。汕头苏埃通道东西线均碰到孤石并在海底下遇到三段中、微风化花岗岩基岩凸入隧道，见图2、图3。

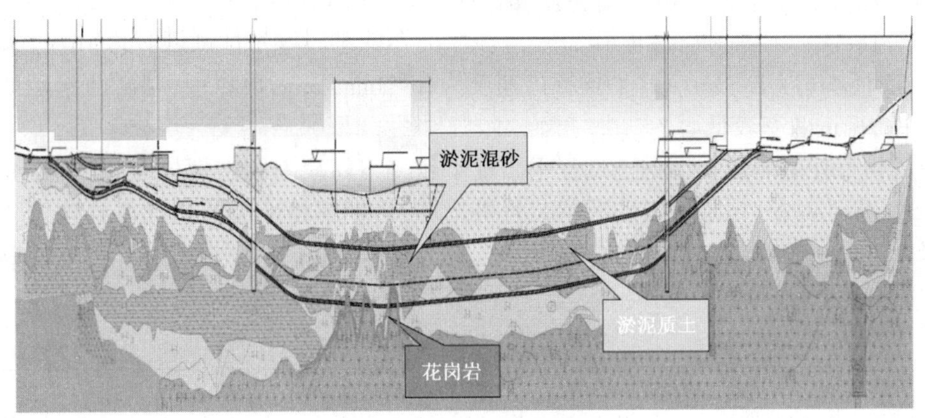

图2 汕头苏埃通道地质剖面图

孤石地层盾构施工的风险包括：①渣石滞排、泥水仓堵仓；②刀盘、刀具损坏；③带压进舱、开舱二次破碎、打捞孤石以及换刀存在很大风险。为了降低风险，设计阶段将平纵断面均进行了线路优化，尽可能地避开孤石或减少基岩凸入隧道的高度。

剩余两小段孤石位于始发试验段，一段在端头区，一段在回填区，孤石最大饱和抗压强度为110MPa。始发区孤石采用密钻孔的方法进行处理，效果不理想；回填区孤石采用钻孔爆破预处理，炮孔间排距均为0.8~1.2m，炸药单耗量为3.6kg/m^3，爆破后取芯长度为2~18cm，效果较好。

三段基岩凸起段(东线隧道)总长162m，岩石抗压强度大，最高达128MPa。基岩凸起部分岩面起伏大，侵入隧道断面高度达7.2m，隧道上部为淤泥质土，隧道断面上部极软、下部极硬，为典型的复合地层。盾构掘进过程中刀具会受到较大的冲击力，对刀具冲击及磨损很大，极易引起刀具异常损坏。

图3 汕头苏埃通道施工用盾构机

盾构机选用气垫式泥水平衡盾构机，配置常压换刀刀盘，避免采用混合气体饱和法进舱换刀作业，解决上软下硬凸起段及遇到孤石刀具可能大量异常损坏、高压换刀难度大、风险大、效率低的问题，见图4。

图4 刀盘辐条臂常压状态换刀

海域段基岩凸起盾构掘进管理的首要任务是保护好刀盘(无论速度多低),其次是保证开挖面稳定。因此采取的主要措施是:以低扭矩、低转速、低贯入度为控制原则,保障盾构刀具对下部基岩的有效破碎;过程中需加强泥浆环流,避免石块堆积于舱底造成滞排,以稳定气垫舱液位,更好地控制舱内压力波动,减少对地层的扰动。从高效破岩的角度来看,光面岩刀破岩效率高于镶齿盘形滚刀,刀盘转速采用1.0r/min比较合适。

东线基岩段累计掘进时长187d,实际掘进速度为0.65环/d(即1.33m/d),平均掘进速度为2~3mm/min,可以说,基岩凸起是被盾构慢慢“磨”掉的,掘进效率较低。

东线盾构机在基岩段初期掘进过程中出现了较多刀筒滚刀固定螺栓断裂的情况,通过加强螺栓预紧、穿孔对拉、增加滚刀防后退装置等措施,后期螺栓断裂的情况得到改善。西线盾构在基岩掘进的过程中,通过应用整体式刀座、加大螺栓直径、加多螺栓数量等方法,螺栓断裂的情况大大减少,见表1。

东西线滚刀刀筒螺栓对比表 表1

盾构机名称	刀具固定螺栓		刀筒固定螺栓		紧固扭矩(N·m)	刀筒形式
	型号(mm)	数量(颗)	型号(mm)	数量(颗)		
东线S1046盾构机	M16×90×10.9	8	M20×260×10.9	14	520	分体式
西线306号盾构机	M20×90×10.9	8	M27×275×10.9	16	1300	一体式

2.2 珠海马骝洲隧道

珠海马骝洲隧道工程全长2.834km,盾构段长约1.1km,采用一台ϕ14.93m再制造泥水平衡盾构机施工,见图5、图6。

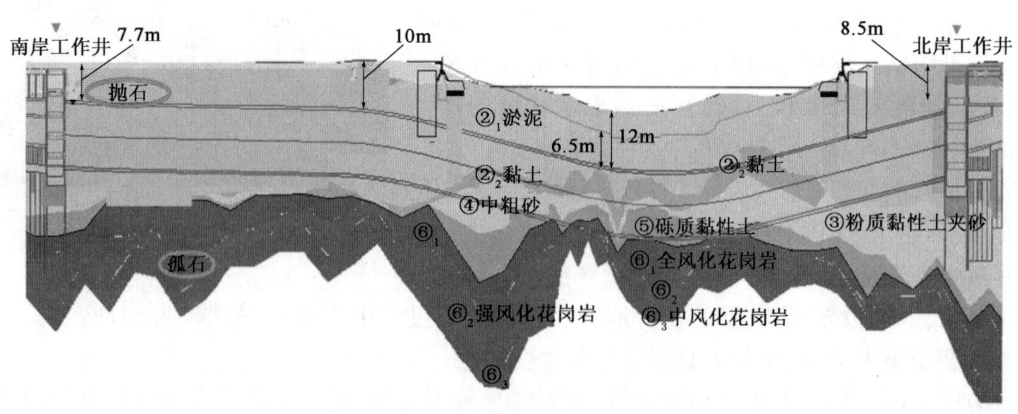

图5 珠海马骝洲隧道地质纵剖面图

图6　珠海马骝洲隧道施工用盾构机

江中段大范围花岗岩基岩凸起进入隧道范围，属于典型的上软下硬复合地层，采用水域下全面爆破基岩的预处理方案。施工中，通过合理安排爆破施工工序、创新钻孔方式、选择合适船只、针对性设计装药结构等办法，并辅以爆破后地层注浆加固措施，使超大直径盾构安全、顺利地通过基岩侵入段，见图7。

图7　海域基岩凸起预处理

本工程的顺利完成，海域段成功预处理是基础。因为海域段有浪潮影响，水位不断变化，给预爆工作带来新的挑战，施工中采取了多种针对性措施。

(1)面对海域钻孔困难的问题，采取的对策为：①施工船只更换为大船；②采用跟管钻。

(2)面对海域封孔难的问题，采取的对策为：①在岸上段，用钻机将残留在地层中的聚氯乙烯管(PVC管)搅碎，并注入水泥浆；②在江中段，炮孔的堵塞和封孔同时进行。

完成爆破后，经检验，基岩破碎后粒径基本小于30cm，满足盾构掘进要求。

2.3　深圳春风隧道

深圳春风隧道盾构段全长3.583km，工程地质条件非常复杂。隧道主要穿越地层为花岗岩、碎裂岩、片岩、变质砂岩、凝灰质砂岩、糜棱岩，少量卵石、砾砂地层，存在部分上软下硬地层和断层破碎带，岩层抗压强度为50～100MPa，最大抗压强度为173.7MPa，见图8。

本工程施工重难点为：

(1)全断面岩层破岩难、刀具消耗大。

(2)破碎地层堵仓滞排。

(3)长距离掘进刀盘刀具磨损、管路磨损等。

(4)高水压环境下舱内作业困难。

(5)始发到达段上软下硬复合地层地表沉降控制难。

(6)小半径曲线盾构掘进姿态控制困难。

(7)全断面岩层隧道变形、管片错台、上浮等。

综合对比泥水平衡盾构机和土压平衡盾构机、常压刀盘和常规刀盘的优缺点,最终选定气垫式泥水平衡盾构机(配备常压刀盘),见图9。

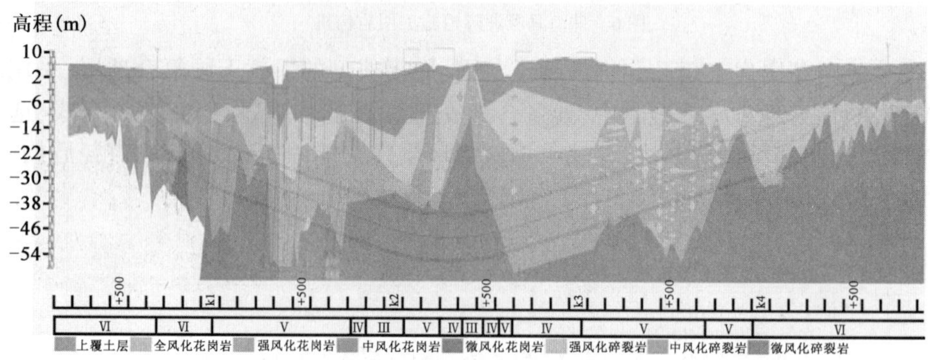

图8　深圳春风隧道地质纵剖面图

图9　深圳春风隧道施工用盾构机

目前,本工程盾构已始发掘进300环,始发段大部分在花岗岩复合地层中掘进,各项参数控制较好,已安全穿越几处重大危险源,地面沉降和建(构)筑物沉降均控制在设计允许范围内,表明盾构机选型是合适的。

前期始发段掘进在易结泥饼的全、强风化花岗岩地层中进行,施工中未发生明显的结泥饼现象,这得益于盾构强劲的防结泥饼和滞排设计,包括刀盘和泥水循环系统两方面。

从刀盘来说，为应对结泥饼问题，配置独立 P0.1 增压冲刷泵，可向刀盘正面提供最大 $2000m^3/h$ 的冲刷流量。刀盘中心面板区域设有 7 路横向冲刷，中心进渣通道设有 6 路冲刷口，刀盘主梁周边面板区域设有 6 路横向冲刷，极大降低了刀盘结泥饼的可能性。同时，冲刷通道可实现组合分区控制，包括中心面板区冲刷、刀盘左半区冲刷及刀盘右半区冲刷，降低了喷口堵塞概率。

刀盘背部周边总共设计了 24 根主动搅拌棒，保证了泥水仓底部渣土的流动性。搅拌棒固定方式采用加强设计，并在搅拌棒外表面全部覆盖耐磨复合钢板，增强了搅拌棒的耐磨性。

泥水循环系统针对性设计见表 2。

泥水循环系统针对性设计汇总表 表 2

序号	针对性措施	效　果
1	采用大格栅 + 双破碎机的主机段排渣破碎系统设计	(1)减少气垫舱渣土滞排，提高排渣效率； (2)降低气垫舱内破碎机负荷，提高其使用寿命
2	气垫直排掘进模式设计	(1)增加泥水仓泥浆循环流量，降低刀盘结泥饼的概率； (2)规避气垫舱滞排区域，提高排渣效率
3	(1)P0.1 刀盘冲刷泵设计流量为 $2000m^3/h$； (2)P0.2 和 P0.3 冲刷泵设计为回打冲刷泵； (3)具备气垫舱逆冲洗模式和泥水仓逆冲洗模式	(1)提高冲刷流量，增加冲刷效果，降低刀盘滞排结泥饼的概率； (2)增加主机段泥浆循环量，提高携渣能力； (3)逆循环模式具备特殊情况下可继续掘进的能力

前期施工中局部地段滚刀损坏发现不及时，开挖面形成岩脊，造成刀具损坏较多，加之泥水处理厂为避免低频噪声影响周边环境问题而进行了搬迁，对施工进度造成较大影响。

2.4 香港屯门隧道

香港屯门至赤鱲角连接路海底隧道采用 $\phi 17.6m$ 超大直径泥水平衡盾构机施工，配备常规刀盘，采用潜水换刀方式，见图 10。穿越地层包括砂层，残积层，全风化、强风化、中风化花岗岩等复合地层，花岗岩抗压强度很高，最高达 170MPa，见图 11。本工程自 2015 年 6 月始发，11 月到达风井，完成 650m 隧道掘进，总体上较为顺利。

图 10　香港屯门隧道施工用盾构机

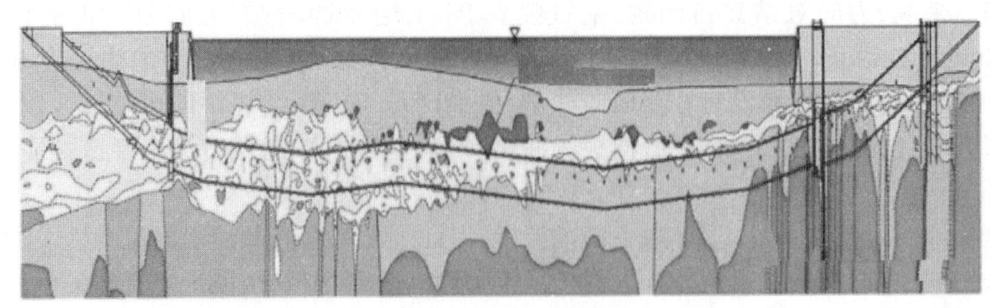

图 11　香港屯门隧道地质纵断面图

本工程盾构机配备了用高灵敏度传感器来记录盾构机刀盘各项参数的 Mobydicx 系统，可安装摄像机、照明设备、切割设备或高压水枪的蛇形机器人、Telemach 换刀机器人，以达到预期效果，见图 12。

对于花岗岩及其他岩浆岩地层的盾构施工，从施工难度来看，国内超大直径泥水平衡盾构机的挑战将是中国汕头湾海底隧道（采用 ϕ14.57m 盾构施工），为上软下硬地层、全断面高强度硬岩层、断裂带和孤石地层；世界上超大直径土压平衡盾构机的挑战将是墨尔本西门隧道（采用 ϕ15.66m 盾构施工），为极其典型的上软下硬复合地层，上部是砂，下部为高强度玄武岩（抗压强度 > 200MPa），施工风险极大，见图 13。

图 12　蛇形臂检查装置

图 13　墨尔本西门隧道施工用盾构机

3　灰岩等岩溶地层

石灰岩简称灰岩，矿物成分以方解石（$CaCO_3$）为主，其次含有少量的白云石和黏土矿物，常呈深灰、浅灰色，纯质灰岩呈白色。灰岩分布相当广泛，岩性较均一，岩质硬脆，强度较高，岩面不平整。灰岩地层溶洞、土洞发育，岩溶发育地段岩层的富水性好、透水性强。

岩溶发育对盾构施工造成的不可预见的风险巨大，主要风险有：

（1）盾构掘进土洞或溶洞时因失衡或失浆很容易造成地面沉陷。

（2）盾构掘进溶洞时，因洞壁岩面凹凸不平，易受到冲击造成刀盘刀具的过量磨损和损坏。

（3）如果溶土洞位于隧道的下方，则在运营阶段由于溶土洞进一步发展会危及隧道和列车的运行安全。

大连地铁跨海盾构隧道遇到了白云质灰岩。大连地铁5号线火车站站—梭鱼湾南站区间(简称“火梭区间”)线路全长3344m,其中海域段2310m。隧道最小覆土厚度12.2m,隧道最大水压0.5MPa,见图14、图15。

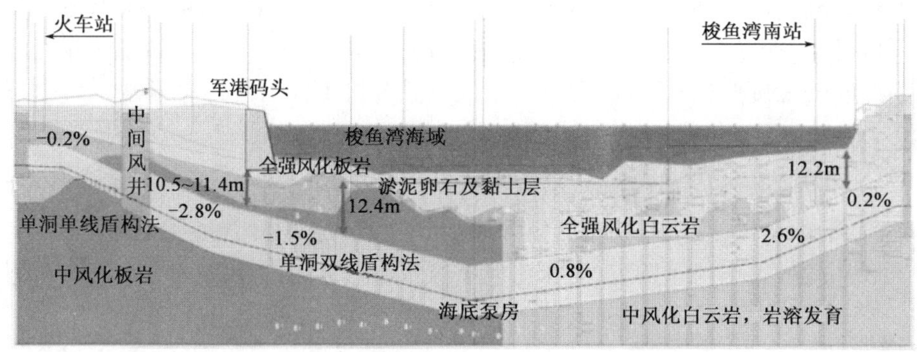

图14 大连地铁5号线火梭区间跨海隧道地质断面图

区间隧道存在长1530m的岩溶强烈发育区,见洞率最高达87%。岩溶地层施工的风险在于盾构栽头、隧道受损、海面冒浆、盾构姿态难以控制、盾构卡机、盾构掘进困难,并对后期隧道运营造成安全隐患。

施工前利用“钻探+CT”工艺查明岩溶发育情况,溶洞处理遵循“以海面处理为主、洞内处理为辅”的原则,采用多种注浆方式相结合的分层压密注浆方法对溶洞进行充填。

施工中出现的问题如下:

(1)海底岩溶发育无规律,开挖面情况复杂,给盾构施工带来极大困难,见图16。

图15 大连地铁5号线火梭区间跨海隧道盾构机

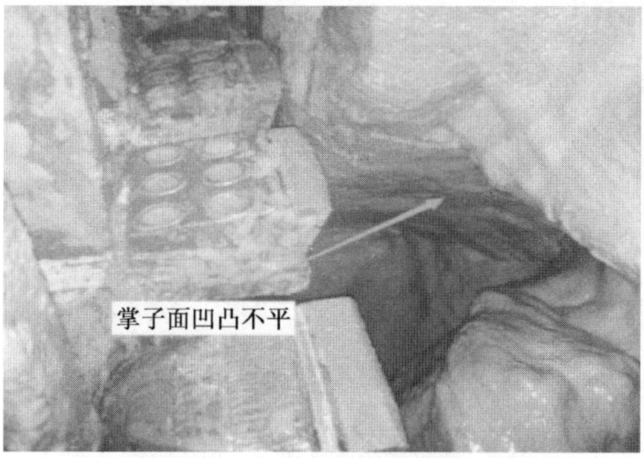

掌子面凹凸不平

图16 开挖面状况

(2)岩溶地层刀盘与开挖面接触不平整,在刀盘转速固定情况下,总推力和扭矩波动较大,推进速度不平稳,盾构姿态控制不易。

(3)刀具异常损坏较多,主要为滚刀偏磨、崩刃、刮刀合金块掉落,损坏原因为岩溶地层岩石强度较高和开挖面不平整导致刀具磕碰、撞击。

4 碎屑岩(含红层)地层

沉积碎屑岩从成因来说,有“风成”和“水成”两种,其中常见的是“水成”。“水成”又可分为陆相崩积、河流、湖泊沉积、三角洲沉积和海相沉积。

从岩性来说,沉积碎屑岩可细分为两类:细粒碎屑岩(软岩类),包括泥质粉砂岩、粉砂岩、砂岩等,其中泥质粉砂岩黏粒含量较高、强度较低;粗粒碎屑岩(硬岩类),包括砂砾岩、砾岩等,砾石成分取决于母岩,岩石强度取决于胶结物和风化程度,常见强度较高。

盾构施工中,细粒碎屑岩易结泥饼,粗粒碎屑岩易磨损刀盘刀具。泥饼是盾构刀盘切削下来的细小颗粒、碎屑在密封舱内和刀盘区重新聚集而成半固结或固结的块状体。如渣土和易性改良不到位,泥质粉砂岩、粉砂岩易形成泥饼,致使盾构掘进困难。泥饼造成的危害包括引发地表塌陷、隆起、螺旋输送机喷涌、刀盘固结以及盾构机主轴承密封损坏等。

4.1 武汉三阳路隧道

武汉三阳路隧道单线长度 2590m,采用两台 ϕ15.76m 泥水平衡盾构机施工。全线 50% 处于上部粉细砂、下部全风化、强风化粉砂质泥岩和弱胶结砾岩的复合地层中,为沉积碎屑岩系。两台盾构先后从武昌工作井始发后,均在该地层区域遭遇推进困难的问题,见图 17、图 18。

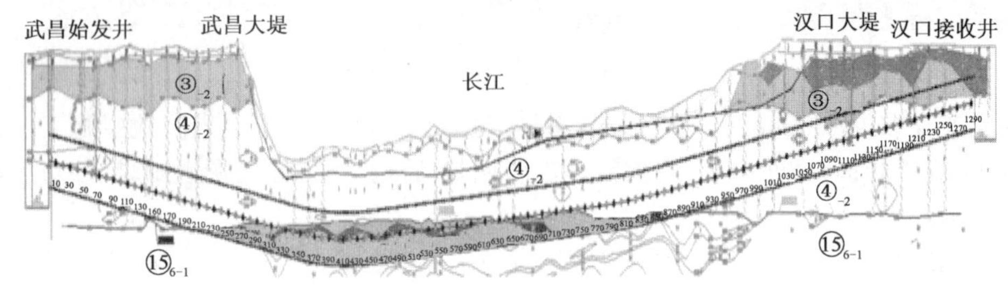

图 17　武汉三阳路隧道地质纵断面图

图 18　武汉三阳路隧道施工用盾构机

在前期砂性地层中,盾构机首先遇到刀具磨损严重的情况,平均每前进 26m 就需停机换刀。经研究发现,盾构掘进断面上部粉细砂地层中石英含量高达 70%,下部弱胶结砾岩中粒径 20mm 以上高强度的砾石含量高达 60%,且砾、卵成分以石英岩、石灰岩等硬质岩为主,都极易造成刀盘刀具磨损。后续通过改良刀具、合金硬度、管理方式等,有效控制了刀具磨损速度,提高换刀效率,从而解决了刀具磨损问题。

在复合地层中掘进时,盾构机遭遇严重结泥饼现象,盾构施工效率低下,推进速度小于 5mm/min,只有常规施工速度的 1/5,日完成量不到 1 环。检查后发现,除刀盘面板、刀具被泥饼附着包裹外,刀盘开口处也基本被泥饼堵死,致使盾构切削、排渣困难,见图 19。

a) 刀盘开口结泥饼

b) 刀盘面板结泥饼

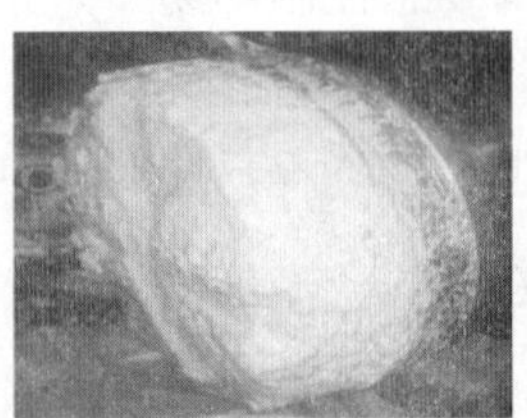

c) 刀筒结泥饼

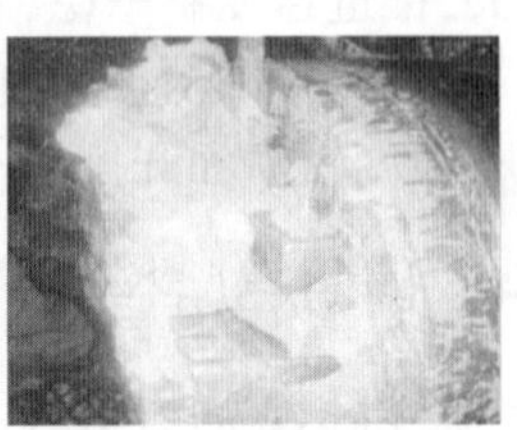

d) 中心刀筒结泥饼

图 19　武汉三阳路隧道盾构机结泥饼现象

通过分析,结泥饼的原因包括以下两方面:

(1)地质因素

盾构推进 1360m 江中段局部地段断面上下存在两层黏性土地层,黏土矿物含量超过 30%,尤其是泥岩切削后黏性极大,极易造成刀盘结泥饼。

(2)设备因素

①刀盘单个刀臂较宽,渣土流动距离长。

②刀盘开口率为 29%,且中心有 5m 没有开口。

③中心 6 个冲洗孔堵塞后无法疏通。

经过多方论证、反复试验,采取如下对策解决结泥饼问题:

①对盾构机本身进行适应性优化改造,如刀盘挡石板割除、正面刮刀加高 4cm、中心刀加高 8cm(均带 4 个冲洗孔,每个刀桶约 $70m^3/h$)等。

②采用人工清理和化学法(使用过氧化氢)相结合。

③在施工措施上进行改善,如管片拼装期间继续进行泥浆循环和排渣等。

4.2 博斯普鲁斯海峡隧道

土耳其伊斯坦布尔海峡公路采用隧道方式跨越博斯普鲁斯海峡,其中 3.4km 采用盾构法进行施工。隧道最大埋深为 106m,最大水深 61m,最大水压 11bar(1bar = 0.1MPa),采用海瑞克 ϕ13.71m 复合式泥水平衡盾构机施工,为世界上首台配备常压换刀刀盘的盾构机,见图 20。穿越地层为黏土、卵石、砂岩、粉砂岩、泥岩等组合的复合地层,见图 21。

图 20 博斯普鲁斯海峡隧道施工用盾构

该项目盾构掘进时间为 2014 年 4 月至 2015 年 8 月,共掘进 16 个月,平均月掘进 210m,总体比较顺利,但施工中也出现一些问题,包括:①泥饼、滞排、循环不畅;②刀间距大、破岩效果差、大粒径岩块较多;③刀盘刀具磨损,格栅、碎石机损坏,共更换了 400 把滚刀;④泥浆管路磨损严重。

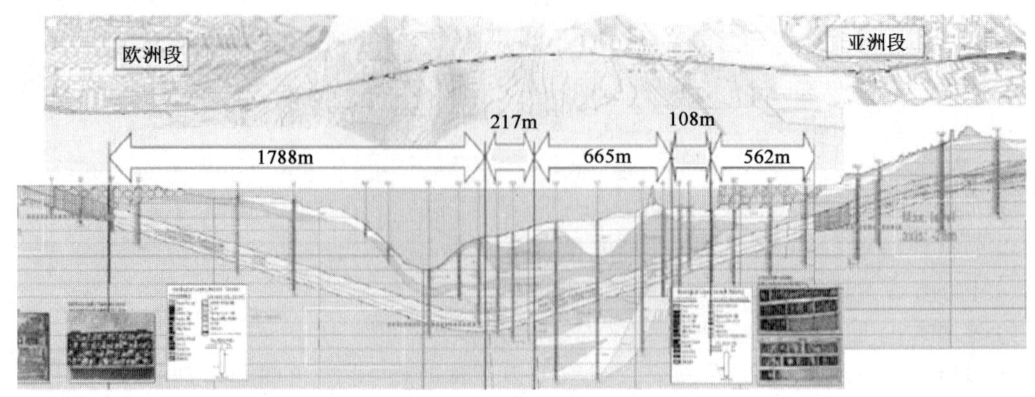

图 21　博斯普鲁斯海峡隧道地质纵断面图

5　展望

到目前为止,中国已实施的超大直径复合式盾构机均取得了成功,彰显了中国的实力和一线工程师们的应急水平。当然,有的项目因没有查清地质、盾构选型不合理、施工措施不当等也付出了一定的代价。通过大量的工程实践,可以总结出本行业今后的发展方向:一是改进和创新勘察方法并研发机内快速超前地质预报技术,以准确探明各类地质风险;二是根据准确的地质信息和经验,结合工程大数据,选对选好盾构,配足其风险控制功能;三是盾构设备的数字化、智能化,减少用人甚至实现无人操作;四是探索新型的破岩方式,如使用激光、高压水射流等辅助破岩;五是全面、准确掌握刀盘刀具磨损情况,变周期检测、被动发现为实时检测、主动发现,即第一时间找到"零号病人"最为关键。

以下分别从盾构机选型、刀盘选型、刀具配置、防结泥饼和滞排、主驱动密封防损坏、施工管理等方面进行分析和展望。

5.1　盾构选型

超大直径盾构机选型可根据复合地层的不同组合从泥水平衡盾构机、土压平衡盾构机和双模盾构机之间进行比选。

(1)岩层组合的复合地层

此类地层开挖面基本稳定,理论上各类盾构机都可选用,但从经济、进度尤其环保角度,建议选择土压平衡盾构机,近年来欧洲地区有这方面的经验。

(2)土层组合的复合地层

武汉、杭州、成都等地区常见此类地层,如隧道顶部存在 2m 以上稳定、延伸广的不透水黏土层($N>10$),此时仍有优选土压平衡盾构机的可能。如隧道顶部为富水松散地层(流塑状淤泥、砂层等),泥水平衡盾构机、双模盾构机均可考虑;当粒径 >10cm 的渣块含量较高时,宜选双模盾构机。

(3)土岩组合的复合地层

如隧道顶部存在 2m 以上稳定、延伸广的不透水黏土层($N>10$),仍有优选土压平衡盾构机的可能。如隧道上断面为富水松散地层,下断面为花岗岩、岩溶发育、裂隙发育地层,泥水平衡盾构机、双模盾构机均可考虑,但双模盾构机更好。

5.2 刀盘选型

超大直径盾构机目前采用常压换刀刀盘和常规刀盘两种类型,应根据项目地层情况和周边环境等综合因素选定。常压换刀刀盘因其换刀安全性和高效率而受到业界推崇,逐渐推广使用。但常压换刀刀盘存在刀盘中心结泥饼、滞排、刀筒螺栓断裂、刀间距较大、刀具偏磨、硬岩地层掘进效率低等问题,未来应在优化刀盘冲刷设计、强化刀具和螺栓性能等方面做进一步研究,并创新刀盘类型,例如:

(1)采用常带压复合刀盘,即常压换刀和带压换刀复合刀盘,刀盘中心区域为带压换刀的常规刀盘形式设计,解决常压换刀刀盘中心区域渣土流动性差的问题,刀盘正面和边缘区域采用常压换刀。

(2)泥水平衡盾构机常压换刀刀盘可以增加一个入仓的螺旋输送机,以防止滞排。

(3)常压刀盘中间无开口率区域增设一个或数个独立的、具备高压力(>1MPa)泥浆内循环的冲刷装置,以防止刀盘泥饼的产生等。

(4)采用冷冻刀盘。

5.3 刀具配置

该问题需要设计、制造、施工、监理单位共同研究解决。

(1)全面、准确掌握刀具磨损情况(找到"零号病人"最关键)

①温度、旋转、磨损等全方位检测。

②利用"蛇形臂"冲刷 + 视频监控刀盘刀具损坏实况。

③结合施工速度、扭矩等变化和岩芯、渣样分析。

(2)检测温度、旋转等不准确的原因

①监测装置的固定螺栓断裂、保护层磨穿、感应线断损、接收端进水等。

②预埋在刀毂上的磁铁块磨掉。

针对该问题,应加强耐磨保护、加强密封防水。笔者自创检测口诀为:旋转测算示预警,温度感触检损伤,参数岩样相益彰,即时抽检保安康。

(3)刀具保护与更换

①加强刀盘刀具预保护(刀盘保护是应用超大直径盾构的至高原则)。

②研究如何保持稳定的破岩轨迹线(针对刀具更换时机)。

③刀具抽检、更换与施工组织的匹配性。

(4)刀具选型

①针对开挖面凹凸不平、抗压强度 <60MPa 的岩层,可考虑带齿滚刀。

②针对高强度硬岩,研究缩小刀间距的设计(尤其常压刀盘)。

③提高刀盖抗侧向挤压强度。

5.4 预防结泥饼和滞排的措施

超大直径盾构机在复合地层施工中较易出现泥饼和滞排,尤其是常压换刀刀盘。为了预防结泥饼和滞排,可从以下三个方面采取措施:

(1)盾构机械方面:针对软塑 ~ 硬塑易结泥饼地层,加大刀盘开口率(缩小中心封闭区域范围)、刀具多层次布置,强化切削功能,降低碾磨,尽可能使渣土成块排出;增加增强冲刷刀盘中间结泥饼的系统,创新内循环冲刷。

(2)盾构施工方面:加强加大泥浆循环,尤其是拼装管片停止掘进期间,要保持泥渣循环。

(3)辅助技术方面:创新发明和应用破除泥饼的技术,例如分散剂(过氧化氢)等;在气密性好的围岩下,应用辅助气压作业。

5.5 主驱动密封防损坏的措施

美国西雅图99号公路隧道工程(采用 ϕ17.45m 土压平衡盾构机)、意大利 Sparvo 隧道工程(采用 ϕ15.55m 土压平衡盾构机)和某穿黄隧道工程(采用 ϕ15.74m 泥水平衡盾构机)施工中均出现主驱动密封损坏问题,对工程造成极大危害。

针对此问题,预防对策建议如下:

(1)合理的构造设计和材料是基础,材料的老化试验要过关。

(2)精密安装是关键。

(3)全过程规范操作(防内外压差)、精细智能监控(防泥饼、失压和渗漏)等是根本。

5.6 施工管理

超大直径盾构机比小型盾构机遇到的地质更复杂、工程难度更大,施工管理更需坚持"地质是基础,设备是关键,人(管理)是根本"的原则,其重点就是以人为本、精细管理。

展望未来,超大直径复合式盾构机应用前景广阔。从国内首条超大直径隧道开始,中国 ϕ14m 以上超大直径盾构施工项目数量已达39个,多条超大直径隧道工程的成功建成标志着我国在超大直径隧道建设领域的技术已达到国际先进水平。从国内来看,在不远的将来,我们期望使用超大直径盾构机穿越我国的渤海海峡、琼州海峡。国际上,拟建的白令海峡隧道工程正在研究选用 ϕ19.2m 盾构机施工103km 隧道的可行性,一旦确定,在超大直径和超长距离盾构技术领域将成为世界隧道工程史上新的挑战。

参考文献

[1] 钱七虎. 水下隧道工程实践面临的挑战、对策及思考[J]. 隧道建设,2014,34(6):503-507.

[2] 严金秀. 中国隧道工程技术发展40年[J]. 隧道建设(中英文),2019,39(4):537.

[3] 竺维彬,鞠世健. 复合地层中的盾构施工技术[M]. 北京:中国科学技术出版社,2006.

[4] 吴煊鹏,乐贵平,江玉生. 中国盾构工程科技新进展[M]. 北京:人民交通出版社股份有限公司,2019.

[5] 周文波,吴惠明. 大直径盾构法技术[M]. 北京:人民交通出版社股份有限公司,2020.

[6] 竺维彬,鞠世健. 盾构施工泥饼(次生岩块)的成因及对策[J]. 地下工程与隧道,2003(2).

[7] 竺维彬,钟长平,黄威然,等. 盾构施工"滞排"成因分析和对策研究[J]. 现代隧道技术,2014(5):23-32.

[8] 洪开荣,陈馈,等. 盾构与掘进关键技术[M]. 北京:人民交通出版社股份有限公司,2018.

[9] 陈健,闵凡路. 大直径水下盾构隧道施工技术[M]. 上海:上海科学技术出版社,2019.

[10] 竺维彬,黄威然,孟庆彪,等. 盾构工程孤石及基岩侵入体爆破技术研究[J]. 现代隧道技术,2011,48(5):12-17.

[11] 钟长平,竺维彬,周翠英. 花岗岩风化地层中盾构施工风险和对策研究[J]. 现代隧道技术,2013(03):17-23.

[12] 竺维彬,钟长平,米晋生.衡盾泥辅助盾构施工技术[M].北京:人民交通出版社股份有限公司,2019.

[13] 郭信君,戴洪伟.超大型泥水平衡盾构越江施工技术研究与实践[M].北京:中国建筑工业出版社,2013.

[14] 竺维彬,钟长平,黄威然,等.盾构掘进辅助气压平衡的关键技术研究[J].现代隧道技术,2017(1):1-8.

[15] 李建斌,才铁军.中国大盾构[M].北京:科学出版社,2019.

[16] 钟长平,竺维彬,鞠世健.复合地层盾构掘进的指导原则[J].都市快轨交通,2011(4):86-90.

[17] 竺维彬,孟庆彪,米晋生.复合地层盾构隧道隐蔽岩体爆破新技术[M].北京:人民交通出版社股份有限公司,2019.

[18] 王发民,孙振川,张良辉,等.汕头海湾隧道超大直径泥水平衡盾构针对性设计及不良地质施工技术[J].隧道建设(中英文),2020,40(5):735.

[19] 孟庆彪,竺维彬,洪勇,等.复合地层盾构隧道封闭岩体爆破方法:CN201010173457.4[P].2012-04-04.

超大直径盾构始发阶段车架转接技术研究及工程应用

张成杰

（上海隧道工程有限公司　上海　200137）

摘　要：盾构法隧道一般需要在掘进前将盾构在工作井完成整机组装、调试便于顺利始发掘进，而往往受工作井和暗埋段土建结构空间尺寸的影响，可能无法将盾构部件在井下一次性全部安装到位，这时需要考虑分阶段转接安装。本文以应用于某区域轨道交通隧道建设项目15m级超大直径盾构始发为背景，结合土建结构的空间尺寸和盾构部件尺寸、分阶段吊装工艺，详细分析研究超大直径盾构始发阶段车架转接施工工艺，通过该研究成果可有效解决土建(构)筑物空间限制对盾构部件吊装产生的影响，并且保证了盾构整机组装和顺利掘进。

关键词：盾构机；始发阶段；部件吊装；车架转接

1　概述

随着国内轨道交通建设的不断提速，盾构法在隧道开挖中的应用也越来越普及。传统的轨道交通工程常会设置地铁车站和上下行双线隧道，与之不同的超大直径盾构一般应用在大断面公路隧道，常为单线隧道，不设置车站。通常在隧道与地面出入口衔接的U形槽段内设置工作井和暗埋段土建结构，以确保有足够的空间来组装盾构便于顺利始发掘。由于工作井和暗埋段施作往往涉及地下连续墙围护结构施作、地基加固和土方开挖、渣土外运排放等必要工序，这些工序造成了巨额的施工成本并存在质量安全隐患，尤其是对空间需求更大的大直径盾构。为了减少高投入成本、降低施工风险，往往将暗埋段结构进行优化设计，尽可能缩小结构尺寸。受土建结构的空间限制，盾构有时无法一次性整机组装到位，需要在充分利用暗埋段结构的前提下，对盾构部件进行分解、分阶段安装。

1.1　盾构转接施工

这种受土建空间等因素限制而致盾构一次组装不全，但具有初始掘进功能，掘进后分阶段进行剩余部件安装直至完成整机组装的方法，称为转接。盾构转接一般指后配套车架部件的转接。

转接方式根据实际工程项目工作井和暗埋段结构可供盾构安装空间的不同而进行选择，通常按盾构转接部件的安装位置，分为工作井转接和暗埋段转接两种方式。当土建结构只施作满足主机安装的工作井时，始发前在工作井安装盾构主机部分，而后配套车架部件安装于地面，中间通过足够长的系统管路线缆进行连接并确保盾构可以始发掘进，等主机掘进至一定距离，后部空间可以满足车架安装时将转接管路断开，车架部件分节从工作井吊装完成整机组装，如图1所示。当土建结构暗埋段空间尺寸不足以安装全部车架部件时，先在有限的空间安

作者简介：张成杰，男，研究生学历，工程师，主要从事城市地下空间开发重大装备掘进机设计研发及生产制造管理工作。电子邮箱：zhangchengjie@ stecmc. com。

装必要的车架部件与主机相连完成初始阶段掘进，等盾构掘进适当距离后，将剩余的车架转接部件从暗埋段吊装孔进行安装，如图 2 所示。本文研究的为第二种情况始发阶段车架的转接技术。

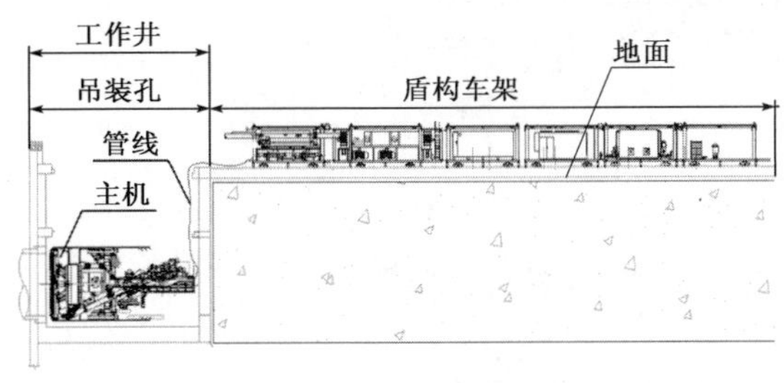

图 1　工作井转接始发

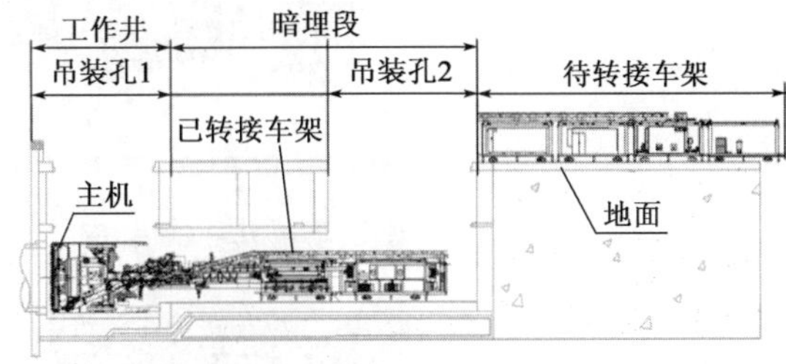

图 2　暗埋段转接始发

1.2　项目背景

图 3 为设计图纸中模拟的盾构机在始发工作井和暗埋段整机组装好准备掘进的姿态，由图中可得，按照正常的盾构始发前的组装，暗埋段土建结构与车架顶部将发生干涉、吊装孔尺寸限制也不足以将车架部件全部吊装到位、后部的调头平台也不能直接安装，本项目拟在始发阶段暗埋段进行车架转接施工。

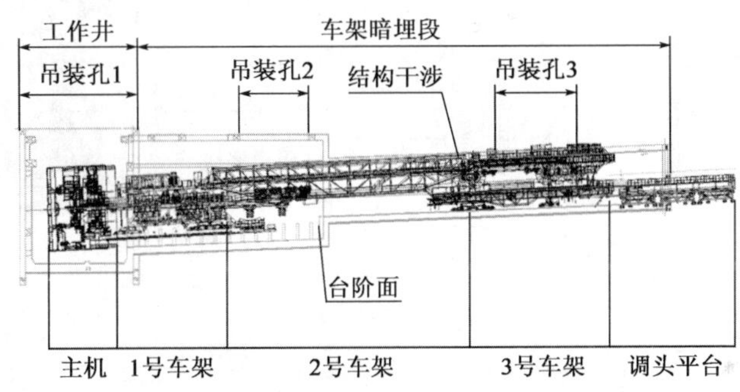

图 3　设计图纸中模拟盾构始发前整机组装姿态（结构干涉）

2　转接技术

转接思路为：拆除 3 号车架部分结构，以降低车架后部的整体高度，使车架与暗埋段顶部留有安全距离不发生干涉，拆除的部件不影响盾构初始掘进功能要求。当盾构掘进至转接位置，利用一套转接装置，逐步完成转接构件的全部组装。

转接的具体步骤包括两个阶段。

第一阶段：从吊装孔 3 吊装 3 号车架结构件（预先拆除 3 号车架轮子、立柱、部分桁架结构），满足盾构结构不与土建结构干涉的要求，通过安装的过渡假轮在预铺的轨道上行走以确保初始阶段盾构掘进，如图 4 所示。

第二阶段：当盾构掘进至 3 号车架前部假轮即将进入吊装孔 2 位置（台阶面位置）时，安装 3 号车架隧底块、转接装置，并将 3 号车架真轮预先放置在隧底块轨道、支撑固定上，此时盾构处于停顿状态，保持开挖仓压力平衡以稳定开挖面。转接装置安装完成并加固后，盾构前进使 3 号车架前部假轮到达转接位置，利用油缸将车架前部顶升完成真假轮的转换：假轮的拆除和真轮的安装，同样的方法在车架后部前进至转接位置完成 3 号车架后部真假轮的转换，如

图5所示,然后分阶段完成3号车架其余转接构件的安装。

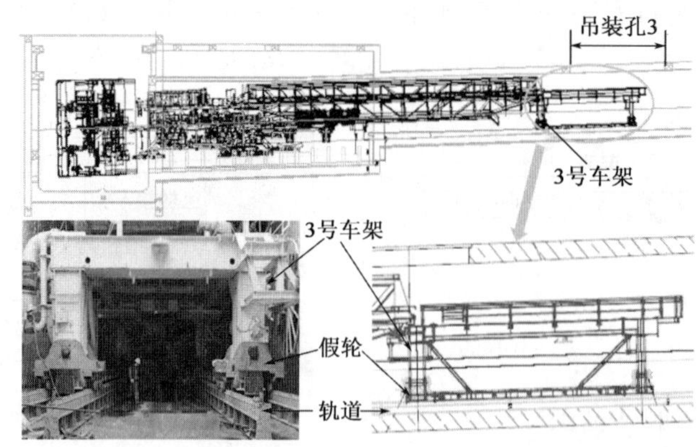

图4　盾构初始掘进阶段部件组装

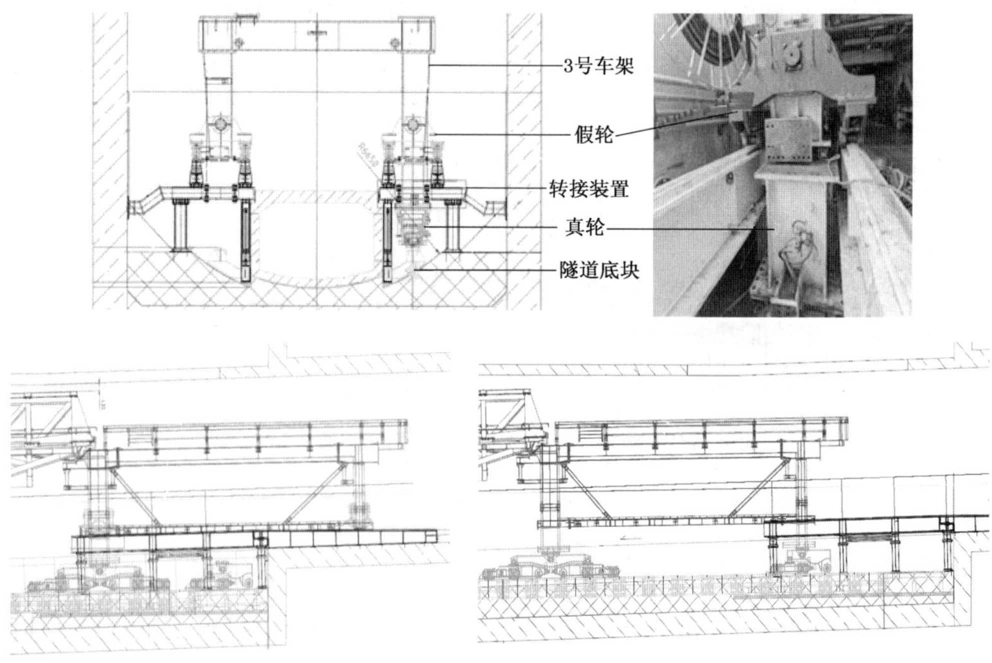

图5　3号车架前部(左)和后部(右)真轮转接安装

3　转接装置

3.1　结构与组成

车架部件在暗埋段的转接主要借助转接装置来实现,转接装置为3号车架过渡假轮提供轨道面,使3号车架能平稳度过台阶面顺利到达转接位置,完成真假轮的转换。图6、图7为转接装置结构,主要由横撑、立柱、轨道梁等组成,立柱底部支撑在地基上,将承受的竖向荷载传递到地基,横撑外端支撑与土建结构侧墙上将承受的侧向荷载传递到墙体,通过支撑梁和连接件将转接平台连接为整体。

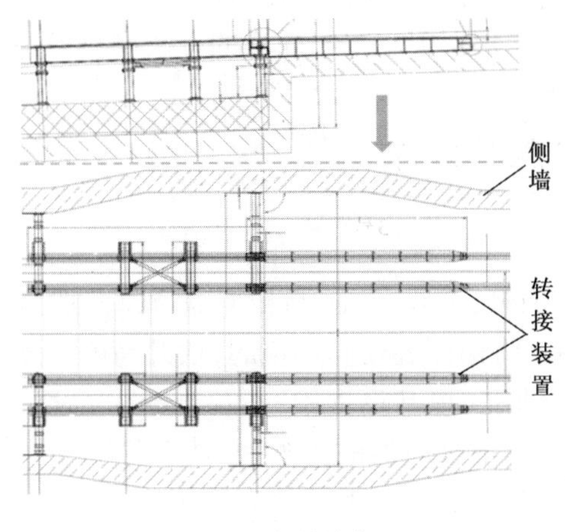

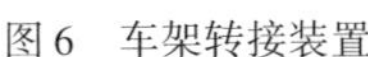
图6　车架转接装置

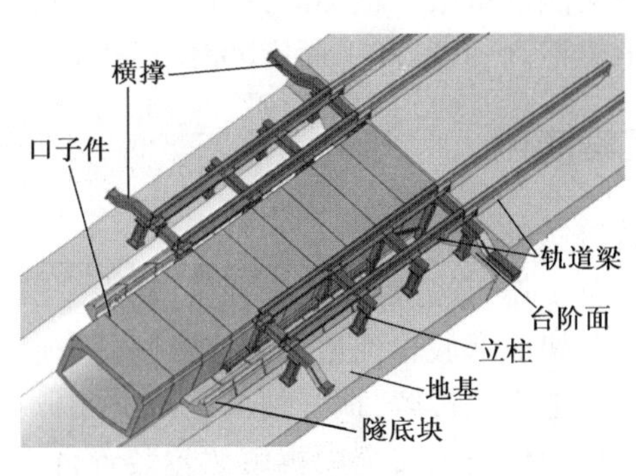

图7　车架转接装置三维模型

3.2　轨道梁强度校核

由于转接装置两立柱之间的轨道梁长度较长，为避免轮子经过时轨道梁产生较大的弯矩而发生变形，设计时需对轨道梁进行强度校核，通过 SolidWorks 软件建立轨道梁实体模型，利用 Simulation 仿真模块对模型进行材料属性定义、施加约束、添加荷载（考虑到 3 号车架前轮转接时，后轮还位于地基面轨道上，2 号车架和 3 号车架的重力叠加在前轮轨道，约为 1500kN）、划分网格单元，仿真结果如图 8 和图 9 所示。

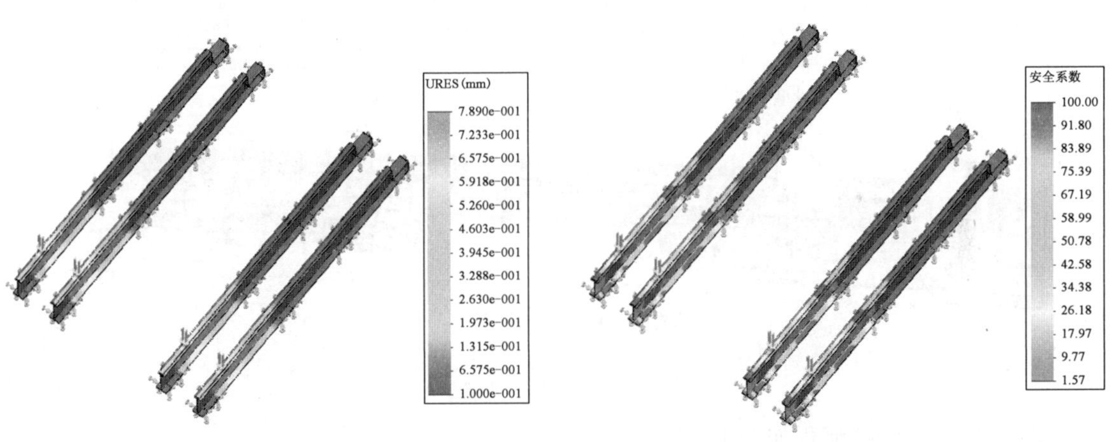

图8　轨道梁应力云图

图9　安全系数云图

由图 8 和图 9 可知，在 3 号车架前部假轮行驶至转接位置时轨道梁受压产生的应变为 0.7mm，最小安全系数为 1.5，其强度满足施工要求。

3.3　转接装置的安装工艺

转接装置安装的位置确定了其轨道面的标高、中心距等尺寸，这些尺寸的准确性会影响后期 3 号车架假轮的过渡行走及真假轮的转换。

在转接装置安装前，先对地基结构进行检查、处理、整平，然后按设计尺寸安装内外立柱，完成后检查标高是否正确。然后安装横撑和一边的两根轨道梁，调整轨道梁高度，利用水平仪保持两根梁在同一水平面，检查轨道面直线度，保证轨道梁轨道面相对于隧底块轨道面的高度符合设计要求,确保法兰面有适当的间距可使3号车架待连接立柱通过该法兰面,然后轨道梁下端板两侧焊接限位板加固,一侧轨道梁调整好之后,根据中心距以同样的方法调整另一侧两根轨道梁标高、间距和平面度,完成后进行整体加固。

4 工程应用

转接实施步骤如下。

准备工作:顶升油缸放置到位,动力站准备,接油管、电线,油缸同步伸缩调试。盾构掘进使3号车架前部假轮到达转接位置,利用预设的油缸将两侧假轮同步顶起,顶升高度可满足假轮装置行走小轮拆解,顶升到位之后关闭阀门锁住油缸(顶升过程中,每顶升5cm高度,插入临时垫板确保施工安全),拆解假轮装置行走小轮。将油缸缓慢同步缩回,使3号车架立柱下法兰面与预先放置的真轮立柱上法兰面靠近、连接,两法兰面靠近但还有间隙时,调整真轮前后、左右的位置,并复核中心线,保证螺栓孔对正。

前部真轮完成转换安装后,3号车架前部真轮行驶在隧底块轨道面上。盾构继续掘进,直至3号车架后部假轮前移至转接位置,同前部真轮转换安装步骤实现3号车架后部真轮的安装。完成后部真轮转接安装后,3号车架的前后部真轮转接安装到位,轮子的作用面都从原先的转接轨道梁轨道面转换到隧底块轨道面,盾构继续前进驶离转接装置,然后分阶段安装3号车架其余转接构件和调头平台直至整机结构组装完成,如图10所示。

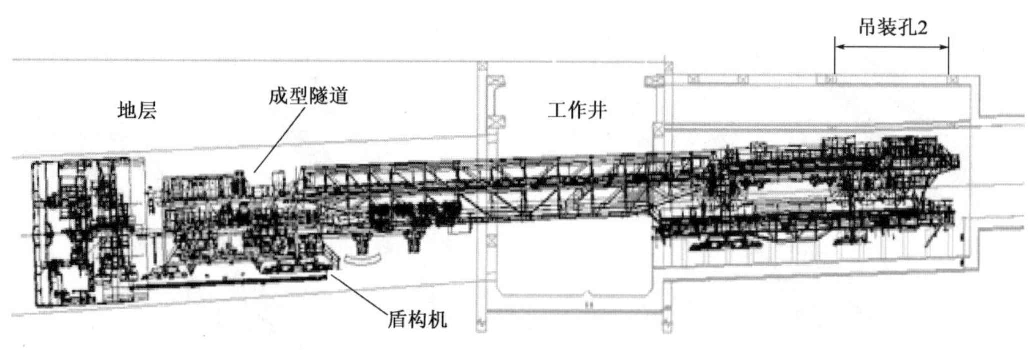

图10 盾构整机掘进姿态

3号车架轮子转接流程如图11所示。

a)前部假轮到达转接位置,油缸顶升

b)假轮装置行走小轮拆除

c)油缸缩回

图 11

d)车架立柱与前部真轮立柱连接

e)盾构掘进

f)后部假轮到达转接位置

g)后部假轮顶升

h)车架立柱与后部真轮立柱连接

i)盾构掘进

图11　3号车架轮子转接流程

5　结语

本文以应用于某城市地铁越江隧道工程项目15m级超大直径盾构始发为背景，研究为匹配暗埋段台阶式土建结构，盾构设备在始发安装时将3号车架行走轮设置为可拆卸结构，借助转接装置在台阶面完成真假轮转换，以实现盾构始发阶段的车架转接安装，此方法可以保障盾构顺利始发掘进，在实际工程项目中已有切实有效的应用，可为类似盾构法隧道始发阶段的转接提供重要的参考价值和推广价值。

参考文献

[1] 周文波. 盾构法隧道技术及应用[M]. 北京：中国建筑工业出版社，2004.

[2] 周文波，吴惠明. 大直径盾构法技术[M]. 北京：人民交通出版社股份有限公司，2020.

[3] 常瑞杰. 盾构机及后配套台车井下分离转接始发技术[J]. 隧道/地下工程，2009：86-88.

[4] 贺奇峰. 浅谈地铁盾构法施工中盾构机转接始发技术[J]. 工程技术，2016(10)：114.

超大直径泥水气平衡盾构下穿钢渣层的适应性研究

高　飞

（上海隧道工程有限公司　上海　200137）

摘　要：依托上海沿江通道越江隧道工程，进行盾构长距离下穿钢渣层研究，结合已有盾构施工经验，并通过对地表沉降监测结果的统计分析、数值模拟及相关技术手段等对工程中的重难点进行预判及施工过程中的监测，及时反馈指导施工；并采取有针对性的施工措施，确保工程质量、安全、进度。钢渣周围土层与天然土层物理性能有很大不同，下穿施工中，泥浆的配比与改良、泥水压力的建立、安全距离的确定、钢渣层侵入开挖面的处理预案等是开挖面及钢渣层稳定的控制要素，系统研究这些要素对开挖面及钢渣层稳定的影响机理，制订大直径盾构适应性改制内容。

关键词：大直径盾构机；下穿钢渣层；适应性改造

1　概述

浦西牡丹江路—浦东外环线沿江通道越江隧道新建工程是上海市郊环线（G1501）闭合工程越江节点，位于上海市北部，连接外环线浦东段和郊环线宝山段。工程起于宝山区富锦路牡丹江路东侧，经上港十四区，穿越宝山圈围地区，进入长江，先后穿越炮台湾公园、黄浦江、浦东滨江森林公园后，与外环线相接，线路总长6.465km。

本工程使用的是自有ϕ15.43m超大直径泥水气平衡盾构机，施工中需下穿约850m长砂土及粉土层$⑤_{2t}$，钢渣周围土层与天然土层物理性能差异较大。钢渣按形态可分为粒状、块状和粉状，其中块状钢渣含铁量较高、松散不黏结、质地坚硬密实、磨碎难度大、强度高。该区域钢渣层层厚分布、层底标高均呈现复杂的变化，平均层厚约9m，与隧道顶部最小距离为5m，且最高潮位与最低潮位差约6m（图1）。隧道开挖面主要为$⑤_2$微承压含水层，易发生水土压力急剧变化、流沙和管涌等现象，在ϕ15.43m超大直径泥水气平衡盾构掘进过程中易引起开挖面失稳、地层沉降过大、上层钢渣层坍塌、冒顶等问题，控制难度极大。为顺利下穿钢渣层，需从盾构气平衡系统与泥水介质平衡开挖面的作用机理着手，研究有针对性的开挖面稳定控制技术措施。

2　气平衡系统适应性改造

工程应用的盾构采用泥水气平衡系统控制开挖面稳定，其工作原理是在开挖仓内充满压力泥水，在气压调节仓内加入压缩空气，形成气压缓冲层，在气压调节仓泥水液面上的气、液具有相同的压力，因此只要调节空气的压力，就可以确定开挖面上相应的支护压力，如图2所示。为维持气压调节仓内设定的压力值，通过进气或排气改变气压值，当盾构正面水土压力值增大时，气压调节仓内泥水液位升高，气压调节仓内气体体积减小，压力升高，排气阀打开，降低气压调节仓内气体压力，当气体压力达到设定的气压值时，关闭排气阀；当盾构正面土压值减小

作者简介：高飞（1982—），男，大学本科，工程师，目前从事盾构结构件制造和吊装、液压系统布置、现场盾构法施工等工作。电子邮箱：gaofei@ stecmc. com。

时，气压调节仓内泥水液位降低，由于气压调节仓内气体体积增加，压力降低，进气阀打开，升高气压调节仓内气体压力，当气体压力达到设定的水土压值时，关闭进气阀。该气平衡控制系统根据调节仓内的气压传感器测得值与设定的气压值之间的偏差幅度控制气压调节仓进气与排气，并通过液位传感器监测到的液位变化幅度控制进泥泵或排泥泵的转速。该控制系统的不足是开挖面水土压力受潮汐影响较大时，随着开挖面上所施加的支撑力陡增（或陡降），前方土体可能会出现冒顶（或者塌陷）的局部破坏，这种破坏一旦直接影响到上覆钢渣层，会诱发钢渣进入泥水仓的情况发生，造成盾构设备故障甚至施工暂停等风险。

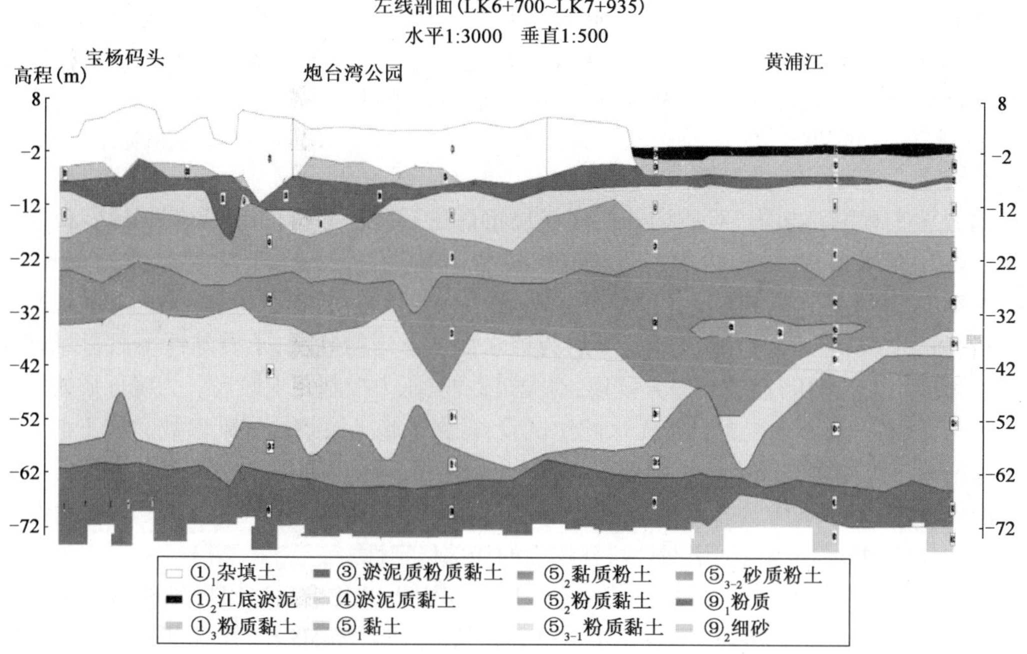

图1 钢渣层区域分布图

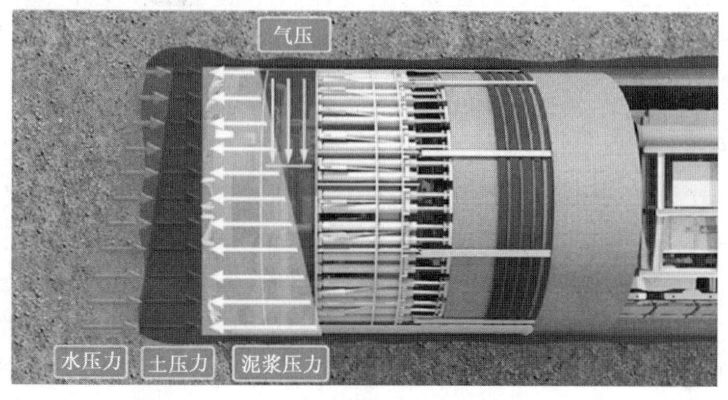

图2 气压泥水平衡盾构机工作原理示意图

鉴于钢渣颗粒级配差、孔隙大、状态松散，开挖面⑤$_2$粉土层渗透性一般，在饱和状态下易发生崩塌状况，在一定水动力作用下这两层土之间易发生贯通与颗粒间流动，为了避免钢渣进入开挖面对气平衡系统造成失稳的状况，保证稳定性，进行了以下三方面的改造：

①在进气管路中加装冷冻干燥机，防止冷热温差造成冷凝水的情况发生，确保气平衡系统

的灵敏性。

②在排气管路和进气管路中均加装气动球阀，一旦补偿泥水液位上升（或下降）到限值时自动关闭排气管（或进气管），确保在潮位瞬间起落变化幅度大及高压沼气地层等复杂水文地质地段盾构开挖面稳定。

③对PLC程序进行二次开发，使其具有自动控制排气管路中加装的气动球阀和显示泥浆注入与排放差值的功能。经过改造后，当补偿泥水液位上升（或下降）到上（下）限值后，气动球阀随即关闭排（进）气管，系统虽处于报警状态，但气压调节仓气压根据开挖面前方水土压力实现自平衡且泥浆注入与排放仍处于运行状态。此时，操作人员可根据调节仓补偿泥水液位状态及泥浆注入与排放的偏差流量，判断出超欠挖、潮位起伏、高压沼气及复杂水文地质等引起开挖面水土压力剧变的具体原因，并有针对性地制订盾构推进速度、注入泥浆改良添加剂、泥浆排出与注入流量等施工参数，确保盾构安全顺利推进。

3 泥浆配置与地层适应性改良

根据岩土工程勘察报告，对盾构开挖面土层特性进行统计分析得出：开挖区域砂粒含量约为10%，最大约为20%；粉粒含量约为70%；黏粒含量约为20%；不均匀系数约为1.49～35.09，曲率系数约为0.77～4.67，土体级配差；渗透系数数量级别为10^{-4}～10^{-7}cm/s，属中等透水～极微透水级别；钢渣层下方开挖土层为透水性微承压粉砂层，土质黏性不足，呈松散、流塑状态，稳定性差且水压较高，易塌方冒顶，对泥浆性能、压力控制要求较高。为确保盾构顺利推进，专门针对微承压含水地层进行了泥水配比试验，得到了施工泥浆的基础参数。施工前采用极限平衡理论得出了极限支撑力控制的范围，并据此设定了盾构中心泥水仓压力。为了防止开挖面局部坍塌，在泥浆中添加质量比为0.5%的稻壳木屑等悬浮物以改善泥浆颗粒级配及开挖面支持介质的均匀性，并增强泥浆的堵漏性与开挖面的局部稳定性。

试验材料选择粒径小于0.075mm的自然黏土、膨润土以及华北油田提供的NSHS-1（增黏剂）、NSHS-2（堵漏剂）、NSHS-3（增黏剂）、NSHS-4（絮凝剂）、NSHS-5（絮凝剂）和水等。泥浆配比试验采用的仪器有泥浆比重计、漏斗黏度计、泥浆失水量测定仪和精密电子秤。此地段采取高相对密度1.5、高黏度的泥浆，黏度控制不低于15s，以提高泥浆泥膜的形成能力。虽然这会降低施工效率，造成泥水分离困难等问题，但有利于维持开挖面的稳定并降低施工风险。

4 盾构机主驱动密封适应性改良

盾构掘进过程中，主驱动前端舱体与开挖面应保持一定的压力稳定差，以保护内部五道唇口密封条不被倒翻（密封条的极限压力为3.5bar），每道注入腔体的润滑油脂（HBW/GR130）或者齿轮油不相互渗漏。为了保证下穿越钢渣层在原有开挖仓压力达到极限时开始工作，利用正面取样点的数据变化，设定压力差值为2.5bar，增加一套自动补压装置和卸荷阀块进行实时调节，杜绝人为影响和操作失误，做到实时监控，并且在电气控制方面新增操作界面实时反馈，主驱动自动加压原理图见图3。随着埋深的增加，通过采集气包舱内的高低压力值反馈给后续控制调节单元，调节主驱动密封舱内的加压数值，并连通储气罐源源不断地提供稳定长效的气源。安全阀和单向阀的设置是为了更好地控制调节气源的压力值。为了保证超大直径盾构长距离穿越钢渣层以及保护核心设备，自动加压和气平衡的自动控制起到紧密相连的作用，可为确定合理的盾构法施工参数提供依据，并减小施工操作误判概率，降低施工风险，保障安全顺利掘进。

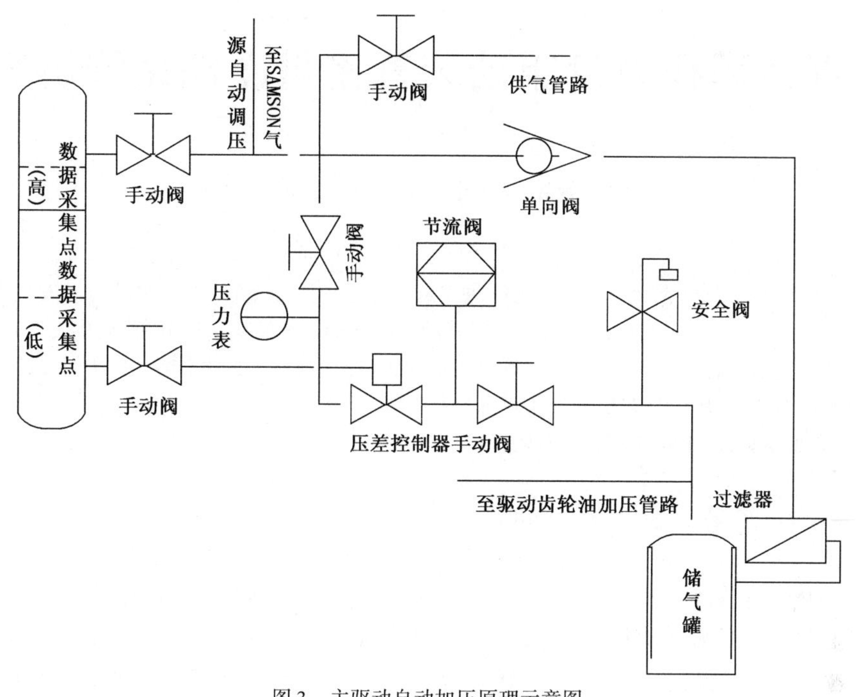

图3 主驱动自动加压原理示意图

5 结语

经过适应性改造的 ϕ15.43m 超大直径泥水气平衡盾构机,在下穿钢渣层时对开挖面的稳定性要求极高,并针对钢渣层上、下分别为水位受潮汐影响较大的湿地和微承压含水层(开挖层),分别对气平衡系统和泥浆进行了改进,避免了潮汐起伏大地段气平衡操控系统误判,并配置了与此地层相适应的工程泥浆,保障了盾构在钢渣层下的顺利推进,为类似工程提供分析思路及施工控制措施。

改制成果将指导后续类似工程的建设,为超大直径泥水气平衡盾构机长距离穿越离散性很大的复杂上覆土层提供技术依据和参考,为上海甚至全国的公路交通建设提供技术储备和经验积累,其使用价值将在今后交通建设中进一步显现。

参考文献

[1] 王梦恕. 中国盾构和掘进机隧道技术现状、存在的问题及发展思路[J]. 隧道建设,2014,34(3):179-183.

[2] 上海市隧道工程轨道交通设计研究院. 沿江通道越江隧道岩土工程勘察报告[R]. 2014.

[3] 康宝生. 绿色环保经济发展与隧道掘进机再制造探析[J]. 隧道建设,2013,33(4),259-265.

[4] 李宗梁,黄锡刚. 泥水平衡盾构穿越堤坝沉降控制研究[J]. 现代隧道技术,2011,48(1):103-110.

[5] 韩磊,叶冠林,王建华,等. 浅覆土大直径盾构穿越对河堤影响的有限元分析[J]. 岩土工程学报,2015,37(增刊1):125-128.

大直径盾构刀盘驱动装置密封冷却系统研究

顾旭莹

（上海隧道工程有限公司　上海　200137）

摘　要：刀盘主驱动密封失效是导致主驱动无法正常工作的重要因素，而密封冷却及润滑系统是保障密封圈使用寿命及可靠性的关键。为解决密封冷却系统管路布置、冷却水腔容易发生渗漏等问题，本文对杭州文一路 ϕ11.66m 刀盘驱动装置的密封冷却系统结构进行分析，从接头形式、焊接顺序、拼接形式、加工难易程度、质量控制等多方面研究，优化改进冷却系统结构，从而保障密封冷却水系统的可靠性，为盾构长距离掘进提供保障。

关键词：刀盘驱动装置；主驱动密封；冷却系统

1　概述

近年来，国内外的盾构法隧道施工技术不断向大断面、大埋深、长距离掘进发展，特别是海底隧道及城市铁路隧道的开发建设对大直径盾构的需求越来越大。刀盘主驱动为盾构刀盘转动提供扭矩动力，是盾构的核心部件，而驱动密封技术是保障刀盘主驱动可靠运行的关键技术之一。针对大直径盾构大埋深、长距离的发展需求，刀盘主驱动需要具备高耐压、长工作寿命、高可靠性等特性。

刀盘驱动装置采用齿轮啮合传动，一般为了保证密封可靠性，刀盘驱动装置设有外周密封和内周密封，外周密封和内周密封均由迷宫槽、若干密封圈组合而成。每两道密封圈之间都充满油脂，起到冷却、润滑和保护密封圈的作用。同时，驱动密封必须能承受土仓内的压力，方可有效阻止齿轮油外泄并防止外部土砂、地下水、添加剂等侵入齿轮箱，保护主轴承。

主驱动密封系统的设计是刀盘驱动装置设计过程中的关键技术之一。通常，刀盘驱动装置的密封圈在推进过程中无法进行更换，即使是洞内可拆式刀盘驱动，要更换密封环也会带来极大的施工风险，而密封圈一旦失效，对刀盘驱动的影响是致命的。刀盘驱动装置运转时，密封圈与密封圈接触面将产生相对运动，进而使密封圈产生热量，当圆周线速度较高时，这种情况尤为突出，将会影响密封圈的使用寿命。因此，密封冷却系统也是刀盘驱动设计中的重要一环，同时密封圈在刀盘驱动装置运行的过程中需要充足的油脂润滑。油脂润滑作为密封圈冷却的第一手段，同时也可以降低磨损并阻止外界杂质进入以保护密封圈。

2　刀盘驱动装置的密封及密封冷却系统

刀盘驱动装置按齿轮啮合方式可分为外啮合式和内啮合式。盾构内部的布置空间有限，在同等洞径条件下，内啮合式相对外啮合式其主轴承外径更大，承载能力更大，因此在10m级以上大直径盾构上，内啮合式的驱动装置应用更为广泛。而由于内啮合式驱动在外侧空间更为紧凑，因此在密封冷却及润滑系统的布置上有一定的难度。

盾构主驱动密封系统由密封圈、迷宫密封构成，密封腔内填充油脂。目前，刀盘驱动装置

作者简介：顾旭莹，女，硕士研究生，目前主要从事盾构设计工作。电子邮箱：guxuying@stecmc.com。

采用的两种主流的密封形式是多翅型密封组合及 VD 密封(单唇型密封)组合。多翅型密封圈又称为齿形密封,其基本结构由 3 ~4 个齿形组成,其优点是密封性能好、可靠性高,缺点是散热性较差、结构尺寸较大;而 VD 密封的优点是结构尺寸紧凑,但耐压能力由各密封腔内的压力累计决定,需要更精准的油压控制,当土压变化时,密封腔内油压调整不易,容易造成油脂消耗量急剧增加。

本文以杭州文一路 ϕ11.66m 刀盘驱动装置为例,对其密封冷却及润滑系统进行优化设计。ϕ11.66m 刀盘驱动装置采用内啮合式,如图 1 所示,其主要组成为传力环、受力环、外密封环、主轴承、动力箱、密封舱等,在外周依次设置迷宫槽、一道平面密封、三道圆周密封,密封圈采用四翅型密封圈,材料为聚氨酯。内周密封形式与外周基本相同,内密封圈紧邻密封舱,密封舱的空间足够大,较容易布置冷却水腔及管路。而外密封区域较为紧凑,管路交错复杂。本文重点针对外密封圈的冷却水系统进行优化设计,提高密封系统和密封冷却系统的可靠性。

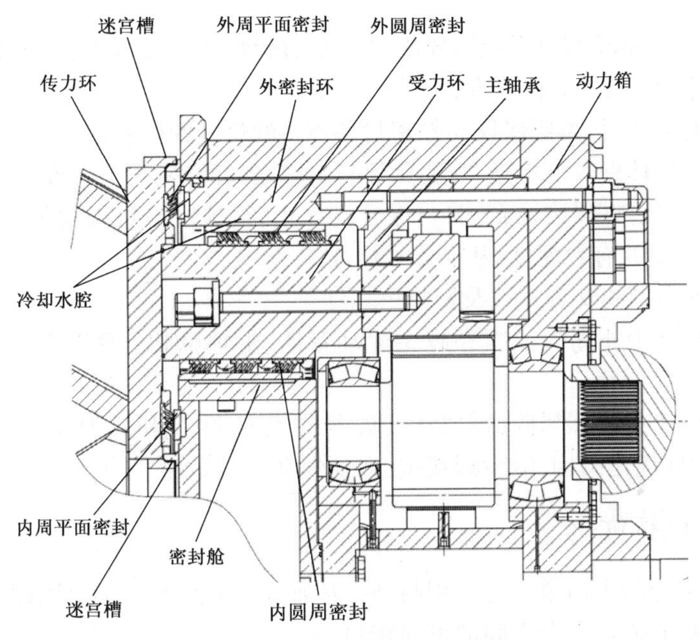

图 1 ϕ11.66m 刀盘驱动装置

密封圈冷却的有效手段是油脂冷却和水冷却。通过在平面密封圈和圆周密封圈的齿接触面相连位置各设置一个可供冷却水循环的冷却水腔,实现对密封圈的冷却。每个水腔需要进出水管路各 2 道,一共 4 个冷却水通道。同时,密封圈油脂加注是密封圈冷却、润滑、降低磨损的重要手段。油脂润滑冷却是刀盘主驱动密封冷却的第一道保障,必须保证密封圈之间充足稳定的油脂供给。因此在平面密封与第一道密封圈之间、每道圆周密封圈之间各布置密封圈油脂通道 10 道,共 30 条油脂管路。由于结构限制,油脂管路只能通过冷却水腔给密封圈供给油脂,为便于接管及维修,密封圈油脂润滑管路采用内置式结构,如图 2 所示,即所有通道都与外密封环结构集成在一起,同时,主轴承外圈通过螺栓与外密封环固定,在主轴承内部也采用内置式油脂通道与外密封环内置通道相连,形成连通道,再通过动力箱端面引出油脂管接口,这种形式比直接由外密封环径向通过动力箱外侧在壳体内接管的形式视野更加开阔,操作空间更大。

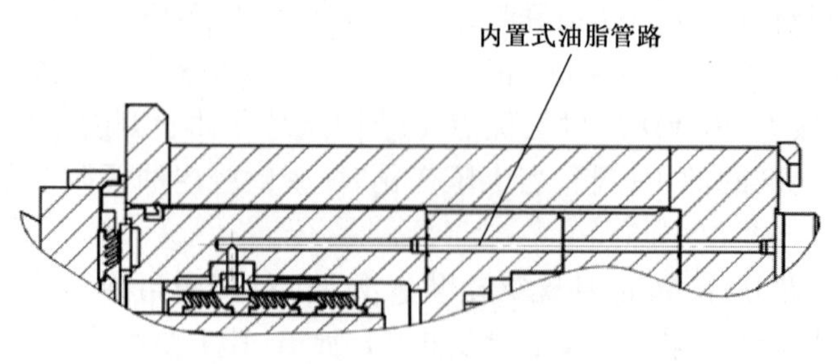

图2　内置式油脂管路

此内置管路方案为：主轴承与外密封环由高强度螺栓连接，沿圆周共分布有96个螺栓孔，则密封圈油脂孔及轴承自身润滑油进出口可布置在同一直径的两个螺栓孔之间，密封圈油脂润滑管路30个，主轴承自身润滑口12个，4个冷却水口。

3　冷却水系统风险分析

大直径盾构机主驱动密封系统需要配置大量油脂管和冷却水管，且油脂管需要穿越冷却水腔到达密封油脂腔，通过分析研究，其存在风险如下：

（1）水腔封板跨度大，需要保证与外密封环连接的焊缝的可靠性。

（2）油脂管接头具有多重焊缝，需要保证与水腔之间的密封、与封板焊缝的可靠性。

（3）水腔封板为密封圈接触面，需要焊后机加工，须预留与封板面相邻焊缝的加工余量，避免加工后影响焊缝的有效深度，从而导致渗漏。

（4）冷却水进出口的安装方式及密封可靠性。

（5）油脂管通道从外到内依次穿越主驱动箱体、主轴承和外密封环，其端面间密封的可靠性。

为了有效控制上述渗漏风险，需要从接头形式、焊接顺序、拼接形式、加工难易程度等方面综合研究，尽可能地优化结构，减少焊接量，保证焊缝的可靠性。

4　冷却水系统结构优化

油脂管通道和冷却水通道均与外密封环一体加工，可靠性高，而油脂管路需要穿过水腔，则必须保证油脂管通道与水套空间的可靠密封。

ϕ11.66m刀盘驱动装置考虑了三种方案，下面分别进行介绍。

（1）方案1（图3）

油脂管接头采用具有定位台阶的圆柱体形式，焊接时先将油脂管接头焊接到外密封环，然后再焊接水套封板。其优点是接头焊接较容易，接头处焊缝容易保证；其缺点是水套隔板外径大于接头高度，接头焊接后隔板无法整体装入，需要分段才能安装、焊接，增加了隔板焊缝和焊接量，而水套封板为冷却水承压面，焊缝过多风险也大。

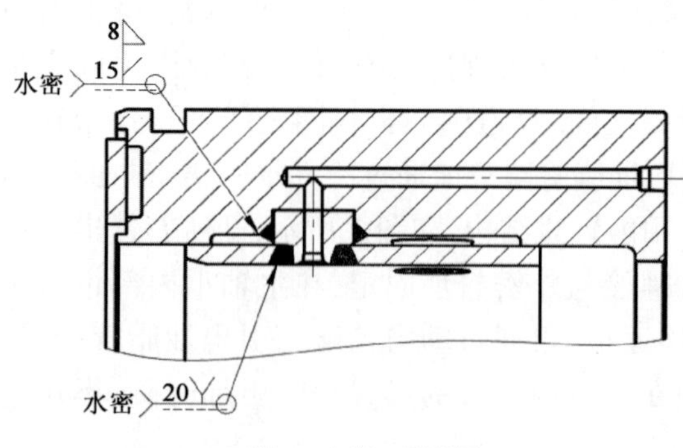

图3　方案1示意图

（2）方案2（图4）

油脂管接头与水腔一体加工成型，在加工外密封环时通过机加工将接头一起加工出来，只需焊接封板。其优点是接头与外密封环主体无焊缝,消除此处渗漏隐患;缺点是整体加工量很大,且隔板安装焊接方式同方案1,封板焊缝较多增加了风险。

(3)方案3(图5)

油脂管接头采用分体式设计,焊接时先焊接头1,保证接头1与外密封环的焊缝,然后安装、焊接水套隔板,最后焊接接头2。其优点是焊接容易,水套隔板无须分段就能安装,无对接焊缝;缺点是接头1焊缝在水腔内,在封板焊接后无法再处理,首先必须保证此焊缝的可靠性。

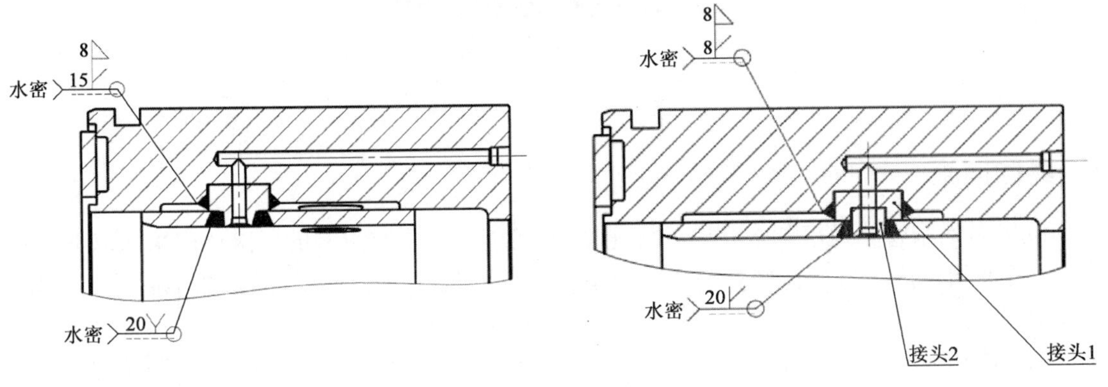

图4　方案2示意图　　图5　方案3示意图

经过综合比较,方案3加工方便、焊接容易,焊缝可靠性较高,故采用方案3。需要注意的是,在接头1焊接完后必须检测焊缝、油脂管做试压,保证无渗漏后再进行下一步工序。

5　冷却水进出口方案

冷却水从刀盘驱动外部通过管路接入水套,需要保证进出水管可拆、安装方便、与水套接口的密封可靠。水套接口有两套方案,方案1(图6)采取与油脂管相同的走向,通过主轴承上管路与外密封环连通进入水套,为了增加可靠性,在通道内另外设置无缝钢管,无缝钢管由动力箱上通过主轴承上通道插入外密封环内置通道,无缝钢管外侧布置两道密封圈与外密封环通道配合,达到双重密封的效果,可靠性较高。但是此方案钢管接入距离过长、连接外密封环位置无法观察,需要保证可靠安装到位,且对主轴承通道与外密封外通道的定位精度要求更高,同时对动力箱上的安装空间需求较大,而主轴承上留有孔位间距较小,布置比较困难。

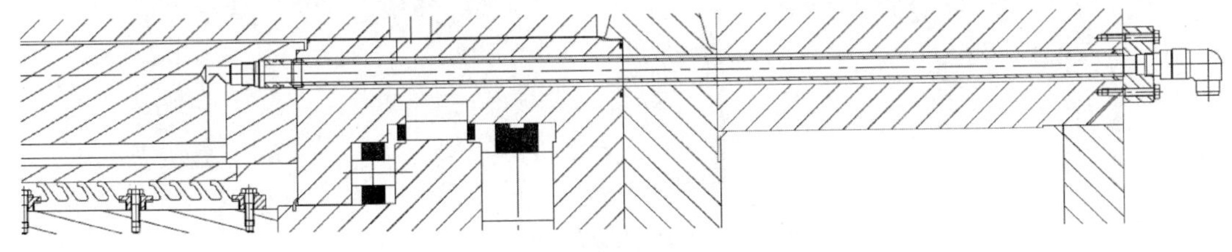

图6　冷却水进出口方案1

方案2(图7)是径向装入,即冷却水管通过动力箱外周接入外密封环水套,水管接头与外密封环水腔通路直接由两道密封圈保证密封,同时水套接头端盖与动力箱安装面也有密封圈保证密封。

如图7所示,此方案接入距离较短,风险较小。ϕ11.66m刀盘驱动装置采用径向装入方案,但为了保证主轴承在同一规格主驱动中的通用性,仍然预留主轴承内置冷却水通道。

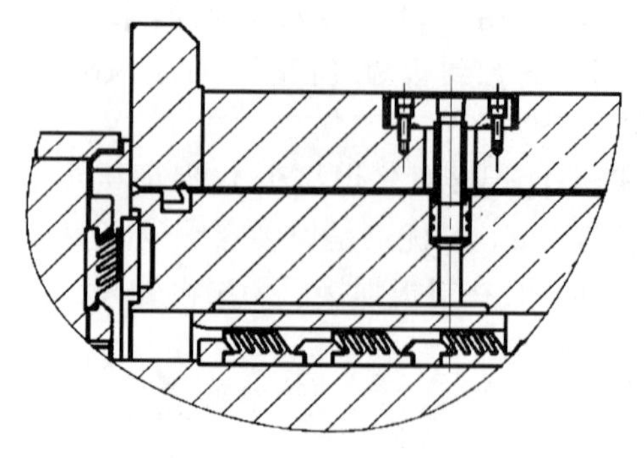

图7　冷却水进出口方案2

6　其他措施

除了对油脂管路及冷却水管路的优化，针对可能导致水腔渗漏的风险还应采取以下措施：

(1)油脂孔接头与水套封板焊缝必须预留足够的机加工余量，以保证加工后的连接强度和密封性能。

(2)外密封环与主轴承、主轴承与动力箱面板油脂管通路相连，对管路的定位精度要求很高，在图纸上需明确定位精度。

(3)外密封环与主轴承安装端面、主轴承与动力箱安装端面的密封，在主轴承螺栓连接孔的外侧和内侧分别设置一道整环密封，防止齿轮箱内部油脂渗出。同时，在每个油脂管路孔的外周设置一道小密封，防止油脂通道的油脂外泄。

(4)控制水腔封板变形。密封圈冷却水腔封板跨度大，且封板厚度不宜过大。若过大，则会导致冷却水对密封圈的冷却效果不佳。可通过有限元计算进行校核，封板需要承受一定水压力，计算水压力为1.6MPa。

如图8所示，经过计算，最大应力为116MPa，最大位移为0.3192mm，满足使用要求。

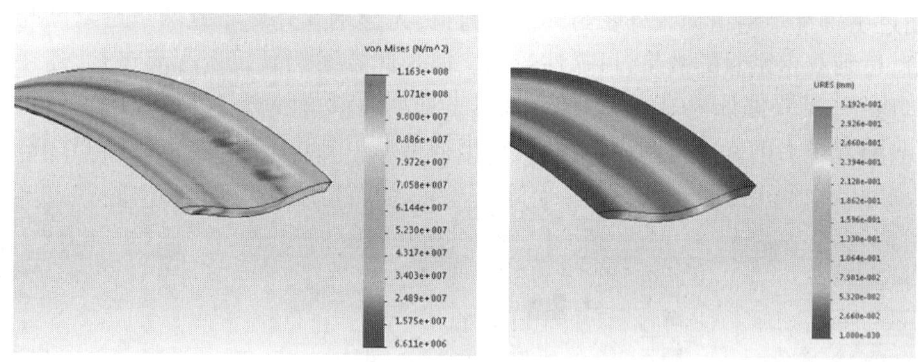

图8　水腔封板受力及变形云图

(5)控制焊缝质量。所有焊缝必须具有水密性，并进行超声波探伤，在水腔内部的焊缝，需要在封板前完成检测。

(6)压力测试。为保证所有管路的可靠性，需要对管路及冷却水系统进行压力测试(图9)，试验压力为1.6MPa，保压1h。在封板前对外密封环管路、接头进行压力测试，确保没有问题后再进行封板焊接。封板后，对外密封环的整体水腔进行压力测试。刀盘驱动装置组装完成后再次对整个冷却水系统通路进行压力测试。

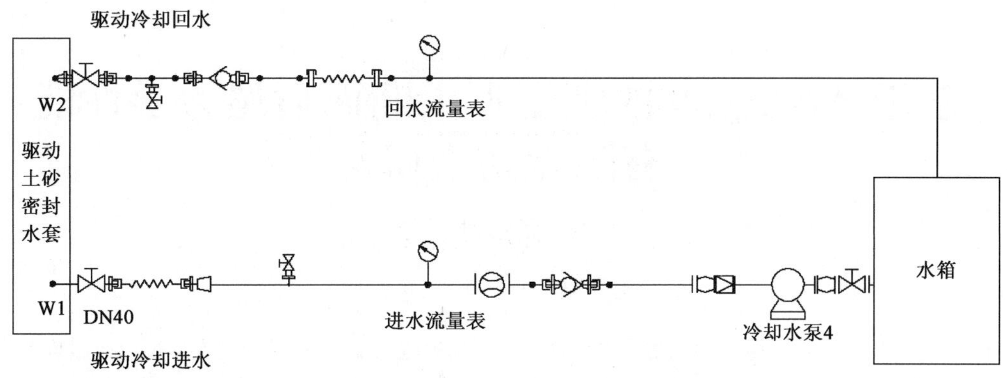

图9 水腔压力测试

(7)密封圈温度预警系统。分别在外周密封和内置密封的位置上设置一个温度传感器，监测密封圈的温度变化，当温度超过设定值时触发报警，如图10所示。

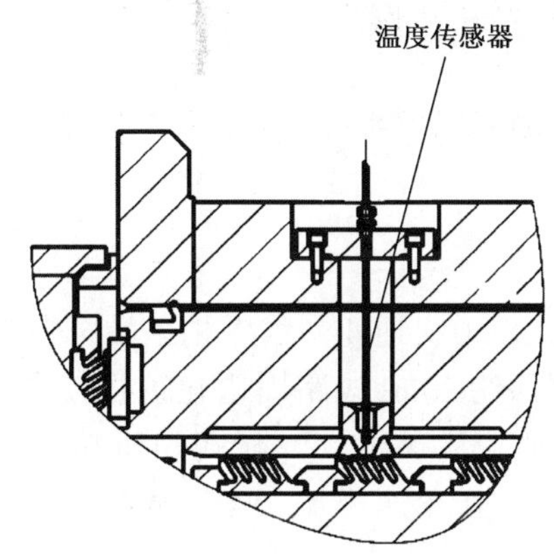

图10 密封圈温度监测示意图

7 结语

通过对刀盘主驱动密封冷却系统结构的研究，全面分析了密封冷却系统存在的风险，可采取优化油脂管接头形式、合理布置冷却水进出口方案、保证机加工焊缝余量等措施，将冷却水系统的渗漏风险降至最低。对保障刀盘主驱动密封系统的可靠性、避免盾构长距离掘进主驱动故障具有重要意义。杭州文一路 ϕ11.66m 刀盘主驱动密封冷却系统的成功应用，为之后大直径盾构主驱动密封冷却系统的设计优化提供了思路，有利于进一步优化密封冷却系统结构，建立完善的工艺和质量控制体系。

参 考 文 献

[1] 傅德明，周文波. 超大直径盾构隧道工程技术的发展[C]//地下交通工程与工程安全——第五届中国国际隧道工程研讨会论文集，2011.

[2] 王龙. 盾构机主驱动密封系统分析与状态检测[D]. 石家庄：石家庄铁道大学，2016.

基于 ABAQUS 的类矩形大断面盾尾力学性能有限元仿真研究

张成杰

（上海隧道工程有限公司　上海　200137）

摘　要：为使类矩形大断面盾尾结构强度符合盾构掘进施工要求，避免盾尾变形过大而影响管片拼装及造成盾尾密封损坏等风险，本文以应用于宁波地铁隧道建设的 11.83m × 7.27m 类矩形土压平衡盾构机盾尾为背景，基于其结构特点、断面形式，结合隧道所处工程地质、水文、覆土埋深等边界条件，分析盾尾部件在隧道掘进施工中长期处于无支撑状态受水土压力负载特点，利用 ABAQUS 软件建立盾尾载荷模型，模拟工况条件，对两种材料的盾尾在不同覆土深度下的力学性能进行有限元仿真，并通过强度校核对比得出覆土深度对盾尾变形的影响，为盾尾设计提供了基础保障。

关键词：类矩形盾构机；覆土深度；盾尾变形；建模仿真

1　概述

如图 1 所示，本工程为宁波轨道交通 4 号线翠柏里站至大卿桥站盾构过渡转换井区间段，隧道全长 793m，最大顶覆土埋深约 20m，线路周边建筑物较多，下穿桥柱及河道等，隧道所处地层主要为②$_{2a}$淤泥、②$_{2b}$淤泥质粉质黏土、②$_{3}$ 淤泥粉质黏土、③$_{2}$ 粉质黏土、④$_{1}$ 淤泥质粉质黏土，地下水为第四系松散浅层空隙潜水类型。本工程采用一台大断面类矩形土压平衡盾构机掘进施工，如图 2 所示。

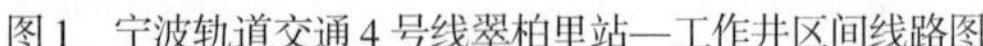
图 1　宁波轨道交通 4 号线翠柏里站—工作井区间线路图

图 2　类矩形土压平衡盾构机

类矩形盾构法隧道为单洞双线衬砌结构（图 3），其与圆形地铁盾构隧道相比在集约地下空间、断面利用率和适用性方面具有更大优势。盾构机主机壳体部件在隧道掘进施工过程中承受地层水土压力、自重等叠加荷载，在其支撑掩护下开挖掘进避免了主机外周地层塌陷从而

作者简介：张成杰，男，研究生学历，工程师，主要从事城市地下空间开发重大装备掘进机设计研发及生产制造管理工作。电子邮箱：zhangchengjie@ stecmc. com。

保障隧道内施工安全。在盾构机完成一段推进后紧接着进行管片拼装并通过同步注浆以实现隧道衬砌尽快封闭成环隔断地下水从盾尾间隙处渗入。管片拼装机通常位于盾尾区域(图4),由于拼装机需要满足环向圆周旋转拼装整环管片,所以盾尾部件不同于其他壳体部件(切口环和中盾),受空间限制无法设置充足的环向连接加强筋,在长时间隧道掘进施工承受水土荷载的状态下,会产生一定程度的变形,尤其是类矩形大断面盾尾,因其自身结构形式和受力特点相比小直径圆形结构更容易发生变形,在顶部和底部易产生较大的弯矩,变形更为严重,可能造成管片拼装间隙过小、盾尾密封损坏、盾构机无法拼装管片、纠偏和水土渗入等风险,故对盾尾部件的整体强度设计要求较高。

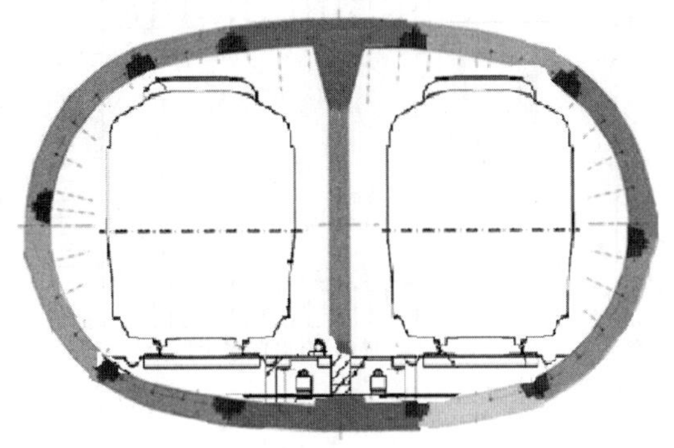

图3 类矩形单洞双线隧道衬砌示意图

图4 盾尾区域预制管片拼装

2 盾尾结构组成

由图5可知,类矩形盾构机盾尾外轮廓长度为11820mm,高度为7257mm,宽度为3980mm,盾壳环板厚度为80mm,分块设计,每块由圈板焊接而成,上下壳体连接处和前端面与中壳体尾部连接面都留有焊接坡口,施工现场组装完成尺寸检验合格后焊接成整体。在盾尾内部焊接了5道加强筋板以增加结构整体刚度,呈类矩形断面环形分布,间隔650mm,加强筋板横截面尺寸为30mm×100mm。在盾尾尾端设置2道用于安装盾尾刷的定位环,间隔500mm,其截面尺寸为30mm×30mm,也是呈类矩形断面环形分布。盾尾尾端布置两道钢丝刷、一道钢板刷和一道挡浆板,以防止地下水渗入。

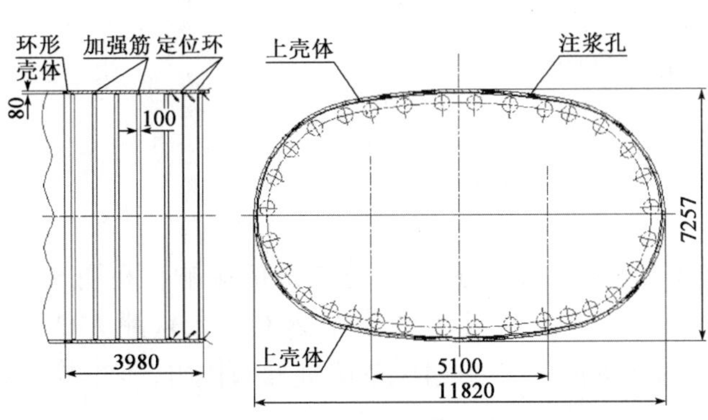

图5 类矩形盾尾断面尺寸及分块实物图(尺寸单位:mm)

3 荷载模型及计算

盾尾壳体所受主要荷载为盾构周围的水土压力、地面荷载和盾尾自重，根据施工现场的水文地质资料，考虑盾尾自重、盾尾外周表面承受垂直与侧向的水土压力，运用水土合算的方法，在自然状态（只受重力荷载）、覆土深度为10m（受竖向水土压力和重力荷载）、覆土深度为25m（受竖向和侧向水土压力、重力荷载）三种工况下，采用荷载—结构模型对两种材料（Q345和Q460）的盾尾钢壳结构进行受力分析，如图6～图8所示。

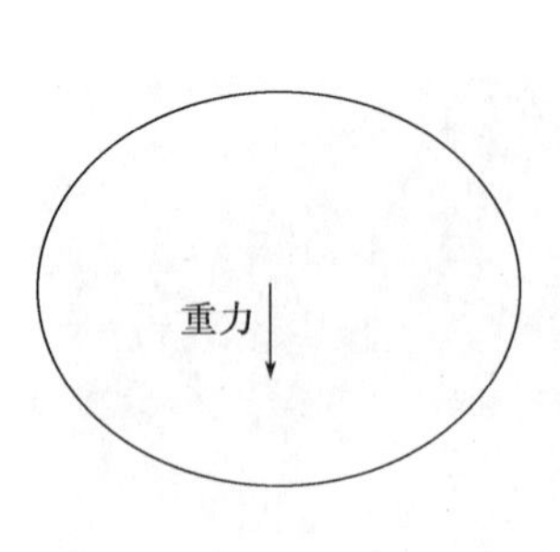

图6　自然状态荷载模型

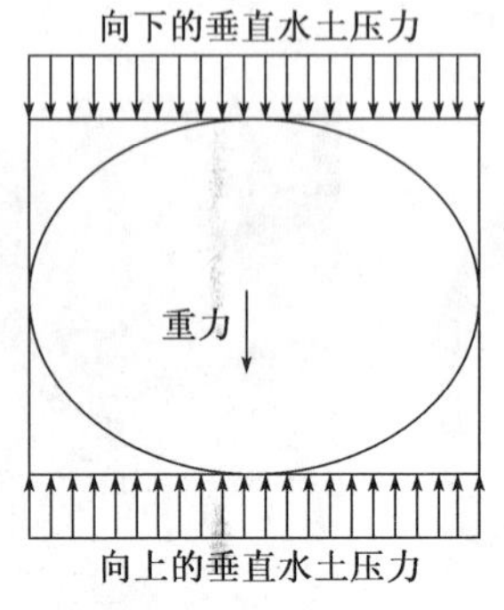

图7　覆土深度10m荷载模型

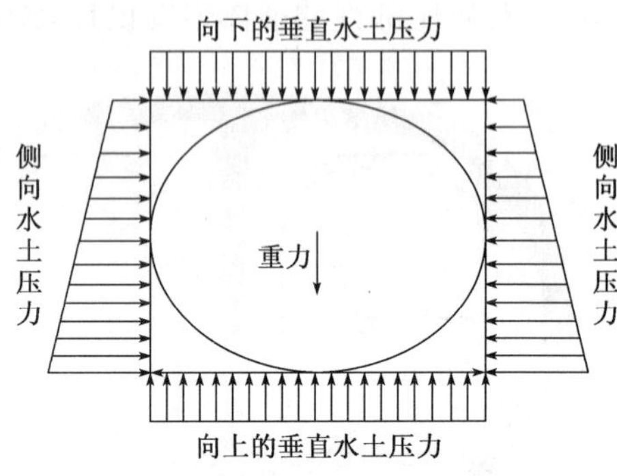

图8　覆土深度25m荷载模型

（1）自然状态（只受重力荷载）

Q345钢与Q460钢密度均为7.85×10^3kg/m^3，重力加速度g取9.8m/s^2，盾尾结构质量约为78t。

（2）覆土深度为10m（受竖向水土压力和重力荷载）

垂直水土压力由水土重度γ与盾构埋深h相乘计算，$\rho_H=1.8\times9.8h$，其中$\gamma=1.8\times9.8$kN/m^3，经计算得：顶部垂直向下水土压力为$1.8\times10^3\times10\times9.8=0.1764$MPa，底部垂直向上水土压力为$1.8\times10^3\times(10+7.27)\times9.8=0.3046$MPa。

（3）覆土深度为25m（受竖向和侧向水土压力、重力荷载）

①顶部垂直向下水土压力：$1.8\times10^3\times25\times9.8=0.441$MPa。

②底部垂直向上水土压力：$1.8\times10^3\times(25+7.27)\times9.8=0.5692$MPa。

③侧向水土压力由垂直水土压力与侧向力系数相乘计算，侧向力系数为0.7。

④顶部侧向水土压力：$0.441\times0.7=0.3087$MPa。

⑤底部侧向水土压力：$0.5692\times0.7=0.3984$MPa。

4 有限元仿真模拟

4.1 建立模型

盾尾部件在施工现场等强度焊接成整体，为了简化分析，忽略焊缝的影响。利用Solidworks建立盾尾三维实体模型，由Solidworks导出.sat格式文件，并导入有限元软件ABAQUS中，点选Merge solid regions将盾尾结构与加强钢板考虑为一体，忽略焊缝的作用，部件属性选为三维可变形。盾尾实体模型如图9所示。

4.2 定义材料属性

密度取7.85×10^3kg/m^3，弹性模量取210000MPa，泊松比取0.28。根据Q345与Q460两

种钢材定义不同的塑性,选择不同的屈服强度。创建截面,定义为实体、均质,材料选择钢材,指派截面至整个部件。点选大变形开关,考虑几何非线性。使用钢材的理想弹塑性模型,即钢材进入塑性状态后不发生强化,只有应变增大,如图10所示。

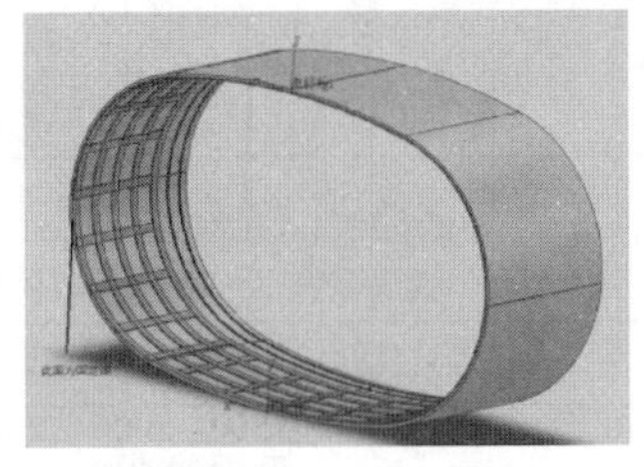

图9　盾尾实体模型

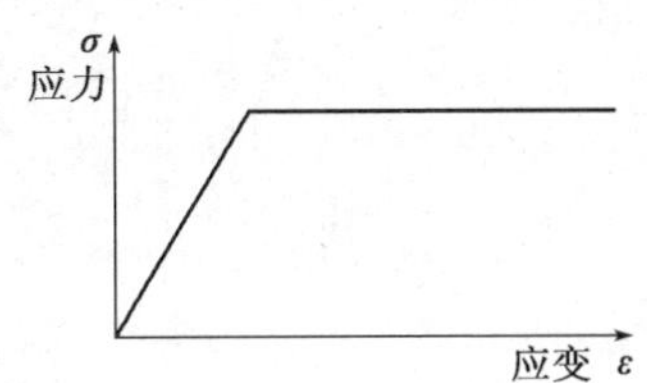

图10　理想弹塑性模型应力—应变曲线

4.3　网格划分

进入网格模块,单元形状选为四面体,几何阶次选为二次,C3D10单元。布置全局种子,近似全局尺寸设置为55,为部件划分网格,如图11所示。

4.4　施加约束与荷载

盾尾刷虽与管片接触,但接触应力主要是起压紧刷体形成密封隔腔的作用,而且由于施工时盾壳轴线与管片拼装中心轴线会有偏差,管片对盾尾的支持作用在圆周分布上并不均匀,虽能限制盾尾的大尺度变形,但难以量化计算,所以在应力模拟中不考虑管片的支持效果。

盾尾壳体受力状况近似悬臂梁结构,前部端面与中间壳体固定在一起,模型中,在该处为盾尾提供一个固定约束,如图12所示。进入荷载模块,选择完全固定,分别施加三种工况下的荷载。

图11　盾尾模型网格划分

图12　施加约束

4.5　结果分析

(1)自然状态

Q345材料和Q460材料的盾尾有限元仿真结果如图13~图16所示。

在自然状态下,盾尾结构应力都在5MPa以下,两侧面圆弧区域应力较小,大部分在1.5MPa以下,应力远小于屈服强度,处于安全的弹性变化范围。应力较大区域主要分布在拱顶和拱底,从靠近固定端到盾尾尾部,应力先减小后增大,变形随距固端距离的增大而增大,拱顶变形与现场实际情况基本一致,远离固端处最大变形为向下0.372mm。由于盾尾结构没有进入塑性状态,Q460钢与Q345钢的仿真结果完全相同。

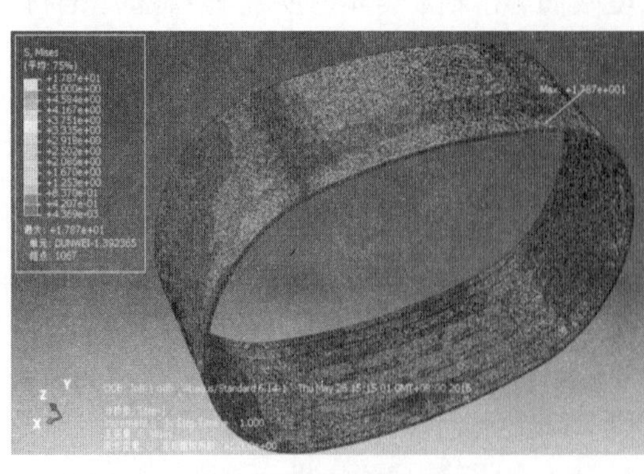

图 13　应力云图

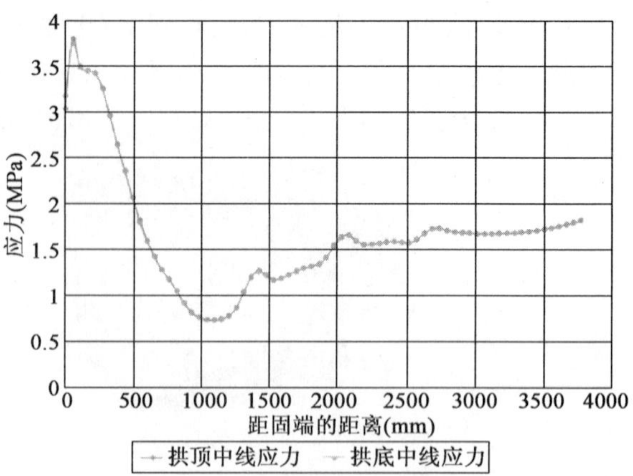

图 14　拱顶与拱底中线处应力与距固端距离的关系曲线

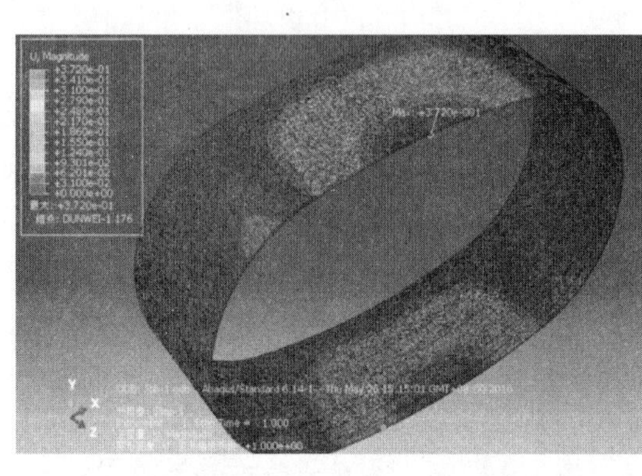

图 15　应变云图

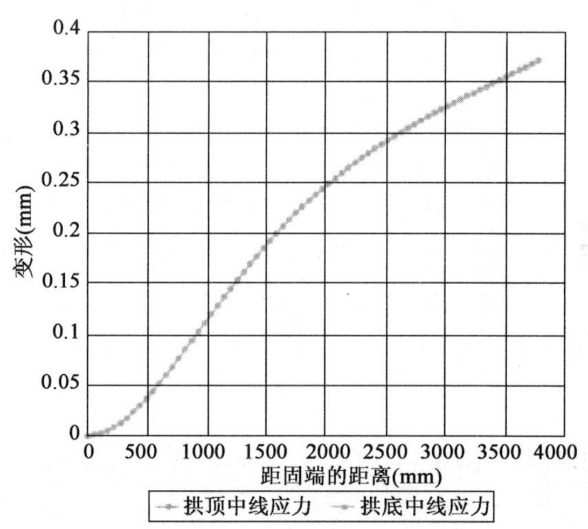

图 16　拱顶与拱底中线处应变与距固端距离的关系曲线

(2)覆土深度为 10m 工况

Q345 材料和 Q460 材料盾尾有限元仿真结果如图 17 ~ 图 20 所示。

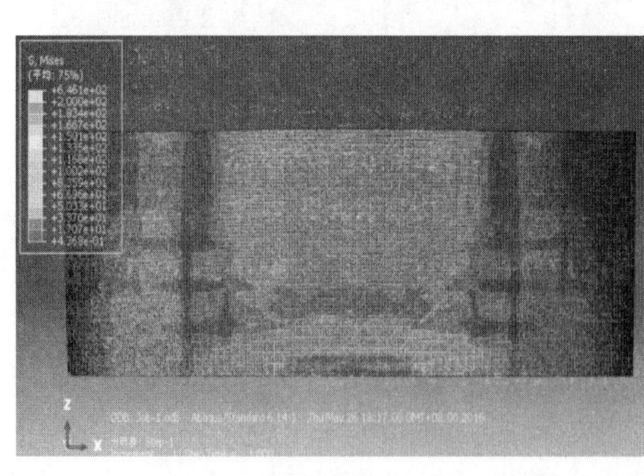

图 17　应力云图

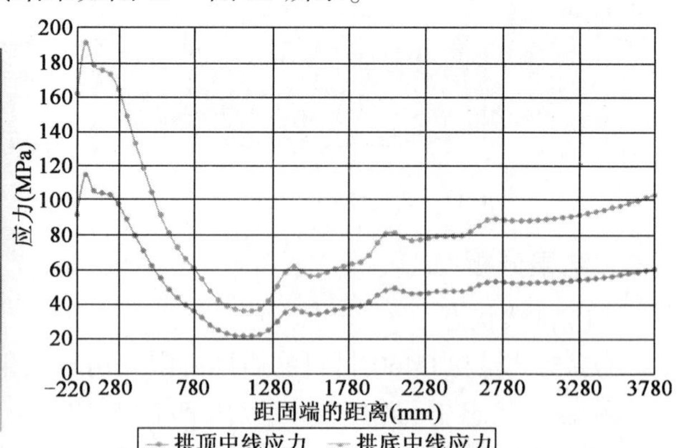

图 18　拱顶与拱底中线处应力与距固端距离的关系曲线

在覆土深度为 10m 的工况下,Q345 材料与 Q460 材料盾尾结构因为还没有发展塑性,其应力分布基本相同,且最大应力也近似。钢壳主体最大应力小于 200MPa,出现在拱底靠近固定端处。应力较大的区域也是主要分布在拱顶和拱底,从靠近固定端到盾尾尾部,应力先减小后增大，变形随与固端的距离的增大而增大，远离固端处拱顶最大变形为向下 12mm，拱底最大变形为向上 20.18mm。

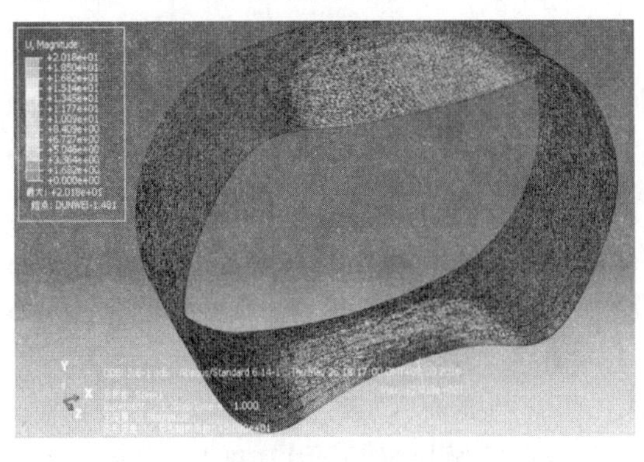

图 19　应变云图

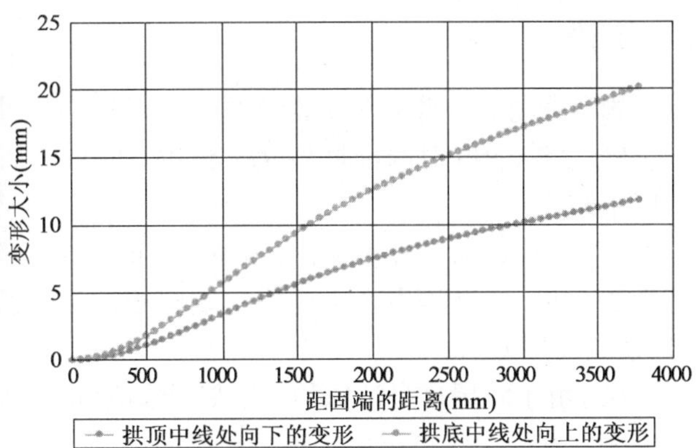

图 20　拱顶与拱底中线处应变与距固端距离的关系曲线

(3)覆土深度为 25m 工况

Q345 材料和 Q460 材料盾尾有限元仿真结果如图 21 ~ 图 24 所示。

图 21　应力云图

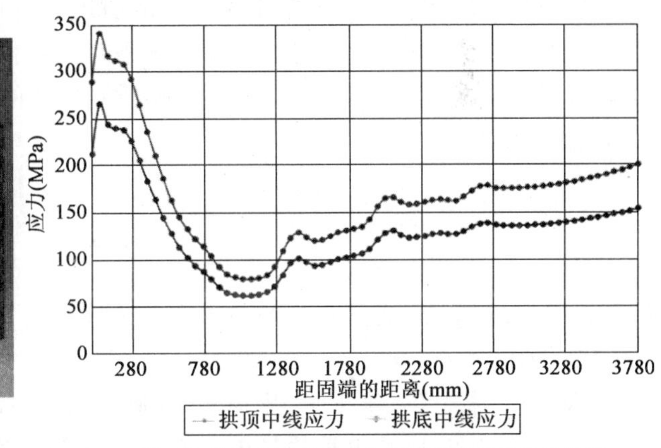

图 22　拱顶与拱底中线处应力与距固端距离的关系曲线

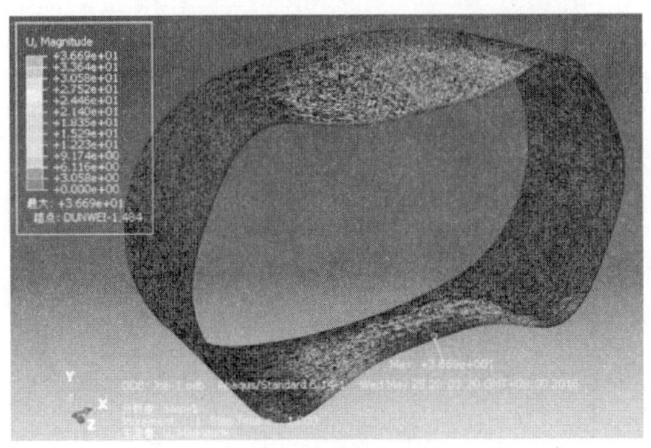

图 23　应变云图

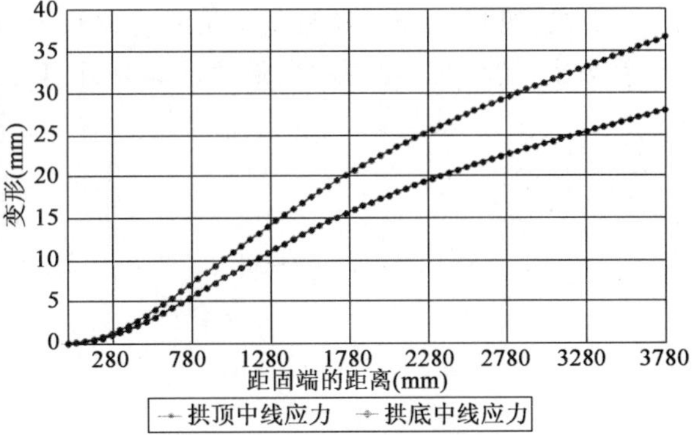

图 24　拱顶与拱底中线处应变与距固端距离的关系曲线

在覆土深度为 25m 的工况下，Q345 材料与 Q460 材料盾尾结构因为还没有发展塑性，其应力分布基本相同，但是拱底接近固定端处出现的最大应力为 332MPa，已接近 Q345 钢的屈服应力，在此覆土深度下，采用 Q460 材料制作盾尾更具有强度储备。应力较大区域也是主要分布在拱顶和拱底，从靠近固定端到盾尾尾部，应力先减小后增大，变形随与固端的距离的增大而增大，远离固端处拱顶最大变形为向下 28mm，拱底最大变形为向上 36.69mm。

5 结语

本文通过建立类矩形大断面盾构机盾尾在三种不同施工工况条件下的荷载模型和受力分析，基于 ABAQUS 对两种材料（Q345 和 Q460）的盾尾结构进行力学性能和强度校核仿真，得出以下结论：

（1）在预设的三种工况下，两种材料的盾尾结构几乎都没有进入塑性阶段，但是在覆土深度为 25m 时，在结构拱底靠近固定端附近出现了最大应力 335MPa 左右，考虑足够的强度储备，建议使用 Q460 钢。

（2）由于盾尾自身特殊的“扁状”类矩形断面结构，两侧圆弧面区域受力较小，上下表面受力较大。其受力特点类似于一个悬臂构件，从靠近固定端到盾尾尾部，应力和变形不断增大，在最尾端达到最大值。

（3）在同一盾尾横断面上，随着覆土深度的增加，盾尾表面承受的荷载应力也随之增大，同样应变也在不断增加。

本研究为盾构机在一定施工条件下的盾尾强度计算提供了解析方法，分析了覆土埋深对盾尾应力应变的影响，为盾尾材料设计选型时提供依据。本文因为软件网格划分质量不佳等因素与实际情况可能存有偏差，但不影响盾尾部件的应力和变形分析，对类似工程项目研究具有一定的参考意义。

参考文献

[1] 日本土木学会. 隧道标准规范及解说（盾构篇）[M]. 朱伟，译. 北京：中国建筑工业出版社，2011.

[2] 张凤祥，朱合华，傅德明. 盾构隧道[M]. 北京：人民交通出版社，2004.

[3] 孙文昊. 土质地层中盾构隧道垂直荷载计算方法探讨[J]. 铁道工程学报，2009，10（10）：69-73.

[4] 何於琏. 有限元分析在盾构掘进机壳体设计的应用[J]. 隧道建设，2006，26（2）：70-81.

[5] 管会生，黄俊文. 盾构盾尾强度计算分析[J]. 工程机械，2008，39（8）：34-37.

不同类型刀盘组合异形隧道掘进机全断面切削研究

刘智辉

(上海隧道工程有限公司　上海　200137)

摘　要:本文针对异形多个小圆刀盘组合非全断面切削存在的问题,结合异形隧道掘进机全断面切削技术研究和工程应用,对圆刀盘+仿形切削刀组合式、偏心多轴双仿形刀盘组合式、圆形大刀盘+偏心多轴仿形刀盘组合式、同一平面双辐条式圆形大刀盘+偏心多轴仿形刀盘组合式异形全断面切削的特点进行分析研究比较,总结形成异形隧道掘进机全断面切削技术成果,并在城市地下空间开发建设中成功推广应用。

关键词:异形隧道掘进机;组合式刀盘;全断面切削

1　引言

世界上最早利用隧道掘进机施工的地下隧道是1826年开始建造的英国伦敦穿越泰晤士河底的公路隧道,其隧道断面为尺寸11.4m×6.8m的矩形,由于采用人工开挖和施工中发生涌水淹没事故,长458m的矩形隧道掘进了18年才完工。1865年,首次出现采用圆形隧道掘进机建造隧道。由于圆形隧道衬砌结构具有受力均匀、内力较小、刀盘能达到100%全断面切削、施工性能较好等特点,在此后的100余年内,通过隧道掘进机施工的隧道,其断面形状绝大部分采用圆形。

我国城市地下隧道建设正在以世界罕见的高速度发展,现代都市核心区的密集线网,往往意味着要在已经接近饱和浅层地下空间中,见缝插针地"挤"进一条新的轨道交通线路,由此对区间隧道的建设手段提出了新的要求。圆形盾构隧道存在断面空间利用率低的弱点,在拥有相等有效空间的情况下,矩形断面比圆形断面能节约35%以上的地下空间,可实现相同的功能,节省空间,并可以大大减小隧道的埋深。从隧道的使用功能来分析,公路隧道、铁路隧道、地铁隧道、人行地道、地下共同沟的断面形式以矩形最为合适和经济,因而对矩形隧道掘进机进行研究、开发和应用,其意义十分重大。

隧道掘进机的常见截面形式为圆形,在设计刀盘时,通过合理布置切削刀具,可以轻松实现全断面切削的目的。但是,矩形和异形隧道掘进机的切削断面形状并非中心回转对称,如何解决异形刀盘及不同类型刀盘组合方式,达到100%无死角全断面切削,是矩形掘进机研制的最大难点。

2　异形多个小圆刀盘组合非全断面切削存在的问题

目前,有相当一部分异形断面掘进机采用多个小圆刀盘组合切削,这种方式简单可靠,但是由于异形断面的切削断面形状并非中心回转对称,无法做到100%全断面切削,所以,在开挖盲区存在无法切削的现象,在掘进机推进切削时,开挖盲区区域有大量土体堆积,产生较大

作者简介:刘智辉(1972—),男,大学本科,高级工程师,目前主要从事城市轨道交通盾构装备的制造与管理工作。电子邮箱:liuzhihui@stecmc.com。

的阻力,造成主推力快速上升,掘进速度接近零,使掘进机不能继续前进。因此,如何做到异形断面100%全断面切削,是异形掘进机需要解决的最大难点,而利用不同类型组合式异形刀盘来达到100%全断面切削是解决这一问题的有效技术手段。

3 不同类型组合式异形刀盘全断面切削分析研究

3.1 圆刀盘+仿形切削刀组合式

采用2个圆刀盘前后叠交布置及若干个仿形切削刀组成切削刀组(图1、图2),仿形切削刀根据圆刀盘的转速及施工隧道外形边界尺寸,由程序控制伸出量和伸出距离切削2个圆刀盘无法切削的区域,基本达到全断面切削。圆刀盘带着仿形切削刀能实现正反转,由螺旋输送机出土,可保持土仓内的土压平衡,并维持开挖面的稳定。

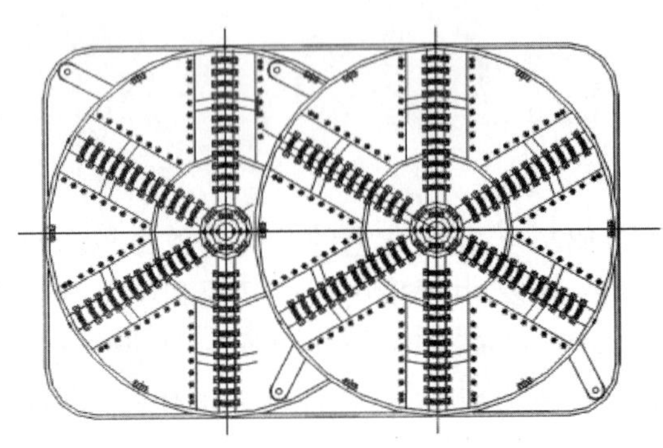

图1 圆刀盘+仿形切削刀组合式

图2 圆刀盘+仿形切削刀式矩形隧道掘进机

通过应用圆刀盘+仿形切削刀组合式刀盘技术,研制开发了3.8m×3.8m圆刀盘+仿形切削刀式矩形隧道掘进机,并在上海地铁2号线陆家嘴5号通道工程中首先获得了成功。通过工程应用发现此类组合式刀盘在黏土、砂土、粉质黏土地层中施工具有圆刀盘切削扭矩大、效率高、技术成熟可靠的优点;但是,仿形切削刀组切削能力较差,可靠性不高。

3.2 偏心多轴双仿形刀盘组合式

如图3所示,利用平行双曲柄机构的运动原理,由几组偏心曲轴同时驱动刀盘,每把刀具做平面圆周运动,刀盘外形与所切削的断面外形按偏心矩等比例缩小和轴向推进的行程合成来完成全断面的切削掘进。施工时可根据隧道或地下通道所需截面形状来设计掘进机的外形,由螺旋输送机出土,可保持土压平衡,并维持开挖面的稳定。

偏心多轴刀盘共有2个,位于隧道掘进机的最前端,与偏心刀盘驱动装置用高强度螺栓连接,刀盘装置包括正面刀具、周边刀具、长搅拌棒、短搅拌棒、刀盘盘体,由于采用偏心多轴驱动,能使刀盘上的每把刀具以曲轴中心距为半径做圆周运动,而刀具本身无旋转运动,与轴向推进的行程合成来完成全断面的切削掘进。正面刀具作为主要切削装置位于最前方,采用米字形结构,它通过偏心曲轴与推进千斤顶的共同作用完成旋转驱动和顶进,周边刀具作为辅助切削装置位于刀盘的四周侧面上,它通过刀盘盘体偏心旋转的作用,将正面刀具切削过程中未能切削掉的土体进行补充切削,如图4所示。长搅拌棒、短搅拌棒作为辅助设施位于刀盘盘体的背面朝向土仓侧,它通过刀盘盘体偏心旋转的作用,对刀具切削后进入土仓的土体和加入土仓内的渣土改良剂进行充分搅拌,以改良土体的塑流性,便于螺旋输送机出土。2个刀盘的驱动分别由2套独立的驱动系统驱动。

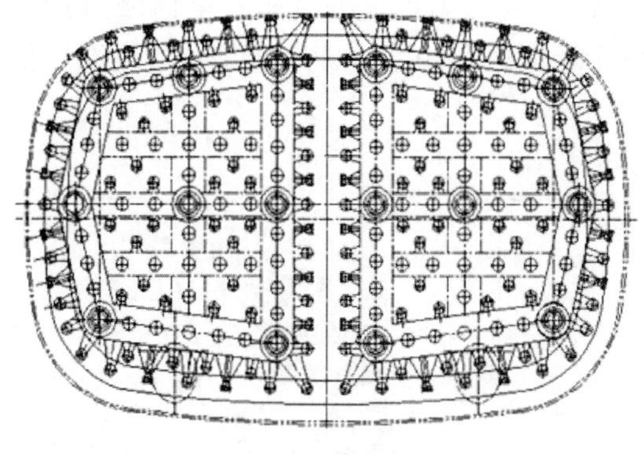
图3　偏心多轴双仿形刀盘式

图4　偏心多轴仿形刀盘刀具切削轨迹

应用偏心多轴双刀盘组合式技术，研制了6m×4m偏心多轴式双刀盘土压平衡矩形隧道掘进机，如图5所示，该机在宁波市开明街—药行街地下通道工程中首先得到应用。

3.3　圆形大刀盘+偏心多轴仿形刀盘组合式

如图6所示，圆形大刀盘+偏心多轴仿形刀盘组合式矩形隧道掘进机是将传统圆形大刀盘和偏心多轴仿形刀盘的优点结合起来，采用中心圆刀盘+边缘偏心多轴仿形刀盘的组合式，来达到100%的全断面切削要求。其圆形大刀盘具有适应地质条件广，对开挖面支护稳定性强，切削效率高等特点，偏心多轴仿形切削刀盘可根据隧道地下通道所需截面形状（如矩形、正方形、马蹄形、椭圆形等）完成圆形大刀盘无法切削区域的切削，达到全断面切削。

图5　6m×4m偏心多轴式双刀盘矩形隧道掘进机

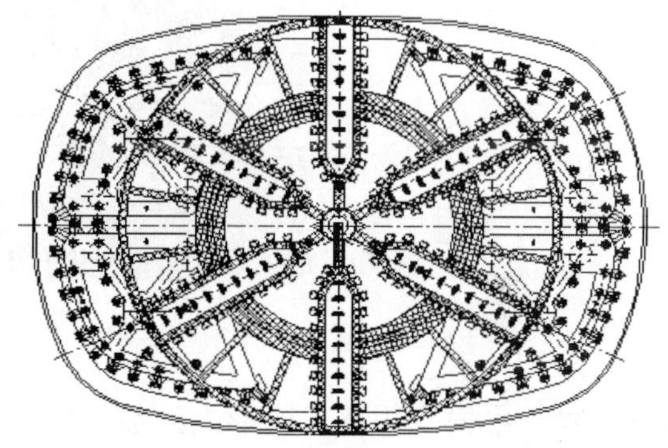
图6　圆形大刀盘+偏心多轴仿形组合式

中心圆形大刀盘与边缘的偏心多轴仿形刀盘前后错层布置，以保证两者的切削轨迹互补而又不相互干涉。将中心圆形大刀盘靠前布置，是因为中心圆形刀盘承载能力好，施工时可以先一步接触土体，能够分担大部分的切削应力，对后侧的偏心多轴仿形刀盘起到一定的保护作用。偏心多轴仿形刀盘外沿与壳体外轮廓拟合，偏心多轴仿形刀盘恰好分别与壳体外沿或中线相吻合，这样偏心多轴仿形刀盘在各转动位置，可以保证切削轨迹与负责切削的区域边缘相重合，在偏心多轴仿形刀盘外形随切削断面外形改变的理念下，不仅能用于矩形掘进机，而且可以适用于多种外形的异形掘进机，如椭圆形、马蹄形等，达到全断面切削的目的，拓展了偏心多轴刀盘的应用空间。

利用偏心多轴仿形刀盘的切削轨迹达到全断面切削，如图7所示。在图7中，左上偏心刀盘按逆时针转动，从左至右，刀盘依次经过转动轨迹的最高、最左和最低点，图中的外缘弧线代表掘进机壳体外轮廓线，1/4圆弧代表大刀盘覆盖区域，圆形大刀盘中心即为掘进机中心，因为矩形掘进机四角的偏心多轴仿形刀盘轨迹类似，所以只选取了矩形掘进机左上区域进行说明。因为偏心刀盘的外形轮廓是仿照矩形掘进机的外缘轮廓设计，所以刀盘转动时，边缘能很好地沿着掘进机外缘切削。

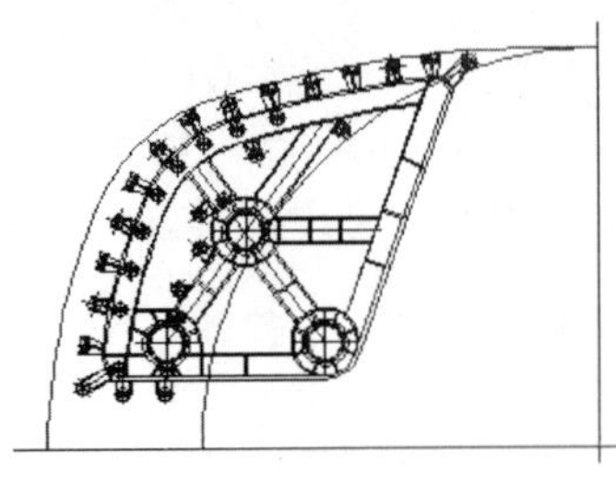
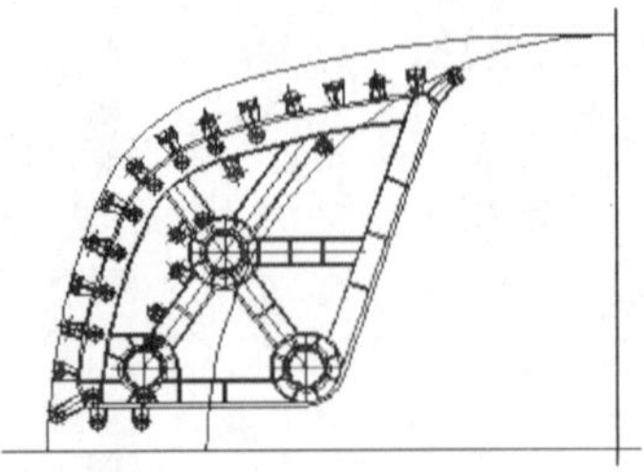
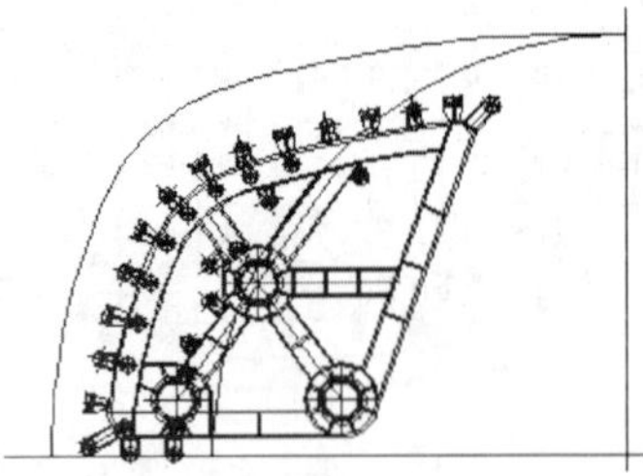

图 7　偏心多轴仿形刀盘的运动轨迹

应用圆形大刀盘 + 偏心多轴仿形刀盘组合式技术研制的 10.4m × 7.5m、9.9m × 8.7、9.8m × 6.4m 圆形大刀盘 + 多个偏心多轴仿形刀盘组合的大断面土压平衡矩形掘进机(图 8)，成功应用于郑州下穿中州大道矩形隧道工程、上海轨道交通 14 号线静安寺站、上海三门路地下立交工程的施工。

图 8　圆形大刀盘 + 多个偏心多轴仿形刀盘矩形掘进机

3.4　同一平面双辐条式圆形大刀盘 + 偏心多轴仿形刀盘组合式(图 9)

因为切削断面是近似矩形的椭圆，为保证全断面切削，采用了 2 个 X 形辐条式圆形大刀盘 +1 个偏心多轴驱动仿形刀盘的组合切削形式。2 个大刀盘在矩形盾构机最前端同一水平面上左右分布，偏心多轴仿形刀盘位于矩形盾构机切削面的中央位置。2 个大刀盘的中心距小于大刀盘半径之和，相位差 90°布置，通过程序控制刀盘的转速，使之保持同步，并保证 2 个圆形刀盘不发生碰撞。2 个 X 形辐条式圆形刀盘在矩形断面中切削最大面积，偏心多轴驱动的仿形刀盘弥补大刀盘未能切削部分运作，从而实现全断面切削。

圆形大刀盘采用辐条式结构，由 4 根辐条及环板组成扇形刀盘结构，切削刀具安装在辐条上，从内向外依次是中心刀、切削刀、先行刀和周边刀。中心刀位于刀盘中心，切削刀位于辐条两侧，是承担主要切削任务的刀具，数量最多；先行刀安装于辐条中央，高于切削刀，刀盘运转时由先行刀先将土体搅松，随后的切削刀则负责切削；周边刀安装在刀盘外圈环板表面，用于切削刀盘边缘土体、减小边缘土体对外环板的磨损，确保开挖外径尺寸符合掘进机壳体通过要求。

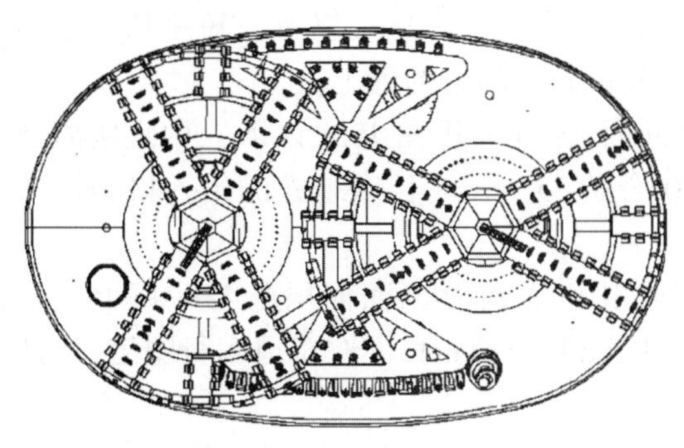

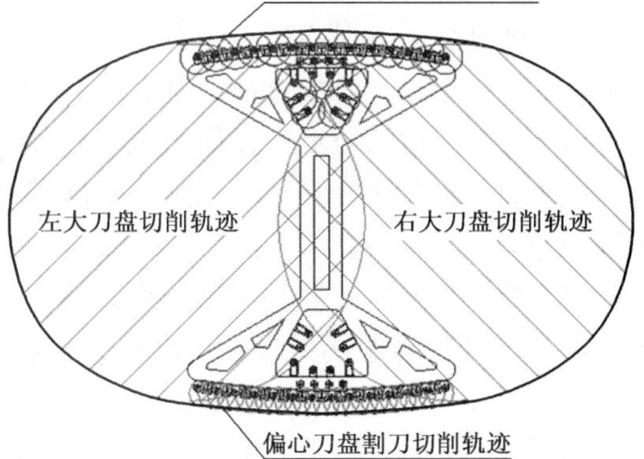

图9　同一平面双辐条式大刀盘+偏心多轴仿形刀组合式及其切削轨迹

偏心多轴仿形刀盘位于盾构机的上下中间部分,负责对圆形大刀盘切削不到的区域进行切削。偏心多轴仿形刀盘由三部分组成,包括盘体结构、刀具、搅拌棒。盘体是刀盘的主结构,也是承受切削力及扭矩的受力部件,盘体正面及外侧面安装有切削刀,背面则与偏心驱动相连接。刀具有圆柱刀和割刀两种,圆柱刀主要布置在刀盘正面,在刀盘外侧,圆柱刀与割刀交错布置,这是为了使刀具的切削轨迹尽量拟合壳体的外轮廓,减小切削死角。

应用同一平面双辐条式圆形大刀盘+偏心多轴仿形刀盘组合技术研制的11.83m×7.27m双圆刀盘+偏心刀盘组合的土压平衡类矩形盾构(图10)已成功在宁波、杭州地铁工程上实现了双线隧道施工,目前为世界上最大类的矩形盾构机。

图10　双圆刀盘+偏心刀盘类矩形盾构机

4　选型比较(表1)

不同类型刀盘组合异形隧道掘进机全断面切削选型比较　　表1

刀盘组合图片				
刀盘组合名称	大刀盘+仿形刀组合刀盘式	偏心多轴双刀盘式	大刀盘+偏心多轴组合式	双辐条式大刀盘+偏心多轴仿形刀组合式
矩形全断面切削性能	能	能	能	能
开挖面支护性能	较高	高	极高	最高
地层适应性	较好	一般	较好	较好
左右转角控制性能	一般	一般	灵敏	灵敏

根据表 1 可知：

(1)圆刀盘 + 仿形切削刀组合式适用于小断面(断面面积在 $25m^2$ 以下)、短距离异形隧道施工，已成功应用于上海、苏州、南京近 10 条 20 ~ 50m 长度隧道的施工。

(2)偏心多轴双仿形刀盘组合式适用于中小断面(断面面积在 $45m^2$ 以下)、中短距离异形隧道施工，已成功应用于上海、南京、武汉等地 20 余条 35 ~ 70m 长度地铁的出入口和行人地下过街通道工程。

(3)圆形大刀盘 + 偏心多轴仿形刀盘组合式适用于大断面(断面面积在 $45m^2$ 以上)、长宽比小于 1.5 的长短距离异形隧道施工，已成功应用于 60 ~ 212m 长度双车道车行隧道、地铁地下车站等近 10 个关键工程的施工。

(4)同一平面双辐条式圆形大刀盘 + 偏心多轴仿形刀盘组合式适用于大断面(断面面积在 $45m^2$ 以上)、长宽比大于 1.5 的长短距离异形隧道施工，已成功在地铁工程上施工了 7km 多双线隧道。

5 结语

针对多个圆小刀盘叠交无法满足异形掘进机 100% 断面切削，在黏土和砂土交界面处易产生进土不均匀、导致轴线失稳问题，所研发的异形全断面切削及驱动技术，结合圆刀盘与异形刀盘的各自优势，首创了圆形刀盘 + 偏心刀盘、平面相交双刀盘 + 偏心刀盘等多种组合刀盘，突破了同一平面相交双刀盘同步防干涉和多刀盘协同控制瓶颈，实现了地层适应性强的异形断面全断面切削。

参考文献

[1] 周文波. 盾构法隧道技术及应用[M]. 北京：中国建筑工业出版社，2004.

[2] 秦立学，徐慧. 浅谈盾构机刀盘设计[J]. 矿山机械，2011(12)：114-117.

[3] 石元奇. 双线隧道近似椭圆断面盾构的研制[C]//北京盾构工程协会. 2016 年中国盾构工程技术学术研讨会论文集. 北京：人民交通出版社股份有限公司，2016.

基于全生命周期的超大直径泥水加压平衡盾构机适应性再制造技术研究

刘智辉

（上海隧道工程有限公司　上海　200137）

摘　要：为了提高隧道掘进装备的利用价值和再制造水平，积极响应国家高端装备再制造行动计划，本文以温州市域铁路S2线瓯江隧道工程项目为依托，结合越江掘进区间地质水文、隧道埋深、断面形式、衬砌类型等施工边界因素以及丰富的大直径盾构机全生命周期管理经验，阐述复合地层切削刀盘、主驱动、拼装机、自动加压平衡系统、有毒有害气体探测及防爆系统等超大直径泥水加压盾构机的适应性再制造技术。

关键词：超大直径；泥水加压盾构机；适应性；再制造；全生命周期

1　概述

1.1　再制造的意义

盾构机作为盾构法开挖隧道的核心装备，近年来随着国家城镇化和基础设施建设的加速发展，市场需求量进一步扩大，而定制一台盾构机需要消耗巨大的成本且生产制造周期漫长。基于旧盾构机资源循环利用的制造模式，通过技术匹配、性能强化、功能优化等手段，综合工程项目实际施工需求，对盾构机进行适应性再制造，最大程度地提高盾构设备的创效能力，可大幅节约投入成本，缩短施工工期，促进轨道交通建设。

1.2　全生命周期管理

盾构机全生命周期管理是以确保盾构机最终运营为导向，运用全生命周期阶段管理手段，最终达到集约资源利用、降低生产成本的过程管理。盾构机全生命周期管理包括设计、制造、安装、调试、拆卸、维修保养、再制造等多个环节管控，每个环节对盾构机进行检查、记录、适应性控制，精细化管理，密切跟踪设备动态，提前介入设备性能评估并做好筹划准备。

通过盾构机全生命周期管理，及时评估设备性能、处理设备故障、查漏补缺、未雨绸缪，使盾构机设备一直处于良好的性能状态，在下一个工程项目启动时，结合新的项目特点对部分设备进行适应性优化改造，全面提高了盾构机再制造效率和质量水平。

2　项目背景

温州市域铁路S2线位于温州东部沿海交通长廊，呈东北～西南走向，是构建未来温州大都市核心区中心城东部城区与乐清、瑞安副中心的沿海产业发展带快速联系通道。瓯江隧道为S2线控制工程，位于瓯江出海口灵昆岛—黄花镇区间。江中隧道段最大覆土深度为48m，根据地质勘探资料，隧道区间段主要为深厚软土与软硬不均地层，存在下卧地层软硬不均、软

作者简介：刘智辉（1972—），男，大学本科，高级工程师，目前主要从事城市轨道交通盾构装备的制造与管理工作。电子邮箱：liuzhihui@ stecmc. com。

弱地层厚度不均问题。瓯江属于赶潮型河流，水位受潮汐影响大，百年高潮位为5.5m，作用在隧道上的最大水压力可达0.51MPa。同时盾构掘进需进行超浅覆土施工，穿越拔桩区和沼气区，工况复杂，施工难度大。本工程线路剖面图如图1所示。

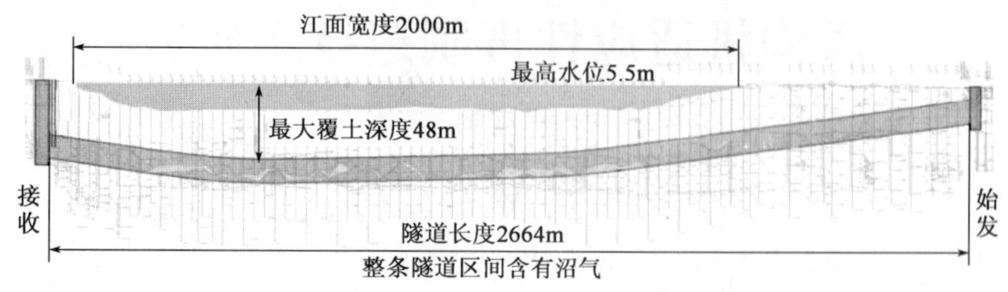

图1　温州市域铁路S2线瓯江隧道段线路剖面图

针对温州市域铁路S2线瓯江隧道项目的工程特点和难点，综合施工工期和风险评估，决定对原成功应用于上海虹梅南路隧道、珠海横琴马骝洲隧道和上海周家嘴路越江隧道的ϕ14.90m超大直径泥水加压平衡盾构机（图2）进行适应性再制造。

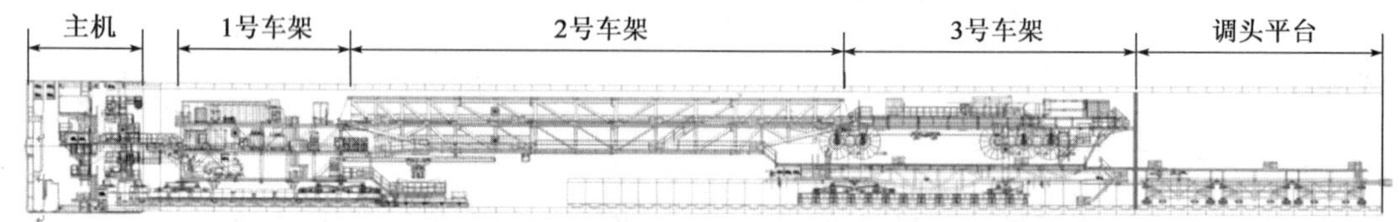

图2　ϕ14.90m超大直径泥水加压平衡盾构机示意图

与之前隧道的应用相比，瓯江隧道盾构机增加了复合式地层开挖功能、高压富水驱动密封防水效果、管片衬砌高效拼装性能，优化壳体设计以适应衬砌分区顶推需要，同时配备气平衡控制系统和有毒有害气体监测报警系统，以保障本项目隧道可靠、安全、顺利掘进施工。

3　适应性再制造关键技术

3.1　复合式切削刀盘

由于本项目隧道掘进区间地层含有砂性土且具有软硬不均性质，对刀具可能产生不同程度的磨损，本项目对刀盘进行适应性再制造，配置复合式切削刀盘，当盾构掘进至硬质地层时可根据需要将刀臂上的齿刀更换为滚刀，刀盘开口率54%，装有中心刀、刮刀、撕裂刀、先行齿刀等高耐磨刀具，同时具备滚齿刀互换功能。如图3所示，通过磨损监测系统进一步跟踪刀具的磨损状况，中心刀盘安装高压大流量冲洗通道，高涌流效应避免了刀盘开挖面结“泥饼”（渣土黏结）风险。

3.2　主驱动

主驱动是盾构机关键核心部件，为满足主驱动在江底富水高压工况下性能可靠，对主驱动进行状态评估和适应性再制造。

图4为驱动装置的结构示意图，法兰盘通过机械方式与中心刀盘法兰面连接。内周和外周两层特殊的密封系统主要由各自唇形密封和附带在唇形密封之前组成的腔体中油脂和压力气体密封组成，能够使主驱动齿轮腔在富水高压地层防止泥沙的侵扰。

主驱动再制造的主要内容包括：拆除主法兰环与大轴承的连接螺栓，对连接螺栓进行评估决定是否进行更换（拉伸器拉伸次数满足上限进行更换），去除各唇口密封外表面的油污，检查各密封圈和压条是否完好,如有密封圈损坏、老化、变形则进行更换。接着检查各箱体结构件有否变形、焊缝有否存在开裂、各唇形密封圈工作面平整及磨损情况,并做好相应记录,根据检测结果做出相应修理措施。检查大齿轮的齿形、齿面磨损、啮合和点蚀情况,测量公法线长度(需交叉测量4段),做出详细记录,对大小齿轮进行着色探伤检查。

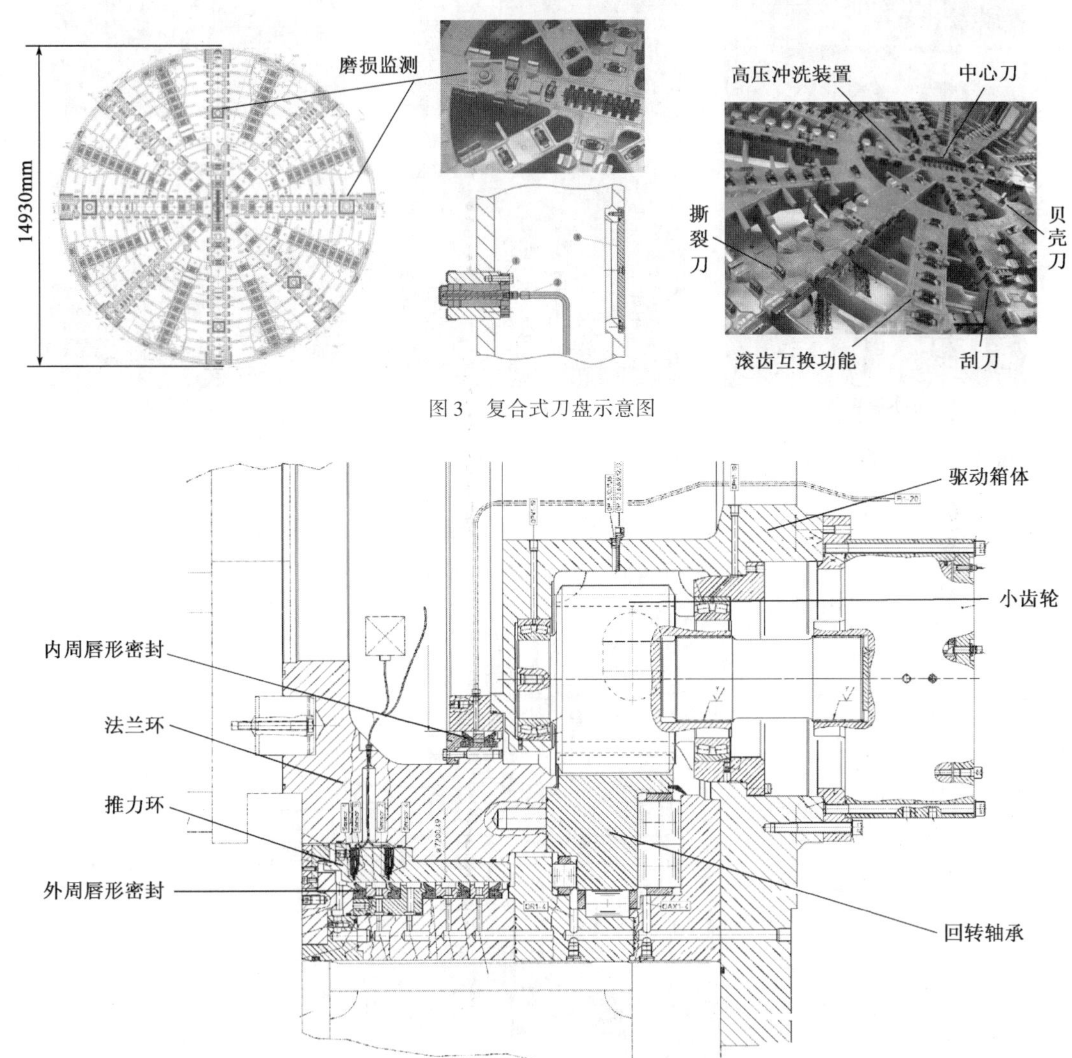

图3 复合式刀盘示意图

图4 主驱动示意图

大轴承拆解后将滚道、滚柱、保持架并分类防尘码放,检查滚道、滚柱、保持架的磨损情况,有缺陷的进行修复或更换。电驱动的减速电机或液压驱动的马达进行专业送检。更换齿轮油、润滑油检查各润滑油孔保证畅通。减速机或马达吊装于相应孔内,检查调整配偶齿轮的侧隙,并按要求紧固,紧固扭矩应符合规定。主驱动装置拆解检查流程如图5所示。

3.3 拼装机

拼装机具有拼装预制管片形成隧道衬砌的功能,以此来支护刚开挖的隧道表面。瓯江隧道为单洞双线隧道,管片衬砌结构为9+封顶块形式,管片内径13300m、外径14500mm,宽度2m,单块最大质量为15t。针对本工程管片特点,对原拼装机进行适应性再制造,采用长平移式拼装机并配备真空吸盘,确保拼装安全、高效,如图6所示。

a)主驱动拆解　b)拆除压板、唇形密封圈　c)拆除传力环和推力环

d)拆除箱体　e)拆除主轴承　f)拆除受力环

图5　主驱动装置拆解检查流程

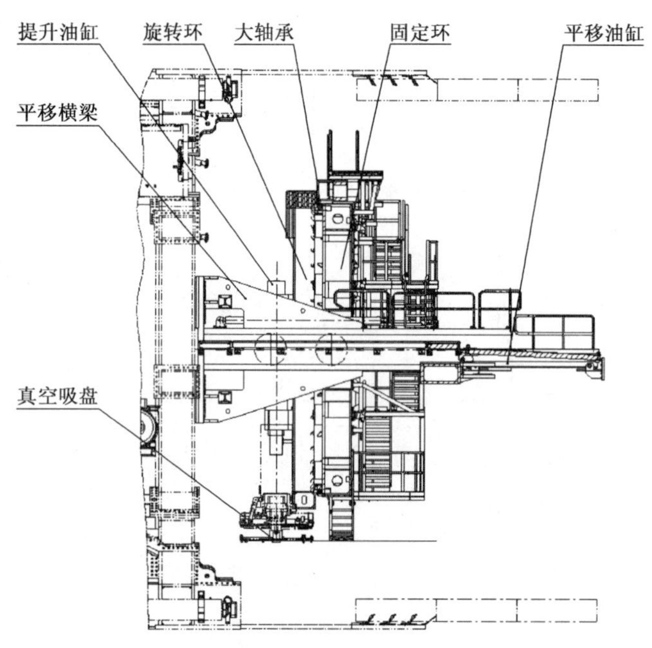

图6　瓯江隧道盾构拼装机结构示意图

温州市域铁路瓯江隧道 ϕ14.90m 超大直径盾构拼装机主要由平移横梁、固定环、旋转环、大轴承、提升油缸、平移油缸、真空吸盘、回转油马达等结构组成。固定环导向轮安装于平移梁滑槽中,回转马达安装于固定环不同位置,输出端通过小齿轮与回转轴承齿轮内啮合,旋转环与回转轴承连接,可相对于固定环做回转运动。

拼装机再制造主要内容包括:检查平移梁、固定盘体等结构焊缝的裂纹及变形,有缺陷的进行评估和做相应修复;拼装机更换坦克链、损坏管路;拆解旋转环和固定环,查看回转轴承、齿轮、密封圈磨损情况并做更换评估;回转马达、油缸送专业厂家进行检修,恢复设计使用功能;对拼装机真空箱进行气密性试验。拼装机再制造过程如图 7 所示。

a)旋转环与固定环分离

b)马达拆解

c)拆除轴承

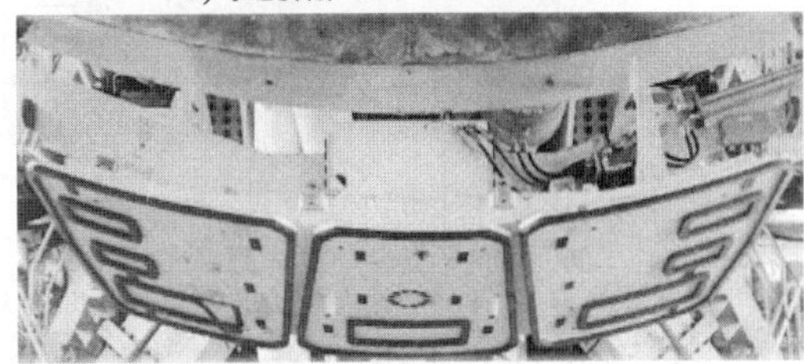
d)真空吸盘

图 7　拼装机再制造过程

3.4　自动加压系统

本项目采用气平衡控制以适应开挖需要,如图 8 所示,气平衡控制机理为:隔仓板将泥水仓分为开挖仓(刀盘旋转开挖的盾壳区域)和调压仓(压缩空气作用在调压仓的泥浆面上),调压仓的压缩空气形成空气缓冲层,将产生的压力传至泥浆悬浮液,使泥水仓压力与开挖面水土压力保持平衡状态。根据施工经验,受压后的泥浆悬浮液液位刚好位于掘进机轴线的位置来维持开挖稳定。

图 8　盾构机气平衡控制机理

图 9 为自动加压平衡控制系统原理图,其工作原理为:压差变送器将泥水仓内实际的空气压力转换成标准的气压信号 X 送往调节器。调节器把变送器送来的测量值 x 与设定值 w 进行比较得出偏差,根据偏差大小及变化趋势,按 PI 控制规律进行运算后,输出相应的控制信号 Y 给定位器。定位器将从调节器传来的调节信号 Y 与调节阀来的阀门位置信号相比较,保证阀门位置按调节器发出的信号正确定位来实现调节阀进、排气,从而使泥水仓压力保持平衡。

3.5　气体监测系统

在前期隧道段地层钻探时发现存在沼气,沼气是一种混合可燃气体,主要成分为甲烷

(CH_4)和二氧化碳(CO_2),还伴有有毒有害气体一氧化碳(CO)和硫化氢(H_2S)等,其中甲烷气体在5%空气浓度(下限)至17%空气浓度(上限)之间会产生爆炸。为了排除易燃气体和有毒有害气体的安全隐患,保障隧道掘进施工顺利进行及施工人员的人身安全,在盾构机上设置气体监测报警系统。在特殊位置安装气体监测传感器和报警装置,设定相关气体预警与报警值,同时加强通风系统输送新鲜空气置换排除危害气体,如图10所示。

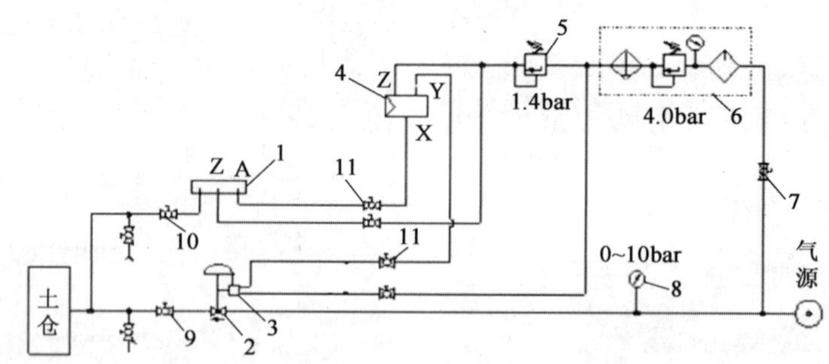

图9 自动加压气平衡控制原理简图

1-压力变送器;2-调节阀;3-阀门定位器;4-调节器;5-减压阀;6-气动三联件;7、9、10、11-球阀;8-压力表

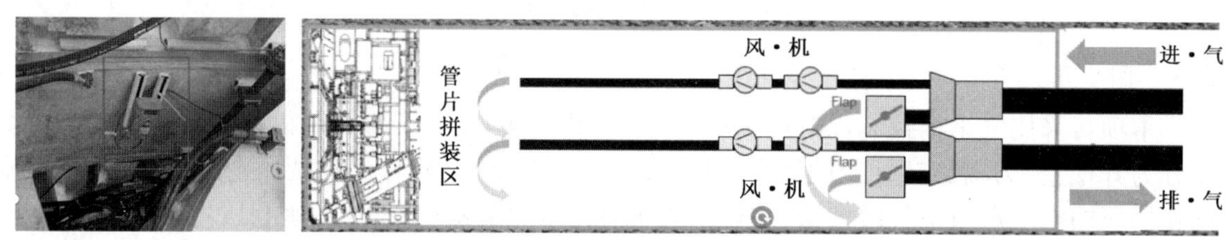

图10 盾构机气体监测传感器及通风系统

此外,隧道内出现气体报警后的应急响应程序和处置措施为:发生报警后,立即停止所有工作,及时通知值班人员和班长,尽可能保证安全。班长启动撤离程序,确保所有人员撤离出隧道,并在井底集合。隧道值班人员立即通知相关操作人员,断开隧道高压电及泥水场地高压电。停止所有运输车辆,操作人员立即离开隧道。加强隧道内通风,降低危害气体的浓度。

结合地面数据采集及监控系统,当隧道内浓度降低至安全等级方可恢复施工作业,恢复施工前由专门的气体检测人员对隧道内可能出现有害气体的区域进行检测确认。

3.6 总体再制造

本项目盾构机适应性再制造除关键部件刀盘、主驱动、拼装机、自动加压系统和气体监测系统等再制造以外,还包含盾构机的推进系统、泥水系统、液压驱动系统、工业水系统、工业空气系统和油脂系统等的整机总体再制造,针对本项目工程特性,对每个系统设备进行勘验、维修保养、针对性改制,确保盾构机各设备性能可靠,满足隧道掘进施工。

4 结语

本文通过分析高端装备再制造的重要性,引入盾构掘进装备全生命周期管理作为高端装备再制造的一种新理念和新举措,在再制造各个环节中进行监测、控制、统筹管理,可以进一步提升高端再制造技术管理水平和产业发展质量。

结合温州市域铁路S2线瓯江隧道工程特点及施工难点、风险,介绍了ϕ14.90m超大直径泥水加压平衡盾构机的关键技术(刀盘、主驱动、拼装机、自动加压系统和气体监测系统等)和适应性再制造方法，为盾构掘进装备尤其是在深覆土、富水高压、含有危害气体的复合地层掘进的泥水加压平衡盾构再制造提供了参考及借鉴价值，符合“中国制造 2025”的发展战略，对推动我国高端隧道掘进装备的再制造发展、切实提高盾构设备的利用率有着重要的参考价值和指导意义。

参 考 文 献

[1] 周文波，吴慧明. 大直径盾构法技术[M]. 北京：人民交通出版社股份有限公司，2020.

[2] 陈健，黄永亮. 超大直径泥水平衡盾构施工难点与关键技术总结[J]. 地下空间与工程学报，2015，11(11)：637-644.

[3] 顾国明，陈卫平. 大型泥水平衡盾构越江隧道施工技术[J]. 建筑机械化，2008(10)：52-56.

[4] 周登峰. 盾构机的研究现状与应用实践探索[J]. 科技创新导报，2017(6)：208-209.

[5] 石玉玺. 盾构机自动控制技术的应用研究[J]. 技术与市场，2016，23(11)：115.

土压平衡盾构机泥水循环系统研究

徐晓磊

（上海隧道工程有限公司　上海　200137）

摘　要：地铁隧道工程所使用的盾构设备主要有土压平衡机和泥水平衡盾构机两种类型，当遇到复杂地质条件时，单一类型的盾构掘进模式存在局限性，必然会带来盾构掘进时与地层的不适应性，给工程造成风险。通过工程实例，为解决极其复杂地质条件下盾构安全、高效掘进的难点问题，采用技术分析研究手段，在土压平衡盾构机形式基础上，配置机内泥水循环系统，形成土压和泥水双模式盾构。经工程实践验证，有效解决了城市区域、狭小场地、复杂地质盾构安全掘进的难题，推进了盾构工法技术的发展。

关键词：土压平衡盾构机；机内泥水循环系统；固液分离

1　引言

目前地铁区间工程盾构机主要有土压平衡盾构机和泥水平衡盾构机两种类型，由于地域的不同，各地的地质条件均不相同，通常选用土压平衡盾构机居多。穿越河流、富水地层选用泥水平衡盾构机，但是由于各方面条件的制约，尤其是很多地铁工程施工地点都集中在城市繁华地带，场地等各方面要求又限制了选用泥水平衡盾构机的可行性，因此急需一种既能够满足场地要求，又可以满足土压和泥水掘进模式的设备来解决实际施工遇到的问题。

本项目针对福州市轨道交通4号线1标项目金牛山站—洪塘路站区间地层，设计研究了一种具备小型泥水输送和处理的土压平衡复合盾构机，下面分别介绍其设计条件、主要技术参数及组成部分。

2　工程地质条件和盾构机选型

2.1　工程地质条件

本区间最大坡度为2.8%；埋深为17.00～35.00m，区间总长为1200m左右的复合地层。

区间隧道穿越地层情况复杂，包括$⑥_1$全风化花岗岩，$⑦_1$强风化花岗岩（砂土状）、残积砂质黏性土，$⑧_4$中风化正长斑岩（抗压强度约138MPa），$③_{4\text{-}2}$淤泥质土等，隧道断面内包含上软下硬分界面、全断面硬岩（平均单轴抗压强度90MPa）等复杂情况。

区间下穿闽江位置水面宽约450m，水深一般为10～14m，江底水压高，最高水压约3.15bar。江底中风化基岩含有裂隙水，岩层的平均渗透系数为1×10^{-4}cm/s。

2.2　盾构机选型思路

下面简单介绍土压平衡盾构机和泥水平衡盾构机选型的5点关键因素。

作者简介：徐晓磊（1981—），男，硕士研究生，高级工程师，目前从事隧道机械设备的研制及应用工作。电子邮箱：xuxiaolei@stecmc.com。

(1)地层颗粒粒径

根据地层中石块或砂粒粒径的大小以及在地层中的含量百分比，泥水平衡盾构机和土压平衡盾构机选型范围如图1所示，其中有一部分是可以同时选择的，但要根据实际情况选择更为合适的机型。

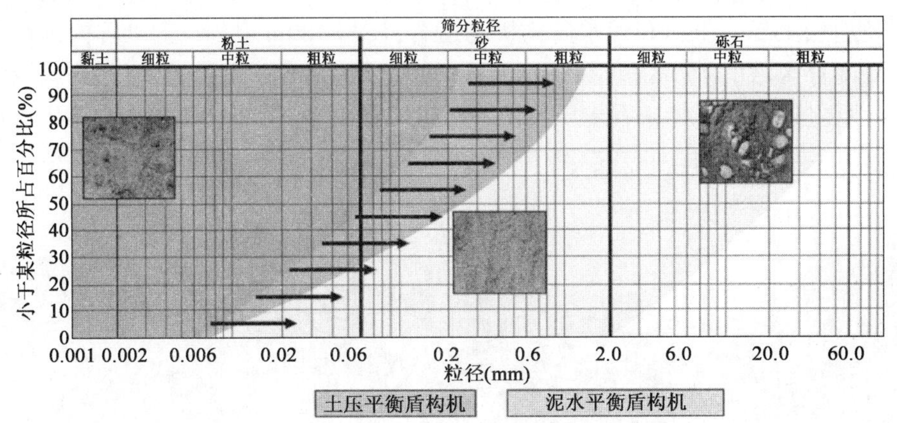

图1 泥水平衡盾构机和土压平衡盾构机的选型范围

(2)地层渗透性

渗透性与颗粒尺寸分布以及某些特征如层状夹层、岩墙或岩土边界密切相关。泥水平衡盾构机和土压平衡盾构机适用的渗透系数范围如图2所示。土压平衡盾构机更适合于低渗透性和均质的地层。在泥水平衡盾构机中，渗透系数的影响较小。本项目绝大部分地层渗透系数在$1\times10^{-8}\sim1\times10^{-4}$m/s之间，故土压平衡盾构机更加适合。

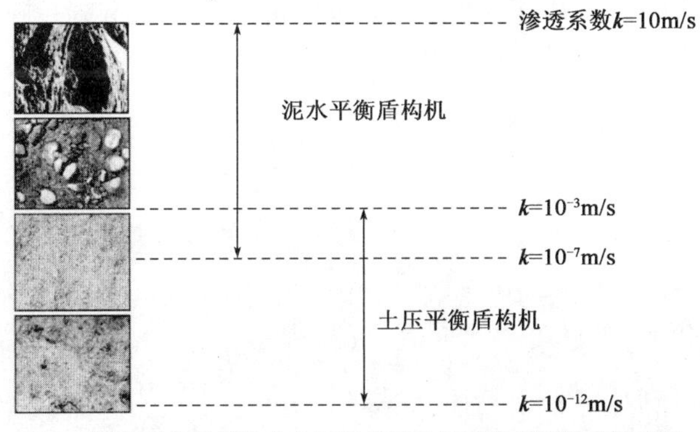

图2 泥水平衡盾构机和土压平衡盾构机适用的渗透系数范围

(3)上软下硬地层

上软下硬地层比均匀地层更难穿越。如果隧道断面由不同地层构成，如底部由岩石、上部由土壤或风化岩石组成。已有施工经验显示，土压平衡盾构机和泥水平衡盾构机在这些条件下均适用，但土压平衡盾构机需要配合土体改良等手段，以保证开挖面的稳定。

(4)黏粒含量高

本项目地层黏粒含量较多，易发生土壤堵塞情况。土压平衡盾构机可以通过土体改良增加土体的流动性；泥水平衡盾构机管路堵塞较难清理，且后配套泥水处理时，泥水分离相对困难。

(5)高水压地层

对于高水压地层，土压平衡盾构机必须配合具有止水效果的添加剂，如克泥效及双螺旋输送机，以消耗外部的压力。而泥水平衡盾构机使用泥水压力可以平衡前方土体，保证开挖面的稳定。

2.3 隧道断面地层分析及盾构选型

左线断面示意图见图3,由图可以看出,总长度为1190m,地层比较复杂,纯软土地层约186m,软土地层黏粒含量高,更适合土压平衡盾构机;硬土加软岩约683m,适合土压平衡盾构机;上软下硬地层132m,土压和泥水盾构机均适合;硬岩189m,泥水、土压盾构机均适合。其中,穿越闽江部分区域的450m包括软土、上软下硬地层、硬岩。由于过江,部分区域泥水平衡盾构机适应性更佳,但从总体来看土压平衡盾构机应用更多,局部过江泥水盾构机更佳。

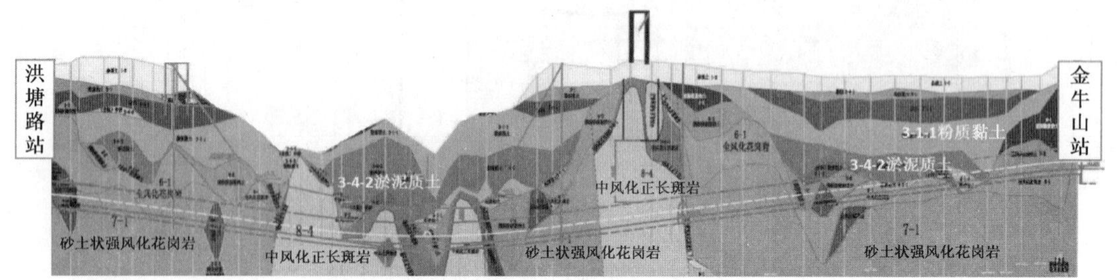

图3 左线断面示意图

右线断面示意图见图4,可以看出,总长度为1185m,地层也是极为复杂,纯软土地层约73m,更适合土压平衡盾构机;硬土加软岩约776m,适合土压平衡盾构机;上软下硬地层172m,土压和泥水平衡盾构机均适合;硬岩164m,泥水、土压平衡盾构机均适合。与左线类似,穿越闽江部分区域的450m包括软土地层、上软下硬地层、硬岩地层,与左线相比,软土地层更多,土压平衡盾构机优势更明显,但由于过江,从总体分析来看,局部过江泥水平衡盾构机效果更佳,大部分区域土压平衡盾构机的适应性更好。

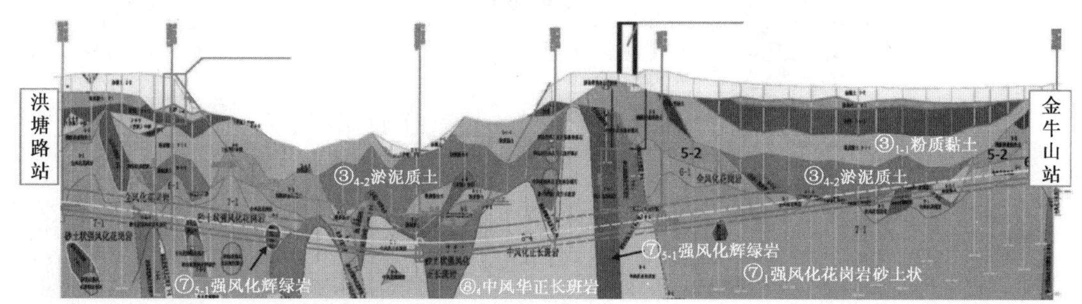

图4 右线断面示意图

除了地质条件,地面场地的大小也会直接制约土压和泥水平衡盾构机的选型,如图5所示。

从现场场地看,场地较小,约1000m^2,只能满足土压平衡盾构机的排渣施工。

通过以上分析可以发现,土压平衡盾构机与泥水平衡盾构机各有优劣,针对富水、高水压、推进效率,泥水平衡盾构机更优,但在处理黏粒、粉细砂等黏细颗粒方面土压平衡盾构机具有更出色的性能,而泥水平衡盾构机在该类地层时,易结泥饼,泥水分离困难,弃浆量大,泥水处理困难,掘进效率低。

综上所述,如果能有一台设备,同时具有泥水、土压平衡盾构机功能,又能解决场地问题将是首选方案。

图5 始发场地示意图

3 机内泥水循环系统的应用设计

3.1 总体概念

从上文分析，主要问题集中在土压和泥水平衡盾构机的适应性上，普通的土压平衡盾构机无法满足全程复杂的地质工况，普通泥水平衡盾构机需要在地面设置泥水处理系统、废浆处理系统以满足盾构泥浆的循环利用。盾构系统排出的泥浆通常含有砂、石、泥等不同粒径固体，泥浆处理工艺流程复杂，占地面积大，现有场地不能满足泥水平衡盾构机需求，但对于此项目局部的硬岩复合地层，由于掘进的产物主要为体积大小不等的碎石，其中细颗粒含量较低，固液分离难度较泥浆低，经过多方调研和优化分析，固液分离可在隧道内就地进行，从而大幅提高处理效率，降低处理能耗。

针对以上分析，利用一台具备完整功能的土压平衡复合盾构机为基础，增加一套满足局部区段地质条件的泥水输送和固液分离功能的小型泥水内循环系统，能够跟随盾构系统的掘进，随时进行泥浆固液分离处理，减少砂石外排输送量，降低能耗，并能够利用处理后的循环水供应盾构系统泥水平衡施工过程中的泥水用量。通过以上方法来解决复杂地层和场地狭小问题，增加机内泥水循环系统使得土压平衡盾构机具备了泥水掘进模式，将设备扩展为土压和泥水双模式盾构机。

3.2 机内泥水循环系统的设计

根据盾构机江底复合断面要求的推进速度不小于25mm/min来计算，拟设定送泥参数为：固体物相对密度2.6，送泥相对密度1.2，排泥相对密度1.42；掘进土样相对密度2.5，土体含水率30%，计算需要配置的排泥泵要求为150m^3/h、30kW，并在固液分离的过程中配备一级分离设备预筛、二级分离设备旋流器。固液分离设备选型需满足两点要求：

(1)满足江底泥水平衡盾构模式推进速度的所有要求，并且能够对固液进行分离。

(2)必须按照原有盾构机的车架空间进行布置，满足施工的要求。

通过选型，具体原理示意图如图6所示，具体车架上的泥水固液分离系统布置图如图7所示，并且空间上满足要求。

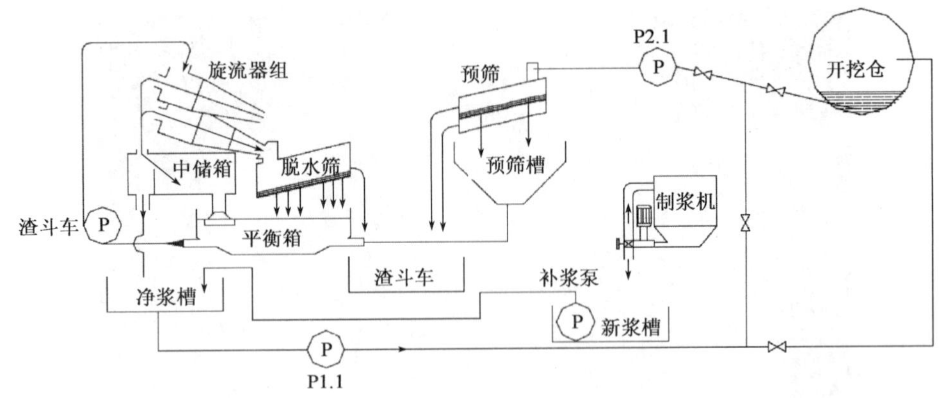

图6　机内泥水循环示意图

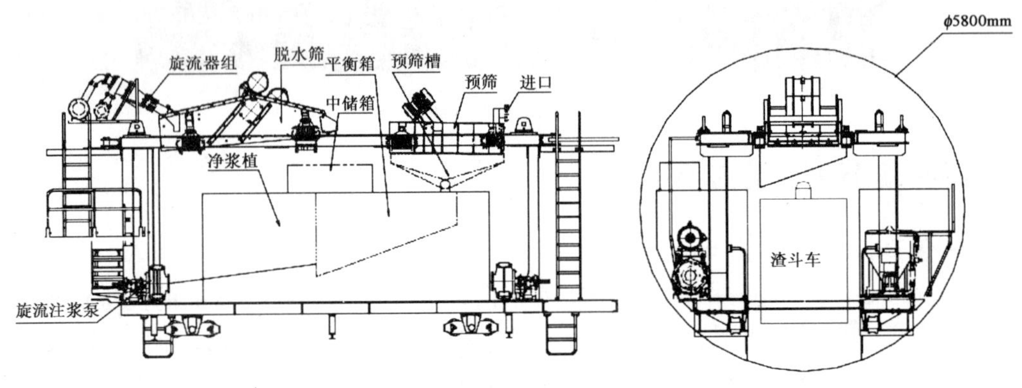

图7　小型泥水循环系统在地铁盾构车架布置示意图

关于机内泥水系统，排泥泥浆通过P2.1泵将泥浆泵送至预分筛，预分筛表面的大颗粒(粒径5mm以上)进入渣斗车，含有粒径<5mm颗粒的泥浆通过预筛槽(过渡储存作用)进入平衡槽，进入平衡槽的泥浆通过旋流器泵泵送至旋流器，旋流器下溢口的丢弃物通过脱水筛后进入渣斗车，脱水筛的回收水进入平衡槽(可反复利用)。旋流器上溢口的泥浆进入中储箱(过渡作用)再进入净浆槽，通过P1.1泵送入泥浆环流系统。净浆槽的泥浆要求由补浆泵进行调整。

除了以上固液分离系统，在主机和车架上还增加了一套泥水输送系统，包括进泥管路、进泥泵、排泥管路和排泥泵以及一套阀组，具体布置如图8所示。

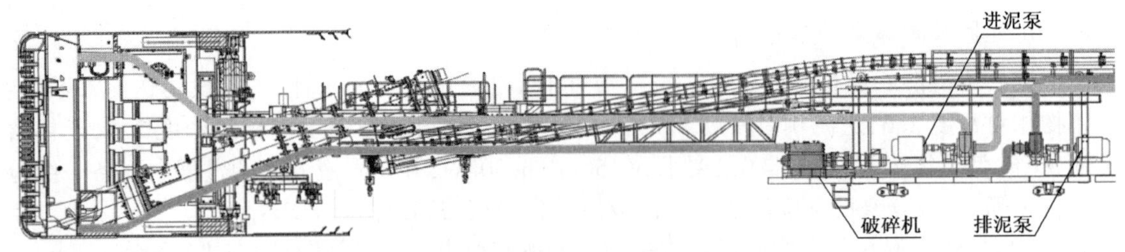

图8　复合盾构机泥水输送示意图

除此以外，为了让泥水系统更适应地层的不稳定性和复杂性，特别在P2.1泵前增加了一台滚筒式破碎机，可在一定程度上对管路中的大粒径石头进行破碎和排除，使得机内泥水循环系统在排渣上先排大粒径颗粒,再通过固液分离排除小颗粒,最终达到机内整体泥水循环的目的。破碎机示意图见图 9。

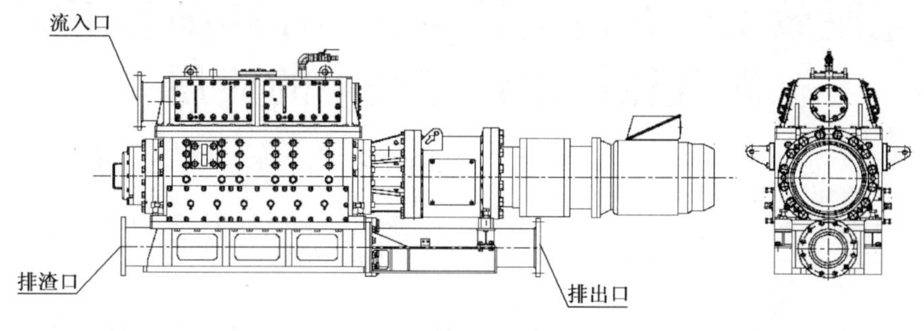

图 9　破碎机示意图

4　结语

随着施工的发展,从项目施工效率出发,设备的施工能力和适应性必须足够强,所以双模设备也层出不穷,如土压与皮带机的双模、泥水与土压的双模,而这种土压与小型泥水处理(固液分离)结合的双模具有土压和泥水的特点,兼具地面场地狭小施工的解决能力,同时此设备能够在极苛刻的边界条件要求下进行泥水土压的双模切换使用,在项目施工的安全性也更可靠。

对于城市中心,将会遇到更多类似地层,为了保证施工效率和安全性,推广使用土压与小型泥水处理(固液分离)结合的双模盾构机具有重要意义。

参 考 文 献

[1] 贯金建. 泥水平衡盾构机泥水循环系统选型及应用[J]. 工程机械与维修,2013(2):148-150.

[2] 王杜娟. 复合地层泥水平衡盾构选型关键细节分析[J]. 建筑机械,2014(12):105-107.

[3] 张中英,李瑞石,张文艳,等. 直排式泥水平衡盾构泥浆输送系统设计[J]. 建筑机械化,2018(10):59-62.

[4] 傅德明,任道真. 泥水加压平衡盾构泥水处理系统的研究与应用[J]. 上海建设科技,2003(1):25-26.

克泥效工法在盾构长距离小净距随行下穿大直径污水管工程中的应用

刘阳君[1,3]　杨智麟[1,3]　羊　涛[1,2]　张瑞铎[2,3]　陈　立[1,3]　李学坤[1,3]

(1. 中建交通建设集团有限公司　北京　100142;2. 郑州地铁集团有限公司　河南郑州　450000;
3. 郑州地铁3号线04标　河南郑州　450000)

摘　要:本文以郑州地铁3号线区间盾构下穿 ϕ2000mm 污水管工程为例,通过数值模拟分析了克泥效对污水管沉降控制的有效性,进而在盾构下穿污水管过程中采用了克泥效工法,达到了污水管沉降控制在-10mm以内的目标。

关键词:土压平衡盾构机;大直径污水管;克泥效工法;沉降控制

1　引言

近年来,我国的城市地铁建设进入飞速发展的时期,盾构法施工以其施工速度快、安全系数高、地表变形小的特点成为城市隧道建设的主要施工方法。城市地铁区间施工一般选用土压平衡盾构机,它具有环境污染小、占用场地小的优点。地铁线路基本沿市区主干道路敷设,发展成熟的市区主干道路下方管线布设错综复杂,地铁施工过程中盾构下穿管线不可避免,特别是在富水松软地层中盾构掘进,地表沉降难以控制,对管线的破坏尤为严重。尤其是下穿市区大直径污水干管时,存在施工难度大、风险性高的特点,控制不当极易造成重大人员伤亡和经济损失。

土压平衡盾构机虽已在地铁隧道广泛应用,经历了几十年的研发与技术改进,但是其在施工中仍存在不足,即盾构机均设计为梭形结构,开挖直径比盾体大40mm左右,而同步浆液的注入点设置在盾尾后,无法及时填充盾体与土体之间的间隙,进而盾体周边土体沉降无法抑制。在盾构近距离下穿重大风险源施工中(如近距离下穿大直径污水管),控制沉降指标严格,如不控制盾体上方土体沉降,施工时将无法满足沉降要求,甚至会造成重大工程事故。如何控制盾体上方土体沉降成为众多施工单位下穿重大风险源时急需解决的问题。

2　工程概况

郑州地铁3号线未来大道站—凤台南路站区间左线全长450.969m,右线全长450.318m,区间隧道线间距为14.2~17.2m。区间线路分别在左DK19+595.037~左DK19+635.537、右DK19+521.537~右DK19+565.037范围内下穿 ϕ2000mm 污水管,下穿段长约100m,垂直净距最小为3.5m,设计为Ⅰ级风险源。下穿段隧道主要处于(有机质)粉质黏土中,污水管处于砂质粉土中,水位埋深介于5.71~5.74m。

ϕ2000mm 污水管采用明挖施工(建造年代为1986—1987年),平口接头,砂浆抹带。管道底部有25cm厚干砌片石+30cm厚混凝土及90cm高混凝土围座。污水管设计流速 v =

作者简介:刘阳君(1987—),男,硕士研究生,工程师,目前主要从事城市轨道交通施工与管理工作。电子邮箱:813073067@qq.com。

1.58m/s，排水能力 36 万 m^3/d，现场实测流速 $v = 1m/s$（管内水量接近满管），排水能力约 22 万 m^3/d，承担着郑州市近 1/3 的污水排放任务。经与产权单位对接，若污水管破裂，造成污水流出，将无有效的补救和应对措施，直接影响市民生活，造成不良社会影响。经参建各方及产权单位共同研究，确定污水管的沉降控制值为 10mm。ϕ2000mm 污水干管与区间隧道位置关系图如图 1所示。

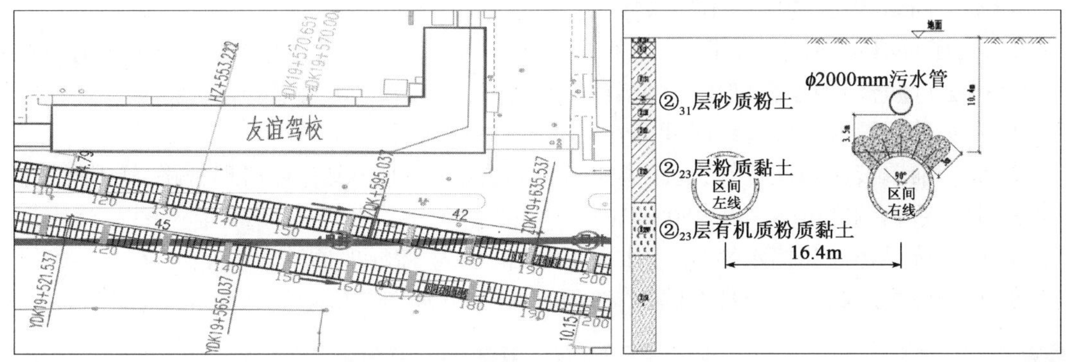

图 1　ϕ2000mm 污水干管与区间隧道位置关系示意图

3　盾体上方土体沉降控制措施

3.1　沉降控制方案的选择

根据地层沉降的时间效应，盾构掘进时引起的地层沉降可划分为 5 个阶段（图 2），即早期下陷（或隆起）、开挖下陷（或隆起）、通过时下陷（或隆起）、盾尾间隙处下陷和后续下陷。

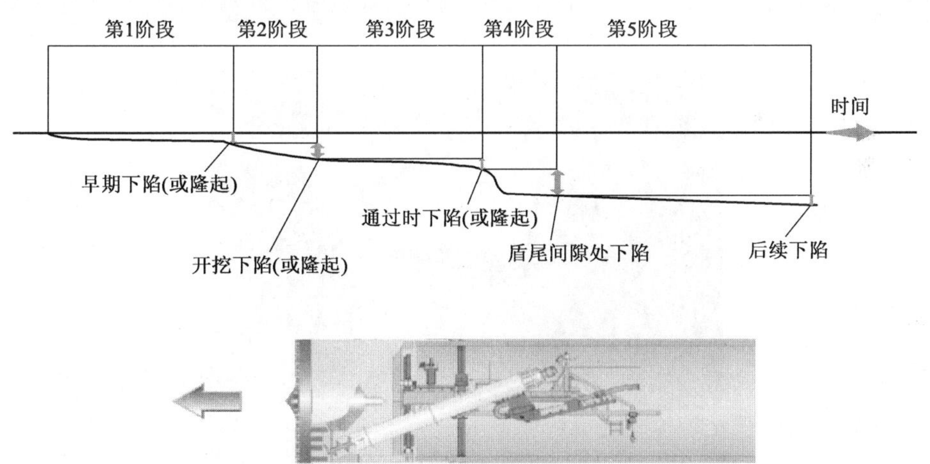

图 2　盾构掘进时地层沉降的 5 个阶段

本工程杭州中诚卡特刀盘开挖直径为 6.48m，前盾直径 6.44m，中盾直径 6.43m，盾尾直径 6.43m，开挖过程中，盾体与土体之间存在 20～50mm 的间隙（上部间隙最大），理论上每掘进 1m 在盾体周围会产生约 0.4m^3 的空隙。盾构推进时，在第 3 阶段地层沉降量占到总沉降量的 35%左右，但实际施工中，可通过优化掘进参数、控制同步注浆和二次注浆质量等措施可有效降低第 2、4、5 阶段的地层沉降量，而第 3 阶段盾体通过时一般没有相应的沉降控制措施，由于地层损失未及时得到填充，尤其软弱地层，造成地层沉降更为突出，约占总沉降量的 50%

以上。如果此空隙得到及时填充,将有效减小地层沉降,结合盾构施工机理填充材料应具备以下几个特点:

(1)易操作,可以从盾体上的径向预留注浆孔注入。

(2)具有一定的黏性,不会从注入点快速流失到刀盘前或盾尾后。

(3)材料具备一定抗稀释能力,避免被地下水稀释。

(4)不会固结,避免固结后抱死盾体。

根据上述对填充材料的要求,克泥效完全能够满足施工要求,克泥效是一种具有变化性(软硬度可进行调整)但不会硬化的可塑性黏土材料,它具有以下特点:

(1)与水玻璃混合反应凝结时间为 6 ~ 20s,胶凝后强度永不变化。

(2)混合前单液流动性良好,远距离泵送也不会堵管,不需要每环清理管路,施工便捷。

(3)混合后黏稠度可达 300 ~ 500dPa · s。

(4)具有抗稀释性和挡水性,浸入水中 12h 后不发生稀释现象。

(5)具有较高承载力以及抗沉陷性,体积不易压缩,如图 3 所示。

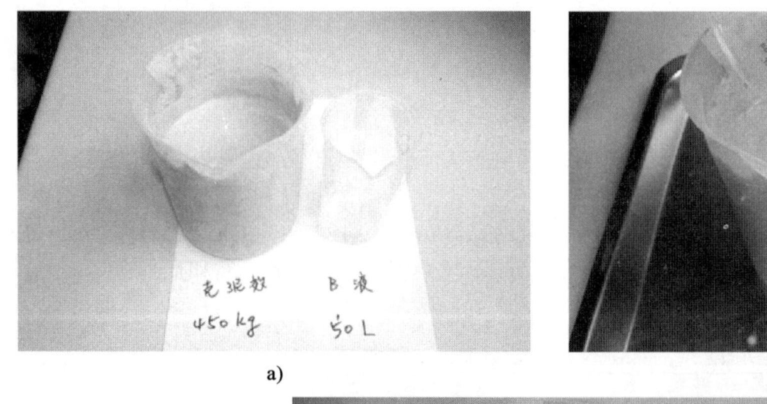

a)

b)

c)

图 3　浓度为 450kg/m^3 的克泥效混合状态图

3.2　克泥效控制沉降预测分析

根据郑州地铁前期盾构施工沉降数据统计分析(均未使用克泥效措施),区间地层累计沉降基本控制在 -20mm 左右(盾体通过围岩阶段时一般没有相应的沉降控制措施,地层损失不能及时得到填充,尤其软弱地层,沉降无法避免)。在这种情况下,若要将盾构下穿污水管沉降量控制在 -10mm 以内是难以实现的,所以增加克泥效措施是有必要的。增加克泥效措施后,在盾构掘进中是否可将地层沉降控制在 -10mm 以内需要进一步验证,决定采用数值模拟进行分析验证。

(1)计算模型(图4)

考虑施工引起的污水管沉降与地层关系密切,采用地层—结构模型进行变形分析;计算模型选取 ϕ2000mm 污水管的有效影响范围,选取 70m×40m×60m 的土体作为考察范围,计算模型周围土体以及衬砌注浆单元采用实体单元,污水管采用壳单元。不同土层赋予不同参数,边界条件选用顶部自由,底部固定,其他面均采用法向约束。

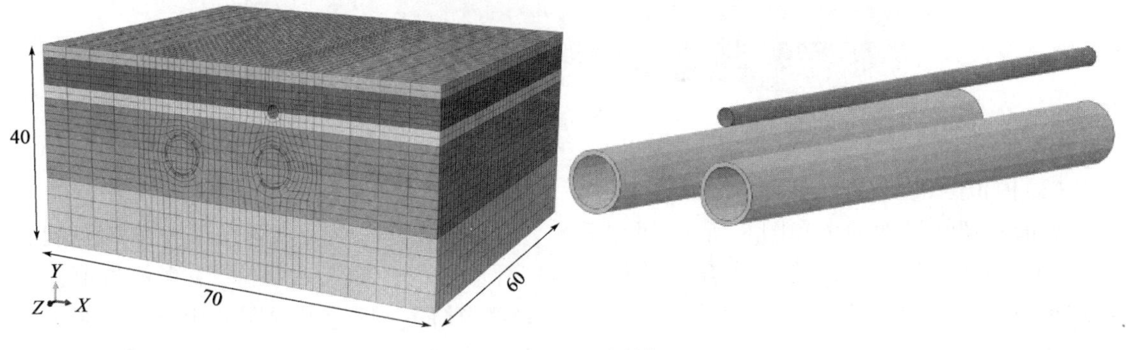

图4 计算模型(尺寸单位:m)

(2)模拟开挖

根据施工方案,设定盾构下穿污水管掘进参数见表1。

盾构下穿污水管掘进参数 表1

参　数	单　位	数　值
中部土仓压力	MPa	0.15
推进速度	mm/min	35~45
总推力	kN	12000~16000
出土量	m^3	57~58(松散系数1.15)
刀盘转速	r/min	1.2~1.4
扭矩	kN·m	2000~3000
同步注浆量(压力)	m^3(MPa)	6(0.2~0.3)
二次注浆量(压力)	m^3(MPa)	2(0.3~0.4)
注克泥效量(压力)	m^3(MPa)	1(0.4~0.5)

区间左线盾构隧道开挖(开挖速度10环/d),施加盾构管片及注浆(克泥效)措施进行模拟,如图5所示。

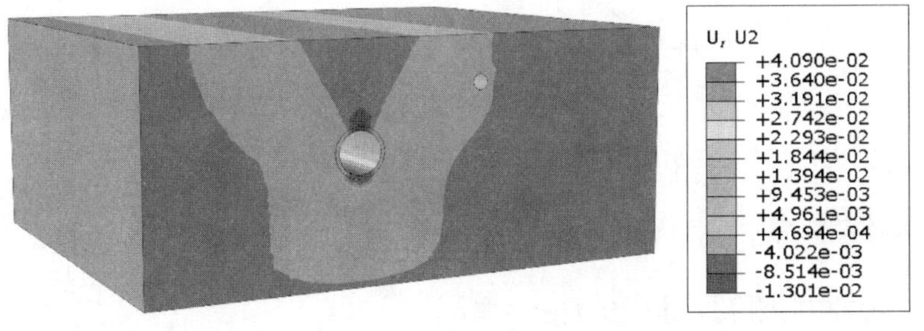

图5 区间左线开挖模型

区间右线盾构隧道开挖(开挖速度 10 环/d),施加盾构管片及注浆(克泥效)措施进行模拟,如图 6 所示。

图 6　区间右线开挖模型

(3)模拟结论

数值模拟结果如图 7 和图 8 所示,可以看出,左线开挖过程中污水管位移整体为隆起状态,最大位移约为 3.2mm;在右线开挖过程中污水管位移为先隆起后沉降,最终位移值约为 0.5mm(右线盾构对管线属于二次扰动,造成管线轻微沉降)。理论上说明使用克泥效浆液能及时充填刀盘开挖轮廓与盾体外缘之间的间隙,从而达到控制盾构下穿污水管沉降 -10mm 以内的目标。

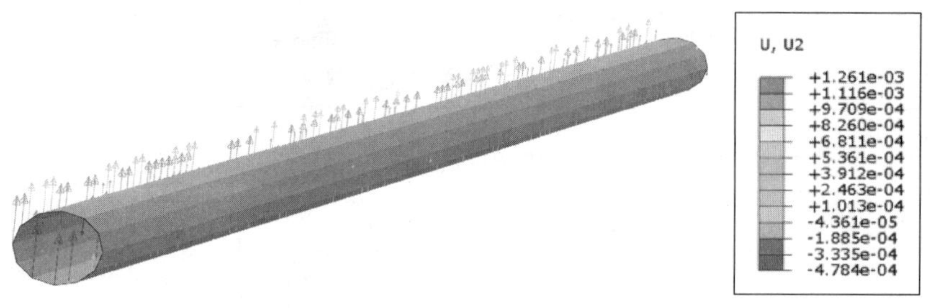

图 7　ϕ2000mm 污水管道受力云图

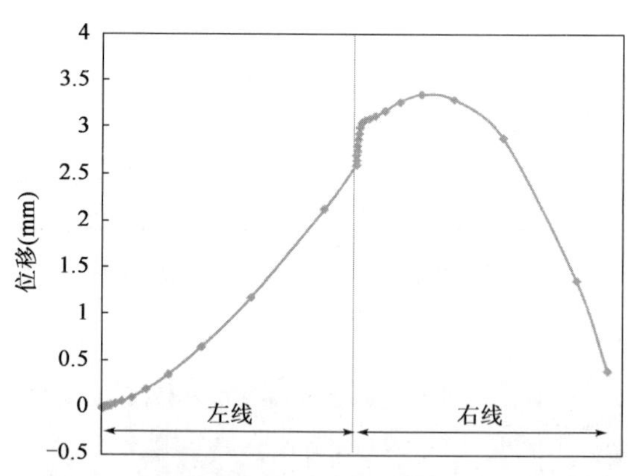

图 8　区间隧道开挖完成后污水管竖向位移矢量图

4　克泥效工法概述

4.1　克泥效工法控制沉降原理(图 9)

克泥效工法是将高浓度的泥水材料(克泥效水溶液,常用浓度 400 ~ 500kg/m^3)与塑强调整剂(水玻璃浓度40°Bé)两种液体分别以配管压送到盾体径向孔处,再将该两种液体以体积比20:1的比例混合,形成高黏度塑性具有支撑力挡水性胶化体后,在盾构掘进的过程中同步注入盾体外,填充盾体与土体之间的间隙,可有效控制盾体上方土体的沉降(第3阶段沉降),辅助控制盾尾后土体的沉降(第4阶段沉降控制)。

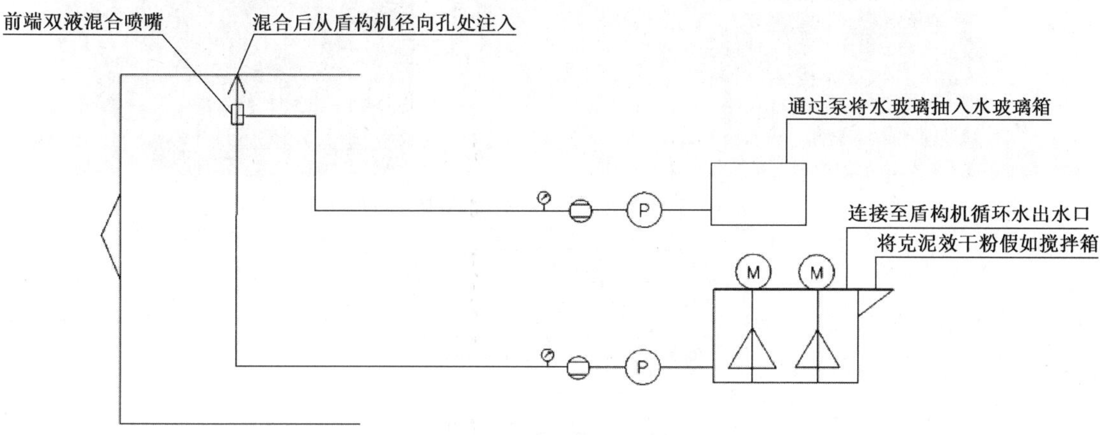

图9　克泥效工法原理图

4.2　克泥效配比

盾构施工中,根据地层情况及所要达到的效果,可采用不同的克泥效溶液配比,可参考表2。

克泥效溶液配比表　　表2

克泥效粉用量(kg)	水用量(L)	黏性强度(dPa·s)	应对情况及作用
350	865	220	地层施工掘进推力大;减小摩擦力
400	846	300	地层含水较少;减小沉降
450	827	400	地层含水较大;减小沉降,止水环
500	808	500	盾构姿态无法控制;辅助控制姿态

区间盾构机为杭州中诚卡特盾构机,开挖直径为6480mm,盾尾直径为6430mm。根据区间水文地质及以往施工经验,下穿风险地层属于富水地层,确定克泥效使用浓度为450kg/m^3,根据地层渗透系数确定注入率为150%。

4.3　克泥效注浆设备的选择

受克泥效工法特点的影响,必须选择合适的注入设备才能达到良好的施工效果。例如,A液(克泥效水溶液)和B液(水玻璃溶液)的注入量差距很大,注入比例要求精确,混合液的黏度大,注入量需要精确、快速可调。基于以上因素,选择了克泥效搅拌注入一体设备,可将设备安装在最后一节台车上,实现克泥效注浆,如图10所示。

4.4　工艺流程

每环开始掘进的同时开始注入A液、B液,并且通过混凝器的检查阀来检查初凝时间和凝结效果,保证盾体与土体间的间隙得到及时有效的填充,其流程如图11所示。

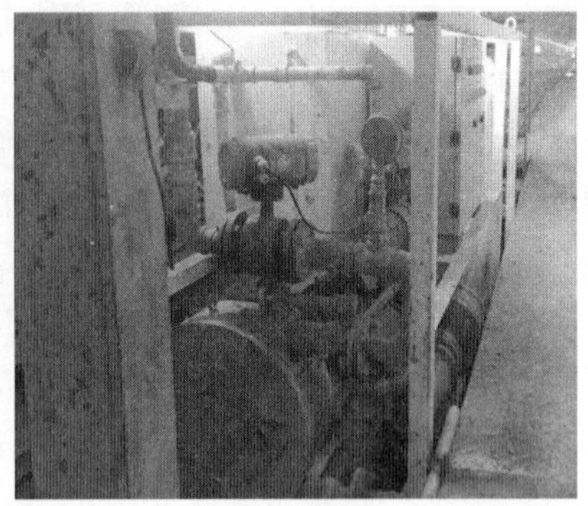

图 10　克泥效搅拌注入一体设备及盾构台车

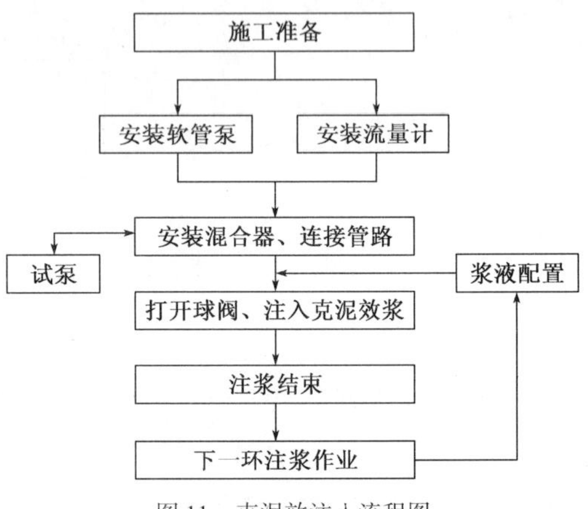

图 11　克泥效注入流程图

5　抑制沉降效果分析

(1)区间实验段克泥效沉降控制效果分析

未—凤区间左线盾构掘进 88 ~ 100 环(对应监测点 DBC-36-1 ~ DBC-37-A)过程中进行同步注浆的前提下,同时向中盾径向 1 点和 11 点孔位置注入 1.5 ~ 2m^3 克泥效溶液以及在管片脱出盾尾后 5 环进行二次补注浆,监测数据显示,未使用克泥效的区间段沉降在 -15 ~ -20mm之间,使用克泥效的区间段沉降能够控制在 -8mm 以内,地层沉降情况详见图 12。

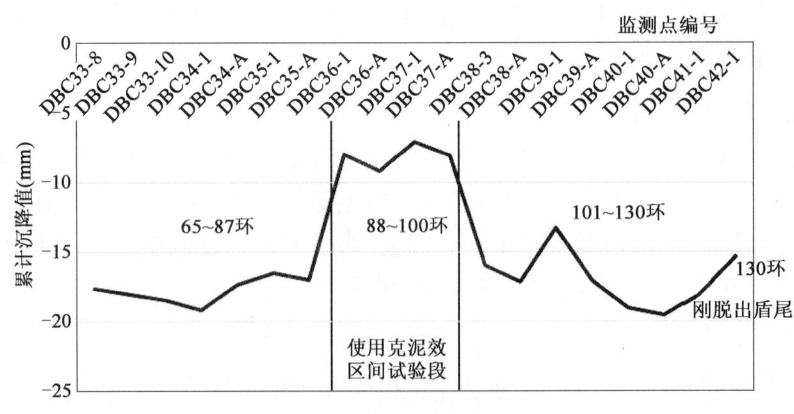

图 12　监测点累计沉降曲线

(2)克泥效沉降控制规律分析

未—凤区间左线盾构下穿污水管前,分别设置了未使用克泥效的实验段和使用克泥效的实验段,两个实验段内分别选取几个监测点进行各施工段(未影响,开始影响,刀盘切口在监测点下方,前盾在监测点下方,中盾在监测点下方,尾盾在监测点下方,盾体脱出监测点等)连续监测统计沉降规律如图13、图14所示。未使用克泥效的地面监测点,盾构机通过后沉降在-10mm左右,加上后期沉降基本在-20mm左右;使用克泥效的地面监测点,盾构机通过后沉降在-2mm左右,加上后期沉降基本在-10mm以内。

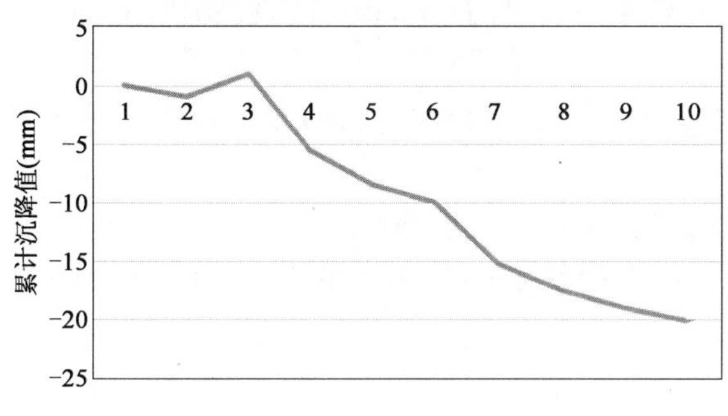

图13 未使用克泥效监测点沉降规律曲线

图14 使用克泥效后监测点沉降规律曲线

(3)污水管总体沉降情况分析(图15)

未—凤区间左线掘进至204环,成功下穿ϕ2000mm污水管,累计使用克泥效42t(穿越段135~204环),每环注入量约为1m^3。下穿段污水管处监测点累计沉降最大为-7.78mm,满足郑州地铁3号线盾构下穿污水管沉降控制-10mm要求,证明克泥效对控制污水管沉降有显著效果。

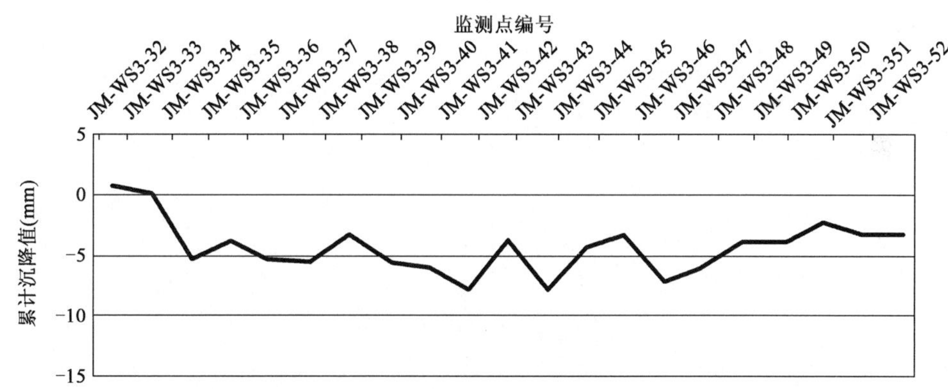

图15 污水管监测点累计沉降曲线

6 结语

依托郑州地铁3号线区间盾构隧道下穿ϕ2000mm污水管工程案例,在盾构下穿污水管时采用的克泥效抑制沉降技术进行了阐述,并对采用克泥效的盾构施工沉降控制进行了数值模拟分析。并经现场实际验证,采用克泥效注浆对抑制盾体通过时的地层变形有较好的控制效果,进而保证了盾构长距离小净距随行下穿大直径污水管的安全。本文克泥效工法在盾构下穿大直径污水管的成功应用对今后穿越无法迁改的重大管线沉降控制具有重要的借鉴意义。

参考文献

[1] 王忠诚. 地铁隧道近距离下穿污水管线施工技术[J]. 山西建筑,2014,40(3):192-194.

[2] 严进喜. 北京地铁隧道下穿污水管施工技术[J]. 铁道建筑技术,2013(6):39-41.

[3] 马云新. 克泥效抑制沉降工法在盾构近距离下穿地铁既有线工程中的应用[J]. 施工技术,2015,44(1):94-98.

[4] 熊四清. 克泥效抑制沉降在盾构下穿既有建筑物中的应用[J]. 工程与建设,2018,32(3):397-399.

[5] 杨广武,关龙,刘军,等. 盾构法隧道下穿既有结构三维数值模拟分析[J]. 中国铁道科学,2009,30(6):54-60.

[6] 洪琦. 盾构隧道施工对既有管线影响研究[D]. 杭州:浙江大学,2012.

[7] 孙继东. 富水砂卵石层土压平衡盾构下穿污水干管技术[J]. 山西建筑,2010,36(28):330-331.

密闭钢套筒+冷冻法加固接收盾构施工技术应用

刘阳君[1,2]　杨智麟[1,2]　羊　涛[1,2]　尹清锋[1]　陈　立[1,2]　谷学峰[1,2]

（1.中建交通建设集团有限公司　北京　100142；2.郑州地铁3号线04标　河南郑州　450000）

摘　要：本文以郑州轨道交通3号线土建04标凤台南路站—中州大道站区间工程为例，采用了密闭钢套筒+冷冻法加固接收技术进行创新，解决了郑州地铁3号线三层车站富水砂层盾构接收的难题，避免了盾构接收端头涌水、涌沙、地面坍塌的风险，对同类工程施工具有积极的指导作用和良好的借鉴价值。

关键词：土压平衡盾构机；富水砂层；水平冷冻；密闭钢套筒接收

在地铁工程盾构法区间隧道施工中，盾构始发和接收是整个工程中的关键工序，也是难度最大、风险最高的环节，尤其是盾构接收过程尤为明显。由于城市地铁盾构隧道施工地质条件及周边环境复杂，盾构到达接收过程中易发生漏水、涌沙等风险，为确保盾构接收安全，故选取适当的盾构接收方法便显得尤为重要。

盾构接收风险主要在于凿除洞门围护结构时，端头土体自稳性差可能引起洞门土体坍塌、地面塌陷，尤其是在富水砂层接收时更易发生涌水涌沙的风险。冻结法是一种采用制冷技术将施工地层中的岩土变为冻土的方法，不仅增强了土体的强度和稳定性，也隔绝了冻结区内的地下水，从而提高了凿除洞门围护结构的安全性。但在深覆土、高水压的粉细砂等复杂地层中，常规洞门密封很难保证抵抗得住地下水压力，一旦地下水击穿洞门密封，地下水将夹杂地层中的细砂沿盾体周边缝隙涌出，将造成严重的安全质量事故。为确保盾构顺利到达接收，配合采用钢套筒密闭接收施工技术，在盾构机进入钢套筒之后，可实现保压状态下封闭洞门，能最有效地保证盾构接收安全。

1　工程概况

凤—中区间接收端头井为地下三层结构，覆土埋深17.62m，主要地层为有机质粉质黏土，黏质粉土，富水粉、细砂等地层。地下水类型属第四系孔隙潜水，地下水主要赋存于约30m以上的粉土、粉砂、细砂层中，属强透水层，水位埋深8.2m，在此地层中盾构接收易出现涌水、涌沙的风险。端加固区存在楼房地下室围护结构的预应力锚索，锚索虽未侵入隧道结构，但隧道上方被锚索覆盖，导致水泥搅拌桩、旋喷桩等常规端头加固方式无法实施。针对盾构接收端头地处富水砂层，地下水丰富，渗透性强，管线密集，传统加固方案效果难以保证等问题，决定采用水平冻结技术对接收端头冻结加固并配合采用钢套筒密闭接收施工技术来解决这一工程难题。

2　密闭钢套筒+冷冻法加固施工流程（图1）

冻结加固采用“杯形”冻结壁进行土体加固，“杯底”厚度3.5m，“杯壁”长度为12m，厚度

作者简介：刘阳君（1987—），男，硕士研究生，工程师，目前主要从事城市轨道交通施工与管理工作。电子邮箱：813073067@qq.com。

为 2m。考虑接收端头水文地质情况，常规洞门密封很难保证抵抗得住地下水压力，一旦地下水击穿洞门密封，地下水将夹杂地层中的细砂沿盾体周边缝隙涌出，造成涌水、涌沙事故。为确保盾构顺利到达接收，配合采用密闭接收装置，即在洞门外，采用特制钢套筒与洞门预埋环连接。钢套筒后端盖安装之前，要先凿除洞门车站围护结构，安装完钢套筒后在钢套筒内采用流塑性材料回填，接收钢套筒内可预加一定压力，与土仓切口压力相同，然后盾构机直接掘进至钢套筒内，在洞门封堵完成后，依次拆解钢套筒和盾构机并吊出，此时洞门外圈仍要继续冻结确保洞门环梁施工安全，待环梁施工完成后停止冻结，根据地表监测情况及时通过管片预留注浆孔进行融沉注浆，直至地面沉降满足规范要求后，停止施工。

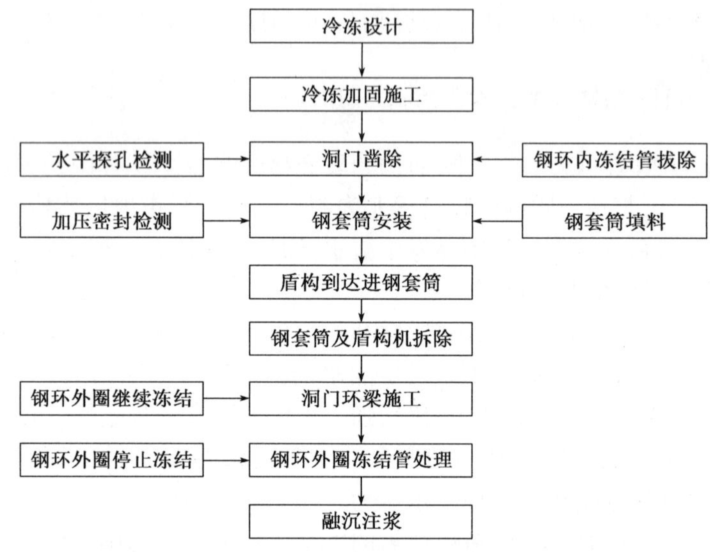

图 1　密闭钢套筒 + 冷冻法加固施工流程图

3　接收端头水平冻结加固施工

3.1　冻结壁设计

盾构接收端头由于场地狭小、地下管线密集以及工期紧张等原因，无法按原加固方案（三轴深层搅拌桩 + 高压旋喷桩）实施。为满足本工程端头加固范围及强度要求，而进行了设计变更，变更后采用“杯形”水平冻结加固方案。“杯底”厚度 3.5m，“杯壁”长度为 12m，厚度为 2m。“杯底”冻结壁平均温度不高于 -10℃，“杯壁”冻结壁平均温度不高于 -8℃，冻结壁与地下连续墙交界面平均温度不高于 -5℃。盾构接收端头水平冻结壁剖面图见图 2。

3.2　冻结孔布置

单个洞门共设置 57 个水平冻结孔，7 个测温孔。采用外圈 32 个冻结孔、中圈 16 个冻结孔、内圈 8 个冻结孔和中心 1 个冻结孔的布置方式；外圈水平冻结孔布孔圈径 3.9m，冻结孔长度 13900mm，冻结孔布孔间距为 784mm；中圈水平冻结孔布孔圈径 2.7m，冻结孔长度 4500mm，冻结孔布孔间距为 1053mm；内圈水平冻结孔布孔圈径 1.35m，冻结孔长度 4500mm，冻结孔布孔间距为 1033mm；中心冻结孔长度 4000mm。布置 8 个测温孔，1 ~ 3 号测温孔深度 4000m，4 ~ 7 号测温孔深度 13900m，在冻结过程中监测土体温度和界面温度的变化。冻结孔布置断面图见图 3。

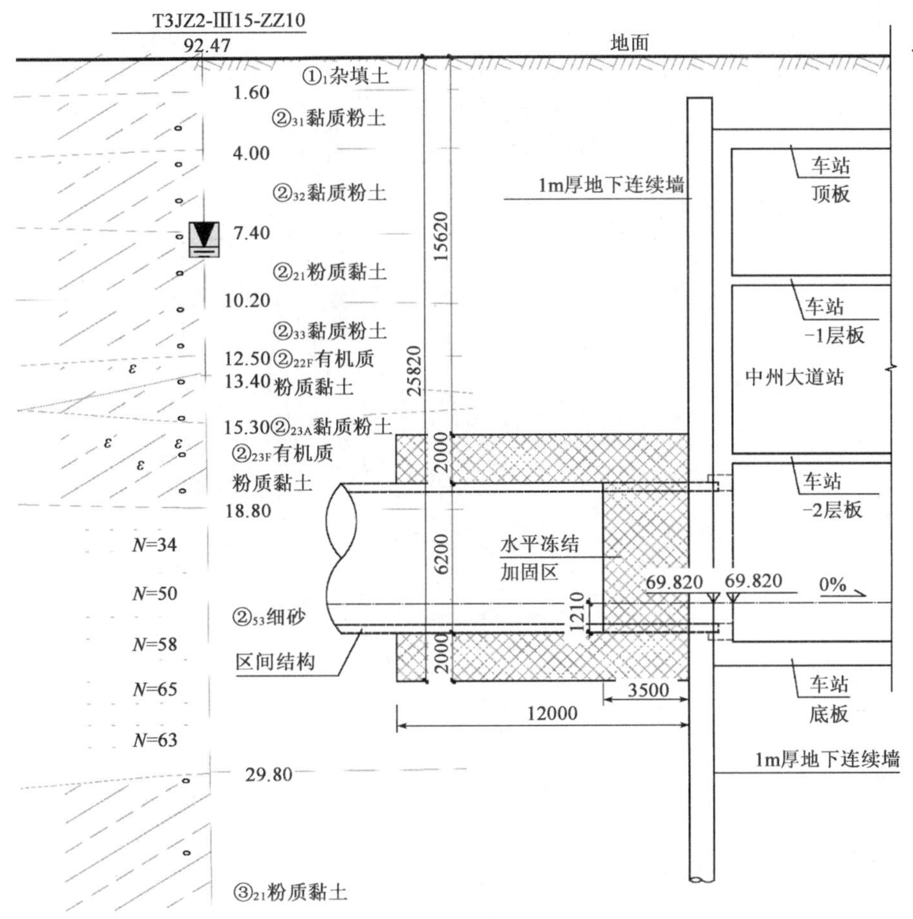

图2　盾构接收端头水平冻结壁剖面图(尺寸单位:mm)

3.3　冻结施工要点

(1)全部冷冻系统安装完成后,首先进行盐水系统试运转,清水系统不参与运转、冷冻机处于停机状态运转12h并观察液位,液位无变化方可确认制冷系统密闭无漏点。

(2)盐水系统试漏完成后,检查确认冷冻电路系统、冷却水循环系统参数正常后方能开冷冻机。冷冻机先空转1~3h,观察运转是否异常。在试运转时,要逐步调节能量、压力、温度和电机负荷等各状态参数,使机组在有关设备规程和运行要求的技术参数条件下运行。

(3)冷冻站正常运转一周盐水温度降至-18℃以下,开始冻结后,要巡回检查冻结器是否有断裂漏盐水的情况发生,一旦发现盐水漏失,立即关闭阀门。并根据盐水漏失情况采取补救措施。

(4)在冻结过程中,每天检测去、回路干管盐水温度、冻结器回路盐水温度、盐水箱液位变化、冷却水温度,观察冻结器头部结霜是否有异常融化。在冻结运转初期,检测各冻结器的盐水流量,如发现检测流量小于设计要求,则应用控制阀门进行调节,或者加大盐水泵泵量,使其满足设计要求。

(5)每天必须巡视冻结情况,每天监测测温孔温度,并根据测温数据,分析冻结壁的扩展速度和厚度,预计冻结壁达到设计厚度时间。

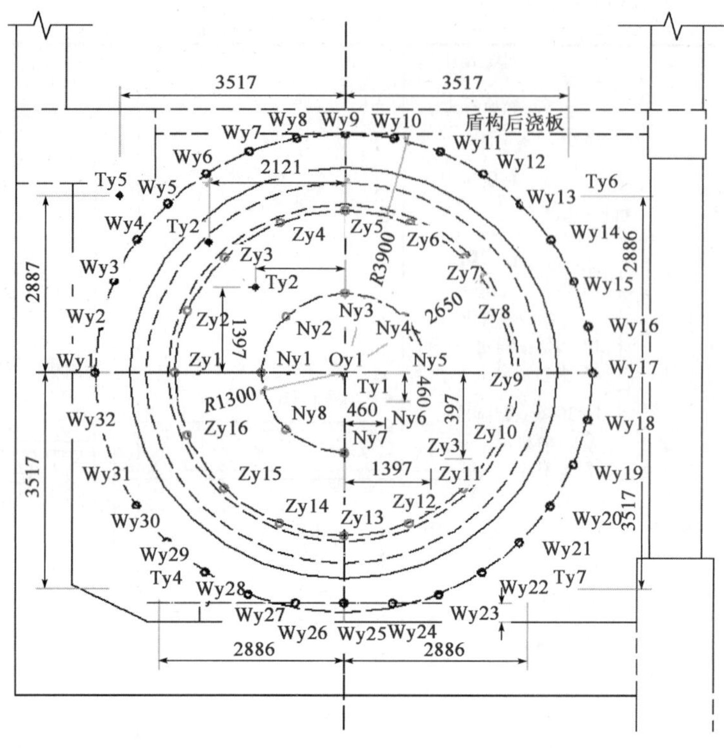

图 3 冻结孔布置断面图

4 密闭钢套筒盾构接收关键技术

4.1 钢套筒设计制造

接收钢套筒是一端开口的桶状结构，主要由过渡环、筒体、后端盖板等部分组成，制造选择 Q235B 钢板，厚度 $\delta = 20$mm，设计耐压 0.3MPa。

(1)钢套筒与洞门钢环之间设一过渡环(厚度为 20mm)，过渡环长 800mm，倾斜角度要根据接收的隧道轴线确定。为保证钢套筒安装过程中不影响积极冻结施工，在过渡环一侧预留 2 个直径 400mm 的孔洞供冷冻主管与外部连接使用。过渡环预留冷冻管孔洞设计图见图 4。

(2)筒体长 10000mm，内径 6700mm，均分 4 段，每段又分为上下两半圆。每段筒体的外周焊接纵、环向筋板以保证筒体刚度，筋板厚 20mm，高 120mm，间隔约 550mm × 600mm。每段筒体的端头和上下两半圆接合面均焊接圆法兰，法兰用 40mm 厚的钢板，上下两半圆以及两段筒体之间均采用 M30、8.8 级螺栓连接，中间加 10mm 厚橡胶垫。在每段筒体底部制作底部框架，框架与下部筒体焊接连成一体。

(3)筒体中部右上角设置 600mm × 600mm 进料口，在每节钢套筒底部预留 1 个 2 寸带球阀注排浆管，左右各 2 个，一旦盾构机有栽头趋势，即可在下部注双液浆回顶。

(4)后盖板采用钢结构组焊而成，后盖板边缘设置法兰，与钢套筒端头法兰采用高强度螺栓连接紧固。

盾构接收钢套筒结构示意图如图 5 所示。

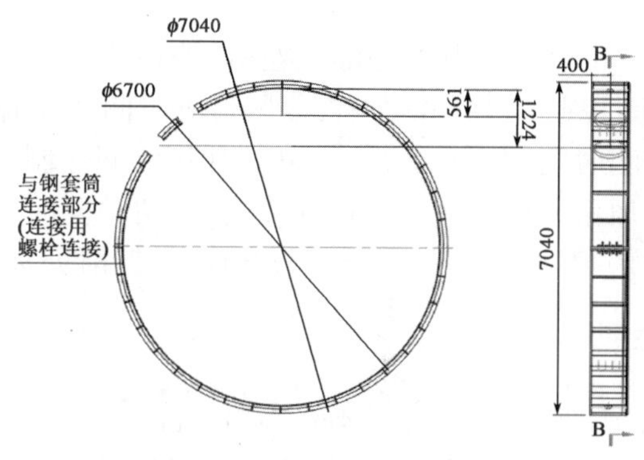

图4　过渡环预留冷冻管孔洞设计图(尺寸单位:mm)

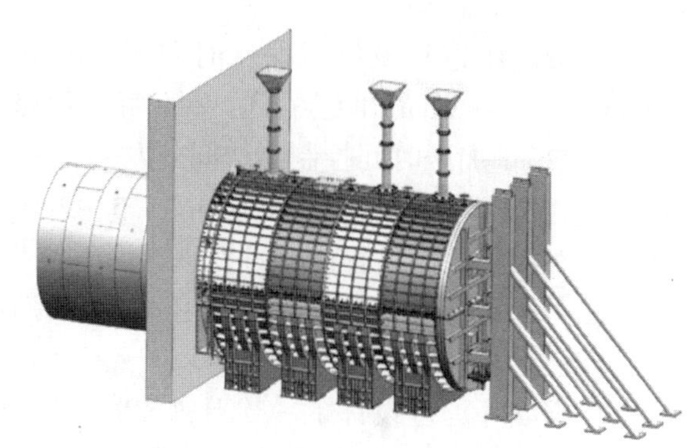

图5　盾构接收钢套筒结构示意图

4.2　钢套筒下井安装

(1)准备工作

根据洞门实际中心进行测量放样,确定钢套筒安装位置。一般接收井底板较低,考虑到安装的稳定性可在底板浇筑一定厚度的垫层(垫层厚度需经实测计算获得),确保车站端头井底板标高满足钢套筒安装要求。

(2)钢套筒下半部分安装

首先,过渡环与前1/4筒体下半部分连接固定,下放到端头井内,使钢套筒的中心与事先确定好的线路中心线重合。然后,将余下的3/4筒体的下半部分依次下放到端头井内,在井下通过高强度螺栓连接。钢套筒下半部分安装完成后,在底部60°范围内浇筑一定厚度的C20砂浆基座(根据盾体与钢套筒之间的间隙确定砂浆厚度),并保证砂浆基座伸入洞门,以防止刀盘出加固体时栽头。

(3)钢套筒上半部分安装

依次将上半部分吊下井并连接固定,洞门钢环与过渡环满焊连接,保证密封良好,剩余采用螺栓紧固。

(4)侧支撑安装

侧支撑采用200H型钢,间隔2000mm布置,支撑在侧墙的一端加钢板封盖,防止损坏结构墙。

(5)洞门凿除

实测测温孔温度,冻结壁平均温度和厚度达到设计值后,在洞门掌子面上打“米”字形探孔且不少于9个,检验冻结壁形成状况及与地下连续墙结构胶结情况,探孔深度为地下连续墙厚度,以无泥水流出为合格。检测合格后开始洞门凿除,先将洞门掌子面分为9块区域,然后由上至下、由两边向中间分层进行凿除,且在凿除洞门钢筋混凝土时,应密切注意是否破坏冻结管,如一旦发现冻结管漏盐水,及时关闭该冻结器,并用焊接补好漏点。洞门凿除后,将位于洞门圈范围内的冻结管和测温管适当化冻后拔出(洞门圈范围外继续冷冻),并立即用预冷的M5水泥砂浆柱充填密实,迅速安装钢套筒端盖并进行密闭检测和填料。

(6)端盖及反力架安装

洞门凿除后,进行套筒端盖安装,端盖分为上下两部分,先安装下端盖后安装上端盖,端盖与筒体之间采用高强度螺栓连接。随后进行反力架安装,反力架采用双拼的488工字钢制作,竖向3道,斜撑9道,斜撑与立撑满焊,下部与预埋钢板焊接。

(7)充气加压试验

每级加压过程及停留保压时间：0 ~ 0.3bar 加压时间控制在 10min 左右，停留检测时间 10min；0.3 ~ 0.6bar 和 0.6 ~ 0.9bar 每级加压时间控制在 15min 左右，停留检测时间 25min；0.9 ~ 1.2bar 加压时间控制在 25min 左右，停留检测时间 45min；1.2 ~ 1.5bar 加压时间控制在 45min 左右，停留检测时间 120min；1.5 ~ 2.0bar 加压时间控制在 60min 左右，停留检测时间 150min。加压检测过程中一旦发现有漏气或焊缝脱焊情况，必须马上进行卸压，并及时处理，直至压力稳定在 2.0bar 方可确认钢套筒的密封性。

(8)填料(图 6)

依据漏斗原理设计了一款下料装置，下料装置主要由料斗(长 2.4m × 宽 1.2m × 高 1.5m)和下料管(ϕ800mm 的钢管)组成。渣土车将改良渣土倾倒至料斗内，渣土通过输送管道送至钢套筒内。如果填料过程中出现输送不够顺畅时，可采用加水稀释，增加渣土的流塑性。

图 6　钢套筒填料

4.3　钢套筒接收参数控制

对盾构机的位置及姿态进行准确的测量，明确成洞隧道中心轴线与隧道设计中心轴线的关系，同时对接收洞门位置进行复核测量，确定盾构机的贯通姿态后进行接收掘进。密闭钢套筒盾构接收掘进施工分为三个阶段：

(1)第一阶段

刀盘距地下连续墙体前端 13.2m，开始进入冷冻加固区域。速度减小到 20mm/min；推力减小到 10000kN 以下，刀盘转速 1.2r/min；土仓压力控制在 1.2bar 左右。每环掘进完成后，盾构刀盘应保持转动状态(0.2r/min)，当必须停止时，应在每间隔 5min 左右转动一次，防止刀盘被冻住。同步注浆采用注浆量与注浆压力双重控制，由于冻结壁渗透系数低，每环同步注浆量将会有所降低，但注入率不得低于理论量的 100%。严格把控二次注浆时间、注浆压力和注浆量，防止盾尾固结。

(2)第二阶段

刀盘开始逐渐进入地下连续墙开始磨削混凝土墙。推进速度在 15mm/min 为宜，推力小于 8000kN，刀盘转速 1.0r/min，土压 1.0bar。严格控制盾构姿态，特别是盾构切口的姿态，前盾与中盾的姿态差控制在 15mm 以内，测量系统姿态趋势值控制在 ±5mm 内。通过管片预留注浆孔向管片外侧注双液浆，及时施作环箍，封堵开挖土体与管片外壳之间渗漏通道。

(3)第三阶段

刀盘开始进入钢套筒切削填充渣土，推进速度小于 20mm/min，推力小于 6000kN，土仓压力 0.7bar，刀盘转速 0.8r/min。注意姿态控制，必须以实际测量的钢套筒安装中心线为准控制盾构姿态。根据钢套筒顶部安装的压力表的读数，及时调整推进压力，避免推进压力过大，在压力过大时,可打开钢套筒后板盖上的排浆口,进行卸压。必须密切观察钢套筒顶部的情况,一旦发现变形超量或有渗漏时,必须立即停止掘进,及时采取补救措施。最后一环管片在盾尾80cm时,开始通过注浆孔进行注浆洞门密封,双液浆和单液浆交替进行,先注单液浆,再注双液浆,注浆压力不超过0.4MPa。

4.4 钢套筒及盾构机拆除

钢套筒拆除前,必须对洞门密封进行全面检查,通过接收洞门管片上预留的注浆孔的球阀,观察出水量,若水量较大,则继续通过注浆孔注浆,直至打开球阀无水流出后,方可打开钢套筒上预留的卸压口卸压,钢套筒内压力值降至0bar以下时拆解钢套筒和盾构机。

4.5 洞门环梁施工

钢套筒和盾构机拆除完成后应立即进行洞门环梁施工,在施工环梁前,要先对到达区段1~15环管片进行二次注浆,再在洞门1~3环用冲击钻钻孔每块增加一个注浆孔,进行少量多次深孔注浆(水泥浆),待其固结,通过第一环管片钻孔判定有无渗漏水现象,直到无渗漏水现象方可拆除负环管片。管片拆除过程中,提前准备好内弧钢板,每拆除一块管片焊接一块内弧钢板,直到管片全部拆除,确定安全,方可拆除内弧钢板施工环梁。施工过程中洞门外圈仍要继续冻结施工,待环梁施工完成后停止冻结。

4.6 外圈冻结管处理及融沉注浆

洞门停止冻结后拆除冻结管连接管路,进行冻结孔割除、封堵,封孔施工。割除孔口管、冻结管,深度要求进入内衬结构不得小于120mm;先用锹把填入面沙,再用快速水泥填充,填充深度不小于1500mm;用10mm厚盖板在孔口管内部焊接密封;在孔内的空隙对称打设2根M12膨胀螺栓,底部布置30mm棉纱缓冲层,在内部预埋注胶管(可选用ϕ14mm的优质PE管),注胶管底部用2.5寸钉穿透,防止注胶管滑出;最后用微膨胀混凝土(强度不宜低于内衬结构用混凝土强度)进行封堵孔口。

当隧道沉降速率大于0.5mm/d,或累计隧道沉降大于1.0mm时需进行融沉补偿注浆,当隧道隆起达到2mm时暂停注浆。融沉注浆可利用盾构隧道管片上的预留注浆孔进行施工,注浆顺序由下至上进行(即由隧道底部到隧道两侧再到隧道顶部)。融沉注浆采用水泥—水玻璃双液浆为主,单液水泥浆为辅,以少量、多次、均匀为原则,注浆压力不大于0.5MPa,注浆范围为整个冻结区域。水泥—水玻璃双液浆配比为水泥浆与水玻璃溶液体积比为1∶1,其中水泥浆水灰比为1∶1,水玻璃溶液采用35°~40°Bé水玻璃加1~2倍体积的水稀释。冻结壁全部融化,且在未注浆的情况下实测地层沉降持续3个月每半个月不大于0.5mm,地面变形基本保持稳定,可停止融沉补偿注浆。

5 施工效果评价

(1)根据接收端头水文地质和周边环境进行了端头水平冷冻专项设计,通过长达45d的水平冻结使洞门周边土体固结为一体,有效阻断了水流、增强了土体的自稳性,确保了凿除洞门地下连续墙时掌子面的稳定。

(2)基于盾构机的"梭形"设计,在盾构机刀盘突破围护结构时会产生涌水通道,盾尾后方泥沙易突破封堵浆液涌入接收井,将发生重大安全事故。而配合采用钢套筒密闭接收施工技术,盾构机进入钢套筒之后,在保压的状态下进行洞门全封闭,有效杜绝了接收时涌水涌沙风险的发生。

(3)水平冻结法与钢套筒结合的盾构接收施工方法,占地面积少,施工方便,对周围环境的影响较小,安全性好,有良好的施工前景。

(4)原端头加固采用三轴搅拌+高压旋喷桩加固方案(加固费用约270万元,锚索和管线处理费用约100万元)。本工程采用水平冷冻加固+钢套筒接收施工技术(冷冻加固费用约240万元,购买钢套筒花费约100万元,钢套筒可多次循环使用),避免了锚索和管线的处理,能够有效节约成本。

6 结语

本文介绍的密闭钢套筒+冷冻法加固接收盾构施工技术具有以下特点:

(1)针对接收端头水文地质和周边环境进行了端头冷冻设计,方案实施后可确保凿除洞门地下连续墙时掌子面的稳定。

(2)针对盾构接收时易发生掌子面涌水涌沙的风险,配合采用钢套筒密闭接收施工技术,盾构机进入钢套筒之后,在保压的状态下进行洞门封闭,能最有效地保证盾构接收安全。

(3)针对端头冷冻加固、洞门凿除与钢套筒安装等工序进行了精心筹划,使其有序衔接,将盾构接收风险降到最低。

(4)针对冷冻加固区接收段和进钢套筒接收段,制订了合理的掘进参数及措施,确保盾构机安全进入钢套筒,完成接收掘进。

(5)针对盾构接收完成后至洞门环梁施工完成周期较长,地层一旦解冻将对环梁施工造成极大风险,采取接收洞门外圈冷冻至环梁施作完成,后续根据监测数据进行融沉注浆。

参考文献

[1] 唐勇. 盾构掘进施工始发及接收过程中安全风险及控制措施分析[J]. 工程建设与设计,2020(6):189-190.

[2] 夏常远. 地铁盾构施工过程中的关键控制点分析[J]. 建筑技术开发,2019,46(16):52-53.

[3] 陈焕志. 富水砂层中土压平衡盾构到达接收技术研究[J]. 建材与装饰,2020(4):266-267.

[4] 张杉,王利龙. 浅析地铁盾构始发、接收关键施工技术[J]. 建材与装饰,2020(3):282-283.

[5] 张广义. 富水砂层地区钢套筒平衡接收施工研讨[J]. 科学技术创新,2020(1):118-119.

[6] 计春伟. 城市交通中地铁的安全风险与防范[J]. 区域治理,2019(52):183-185.

[7] 明登飞. 地铁盾构钢套筒接收技术[J]. 工程技术研究,2019,4(24):112-113.

[8] 宋思文,高杉. 浅谈大有坊街站—太平桥站区间左线钢套筒接收盾构机技术[J]. 施工技术,2019,48(增刊1):755-758.

[9] 林守业. 地铁盾构施工中的钢套筒接收技术探讨与分析[J]. 中华建设,2019(9):150-151.

[10] 贾旭. 地铁盾构项目中的区间钢套筒接收施工技术[J]. 四川建材,2019,45(12):131-132.

[11] 吉武军. 地铁隧道盾构接收的冷冻钢套筒施工技术研究[J]. 现代隧道技术,2019,56(增刊2):660-664.

[12] 岳红波,梁聪,刘媛莹,等. 杯形水平冻结法端头加固联合钢套筒盾构接收技术研究[J]. 施工技术,2020,49(4):19-21.

密闭钢套筒+素地下连续墙加固接收盾构施工技术应用

刘阳君[1,2]　杨智麟[1,2]　羊　涛[1,2]　尹清锋[1]　陈　立[1,2]　王松涛[1,2]

（1. 中建交通建设集团有限公司　北京　100142；2. 郑州地铁3号线04标　河南郑州　450000）

摘　要：本文以郑州轨道交通3号线土建04标中州大道站—通泰路站区间工程为例，采用了密闭钢套筒+素地下连续墙加固接收技术进行创新，解决了原端头土体加固失效及二次加固无操作空间的难题，避免了富水砂层盾构接收涌水涌沙的风险，对同类工程施工具有积极的指导作用和良好的借鉴价值。

关键词：土压平衡盾构机；富水砂层；素地下连续墙；密闭钢套筒接收

1　引言

当接收端头地层条件较差时，盾构接收易出现塌方、涌水、地表沉降等安全隐患，通常采取端头地基预加固的方式来保证盾构机安全接收。由于城市地铁盾构隧道施工地质条件及周边环境复杂多样，端头加固质量难以保证，时常发生端头加固失效的情况，在这种情况下通常进行二次加固处理来保障盾构施工安全，有时会严重制约工期。一旦盾构机进入加固区范围后，再进行二次常规加固已无法保障盾构安全接收。

因为素地下连续墙自身强度比较高，能够承受扰动或振动产生的较大水土压力，且加固范围小，特别适用于施工场地小、地下管线密集的施工场地，所以选择在围护结构外侧浇筑素地下连续墙的方法，可以很好地在围护结构端头墙破除洞门后继续维持土体的平衡，从而保证端头地层土体的稳定性。但是，素地下连续墙比设计加固区域严重缩小，加固体不能把整个盾构机包含在内，接收洞门密封很难保证抵抗得住地下水压力，一旦地下水击穿洞门密封（密封失效），地下水将夹杂地层中的砂土漏出，造成地面塌方等事故。为确保盾构顺利到达接收，配合采用钢套筒密闭接收施工技术，在盾构机进入钢套筒之后，可实现保压状态下封闭洞门，能最有效地保证盾构接收安全。

2　工程概况

中通区间盾构接收端头隧道范围内主要地层为粉砂和细砂，洞门外地层主要为淤泥质粉质黏土层和有机质粉质黏土层。地下水类型属第四系孔隙潜水，地下水主要赋存于约30m以上的粉土、粉砂层中，粉土属弱透水层，粉砂属中等透水层，细砂属强透水层，实测水位埋深约7.2m。原设计采用三轴搅拌桩进行地基加固，由于电力管线影响，管线下方及附近三轴搅拌桩无法施作，导致加固区域无法封闭。经变更在受管线影响区域采用三重管 ϕ800mm@600mm高压旋喷桩（水泥40%）引孔加固，根据规范取芯检测满足设计要求。

作者简介：刘阳君（1987—），男，硕士研究生，工程师，目前主要从事城市轨道交通施工与管理工作。电子邮箱：813073067@qq.com。

由于车站施工进度滞后，盾构即将接收时端头井结构仍未施工完成，不具备接收条件，考虑到区间隧道位于主干道下方，区间内停机风险较大，经过研讨在端头加固区内进行长时间停机（刀盘距洞门仅6m）。车站提供盾构接收井井口后，经洞门探孔检测，出现严重的流水、流沙现象，项目部分析认为在未采取进一步处理措施前，不能进行洞门地下连续墙的凿除施工，以避免发生严重的塌方事故。针对盾构接收端头地处地下水丰富，渗透性强，管线密集，传统加固方案难以实施等问题，决定采用素地下连续墙对接收端头进行二次加固并配合采用钢套筒密闭接收施工技术来解决这一工程难题。

3 密闭钢套筒+素地下连续墙加固施工工艺

为确保凿除洞门地下连续墙时掌子面的稳定，紧贴原围护结构（钢筋混凝土地下连续墙）施工一道1000mm厚素混凝土连续墙，基于场地条件限制，采用旋挖钻机分段成槽工艺进行素墙施工。素地下连续墙比设计加固区域（隧道方向8m）严重缩小，加固体不能把整个盾构机包含在内，接收洞门密封很难保证抵抗得住地下水压力，一旦地下水击穿洞门密封，地下水将夹杂地层中的砂土漏出，造成地面塌方等事故。为确保盾构顺利到达接收，配合采用密闭接收装置接收方案，即在洞门外，采用特制钢套筒与洞门预埋环连接。钢套筒后端盖安装之前，先凿除洞门车站围护结构，安装完钢套筒后在钢套筒内采用流塑性材料回填，接收钢套筒内预加一定压力，与土仓切口压力相同，然后盾构机直接掘进到钢套筒内，在洞门封堵完成后，依次拆解钢套筒和盾构机并吊出，完成到达施工。工艺流程图如图1所示。

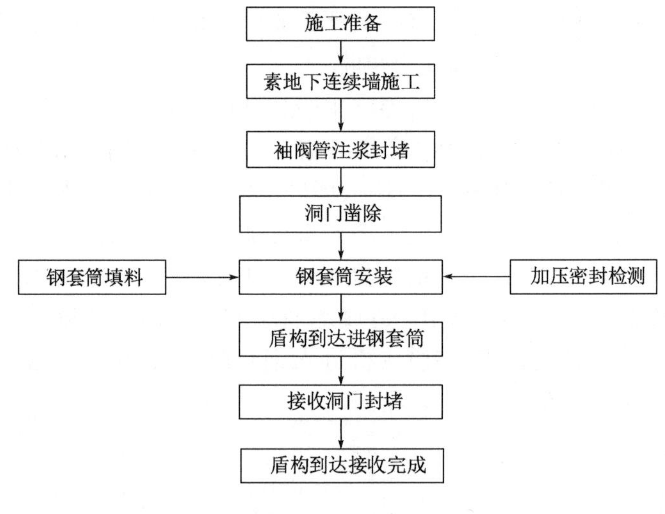

图1　工艺流程图

4 接收端头加固施工要点

4.1 素地下连续墙加固施工

（1）结合现场实际情况，素地下连续墙成槽采用旋挖钻机成槽。对施工现场进行场地平整，在槽位附近平整出一个长度不小于10m宽度不小于5m的施工平台，满足旋挖钻机施工要求。

（2）精确测量出地下连续墙的施工轴线定位点，将各槽段的准确位置测放到导墙垫层上，然后复核，经复核无误后使用，以此作为导墙施工和位置检测的基准。

(3)采用“ ┏”形导墙(临近车站主体结构一侧存在车站围护结构,不需要做导墙),导墙内侧净宽度比地下连续墙宽200mm,与车站原地下连续墙间距1200mm,导墙混凝土自然养护到设计强度85%以上时,方可进行成槽作业。

(4)选用复合式钠基膨润土泥浆制作泥浆护壁($10m^3$ 水 +70kg 复合式钠基膨润土)防止坍槽,该泥浆稳定性较强。

(5)为确保旋挖钻成槽施工质量,左右线接收端头各布置3个槽段,每个槽段长4m,每个槽段内旋挖钻应按照顺序依次连续施工,相邻槽段间隔施工,即按照槽段1、3、5、2、4、6的顺序依次施工,旋挖钻打孔孔径1000mm,孔间距500mm。

(6)每个槽段施工完成后采用C20水下混凝土灌注。

素地下连续墙加固示意图如图2所示。

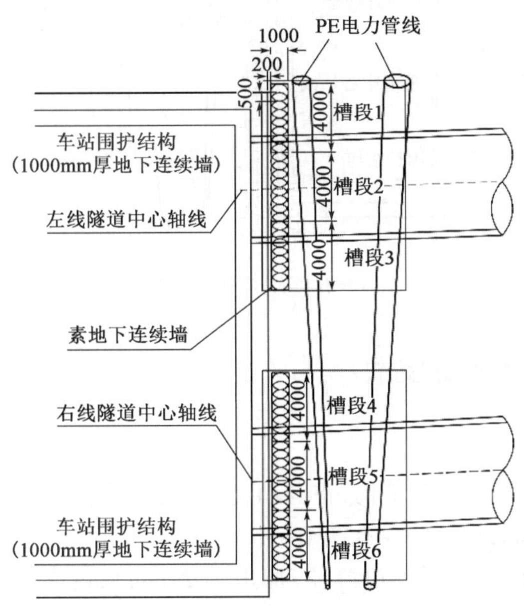

图2　素地下连续墙加固示意图(尺寸单位:mm)

4.2　袖阀管注浆封堵

(1)袖阀管孔位布置在车站围护结构和素地下连续墙之间,打孔深度至区间隧道拱底以下3m,间距1.5m。

(2)测量人员按设计要求现场放样,定出钻孔位置,采用XY-100型钻孔机施工,直径为ϕ50mm钻头钻进、成孔。

(3)将钻杆下到孔底,用泥浆泵将拌好的套壳料经钻杆注入孔内(套壳料配合比为水泥∶黏土∶水=1∶0.5∶1.2)。

(4)待浇筑好套壳料后,按要求下管,注浆段下花管,空段下实管,地面预留高度(0.2～0.3m),并在管内充满清水,检查密封性。

(5)在袖阀管与孔壁之间的孔隙中下入钢管至底部1m处,顶部钢管要进入钢花管土体顶界上0.2m处,从管内注入配制好的浆液至孔底,孔口浆面下沉后应及时补充浆液,保证底部固管止浆的效果(固管止浆的配合比为水∶水泥=1∶1.5)。

(6)采用分段、分序、间歇、重复注浆的方法,每次注浆段长度为0.33m(水泥浆配合比为1∶1)。

袖阀管注浆孔位布置平面图如图 3 所示。

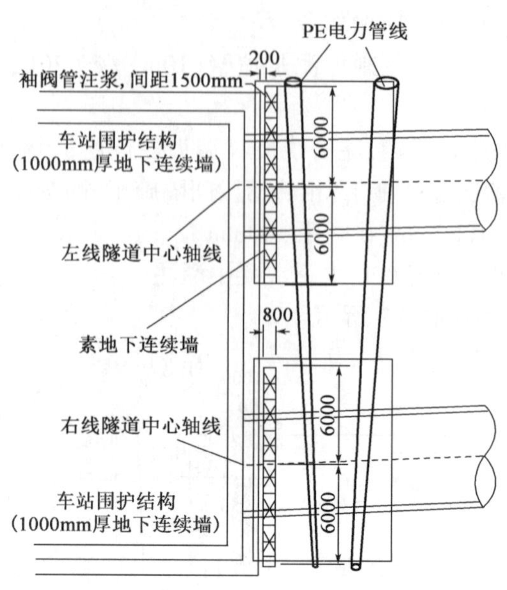

图 3　袖阀管注浆孔位布置平面图(尺寸单位:mm)

5　密闭钢套筒盾构接收关键技术

5.1　钢套筒设计制造

接收钢套筒是一端开口的桶状结构,主要由过渡环、筒体、后端盖板等部分组成,制造选择 Q235B 钢板,厚度 $\delta = 20$mm,设计耐压 0.3MPa。

(1)钢套筒与洞门钢环之间设一过渡环(厚度为 20mm),过渡环长 800mm,倾斜角度要根据接收的隧道轴线确定。

(2)筒体长 10000mm,内径 6700mm,均分 4 段,每段又分为上下两半圆。每段筒体的外周焊接纵、环向筋板以保证筒体刚度,筋板厚 20mm,高 120mm,间隔约 550×600mm。每段筒体的端头和上下两半圆接合面均焊接圆法兰,法兰用 40mm 厚的钢板,上下两半圆以及两段筒体之间均采用 M30、8.8 级螺栓连接,中间加 10mm 厚橡胶垫。在每段筒体底部制作底部框架,框架与下部筒体焊接连成一体。

(3)筒体中部右上角设置 600mm×600mm 进料口,在每节钢套筒底部预留 1 个 2 寸带球阀注排浆管,左右各 2 个,一旦盾构机有栽头趋势,即可在下部注双液浆回顶。

(4)后盖板采用钢结构组焊而成,后盖板边缘设置法兰,与钢套筒端头法兰采用高强度螺栓连接紧固。

盾构接收钢套筒结构示意图如图 4 所示。

5.2　钢套筒下井安装

(1)准备工作

根据洞门实际中心进行测量放样,确定钢套筒安装位置。一般接收井底板较低,考虑到安装的稳定性可在底板浇筑一定厚度的垫层(垫层厚度需经实测计算获得),确保车站端头井底板标高满足钢套筒安装要求。

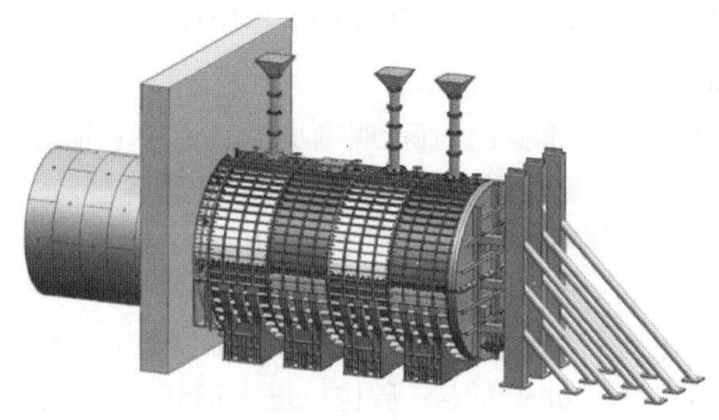

图4 盾构接收钢套筒结构示意图

(2)钢套筒下半部分安装

首先,过渡环与前1/4筒体下半部分连接固定,下放到端头井内,使钢套筒的中心与事先确定好的线路中心线重合。然后,将余下的3/4筒体的下半部分依次下放到端头井内,在井下通过高强度螺栓连接。钢套筒下半部分安装完成后,在底部60°范围内浇筑一定厚度的C20砂浆基座(根据盾体与钢套筒之间的间隙确定砂浆厚度),并保证砂浆基座伸入洞门,以防止刀盘出加固体时栽头。

(3)钢套筒上半部分安装

依次将上半部分吊下井并连接固定,洞门钢环与过渡环满焊连接,保证密封良好,剩余采用螺栓紧固。

(4)侧支撑安装

侧支撑采用200H型钢,间隔2000mm布置,支撑在侧墙的一端加钢板封盖,防止损坏结构墙。

(5)洞门凿除

在洞门掌子面上打"米"字形探孔且不少于9个,检验素地下连续墙的加固效果,探孔深度为地下连续墙厚度,以无泥水流出为合格。加固效果满足要求后将洞门掌子面分为9块区域,由上至下、由两边向中间分层进行凿除。凿除混凝土之后割掉钢筋,渣土应有序清理采用编织袋有序外运。

(6)端盖及反力架安装

洞门凿除后,进行套筒端盖安装,端盖分为上下两部分,先安装下端盖后安装上端盖,端盖与筒体之间采用高强度螺栓连接。随后进行反力架安装,反力架采用双拼的488工字钢制作,竖向3道,斜撑9道,斜撑与立撑满焊,下部与预埋钢板焊接。

(7)充气加压试验

每级加压过程及停留保压时间:0~0.3bar加压时间控制在10min左右,停留检测时间10min;0.3~0.6bar、0.6~0.9bar每级加压时间控制在15min左右,停留检测时间25min;0.9~1.2bar加压时间控制在25min左右,停留检测时间45min;1.2~1.5bar加压时间控制在45min左右,停留检测时间120min;1.5~2.0bar加压时间控制在60min左右,停留检测时间150min。加压检测过程中一旦发现有漏气或焊缝脱焊情况,必须马上进行卸压,并及时处理,直至压力稳定在2.0bar方可确认钢套筒的密封性。

(8)填料

依据漏斗原理设计了一款下料装置,下料装置主要由料斗(长2.4m×宽1.2m×高1.5m)

和下料管(ϕ800mm 的钢管)组成。渣土车将改良渣土倾倒至料斗内,渣土通过输送管道送至钢套筒内。如果填料过程中出现输送不够顺畅时,可采用加水稀释,增加渣土的流塑性。

5.3 钢套筒接收参数控制

对盾构机的位置及姿态进行准确的测量,明确成洞隧道中心轴线与隧道设计中心轴线的关系,同时对接收洞门位置进行复核测量,确定盾构机的贯通姿态。密闭钢套筒盾构接收参数控制为:在即将碰壁之前,速度提前一环减小到小于 10mm/min,推力小于 12000kN;到碰壁前 50cm 时,速度减小到 5mm/min;推力减小到 10000kN 以下;刀盘转速为 1.5 ~ 2r/min;土仓压力控制在 1.2bar 左右。碰壁后推进速度不大于 5mm/min;推力不大于 10000kN;刀盘转速为 1.5 ~ 2r/min,土仓压力控制在 1.0bar 左右。盾构机进入钢套筒掘进速度速不大于 30mm/min,推力不大于 8000kN,刀盘转速控制在 0.5 ~ 1.0r/min,土仓压力控制在 1.0bar 左右,刀盘转动前提前与钢套筒外部进行联系,确认人员及设备安全后,才能进行掘进模式,密切观察钢套筒的情况,一旦发现变形量超量或有渗漏时,必须立即停止掘进,及时采取补救措施。

5.4 钢套筒及盾构机拆除

钢套筒拆除前,必须对洞门密封进行全面检查,通过接收洞门管片上预留的注浆孔的球阀,观察出水量,若水量较大,则继续通过注浆孔注浆,直至打开球阀无水流出后,方可打开钢套筒上预留的卸压口卸压,钢套筒内压力值降至 0bar 以下时拆解钢套筒和盾构机。

6 施工效果评价

(1)盾构接收端通过 1000mm 厚素地下连续墙加固保证了洞门凿除时掌子面的稳定,借助袖阀管注浆措施解决了洞门凿除时新旧地下连续墙之间可能出现的涌水涌沙风险,配合密闭钢套筒盾构接收技术克服了加固区短,止水效果差的缺陷,从而避免了盾构接收重大安全事故的发生,赢得了建设单位及各施工单位的一致好评。

(2)原端头加固采用三轴搅拌 + 高压旋喷桩加固方案(加固费用约 270 万元),本工程采用密闭钢套筒 + 素地下连续墙加固盾构接收工技术(加固费用约 100 万元,购买钢套筒花费约 100 万元,钢套筒可循环使用),能够有效节约成本。

7 结语

密闭钢套筒 + 素地下连续墙加固接收盾构施工技术具有以下特点:

(1)采用旋挖钻机成槽技术,紧贴接收端围护结构(地下连续墙)施作一道 1000mm 厚素地下连续墙,确保凿除洞门维护结构时掌子面的稳定。

(2)采用袖阀管垂直注浆进行填充车站围护结构和素地下连续墙之间存在的缝隙,防止洞门凿除时涌水涌沙风险的发生。

(3)采用钢套筒密闭接收施工技术,盾构机进入钢套筒之后,可以在保压的状态下进行洞门封闭,避免因加固区短而出现涌水涌沙、地面坍塌事故的发生。

参考文献

[1] 王琪,番茜,李霄辉. 盾构端头素混凝土连续墙加固技术[J]. 都市快轨交通,2008(5):60-63.

[2] 丁守阵. 素混凝土墙 + WSS 注浆技术在盾构端头加固中的应用[J]. 工程建设与设计,2019(5):195-197.
[3] 陈焕志. 富水砂层中土压平衡盾构到达接收技术研究[J]. 建材与装饰,2020(4):266-267.
[4] 张杉,王利龙. 浅析地铁盾构始发、接收关键施工技术[J]. 建材与装饰,2020(3):282-283.
[5] 张广义. 富水砂层地区钢套筒平衡接收施工研讨[J]. 科学技术创新,2020(1):118-119.
[6] 计春伟. 城市交通中地铁的安全风险与防范[J]. 区域治理,2019(52):183-185.
[7] 明登飞. 地铁盾构钢套筒接收技术[J]. 工程技术研究,2019,4(24):112-113.
[8] 宋思文,高杉. 浅谈大有坊街站—太平桥站区间左线钢套筒接收盾构机技术[J]. 施工技术,2019,48(增刊1):755-758.
[9] 林守业. 地铁盾构施工中的钢套筒接收技术探讨与分析[J]. 中华建设,2019(9):150-151.
[10] 贯旭. 地铁盾构项目中的区间钢套筒接收施工技术[J]. 四川建材,2019,45(12):131-132.
[11] 孔冲,徐岩,陈思文. 袖阀管注浆技术在盾构法隧道端头加固中的应用[J]. 施工技术,2019,48(增刊1):845-847.
[12] 孟凡茂. 地铁暗挖区间施工中的袖阀管注浆技术[J]. 城市住宅,2019,26(5):189-190.

复杂条件下土压平衡盾构机洞内加固带压开舱施工技术

孙富强　韩维畴　王太平　刘耀军　段文俊

（中建交通建设集团有限公司　北京　100161）

摘　要：盾构法施工具有对周围环境影响小、自动化程度高、施工快速、优质高效、安全环保等优点，已成为城市轨道交通施工的主要方法。盾构施工过程中，刀具经常磨损严重，需要进行开舱维护和更换作业，而盾构机的开舱方式多取决于地层条件。依托青岛地铁 8 号线 07 工区，实施了一套洞内无收缩注浆（WSS 注浆）加固 + 开挖面建立泥膜带压开舱施工技术，解决了上述问题。该技术不受地面施工条件约束，对土体加固由地面转向洞内，减少了对土体的加固周期、降低了施工成本。同时，该技术还保证了开舱作业过程中掌子面稳定，取得了良好效果，希望对类似工程有借鉴作用。

关键词：土压平衡盾构机；洞内 WSS 注浆；带压开舱

1　工程概况

青岛市地铁 8 号线工程政府和社会资本合作项目（PPP 项目）（B1 包）土建 07 工区中市民健身中心站—新增盾构始发井区间长 3.26km，采用四台盾构机两两对推方式进行施工，隧道直径为 6.7m。四台盾构机编号为 1 号 ~4 号，如图 1 所示。

1 号盾构机在第 288 环处采用复杂条件下土压平衡盾构机洞内加固带压开舱施工工法进行了换刀作业。1 号盾构机停机换刀位置在 1 号风井沿大里程隧道左线第 288 环，盾构机位于地表海参池下，如图 2 所示。该位置隧道埋深为 14.5m，地下水位埋深 0.2 ~ 1.8m，裂隙水丰富。地质勘察报告（图 3）显示，1 号盾构机停机时刀盘正处于全断面强风化安山岩地层。实际施工过程中，地层为上软下硬地层。

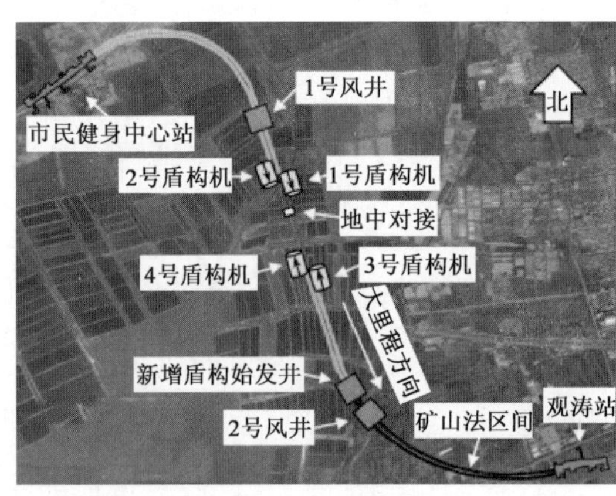

图 1　区间平面图

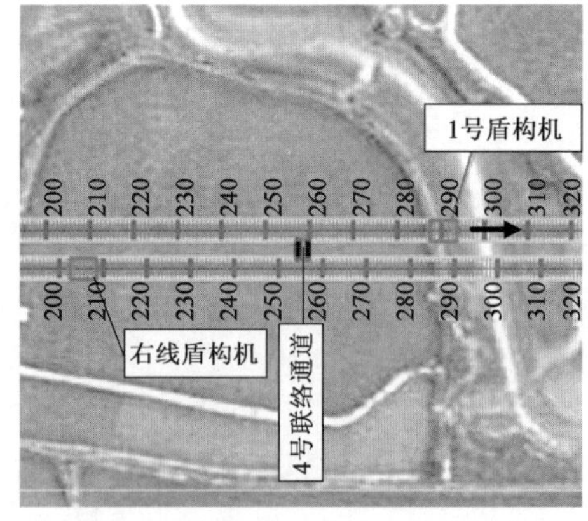

图 2　盾构停机位置地表情况

作者简介：孙富强（1987—），男，大学本科，工程师，目前主要从事城市轨道交通施工与管理工作。电子邮箱：450622743@qq.com。

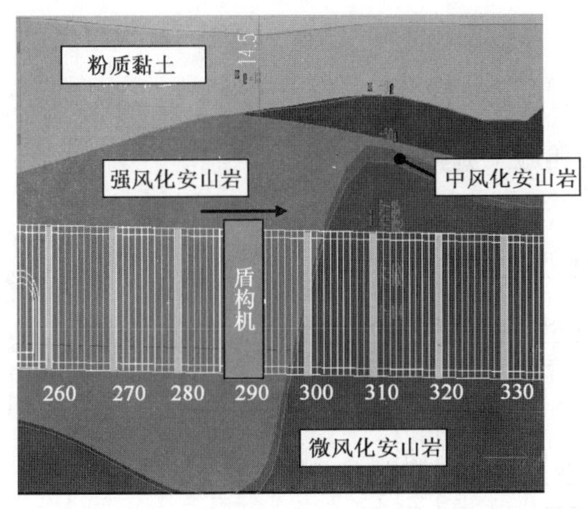

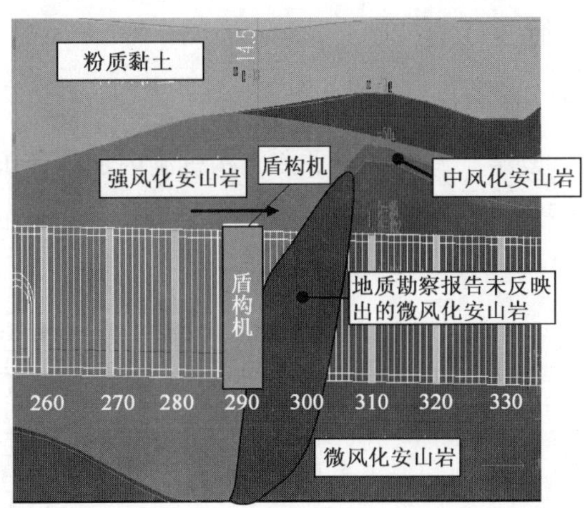

图3 盾构停机位置地质剖面图

2 施工原理

盾构停机后,采用钠基膨润土进行盾体密封保护工作。盾体密封保护一方面起隔水作用,另一方面,能防止后续洞内 WSS 法注浆及施作盾尾止水环时,浆液流到盾体,抱死盾构机。完成盾体密封保护后,在盾尾后第 4 ~ 第 8 环管片施作止水环,隔绝后方来水。接着采用 WSS 法向盾体 2 点和 10 点位的超前注浆孔注入 AB 液(磷酸溶液与水玻璃)及 AC 液(水泥浆与水玻璃),WSS 注浆不仅加固盾体上方、前方不稳定土体,以保证其自稳,而且也起到隔水作用。然后逐级加压使土仓内钠基膨润土以填充、挤压、劈裂等方式进入掌子面附近地层孔隙和裂隙,及时封堵地层中漏水、泄气通道,形成泥膜。泥膜形成后,进行气浆置换工作,通过螺旋输送机将土仓内膨润土排出,为后续换刀作业提供空间。气浆置换完成后,进行保压试验。待开舱条件满足后,人舱正式加压、开土仓,换刀作业人员通过人舱进入土仓实施换刀,盾构洞内加固示意图见图 4。

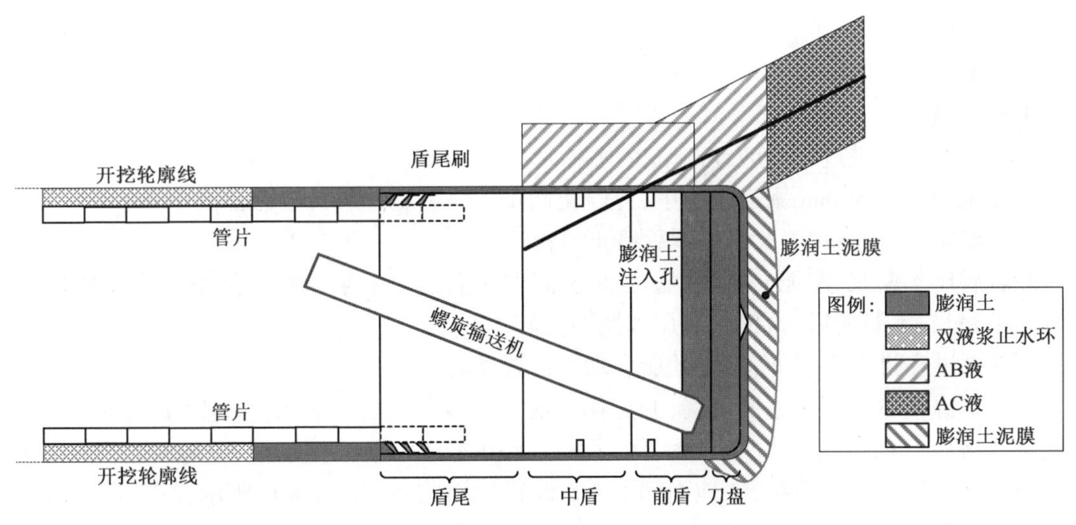

图4 盾构洞内加固示意图

3　施工工艺

3.1　施工流程

复杂条件下土压平衡盾构机洞内加固带压开舱施工流程如图5所示。

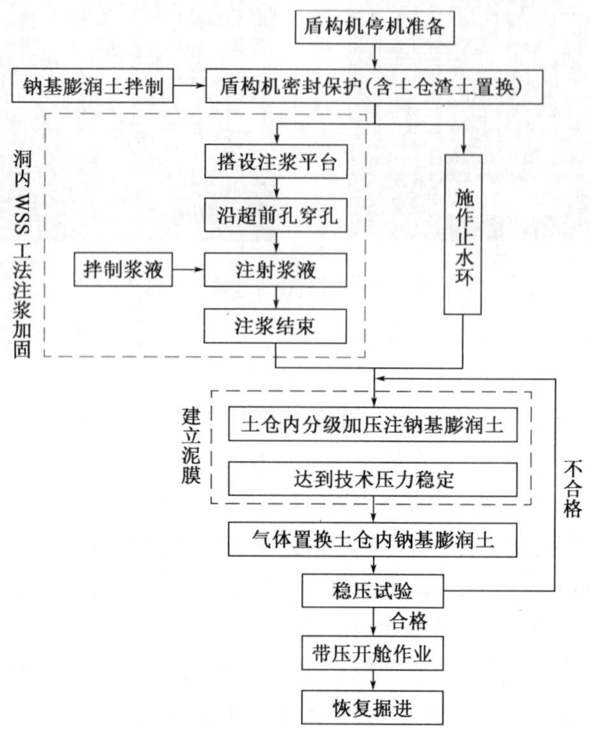

图5　盾构洞内加固带压开舱施工流程图

3.2　操作要点

(1)盾构停机准备

①停机措施。

a. 停机前的掘进过程中应逐渐减少泡沫注入量。

b. 停机前最后50mm掘进过程中,应停止同步注浆系统并进行管路清洗。

c. 扭矩减小至1000kN·m以下后停止刀盘运转。

d. 若盾尾不漏浆、漏泥,应停止盾尾油脂泵运转;若盾尾漏浆、漏泥,应保持盾尾油脂注入,待盾尾不漏浆、不漏泥后,再停止盾尾油脂泵运转。

e. 除推进和拼装系统外,停止的所有动力装置运转。

②为掌握开舱过程中地面沉降,开舱作业前在盾构影响区域地面布置监测点,为后续开舱提供监控信息。对于本工法所应用实例,盾构机停机处于海参池排水渠下,地面监测点无法正常布置。结合现场实际情况,在地面间隔5m设置地面监测点,如图6所示,红色虚线框内部区域地表存在局部塌陷,故无法布置监测点。监测点布置完成后应及时采集初始值,准备监测。

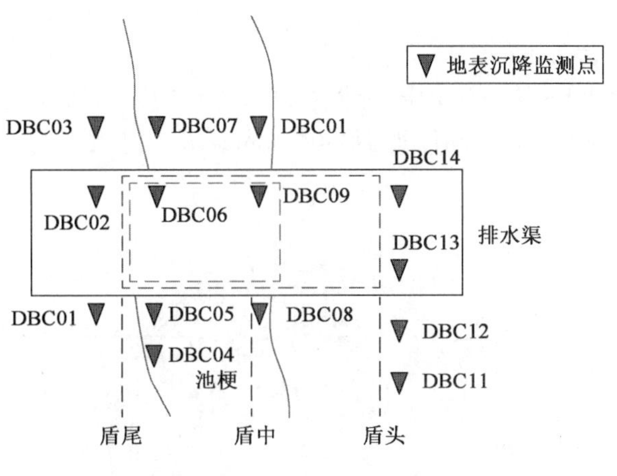

图6 监测点布置示意图

(2)盾构密封保护

为防止后续施作盾尾止水环及洞内WSS法注浆时,浆液流到盾体,抱死盾构机,先向前盾径向注浆孔以及盾尾同步注浆孔注入比较黏稠的泥浆,作为盾构机的密封保护。本工法采用钠基膨润土泥浆作为注浆材料。

①钠基膨润土泥浆拌制。

膨润土泥浆施工配合比须通过试验确定。初步配合比(质量)取一级钠基膨润土:水 = 3:10,投料顺序为先加水再加膨润土。通过多次试配,确定出膨润土泥浆塑化黏度达到50s时的配合比为施工配合比。

②盾体注膨润土泥浆密封保护。

如图7所示,向前盾6个径向注浆孔注入膨润土浆液,使其充分填充开挖轮廓面与盾体间间隙。以防止后续洞内WSS法注浆及施作盾尾止水环时,浆液流到盾体,抱死盾构机。注浆顺序为先注下方孔后注上方孔。

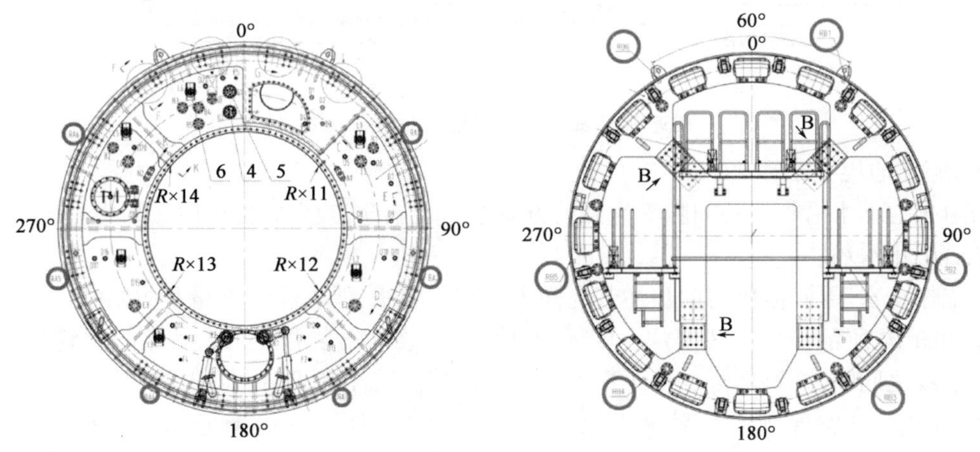

图7 前、中盾盾壳注入孔位置示意图

③盾尾注膨润土泥浆密封保护。

利用同步注浆系统,向盾尾同步注浆孔注入膨润土泥浆,保护注浆管路及盾尾刷,防止施作盾尾止水环时,盾尾刷被浆液固结、失效。土仓壁上高点位膨润土注入孔位置示意图如图8

所示。

④膨润土置换土仓渣土(图9)。

为防止后续洞内WSS法注浆加固时浆液进入土仓内,在WSS法注浆加固前,先将土仓内的渣土置换成膨润土泥浆,即可确保地面注浆加固浆液不进入土仓,同时可作为后续建立泥膜时使用。

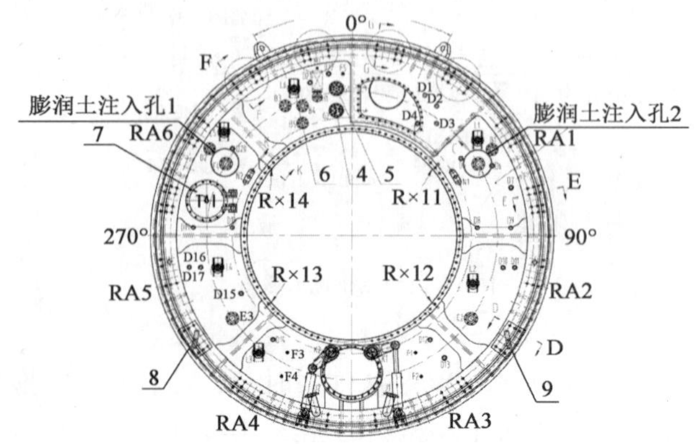

图8 土仓壁上高点位膨润土注入孔位置示意图

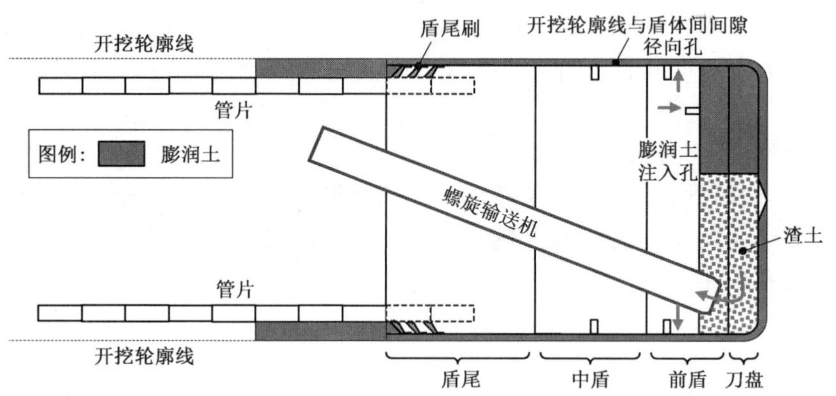

图9 盾体密封保护及土仓渣土置换示意图

(3)施作盾尾止水环

为阻止地下水沿管片外间隙渗入到前方开挖面及土仓,减少盾构开舱过程中土仓回水量,应施作盾尾止水环。

①施作止水环前,向盾尾同步注浆孔注入膨润土泥浆,保护注浆管路及盾尾刷。

②如图10所示,向盾尾后第4~8环(连续5环)管片吊装孔注入双液浆封堵管片与隧道开挖轮廓线之间间隙,每环至少从4个点位进行注浆。浆注完成后,在相应管片上开孔检查是否漏水、漏浆。如发现,则继续注浆至无水、浆泄漏为止,以保证止水环止水密封效果。

③施作盾尾止水环前,须通过试验来确定双液浆的浆液配合比,注浆过程中根据现场情况对配比进行调整。采用普通硅酸盐水泥P·O 42.5级拌制水泥浆,初始水灰比(质量比)取(0.7~1):1,水玻璃(硅酸钠溶液)的波美度采用23°~26°Bé,初取水泥浆与水玻璃的体积比为1:1。

④注浆实行以压力控制为主,以注浆量控制为辅,即当注浆压力达到设定值时,即可停止注浆。

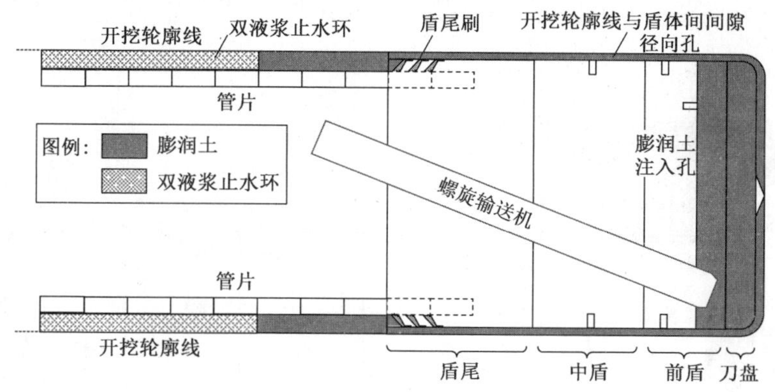

图 10　施作盾尾止水环

(4)WSS 工法洞内注浆加固

①中盾、前盾径向孔注浆

采用铁棍或钢筋疏通前盾、中盾径向孔至盾壳外 20cm 左右;然后,在径向孔上安装双液浆混合器。采用双液注浆泵向前盾、中盾径向孔注入 AB 液(溶液型),其中,A 液为水玻璃,B 液为磷酸溶液。前盾、中盾注入 AB 液的目的是包裹盾体并实现隔水保气。前盾、中盾径向孔位置如图 11 和图 12 所示。

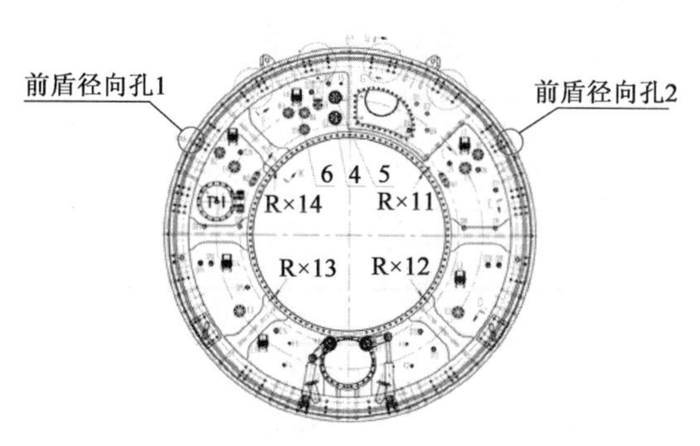

图 11　前盾径向孔位置(2 点和 10 点位)

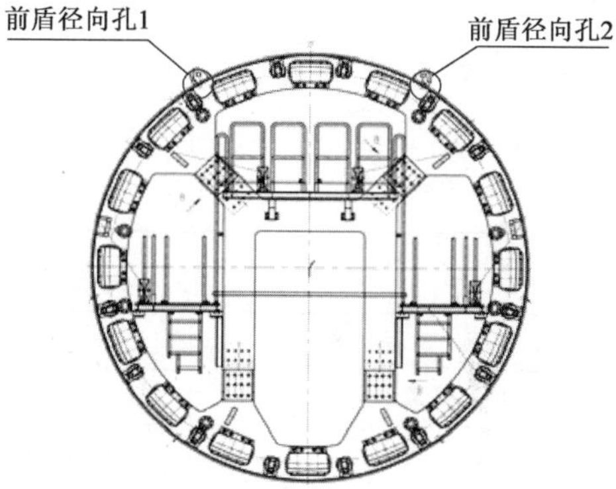

前盾径向孔1
前盾径向孔2

图 12　中盾径向孔位置(1 点和 11 点位)

②超前注浆孔注浆

a. 加固范围

通过中盾 2 点和 10 点位的超前注浆孔(图 13)进行钻孔,钻孔深度约 10.2m,注浆范围为刀盘前 4m。注入浆液包括 AB 液和 AC 液(悬浊型)。C 液为水泥浆,采用 P·O42.5 级水泥拌制;A 液、B 液如前文所述。AB 液强度较低,但止水效果好,AC 液强度较高。注浆时,中盾至刀盘前 1m 以内注 AB 液,刀盘前 1m 至 4m 注 AC 液,注浆范围如图 14 所示。

b. WSS 注浆材料及浆液配比

WSS 注浆浆液应为高渗透性材料。初定浆液参数见表 1 和表 2,为满足施工要求,施工中应根据现场情况进行时试验并做适当调整、优化。

c. 注浆压力选定

注浆压力是注浆作业中的重要参数,关系到注浆效果及其经济性。注浆压力与地层空隙发育程度、涌水压力、浆液材料的黏度以及凝结时间有关。根据以往经验,本工法所应用工程注浆压力控制在 2.0bar 左右,注浆时应时刻观察土仓压力,保证其不超过 4.0bar,以避免刀盘密封损坏。

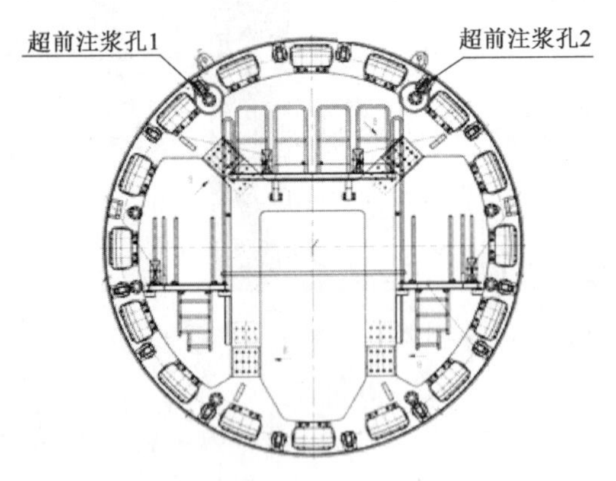

图 13　盾构机超前注浆孔位置示意图

10236
3077
4459
2700
AC液
AB液
1000
4000
盾尾
中盾
前盾
刀盘

图 14　WSS 工法超前注浆范围(尺寸单位:mm)

初始无收缩注浆液配比　　表 1

名　　称	材　　料	质量(kg)
AB 液	磷酸	35
	水	500
	水玻璃	535
AC 液	水泥	400
	水	700
	水玻璃	1000

注 浆 参 数 表　　表 2

名　　称	参　　数	备　　注
浆液扩散半径	1.2～1.5m	
凝胶时间	AC 液 20～40s,AB 液 10～20s	根据注浆深度情况调整
注浆压力	动态调控注浆	土仓压力不超过 4bar
土体平均注入率	30%～40%	体积比

(5)钠基膨润土建立泥膜

钠基膨润土泥膜制作程序简单,气密性和隔水性强,保压效果好,耐久稳定,能保证开舱作业的安全性并且工作效率高。待 WSS 注浆加固完成后,开始建立泥膜,操作要点如下:

①分级加压注入膨润土

膨润土是否有效地隔断地下水及气体通道是实现保压的关键。为使膨润土尽量扩散到开挖面及周边地层中,且尽量减小加压对地层的扰动,采取分级加压缓慢渗透的方式向土仓注入膨润土。一方面,可以实现应力缓慢释放,达到密封止水效果;另一方面,也可以通过膨润土的填塞、挤压等作用将刀盘周边土体裂隙中地下水挤出远离刀盘区域。

②气体置换土仓膨润土及稳压

形成泥膜后,为达到人员进舱作业条件,应进行气浆置换工作。如图 15 所示,通过螺旋输送机将土仓内膨润土排出,为后续换刀作业提供空间。同时,对土仓进行保压检验,确保土仓内气体空间压力的稳定,达到保压作业要求。

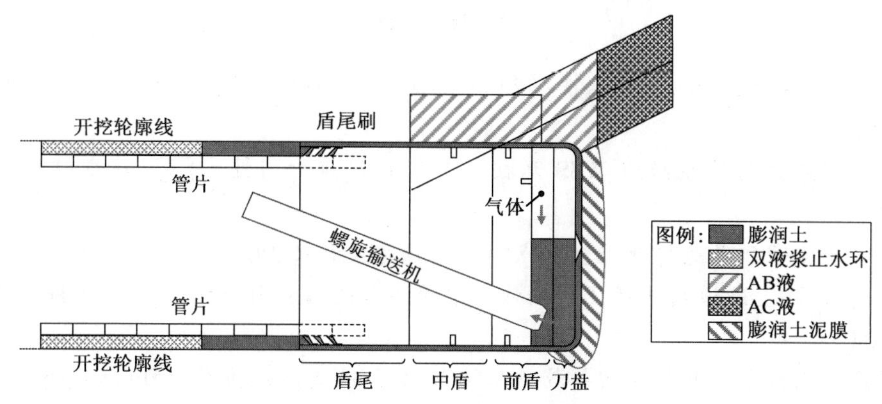

图 15　气浆置换示意图

(6)带压开舱作业

带压开舱作业流程及要点如图 16 所示。

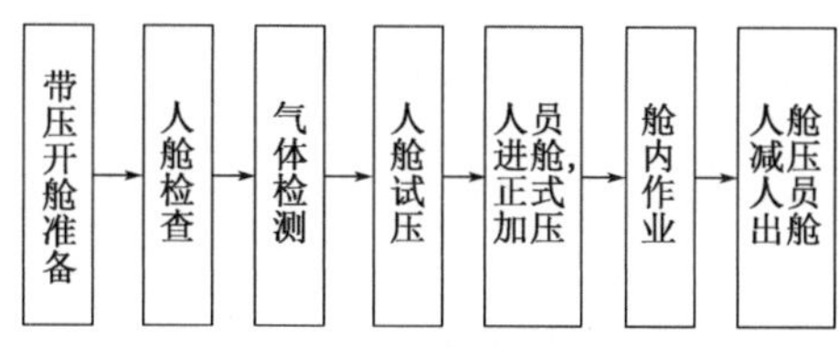

图 16　带压开舱作业流程图

(7)恢复掘进施工

进舱作业完成后,关闭保压系统,打开盾构推进系统,恢复盾构掘进施工。恢复掘进时,保持低速掘进,通过少排土,降低土仓内气压,注意土仓压力变化。如土仓压力增大较快时,可适量排土,保证土仓内压力稳定。如土仓压力降低较快时,可通过保压系统向土仓内加气,避免降压过快造成地面坍塌。同时,加强同步注浆管理,做到“掘进、注浆同步,不注浆、不掘进”。通过注浆压力和注浆量(注浆压力控制在 0.3MPa 左右,每环注浆量不少于同步注浆理论值的 190%)来控制同步注浆。

4　结语

本技术通过洞内从 11 点、1 点位的径向孔进行注浆,使盾构刀盘周围土体固结稳定,增强气压开舱的地层保压性。洞内注浆加固采用无收缩注浆(WSS)工法进行注浆加固,该技术是采用二重管钻机钻孔至预定深度后,采用一台同步注浆机注浆。浆液有两种,即 A 液和 B 液(或 C 液),两种浆液通过二重管端头的浆液混合器充分混合。定量、定压注浆,使土层的空隙或孔隙间充满浆液并固化,以达到改变土层性状的目的。同时,结合空压机的启动频率对舱内保压效果进行实时监测,为盾构顺利带压开舱的进行提供了数据支持与安全保障,极大地降低了盾构带压开舱的安全风险。另外,洞内 WSS 加固、泥膜建造及保压效果良好,保证了盾构带压开舱的顺利进行。带压换刀期间,地表监测数据表明,沉降满足规范要求。

参 考 文 献

[1] 孟冬兵. WSS 注浆加固在地铁隧道的施工控制与应用[J]. 价值工程,2015(12):177-181.

[2] 李延华. 下穿铁路暗挖隧道 WSS 无收缩全断面超前加固技术[J]. 建设机械,2017(4):91-94.

[3] 曾跃平. 盾构带压开舱作业控制要点[J]. 福建建设科技,2016(3):66-69.

[4] 薛利群,张国光. 隧道盾构带压开舱作业中的潜水技术应用研究[J]. 交通科技,2015(4):101-104.

[5] 刘培洪. 盾构机带压开舱处理异物施工技术[J]. 铁道建筑技术,2017(5):90-91,118.

[6] 彭旭红. 南昌地区上软下硬地层土压平衡盾构带压开舱技术[J]. 中国高新技术企业,2013(3):116-118.

富水砂层土压平衡盾构短钢套筒始发技术应用

杨智麟[1,2]　刘阳君[1,2]　尹清锋[1]　赵　江[1,2]　邓志强[1,2]　陈　立[1,2]

(1. 中建交通建设集团有限公司　北京　100142;2. 郑州地铁 3 号线 A2 部分八工区　河南郑州　450000)

摘　要:本文以郑州地铁 3 号线工程顺城街站—东大街站区间工程为例,采用短钢套筒始发施工技术,解决了端头加固质量差的难题,且有效控制了盾构始发段近距离上跨既有 2 号线隧道结构变形的难题,取得了良好效果,相应施工经验可供借鉴与参考。

关键词:土压平衡盾构机;富水砂层;端头加固;短钢套筒始发

1　引言

盾构始发是盾构施工过程中的难点与风险点,通常对端头土体进行加固预处理应对盾构始发风险。端头加固方法有很多,如三轴搅拌桩、高压旋喷桩、冷冻加固、WSS 注浆加固等。实际施工中常常因场地狭小,管线密集,地质条件恶劣等原因难以保证端头加固质量,造成盾构始发风险进一步增大。近几年发展起来的钢套筒始发技术与端头加固法相比,其安全性、可靠性和经济性比较明显。传统采用长钢套筒(长度大于 10m,一般有 4 段拼接而成)进行始发即钢套筒完全包裹盾体,盾构机调试完成后将负环管片推至反力架,开始钢套筒内回填渣土,实现整个始发阶段完全密闭。虽然降低了始发风险,但是造价较高,安装复杂,工期较长,阻碍了其推广应用。与常规钢套筒始发相比,短套筒长度一般为 80 ~ 100cm,大大节省了钢材,可一次性安装完成,无须等待盾构机吊装。短套筒利用钢丝刷及其之间填充的油脂环阻止涌水涌沙,维持水土压力,使土仓能够快速建立平衡压力。短钢套筒造价低,安装简单,工期短,而且可有效降低各种复杂地层中的盾构始发风险(富水砂层、上软下硬地层等),较常规钢套筒有更加广阔的应用空间。

2　工程概况

顺城街站—东大街站区间双延米长 463m,隧道顶埋深为 9.0 ~ 11.0m,主要穿越$②_{41}$粉砂、$②_{51}$细砂等地层,地下水位位于隧道上方。本区间采用 1 台土压平衡盾构机施工,区间始发端东大街车站为 2 层车站,洞门处围护结构采用 800mm 厚玻璃纤维筋地下连续墙。端头加固区地层为富水细砂层,因场地狭小且地下各类管线复杂,设计端头加固采用水平 WSS 注浆,实际加固施工过程中因既有 2 号线隧道自动化监测数据对注浆压力较为敏感,加固效果不佳。因此,为保证盾构始发施工安全,始发段上跨既有 2 号线正常运营,采用短钢套筒盾构始发,可有效降低盾构始发涌水涌沙风险,控制地面沉降及既有隧道变形。

3　短钢套筒始发施工工艺

在盾构始发施工前,采用一种特殊的封门形式,即在始发井洞门钢环上加设长 800mm 的

作者简介:杨智麟(1988—),男,大学本科,工程师,目前主要从事城市轨道交通施工与管理工作。电子邮箱:yzhilin@126. com。

短钢套筒。筒体分成上下2段半圆制作，内径与端墙预留洞门钢环相同，短钢套筒与钢环连成一体，短钢套筒前端设置始发密封装置（橡胶帘布板和洞门压板等），后端设有密封装置，即筒体内部设置2道钢丝刷密封，壁内设置1道钢丝刷密封（根据实际需要设置）。每道钢丝刷前后不同角度预留油脂和浆液注入孔。

盾构进洞时，提前在钢丝刷内涂抹盾尾油脂，刀盘切口通过钢丝刷后，通过短钢套筒外侧预留注入孔注入油脂，可以密封住盾体和洞门之间的空隙，迅速建立土仓压力，达到水土压力平衡以实现安全始发。

短钢套筒始发施工流程图如图1所示。

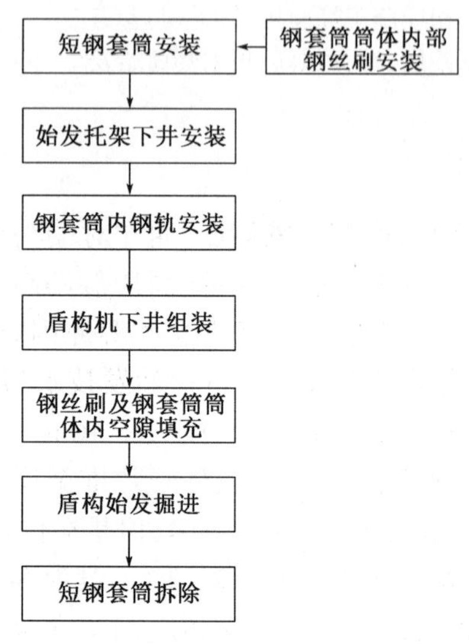

图1　短钢套筒始发施工流程图

4　短钢套筒始发施工要点

4.1　短钢套筒安装

（1）短钢套筒下井前，提前在短钢套筒后端筒体内设置密封装置，即筒体内部设置2道钢丝刷密封，洞门井壁内设置1道钢丝刷密封（根据实际需要设置），钢丝刷为宽度200mm、高度350mm的高强度耐磨钢丝刷。

（2）开始安装短钢套筒之前，首先在结构井确定隧道中心线，也就是短钢套筒的中心线。短钢套筒定位时，要求短钢套筒的中心线、隧道中心线两条控制线重合。

（3）首先把短钢套筒下半圆（下部有底座），吊装下放到端头井内，使短钢套筒的中心与事先确定好的隧道中心线重合，向前移动短钢套筒与洞门钢环焊接，再依次吊装上半圆。

（4）短钢套筒安装完成后，连接螺栓按顺序紧固后需进行检查并复紧，对筒体位置进行复测，检查与隧道中心线是否重合。

（5）为确保之间连接焊接牢固且方便焊接，短钢套筒与钢环通过弧形板（一般采用宽10cm厚2cm钢板）焊接连接，焊缝沿短钢套筒一圈内外侧满焊。

（6）短钢套筒左右两侧及底部需通过焊接25号工字钢支撑，防止盾构掘进时短钢套筒发生位移。

（7）短钢套筒前端直接与洞门预埋钢环连接，后端通过法兰与止水帘布相连。止水帘布安装后，再安装圆环板及翻板，其中圆环板、帘布橡胶和法兰环之间用双头螺栓连接，其中螺栓与螺母间加一垫片，螺母及配套垫片的型号为高强度M20。

(8)在短钢套筒外侧提前预留多个注入孔，其中10点、1点、3点、5点、7点以及9点的位置布置1寸油脂球阀和2寸注浆球阀。通过盾构机的油脂泵向短钢套筒内打油脂，也可注浆。

短钢套筒帘布、球阀、压板安装图如图2所示。

图2　短钢套筒帘布、球阀、压板安装图

4.2　始发托架下井安装

始发托架采用钢结构形式，一般由2块或4块拼接组成，在地面拼装完成，螺栓紧固后整体吊至井下固定。托架下井后，根据定位中心线和托架轨面高程，对始发托架进行定位。定位粗调完成后，由测量人员对中心线和轨面高程进行复核并根据复核结果对始发托架进行细调，细调完成后，再由测量人员进行最后的校核。基座安装轴线精度水平偏差为±5mm，高度偏差为-10~5mm。

待始发托架位置细调完成后，将基座固定卡死，基座后端(盾构掘进方向)采用25号工字钢垂直连接在车站底板端墙上，前端直接连接在短钢套筒上。基座两侧采用25号工字钢顶在侧墙上(工字钢要求顶在基座主要受力横撑上)，工字钢与结构面均需加垫钢板，确保接触面不留空隙，同时以避免损坏结构，随后可进行盾构主机组装。

4.3　短钢套筒内钢轨安装

在短钢套筒下方圆弧内安装2根43kg/m钢轨，钢轨与始发架两侧钢轨齐头，钢轨两侧焊接7字板。为避免盾构始发时出现栽头趋势，靠近洞门端钢轨垫高10~20mm。

4.4　钢丝刷及短钢套筒筒体内空隙填充

在盾构机向前顶进进入短钢套筒之前，短钢套筒内的钢丝刷内需人工手涂油脂，为了使钢丝充分填充油脂，应手工掰开钢丝刷，在钢丝刷内部填充油脂，必须填充充分。盾体进入短套筒内后，采用盾构机油脂泵接管至短套筒上预留1寸球阀泵入油脂，填充钢丝刷与盾体间空隙。短套筒上预留注入孔点位分布均匀，初次注入压力不大于2bar，根据盾构推进过程中短套筒漏水漏浆情况，适当调高注入压力，保证密封，达到止水、止浆效果。

4.5　短钢套筒始发参数控制

盾构机组装调试完成，并经验收合格后正式始发掘进。刀盘进入短钢套筒时，由专人观察橡胶帘布及翻板情况，确保所有翻板全部压入。当负环管片脱出盾尾后，及时将型钢垫块插入管片和始发基座引轨间，并对负环进行稳固，防止管片发生侧向位移和滚动。继续向前推进，当刀盘接触掌子面后，应确认刀盘是否已通过短钢套筒内安装钢轨，防止转动刀盘时将钢轨和钢环破坏。同时检查钢丝刷与盾体间空隙填充是否饱满，如果不充分需再次通过预留注入孔注入油脂，注入压力不超过2.5bar。刀盘通过套筒内引轨后开启转动模式继续向前推进，逐渐开始建立土压，此时不需要出渣，当上土仓压力达到设定值后，打开螺旋输送机开始出渣，每环掘进过程中应严格控制出渣量。每一循环结束后及时进行管片拼装。在盾尾全部进入短钢套筒之前，盾构推进主要参数为：刀盘转速0.8～1.0r/min，最大推力不得超过10000kN，掘进速度控制在10～25mm/min。

盾尾完全进入短套筒内后，调整短套筒尾部止浆翻板，使翻板紧贴负环管片，并在翻板后部塞入海绵条，作为辅助密封措施。并且及时采用水泥砂浆同步注浆，注浆量为1～2m^3(可根据注浆压力和洞门漏浆情况实时调整注浆量)，根据渗漏浆情况，每环逐步增加注浆量直到调整为正常的注入量，注浆压力为1.0～1.5bar。为避免短钢套筒内负环管片漏浆，负环-1、0环掘进时增大盾尾油脂注入量，在管片背后形成油脂层。

盾尾通过短钢套筒钢丝刷后，及时通过短钢套筒的2寸球阀，进行同步注入惰性浆液(化学浆液水玻璃+酸或者膨润土+粉煤灰，不能有水泥)，填充短套筒与管片间空隙，使负环管片及时稳定。同时推进参数适当调高，刀盘转速1.0～1.5r/min，最大推力不得超过1400kN，掘进速度控制在25～40mm/min。当推进完+6环后，通过洞门处管片吊装孔兼注浆孔，采用水泥+水玻璃双液浆对洞门进行封堵。洞门有效封堵后，逐步调整和优化掘进参数，达到始发段正常掘进施工。

4.6 短钢套筒拆除

当盾构掘进至100环位置时，打开短钢套筒预留观察孔阀门或洞门处管片吊装孔，观察有无出水，如有出水则通过球阀进行注双液浆，以封堵至观察孔无出水为止。割除短钢套筒与钢环的焊接部位，拆除短钢套筒。

5 应用效果分析

本工程因场地狭小且地下各类管线复杂，设计端头加固采用水平WSS注浆，实际加固施工过程中因既有2号线隧道自动化监测数据对注浆压力较为敏感，导致加固效果不佳。如果盾构在端头加固效果不佳的情况下直接始发，存在巨大的风险。如果使用长钢套筒不仅工期较长而且成本较高。本工程采用短钢套筒始发，成功完成了始发段上跨既有线的任务。

安装短钢套筒后使得刀盘脱离引轨后距掌子面仍有一段距离且围护结构为玻璃纤维筋地下连续墙，因此，减少了破除洞门围护结构的风险。在盾构机穿过地下连续墙后通过往短钢套筒密封腔内注入油脂，可有效防止涌水涌沙风险的发生。

短钢套筒内密封装置能及时对盾体和洞门之间的空隙密封，迅速建立土仓压力，达到水土压力平衡实现安全始发，有效降低常规盾构始发洞门涌水涌沙、地面塌陷等重大施工风险，安全性能较高。

6 结语

本工程采用短钢套筒盾构始发，不仅降低了盾构始发涌水涌沙的风险，而且有效控制了既有地铁隧道的变形。与端头加固和长钢套筒始发相比较，短钢套筒始发具有以下优点：

(1)富水砂层土压平衡盾构短钢套筒始发技术，可以在破除洞门前为盾构始发建立水土平衡环境，短钢套筒可以重复利用，与端头加固法相比，其安全性、可靠性和经济性有较大的提高。

(2)长钢套筒一般长10m以上，结构复杂，生产费用高；而短钢套筒一般长80~100cm，结构简单，生产成本仅是长钢套筒的1/15。

(3)传统的钢套筒始发技术，钢套筒内需回填渣土，工序复杂，而短钢套筒筒体内不需要填充渣土，施工简便、高效，降低了施工成本。

(4)长钢套筒始发需先安装钢套筒下半部分，待盾构机下井组装完成后再安装上半部分，一般工期为20d。而短钢套筒可直接与洞门钢环外边焊接连接无须等待盾构机吊装，提前实现整体安装，只需3d工期，可有效节省盾构始发工期。

参考文献

[1] 陈康龙. 盾构隧道微扰动施工控制技术体系及其应用研究[J]. 城市建设理论研究(电子版),2018(1):155-156.

[2] 徐明,韩日美. 西安地铁盾构始发与接收端头加固方案研究[J]. 科技创新与应用,2019(9):118-119.

[3] 张红艳. 地铁盾构始发洞门设置及加固处理综合措施研究[J]. 价值工程,2019,38(16):115-117.

[4] 刘天正. 大直径土压平衡盾构始发技术研究[J]. 铁道建筑技术,2019(3):118-122,132.

[5] 刘关勇. 杭富地铁隧道高富水复合地层的盾构始发技术[C]//中国地质学会. 第二十届全国探矿工程(岩土钻掘工程)学术交流年会论文集,2019.

[6] 张杉,王利龙. 浅析地铁盾构始发、接收关键施工技术[J]. 建材与装饰,2020(3):282-283.

[7] 徐波. 粉砂地层大断面盾构始发端头加固技术[J]. 山西建筑,2019,45(5):163-164.

[8] 闫春霖. 浅谈盾构机钢套筒始发技术应用[J]. 水利水电施工,2018(5):81-83.

[9] 姚八五. 富水砂层土压平衡盾构短钢套筒始发技术[J]. 中国高新科技,2019(18):75-77.

[10] 吴琼. 富水圆砾地层盾构短套筒接收施工关键技术[J]. 都市快轨交通,2017,30(3):40-43,49.

[11] 安宏斌,怀平生,白晓岭,等. 特拉维夫富水砂层盾构短套筒始发技术研究[J]. 现代城市轨道交通,2019(12):42-46.

[12] 秦学军. WSS水平注浆在盾构始发洞门端头加固中的应用[J]. 工程建设与设计,2018(17):169-171.

[13] 昝子卉. 盾构近距离上跨施工对既有线隧道的变形影响[J]. 武汉工程大学学报,2016,38(1):61-67.

[14] 江华,殷明伦,江玉生,等. 深圳地铁盾构隧道近距离上跨既有线引起的结构变形研究[J]. 现代隧道技术,2018,55(1):194-202.

[15] 王吉华. 盾构大坡度始发超近距离上跨既有运营地铁线路关键技术[J]. 施工技术,2019,48(8):121-125.

青岛地铁海域段地中对接、弃壳解体施工关键技术

韩维畴[1,2]　张洪涛[1]　尹清锋[1]　王太平[1,2]　孙富强[1,2]

(1. 中建交通建设集团有限公司　北京　100161;
2. 青岛市地铁8号线工程PPP项目(B1包)土建07工区　山东青岛　266000)

摘　要:近年来,盾构隧道因为线路长、下穿江河湖海、地面无设置竖井条件等原因采取相向推进、地下对接、弃壳解体的技术成为一个新的发展趋势。本文立足于青岛地铁8号线工程市民健身中心站—2号风井区间四台土压平衡盾构机地下对接、洞内弃壳解体的项目,研究海域内富水地层下土压平衡盾构机地下对接及二次衬砌施工工艺技术,特别是对精度要求较高的对接技术的研究,填补了国内相关领域的空白,希望对类似工程有借鉴作用。

关键词:土压平衡盾构机;地中对接;弃壳解体;二次衬砌施工

1　引言

随着国民经济的快速发展,发展快捷、便利、环保的城市轨道交通是最佳的选择。盾构法施工因安全性高、受环境影响小、高效等优点得以广泛应用。青岛地铁8号线工程市民健身中心站—2号风井区间为国内地铁领域首次采用四台土压平衡盾构机地下对接、洞内弃壳解体的项目。

目前国际上盾构相向掘进对接施工分为直接式地下对接和辅助式地下对接两种形式。直接式地下对接法需要对盾构机进行针对性特殊设计,对设备的要求较高,同时这种直接机械密封的方式对对接精度要求也比较高,目前国内还未有应用的工程。辅助式地下对接根据地表环境、地质特点可以采取注浆法、高压旋喷法、冻结法等辅助工法,应用范围广,对对接精度要求不高,满足成型隧道设计要求即可。根据国内外地下对接技术和经验,结合青岛地铁8号线水文地质条件,进行了针对性研究,最终确定采用辅助式地下对接方式。

2　工程概况

青岛市地铁8号线工程PPP项目(B1包)土建07工区中市民健身中心站—新增盾构始发井区间长3.26km,采用四台盾构机两两对推方式进行施工,隧道直径为6.7m。四台盾构机编号为1号~4号。其中1号、2号由从市民健身中心站始发向大里程方向(观涛站方向)掘进,到达1号风井后空推过1号风井,并由1号风井大里程端洞口进行二次始发,继续向大里程方向前进。3号、4号盾构机由新增盾构始发井向小里程方向(市民健身中心站方向)掘进,最后与1号、2号盾构机地中对接,采用洞内弃壳方式解体吊出,见图1。

其中,1号风井—新增盾构始发井区间穿越强风化安山岩、微风化凝灰岩和微风化安山岩三种典型地层,受地面环境制约,地质探孔间距50~60m,无法准确揭示地质情况。为保证施工安全,选取地层稳定性好的全断面微风化安山岩处进行地下对接,见图2。

作者简介:韩维畴(1991—),男,大学本科,助理工程师,目前主要从事城市轨道交通施工与管理工作。电子邮箱:446386598@qq.com。

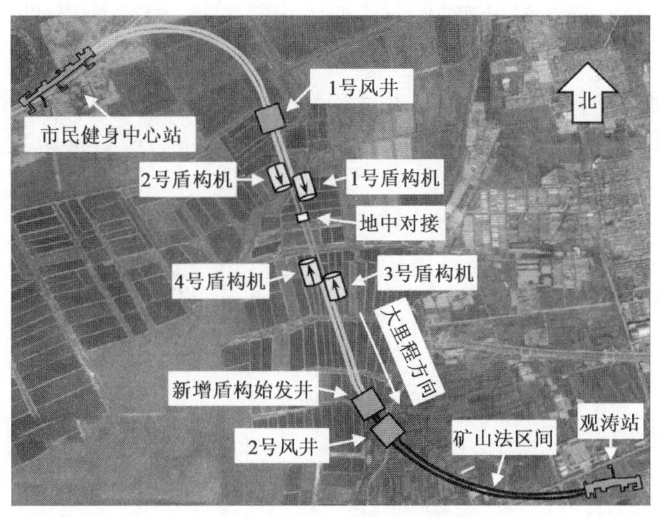

图1　区间平面图

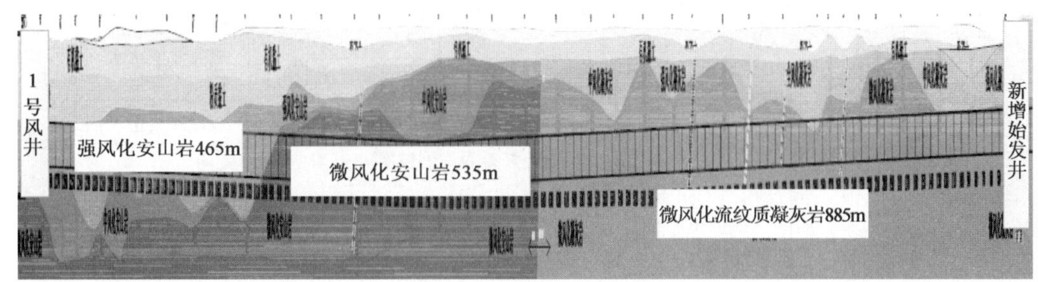

图2　区间地质剖面图

3　工艺原理

青岛地铁8号线市观区间盾构对接技术工艺原理是：根据地质详勘及补勘情况，确定对接位置；在盾构对接掘进时，严格控制掘进参数，增加导向系统检查频率，确保对接精度；在先行盾构到达对接点后，根据地质条件对刀盘前方地层、盾尾及盾壳注浆止水；并在后行盾构到达对接位置后，进行盾尾及盾壳注浆止水；待注浆效果满足要求后，盾构机进行地中弃壳解体并运至盾构井吊出；在两台盾构机刀盘位置焊接钢板连接盾壳封闭成环，最后在盾壳内施工二次衬砌。

4　施工工艺

4.1　施工流程

盾构地中对接、弃壳解体施工流程图如图3所示。

4.2　对接位置选取方案

（1）对接位置选取依据

采用地中对接洞内拆解技术，隧道内部空间有限，解体工期较长，对接位置地质条件要求高。根据地勘报告及现场实际掘进情况，对接位置选取标准如下：

①对拟对接段地质进行补勘，探明岩石强度、稳定性及地下水情况。

②受地面环境制约，地质补勘受限，地层地质揭示不详，对接位置优先选取原地质勘探孔邻近位置。

③对接位置应避开断裂带等透水性大、稳定性差的区域一定的距离，便于进行监测。

④对接位置岩体完整性好，稳定性好，透水性弱，有利于后续对接段二次衬砌施工与防水。

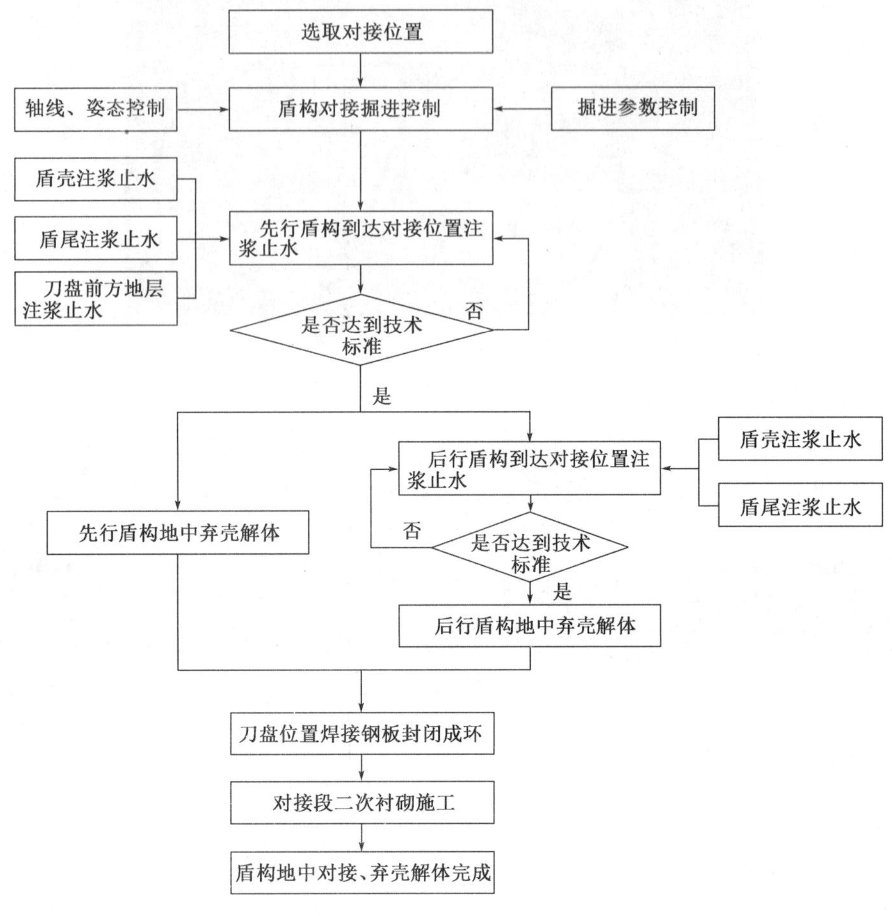

图3　盾构地中对接、弃壳解体施工流程图

(2)对接位置选取

结合本工程4台盾构掘进进度，选取全断面微风化安山岩段进行地下对接。该对接区域需频繁开舱检查刀具，施工效率低。根据左右线盾构机的实际掘进进度情况，在避开断裂带的前提下，各选取一处对接点(图4、图5)。

4.3　盾构对接掘进控制

(1)盾构对接掘进参数控制

先行盾构按照选取位置掘进，根据掘进参数反馈对接位置地质条件，到达对接位置后进行停机注浆止水与拆机准备工作。后行盾构机按先行盾构的刀盘中心姿态掘进，掘进至刀盘相距3m时，掘进时刀盘转速控制在1.2r/min，掘进速度减至5mm/min以下，尽量排空土仓以减少后续人工出渣量，同时先行盾构安排人员观察后行盾构对接时土仓异常情况。当两台盾构机刀盘邻近贴合时停止掘进，进行后行盾构注浆止水，随后进行开舱确认最终对接情况，主要观测刀盘前方地层稳定性及地下水渗流情况，满足条件后进行拆解工作。地中对接示意图如图6所示。

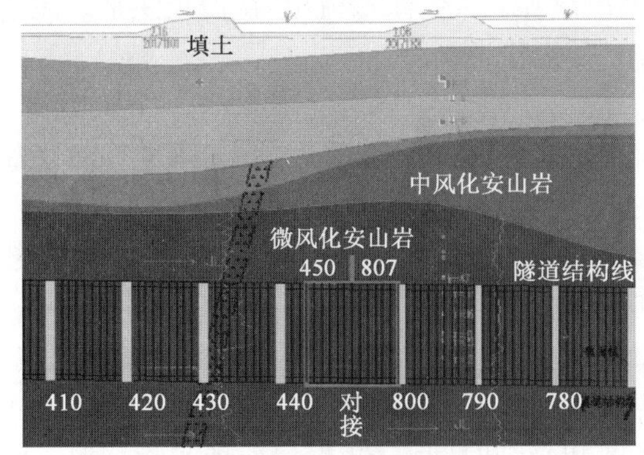

图4　左线地中对接位置

图5　右线地中对接位置

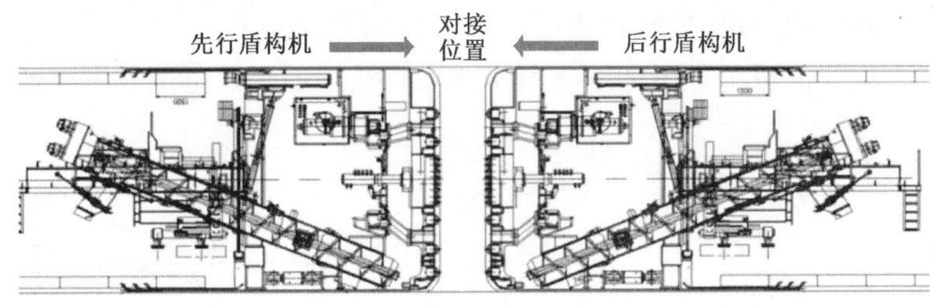

图6　地中对接示意图

(2)盾构对接轴线、姿态控制

①轴线控制

对接掘进的盾构姿态是盾构对接的关键,掘进过程中应增加测量频率,提前控制好掘进姿态,保证掘进线路不能有较大的偏差,如果有偏差时,要提前进行纠偏保证盾构机顺利对接。盾构对接测量采用自动导向系统和人工测量辅助进行盾构姿态、轴线监测。施工前把区间地面附近控制点联测到一个控制网内,通过联系测量分别引入区间隧道内,再用隧道的控制准确测量盾构机的三维位置。通过始发、进洞 150m、进洞 300m、进洞 600m、进洞 1100m 联系测量来对隧道内的控制点进行纠偏改正。

②姿态控制

通过分区操作推进油缸来调整盾构姿态,纠正偏差,使盾构的方向控制满足要求(规范要求为 -50 ~ +50mm,为保证对接精度,对接姿态控制要求为 -20 ~ +20mm)。

4.4　先行盾构到达对接位置注浆止水

(1)管片壁后补充注浆

为防止拆机过程中,成型隧道管片出现上浮、错台引起的渗漏水等情况,拆机前,提前将盾尾后方连续 25 环管片进行壁后补充注浆止水,注浆采用水泥浆 - 水玻璃双液浆,水灰比为 1∶1,水泥浆与水玻璃比例为 1∶1。注浆压力控制在 0.2 ~0.5MPa,以注浆压力控制注浆量,每次注浆直至压力达到 0.5MPa 后,方可停止注浆。注浆点位为 1、2、9、10 点位,注浆孔为管片拼装孔打穿,注浆应尽量避开 K 块。

(2)盾壳外注浆

在止浆环施工完毕后,通过盾构机前端的径向注浆孔,按照由下向上的顺序,进行壳外注浆。根据地层的含水率确定浆液的凝固时间,一般控制在 5s 左右,并通过观察土仓内的浆液流出量来确定注浆量，当盾构机前端与初期支护间的缝隙有大量浆液流出时，停止注浆。注浆结束后，通过螺旋输送机把土仓内的剩余渣土排出，并运至地面。

(3)刀盘前方地层注浆止水

先行盾构到达对接位置后，根据地质条件进行超前注浆，对刀盘前、上方土体进行注浆加固止水，为后行盾构对接提供有利地质条件。

①注浆范围。首先在洞内进行支架的搭设，给注浆机提供一个作业平台，通过盾构机的超前孔(2 点、10 点)进行打孔，注浆范围为刀盘前 4m。

②制浆。本次洞内超前注浆参考上面参数和现场实际情况，浆液配比根据现场实际调整。

③注浆压力的选定。注浆压力是注浆的重要参数，关系到注浆效果及是否经济。注浆压力与地层空隙发育程度、涌水压力、浆液材料的黏度和凝结时间有关，根据现场实际情况，确定注浆压力值，注浆时观察土仓压力，压力不能超过刀盘密封保护值的 75%，避免刀盘密封损坏。注浆过程中不要转动刀盘，注浆结束后再缓慢转动刀盘。

盾构机超前注浆孔位置示意图如图 7 所示，WSSI 法超前注浆范围如图 8 所示。

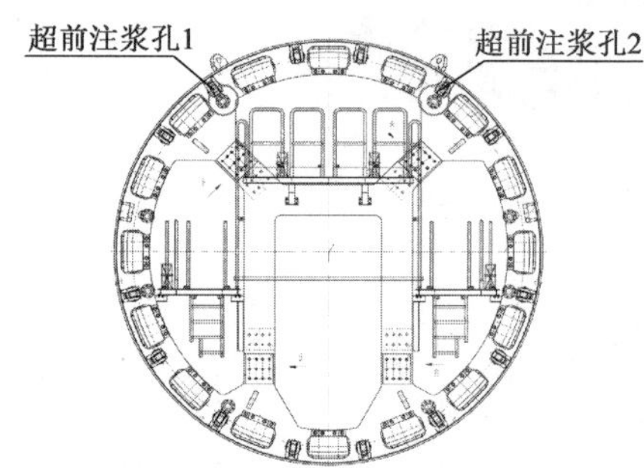

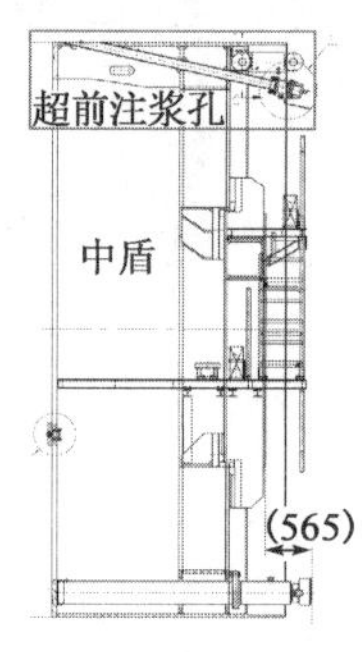

图 7　盾构机超前注浆孔位置示意图

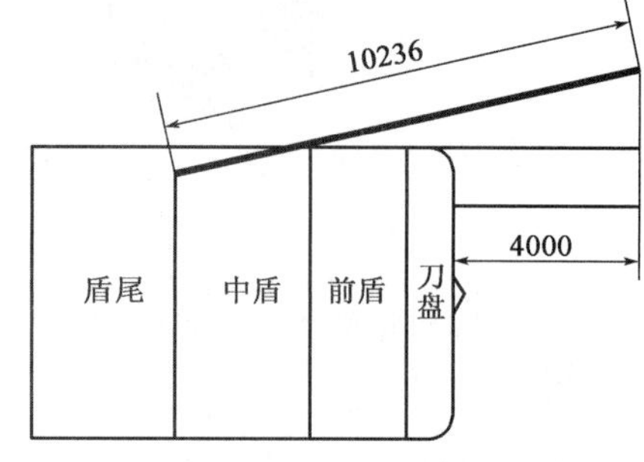

图 8　WSS 工法超前注浆范围(尺寸单位：mm)

4.5　后行盾构到达对接位置注浆止水

待先行盾构注浆加固止水效果达到技术标准后，后行盾构对接掘进到达对接位置，开始进行注浆加固止水，主要包含盾壳注浆、盾尾注浆，具体施工工艺详见第 4.4 节。

4.6　先行盾构地中弃壳解体

4.6.1　弃壳解体作业概况

本次洞内拆机的四台盾构机是中船重装生产的编号 77 号和 78 号复合式土压平衡盾构机及铁建重工生产的编号 DZ322 和 DZ323 土压平衡盾构机。盾构掘进至对接处后，盾构机后配套台车利用电瓶车沿隧道内铺好的台车轨道分别牵引至 1 号风井(铁建重工)、新增始发井(中船重装)拆解吊出，盾构机主机盾体内可拆卸部分根据盾构机相关图纸和相关技术规范拆卸，盾构机盾体内不可直接拆卸部分按要求进行分割，再通过电瓶车分别运至 1 号风井、新增始发井吊出。

4.6.2　拆除前准备工作

(1)洞内通风

由于盾构机处于隧道内拆机，而拆机大量工作是焊接和切割，因此隧道内作业持续前提保障是洞内通风，将一次通风通道延伸到盾体内(割刀盘时延伸到土仓人闸孔内)，下部采用二次风机接通风管道往隧道外排风，使隧道内形成对流，补充新鲜空气，如图 9 所示。

(2)刀盘加固

为防止盾体内结构拆除后刀盘倾覆,采用型钢作为支撑,将刀盘和前盾体焊接,以支撑起刀盘并使之稳固。加固方法为:刀盘后平面与前盾前端面间用300H型钢沿圆周均匀布置焊接加固(数量根据现场空间情况而定),同时用300H型钢进行垂直方向的支撑,如图10所示。加固过后,需测量班及时对刀盘建立测量体系,每天3次测量刀盘位移情况,并进行书面记录。

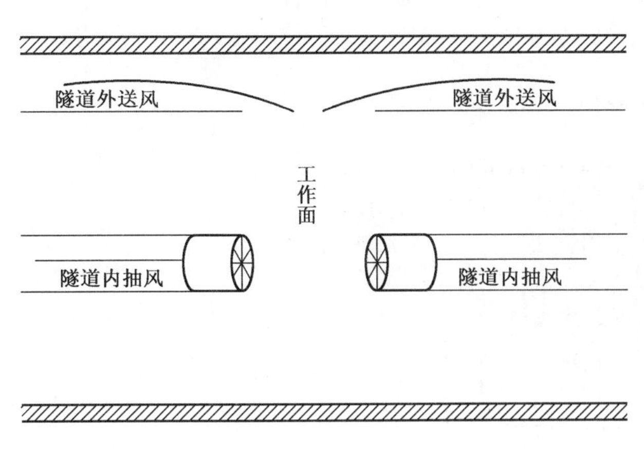

图9　隧道内通风示意图

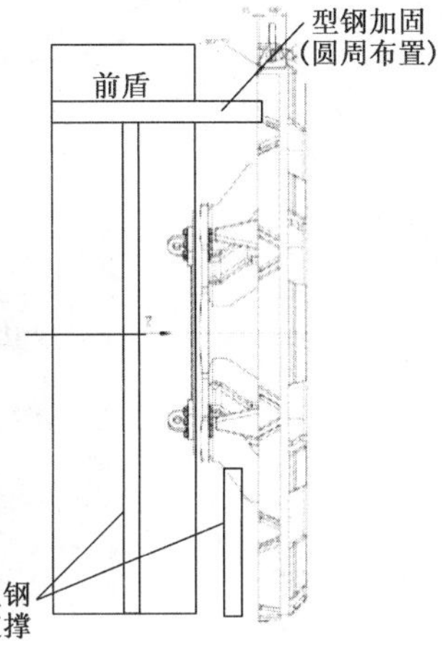

型钢加固
(圆周布置)
前盾
型钢
支撑

图10　刀盘背部H型钢加固示意图

4.6.3　弃壳解体流程

盾构掘进到洞内拆机指定里程后,停机开始准备洞内解体拆机。总体解体方案及步骤为:前期准备→断电前拼装机拆顶部推进油缸→连接桥支撑、台车管线分离→台车逐一运至吊装井(从后到前的顺序)→连接桥支撑并运至吊装井→螺旋输送机前筒体割除并抽出、支撑外运→张出台拆除并吊运→管片拼装机拆除及转运至吊装井→下部推进油缸、铰接油缸及其管线阀组拆除及转运→中盾中间支撑梁拆除→人闸拆除→中心回转体拆除→上部推进油缸、铰接油缸→拆除主驱动电机马达及减速机并加设盖板→主轴承运输平板加固→主驱动轴承拆除及转运→盾体法兰板、筋板割除运出→刀盘解体分件运出→完成收尾清理。

4.6.4　弃壳解体重点

洞内解体空间小,拆解体量大,各大型部件需提前制作工装辅助拆机。

(1)后配套台车拆解

将加固的运输平板车运进待运输的台车内,根据实际台车底梁高度,布置4根横梁,利用电瓶车将台车缓慢后移,使台车完全落到横梁上固定,再用电瓶车牵引出洞,其他台车按顺序依次拉回始发井口吊出,如图11所示。

(2)螺旋输送机机拆解

螺机拆除时前部吊点可选择在盾体上焊接吊耳或使用可稳固悬挂的吊点(或吊点1利用铰接油缸座),后部吊耳采用加工门架方式固定倒链,如图12所示。

(3)拼装机拆解

现场测量拼装机行走梁与管片车之间的高度尺寸,并制作拼装机行走梁与土斗板车之间的型钢支撑工装,即在土斗板车上放置型钢工装来支撑拼装机行走梁,如图13所示。

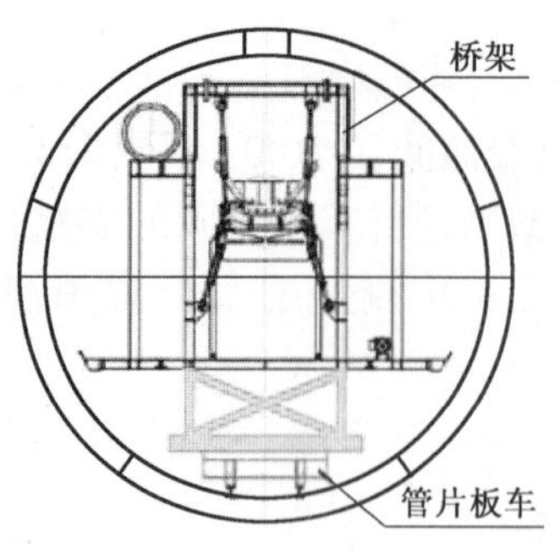

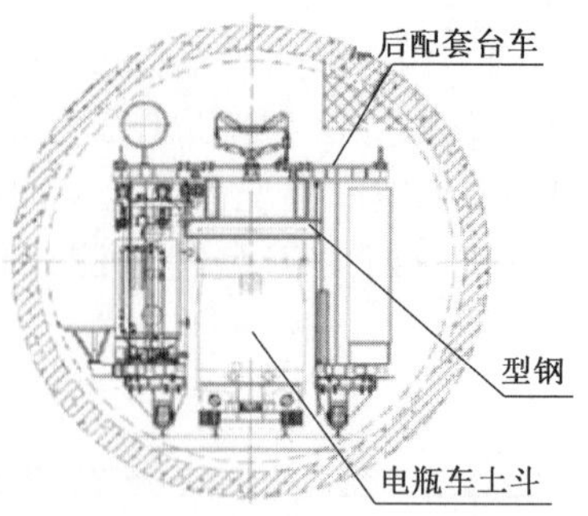

图11　盾构后配套设备拆除、运输施工示意图

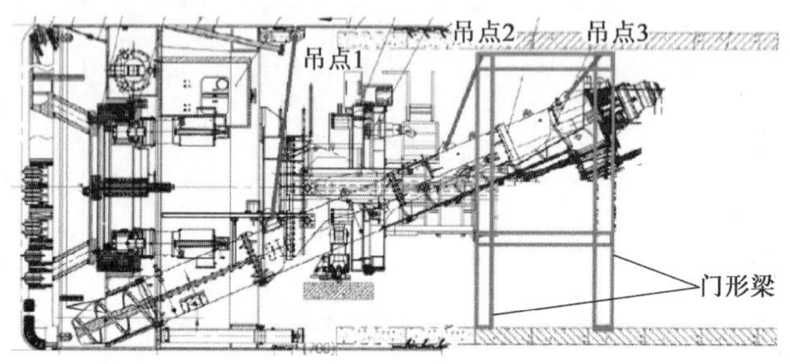

图12　螺机拆除吊点设置示意图

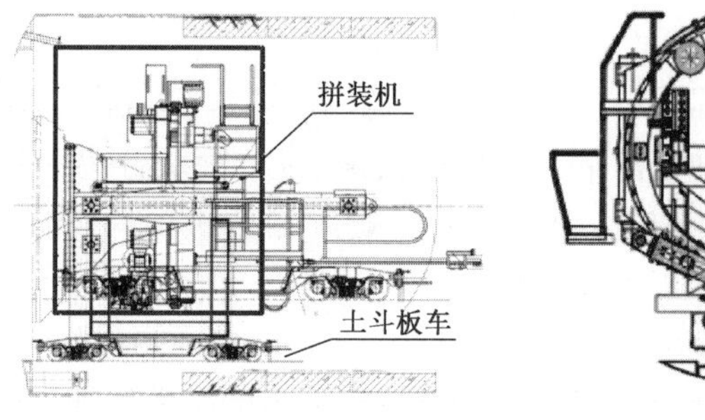

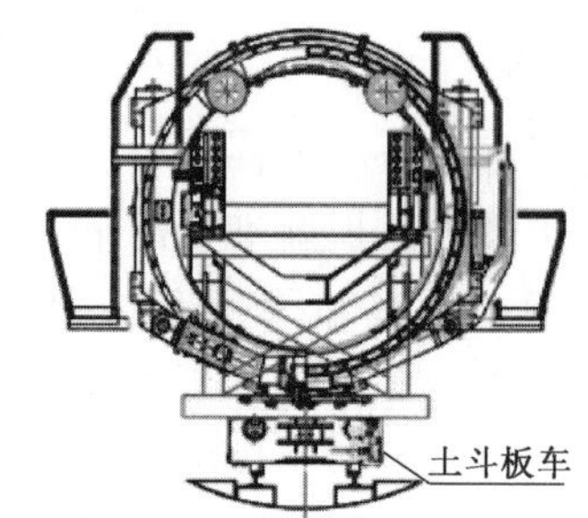

图13　管片拼装机拆除、运输示意图

(4)刀盘拆解

刀盘割除采取分块割除的方式,割掉相应位置的刀盘辐条及刀盘大圆环,将刀盘分为辐条6块、中心块1个、面板6块、牛腿与法兰作为整体进行拆除,如图14所示。

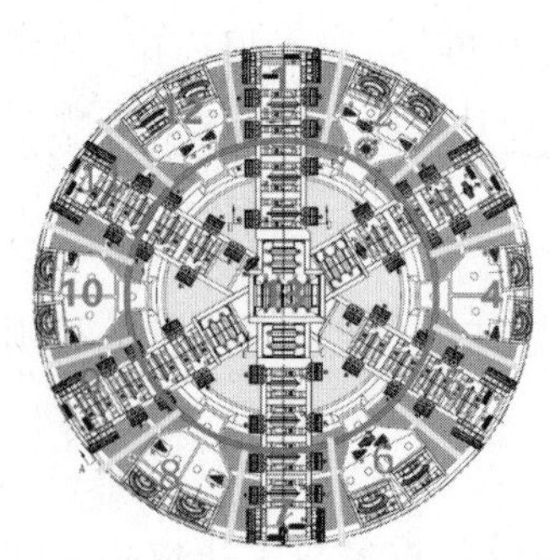

图14　刀盘分块示意图

拆除面板和辐条时遵循对称拆除的原则,分区域进行割除。先将前盾胸板主驱动下部分进行切割拆除(图15),便于切割后的刀盘运输。利用刀盘电机可旋转刀盘,将每部分切割面板旋转至最底部进行切割,并由主驱动下部运出。

(5)主驱动拆除、运输(图16~图18)

主驱动位于前盾体内,体积大,重量大,为最重和最难拆卸单元。采用原地割除承压隔板,原地翻身的拆卸方式。

在拆除主驱动过程中,时刻注意手拉葫芦的松紧程度,及时对葫芦进行调整,防止在顶推主驱动时由于手拉葫芦受力,造成主驱动无法正常推出。通过千斤顶和手拉葫芦的配合,直至主驱动完全脱离前盾,进入接收工装并固定。

主驱动箱部件较大较重,隧道内运输时应控制车速,平稳匀速地将主驱动箱运送至吊装井口。

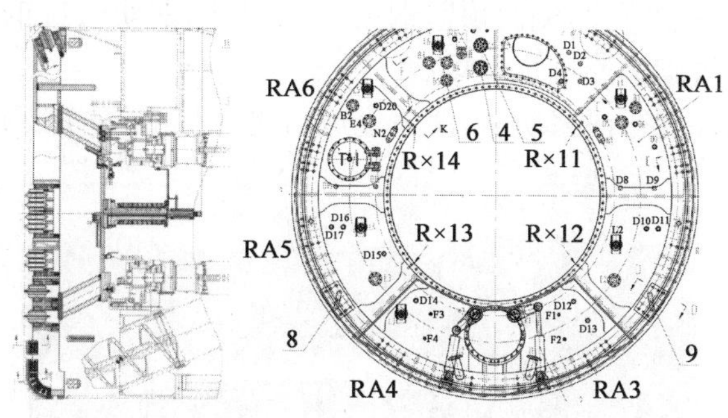

图 15　前盾下部切割示意图

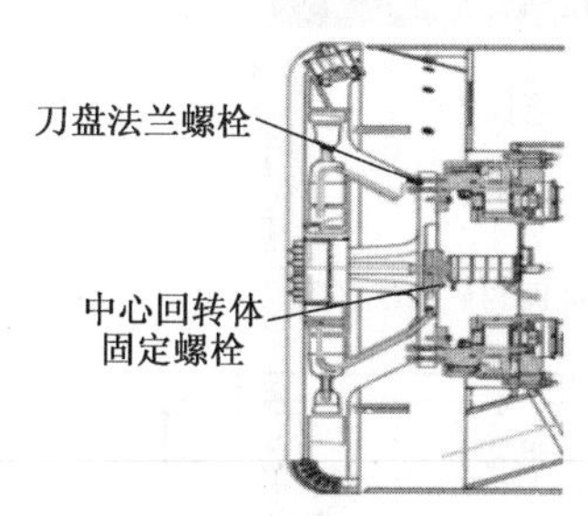

图 16　刀盘法兰连接螺栓拆除示意图

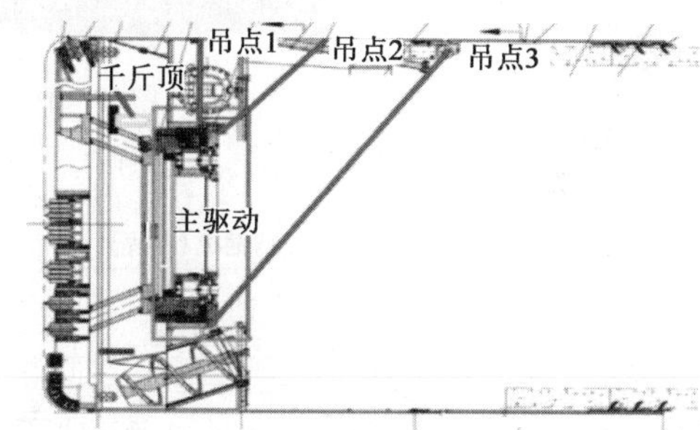

图 17　吊点设置及切割示意图

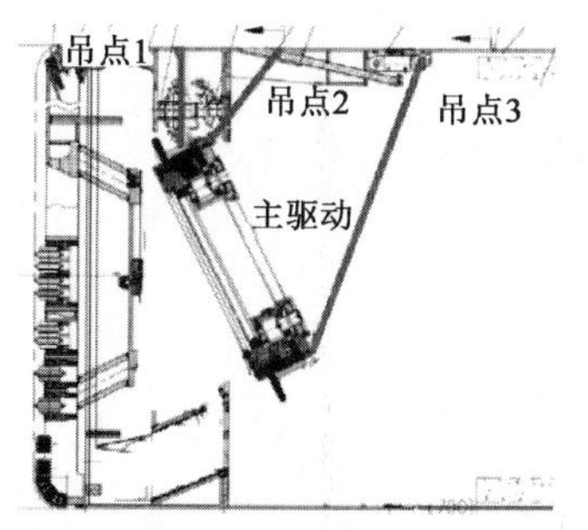

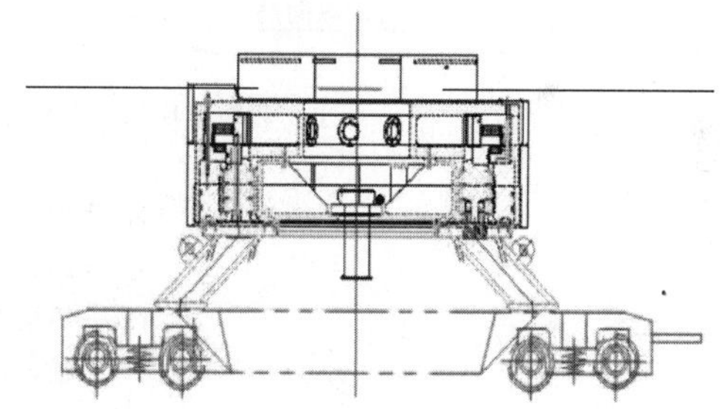

图 18　主驱动拆除及运输示意图

4.7　后行盾构地中弃壳解体

后行盾构地中弃壳解体施工工艺与先行盾构一致,不再赘述,详见第 4.6 节。

4.8　刀盘位置焊接钢板封闭成环

盾构机洞内弃壳解体完成后,两台盾构刀盘位置采用 10mm 厚钢板焊接至盾壳,形成封闭环,如图 19 所示。

4.9　对接段二次衬砌施工

(1)盾壳及管片处理

①盾构机内构件拆除完毕后,对盾壳内剩余连接钢板等进行切割打磨处理。考虑盾壳上

连接法兰与肋板较多,焊割工作量大,清理原则为保证盾壳内二次衬砌厚度与成型隧道净空即可。

②盾构机内构件拆除完毕后,前盾和中盾间有可能会产生一定的缝隙,要对其进行焊接封堵处理,以免地下水渗漏。

③最后一环管片为特制管片,侧面预留钢板,二次衬砌钢筋通过钢板与管片连接,最后一环纵向管片螺栓与二次衬砌钢筋进行焊接。

④管片壁后及盾壳外进行注浆防水,注浆完成后进行探测扫描,保证密实。

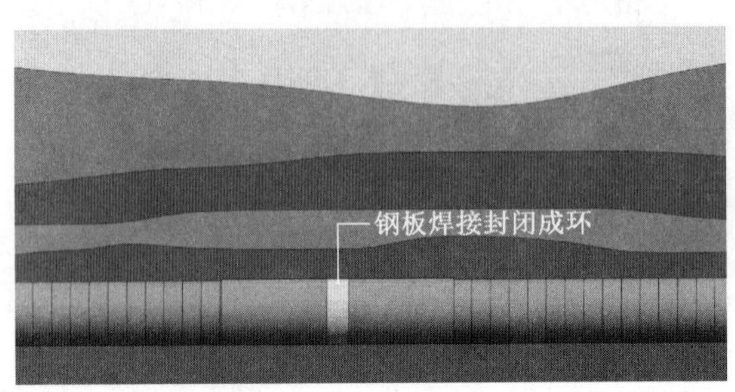

图19 盾体焊接钢板密封示意图

(2)二次衬砌施工(图20、图21)

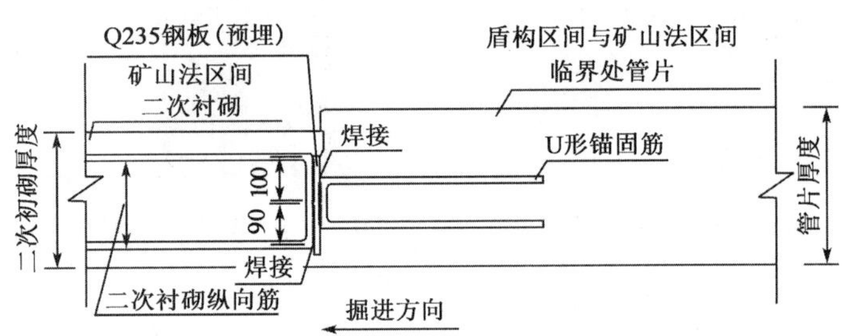

图20 盾构管片与二次衬砌结构连接示意图

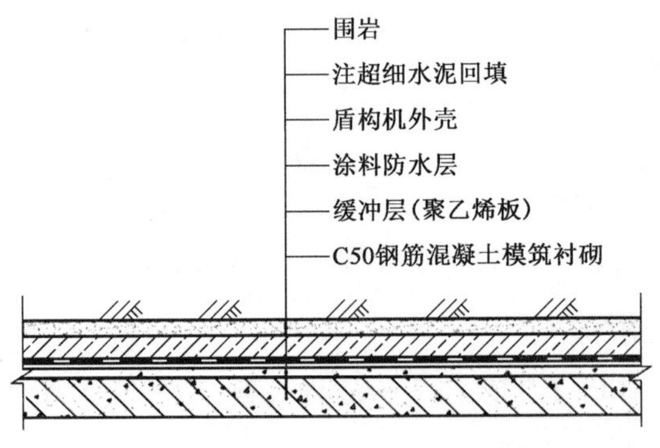

图21 对接段二次衬砌结构剖面图

盾壳作为永久结构留置于隧道,地下水对盾壳具强腐蚀性,盾壳外部采用超细水泥填充隔水,在盾壳内部喷涂改性环氧防腐防水涂料加强盾壳耐久性。二次衬砌内结构外部尺寸根据壳体内表面确定,保证盾壳与二次衬砌间混凝土填充密实,内部尺寸与盾构管片内结构尺寸保持一致。采用钢模板+型钢拱架内胎+满堂脚手架支撑,衬砌采用C45混凝土整段施作。

5 结语

本文主要探讨了全断面硬岩中 4 台盾构相向推进、地下对接、弃壳解体的技术。通过盾构姿态调整与掘进参数反馈,研究对接点的工程地质与水文条件、隧道的稳定性以及盾构对接精度控制,制订合理地下对接、洞内解体方案,主要内容如下:

(1)依托项目工程地质与水文地质条件,选取最佳对接位置,合理避开地层断裂带,提高对接、解体安全性。

(2)采用直接式地下对接法,通过铰接收缩实现盾体后退,并对贯通精度进行估算,保证盾构无缝对接,减少后续对接面开挖量,缩短对接工期。

(3)通过对最后一环管片设计,预先埋设钢板,为二次衬砌钢筋提供连接点,同时加强盾壳内部处理与二次衬砌防水施工,保证盾壳作为永久支护的耐久性。

参考文献

[1] 洪开荣.高速铁路特长水下盾构隧道施工技术[M].北京:中国铁道出版社,2013.

[2] 缪明晓.北京地下直径线盾构地下解体扩大段隧道施工技术[J].铁路技术创新,2010(4):68-70.

[3] 王国安.盾构地下对接施工技术探讨[J].隧道建设.2007(增刊2):536-541.

[4] 魏鑫.盾构隧道施工防止管片上浮施工技术[J].隧道建设,2006,26(增刊2):50-51.

半封闭空间内盾构负环管片拆除吊运系统研究

杜殿逵

（中铁十一局集团城市轨道工程有限公司　湖北武汉　430074）

摘　要：随着盾构施工范围的逐渐扩增，周围环境变得越来越复杂，对此经常会出现一些难度系数较高的施工过程。本文以常州地铁 1 号线施工段半封闭空间内盾构负环管片拆除过程为背景，研究一种半封闭空间内盾构负环管片拆除调运系统，利用了双向运动的有轨式吊运拆除技术，遵循简单装拆并可周转的原则，结合力学分析及机械运动原理进行多种装置的设计，使得数环管片拆除并运输过程在安全、进度、质量、成本四大控制要素中均得到较高的效益，同时为受限空间施工提供了一种新思路。

关键词：盾构施工；半封闭空间；负环管片；拆除技术

1　引言

随着现在盾构逐渐向超深、超大、超长趋势的快速发展，相关工序的施工也将会同步提高难度，但盾构所用材料基本都是以吨为计量单位，因此具体施工工艺再次增加要求及风险。余建祥研究一种大跨度桁架结构吊装技术；廖金贵等研究一种十字形吊具结构；黎萍等研究一种工字钢吊具；纪佳伟研究盾构在暗挖隧道内始发相关施工技术；何振强研究矿山法隧道内盾构管片拆除过程；钱翰飞研究盾构负环管片拆装技术。在现有的研究成果中，虽然针对在受限空间及吊具进行相关的研究与验证，但是在半封闭受限空间内进行盾构负环管片吊装过程中，因吊装物件在高度和长度方向上的特殊性，所以需要研究一种适用于该工况下的吊运系统，实现快速、安全拆除负环管片，并可以延伸至相关领域的类似工程。

2　工程概况

常州市轨道交通 1 号线 06 标聚湖站—茶山站盾构区间，为地下双线单圆盾构隧道，采用两台盾构机同方向掘进，先后从茶山站南端头左右线始发井始发，到达区间中间风井后接收，再进行二次始发，掘进至聚湖路站解体吊出完成标段隧道掘进。区间沿线下穿大通河、312 国道、新京杭大运河、侧穿龙城大桥、古建筑物。

2.1　中间风井周边环境

盾构区间单线全长 2km 多，根据地铁线路设计原则需要设计一处中间风井，实现区间运营过程中事故机房、逃生通道等。中间风井位置按道理应该尽量选择在线路的中心位置，但理论中心位置处于新京杭大运河中间位置，为了满足设计要求，将其向小里程端移动 75m，建设在三面环水的孤岛上，并在孤岛的大通河上有龙城大桥及古建筑物，多重条件限制使得中间风井位置施工过程受到限制，如图 1 所示。

作者简介：杜殿逵（1987—），男，大学本科，工程师，目前主要从事城市轨道交通施工与管理工作。电子邮箱：383364913@ qq. com。

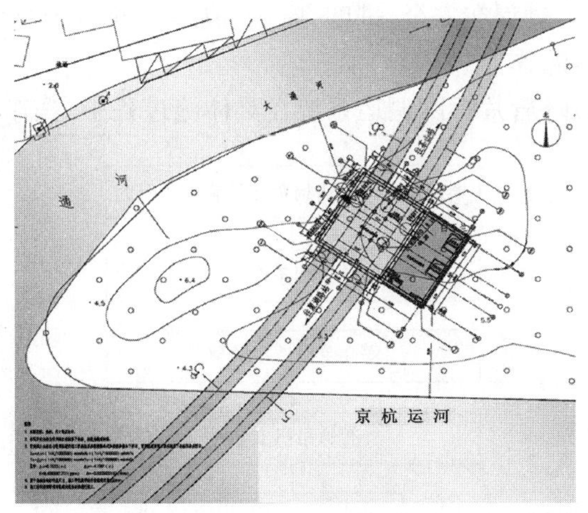

图1　中间风井周边环境平面图

中间风井位置处施工工艺选择逆作法，为了避免因地下水水头压力大、建筑物沉降控制要求高等的影响，尽量缩小开挖范围，并且缩小中间层板的开口面积，最终仅预留 3m×4m 洞口，其余全部为封闭状态，可类似看作半封闭空间。

2.2　中间风井设计概况

聚湖路站—茶山站区间隧道于里程 SK17+564.580(XK17+570.903)处设置一座中间风井，底板埋深 25.36m，主体结构双柱三跨结构，属于地下三层“复合墙”结构体系。如图 2 所示，内净尺寸为 21.870m×25.000m，下行线(左线)风井内尺寸为 25.0m×8.46m，上行线(右线)风井尺寸为 25.0m×8.21m。

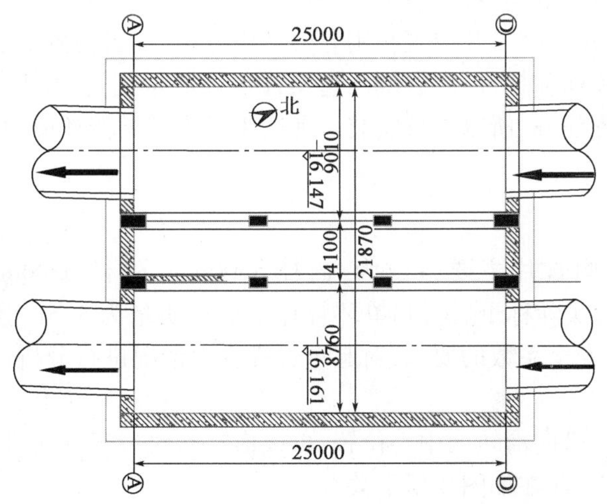

图2　中间风井底板平面图(尺寸单位:mm)

3　负环管片吊装施工流程

盾构法施工过程中的反作用力主要是依靠地层与管片之间的摩擦力，但是对于盾构始发阶段的反作用力，只能依据反力架结构进行提供。本文研究的工程背景属于一种半封闭空间，由于不具备吊装条件使得盾构机过站方式及反力架安装受限，因此选择连续拼装负环管片的方式进行盾构二次始发反作用力传递。鉴于上述施工方法，使得盾构掘进完成后必须进行负环拆除工序，为了保证施工过程在安全、进度、质量、成本方面得到有效的控制，经分析选用有轨式吊机进行协助管片拆除作业。

半封闭空间内盾构负环管片拆除调运系统在具体施过程中，操作流程如图3所示。

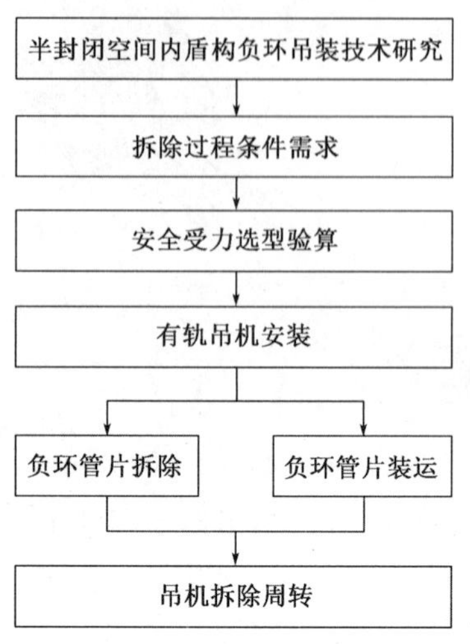

图3 负环管片吊装施工流程图

4 有轨吊机安装工艺要求

根据中间风井工程概况可知，净空尺寸为25m×21.87m，在垂直方向上仅有一个3m×4m的吊装口，并且处于左线接收洞口位置，其余全部为封闭状态。

盾构机在施工过程中，因为不具备吊装条件，并且属于转弯曲线上接收和始发，双重条件限制托架的实用，所以在中间风井位置利用导台结构过站，待盾构机处于站台上后完成设备维修保养后继续拼装管片向前掘进，左右线两边累计负环数量超过40环，因此在后期拆除过程中属于一项较大的工程任务，所以打算安装一种适用于该种类似环境的有轨吊机，协助负环管片的拆除、装运过程。

4.1 吊机选型

本工程选用的盾构管片主要参数为：内径5500mm，外径6200mm，厚度350mm，宽度1200mm，经理论计算及实际称重后可知单环管片中最大质量为3.5t，但是因为管片之间存在较大摩擦力，并考虑到安全系数的要求，对起重过程受力情况进行分析计算。

(1)垂直受力计算

假设起重吊机位于横向滑轨的中心位置，再或横向滑轨位于纵向滑轨吊点中心位置，针对但对吊梁结构受力分析，存在如图4所示关系。

$$F_A = F_B \tag{1}$$

$$F_A + F_B = G \tag{2}$$

式中：F_A、F_B——吊点位置垂直方向受力(N)；

G——单块管片结构的重量(N)。

假设起重吊机现在开始悬吊单块管片，那么计算重量传递至中板结构的受力状态，存在如图5所示的关系。

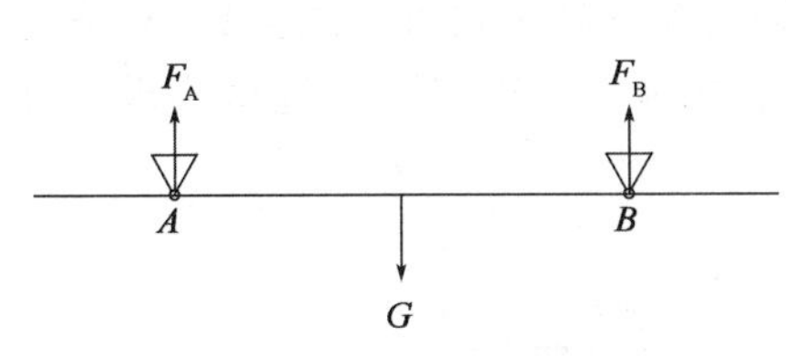

图4　单跨梁结构受力分布示意图

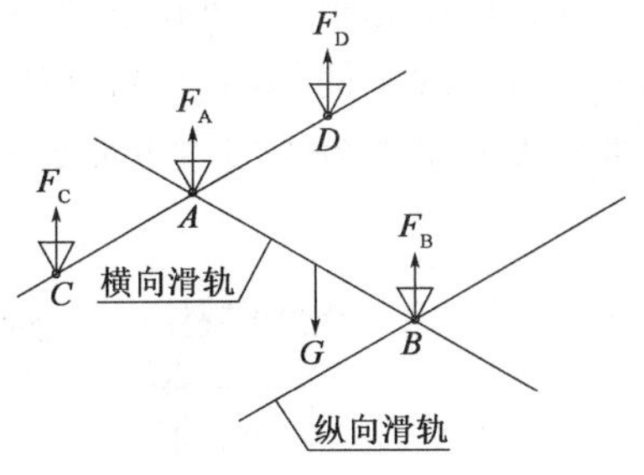

图5　纵梁、横梁结构受力分布示意图

$$F_C + F_D = F_A = F_B \tag{3}$$

$$P = \frac{F_C}{S} \tag{4}$$

式中：F_A、F_B、F_C、F_D——吊点位置垂直方向受力(N)；

P——吊装单块管时作用在中板上的应力(kPa)；

S——方形钢板面积，为0.25m^2。

经上述受力计算，纵向滑轨选用36b工字钢，横向滑轨选用32b工字钢，并在不影响轨道之间滑行的位置可以适当增加三角板结构以保证受力安全。同时为了保护中板主体结构的整体性，选在吊梁下方铺垫50cm方形钢板进行平均。

(2)横向跨距计算

负环管片拆除过程中，因为属于圆形隧道，为了保证垂直吊装，避免大幅度晃动和违章作业，所以在吊装过程中存在横向跨距，如图6所示，存在如下关系：

$$L = 2(R\sin\theta - H\sin\partial) \tag{5}$$

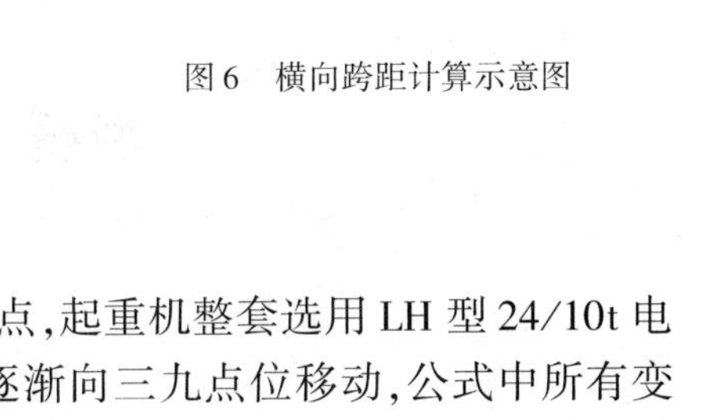

图6　横向跨距计算示意图

式中：L——横向跨距(m)；

R——管片半径(m)，为3.1m；

H——垂直高度，取值范围<8m；

θ——弦长投影角度，取值范围<60°；

∂——吊点偏转角度，取值范围<10°。

综合上述计算原理，按照管片拆装顺序进行选择吊装点，起重机整套选用LH型24/10t电动葫芦，吊钩为双轮吊钩，具有无线遥控功能。吊点位置逐渐向三九点位移动，公式中所有变量值均逐渐增加，但是最终L值的峰值始终小于4m，因此选择横向跨距为4m。除此之外起升高度8m，纵向跨距25m，并有行走限位和起升限位进行保护。

4.2　吊机安装

(1)纵向滑轨安装

纵向安装滑轨按照隧道设计轴线进行布置，其中单根的长度为6m，根于根之间通过压板的形式进行连接，并且通过中板结构上开设的预留口进行悬挂安装，如图7所示。

纵向滑轨在顺着轴线设计方向上按照2‰的坡度进行安装，并在轨道的下坡端焊接挡块，防止吊机出现滑脱现象。吊机在纵向方向上的移动主要通过葫芦装置进行收紧钢丝绳。在钢丝绳没有受力的状态下，吊机在重力的作用下处于下坡段位置，随着吊机所需位置的需求不断收紧葫芦装置实现纵向移动，吊机开始吊装的过程中因为纵向轨道设计坡度值较小，垂直重力在滑轨轴线方向上的分力可以近似忽略不计，因此收紧绳索直径可以降低选型要求，≥10mm即可。

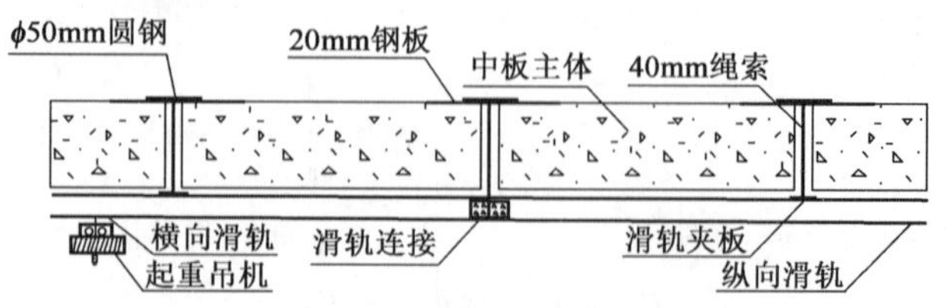

图7 纵向滑轨安装示意图

纵向滑轨在垂直方向上的安装是通过滑轨夹板装置将工字钢结构上表面进行夹紧，然后利用40mm绳索穿过中板主体结构的吊装口，另一端的绳索套头穿过50mm双排圆钢进行悬挂，同时为了避免应力集中现象的产生，在吊装口的周围布置厚度为20mm，大小为50cm的方形钢板作为垫层装置，均匀扩散应力，保护中板主体结构的完整性。因为需要纵向滑轨按照2‰斜坡要求进行设计，所以分别在滑轨的上表面按照2m的间距布置垫块，使得纵向滑轨稳定。

(2)横向滑轨安装

横向滑轨根据吊装物的位置要求，跨距选择4m长度的整条轨道，并在轨道的两端分别设计端头挡板，防止吊机滑脱。

如图8所示，横向滑轨分别在两端向内1m位置处安装纵向滑轮，分别与纵向滑轨进行对接，可以实现横向滑轨沿轴向方向进行滑移。其中纵向滑轮安装在U形钢板内，U形钢板的下表面与滑轨之间进行满面焊接，U形钢板的两个侧面安装4个滑轮，每侧2个。U形钢板均选用2cm厚，尺寸为30cm×50cm进行焊接组装，然后将滑轮利用高强度螺栓进行连接组装。

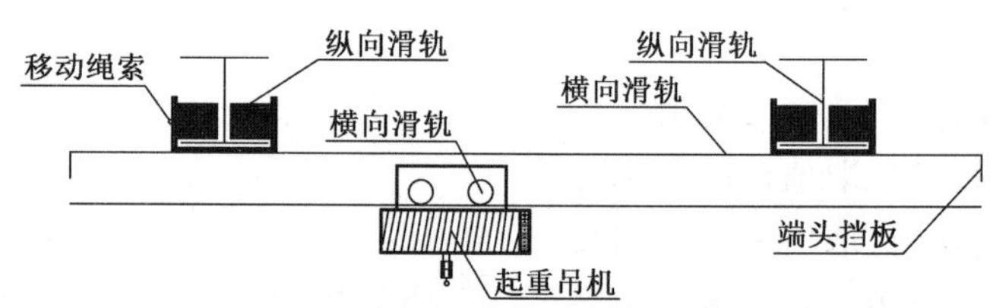

图8 横向滑轨安装示意图

(3)起重吊机安装

起重吊机的安装按照相关的技术说明进行配套装置的布置，使得吊机可以在纵向轴线方向和横向滑移，保证负环管片吊装过程中的符合吊装作业要求。

起重吊机选用LH型24/10t电动葫芦，吊钩为双轮吊钩。因为该吊机需要实现在互相垂直的轨道上进行移动，因此在布线的过程中分为两个模块，其中横向位置上的设计按照常规模式进行，纵向位置上的设计与移动绳索进行套环连接，长度与横向滑轨的位置同步，如图9所示。除此之外，吊机有垂直起升限位和行走限位进行保护，避免因操作不当导致碰撞或烧毁。

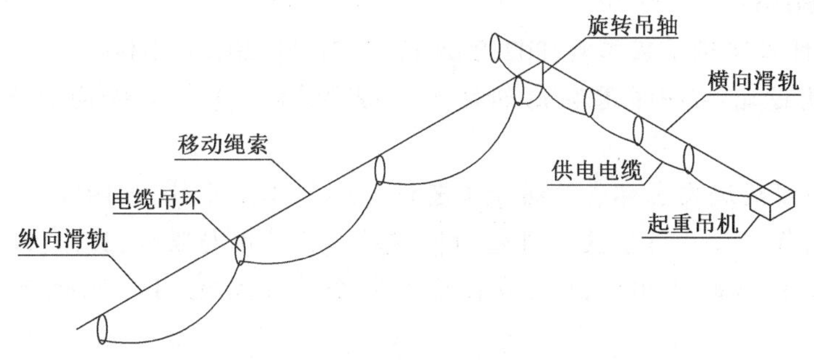

图9　起重吊机布线设置

5　负环管片拆除及运输工艺

负环管片在上述有轨式起重吊机辅助作用下开始拆除，整个拆除过程中遵循着自上而下、左右对称的原则，并且在保证安全的情况下尽量解除额外作用力的限制，防止吊机的损伤及中板结构的过度受力变形。

负环管片在盾构施工过程中，因为第一环管片定位的要求，通常将封顶快置于正12点位方向，即吊装孔处于起重吊机的横向滑轨的中心位置，但是因为管片之间由于推力作用使得相邻作用摩擦力较大，所以在第一块拆除的过程中需要逐渐缓慢启动吊机，使得之间作用力消散，最终顺利拆除第一块管片，拆除期间吊具安装方式如图10所示。剩余管片通常按照错缝形式进行拼装，保证管片结构的整体性，按照上述施工方法以此类推逐渐进行。等待管片拆除后开始运输过程中，按照对应的运输方式，利用吊机直接装至运输装置上即可。

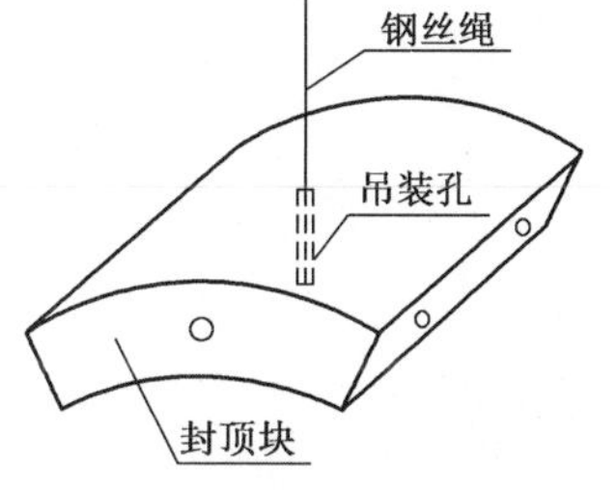

图10　封顶块管片拆除吊装示意图

经分析总结，该种有轨式吊机设计在盾构负环拆除过程中有着极大的帮助，主要体现在以下几个方面：

(1)起重吊机垂直吊装过程，保证设备安全的前提下，避免吊装物出现较大的晃动。

(2)在起重吊机的协助下，单环管片拆除和装运全过程平均总花费时间控制在1h左右。

(3)利用该种吊机拆除，避免了租赁汽车吊，节省了租赁费用。

6　结语

该盾构负环管片拆除吊运系统的设计遵循简单、实用的原则进行布置，主要是为了实现安全、快速的施工过程。通过在本工程的使用，验证了有轨吊机对盾构负环管片拆除过程中的帮助，同时可以协助完成该区域内的其他施工任务，在安全、进度、成本方面均取得了良好的效果。

参考文献

[1]　余建祥.大跨度空间桁架结构吊装施工技术[J].建筑工程技术与设计，2019(14):288.

[2]　廖金贵，等.十字吊具在空间异形塔吊施工中的应用研究[J].建筑工程技术与设计，2019

(15):6054-6056.
[3] 黎萍,等.一种工字钢吊装工具:202820201737.3[P].2018-02-06.
[4] 纪佳伟.盾构过暗挖法隧道洞内始发方案分析[J].建筑工程技术与设计,2018(5):251-253.
[5] 何振强.矿山法隧道内负环管片拆除工艺设计[J].工业设计,2019(8):2-3.
[6] 钱翰飞.盾构负环管片拆除技术研究[J].建筑工程技术与设计,2020(2):4108.
[7] 刘晓峰.起重机械的使用特点及吊装作业安全管理措施[J].低碳世界,2020,10(3):197-198.
[8] 蔡小波.电动葫芦在盾构机吊装工艺中的研究与应用[J].科技创新与应用,2019(30):175-176.

盾构侧穿大断面暗挖既有隧道近接施工技术

雷建业

（中铁十一局集团城市轨道工程有限公司　湖北武汉　430074）

摘　要：本文以洛阳地铁 2 号线王城北路站—机场路站区间左线侧穿右线大断面暗挖隧道近接施工为背景，针对盾构近接大断面隧道施工风险进行分析研究，制订了相关技术和管理措施，确保已完成的暗挖隧道不发生收敛变形超限、拱顶沉降超标等问题，为类似盾构近接施工提供参考。

关键词：盾构法；近接施工；暗挖隧道

1　引言

一般情况地铁隧道左右线均为盾构隧道，断面面积相同，且净间距在一倍洞距以上，但在渡线段会出现一条为盾构隧道，另一条为变截面暗挖隧道的情况，方便线路过渡。洛阳地铁 2 号线 1 标即为该类型隧道，左线盾构施工侧穿右线变截面暗挖隧道，最小净间距只有 2.65m，为盾构施工增加了困难。本文根据该地段的施工过程，结合理论分析，总结出一套针对盾构侧穿大断面暗挖隧道的施工方法，为类似施工提供参考。

2　工程实例

2.1　工程概况

该区间左线在盾构接收段施工时需侧穿右线暗挖隧道到达盾构吊出井。侧穿里程为 ZDK8 +598.826 ~ ZDK8 +659.038（盾构吊出井和盾构界限里程），侧穿长度为 60.2m，侧穿段盾构隧道埋深为 24.7 ~ 26.5m。暗挖隧道初期支护结构为钢拱架锚喷混凝土，二次衬砌结构为钢筋混凝土。暗挖隧道侧穿段分为三个断面，C 断面长 30.162m，断面较小，内部没有支撑结构，与左线净间距 7.8m；B 断面长 20.297m，内部有中隔墙和横向支撑，与左线净间距 5m；A 断面长 9.75m，断面最大，内部有中隔墙和横向支撑结构，与左线净间距 2.65m。

盾构侧穿暗挖隧道平面图如图 1 所示。

2.2　工程地质条件

盾构区间主要穿越地层有：⑤$_{24}$ 粉质黏土（Q_2^{dl+pl}）、⑤$_4$ 层胶结层（Q_2^{dl+pl}）、⑦$_1$ 泥岩层（N_1）、⑥$_2$ 泥质砂岩层（N_1）、⑦$_2$ 泥岩层（N_1）。地下水类型主要为基岩裂隙水，地下水埋藏深 48.0 ~ 77.0m（标高 125.0 ~ 127.0m），整体呈西高东低。地下水主要接受大气降水补给，排泄方式主要为人工开采及侧向径流，地下水位变幅 1.0 ~ 3.0m。补勘发现机场路站存在基岩裂隙水，水位稳定，水量较小，埋深在 17.5m 左右（标高 162.6m）。

本工程地质剖面图如图 2 所示。

作者简介：雷建业（1989—），男，大学本科，工程师，目前主要从事城市轨道交通施工与管理工作。电子邮箱：928176883@qq.com。

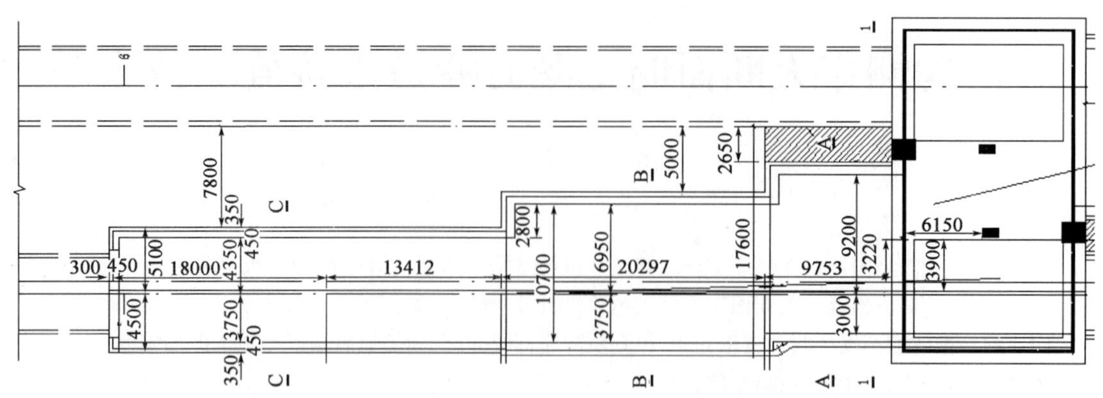

图1　盾构侧穿暗挖隧道平面图(尺寸单位:mm)

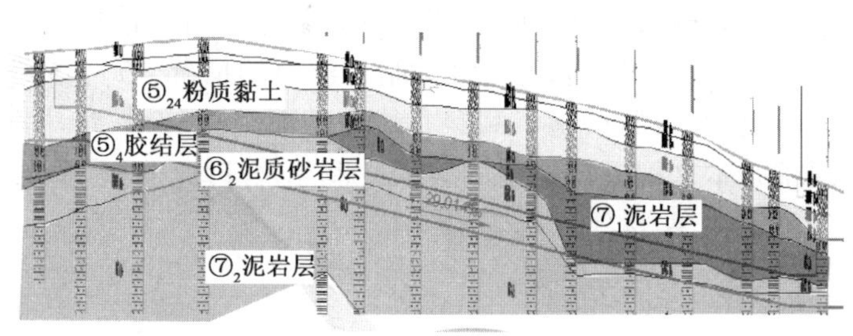

图2　地质剖面图

2.3　工程重难点

(1)暗挖隧道断面大,与左线盾构隧道净间距小,推进过程中,容易发生扰动,导致暗挖隧道变形或者坍塌。

(2)穿越段埋深较深,且为盾构接收段,土压力较大,控制不好时很容易发生地面沉降严重或者地面坍塌的现象。

3　施工准备工作及施工技术措施

3.1　施工准备工作

(1)盾构穿越暗挖隧道施工前,暗挖隧道初期支护,底板仰拱以及二次衬砌结构施工需完成,壁后注浆填充密实。

(2)对于全部装置体系实施彻底维修与检查,对盾构机故障进行排除,保证盾构装置以最佳的状态进行穿越;同时在穿越过程中,安排专人负责盾构机的维保工作,保证穿越过程中设备正常运转。

(3)盘点材料和渣池余量,保证侧穿期间的材料供应和渣土排放,保证侧穿时能连续掘进,减少停机风险。

(4)做好人员分工,明确人员在侧穿期间的职责。

3.2 技术措施

3.2.1 掘进参数控制

不同净距设定不同的施工参数，保证土体的侧向挤压力不会致使夹层土体发生形变，导致隧道变形。

从不同状态时的掘进参数(表1)中可以看出：在净距逐渐变小时，需要调整土压力和推力，利用地层自身的稳定性平衡土体压力，保证地面沉降在允许范围。减小推力可有效减小土体的侧向土压力，减小刀盘旋转对土体的扰动，保护暗挖隧道的稳定。施工时应遵循以下原则：

(1)盾构掘进时，需对盾构与衬砌间的环形空隙同步注浆，浆液要把空隙填充饱满，顶部注浆压力不得高于2bar；两条隧道之间的土体需要提前进行注浆加固，加固后的土体应具有良好的均匀性和较小的渗透系数，加固指标 q_u = 0.2 ~ 0.5MPa。

(2)盾构穿越施工必须确保设备运行正常，争取一次匀速通过。要保证注浆系统和压注盾尾油脂系统的正常运转和准确计量，严防发生注浆管堵塞及盾尾漏浆的现象。

(3)暗挖隧道施工前应在暗挖隧道内部加设支撑，侧穿施工时，应对暗挖隧道进行连续实时监测，通过资料反馈，及时调整盾构施工参数，控制隧道变形量在可控范围内。

(4)严格控制刀盘转速，减少对土体的扰动。

(5)两条隧道推进结束后，根据实测资料，可对变形较大的部分，打开注浆孔，进行再注浆，达到控制变形的目的。

(6)掘进过程中严控总推力，避免因总推力过大，导致正面被动土压力过大，引起侧向土压力超过暗挖隧道的抵抗变形的能力，导致暗挖隧道发生形变。

(7)严禁在侧穿时出现超挖现象，掘进过程中避免大幅度纠偏，以“勤纠、小纠”为原则。采用半气压辅助模式掘进，利用泡沫剂 + 水辅助改良渣土，保证土压稳定。

不同状态时的掘进参数 表1

分段状态(环)	净距(m)	刀盘转速(r/min)	刀盘扭矩(kN·m)	土压力(bar)	推力(kN)	掘进速度(mm/min)	出土量(m^3)	注浆量(m^3)	注浆压力(bar)	备注
900 ~ 920	7.8	1.5	3400	0.8	11500	40 ~ 60	55	5	2.0	C断面
921 ~ 933	5.0	1.2	3050	0.6	8600	40 ~ 50	55	5	1.5	B断面
934 ~ 938	2.65	1.0	2860	0.4	7500	20 ~ 30	56	5	1.2	A断面
939 ~ 940	2.65	0.8	2750	0.4 ~ 0	7200	10 ~ 20	57	5	1.2	A断面，加固体中掘进
941 ~ 944	2.65	0	0	0	4800	40 ~ 50	0	3	1.2	A断面，围护桩范围内掘进，注浆封洞门

3.2.2 姿态控制

侧穿段正好是盾构接收段施工，因此侧穿之前需要把姿态调整至盾构接收姿态。沿掘进方向，实测洞门钢环中心比设计洞门钢环中心向线路右侧偏移6mm，向上偏移40mm，在满足设计轴线要求下确定盾构接收姿态为：水平姿态控制在 +6mm，垂直姿态控制在 +40mm。在盾构接收阶段进入侧穿范围之前应把姿态调整为接收姿态，避免在侧穿掘进过程中大幅度纠偏,扰动并破坏土体结构,使暗挖隧道变形。

3.2.3 暗挖隧道内支撑加固

由于A、B断面较大,在暗挖施工过程中,采用了交叉中隔壁法(CRD)开挖法,设置临时中隔壁和临时仰拱。C断面结构断面较小采用上下台阶开挖法开挖。左线盾构推进时,在临近的右线暗挖隧道内架设临时横向和竖向支撑,以保证暗挖隧道结构的安全。支撑为初期支护施工时的临时支撑,在二次衬砌施作完成后先不拆除,等盾构侧穿完成后拆除临时支撑。

钢支撑结构布置图如图3所示,采用20工字钢,纵向间隔50cm,中间填充喷射混凝土,形成中隔墙和临时仰拱。临时支撑的纵向(沿隧道方向)长度为断面长度,即A断面9.7m,B断面20.2m;临时仰拱支撑长度A断面约为14m,B断面约12m;临时中隔墙高A断面约为10m,B断面约9.6m。

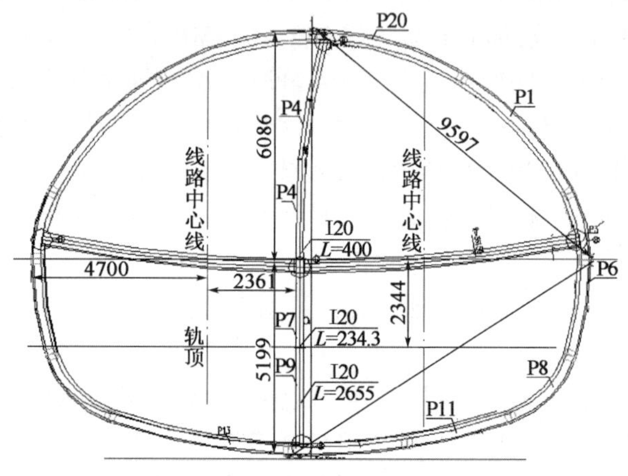

图3 钢支撑结构布置图(尺寸单位:mm)

3.2.4 夹层土注浆加固

由于A断面结构断面最大,与盾构隧道净距最小,仅为2.65m,为确保盾构隧道掘进时夹层土的稳定和土压力的均匀传递,需增加夹层土的强度,需要对A断面与盾构隧道之间夹层土体进行注水泥浆加固。加固方式为在两侧断面上垂直于边墙打设ϕ42mm、$t=3.5$mm护墙小导管,导管长为加固区的宽度,间距500mm呈梅花形布置,管内注水泥浆(水灰比1:1),同时对应加固区范围内的断面侧壁砂浆锚杆可取消,A断面靠近盾构区间一侧导管应避免深入盾构区间。夹层土注浆加固剖面图如图4所示。

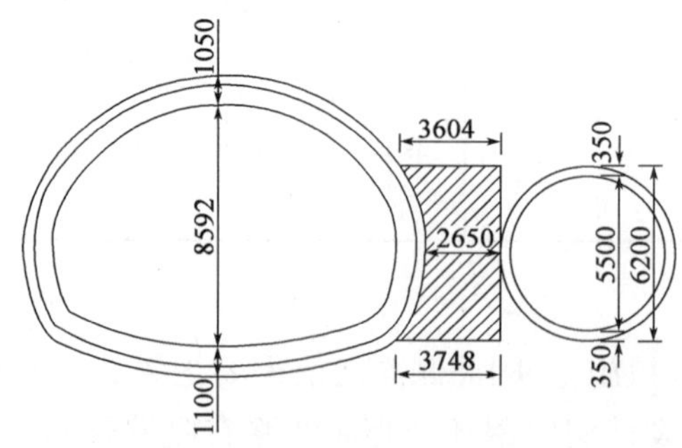

图4 夹层土注浆加固剖面图(尺寸单位:mm)

3.2.5 监控量测

在暗挖隧道二次衬砌结构靠近左线一侧每隔 2m 布置 1 个监测点,监测采用自动监测设备,实现连续实时监测,主要测量暗挖隧道的结构收敛以及拱顶沉降。侧穿期间如果发现隧道支护结构变形,或者拱顶下沉超标,立即停止掘进,增加暗挖隧道内部支撑体系,保证侧穿安全。同时安排人员值班,24h 不间断巡查隧道,保证信息畅通闭合。

3.2.6 侧穿接收段管片质量的保证

侧穿 A 断面施工时,减小了作用在管片上的推力,因此会出现管片环与环之间止水密封垫压不紧、接缝较大等连锁问题,为保证管片质量,要求侧穿推进过程中要做到多次螺杆复紧,注浆要饱满,洞门附近 20 环管片采用槽钢连接,保证洞口管片整体性。

4 结语

经过施工过程的有效控制,采取“精操作、强加固、强支撑、强监测”等措施,侧穿施工实现了安全快速连续通过。根据不同状态条件和监测数据适时调整掘进参数,重点部位重点控制的原则,成功克服了盾构侧穿大断面小间距暗挖隧道近接施工难题,该段盾构施工中暗挖隧道平均变形 2mm,地面最大累计沉降 12mm,为后期类似工程积累了宝贵的经验。

参 考 文 献

[1] 方东明,李平安. 小间距长距离上下重叠盾构隧道施工关键技术[J]. 隧道建设,2010,30(3):309-312.

[2] 黄春来,于海涛. 地铁盾构隧道近距离侧穿暗挖隧道施工竖井施工技术[J]. 中国住宅设施,2018,176(1):57-60.

盾构有限空间内始发下穿既有线施工技术

陈佳俊

（中铁十一局集团城市轨道工程有限公司　湖北武汉　430074）

摘　要：以成都地铁6号线人民北路—梁家巷区间为例，研究富水砂卵石地层中盾构在暗挖隧道内始发下穿运营地铁线控制技术，从盾构始发特殊环境、既有线加固措施以及盾构下穿技术进行研究，结果表明：该技术妥善解决了富水砂卵石地层盾构在特殊环境中始发工序繁琐、安全隐患、既有线沉降控制等问题，从成本、工期、安全方面都达到了目标。该技术获得了建设单位及业内人士的高度评价，综合效益显著，影响效果广泛，也为类似地铁施工提供了借鉴和参考。

关键词：暗挖隧道；既有线；管棚群；分步注浆；盾构控制

1　引言

随着城市轨道交通的快速发展，在加快城市地铁成网过程中盾构施工穿越既有线施工的项目和机会越来越多，其难度也越来越大，常规的穿越方案有暗挖法、盾构法，成都富水砂卵石地层是一种典型的力学不稳定地层，其结构松散，卵石含量高达55%～86%，大漂石分布随机性强，且地下水位高，渗透性强，一般全部采用降水暗挖法，在此地层中盾构在有限空间内实施盾构下穿既有线隧道施工难度大、风险高、工序繁、工期紧。通过研究一种创新的施工技术、完整的施工流程，解决了暗挖隧道内始发下穿既有线问题，对后期特殊环境中盾构施工下穿既有线具有重大意义。

2　工程概况

成都地铁6号线人民北路站—梁家巷站盾构区间在里程ZDK29＋248.979～ZDK29＋268.134范围内左线正交下穿地铁1号线盾构区间，6号线盾构隧道拱顶到1号线盾构区间拱底最小竖向净距约为4.022m，水平距离为6m，如图1所示。6号线盾构隧道覆土约19.1m，区

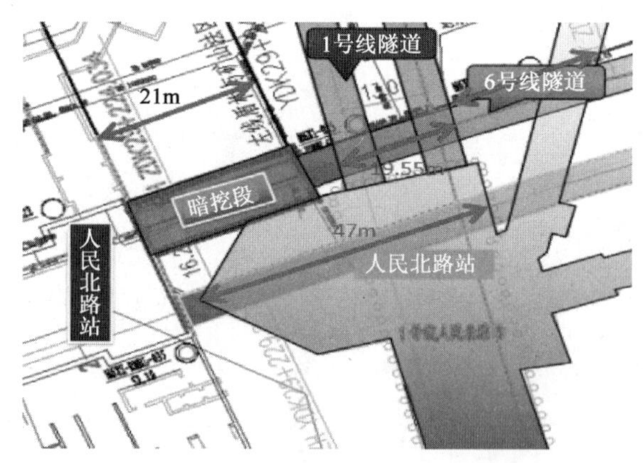

图1　盾构区间与既有线隧道位置关系示意图

作者简介：陈佳俊（1991—），男，大学专科，工程师，目前主要从事城市轨道工程盾构施工技术工作。电子邮箱：287120678@qq.com。

间始发井采用暗挖法施工。暗挖法隧道长 21.047m。暗挖法隧道开挖断面形式为马蹄形，尺寸为 9.6m×10.8m。

盾构主要穿越③$_{9\text{-}3}$中密卵石层、③$_{9\text{-}4}$密实卵石层；处于岷江水系冲积平原一级阶地，地表水主要为府河水。地下水主要有 3 种类型：一是上层滞水赋存于黏土层之上填土层中，二是孔隙潜水位于第三系砂、卵石土层，三是基岩裂隙水；水位在 6～11m，渗透系数达到 20m/d，为强透水层。

3 主要技术点控制要点

3.1 暗挖洞内盾构空推技术

研究一种盾构在暗挖隧道内快速空推技术，盾构机向前掘进过程中直接在推进系统与拼装系统的配合下，借助设计的工装结构循环往复向前，可以避免大量负环拼装、拆除的繁琐工序，轨道的大量固定、拆除。

如图 2 所示，导台结构浇筑过程中，分别在中间最低点位置和两侧平台上按照设计尺寸预埋钢板件，作为加强结构的同时为盾构机及后配套系统向前掘进的动力。借助导台结构的预埋件，然后利用拼装机系统及推进系统互相配合作用在工装结构上，并传递在导台固定预埋件上提供反力向前移动，如图 3 所示。通过这种方案设计，使得盾构可以直接在预埋导台上进行空推，减少长距离管片及轨道装拆过程。

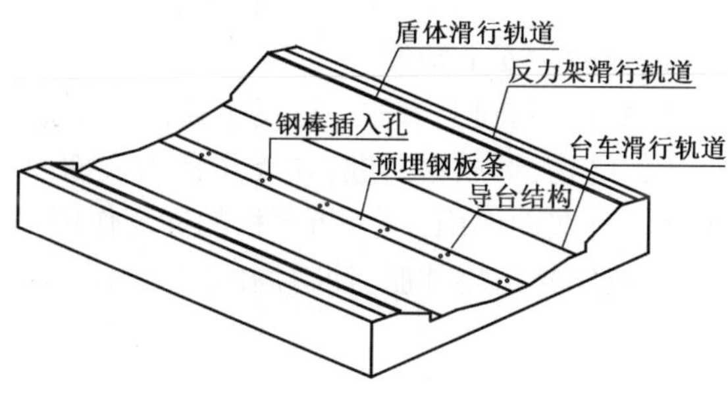

图 2　盾构空推导台示意图

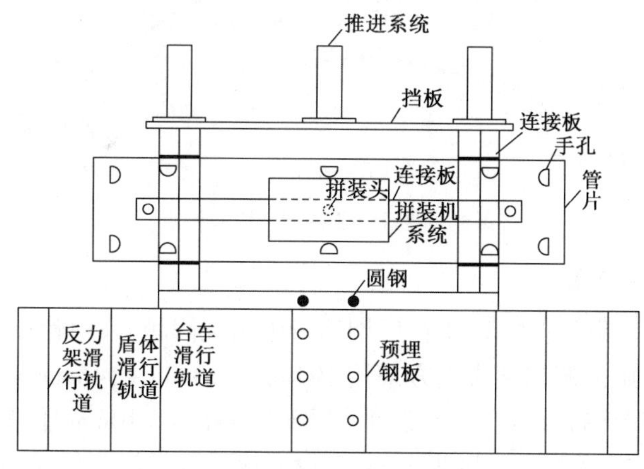

图 3　盾构空推原理示意图

3.2 暗挖内反力架快速安装技术

盾构机向前掘进的推力主要由盾体与土体之间的摩擦力由后方管片提供的反作用力组成，但是在盾构始发过程中因为盾构机还处于吊装井口内，因此主要的推力组成只能是借助反力架结构进行提供。

本项目施工过程属于暗挖隧道有限空间内，导致安装反力架过程中不能借助吊装设备，为了解决反力架在暗挖隧道受限空间内安装困难，将反力架安装分为三个环节进行。如图4所示，首先，在吊装井内进行斜撑结构及基准环预装并将基准环与盾尾进行连接；其次，斜撑圆筒的一端加焊十字架钢板，并且设计四个螺栓连接孔与基准环相连，保证5mm的活动空间，斜撑圆筒的另一端加焊十字架钢板与设计的托盘进行连接，可以在轨道上进行滑移；最后，在暗挖隧道有限空间内进行安装时，借助有轨吊机、拼装机系统及双轨梁系统进行精准定位，加焊左右接触面，并补加圆钢钉保证满足盾构推力要求。

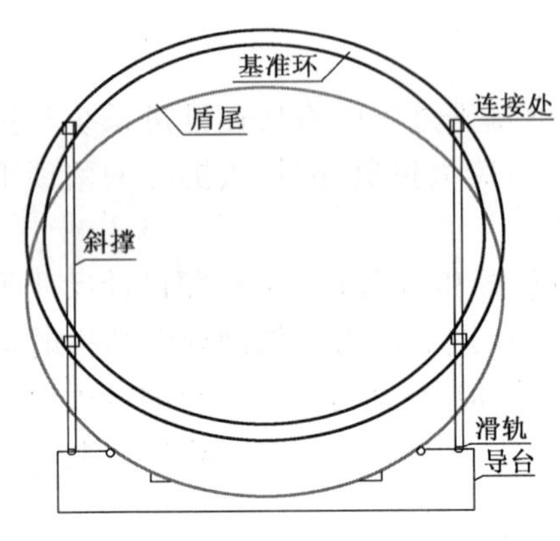

图4　反力架快速安装示意图

3.3 双折叠及洞门密封技术

盾构始发过程中的密封装置，常规情况下采用“橡胶帘布+环板+折页板”的形式进行密封盾构掘进过程中产生的建筑空隙。本工程地质情况属于富水砂卵石，极易产生涌水涌沙现象，本工程施工过程中安装双折叠及洞门内盾尾刷密封结构，确保盾构安全始发。

双折叠式折页板结构在原有的基础上增加一道反压板，并在反压板外表面设置弹簧装置，使得反压板可以紧紧包住盾体结构，形成密封腔；在反压板内表面设置止推板装置，使得折页板结构在帘布的作用下形成一种缓冲作用，减少折页板的冲击作用，如图5所示。洞门钢环中部设置一道加长钢丝刷，钢丝刷涂抹盾尾油脂，使得洞门空隙与盾构、管片之间充分贴合，起到更好的密封效果。

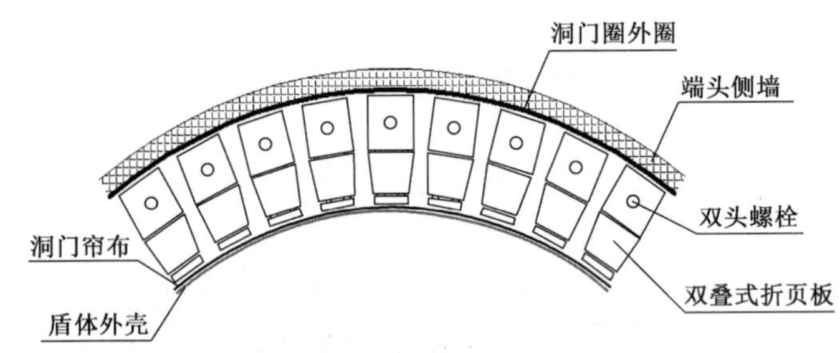

图5　双折叠密封装置结构示意图

3.4 管棚群超前支护技术

为加强对既有线长期的保护，防止在后期运营中出现问题，采用管棚群超前支护技术进行加固。如图6所示，在始发洞门端头上方采用194mm×10mm+146mm×10mm大管棚进行管棚群超前支护，在洞门范围打设4层管棚，上部两层146mm×10mm管棚打设长度为30m，下部两层194mm×10mm管棚打设长度为30m，打设完成后进行注浆填充，管棚的打设长度刚好将既有线隧道全部担起，形成拱式结构，以起到长期稳固效果。

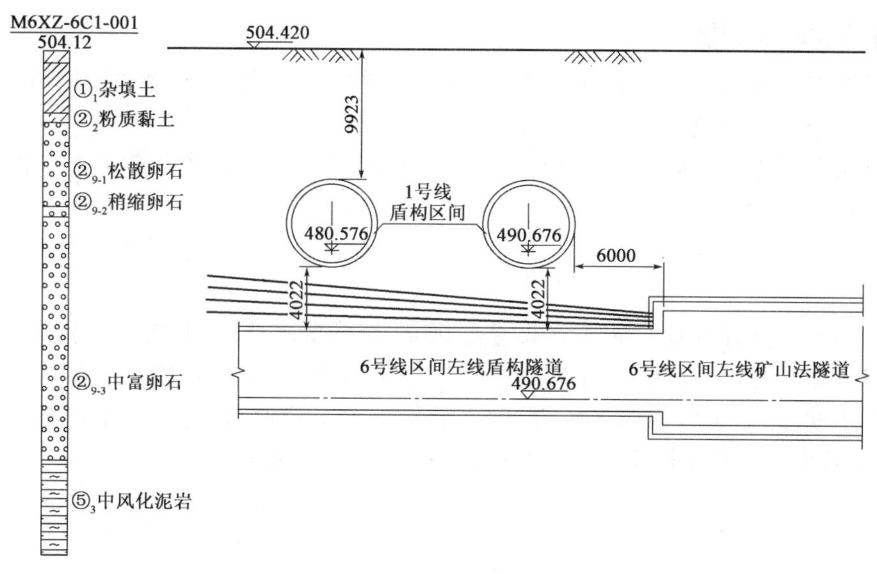

图6　超长管棚群设计图(尺寸单位:mm)

3.5　盾构控制+分步注浆法

盾构掘进参数控制结合相关工程施工大数据,根据隧道埋深计算出理论土压力,运用土压平衡模式掘进控制好掘进参数及出土量,推进过程中土仓内部填充高浓度膨润土。下穿期间主要掘进参数为:刀盘转速1.2~1.5r/min,扭矩≤4500kN·m,掘进速度40~60mm/min,螺旋输送机转速5~12r/min,上部1号土仓压力1.2~1.5bar,推力13000~16000kN,实际出土量55~57m^3(理论出土量为56m^3),注浆量6.5~7m^3,注浆压力1.5~3.0bar,泡沫50~60L/环,膨润土3~5m^3/环。

盾构掘进过程中刀盘开挖直径为6.28m,盾体直径为6.25m,管片直径为6m,三者之间存在一定的间隙,该间隙要在第一时间填充,将会大大减少土体沉降,保证既有线安全。利用分步注浆法,在不同阶段不同位置注入不同类型的流体介质,补充地层损失,如盾构机中盾径向孔注入膨润土、盾尾进行同步注浆及二次注浆,盾构穿越后进行管片背后雷达探测及沉降数据监测,必要时进行多次注浆,如图7所示。

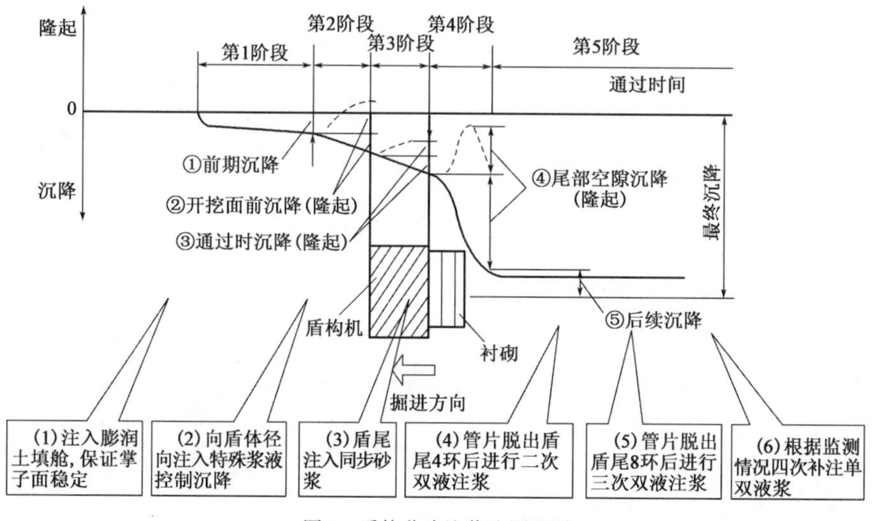

图7　盾构分步注浆法原理图

3.6 既有线实时监测技术

为确保盾构下穿既有线的安全，在既有线内布置结构监测点，监测时间间隔控制在 2 ~ 4h，根据实际情况进行调整。

将既有线自动化监测系统、监测数据连接至现场监控室，可实时掌握沉降数据变化情况，及时调整掘进参数与注浆量。

4 结语

对于盾构下穿既有线施工而言，风险系数极高，沉降要求严格，此次对于盾构在有限空间内始发阶段下穿既有线而言更为困难，通过对该技术的研究，减少了繁琐的施工工序、大大缩短盾构施工工期、降低了盾构施工风险，确保盾构安全平稳通过，通过后的既有线最大沉降 2mm，同时也减少了材料损耗及人工、设备费用的支出，综合效益显著。

参考文献

[1] 贾永刚. 北京地铁 5 号线下穿既有区间结构的安全评估[J]. 都市快轨交通，2006(5)：62-65.

[2] 张晓丽. 浅埋暗挖下穿既有地铁构筑物关键技术研究与实践[D]. 北京：北京交通大学，2007.

[3] 田家琳. 地铁新线区间隧道下穿地铁既有线的二次衬砌施工技术[J]. 铁道建筑，2008(6)：60-62.

[4] 王占生，张顶立. 浅埋暗挖隧道近距下穿既有地铁的关键技术[J]. 岩石力学与工程学报，2007(增刊 2)：4208-4214.

[5] 周文波. 盾构法隧道施工技术及应用[M]. 北京：中国建筑工业出版社，2004.

[6] 赵东平. 混凝土导台在盾构过风井施工中的应用[J]. 山西建筑，2017，43(2)：177-179.

[7] 吴维. 管棚支护的设计与施工[J]. 铁道勘测与设计，1993(2)：196-201.

[8] 陈广亮. 注浆技术在盾构穿越砂卵石地层施工中的应用[J]. 山西建筑，2010，31(36)：311-312.

盾构机盾尾密封气囊的研发与应用

吴钦刚　聂晓彦　刁春仁　汪　健　周　政

（北京市市政四建设工程有限责任公司　北京　100176）

摘　要：盾尾密封是安装于盾构机盾尾与管片之间的空隙内，将盾构机内部作业空间与外部土体隔离的一种装置，是盾构施工作业中一道非常重要的安全屏障。目前的盾尾密封形式为三层钢丝盾尾刷密封，焊接在盾尾处。盾尾刷密封存在使用寿命短、密封不严密、安装焊接及割除工作时间长，成本高等缺点。本文设计了一种充气式气囊形式的盾尾密封装置，该密封装置由安装于盾尾上的密封气囊和充气保压系统两部分组成。该密封系统提高了盾尾密封的压力，保证注浆压力能够达到设定值，有效控制地表沉降或隆起，保证盾构顺利过各种风险源。该密封装置能够重复使用，具有良好的经济效益。可减少或不使用盾尾密封油脂，减少对地下水环境的破坏，有良好的社会效益。

关键词：盾构机；盾尾密封；气囊

1　概述

盾尾密封是安装于盾构机盾尾与管片之间的空隙内，将盾构机内部作业空间与外部土体隔离的一种装置，其作用是防止外部的泥沙、地下水及填注的浆液涌入盾构机内部，是盾构施工作业中一道非常重要的安全屏障。盾尾密封的结构形式见图1。

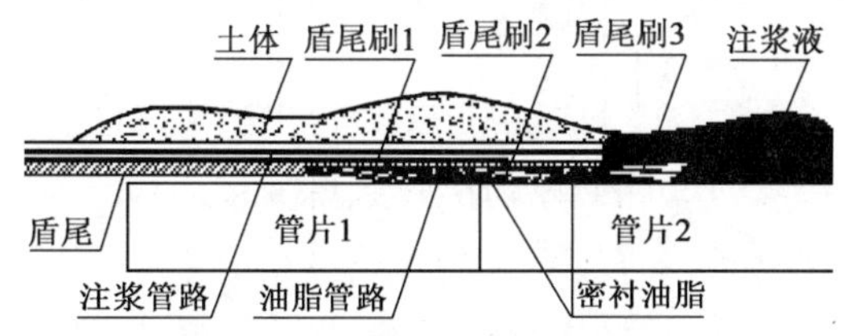

图1　盾尾密封的结构形式

目前的盾尾密封形式为三层钢丝盾尾刷密封，焊接在盾尾处。三层盾尾刷形成两个腔室，盾构推进中同时向腔室内注入盾尾油脂，起密封及润滑的作用。

盾尾刷密封存在以下缺点：

（1）使用寿命短，一般为一个区间（约1.5km）。

（2）密封不严密，钢丝之间易形成漏浆通道，土体空隙无法进行有效填充，也就无法有效控制沉降。

（3）安装焊接及割除工作繁琐，时间长，成本高。

（4）反复焊接及割除过程中易致盾尾处变形，影响管片拼装质量。

（5）随着北京地铁隧道向更深层的发展，埋深将达到40余m，该种密封形式其密封压力

作者简介：吴钦刚（1983—），男，大学本科，高级工程师，目前主要从事盾构隧道工程施工技术与管理工作。电子邮箱：274344678@qq.com。

(约0.6MPa)无法承载更大的水土压力。

盾构掘进1.3km以后盾尾刷磨损情况见图2。

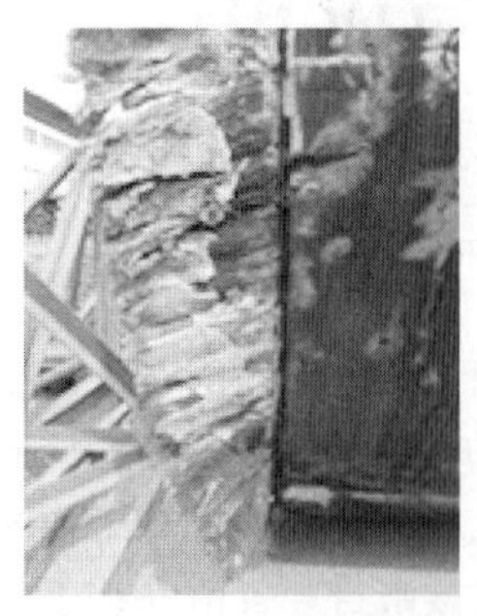

图2 盾构掘进1.3km后盾尾刷磨损情况

鉴于目前盾尾密封形式存在的缺陷及深层盾构施工中承压水掘进的问题,本课题设计了一种充气式气囊形式的盾尾密封装置。该密封装置由安装于盾尾上的密封气囊和充气保压系统两部分组成。其中密封气囊包括三层充气橡胶气囊和一层尼龙锥形密封件组成。四层密封件用螺栓固定于盾尾处。气囊起到密封盾尾与管片之间间隙的作用,尼龙锥形密封件包裹于成型管片外周,防止泥沙、浆液等倒流至盾尾内。在两层气囊之间的腔室内注入膨润土泥浆,起润滑作用。密封气囊的安装情况见图3,气囊工作状态见图4。

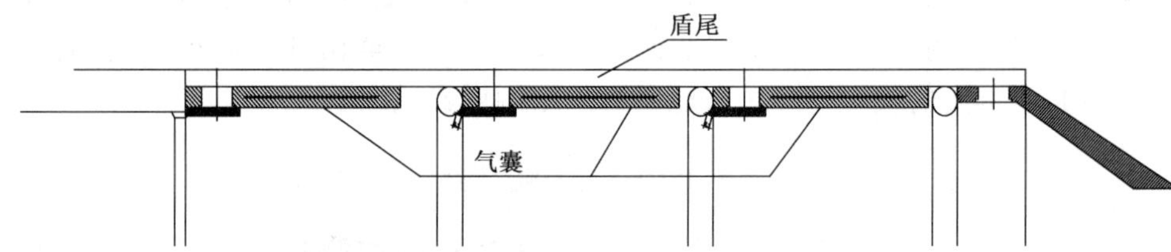

图3 密封气囊安装示意图

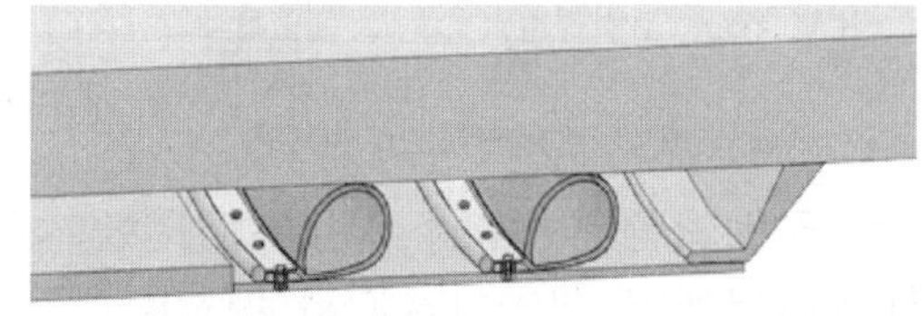

图4 气囊工作状态效果图

充气保压系统包括储气罐、调压阀、压力表、空气注入管路及膨润土注入管路等,能够根据气囊的压力进行自动充气,同时在腔室中注入膨润土。

2 密封气囊的设计

2.1 结构设计

盾尾处厚板与薄板的高度差为29mm,气囊安装固定后高度不能超过此尺寸。为提高气囊的密封效果,增加掘进距离,在两层钢丝刷间布置三层气囊,气囊的宽度定为240mm。气囊布置见图5。

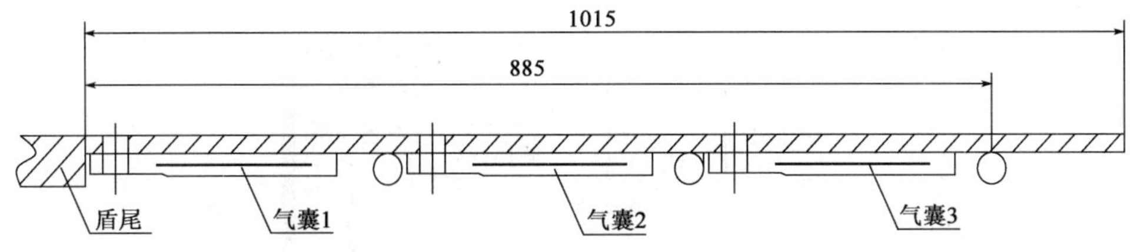

图5　气囊在盾尾上的布置(尺寸单位:mm)

2.2　安装固定形式设计

气囊工作时其受力主要为与管片摩擦产生的向后的拉力,因此在气囊一圈均匀布设96个孔,固定于盾尾上焊接的圆柱固定件上,用螺栓压紧,螺栓尽量选用标准。为防止管片向后移动时环缝对气囊固定造成破坏,在气囊的最外侧固定一圈3mm厚的钢板,并将其一侧焊接于圆钢上。气囊固定方式如图6所示。

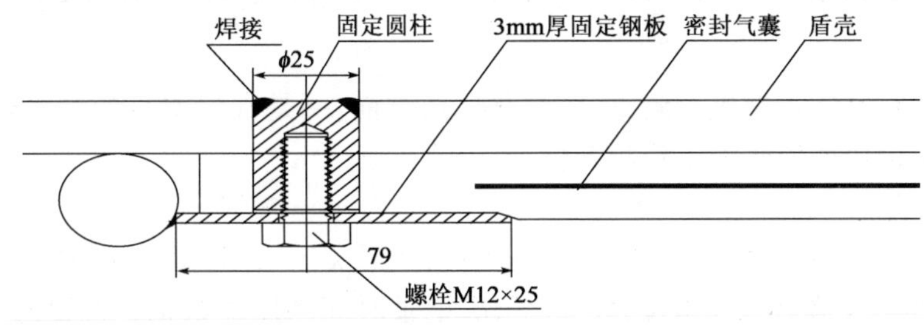

图6　气囊固定方式(尺寸单位:mm)

该固定方式抗拉强度的校核如下:

(1)管片外径 $D=6\text{m}$。

(2)气囊与管片接触面的周长 $L=\pi\cdot D=18.84\text{m}$。

(3)气囊工作时与管片的接触面积 $S=h\cdot L=2.826\text{m}^2$($h$ 为气囊最扁状态,取0.15mm)。

(4)气囊对管片的压力 $F_n=P\cdot S=0.8\text{MPa}\times2.826\text{m}^2=2.261\times103\text{kN}$($P$ 为气囊工作时的最大压强,取0.8MPa)。

(5)气囊与管片的摩擦力 $F=\mu\cdot F_n=0.3\times2.261\times103\text{kN}=6.78\times102\text{kN}$($\mu$ 为橡胶与混凝土的滑动摩擦系数,取0.3)。

M12、4.8级螺栓的抗拉力为26.88kN,抗剪力为抗拉力的一半,为13.44kN,气囊工作时螺栓主要受抗剪力,故 $k=6.78\times102\text{kN}/13.44\text{kN}=50.44<96$,故螺栓条数满足受力要求。

3　充气保压系统的设计

充气保压系统的工作要求如下:

(1)对三层气囊进行充气,充气压力稳定并可调整。

(2)对气囊间的腔室加注膨润土,膨润土的注入压力稳定并可调整。

(3)管路布置合理,利用现有盾尾上的通道。

充气保压系统工作原理见图7。

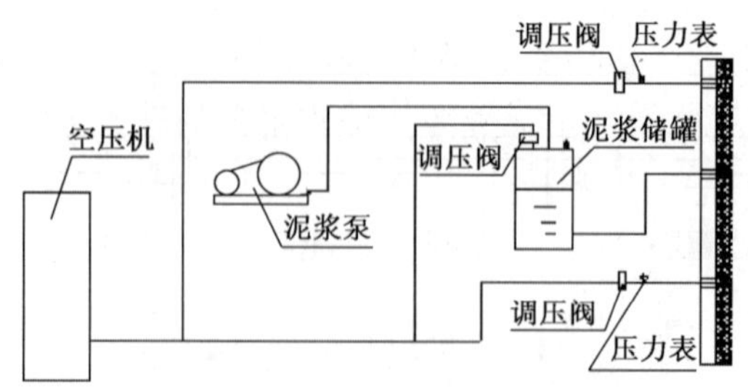

图7 充气保压系统工作原理图

4 工程应用

气囊密封系统在北京地铁16号线3标左线区间进行工程应用。使用过程中详细记录盾构机各个掘进参数和施工效果,以便分析密封气囊的结构形式及密封效果是否满足施工要求。

4.1 气囊测试

气囊进场后对其气密性进行测试,主要测试两方面:一是气囊本身的气密性及保压能力;二是充气保压系统用调压阀的工作稳定性。

(1)测试方法

①同时对两道气囊充气,充气压力至0.6MPa,然后关闭阀门,每5min测量气囊压力,测试时间为30min,要求压降不大于0.02MPa。依次记录时间和压力数据。测试过程中在气囊表面刷泡沫水,观察漏气情况。

②将充气压力设定为0.8MPa,将调压阀的设定气压调整为0.6MPa,待压力表数值稳定后开始测试,每隔20min观察1次气囊充气口压力表的变化,记录3次后设定为0.4MPa再重复测试。

(2)测试数据记录

测试数据记录见表1~表3。

第一道气囊气密性测试记录表 表1

时间(min)	0	5	10	15	20	25	30
气压(MPa)	0.6	0.6	0.6	0.59	0.59	0.59	0.59

第二道气囊气密性测试记录表 表2

时间(min)	0	5	10	15	20	25	30
气压(MPa)	0.6	0.6	0.6	0.6	0.6	0.59	0.59

调压阀工作稳定性测试记录表 表3

记录次数	1	2	3	4	5	6
1号减压阀(MPa)	0.6	0.6	0.6	0.4	0.4	0.4
2号减压阀(MPa)	0.6	0.6	0.6	0.4	0.4	0.4

(3)测试结果分析

经测试和观察,两根气囊的密封性能良好,测试30min内的压力下降值不大于0.02MPa,满足使用要求。调压阀工作压力稳定,满足使用要求。

4.2 工程应用

盾构始发前将气囊及充气保压系统安装、调试完毕。拼装负环时气囊不工作，并注意对气囊进行保护，防止管片对气囊挤压造成破坏。待盾尾全部进入土体并开始同步注浆后，对气囊充气，使其进入工作状态。

气囊工作时需观察其充气压力，必要时进行充气补压，以保证其密封效果。详细记录盾构掘进参数，包括盾构推力、土压力、掘进姿态、注浆压力、注浆量、管片错台，并观察盾尾漏浆情况，以便分析气囊密封对盾构掘进的影响和气囊的密封效果。

4.3 使用效果分析

气囊工作前后10环盾构机的掘进参数对比见表4，其中60～70环为气囊工作区间，81～90环为气囊失效后掘进参数。

气囊工作前后掘进参数对比表 表4

环号	土压（上）（MPa）	总推力（kN）	推进速度（mm/min）	注浆压力（MPa）	A液累计（L）	盾构水平姿态			盾构垂直姿态			盾尾间隙量（mm）				管片错台（mm）
						前	中	后	前	中	后	上	下	左	右	右侧
60	0.12	10707	55	0.26	2093	15	11	0	0	-10	3	323	336	327	332	2
61	0.12	10993	57	0.32	2070	2	2	2	-1	-11	4	325	335	327	334	2
62	0.12	10306	54	0.27	2124	0	1	2	-5	-12	-2	330	335	328	325	3
63	0.12	10916	57	0.28	2136	21	11	-4	-4	-13	2	338	330	328	324	4
64	0.12	10642	58	0.18	2016	19	9	-6	2	-12	-1	337	328	330	325	2
65	0.12	9991	56	0.2	2068	10	4	-7	3	-13	-2	342	328	328	327	3
66	0.12	9458	55	0.24	2206	25	14	-1	1	-12	0	345	326	324	318	1
67	0.12	9085	55	0.24	2187	7	8	-6	0	-12	0	335	332	324	327	2
68	0.12	9158	57	0.27	2124	12	10	-6	0	-11	2	335	331	322	327	3
69	0.12	9307	57	0.3	2197	4	14	0	-3	-12	5	325	335	327	334	3
70	0.12	9586	56	0.24	2120	8	12	0	-6	-12	4	345	326	324	318	2
81	0.12	8991	59	0.25	1991	21	18	0	10	-16	-13	330	329	335	315	2
82	0.12	8739	59	0.25	2009	12	14	1	13	-13	-10	323	345	322	330	3
83	0.12	8514	59	0.27	2062	11	18	9	10	-11	-12	330	315	330	320	2
84	0.12	8922	59	0.27	1975	18	17	2	12	-8	-14	330	328	334	325	2
85	0.13	9537	57	0.15	286	8	17	10	8	-8	-13	330	334	324	328	3
87	0.12	9046	59	0.27	2116	14	16	3	5	-3	-3	340	315	335	320	4
88	0.12	8806	59	0.18	1820	21	22	7	5	-4	4	330	315	330	320	2
89	0.12	8852	58	0.2	2041	15	18	6	-3	-5	7	325	335	330	325	3
90	0.12	8845	60	0.15	1982	17	20	8	2	-5	5	325	340	330	327	1

由表4对比分析可得：

（1）气囊工作时盾构推力稍大，但不会对掘进产生影响。主要是气囊充气后与管片包裹严密，摩擦力增大。

（2）注浆压力高于失效后压力，能够保持较高的注浆压力而不漏浆，注浆量稳定。气囊的密封效果显著,优于盾尾刷。

(3)未对盾构姿态产生影响。

(4)盾尾间隙量均匀,气囊工作时不存在偏压等问题。

(5)未对管片错台产生影响。

气囊拆下后其表面无明显的磨损或破坏痕迹,管片碎裂块和环缝及横缝的棱角未对其造成破坏,其耐磨性和抗挤压能力满足施工要求。

5 结语

盾尾密封气囊在工程中得到了成功应用,见图8。密封效果显著,较传统的盾尾刷密封形式相比存在以下优点:

(1)提高了盾尾密封的压力,实现更好、更稳定的密封效果(压力达到0.8~1MPa),保证注浆压力能够达到设定值,可有效控制地表沉降或隆起,保证盾构顺利过各种风险源。

(2)解决未来承压水地层施工的难题。

(3)该密封装置能够重复使用,有效降低人工成本和材料成本,有良好的经济效益。

(4)减少或杜绝盾尾密封油脂的使用,减少对地下水环境的破坏,有良好的社会效益。

图8 盾尾密封气囊的现场安装及使用情况

参考文献

[1] 王晓冬.气囊模拟计算综述[J].汽车技术,2000(9):4-6.

[2] 胡洋洋.船舶气囊下水运动受力计算与校核[J].船舶与海洋工程,2011(4):8-11.

[3] 陈馈.盾构施工技术[M].北京:人民交通出版社,2009.

[4] 潘国庆.隧道施工中盾构盾尾密封渗漏风险源分析[J].中国市政工程,2008(5):59-60.

盾构无负环始发工艺设计及应用

耿富林

（北京市市政四建设工程有限责任公司　北京　100176）

摘　要：随着盾构隧道施工工法的广泛应用，特别是在繁华城市中，征地越来越困难，施工场地变得越来越小。如何在受限空间内完成盾构始发，成为设计和施工方面临的一个难题。本文通过查阅文献，检索到6种解决该问题的技术措施，并对这6种技术措施进行了适用性分析，由于本工程水文地质情况的复杂性，目前的技术措施均不能适用于本工程。

作者结合现有技术措施，并根据以往施工经验，设计出一种盾构无负环始发工艺。本文详细介绍了盾构无负环始发的工艺原理及操作步骤，本工艺在北京地铁16号线20标工程项目进行了实际应用，安全、高效地完成了盾构始发工作。通过实践检验证明盾构无负环始发工艺有可行性和经济性，为受限空间盾构始发施工提供了一种新的解决方案，对设计和施工单位具有参考价值和借鉴意义。

关键词：盾构；无负环始发；工艺

1　引言

北京地铁16号线20标盾构在活塞风井始发，活塞风井采用暗挖法施工，始发井后方无可利用的物料垂直运输通道，盾构机组装及物料运输只有一处施工竖井可以利用。盾构机及反力架组装完成后，始发井基本被占满，如果采用常规负环拼装始发，负环管片将阻断物料运输的垂直通道，渣土、管片、道轨、枕木等材料无法进行输送。

为解决受限空间内盾构始发问题，通过对目前受限空间内盾构始发技术的分析研究，设计出适合本工程的盾构始发工艺。

2　工程概况

盾构隧道下穿既有北京轨道交通7号线湾子站—达官营站区间和达官营站1号风道及4号出入口、莲花河及甘石桥桩基，左线隧道二次下穿莲花河，左、右线分别沿规划莲花河东路及莲花河西路向南敷设。主要穿越地层为卵石⑦层、砾岩⑬层，泥岩$⑬_1$层，地层透水性强。场区地表水主要为莲花河，河宽约30m，本段河底高程约37.6m，勘察时期水深约1.0m，水位高程为38.65m。

盾构在活塞风井内始发，活塞风井结构见图1，活塞风井采用暗挖法施工，风井长度46m，风井隧道左、右线宽6.1m，施工竖井有效净空14.0m×8.0m。

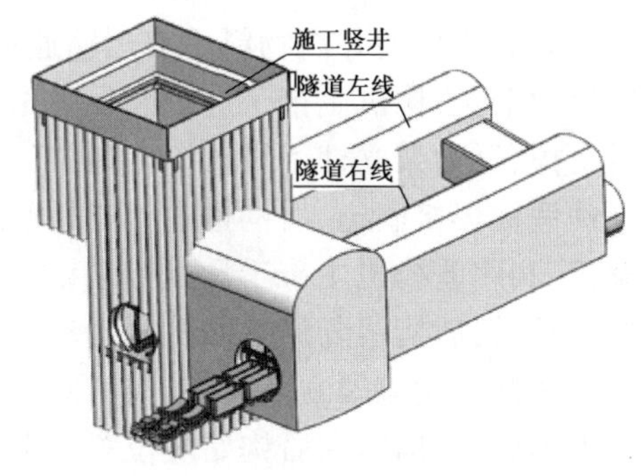

图1　活塞风井整体结构图

作者简介：耿富林（1978—），男，大学本科，高级工程师，目前主要从事盾构施工技术与管理工作。电子邮箱：26446349@qq.com。

施工设备为 ϕ6560mm 加泥式土压平衡盾构机，盾构机主机长度约 13.4m，整机长度 72.4m，台车宽 4.1m(不含右侧台车步道)，左侧台车宽 1.2m，右侧台车宽 1.1m，中间行车通道宽 1.8m。

3 受限空间盾构始发技术现状

在狭小空间内进行盾构施工，由于受空间限制，盾构机组装、物料运输很难按照常规盾构施工工艺进行，为解决该问题目前常采用的技术措施有以下几种：①在始发井后方预留物料垂直运输口；②选用泥水平衡盾构机，使用分体始发工艺；③选用土压平衡盾构机，使用分体始发工艺，负环管片半环拼装；④使用暗挖工艺施工盾构始发段隧道，在隧道内现浇钢筋混凝土导台、钢筋混凝土反力环；⑤使用暗挖工艺施工盾构始发段隧道，在洞口处安装钢制反力架；⑥选用土压平衡盾构机，台车整体进行始发，负环管片半环拼装。

4 盾构无负环始发工艺设计

本项目受场地条件限制，始发井后方无施作临时竖井位置，无法预留物料运输垂直运输口。泥水平衡盾构泥水处理系统需要较大场地，且设备噪声较大，本项目紧邻居民楼，所以无法采用泥水平衡盾构机进行施工。

由于本工程地层为砂卵石地层，透水性强，始发位置紧邻莲花河，经评定不可用暗挖法进行始发段隧道施工。

根据以往施工经验，盾构机在该地层中推进时，总推力一般为 25000 ~ 30000kN。盾构机设计推力为 40000kN，推进千斤顶沿盾壳环向均布，如果半环拼装，总推力小于 20000kN，无法满足该地层中盾构推进要求。

本台盾构机主机长度 13.4m，整机长度 72.4m，台车宽 4.1m(不含右侧台车步道)，左侧台车宽 1.2m，右侧台车宽 1.1m，中间行车通道宽 1.8m。如果将后部台车拆分为左右两部分，挂于前部台车左右两侧，台车总体宽度为 6.4m(4.1m + 1.2m + 1.1m)，风井隧道宽度为 6.1m，小于台车总体宽度，无法采用改造台车整体始发技术。

综上所述，现有的受限空间盾构始发技术均不能解决本工程所遇到的问题，需要设计一种新的施工工艺来解决此类问题。

4.1 工艺原理

以保留始发井内物料垂直运输通道为目标，对施工工艺进行设计，改固定式反力架为移动式反力架，盾构机主推千斤顶和反力架之间设置可拼装的钢环，反力架和风井结构墙之间设置后支撑，反力架立柱下设置纵向地梁，地梁与反力架立柱采用法兰连接，地梁与风井底板结构上预埋板焊接固定，盾构推进时立柱与地梁螺栓固定。反力架需要前移时，拆除立柱与地梁间螺栓，利用盾构机主推千斤顶带动钢环和反力架向前移动，或利用地面起重机使之前移。盾构机前移后，盾构机与风井结构间净空随之增大。

风井结构墙厚 0.9m，围护桩径 1.0m，盾构机组装完成后刀盘距结构墙 0.5m，距土压仓后部 1.5m。结构墙在盾构始发位置留有始发洞门，钢筋混凝土围护桩要在盾构始发前凿除，所以盾构机向前推进 3.9m(0.9m + 1.0m + 0.5m + 1.5m)前不需要出土。

组装完成后，螺旋输送机尾部距离风井结构墙 1.0m，一次臂间净空 2.05m。管片最大外形尺寸为 3.6m × 1.5m × 0.8m，需在管片下降至一次起重臂高度前，借用风井隧道空间将其运输至一次起重臂下方。

盾构机前移 3.9m 后,则后方至少留出了 4.9m×2.05m 的空间。

盾构机土仓充满渣土时可利用空间尺寸见图 2。

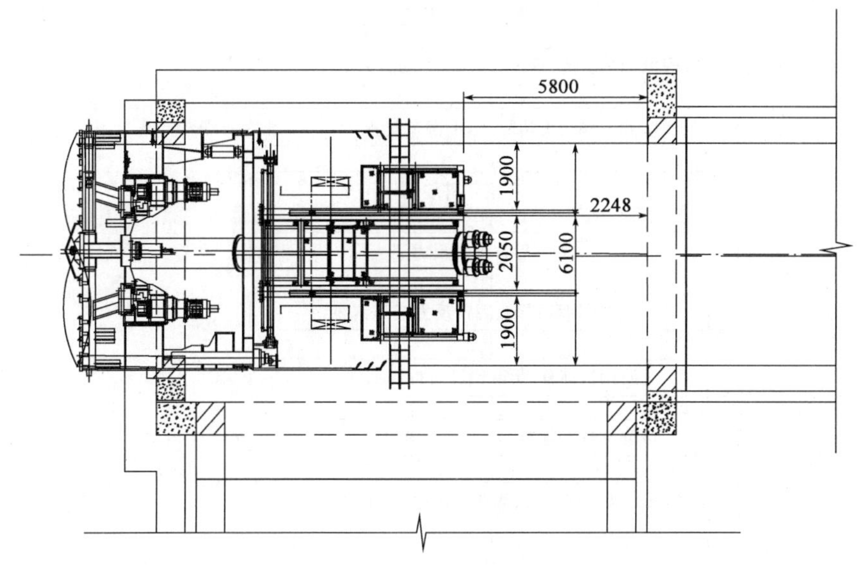

图 2 盾构机土仓充满渣土时可利用空间尺寸(尺寸单位:mm)

4.2 工艺流程

无负环始发工艺流程见图 3,盾构机入洞之后即可按照分体始发工艺进行施工。

4.3 操作步骤

(1)铺设风井隧道内轨道,风井内垫放工字钢、安装始发基座,始发基座前端距结构墙 500mm。地梁前端距结构墙 2500mm,地梁内侧距基座外侧 19mm,沿隧道轴线方向与基座平行。

(2)盾构机主机下井组装。

(3)盾构机台车组装、盾构机调试、反力架及横撑安装。

(4)始发洞门桩凿除,防水帘布安装。

(5)拼装第一环钢环,并用主推千斤顶使之后移 1.37m,使钢环顶上反力架继续推进 0.13m,总推进 1.5m。

(6)拼装第二环钢环,之后盾构推进 1.6m,使钢环可拆除环板脱出盾尾,见图 4。

(7)拆除钢环可拆除环板防止盾尾密封刷被损坏。

(8)拆卸立柱与地梁连接螺栓并保存好,拆卸后支撑。利用盾构推进千斤顶并辅以地面龙门吊,使钢环和反力架前移 1.5m。

(9)螺栓固定立柱和地梁,安装后支撑。

(10)盾构推进 1.5m(盾构机向前推进 0.8m 时,开始建立土压,土压到达设定值后,开始出土)。

(11)重复步骤(8)~(10)两次。

(12)重复步骤(8)、(9)一次。

(13)盾构机向前推进 0.596m。

(14)拆卸立柱与地梁连接螺栓并保存好,拆卸后支撑。利用盾构推进千斤顶使钢环前移 0.596m,临时固定钢环。

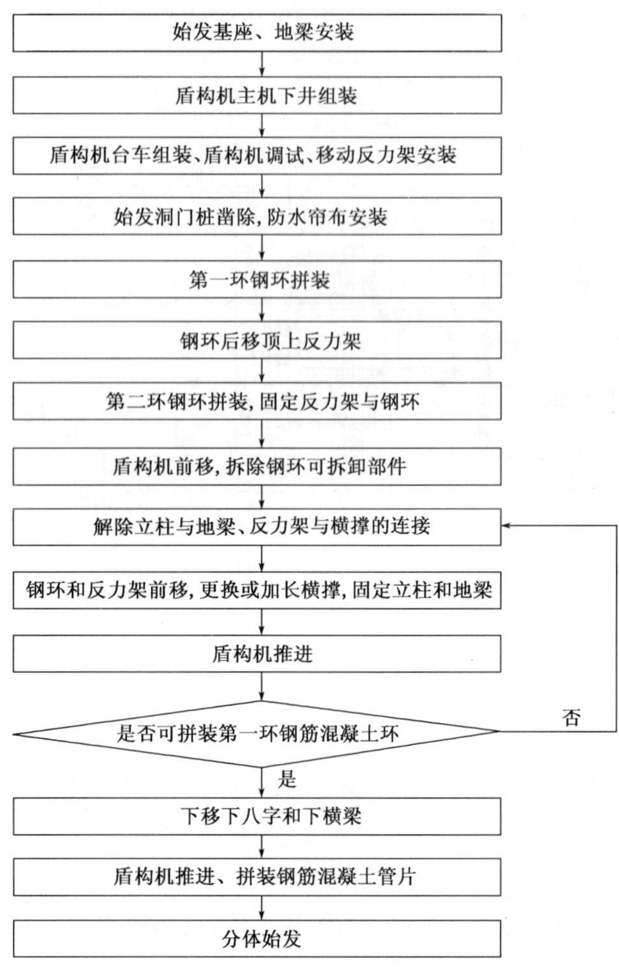

图3　无负环始发工艺流程图

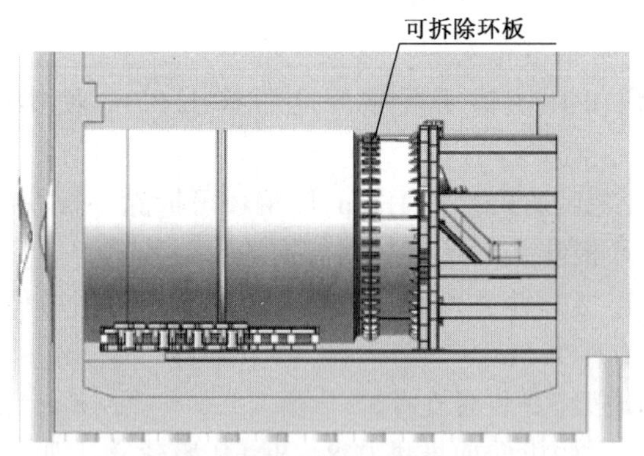

图4　钢环可拆卸部件脱出盾尾

(15)利用千斤顶将基座和盾构机抬升5mm，利用手动葫芦拉出基座下垫放的工字钢。下降基座高度，下横梁和下八字下移608mm，安装楔形块延长块，更换左、右前下立柱以改善反力架结构受力情况。

(16)反力架前移0.596m，用螺栓固定立柱和地梁，安装后支撑，中间两支撑间宽度为2.0m，后支撑和结构墙间最终形成7.7m×2m物料运输口，完全满足盾构施工物料垂直运输空间要求，见图5。

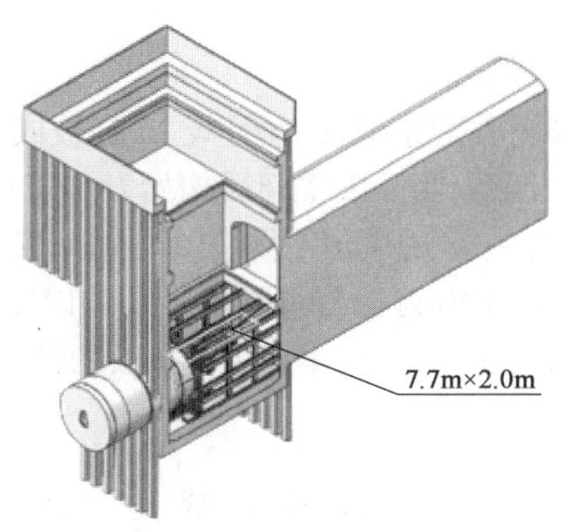

图5　反力架最终停放位置

(17)盾构机向前推进1.2m,为保证洞门密封效果,洞门处拼装1.2m宽钢筋混凝土管片环。

(18)安装二次出土螺旋,换用14m³土箱出土,进入一般盾构分体始发工艺。

5　无负环始发工艺工程应用

2018年11月,配套设备完成工厂加工。

2019年2月在北京地铁16号线20标进行组装、使用,见图6~图10。

图6　钢环反力架前移

图7　下横梁和八字下移

图8　拆除中间环板

图9　安装二次出土螺旋机

图10　完成盾构无负环始发

6 结语

盾构无负环始发工艺及装备在北京地铁16号线20标被成功应用,解决了受限空间、无暗挖始发隧道条件下盾构始发的问题,为受限空间盾构始发施工提供了一种解决方案。该方案也可用于非受限空间盾构始发,一般盾构始发采用10环钢筋混凝土管片作为推进千斤顶与反力架间的传力装备,材料成本约为20万元,负环拆除后,难以重复利用,造成浪费。本工艺无需负环,设备均可重复使用,节省施工成本,本成果有显著的社会和经济效益。

参考文献

[1] 刘伯岩.盾构半环始发施工技术[J]. 西部探矿工程,2007(11):144-147.

[2] 刘宏宇.一种暗挖隧道无支架无负环盾构始发方法:CN103711495A[P].2014-04-09.

[3] 范恒秀.一种区间盾构隧道施工用无负环始发施工方法:CN102425433B[P]. 2013-06-26.

[4] 李阳.始发井长度不足条件下的土压平衡盾构始发技术研究[J]. 建筑施工,2016(38):224-225.

超大直径盾构始发井内组装技术研究

段保亮

（中交隧道局盾构公司　北京　100102）

摘　要：超大直径盾构机由于自身高度大、单个零部件重量大等特点导致组装技术难度高、施工现场情况复杂、组装过程要求严格。组装的成功与否直接关系着盾构始发的成败；组装的质量影响着掘进施工过程的优劣。本文通过对某直径为15.03m的盾构机在始发井内的组装技术进行研究，阐述了其高效合理的组装方案，在施工中证明了该组装技术的正确性。

关键词：始发井；超大直径盾构机；高效合理；组装

1　引言

当前国内已投入使用的该类大直径泥水平衡盾构机尚属少数，一些施工单位在组装技术方面存在很大的空白和欠缺，故其始发井下组装的研究具有重大意义。袁竹等研究了ϕ8.5m大直径土压平衡盾构机在不具备盾构主机及后配套全部下井的条件下，采用分体始发模式进行组装的技术；邵明月等进行了大直径盾构机现场组装关键技术分析，侧重于驱动部和船底板的组装定位技术；李诗诗以ϕ8.78mm盾构机为研究对象，从施工实操、质量安全、进度保证、成本控制四个方面进行研究，总结出了一套指导意义大、可操作性强的组装方案。

2　超大直径盾构机的构成

本文研究内容为某超大直径（15.03m）的泥水平衡盾构始发井下组装技术。其整机质量达4000t，盾体最大高度为14.98m。因隧道管片成型后外径为14.5m，内径为13.3m，故后配套外形最大高度为11.8m，在环向上与隧道管片壁间隙不低于0.25m。采用进排泥浆管完成切削渣土的外排工作。

该盾构机盾体主要分为前盾、中盾、后盾，且前盾和中盾均为10个分块。前盾上主要安装主驱动、气泡仓、破碎机等设备；中盾上主要安装环形梁、刀盘摆动油缸、推进油缸等设备；后盾上主要安装盾尾刷、油脂管路等设备。后配套主要由1～5号台车组成，另加1个回转台车，用于运输物料车辆调头。

1号台车上部主要为动力柜、箱变等电气单元；中层为主司机室、液压泵站等；下层为泥浆泵、同步注浆泥浆罐等设备；底部为喂片机和船底板。2号台车最上层主要是储气罐和空气干燥系统；中下部主要为单双管片吊机作业区、箱涵作业区。3号台车上层主要为空压机；中层为污水箱及动力柜。4号台车上层主要为空压机；中层为外循环水箱、冷却水箱、备用发电机等。5号台车上层主要为泥浆橡胶软管、物料吊装平台；中层为接管器、水卷筒等设备。

作者简介：段保亮（1991—），男，硕士研究生，助理工程师，目前主要从事盾构机维修和管理工作。电子邮箱：1607236722@qq.com。

由于该盾构机体积巨大，故很多部件采用分块结构设计，主要分块质量及尺寸见表1。

盾构机主要分块质量及尺寸 表1

序号	设备名称	数量	外形尺寸(mm)	质量(t)
1	盾体直径	—	14980、14950、14920	
2	主机长度(含刀盘)	—	15865	2700
3	整机长度	—	约135m(不含回转台车)	
4	刀盘	1	—	约577
5	主驱动	1	8425×9400×3655	约440
6	盾体	1	—	1545
7	管片拼装机	1	—	166
8	1号台车	1	26000×11600×11900	480
9	2号台车	1	36100×9560×3860	190
10	3号台车	1	12200×9500×8900	140
11	4号台车	1	12200×9500×8900	140
12	5号台车	1	21100×12500×8300	220
13	6号回转台车	6	5500×4000×3500	60

3 超大直径盾构机组装流程

盾构机系统庞大，各种部件繁多，但其优点是单元模块化明显，故盾构机的组装工作可以按照“先整体后局部、先面后点”的原则进行。为了顺利完成组装任务，制订了组装流程。

值得说明的是，盾构机刀盘质量约为577t，采用中心块+六辐条复合刀盘结构。因井下空间狭小，采用预先在地面上组装，然后整体吊装下井完成与法兰盘的连接工作；主驱动和管片拼装机大件且部件较多，为保证组装无误，均为预先在地面上组装完毕，再进行整体吊装下井。

为了加快组装进度、缩短工期，同时根据后配套段结构分布，盾构机组装分3个工作井同步进行。因隧道入口明挖段呈下坡趋势，从入口向掘进方向依次为1号预留井、2号预留井、工作井。

工作井井口负责组装主机；1号预留吊装井口负责组装1号台车、船底板、喂片机；2号预留吊装井口负责组装2号、3号、4号、5号台车。每个井口吊装的分工和组装流程见图1。

4 超大直径盾构机组装工序

4.1 1号预留井组装工序

1号预留井主要进行船底板、喂片机和一号台车的组装任务。

(1)船底板组装

船底板为分段结构设计，每段质量为10 t左右；两侧弧形板自带轨道，可展开与隧道管片贴合；相邻两段之间有定位斜面。组装过程：采用350t履带式起重机主钩将一对ϕ52mm×10m钢丝绳挂在船底板上，用4个10 t的卸扣，将船底板下吊至隧道内预定位置放置，并进行定位调整，见图2。

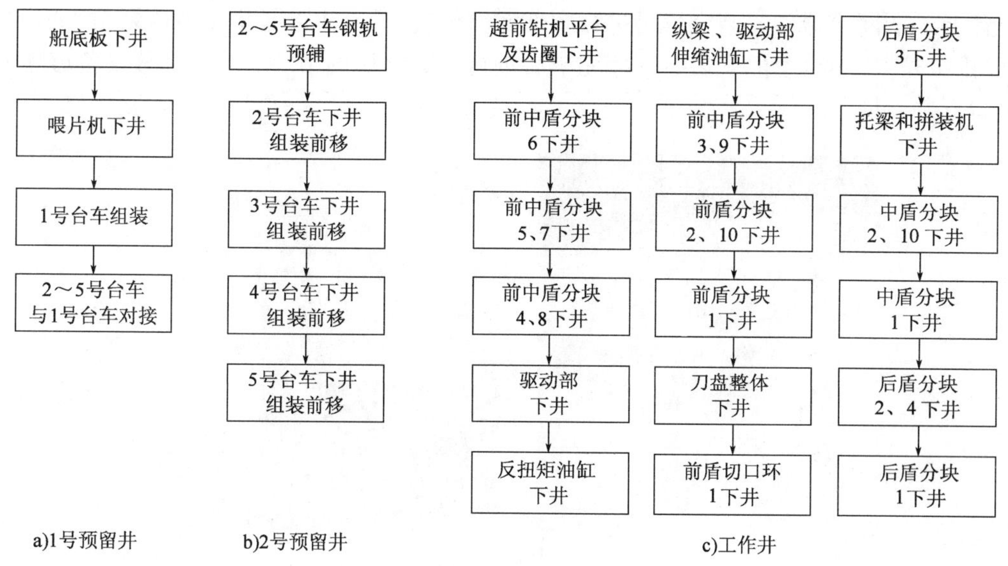

图1　盾构机组装流程图

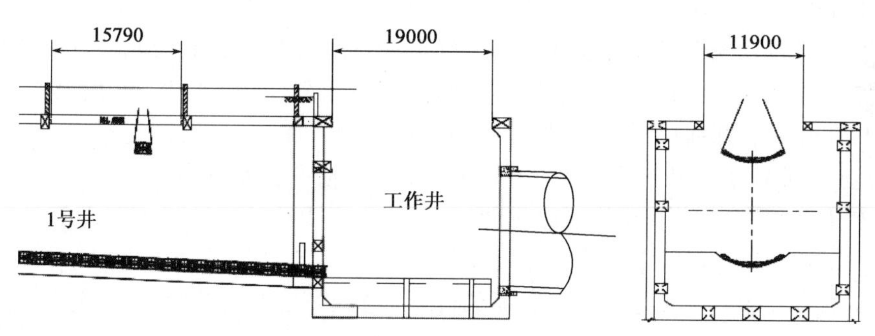

图2 船底板吊装示意图(尺寸单位:mm)

(2)喂片机组装

喂片机在一号台车下部,长度为25m,喂片机分成3段,最长一段为10m。350t履带式起重机主钩使用一对ϕ40mm×10m钢丝绳挂在喂片机吊耳上,用4个5 t的卸扣,主、副钩同时起吊,将喂片机吊装下井,如图3所示。船底板中心具备喂片机前进的轨道方钢。喂片机分块下井后,在船底板上将其组装,其间保证安装精度。

(3)1号台车车轮下井

采用350t履带式起重机主钩将两对ϕ52mm×10m钢丝绳挂在车轮上,卸扣选型为4个10t级,将车轮吊至隧道下安装固定,台车车轮前后间距为18000mm,左右间距为6700mm。

(4)1号台车下部分块下井

1号台车下部前段分块下井后进行组装,台车左右走道及台车上的元器件暂不安装。350t履带式起重机主钩使用一对ϕ40mm×10m钢丝绳挂在吊耳上,用4个55t的卸扣,主、副钩同时起吊。下井后安装到船底板上,前段后侧处使用型材进行临时支撑(待与后段连接后拆除),前侧使用型材进行支撑,防止倾倒。并对车轮部做溜车防护,防止台车发生滑动。

(5)1号台车中下部元器件下井

1号台车下部结构框架组装完成后,依次安装下部台车上的元器件。排泥泵P21、中心冲洗泵P0～P3、砂浆罐、同步注浆泵、膨润土注入系统等大件单独吊装下井,安放在下部分块原来的位置上。下部元器件安装完毕后进行中部元器件的安装，主要是推进液压泵站、拼装机泵站、破碎机泵站、主司机室的安装。安装完毕后进行上部分块的吊装。其中部分设备可随分块一起吊装下井，见图4。

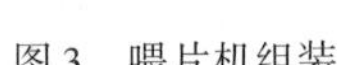

图3　喂片机组装

图4　1号台车下部分块吊装

(6)1号台车上部分块下井

1号台车上部前段分块下井后进行组装，台车左右走道及台车上的元器件暂不安装。350t履带式起重机主钩使用一对ϕ40mm×10m钢丝绳挂在车轮上，用4个55t的卸扣，主、副钩同时起吊，将1号台车上部前段吊装下井。

下井后安装到1号台车下部分块上，完成后安装螺栓并打紧固定。

1号台车上部后段分块下井与前段类似。

(7)1号台车上部元器件下井

1号台车上部组装完成后，依次安装顶部台车上的箱变、主驱动变频柜、泥浆变频柜、通风筒等。

4.2　2号预留井组装工序

2号预留井主要进行2~5号台车的组装任务。

(1)台车轨道下井

由于受隧道入口处的洞顶设计高度限制，盾构机后配套2~5号台车在1~2号预留井之间进行组装，且暂不进行正常行进时车轮的安装。

台车轨道下井过程：采用135t履带式起重机主钩将两对ϕ52mm×10m钢丝绳，4个10t的卸扣挂在轨道吊耳处。将4块平板式行走轨道板和钢轨，共为6根钢轨，吊至隧道下安装，并固定牢固。轨道间距为2、3、4、5号台车上临时工艺轮的间距。轨道安装后见图5，临时工艺轮见图6。

(2)2~5号台车的组装

2~5号台车的组装与一号台车类似，均遵循从下到上、先支撑后组装的原则。3号台车与4号台车组装方式相同，先吊装中间分块，在吊装两边分块。5号台车顶层分为两块整体吊装。

在2号工作井依次2~5号台车上中部分块和元器件设备。车轮牛腿暂不安装，故采用专用支撑轮将台车托在6根钢轨上，以适应隧道顶高度的限制。2号台车前段下面基坑用于盾构始发后布置通风机，因此相对较深。通过搭建临时支撑平台对2号台车进行支撑，当与1号台车连接后方可去除。当盾构始发后，后续台车行至此处，再进行车轮轨道和牛腿的安装。

图5　台车轨道安装

图6　台车临时工艺轮安装

(3)2~5号台车前移与1号台车连接

在明挖段后侧左、右位置各预先放置一台卷扬机,利用卷扬机和滑轮组将2~5号台车整体向前移动。前移之前需在2号台车前侧搭设临时平台,见图7。平台下侧使用胎架支撑,完成后再将钢轨延伸,直至2号台车到达明挖段内预先指定位置,并与1号台车连接。对台车车轮做加固锁紧处理,防止台车向前滑动。

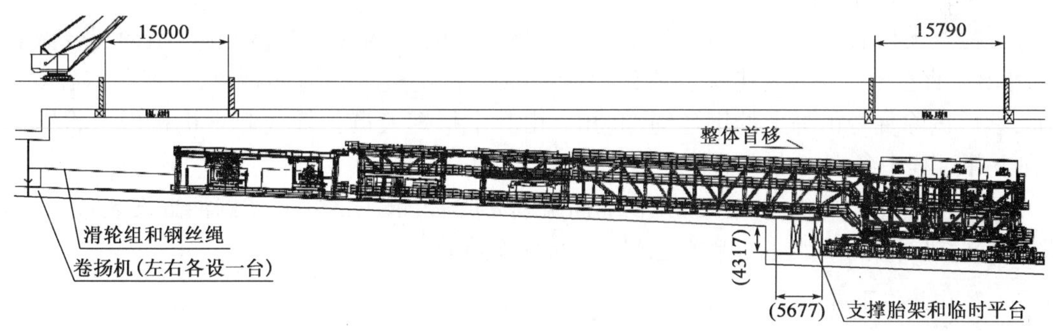

图7　2~5号台车整体前移(尺寸单位:mm)

4.3　工作井组装工序

4.3.1　盾构钻探和齿圈平台托梁下井

将钻探和拼装平台在地面组装完成,用800t履带吊主、副钩通过ϕ65mm×10m钢丝绳挂到钻探和拼装平台吊耳上,使用4个55t的卸扣。主、副钩同时起吊。在明挖段顶部预设吊耳,通过葫芦使钻探和齿圈慢慢向后移动,达到预定位置后,通过明挖段顶部吊耳将钻探大梁保住,下侧使用型材进行加固支撑。

4.3.2　前盾下分块(分块6)下井

(1)使用主履带式起重机主钩使用一对ϕ65mm×10m钢丝绳挂在法兰面上的吊耳上,用2个55t的卸扣。履带式起重机副钩使用一对ϕ65mm×6m钢丝绳挂在前盾下分块的翻身吊耳上,用2个55t的卸扣。

(2)在翻身前先对设备内部进行检查,确保其内部无零散件,然后由专业起重指挥进行指挥,其余人员负责监护各关键点。

(3)检查无误后,主、副钩同时起吊,在离地面2m左右时,主钩提升,副钩下降。在前盾下分块翻身90°后,调整其与地面距离,一般保持在0.2~0.5m,然后拆除翻身吊耳上的钢丝绳、卸扣。由其中指挥人员指挥吊机慢慢将前盾下分块入井,安装前盾下分块时注意前盾切口和环框梁间距在4550mm,留出刀盘安装间距。

其他分块的吊装类似,在此不详细一一展开说明。组装顺序严格按照流程图执行,不能影响拼装机、驱动部、刀盘等的安装。

4.3.3 驱动部组件整体下井

(1)主履带式起重机主钩使用一对 ϕ90mm×10m 钢丝绳挂在驱动部翻身架主吊耳上,用4个150t的卸扣。

(2)检查无误后,主、副钩同时起吊,由其中指挥人员指挥吊机慢慢将驱动部整体入井安装到前盾上,在下井过程中各点有专人监护。

4.3.4 纵梁、驱动部伸缩油缸下井

(1)主履带式起重机主钩使用一对 ϕ65mm×10m 钢丝绳挂在纵梁主吊耳上,用2个35t的卸扣。主履带式起重机副钩使用一对 ϕ65mm×10m 钢丝绳挂在纵梁翻身吊耳上,用2个35t的卸扣。

(2)在翻身前先对设备内部进行检查,确保其内部无零散件,然后由专业起重指挥进行指挥,其余人员负责监护各关键点。

(3)检查无误后,主、副钩同时起吊。无不良状况时主钩继续缓慢起吊,副钩配合做起钩变幅等动作直至整个纵梁立起来。在纵梁翻身90°后,调整其与地面距离,一般保持在0.2~0.5m,然后拆除翻身吊耳上的钢丝绳、卸扣。由其中指挥人员指挥式起重机机慢慢将纵梁入井,在下井过程中各点有专人监护。

(4)伸缩油缸和纵梁侧支座预先在地面组装完成后,依次下井安装到油缸安装环,全部调整好位置后进行支座的焊接,焊接完成后进行探伤检验。

4.3.5 刀盘整体下井

(1)刀盘下井前,在地面上整体拼装并焊接完成,焊后探伤检验合格,主履带吊主钩使用4根WJT120钢丝绳挂在刀盘主吊耳上,用2个150t的卸扣。主履带式起重机主钩使用一对 ϕ90mm×14m 钢丝绳挂在刀盘副吊耳,用2个150t的卸扣。

(2)在翻身前先对设备内部进行检查,确保其内部无零散件,然后由专业起重指挥进行指挥,其余人员负责监护各关键点。

(3)检查无误后,主、副钩同时起吊,在离地面2m左右时,主钩提升,副钩下降。在刀盘整体翻身90°后,调整其与地面距离,一般保持在0.2~0.5m,然后拆除副吊耳上的钢丝绳、卸扣。由其中指挥人员指挥起重机慢慢将刀盘整体入井,在下井过程中各点有专人监护。

4.3.6 刀盘和前、中盾整体向前移动

撤离环体周边的支撑胎架后,利用推进油缸将刀盘和前、中盾整体向前移动1000mm,直至前盾和中盾底部的环缝在预定的焊接槽内。此时刀盘底部距离掌子面约为2344mm。

4.3.7 拼装机和托梁下井

(1)主履带式起重机主钩使用一对 ϕ65mm×10m 钢丝绳挂在拼装机主吊耳上,用2个55t的卸扣。主履带吊副钩使用一对 ϕ65mm×10m 钢丝绳挂在拼装机翻身吊耳上,用2个55t的卸扣。

(2)在翻身前先对设备内部进行检查,确保其内部无零散件,然后由专业起重指挥进行指

挥,其余人员负责监护各关键点。

(3)检查无误后,主、副钩同时起吊。无不良状况时主钩继续缓慢起吊,副钩配合做起钩变幅等动作直至整个拼装机立起来。在拼装机翻身90°后,调整其与地面距离,一般保持在0.2~0.5m,然后拆除翻身吊耳上的钢丝绳、卸扣。由其中指挥人员指挥起重机慢慢将拼装机装入托梁上,在安装过程中各点有专人监护。

(4)托梁预先通过1.8m的胎架支起,确保胎架稳定。拼装机装入托梁上,直至移动到托梁左端最大位置。然后使用工艺卡板固定拼装机与托梁,施焊固定。

(5)主履带式起重机主钩使用一对ϕ65mm×10m钢丝绳挂在托梁主吊耳上,用2个55t的卸扣。主履带式起重机副钩使用一对ϕ65mm×10m钢丝绳挂在托梁副吊耳上,用2个55t的卸扣。

(6)检查无误后,主、副钩同时起吊,由其中指挥人员指挥吊机慢慢将拼装机和托梁组件入井,在下井过程中各点有专人监护。

拼装机组装完毕后,至此盾体上的其他分块可以全部安装。

4.3.8 台车整体前移,与盾体连接

(1)后盾安装完成后,调整钻机大梁位置后与托梁连接安装。

(2)将后续台车整体前移,将1号台车与钻机大梁进行连接安装。

(3)5号台车后侧框架在留出安装距离后进行安装。

(4)将台车和盾体整体连接在一起后,可以进行管路和线路的连接工作。

4.3.9 2~5号台车车轮及车架安装

以3号台车安装前侧车轮及车架为例进行说明。

(1)在盾构掘进前,预先在未安装的2号箱涵梁内,放入3号台车车轮及车架,完成后在1号和3号箱涵梁之间设置盖板,以不影响管片小车的正常行驶。

(2)预先在预定位置放置5号台车两侧的支架,并对其做固定处理。

(3)在盾构掘进时,当3号台车前轮位置前进至2号箱涵梁位置时,打开1号和3号箱涵梁之间的盖板,安装5号台车前侧两处车轮及车架。

(4)拆除3号台车前侧的临时车轮,改用3号台车正常车轮及车架,使其在正常轨道上前行,见图8。

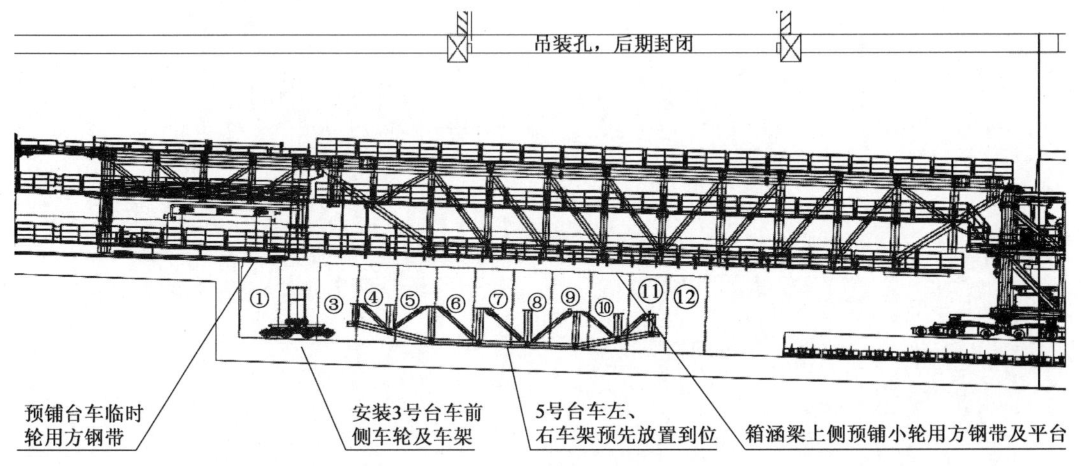

图8 3号台车安装前侧车轮及车架示意图

5 结语

超大直径盾构机组装技术难度高是一个公认的问题。组装的成功与否直接关系着盾构始发的成败;组装的质量影响着掘进施工过程的优劣。本文通过对直径 15.03m 的泥水平衡盾构机在始发井内的组装技术进行研究,确定了其组装方案,并在实际施工中证明了该组装技术的正确性。

参考文献

[1] 袁竹,王波,张曾强,等.大直径土压平衡盾构在狭小风井的分体始发技术[J].建筑机械化,2019,46(12):58-59.

[2] 邵明月,陈勇华.超大直径泥水平衡盾构机现场组装关键技术分析[J].工程技术研究,2019(6):1-4.

[3] 李诗诗.城轨大直径盾构机组装新技术研究[D].广州:华南理工大学,2014.

大直径泥水平衡盾构穿越机场线高填方路基段既有轨道交通设施变形规律分析及施工参数验证

陈　林[1]　尚　乐[2]　马雪梅[1]　陈　强[3]　刘武林[1]

(1. 北京城建勘测设计研究院有限责任公司　北京　100101;2. 北京联合大学　北京　100101;
3. 中铁隧道集团二处有限公司　河北廊坊　065201)

摘　要: 当大直径泥水平衡盾构穿越机场线高填方路基段既有地铁区间时,地铁结构的变形不易控制。本文以北京某大直径泥水平衡盾构下穿北京机场快线三元桥站—T2 航站楼站区间为例,使用工程实时监测数据,结合有限元分析软件 ANSYS,分析大直径泥水平衡盾构穿越对既有地铁结构及轨道的安全性影响,探讨在大直径泥水平衡盾构穿越影响下地铁结构及轨道各部分的变形规律,提出针对既有轨道结构的保护措施及施工建议。

关键词: 大直径泥水平衡盾构机;地铁结构;数值分析;监测数据;变形规律

1　引言

随着轨道交通的快速发展,大直径盾构穿越既有地铁线路的工程日益增多,对既有地铁结构及轨道的扰动也越来越频繁。大直径盾构的施工对既有地铁结构的安全影响极大,且影响程度不易控制。本文以北京某大直径泥水平衡盾构下穿北京机场快线三元桥站—T2 航站楼站区间为例,对其影响规律加以总结。

2　工程概况及地质条件

北京某大直径泥水平衡盾构下穿北京机场快线三元桥站—T2 航站楼站区间,隧道斜穿地铁机场线,平面交角约 58°。穿越段均为每 10m 一道变形缝,缝宽 20mm,穿越点距离两侧的基础变形缝距离分别为 2.8m 和 7.2m。影响范围内机场线为地面高填方挡墙路基挡墙结构,左、右线平面均位于直线段,线间距为 4.6m,纵坡均为 0。穿越处路基挡墙嵌入地面以下约 3m,路基挡墙主体结构下部横、纵向均布置 ϕ400mm@1900mm 的水泥粉煤灰碎石桩(CFG)桩,桩长 10m。盾构机外径为 10.5m,隧道埋深约 21.32m,与 CFG 桩底竖向距离约为 5.4m。隧道覆土厚度约为 17.35m,如图 1 所示。采用加强型管片结构,管片预留 25 个注浆孔进行深孔注浆加固。隧道下穿机场快轨施工时采取洞内与洞外相结合的加固措施。

盾构隧道穿越地铁机场线段落,隧道洞身所处地层主要为粉土、砂性土,部分粉质黏土。勘察期间,地下水位埋深为 5 ~ 8m,整个隧道位于地下水位以下,如图 2 所示。

作者简介:陈林(1986—),男,大学本科,高级工程师,目前主要从事城市轨道交通第三方监测及风险咨询工作。电子邮箱:402352445@qq.com。

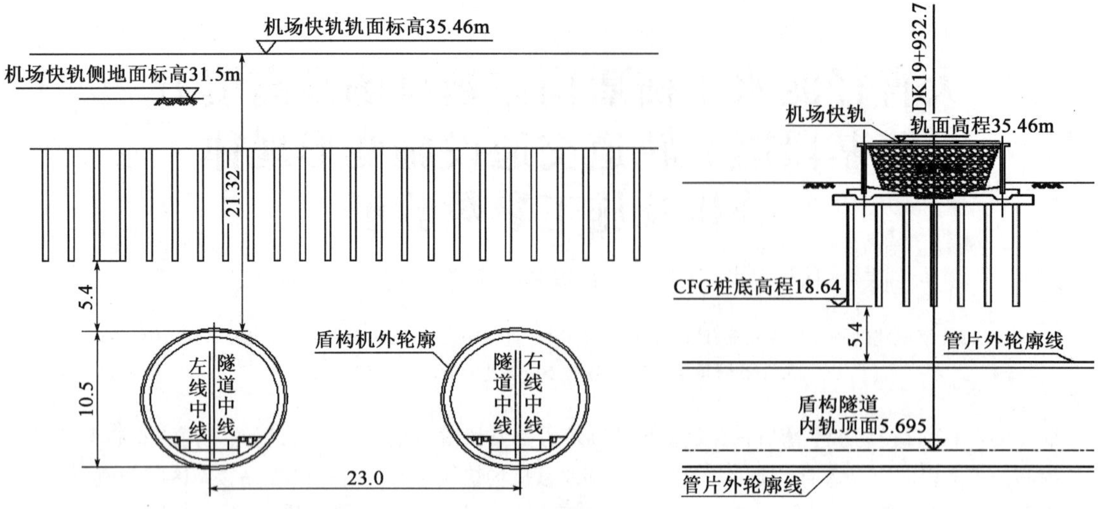

图1　新建盾构隧道工程与机场线剖面位置关系图(尺寸单位:m)

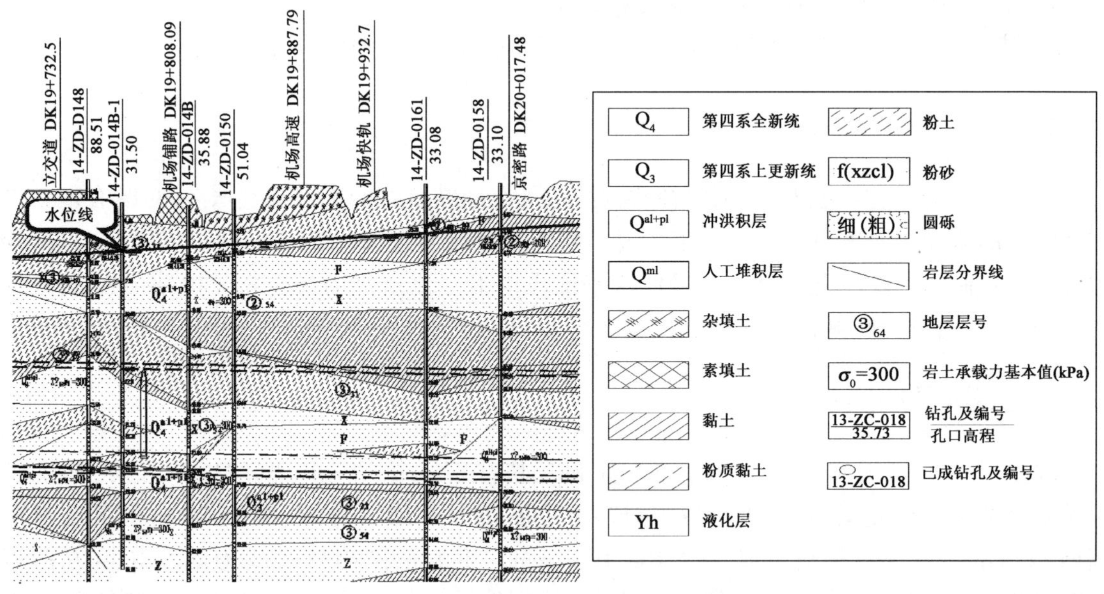

图2　新建盾构隧道工程地质剖面图

3　专项施工措施

3.1　盾构机选型

北京某大直径泥水平衡盾构选择了兼具气垫式和直排式环流系统的泥水盾构机(图3),以实现在黏土、粉黏土细颗粒地层掘进过程中安全效率平衡。施工通过可调节的泥水压力平衡开挖面水土压力,由旋转刀盘切削土体与通过管道输送至开挖面的泥浆混合并经泥水环流系统输出至地面,通过地面泥水处理工厂实现固液分离。盾构隧道采用管片拼装式衬砌,管片外径10.5m、厚500mm、宽2m,为通用环,采用错缝拼装,各块间纵、环向采用直螺栓连接。

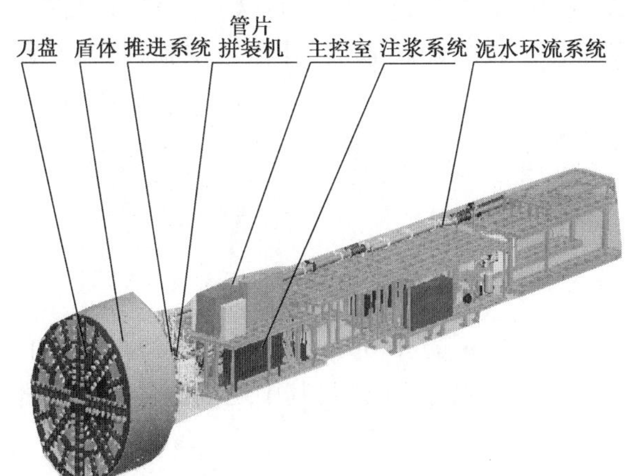

序号	项目单位	参数
1	开挖直径	10900mm
2	刀盘转速	0～1.8r/min
3	最大推进速度	50mm/min
4	最大推力	123800kN
5	整机总长	80m
6	主机总长(含刀盘)	13m
7	最大工作压力	8bar
8	装机功率	4628kW
9	整机质量	1554t

图3　盾构机组成及参数

3.2　地面加固措施

(1)盾构施工影响范围

根据已施工段落的监测数据分析,盾构施工横向影响范围为隧道轴线两侧 32 ~ 35m,其中,主影响区为隧道轴线两侧 15 ~ 18m,盾构施工前方影响范围 15m,后方 45m,共计 60m。

(2)主影响区注浆加固

主影响区的注浆范围为隧道轴线两侧各 20m,根据地面环境情况,隧道两侧分别布设 6 排(首都机场高速一侧)、5 排注浆管(京密路一侧),靠近机场线一侧的两排竖向布设,远离机场线的注浆孔倾斜布设,两侧靠近机场线的一排倾斜注浆管作为跟踪补偿注浆,其他倾斜管进行提前注浆加固。

(3)次影响区注浆加固

在隧道轴线两侧 20 ~ 33m 的区域,在地铁机场线两侧分别布设 2 排注浆管,均倾斜布设,靠近机场线的一排作为跟踪补偿注浆,远离的一排在盾构穿越前注浆。

整个注浆加固区域范围沿地铁机场线方向长 130m,即在影响区域范围内均进行地面注浆加固。

3.3　洞内措施

(1)工艺措施

充分利用先进的盾构施工工艺措施,控制盾构掘进参数、控制盾构姿态、控制地层损失,尽量减少盾构施工对地层的扰动。

(2)工程措施

加强管片背后注浆(同步注浆、多次注浆、深孔注浆),调控管片背后注浆工艺,减少盾构过后地层沉降。

①同步注浆:是控制沉降的关键工序,严格调控注浆压力,注浆压力比理论计算值稍大一些(大 50kPa 左右),浆液初凝时间 4 ~ 7h,同步注浆量为建筑空隙的 200% 左右。

②二次注浆:通过管片上的预留注浆孔向地层中补充注浆,二次注浆浆液为水泥—水玻璃双液浆、超细水泥浆液。

③深孔注浆：盾构施工完成后，在预留的注浆孔向地层打孔，对轨面以上的 17 个注浆管内压注水泥—水玻璃、超细水泥浆液，浆液中添加补偿收缩的膨胀剂，补偿地层损失，减小路基沉降。

4 工前施工模拟分析

4.1 有限元模型建立

考虑到施工过程中的空间效应，计算模型取长 130m、宽 140m，自地表 50m 厚的土体作为考察范围（图 4）。计算采用大型有限元软件 ANSYS 建立计算模型，其中周围土体采用实体单元，不同的土层采用不同的材料模拟（图 5）。

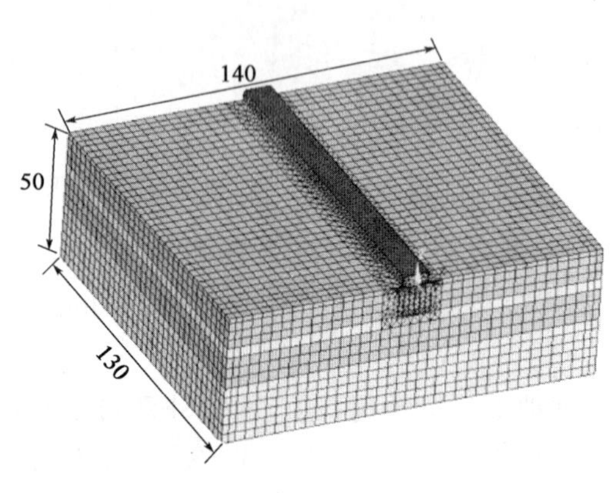

图 4 评估范围示意图（尺寸单位：m）

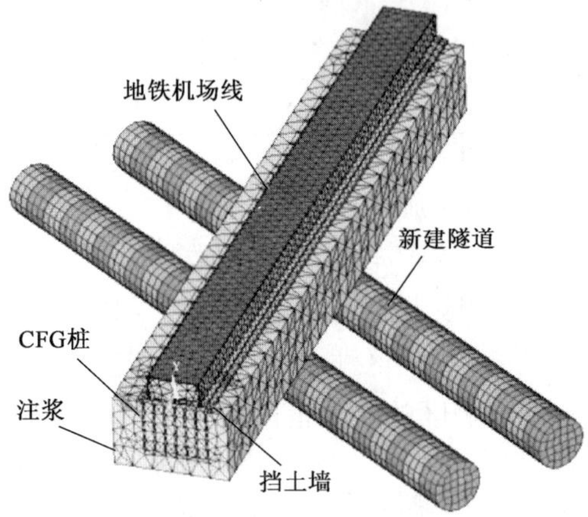

图 5 理论分析模型

边界条件的选取时除了顶面取为自由边界，其余 5 面均采取法向约束。

盾构工法主要考虑的措施为洞内措施与二次注浆，计算荷载以最不利影响情况（最大下沉变形）考虑以下 12 个方面：①地铁区间结构自重；②土体竖向自重力；③地面超载 20kPa；④列车荷载；⑤盾构顶推力。

在进行模拟计算时，有如下基本假定：

（1）既有地铁结构内力依据原设计标准进行计算分析，施工期间既有地铁仅考虑正常使用工况，不考虑地震、人防工况。

（2）假定既有地铁结构为线弹性材料。

（3）假定新建盾构隧道结构、既有地铁机场线区间结构及土体之间符合变形协调原则。

（4）通过刚度等效的方法，将既有地铁结构等效为一种同刚度材料。

（5）本评估分析的前提是施工处于正常良好控制的条件下。

4.2 参数取值

计算模型根据不同的材料采用不同的本构模型模拟，对于混凝土材料采用线弹性模型，各层土体采用 D-P 模型。土层和既有地铁结构采用实体单元 Solid45 模拟，模型中土层参数参考地勘资料选取，土层及结构参数见表 1。模型计算考虑盾构掘进过程中地层损失率为 5‰，注浆土体物理力学指标按提升 50% 考虑。

计算模型参数(原状土工况)　　表1

序号	名　称	厚度(m)	密度(g/cm^3)	内摩擦角(°)	黏聚力 c (kPa)	泊松比 v	弹性模量(MPa)
1	素填土	2.0	1.75	5	10	0.3	12.0
2	粉质黏土	5.0	1.96	15.1	46.0	0.25	45.0
3	粉细砂	5.0	2.05	27	—	0.3	45.0
4	粉质黏土	15.0	2.01	16.8	43.3	0.3	30.0
5	粉细砂	23.0	2.02	27	—	0.3	48.0
6	地铁基础 CFG 桩(C20)	—	2.5	—	—	0.2	2.55×10^4
7	地铁路基挡土墙(C30)	—	2.5	—	—	0.2	3.0×10^4

4.3 施工模拟

模拟施工工序说明见表2。

模拟施工工序说明　　表2

工　序	说　明
阶段1~26	地层注浆预加固,至东南向西北开挖右线盾构隧道,每次推进6m
阶段27~52	至东南向西北开挖左线盾构隧道,每次推进6m

4.4 预测变形情况

为更好地了解既有路基结构竖向沉降情况,现选取地铁典型截面进行分析,变形情况如图6所示,未预注浆工况下轨道最大沉降值为 -3.465mm;预注浆工况下轨道最大沉降值为 -1.878mm。

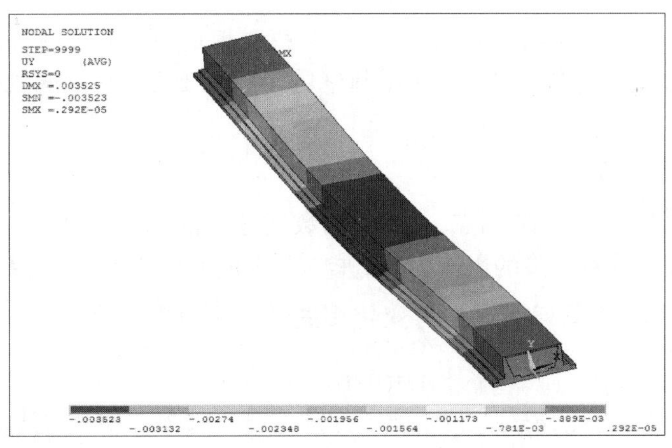

图6　模型变形云图

5 监测措施

隧道施工对地铁机场线影响范围为:既有机场线三元桥站—T2航站楼站区间左右线里程K9+850~K9+980,双线130m。采用自动化和人工相结合的方式进行监测工作;监测项目为路基结构竖向位移、差异沉降、挡墙竖向位移及倾斜度;轨道沉降及轨道几何形位,如图7所示。

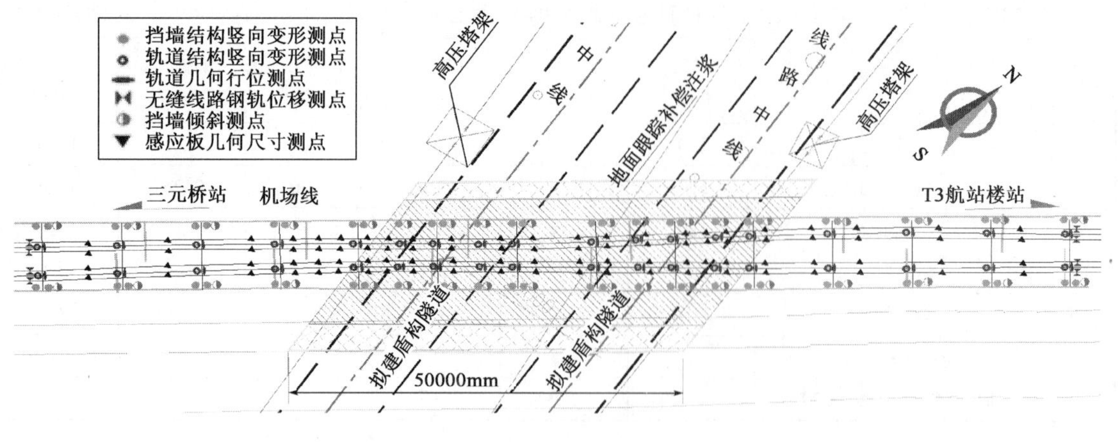

图7 监测布点平面图

本工程风险高,施工过程中需进行同步注浆以控制盾构穿越过程中既有地铁沉降,对监测数据及时性要求高,故开发了专业的数据平台及建立了微信工作群,24h 不间断及时反馈监测数据。

6 试验段参数验证

6.1 试验段位置选择

结合现场施工情况及周边环境,选取 DK19 +550 ~ DK19 +750 里程段作为盾构穿越地铁机场线前的试验段。

6.2 试验段目的

分析盾构掘进施工的影响范围、各项施工参数对地面沉降的影响、各施工参数与控制地面沉降的对应关系,总结施工参数,优化调整盾构施工工艺,为穿越地铁机场线提供技术指导。

6.3 试验内容及监测要求

设置地表沉降和深层沉降监测点,并对监测数据进行整理,分析盾构施工的影响范围、时程影响分析、各掘进参数对沉降的影响、各掘进参数对沉降影响的对应关系。

6.4 试验段地表沉降速率与盾构推力变化相关性分析(图8)

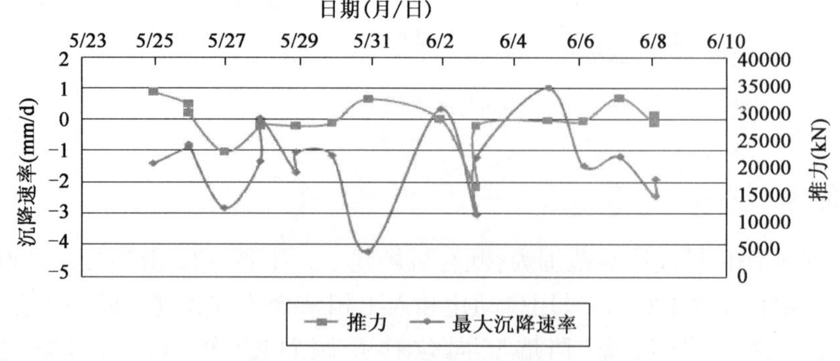

图8 沉降速率与盾构推力变化关系曲线

由盾构上方地表沉降速率与盾构推力变化相关性曲线图分析来看，在不考虑其他因素的情况下，当盾构推力约为30000kN时，沉降速率较小。

6.5 试验段地表沉降速率与盾构扭矩变化相关性分析（图9）

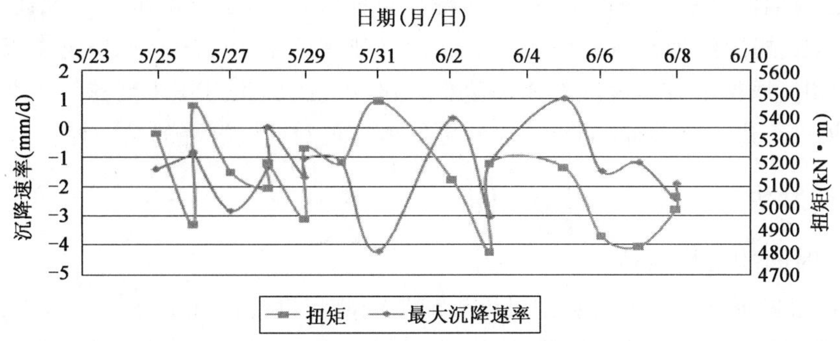

图9 沉降速率与盾构扭矩变化关系曲线

由盾构上方地表沉降速率与盾构扭矩变化相关性曲线图分析来看，在不考虑其他因素的情况下，当盾构扭矩约为5200kN·m时，沉降速率较小。

6.6 试验段地表沉降速率与盾构泥浆密度（排浆）变化相关性分析（图10）

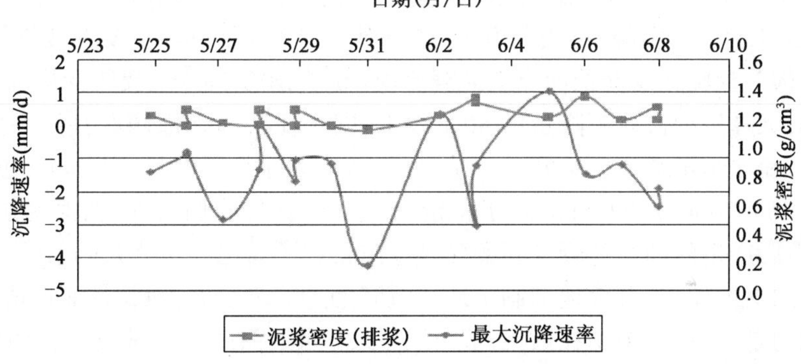

图10 沉降速率与盾构泥浆密度（排浆）变化关系曲线

由盾构上方地表沉降速率与盾构泥浆密度（排浆）变化相关性曲线图分析来看，在不考虑其他因素的情况下，当盾构泥浆密度（排浆）约为1.20g/cm^{3}时，沉降速率较小。

6.7 试验段地表累计沉降与盾构泥浆密度（进浆）变化相关性分析（图11）

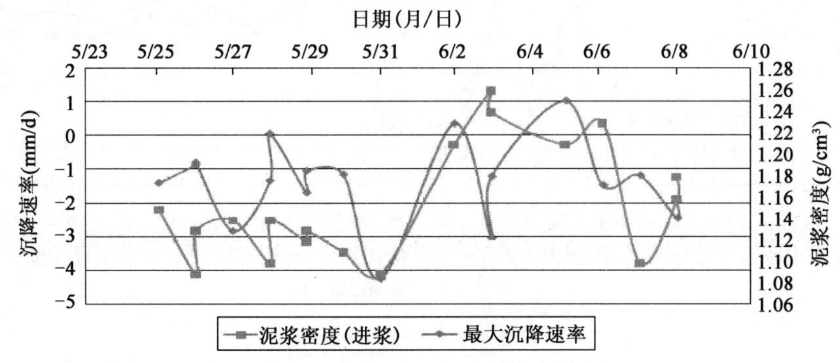

图11 沉降速率与盾构泥浆密度（进浆）变化关系曲线

由盾构上方地表沉降速率与盾构泥浆密度(进浆)变化相关性曲线图分析来看,在不考虑其他因素的情况下,当盾构泥浆密度(进浆)约为1.14g/cm^{3}时,沉降速率较小。

6.8 小结

通过对已有监测数据及施工参数记录分析,初步认为:对于目前施工工况而言,当盾构推力约为30000kN、扭矩约为5200kN·m、泥浆密度(排浆)约为1.20g/cm^3、泥浆密度(进浆)约为1.14g/cm^{3}时,盾构上方地表沉降速率偏小。建议后续施工过程中对这一参数设置组合的沉降控制效果进行进一步验证和修正,以便更好地实现对地层沉降的精确控制。

7 监测数据分析

7.1 沉降随时间的发展规律

从两个方面来研究线路中线盾构机机头前后的测点沉降曲线分布。一方面,考察不同时间同一观测点沉降量随机头位置变化情况。即在盾构机前方的线路中线上方布设一个沉降观测点,当盾构机向前掘进时,盾构机逐渐临近并通过该点下方,然后又逐渐离去,在这过程中观测该观测点沉降量随机头位置变化的曲线;另一方面,考察左右隧道穿越地铁区间后这些观测点沉降量的分布情况及变形规律是否有差异(图12、图13)。

由图可以看出,从上述两方面得到的沉降曲线分布规律是基本一致的。在机头前方约10m(约1倍隧道直径)以外,地面有轻微隆起现象,受盾构推力影响上浮量为0.2~0.6mm;在机头前方约5m开始产生沉降;机头前方5m至机头后约6m是沉降主要发展阶段,这个范围的地层主要受盾构刀盘旋转及开挖面出土卸载影响(机头前方5m)以及盾构机通过时盾壳对围岩扰动的影响,沉降量约占总沉降量的80%以上;同步注浆和地面跟踪注浆后结构出现一定上浮,注浆压力和注浆量减少后又开始产生沉降,再增大注浆压力和注浆量后地铁结构上浮明显。机头过去15~20m后开始沉降趋于稳定,在这个范围,盾构已通过,对地层的扰动消失,同时,盾尾脱出后产生的围岩与管片间的建筑空隙得到了盾尾同步注浆的及时同步填充,对地层产生了很好的支撑作用,有效地抑制了地层沉降的进一步发展,地铁各变形值处于正常范围内。值得注意的是,上述结果是在盾尾同步注浆及地面跟踪注浆正常发挥作用的情况下得出的,如注浆压力、注浆量不足或注浆不及时,盾构通过后还会产生相当大的后期沉降。施工实践表明,只要注浆不正常,往往就会出现比较大的沉降量。

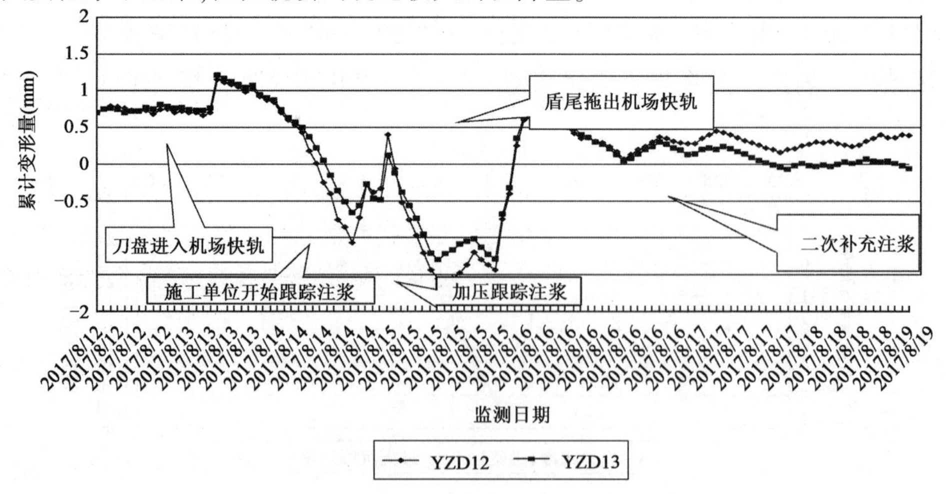

图12 右线盾构隧道穿越地铁竖向变形时程曲线

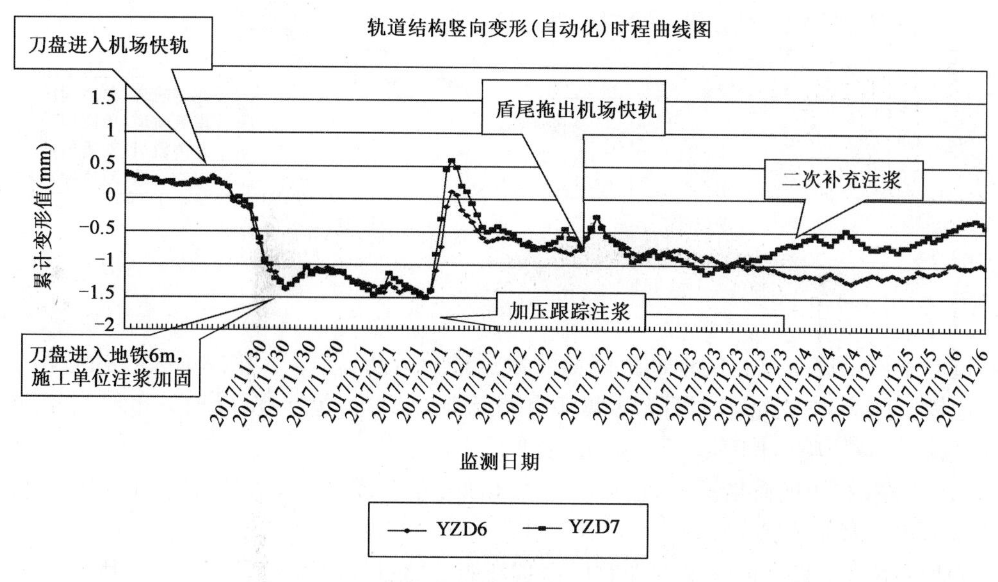

图 13　左线盾构隧道穿越地铁竖向变形时程曲线图

7.2　横断面沉降曲线

图 14 是不同时间段隧道上方地铁横断面沉降槽分布曲线。一般地，隧道中线上方沉降量最大，沿两侧逐渐减小。但有一部分沉降曲线左右并不对称，特别是左线隧道(后行)沉降曲线，大部分向右偏移，主要是由于受先行隧道(右线隧道)的影响，此外还可能与注浆以及刀盘旋转方向有关。因此，地铁结构沉降量最大值出现在盾构穿越正上方，不考虑注浆影响两条盾构区间相互影响的位置变形量接近盾构穿越中心位置。注浆对沉降变形影响较大。

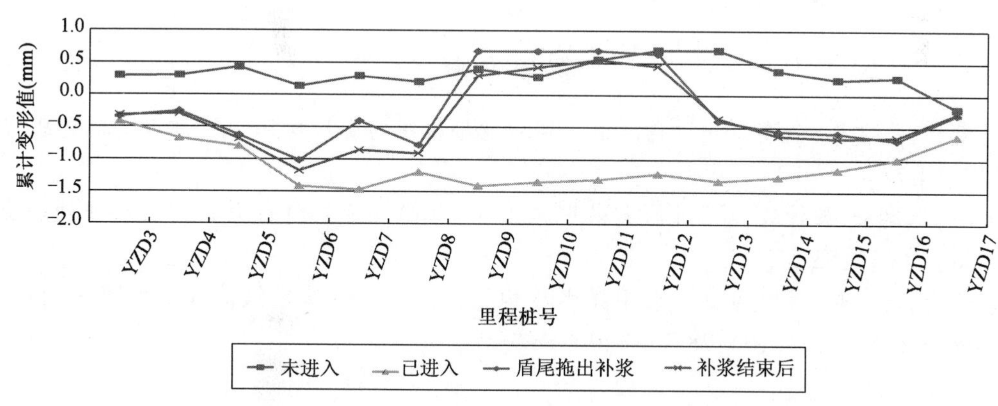

图 14　不同时间段隧道上方地铁横断面沉降槽分布曲线

根据横断面沉降槽的统计结果，盾构穿越高填方路基段后主要沉降影响区约 30m，约为新建隧道埋深的 1.5 倍，与工前评估预测范围基本一致(图 15)，最大累计沉降变形值实测为 -1.18mm，评估预计为 -1.87mm，实测值和预计值变形趋势一致，由于注浆措施到位，实际沉降值小于预计变形值。

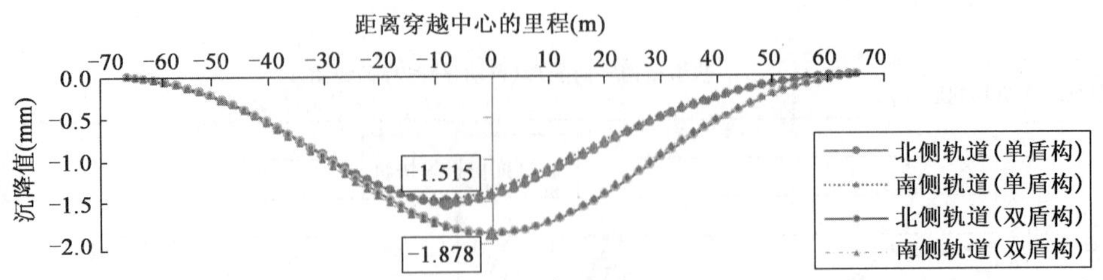

图 15 评估预测隧道上方地铁横断面沉降槽分布曲线

8 结语

通过对本项目施工过程的地面沉降监测数据进行分析,基本上掌握了大直径盾构施工穿越既有地铁线路高填方路基段沉降规律,并用图表加以表达,包括:沉降槽分布形式、沉降随时间发展规律、沉降影响范围等。经过研究得到了以下认识:

(1)由于左、右线地质情况相近,施工参数相似,左右线穿越既有地铁区间结构沉降分布规律总体上也是基本一致的。

(2)地面跟踪注浆对控制大直径盾构穿越高填方路基段沉降变形有明显作用。

(3)横断面沉降槽曲线,受先行隧道影响,后行隧道沉降曲线左右往往并不对称,沉降量向先行隧道一侧偏移,沉降槽宽度一般在 30m 左右范围。

(4)盾构机头前方约 5m 处开始产生沉降,机头前方 5m 至盾尾拖出是沉降的主要发展区域,沉降量约占总沉降量的 80% 以上,机头过去 15 ~20m 后沉降趋于稳定。

针对本工程的监测可以看出,大直径泥水平衡盾构穿越既有地铁高填方路基段在施工参数科学合理的情况下,辅以地面跟踪注浆等加固保护措施,可以保证地铁线路不减速运营状态下安全行车。需注意的是注浆施工应加密监测频率,注浆过程中可能出现几分钟就急剧上浮的情况,本项目曾出现注浆隆起预警情况。

参 考 文 献

[1] 高爱林,马雪梅,金淮,等. 盾构隧道下穿机场停机坪的变形规律[J]. 都市快轨交通, 2010(1):74-77.

[2] 金淮,张建全,吴锋波,等. 盾构下穿首都机场施工监测变形特性分析[J]. 都市快轨交通, 2008, 21(5):53-57.

[3] 彭少杰,杨光辉,黄醒春,等. 大型泥水盾构近距离穿越运营地铁关键技术研究[J]. 城市道桥与防洪, 2008(10):28-33.

地铁盾构法施工安全风险管控探讨

姚爱敏　韩　飞

（北京城建勘测设计研究院有限责任公司　北京　100101）

摘　要：随着我国经济的不断发展，城市化进程进一步加快，地铁的发展成为了我国各大城市解决交通拥堵问题的首选方案，其中盾构法施工在城市轨道交通建设中发挥了举足轻重的作用。但随着盾构技术在我国的迅猛发展，盾构事故也相应增多，造成的损失和影响也很大，风险管理是贯穿盾构施工始终的一项极为重要的工作。为有效预防地铁盾构施工中的风险事件，避免安全事故的发生，本文从盾构法施工自身、地质条件及周边环境等角度进行风险分析并提出应对措施。

关键词：盾构施工；风险管控；对策

1　盾构施工风险管控的必要性

地铁盾构施工是一项非常庞大的系统工程，施工工序相对比较复杂，并且地质也比较多变。近些年，国内地铁盾构施工由于安全风险管理不到位或风险意识淡薄导致道路坍塌的安全事故时有发生，造成较大社会影响，导致人员伤亡、财产损失巨大。因此盾构施工安全风险管控具有重要意义。

2　盾构施工概述

盾构法是指用专用机械在地面以下建造隧道的一种施工方法。它使用盾构机在地下掘进，在防止软基开挖面崩塌或保持开挖面稳定的同时，在机内安全地进行隧洞的开挖和衬砌作业。其施工过程需先在隧洞某段的一端开挖竖井或基坑，将盾构机吊入安装，盾构机从竖井或基坑的墙壁开孔处开始掘进并沿设计洞线推进直至到达洞线中的另一竖井或隧洞的端点。

2.1　盾构法施工优点

（1）盾构法隧道施工不受地面自然条件的影响。在盾构支护下进行地下工程暗挖施工，不受地面交通、河道、航运、潮汐、季节、气候等条件的影响，能较经济合理地保证隧道安全施工，如图1所示。

图1　盾构机在河底施工

（2）盾构法施工隧道机械化、自动化程度高。

作者简介：姚爱敏（1981—），女，硕士研究生，高级工程师，目前主要从事城市轨道交通第三方监测与管理工作。电子邮箱：477133818@qq.com。

盾构的推进、出土、衬砌拼装等可实行自动化、智能化和施工远程控制信息化，掘进速度较快，施工劳动强度较低。

(3)地面人文自然景观受到良好的保护，周围环境不受盾构施工干扰。

在松软地层中，开挖埋置深度较大的长距离、大直径速度，在经济、技术、安全、军事等方面具有优越性。

2.2 盾构法施工缺点

(1)需要隧道衬砌管片预制、运输、衬砌、衬砌结构防水及堵漏、施工测量、场地布置、机械安装等施工技术的配合，系统工程协调复杂。

(2)施工过程中变化断面尺寸困难；只能前进，不能后退，当隧道曲线半径过小或隧道埋深较浅时，施工难度大，在饱和含水的松软地层中施工，地表沉陷风险较大。

(3)盾构机制造周期较长，造价较昂贵，盾构的拼装、转移等较复杂，建造短距离隧道经济性差。

3 盾构法施工安全风险分析及管控对策

根据风险可能出现的概率、对工程可能增加的困难程度、人员财产损失及社会影响大小、对工期的影响程度进行风险源分级，按影响因素由高向低排列(AAAAA ~ A)，见表1，有一项达到者即可列为该级。

风险点分级表　　表1

分　　级	可能出现概率或增加的困难程度	人员财产损失及社会影响	延误工期
AAAAA	高(难)	大	长
AAAA	较高(较难)	较大	较长
AAA	中(中)	中	一般
AA	低(易)	小	较短
A	较低(较易)	较小	不延误

常规的盾构施工风险源有8种，见表2。

常规的盾构施工风险源　　表2

序号	项　　目	可能出现概率或增加的困难程度	人员财产损失及社会影响	延误工期	风险级别
1	盾构井开挖	中	中	一般	AAA
2	盾构吊装	中	中	一般	AAA
3	盾构进出洞地面沉降、坍塌的预防措施	中	中	一般	AAA
4	盾构在圆砾层中掘进	中	中	一般	AAA
5	盾构穿越地表建筑物	低	较大	较长	AAAA
6	盾构穿越管线	中	中	一般	AAA
7	隧道二次衬砌施工	中	中	一般	AAA
8	闭水试验封堵失稳	中	中	一般	AAA

3.1 盾构法施工自身风险特点及管控对策

3.1.1 盾构始发接收

盾构始发接收安全是盾构施工的一个重要环节,多起事故均发生在盾构始发接收期间,主要包括:始发接收端头地层加固、洞门密封止水效果、进出洞姿态控制、土压建立等。

管控对策包括:

(1)认真研究始发接收端头地层条件,采取安全可控的地层加固措施,并对加固效果进行检验,如图2所示。

(2)对端头地下水情况、周边带水管线进行核查,对洞门钢环与二次衬砌结构连接质量、洞门止水橡胶帘布和扇形压板的安装质量进行核查。

(3)严格控制始发台、反力架、负环管片安装精度,确保始发姿态与设计线路基本符合。

(4)始发阶段设备处于磨合期,要注意推力、扭矩控制,掘进总推力应控制在反力架承受能力以下,同时确保此推力下刀具切入地层产生的扭矩小于始发台提供的反扭矩。

图2 始发段地面注浆加固

3.1.2 盾构开舱检修

盾构机长距离掘进或穿越坚硬岩层,可能会造成盾构刀具磨损严重,穿越黏土层、粉砂地层可能造成刀盘结泥饼,面板磨损严重,影响施工进度,这时需要进行开舱检修。开舱位置的选择十分重要,宜选在地层条件相对稳定,地下水水量较小、地面空旷的地层中。

管控对策:

(1)充分掌握工程地质和水文地质条件,事先选定好开舱检修位置,主动检修换刀。

(2)配置耐磨性的刀盘和滚刀,防止砂砾复杂地质条件下刀具快速磨损。

3.1.3 开挖面失稳

盾构开挖面前方地层出现空洞,导致盾构机沉陷、轴线偏移、塌方冒顶;超浅覆土,易导致冒顶情况发生;盾构推进过程中发生涌水,导致盾构机正面发生大面积塌方。

管控对策包括:

(1)合理控制掘进速度、出土量。

(2)加强地面监测与信息反馈。重点监测盾构前10~20m,盾构后方30~50m范围。

(3)实时监控土仓压力控制情况,避免土压过低,发生开挖面失稳或地表塌陷。

3.2 水文地质条件影响及管控对策

由于地质探测存在局限性,盾构掘进过程中可能遇到未预测到的不良地质或障碍物,造成不能正常掘进,刀具磨损严重。多变地层,也会影响盾构掘进方向、掘进速度控制及盾构刀具配备等,盾构在多变地层中推进时存在一定风险。

管控对策包括:

(1)工程施工前,进行补充地质钻孔和回声探测,进一步查清地质条件,了解地层分布情况,制订合理的盾构施工方案。

(2)盾构机本身配有超前地质钻机和探测装置,施工中进一步探明工作面前方地质情况,早发现、早处理。

(3)通过对刀具的合理配置,以满足盾构在不同地层中掘进的需求。

(4)穿越不同软硬围岩地层时,合理控制盾构机各组油缸压力,同时测量偏移量,以调整推进油缸行程。

(5)加强人工测量,控制盾构姿态及隧道线形。

3.3 周边环境风险及管控对策

地铁建设多数位于城市繁华地区,沿线周边环境复杂,地铁隧道可能穿越或邻近既有建(构)筑物、市政地下管线、城市道路、桥梁、既有地铁、铁路、河湖等。

在地铁盾构施工中,掘进工作的开展易导致地层发生变化,可引起盾构隧道穿越的建(构)筑物发生不均匀沉降、地面隆起或开裂甚至坍塌、穿越河湖时可能导致河床渗漏,河水倒灌,穿越既有线可能导致轨道结构变形过大,影响既有线运营等。

管控对策包括:

(1)穿越重要环境风险源前进行风险评估分析,对既有设施进行安全性鉴定和穿越施工影响评估。

(2)制订相应的专项方案并组织专家论证,对穿越的风险源采取保护措施,并合理布设监测点,实施第三方监测。

(3)穿越重要风险源前一定范围内设置试验段,进行盾构施工参数调整,获得控制变形最理想的盾构参数。

(4)编制完备的应急预案,储备必要的物资、人员、设备,确保穿越过程中能够连续、快速通过。

(5)加强监控量测,实现信息化施工,通过监测数据调整掘进参数,确定补注浆量及位置。

4 工程案例

北京地铁某区间右线长度1385.643m、左线长度1375.044m,区间覆土厚度7.5~17.3m,线间距11~15m,盾构直径6m,设置2处联络通道,采用土压平衡盾构施工。盾构区间侧穿京津快轨桥墩,下穿5层砖混结构酒店楼房,大面积平房区。主要穿越地层为粉土$④_2$层、黏土$④_1$层、粉质黏土④层、粉细砂$④_3$层。潜水层贯穿整个盾构区间,含水层主要为粉土$④_2$层、粉细砂$④_3$层。

(1)盾构始发接收

①盾构始发接收前,对洞口处土体进行预加固,加固径向为隧道周围上、下、左、右各3m,加固体长度为8m,如图3、图4所示。

②盾构进出洞口处,设置洞口密封止水环。车站端墙内设置盾构预留钢环,在管片与车站预留洞口间设置现浇钢筋混凝土环梁,如图5所示。

③始发、接收段加密监测点布设,设置主监测断面。

(2)穿越重要风险源

本区间侧穿京津城际铁路65号墩、66号墩,为特级风险工程。左线距离65号墩桥桩最近距离为11.3m,右线距离66号墩桥桩为8.8m。盾构穿越地层主要为粉细砂层。

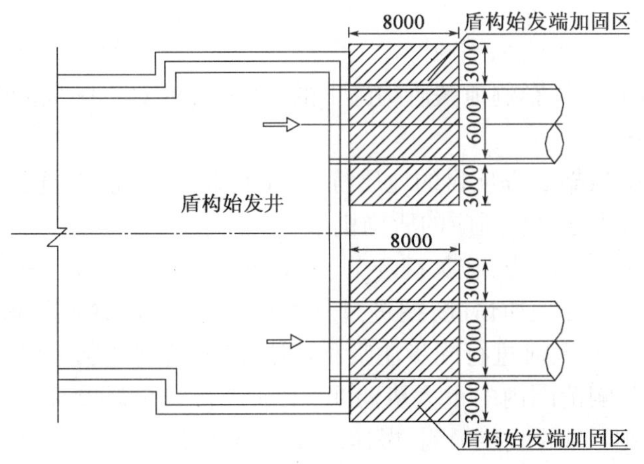

图3 盾构始发段土体加固示意图(尺寸单位:mm)

图4 盾构始发段地面加固实景

图5 始发洞口密封装置安装实景

风险管控措施包括:

①洞外复合锚杆桩隔离加固,复合锚杆桩采用 ϕ150mm@800mm 梅花形布置,桩端距离隧道底 3.0m,隔离桩与 65 号墩水平距离 7.9m,与 66 号墩水平距离 5.5m。

②下穿前设置试验段,优化掘进参数。

a. 洞内控制措施:盾构通过时,保证土压平衡平稳推进,严格控制推进速度(1 ~ 1.5cm/min)和出土量(每环出土量约 42 ~ 46m^3),及时进行同步注浆及二次补浆,控制注浆压力及注浆量。

b. 对桥桩沉降及差异沉降、水平位移、周边地表等进行监控量测。

c. 施工过程中,建立日会商制度,实时掌握盾构掘进工况,桥墩变形趋势等。

d. 对 65 号桥墩、66 号桥墩进行支顶应急预案。

本工程穿越京津城际铁路桥墩,通过对穿越工程进行安全影响评估、专项设计,事先采用洞外隔离加固保护措施,穿越前设置试验段,优化掘进参数,穿越过程中建立信息化施工,洞内注浆加固等措施、精细化控制,安全平稳顺利通过穿越京津城际铁路桥特级风险源。桥墩竖向位移最大值为 -0.7mm,水平位移最大值为 +0.6mm,均在控制值 1.2mm 以内。

5 结语

通过上述几个方面分析影响地铁盾构施工的风险点,针对不同风险类型采取相应的管控措施,确保盾构施工安全。

(1)盾构施工风险根据工程项目的地质特点,工程概况,经济效益及对周边环境的影响等方面综合权衡决策,选择与之相适应的盾构机型。

(2)根据盾构施工自身特点,在关键环节、关键部位重点管控,严格检查验收。

(3)充分掌握工程所处地质情况,掘进过程中根据地层分布特点,调整盾构掘进参数、盾构姿态,确保工作面稳定,及时进行同步注浆和补偿注浆,控制地层沉降。

(4)对盾构施工影响范围内的重大风险源,工前进行安全风险评估,积极采取加固、隔离等保护措施,加强对风险源的监控量测,慢速连续平稳通过。

参考文献

[1] 乐贵平.盾构工程技术问答[M].北京:人民交通出版社,2013.

[2] 金淮.城市轨道交通工程地质风险分析与对策[M].北京:中国建筑工业出版社,2015.

[3] 陆莹.地铁施工安全风险自动识别与预警[M].南京:东南大学出版社,2017.

盾构无负环始发装备设计

耿富林

（北京市市政四建设工程有限责任公司　北京　100176）

摘　要：随着盾构隧道施工工法的广泛应用，特别是在繁华城市中，施工场征地越来越困难，施工场地变得越来越小。如何在受限空间内完成盾构始发，成为设计和施工方面临的一个难题。

本文是结合现有技术措施和以往施工经验，根据盾构无负环始发工艺要求设计的一套始发装备介绍。该工艺配套装备的设计中，利用有限元软件对结构进行了静力学计算分析，计算分析结果证明配套装备在理论上可行。装备在北京地铁16号线20标工程项目进行了实际应用，安全、高效地完成了盾构始发工作。通过实践检验证明盾构配套装备具有可行性和经济性。

关键词：盾构；无负环始发；装备

1　引言

北京地铁16号线20标盾构机在活塞风井始发，活塞风井采用暗挖法施工，始发井后方无可利用的物料垂直运输通道，盾构机组装及物料运输只有一处施工竖井可以利用。盾构机及反力架组装完成后，始发井基本被占满，如果采用常规负环拼装始发，负环管片将阻断物料运输的垂直通道，渣土、管片、道轨、枕木等材料无法进行输送。所以需要采用无负环始发工艺进行施工，根据工艺要求设计出一套无负环始发装备。

2　工程概况

盾构机在活塞风井内始发，活塞风井结构如图1所示。活塞风井采用暗挖法施工，活塞风井长46m，风井隧道左、右线宽6.1m，施工竖井有效净空14.0m×8.0m。

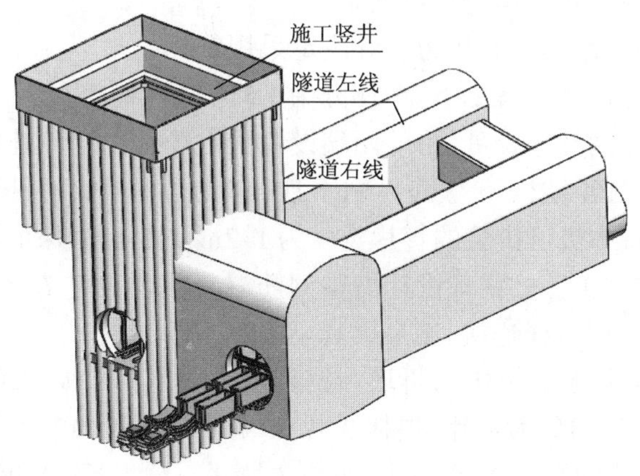

图1　活塞风井整体结构图

作者简介：耿富林（1978—），男，大学本科，高级工程师，目前主要从事盾构施工技术与管理工作。电子邮箱：26446349@qq.com。

施工设备为 ϕ6560mm 加泥式土压平衡盾构机，盾构机主机长度约 13.4m，盾构主机质量 330t，整机长 72.4m，台车宽 4.1m（不含右侧台车步道），左侧台车宽 1.2m，右侧台车宽 1.1m，中间行车通道宽 1.8m。

3 始发配套设备设计

3.1 钢环设计方案

为保证盾构机尾部密封效果，盾尾密封刷在焊接完成未拼装管片时，密封刷内径小于管片（钢筋混凝土环或普通钢环）外径，如图 2 所示，完成管片拼装后密封刷处于受压状态。

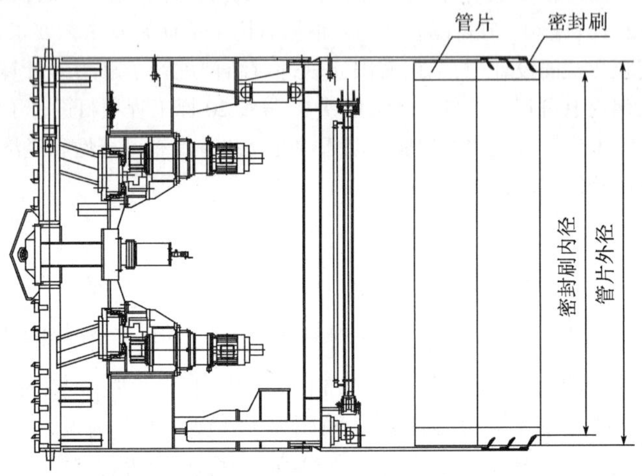

图 2 密封刷未受压时其内径与管片外径示意图

密封刷安装完成后向尾部倾斜，盾构机向前推进的过程中，密封刷不易损坏。如果盾构机未前移而管片前移，密封刷的钢板和钢丝极易变形、损坏，变形、损坏后的密封刷不能达到密封地下水、泥浆和同步注浆材料的效果。

如果直接缩小管片外径，则拼装成型的隧道轴线相对于设计轴线将下移，易造成两轴线偏差大于规范要求数值，无法正常运行地铁列车。

经对比推进千斤顶和反力架间传力装置决定采用钢环。

根据工艺要求，钢环设计方案如下：钢环分为两环，两环栓接。钢环端板分为固定环和可拆除环，可拆除环设置在两环连接处，另外两端设置固定环。固定环外径与钢筋混凝土环外径一致，可拆除环拆除后钢环结构不与密封刷干涉，移动过程中不会损坏密封刷。钢环采用 Q235 钢板焊接成形。盾构机可拼装的管片宽度为 1.2m、1.5m，为保证管片可拆除部件能被拆除，经计算，钢环环宽选取 1.5m，钢环设计借鉴钢筋混凝土环设计方案，每环采用 6 块分块设计，分块环向与纵向均采用螺栓连接，满足拼装要求。

固定环和钢环本体焊接为一体，可拆环和钢环本体采用 8.8 级 M20 × 80 螺栓连接。

第一钢环和第二钢环均分为 6 片，包括 3 片 A 型管片（A1、A2、A3）、两片 B 型管片（B1、B2）、一片 C 型管片，每片均设一个吊装孔，如图 3 所示。管片环向和纵向连接螺栓采用 8.8 级 M38 × 100。

3.2 移动反力架设计方案

本工程中反力架要满足以下基本要求：①为盾构机前移提供支反力；②可方便地前后移动；③大推力下结构位移和挠度满足要求；④方便加工、组装。

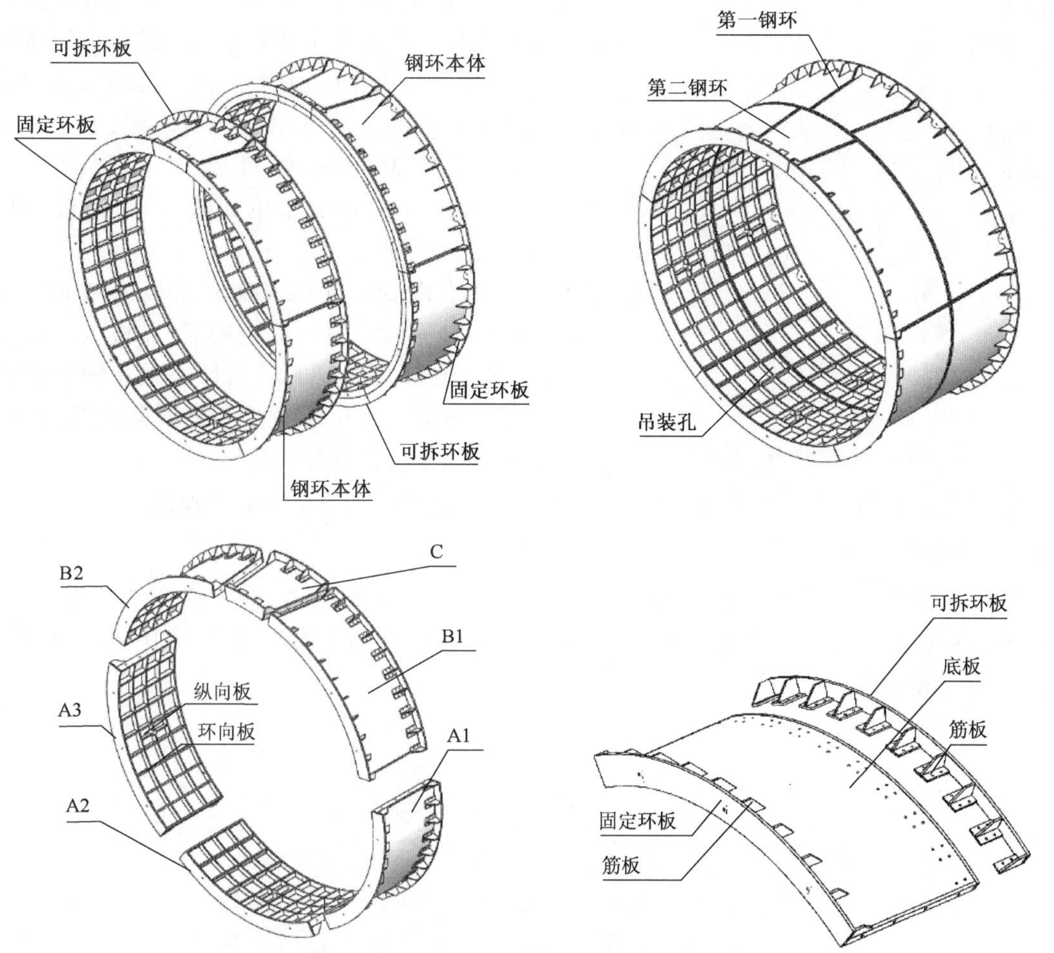

图3　钢环组成及环片结构示意图

根据工艺要求,移动反力架设计方案如下:反力架采用钢制框架结构反力架 + 地梁设计方案,如图4所示。反力架和地梁通过螺栓连接,地梁与结构预埋件焊接,以平衡大推力下反力架系统向上的分力。反力架后支撑系统可根据推力大小选择纵向支撑和横向支撑。

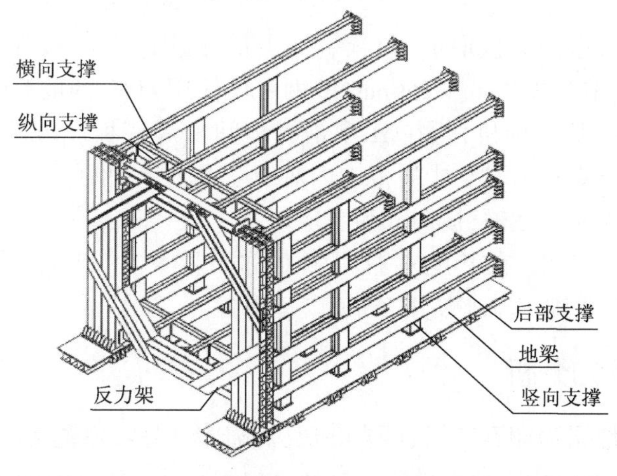

图4　移动反力架体系构成示意图

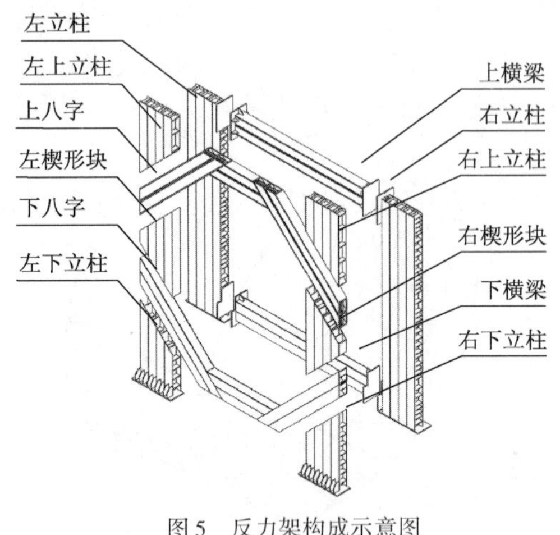

图5　反力架构成示意图

反力架构成如图5所示,反力架分块间采用螺栓连接。施工中常遇到上横梁位置无法做后支撑,为增强反力架的通用性,需要提高反力架上横梁和上八字的强度和刚度,上横梁及上八字采用30mm厚Q235钢板焊接成形,其余构件采用HW300mm×300mm型钢焊接成形,筋板和腹板为20mm厚Q235钢板。

地梁由30mm厚Q235钢板、HW300mm×300mm型钢、预埋板、筋板构成,筋板位置在每次固定反力架时立柱的下方,以及最终固定时竖向支撑的下方。地梁和预埋板通过筋板焊接固定。钢板上预制螺栓孔。

后部支撑由I45工字钢双拼焊接而成,双拼工字钢外侧加焊20mm厚腹板。

3.3　基座设计方案

按照无负环始发工艺要求,移动反力架移动至最终位置时,需要降低基座的高程,所以反力架要有垂直起升装置。移动基座在现有固定式基座的基础上进行设计,由固定基座和起升机构组成,如图6所示。

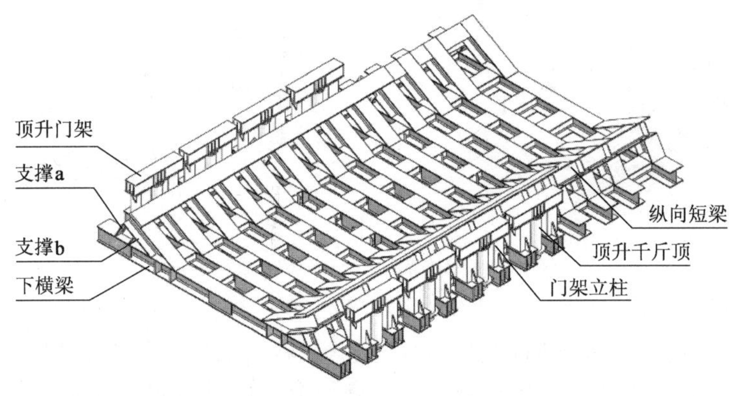

图6　移动基座整体结构示意图

一般基座由钢板或型钢焊接而成,为减少加工量,选用型钢。受限于横通道有效净空高度,基座主要材料选用HW 250mm×250mm型钢。仅使用HW 250mm×250mm型钢,基座强度和刚度不足以安全托起盾构机,须在H型钢翼板间加焊筋板。盾构机主要重量集中在刀盘、前盾和中盾,所以只需在刀盘至中盾范围内对H型钢进行加强。

基座总长6.7m,为便于运输,横向分为3块。

盾构机主机质量为330t,在基座左右两侧对称布置8台80t千斤顶,最大起升质量为640t。该基座可作为普通固定基座使用,避免设备闲置。

4　配套设备结构受力分析

盾构机主要穿越地层为卵石⑦层、砾岩⑬层,泥岩$⑬_1$层,隧道范围内存在地下水。盾构机设计推力40000kN,根据以往类似地层施工经验,盾构推力一般在25000～30000kN,反作用力主要依靠成型隧道管片与土体的摩擦力和反力架系统的反力来提供。按照最不利情况,假定盾构推进反力全部靠反力架系统来平衡,推进力按照30000kN进行计算。

盾构机主机质量约为330t,刀盘、前盾、中盾、螺旋输送机和拼装机质量约为300t,刀盘前至中盾尾长度为5.5m。

模型简化后采用SNSYS Workbench中的静力学模块对设备结构进行应力及变形计算,取安全系数$k=1.5$,则Q235钢板的许用应力为$[\sigma_{235}]=\dfrac{\sigma_{max}}{k}=\dfrac{235}{1.5}\approx 160\text{MPa}$

材料参数见表1。

计算模型材料参数表 表1

名　　称	型　　号	密度(kg/m^3)	泊　松　比	弹性模量(Pa)
结构钢	Q235	7.85×10^3	0.3	2.0×10^{11}

4.1 钢环受力分析

采用六面体主导分网,网格单元数47869,网格节点数346679。正交网格质量最大值为1,最小值为2.0223×10^{-2},平均值为0.92533。

如图7所示,钢环最大变形值为0.8mm,分布第二钢环与钢筋混凝土管片接触位置,变形非常小,不影响结构安全。钢环最大应力值141.41MPa,分布在第二钢环C型管片上,如图8所示。

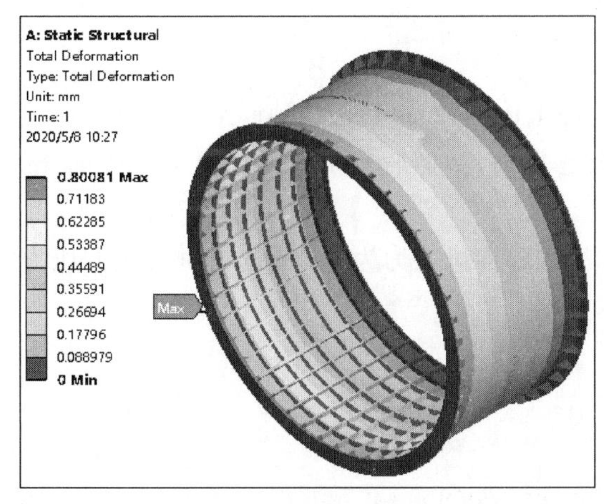

图7　钢环变形云图

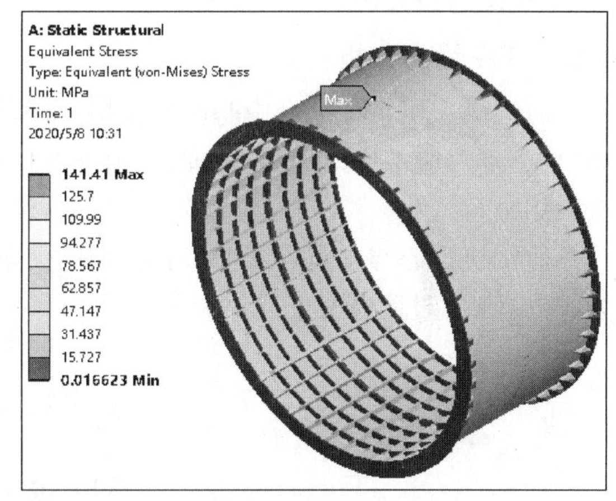

图8　钢管片应力云图

管片最大应力出现在第二钢环C型管片上,分布在与第一钢环C型管片纵向边交汇处。为确保管片能方便地拼装,C型管片一般采用楔形设计,相邻环C型管片纵向边不共线,力通过环向端板进行传递,导致此处出现较大应力,但最大应力值小于材料许用应力,结构安全,不需进行加强。

4.2 移动反力架受力分析

反力架系统为左右对称结构,为减少计算量,取模型的一半进行计算。采用六面体分网,网格单元数62858,网格节点数506788。正交网格质量最大值为1,最小值为3.9122×10^{-2},平均值为0.80409。

移动反力架最大变形值2.975mm,分布在上横梁中部,越靠近结构外侧后部和下部,变形越小，如图 9 所示。

移动反力架最大应力为 156.94MPa，分布在下部横向支撑与纵向支撑的连接处，为集中应力，如图 10 所示。

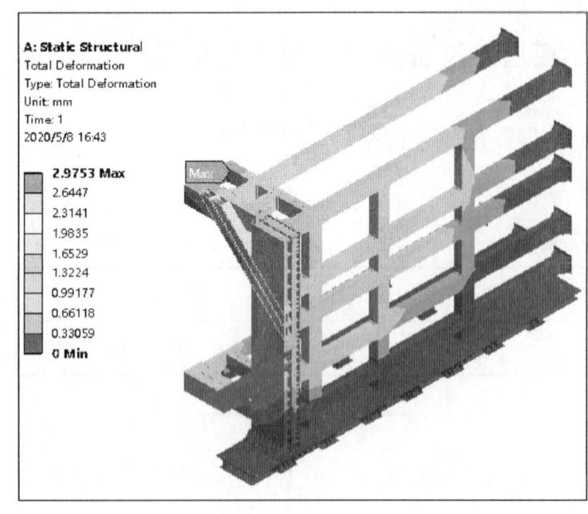

图 9　移动反力架应变云图

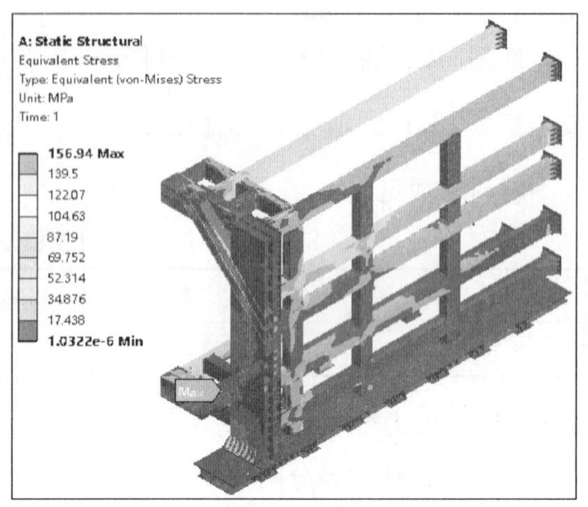

图 10　移动反力架应力云图

计算结果出现应力集中，是由于建模过程中忽略模型圆形倒角，不影响计算结果的准确性。根据工程使用经验，立柱倾斜≤5‰，结构变形≤5mm，不影响反力架安全和管片拼装质量，据此反力设计满足工艺要求。

4.3　基座受力分析

盾构机主机重量完全由基座来承担，基座有两种工作状态，垂直千斤顶回缩和垂直千斤顶伸出，分别对应基座落地和被托起。由于盾构机重心靠前，按照盾构机重量完全由基座前 5m 来承担进行计算。

盾构机重心与支点连线和竖直方向的夹角为 30°，盾构机重力为 G_1，盾构机对机座的压力为 F（单侧），对受力图进行分析可得：

$$F = \frac{G_1}{2\cos 30°}$$

$$F = \frac{330 \times 10^4}{2 \times 0.866} = 1905255.888\text{N}$$

根据受力分析的计算结果，对移动基座进行安全校核。

采用六面体分网，网格单元数 208876，网格节点数 1354072。正交网格质量最大值为 1，最小值为 2.4611×10^{-7}，平均值为 0.90276。

移动基座最大变形值为 2.54mm，分布在下横梁中部位置，如图 11 所示。变形较小，不影响结构安全。

移动基座最大应力为 164.66MPa，分布在顶升门架的纵向横梁上，如图 12 所示。

顶升门架最大应力为 164.66MPa，为一应力集中点，位于纵向横梁翼板与腹板相交处。建模过程简化了 H 型钢腹板与翼板相交处的圆形倒角，导致该应力集中点的出现，除该点外，其余部分应力均小于 Q235 钢材许用应力，基座结构安全。

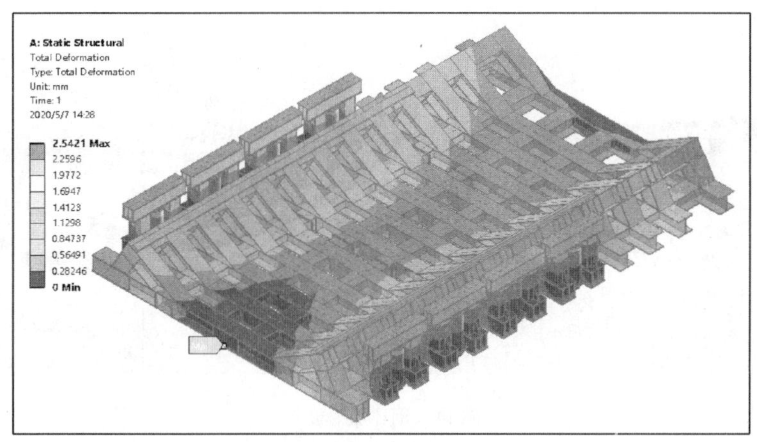

图 11　移动基座变形云图

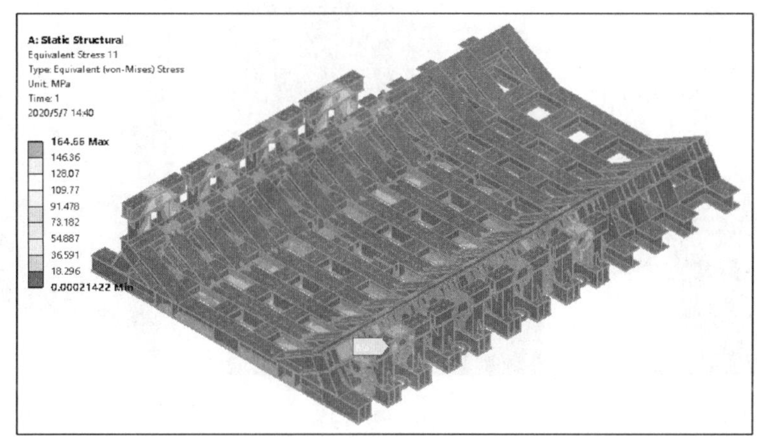

图 12　移动基座应力云图

5　无负环始发装备工程应用

2018 年 11 月,配套设备完成工厂加工,如图 13 和图 14 所示。

图 13　移动基座、移动反力架加工检验

图 14　钢环加工检验

2019 年 2 月在北京地铁 16 号线 20 标进行组装、使用,如图 15 ~ 图 17 所示。

图 15　移动反力架安装检查

图 16　钢环拼装

图 17　完成无负环始发

6　结语

盾构无负环始发装备在北京地铁 16 号线 20 标被成功应用,解决了受限空间、无暗挖始发隧道条件下盾构始发的问题,为受限空间盾构始发施工提供了一种解决方案。该方案也可用于非受限空间盾构始发,一般盾构始发采用 10 环钢筋混凝土管片作为推进千斤顶与反力架间的传力装备,材料成本约为 20 万元,负环拆除后,难以重复利用,造成浪费。本工艺无需负环,设备均可重复使用,节省施工成本,该成果有显著的社会和经济效益。

参 考 文 献

[1] 刘伯岩. 盾构半环始发施工技术[J]. 西部探矿工程,2007(11):144-147.

[2] 刘宏宇. 一种暗挖隧道无支架无负环盾构始发方法:CN103711495A[P]. 2014-04-09.

[3] 范恒秀. 一种区间盾构隧道施工用无负环始发施工方法:CN102425433B[P]. 2013-06-26.

[4] 李阳. 始发井长度不足条件下的土压平衡盾构始发技术研究[J]. 建筑施工,2016(38):224-225.

粉质黏土地层中泥水平衡盾构分离设备预筛跑浆问题分析及解决方案

武慧韬

（中铁十六局集团有限公司　北京　100018）

摘　要：泥水平衡盾构机面对粉质黏土地层，分离设备预筛易出现跑浆问题，从而影响施工进程。该现象出现的原因是粉质黏土在分离过程中将筛板糊死、在管路中聚集成团从而导致进入分离设备处理时流量不稳定。通过设备改造及参数合理控制可将跑浆问题控制在合理的范围内，可保证泥水平衡盾构施工正常进程。

关键词：泥水平衡盾构机；粉质黏土；预筛跑浆

1　问题综述

1.1　引言

泥水平衡盾构机需要通过在盾构开挖面的密封隔仓内注入泥浆，通过调整控制泥浆和外部压力平衡，以保证开挖面土体的稳定。盾构推进时开挖下来的渣土进入盾构前部的泥水仓，经搅拌装置拌和后的高浓度泥渣通过渣浆泵经管路泵送到地面，泥渣在地面经过分离处理，符合要求的泥浆再次泵入地下盾构的泥水仓，不断地排渣净化使用。泥水处理设备的出渣效果直接影响到盾构施工的实际效率。分离设备普遍存在跑浆现象，尤其在粉质黏土地层更为严重，甚至直接影响施工进度、成本和污染环境。

1.2　工程概况

文桥风井—桥头堡区间隧道所处地层主要为③层砂质粉土夹粉砂层、③层粉砂层、③层砂质粉土夹淤泥质粉质黏土层、⑥层淤泥质粉质黏土夹粉砂层、⑥层砂质粉土夹淤泥质粉质黏土、⑦层粉质黏土、⑧层含砂粉质黏土、⑧层砂质粉土、⑨层黏质粉土。

跑浆问题出现的第56环至解决预筛跑浆问题的第183环间，是硬土层占比逐渐提高的过程（图1），主要土层由⑥层淤泥质粉质黏土夹粉砂层（标准贯入试验锤击数$N=6.4$击/30cm）、③层砂质粉土夹粉砂层（$N=13.3$击/30cm），逐渐变化为⑦层粉质黏土（$N=17.6$击/30cm）。

泥水处理中心采用ZXSⅡ-2500/10泥水分离设备，采用二级旋流的泥水分离设备与三级压滤设备相结合的固相处理方式。

1.3　问题概述

在掘进进行过程中极易发生泥团糊住筛孔，导致筛分效率低下；环流过程中泥团在管路堆积结块，泥浆与渣土在管路中自发分段分布（图2），造成瞬时流量不稳导致跑浆的发生；当土层较软时（$N=6.4\sim13.3$击/30cm）刀盘削切下的泥块较小，相对于土层较硬时（$N=17.6$击/

作者简介：武慧韬（1989—），男，大学本科，工程师，目前主要从事大直径盾构施工组织管理工作。电子邮箱：385095406@qq.com。

30cm)具有更大的比表面积以及更高的含水率,导致渣块的带浆能力较强,从而产生同一时间大量渣块与大量泥浆共同冲出的现象发生。黏土地层对设备的制约作用,导致设备的筛分效率受限,反映在宏观上即是分离设备跑浆。

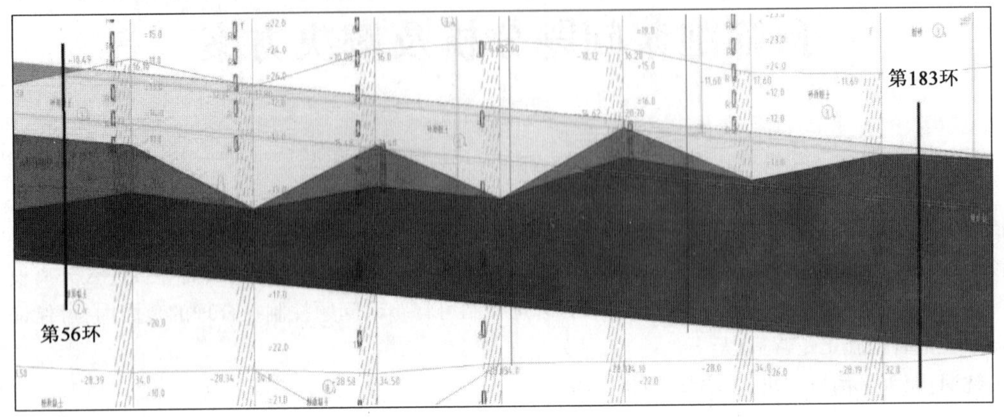

图1　地质剖面图

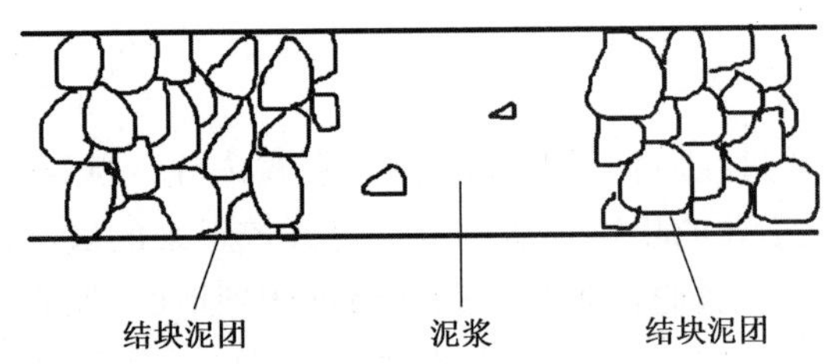

图2　环流渣浆分离现象

为较为直观地分析跑浆的程度,需选取合适的参数量化。以泥水处理中心估算的出土情况变化为参照进行对比,理论方量按盾构掘进一环所推进空间的体积近似值进行计算:

$$V = \pi \cdot \left(\frac{D}{2}\right)^2 \cdot L = 3.1415926 \times \left(\frac{11.75}{2}\right)^2 \cdot 2 = 216.868\text{m}^3$$

式中:D——盾构机直径(m);

L——管片标准环宽度(m)。

故理论方量近似取值217m^3,表中合计方量与理论方量的差值可以直观反映设备跑浆的程度。为直观比较同一区间内、同一设备在不同地层间的出渣情况变化,现取18～21环(砂质粉土与淤泥质粉质黏土为主)、128～131环(粉质黏土为主)、1660～1663环(砂质粉土为主)设备出土情况,见表1。

设备出渣对比表　　表1

环号	预筛黏泥块方量(m^3)	脱水筛出砂量(m^3)	弃浆含砂量(m^3)	合计出土量(m^3)	合计方量与理论方量差值(m^3)
18	15	150	35	200	-17
19	20	130	40	190	-27
20	30	130	50	210	-7
21	30	120	60	210	-7

续上表

环号	预筛黏泥块方量(m^3)	脱水筛出砂量(m^3)	弃浆含砂量(m^3)	合计出土量(m^3)	合计方量与理论方量差值(m^3)
128	50	30	40	130	-87
129	60	35	48	142	-75
130	60	40	40	140	-77
131	50	40	60	150	-67
1660	1	125	85	211	-6
1661	2	118	87	207	-10
1662	1	120	90	211	-6
1663	1	130	82	213	-4

同一区间、同一台盾构机、同一套泥水处理设备在不同地质条件下的出渣方量与理论方量的对比如图3所示。

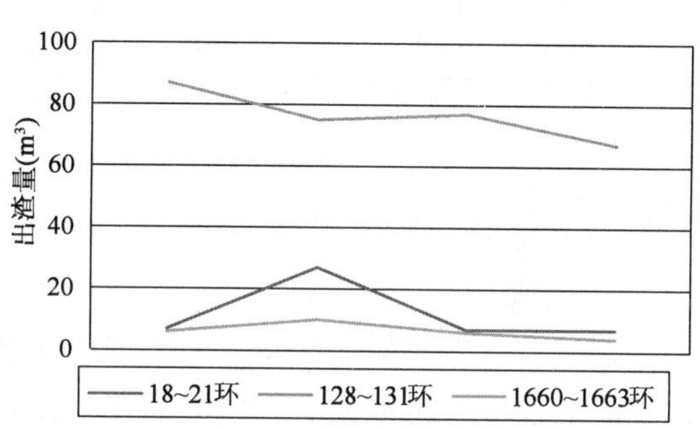

图3 不同区间段出渣方量对比

由以上图表可以看出:在盾构推进进入由粉质黏土主导的地层后,泥水分离设备已经无法达到设计中稳定可控的泥水分离效果,大量泥浆未能经过分离设备的正常筛分流程,而是直接由预筛设备以跑浆(图4)形式进入渣场(图5),导致渣场产生非常严重的出土困难情况。

图4 预筛设备跑浆

图5 跑浆外漫进入渣场

由于渣场出土困难,且渣场设计存放量有一定限度(约30环),在铲车及挖掘机倒运的基础上,仍处于越积越多的状况,当渣土累积到一定的程度后,分离设备下方已无足够空间为连续掘进提供条件,严重耽误盾构施工掘进效率。

2 跑浆问题影响因素及处理方案

2.1 筛孔实用面积

(1)增大筛孔实用面积理论分析

对于一定的物料而言,筛子的生产率和筛分效率取决于筛子的有效面积。筛孔面积与整个筛面面积之比越大,则筛面的单位面积生产率和筛分效率越高。对于泥水平衡盾构过程中所处理的来料,为渣料与泥浆的混合物,属于含水分较大的湿物料。当物料的含水率较大时,一般筛分效率会降低。

(2)增大筛孔实例及评价

当进入全断面粉质黏土地层时,砂砾含量少,每掘进一环脱水筛的处理能力有极大富余,在此情况下尝试通过扩大上下层筛板筛缝的面积达到减少跑浆量的效果。在100～104环掘进过程中,将一侧上层筛板筛缝由6mm扩大到15mm,下层筛板筛缝由3mm扩大到6mm,背筛筛板筛缝大小由3mm增大到5mm,最前一排的二层筛板做去除处理,经过预筛上层筛板及二层筛板处理不及时的泥浆直接由去除筛板处流入预筛储浆槽;相对应的另一侧筛板保持不变,将两侧筛板在掘进过程中的出渣情况做统计,如图6所示。

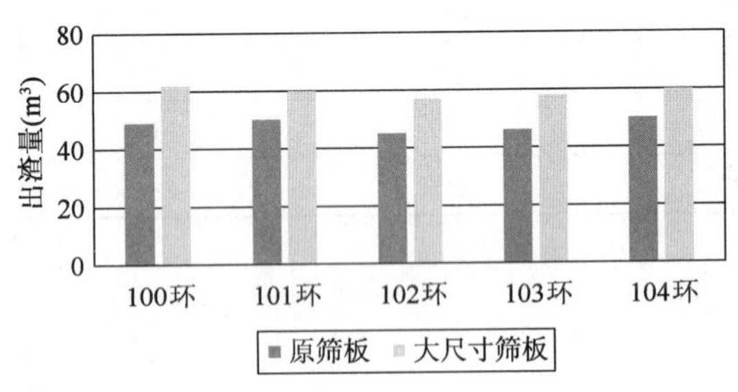

图6 不同筛孔下筛板出渣方量对比

对比相同环号内出渣方量的差异,可以看出进行大尺寸处理的系列筛板一侧出渣方量大于原筛板,这一差异主要来源于筛孔实用面积的改变。

2.2 泥浆指标控制

(1)泥浆指标控制理论分析

掘进时首先要保证调浆池泥浆指标达到要求范围内,可以维护其流变性和护壁性,能满足掌子面的稳定。再根据实际出渣的效果,对泥浆的指标做进一步调整。调整的原则是在能保证泥浆的携渣能力合格的情况下,尽量降低泥浆密度及黏度,使得料斗的进浆能稳定携渣,同时密度及黏度的降低将有利于浆液顺利通过筛孔表面。

(2)泥浆性能指标分析实例

泥浆的性能对盾构施工有较大的影响,为保证掌子面及土体压力的稳定,需要将泥浆的各项指标控制在要求范围内。黏土地层中变动较大需要严格控制的泥浆指标主要是泥浆的黏度及比重。泥浆黏度对泥浆的携渣性能及泥膜的形成有较大的影响,本项目中对跑浆现象有所控制的黏度值在18～26s之间。其中,经实际情况逐渐调整,本项目中对跑浆现象有较好控制作用的相对密度为1.15～1.25。如表2所示,调整掘进前黏度及比重为合适且较低的值后,合计出土与理论方量之差有所减少,跑浆得到一定改善,但问题仍然较大。

泥浆黏度、相对密度调整对出渣情况的影响 表2

环号	预筛黏泥块方量(m^3)	脱水筛出砂量(m^3)	弃浆含砂量(m^3)	合计出土量(m^3)	掘进前黏度(s)	掘进前相对密度	掘进后黏度(s)	掘进后相对密度	合计出土与理论值之差(m^3)
138	100	20	30	150	24	1.27	27	1.34	-67
139	90	15	47	152	19	1.26	20	1.28	-65
140	95	10	50	155	19	1.26	19	1.28	-62
141	90	10	46	146	19	1.24	20	1.25	-71
142	90	15	50	155	18	1.22	21	1.26	-62
143	100	15	49	164	17	1.18	19	1.22	-53
144	110	20	43	173	18	1.21	19	1.22	-44

2.3 保证给料均匀性

(1)给料均匀性对出渣效果的影响

给料均匀性包括两个方面:进浆进入总分配器分配至两台预筛时保持均匀;来料通过预筛筛面时流量及在筛面分布均匀。

对于总分配器来料均匀,首先应检验每台预筛上方总分配器的进浆管路阀门是否开启程度一致。在开启程度一致的情况下,设备实际运行过程中依然出现来料不均的情况,可在设备停机期间适当调整阀门开合程度。另一个保证总分配器来料均匀的关键是保持送浆管路的通畅,保持送浆管路的通畅需要与盾构推进同步配合,推进控制速度及流量,流量过低容易出现管路堵塞;流量过高易导致预筛处理能力过荷载,同样会导致跑浆现象的发生。

由于进浆在预筛料斗中进行能量削减后输送到筛面,故控制来料在预筛筛面分布均匀可以通过合理的改造料斗结构达到效果。料斗的改造应能够充分地削减来料的能量,经削减过后的来料再通过合理的导流输送到筛面,从而使来料能够在预筛筛面水平均匀分布。在垂直方向上的分布不均来源于来料间,来料与筛面间相互的碰撞,可通过在垂直方向上增加一定的约束控制。

(2)给料均匀性控制方案

原进料口设计用于减速从分配器管道出来的渣料,泥浆而设计的片状固定减速板,在实际使用中极易被来料中的黏泥块糊死,造成管路堵塞、料斗消能不充分。此设计在实际使用过程中无法发挥效用,经分析研究后对分离设备进料口进行了改造。

①扩大料斗,增加进浆与料斗的接触面大小,增加来料在料斗内的碰撞时间,增强能量削减效果。

②在进料箱中部悬挂铁链,通过铁链减速来料,这样的设计有别于固定减速带。铁链一端铰接另一端自由悬挂,从分配器出来的黏泥块直接撞击至铁链上先经过减速,再从料斗中自由落入筛面或是反冲至背筛。

③在原有基础上增设正面导流板及侧翼导流板,正面导流板的增设起到缓冲来料,减少来料能量,同时又将能量进行充分削减的泥渣混合物通过导流引导至背筛筛面处。侧面导流板的作用主要是防止过多的泥浆从侧面分配至筛板筛面两侧,同时也将经过导流的这部分泥浆通过引导输送至背筛表面。

2.4 结合土质控制掘进参数

本工程中,当地质处于较软黏土层时($N=6.4\sim13.3$ 击/30cm),刀盘削切下的泥块较小,具有较大的比表面积,由于土质较软且含水率较高,易于在管路中、筛板上结糊,控制泥块大小将对掘进产生有利影响。通过实践,控制单一变量对跑浆现象具有较好改善的办法是降低刀盘转速及搅拌器速度,本工程中下调25%刀盘转速及搅拌器速度后,出渣渣样明显增大,带浆现象有明显好转。针对这一现象,进入全断面粉质黏土地层后,通过改变掘进参数,同时对出渣情况进行记录,结果见表3。

由此可见,在刀盘转速一定时,降低搅拌器转速能增大泥水循环中携渣的直径,对于粉质黏土地层,能间接控制跑浆现象;而搅拌器转速一定时,降低一定刀盘转速也能略微控制跑浆现象。刀盘、搅拌器转速对控制泥水环流中渣块的大小有一定效果,较大的渣块具有较小的比表面积,相对于较小的渣块,发生糊筛板、结团堵管的现象更少发生,从而对跑浆具有一定的控制效果。

刀盘转速、搅拌器参数变化对出渣情况的影响　　表3

环　　数	刀盘/搅拌器转速 (r/min)	预筛出渣方量 (m^3)	脱水筛出渣方量 (m^3)	最大块直径 (mm)	出渣方量与理论方量差(m^3)
221	1.10/6.8	105	8	204	27
222	1.10/5.1	115	6	217	19
223	1.05/6.7	109	7	211	18
224	1.05/5.1	110	8	222	24
225	1.00/4.1	132	5	250	12

针对掘进过程中难以控制的地层变化,需根据实际的出渣情况及跑浆情况作及时调整,调整参数也不仅限于刀盘转速及搅拌器转速,进排浆流量、刀盘贯入度等参数也可以根据现场情况实时尝试、调整。

设备经过以上设计方案改造后,跑浆现象有明显的改观。一般情况下能满足进排浆流量的差值在 $300m^3/h$,掘进速度保持在 30 ~ 35mm/min,保持该速度出渣状况连续稳定,掘进一环的时间约为 1h,每环的辅助时间约为 1h,综合连接泥浆管路、备保养、故障等状况,基本可以保证单日掘进 16m 的进度,总体效果稳定可控。

3　结语

解决黏土地层预筛设备跑浆问题的本质是提高振动筛设备的筛分效率。实践证明,制约黏土地层筛分效率提升的主要因素是黏土块经过筛板面层导致的糊板以及黏土结团导致的渣、浆分离现象,故提高筛分效率的途径可从如下几方面入手:

(1)采用大规格筛子。大型振动筛增加了振动力和振幅,使筛板对物料的冲击应力和剪切应力增大以克服颗粒之间的黏着力,也减少了筛面的堵塞,使被筛物料快速完成松散、分层和透筛。

(2)增加筛分面积。减少单位筛面上物料量可改善筛分效率。当用筛子做分级设备时,由于细粒级多,应保证有足够筛分面积,且筛面的长宽保证出料不受到阻碍,使得筛分设备的筛分效果充分发挥。

(3)控制物料在筛面上的流动速度。倾角大筛面上物料运动速度快、生产能力大,但效率低。要获得较高筛分效率,需将经料斗将物料充分的减速及分配,根据环境合理设置减速系统及导流装置。

(4)根据地质条件及出渣状况选择合理的掘进参数。通过选用与分离设备处理能力相匹配的掘进参数,控制出渣的大小,提升环流的顺畅度,尽量减少环流堵仓、渣土堵管的现象,环流手法的控制对分离设备出渣的影响不容忽视。

参 考 文 献

[1] 杜闯东,王坤,游永锋.广深港客运专线狮子洋隧道大直径泥水平衡盾构始发技术[J].现代隧道技术,2008(增刊1).

[2] 邵亮.上海地区大直径泥水平衡盾构施工泥水处理系统配置及应用[J].地下工程与隧道,2010(3).

[3] 张路霞,李云峰.振动筛筛分效率的影响因素分析[J].煤矿机械,2008(11).
[4] 王春彦,岳大鑫.振动筛振动电机的选取与激振力的调整[J].农业装备与车辆工程,2007(2).
[5] 沈祥智.浅析振动筛效率的影响因素[J].矿业快报,2007(5).
[6] 张凤龙.复杂条件下铁路大直径泥水平衡盾构施工综合技术[M].北京:中国铁道出版社,2015.

京沈客专望京隧道盾构段建造及风险控制技术应用

王建涛　弭　彬

（济南轨道交通集团有限公司　山东济南　250014）

摘　要：京沈客专望京隧道设计为双单线，位于北京五、六环之间，大致沿京承高速公路走行，沿线穿越首都机场南线高速、北京地铁15号线马泉营车站及密集的市政管网，具有地质水文条件复杂、水压高、穿越重要建（构）筑物多、盾构掘进控制要求高、施工工期紧等工程难点。京沈客专是首次在北京城区施工的地下高速铁路，施工组织要求较高，通过采用模糊层次分析法进行盾构机选型、泥水平衡盾构泥浆高效环保处理技术、基于解耦思想的大直径盾构隧道安全风险控制策略，形成了一套大直径盾构隧道建造及风险控制技术，有效解决了工程技术重难点，降低了施工风险，实现了工程绿色环保目标，显著提升了大直径盾构隧道的施工及管理水平，可为类似工程提供参考。

关键词：高铁隧道；大直径盾构隧道；盾构机选型；耦合风险；泥浆处理

1　引言

近年来，我国在城市陆续修建了一些大直径盾构隧道，如南京长江隧道工程、北京西站与北京站的北京铁路地下直径线工程、扬州瘦西湖工程、天津西站至天津站地下直径线等。这些工程案例的实施逐步积累了一些工程经验，但尚有一些问题值得进一步深入研究：

（1）定性评价与定量分析相结合的方式科学地决策大直径盾构隧道盾构机型。

（2）城市内大直径泥水平衡盾构隧道泥浆量较多，盾构泥浆的高效环保处理技术。

（3）多因素耦合作用下的大直径盾构隧道施工安全风险控制理论研究。

（4）大直径盾构隧道掘进对地层扰动的定量分析。

2　工程背景

2.1　工程概况

望京隧道设计为双单线，位于北京五、六环之间，大致沿京承高速公路走行，隧道起讫里程DK18+550~DK26+550，隧道全长为8000m，该隧道自草场地南路北侧入地，由南向北下钻南皋路、北小河、机场高速公路、机场快轨、京密路、来广营东路、地铁15号线马泉营站、湿地公园、顺白路、机场南线高速后在清河以南，京承高速东侧出隧道。望京隧道出口侧分为盾构隧道、明挖段隧道和暗挖段隧道。其中出口过渡段明挖430m，暗挖210m，2号~3号盾构井间隧道长3180m，采用盾构法施工。在DK25+900处设3号竖井，为盾构始发井；DK22+700处设2号竖井，为盾构接收井。出口侧施工总平面图如图1所示。

作者简介：王建涛（1986—），男，高级工程师，硕士，主要研究方向为隧道及地下工程。电子邮箱：wangjiantao0531@163.com。

图1　京沈客专北京段望京隧道出口侧施工平面图

盾构隧道采用直径为10.87m的泥水平衡盾构机，3号、2号竖井之间的段落采用两台盾构掘进，每台盾构掘进一条单洞，由沈阳向北京方向掘进施工。盾构隧道外径10.5m，内径9.5m，壁厚0.5m(C50)，管片环宽2m，采用“8+1”的9分块设计，如图2所示。

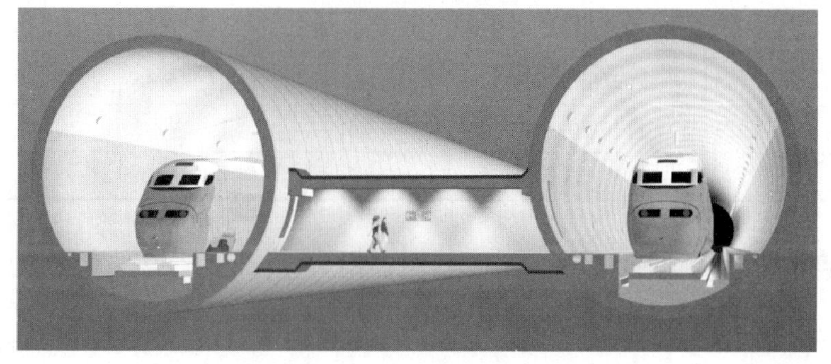

图2　望京隧道盾构段横断面布置示意图

2.2　工程地质条件

2.2.1　始发段工程地质条件

沿线范围内地层主要为人工填土层(Q^{ml})、第四纪全新世冲洪积层(Q_4^{al+pl})、纪晚更新世冲洪积层(Q_3^{al+pl})。

勘探深度范围内主要地层为第四系人工堆积层(Q_4^{ml})素填土、杂填土、填筑土，第四系全新统冲洪积层(Q_4^{al+pl})黏土、粉质黏土、粉土、粉砂、细砂，第四系上更新统冲洪积(Q_3^{al+pl})黏土、粉质黏土、粉土、粉砂、细砂、中砂、粗砂、砾砂、圆砾。人工堆积层主要分布于沿线城区、村庄、道路、沟渠及河流堤坝，厚度变化较大，一般2~5m，局部可达7m以上。

2.2.2　接收段工程地质条件

本区域地质主要以黏土、粉质黏土、粉细砂层为主，根据设计地勘资料显示：自地表以下地层条件分布为：0~-0.9m为素填土；-0.9~-4.8m为粉土；-4.8~-10.1m为黏土；-10.1~-18m为粉质黏土；-18~-24.7m为黏土；-24.7~-28.4m为细砂；-28.4~-30m为粉砂；-30~-33.8m为黏土。

2.3 水文地质条件

2.3.1 始发段水文地质条件

区域内赋存两层地下水，地下水较为丰富。上层滞水主要接受大气降水、农田灌溉及侧向径流补给，以蒸发、侧向径流、向下越流补给的方式排泄；潜水主要接受侧向径流及越流补给，以侧向径流、向下越流方式排泄；层间水主要接受侧向径流及越流补给，以侧向径流、向下越流方式排泄。

2.3.2 接收段水文地质条件

工程范围内地下水类型按地下水的赋存条件主要为基岩裂隙水和第四纪松散沉积物孔隙水；线路沿线工程影响范围内的地下水主要为第四纪松散沉积物孔隙水，其赋存介质主要为砂土、碎石土和粉土，根据其水力性质不同可分为上层滞水、潜水及承压水。隧道场区范围内上层滞水埋深1.10～3.80m，含水层主要为粉土层，埋深21.9～24.7m的粉砂$③_4$层中未见地下水，但在隧道其他段落发现该砂层中赋存地下水，因此按有水(饱和)考虑。涉及钻孔量测混合水静止水位埋深为7.35～7.80m，静止水位高程为27.42～27.80m。地下水情况见表1。

地下水位情况 表1

序号	地下水类型	含水层顶板埋深(m)	稳定水位埋深(m)	稳定水位高程(m)	主要含水层
1	潜水	8.20	8.30	26.85	Q_{31}粉土、Q_{43}粉砂
2	层间水(不具承压性)	27.40	29.70	5.45	Q_{54}细砂
3	层间水(不具承压性)	36.50	36.50	-1.35	Q_{64}细砂
4	承压水(具承压性)	50.00	38.60	-3.45	Q_{54}细砂

3 主要关键技术及应用

以京沈客专望京隧道盾构工程为依托，开展了复杂地质条件下大直径盾构隧道施工关键技术研究，具体如下。

3.1 利用模糊层次分析法定量分析影响大直径盾构选型各类因素，提高了盾构设备选型的科学决策水平

望京隧道出口侧盾构段盾构机选型利用了美国加州大学伯克利分校电气工程系的L. A. Zadeh教授于20世纪60年代创立的模糊集合理论，对上述影响盾构机选型的因素进行模糊化定性处理，将其作为评价指标，进而利用改进的层次分析法分清评价指标的层次、对评价指标进行合理的赋值，并对影响因素进行两两对比，计算后确定盾构机型，实现了影响因素的定量化估算。应用层次分析法的泥水平衡盾构与土压平衡盾构比选评价指标递阶层次模型如图3所示。

由各个指标权重及方案层对指标层的判断矩阵，得到层次总排序见表2。

盾构机选型方案总排序表 表2

一级指标	权重	二级指标	权重	总排序	土压平衡盾构机	泥水平衡盾构机
U_1	0.0704	U_{11}	0.1220	0.0086	0.5833	0.4167
		U_{12}	0.6483	0.0456	0.5714	0.4286
		U_{13}	0.2297	0.0162	0.4615	0.5385

续上表

一级指标	权重	二级指标	权重	总排序	土压平衡盾构机	泥水平衡盾构机
U_2	0.1782	U_{21}	0.0732	0.0130	0.6429	0.3571
		U_{22}	0.5638	0.1005	0.5000	0.5000
		U_{23}	0.2215	0.0395	0.6154	0.3846
		U_{24}	0.1415	0.0252	0.5385	0.4615
U_3	0.7514	U_{31}	0.0704	0.0529	0.1000	0.9000
		U_{32}	0.1782	0.1339	0.2000	0.8000
		U_{33}	0.7514	0.5646	0.3750	0.6250
平均值					0.3788	0.6212

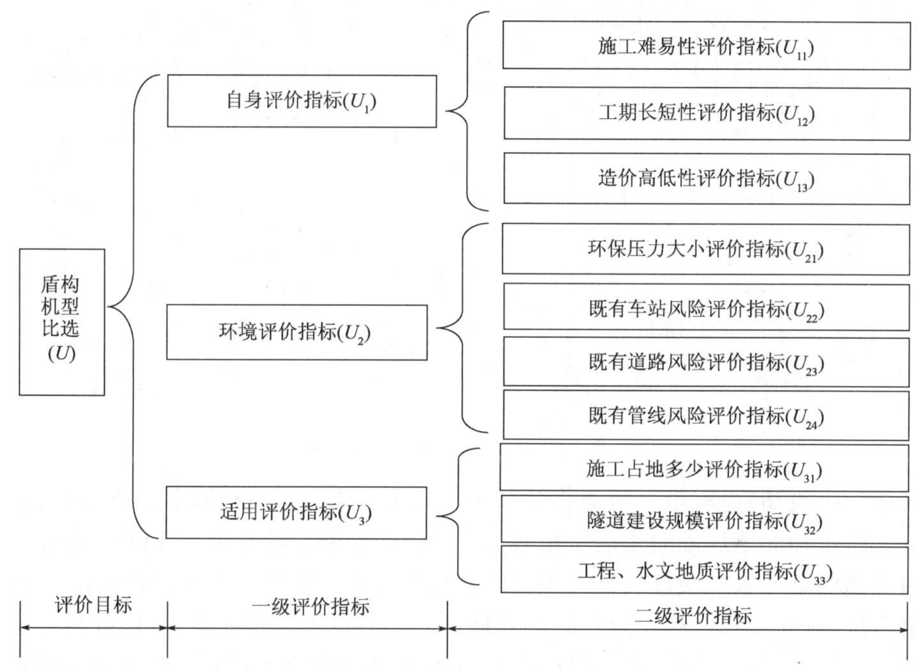

图3　盾构机选型评价模型图

由表2可知,应选择泥水平衡盾构机。考虑到盾构隧道工程地质条件较好,配置以软土刀盘为主,采用开口率在35%上下的面板式刀盘设计。刀具配置以贝壳型先行刀、刮刀及铲刀为主。

3.2　提出了泥水平衡盾构泥浆高效环保处理技术,解决了泥浆处理制约工期的难题,满足了绿色环保的文明施工目标

盾构隧道穿越黏土、粉质黏土等黏性地层占到开挖量的60%以上,黏性土易造成"滞排"及"结泥饼"等恶劣工况,导致施工废浆多且难以处理。因工程地点位于北京市朝阳区,要满足北京市高标准环保要求,泥浆处理问题极大地制约了施工组织。

泥水平衡盾构是利用泥水的携带渣土能力将盾构开挖下来的渣土通过管道泵送至地面泥浆处理系统进行分离,分离出来的干渣通过汽车或其他方式运输至指定场所进行排放;剩余指标合格的泥浆则继续进行循环至盾构机用于下一循环的掘进施工,如泥浆不达标需要弃浆时,则弃浆集中至沉淀池,经沉淀后捞渣外运;必要时部分泥浆进入泥浆压滤系统,压滤后的干渣通过汽运至弃渣场,清水则循环至清水池,确保不污染环境。望京盾构隧道泥浆处理系统主要

包含 ZXⅡ-2500/20 两级泥水分离设备、ZDJ-2500 制浆系统、ZXTJ-2500 调浆系统、YL-72 压滤系统、PLC 集中控制系统等，形成了盾构泥浆综合处理技术，达到了环保目标。

3.2.1 ZXⅡ-2500/20 两级泥水分离设备

ZXSⅡ-2500/20 泥水分离设备主要由预筛分器单元、一级除砂处理单元、二级除泥处理单元、振动筛分脱水单元、储浆槽冲砂单元等组成，泥浆最大处理量能达到 $2500m^3/h$。系统以泥浆处理量为 $1000m^3/h$ 的设备为基本单元进行可拆分组合，也可以根据其他工程的具体要求进行系统拆分或重组，具有较强的工程适用性。泥水分离设备工作原理如图 4 所示。

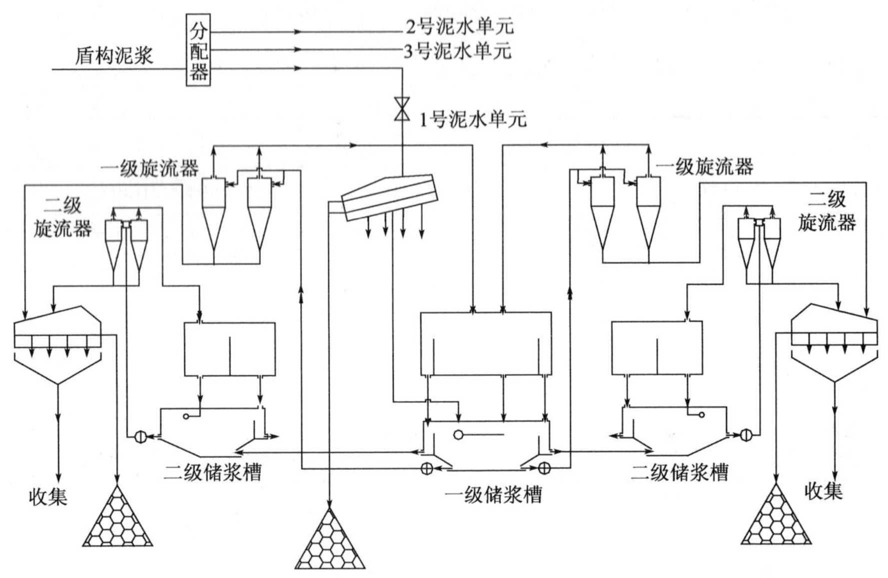

图 4 泥水分离设备工作原理图

泥浆进入一级储浆槽，由一级渣浆泵泵送入一级旋流器组进行除砂旋流分选，旋流器组底流直接落入脱水筛的下层筛脱水后排出，进行一级处理的泥浆进入二级储浆槽由二级渣浆泵从二级储浆槽内泵送入二级旋流器组进行除泥旋流分选，旋流器组底流直接落入脱水筛的上层筛脱水后排出，先后经过两次除砂除泥处理后的泥浆进入调浆泥浆池，经调浆泥浆池调配后泵送回井下，进入盾构环流系统重复使用，经过脱水筛处理后透筛底流浆液由透筛底流料斗的收集后进行生石灰搅拌外排或压滤处理，如图 5 所示。

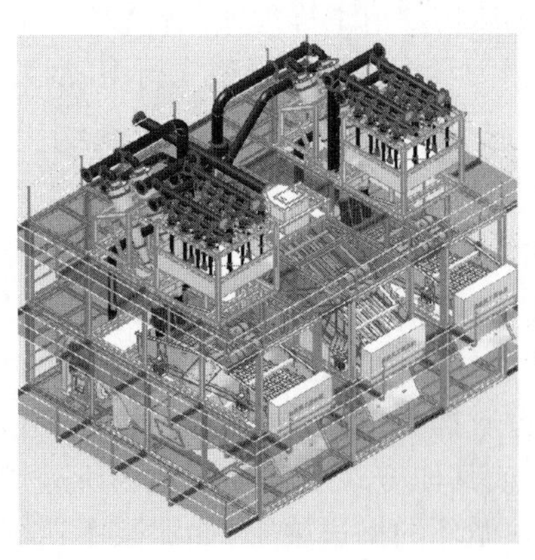 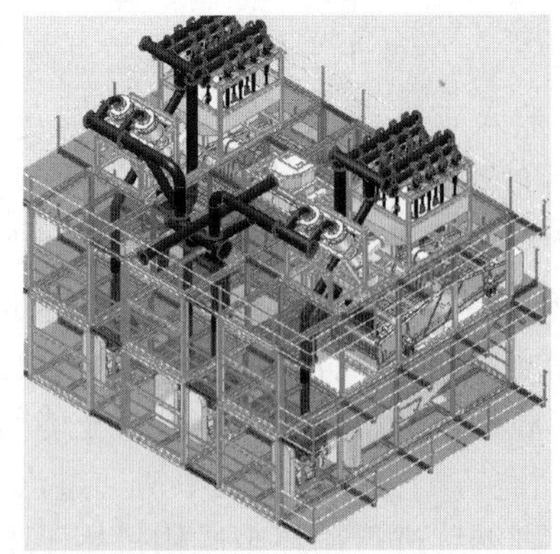

图 5 泥水分离设备外形结构图

3.2.2 渣土弃置

盾构掘进过程中，将产生的渣土和泥浆分别存放，渣土直接用渣土车外运；产生的泥浆经过一级沉淀池沉淀后，可利用的泥浆进入回收池，废浆通过管道输送至专门沉淀池沉淀处理，沉淀后渣土捞出处理后弃置，清水经三级沉淀处理后外排。根据施工进度情况，若产生泥浆数量过大，无法及时沉淀，则采用压滤设备进行应急处理。

3.2.3 ZXYL-72 三级压滤系统

盾构机通过黏土地层掘进时，由于泥浆黏度较高，其中的细颗粒较多，旋流器的分离指标会下降。经二级分离设备处理后的泥浆中细微的黏土颗粒逐渐富集，如果不及时予以去除，则引起泥浆的密度和黏度上升，直接影响了泥浆的携渣能力及环流系统的泵送能力，进而影响到盾构机的掘进效率。

压滤系统的功用就是在黏土层旋流筛分设备不能分离出足够的固相，不能将泥浆密度还原到掘进初期的低值 1.05 ~ 1.10g/cm^{3}时，进行彻底的固液分离，通过分离出足够的低含水率(23% ~27%以下)干土、回收足够的低固含(50mg/L 以下)滤液，将泥浆密度还原到掘进初期的所需值。

由于场地受限制，本系统压滤的主要原料来自脱水筛透筛底流。通过三级压滤系统，将盾构废浆集中处理为可堆积的渣土与滤液。系统在进料、筛分、压滤、排水、卸料过程中采用自动控制及监测。

3.3 研究了大直径盾构隧道各风险因素间的耦合关系，建立了施工安全耦合模型，提出基于解耦思想的施工安全风险控制策略，并在盾构始发及穿越地铁站技术措施中进行了应用

望京隧道盾构段工程为京沈客专首次在北京城区施工的地下高速铁路，施工组织要求高，社会关注度高。出口段隧道开挖直径达 10.9m，开挖直径大，盾构隧道地质水文条件复杂、水压高、穿越重要建(构)筑物多，掘进控制要求严格，施工难度大，风险极高。具体体现为：

(1)此类地层中采取盾构法施工，一般可能遇到的岩土工程问题有掌子面失稳、地表隆起或沉降、刀具抱死以及既有建(构)筑物或地下管网的破坏。

(2)隧道沿线施工沉降要求较高的建(构)筑物较多，如地铁 15 号线马泉营站、机场南线高速，且沿线管线复杂，如高压走廊、电缆、天然气、供水等。施工开挖面距离机场南线高速既有桥梁的桥桩较近，会引起桩的应力环境发生变化，影响桥桩及承台的承载性状，从而影响桥的正常使用。施工难度大。

针对望京隧道盾构段风险特点，对大直径盾构隧道施工安全风险耦合的风险因素进行辨识，见表 3。

大直径盾构隧道施工安全风险因素表 表 3

风险影响因素	影 响 因 子
人的因素	作业人员身体状态不佳上岗、安全观念及意识不强、工作责任心欠缺、心理素质不强大、注意力不集中、缺乏纪律、操作不熟练、险情处置能力不够、缺少工作经验、违规操作
物的因素	盾构机、刀盘、刀具选型不合理，设备设计、制造缺陷，设备老化、磨损及故障，设备维保不及时，设备备件不足，浆液油脂等辅助材料质量不佳，管片生产、养护质量不达标，管片运输成品保护不到位
环境因素	工程地质、水文地质条件，周边建(构)筑物及管线，地下不明障碍物，可燃气体，高温高压高湿环境，工作空间狭小，隧道直径、埋深等自身特性，周边工程活动，不可预见因素，阻挠施工等社会环境因素
管理因素	组织架构不合理，管理制度不健全，人员素质不高，管理人员职责不明晰，教育培训不到位，规范、方案执行落实不到位，现场管理水平差

大直径盾构隧道施工安全风险自身具有一定的防御和修复特性,单个风险一般很难造成事故。当四个风险子系统出现缺陷后,就会突破各自的防御体系,向风险链传递,一旦遇到其他类型的风险因素产生的突发事件就会发生传递到耦合振荡器。若这种耦合没有得到及时破坏,就会突破最后一道防御系统,形成正向耦合,导致风险加大,如图 6 所示。

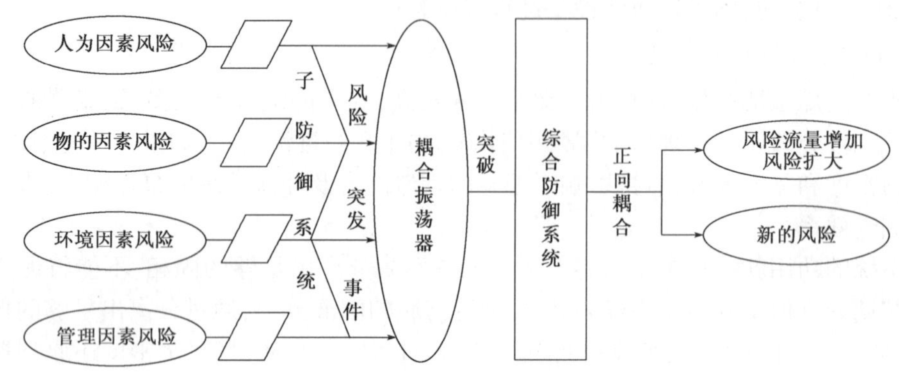

图 6　大直径盾构隧道施工安全风险因素耦合机理图

通过建立 N-K 模型,从宏观的角度对四类风险因素的耦合作用后的风险进行计算,计算结果表明:

(1)耦合作用的风险因素种类越多,耦合后的风险事故概率相对较小,一旦发生导致的风险损失却越严重。

(2)人、物、环、管四类风险因素共同参与发生耦合作用引发的风险是最大的,但不表明三因素耦合引发的风险一定高于二因素耦合引发的风险,体现出耦合作用的不确定性。

(3)在大直径盾构隧道中,物,特别是设备和人员因素若能充分发挥,能够显著降低耦合引发的风险。

(4)正向耦合易造成安全风险事故,通过采取合理的技术措施及现场管理,可以使正向耦合变为零耦合或负向耦合,基于消阻、波动、积极的解耦思想是大直径盾构隧道安全风险系统设计的重要环节,以此降低事故发生率。

4　结语

大盾构隧道是我国未来盾构重点发展的方向之一。本文以京沈客专望京隧道出口侧盾构段为背景,为解决技术难题,展开了如下方面的研究:

(1)基于模糊集合理论,采用改进的层次分析法,研制了一套大直径盾构隧道的盾构机选型定量化分析方法。重点是充分考虑各类影响因素,建立评价指标递阶层次模型,实践证明,此方法可行有效。

(2)针对盾构穿越黏土、粉质黏土等黏性地层所带来的“泥饼”、泥浆处理困难等问题,研发了包含两级泥水分离设备、压滤系统、PLC 集中控制系统等在内的盾构泥浆综合处理技术,有效解决了施工进度缓慢、泥浆运输、环境污染等问题,达到了高效绿色环保的施工目标。

(3)研究了大直径盾构隧道人、物、环、管等风险因素间的耦合关系,建立了施工安全 N-K 模型,并在高风险工程施工过程中采取了一系列措施,验证了基于解耦思想的施工安全风险控制策略的科学性。

参考文献

[1] 陈健,黄永亮.超大直径泥水平衡盾构施工难点与关键技术总结[J].地下空间与工程学报,2015,11(增刊2):637-644.

[2] 何峰.北京铁路地下直径线泥水平衡盾构施工关键技术[J].隧道建设,2013,33(11):59.

[3] 程学武.北京地下直径线工程综合施工技术[J].铁路技术创新,2010(4):19-23.

[4] 陈庆怀.北京铁路地下直径线工程方案选择及实施[D].北京:清华大学,2012.

[5] 张亚洲,朱伟,陈健,等.膨胀土地层泥水平衡盾构停机时开挖面破坏原因及防治措施研究——以扬州瘦西湖隧道工程为例[J].隧道建设,2016,36(5):549-555.

[6] 魏白术.天津西站至天津站地下直径线工程盾构隧道主要施工技术[J].铁路技术创新,2012(3):26-31.

[7] 程明亮.天津西站至天津站地下直径线工程关键施工技术[J].铁路技术创新,2012(3):11-15.

[8] 赵勇,吕刚,刘建友,等.京张高铁清华园隧道建造关键技术创新与应用[J].铁道标准设计,2020,64(1):109-115.

[9] 刘林.应用模糊数学[M].西安:陕西科学技术出版社,1996.

[10] 胡启芳,范雷,董治军,等.基于模糊综合评价的改进层次分析法在滑坡危险评价中的应用[J].长江科学学报,2014,31(5):29-33.

[11] 洪平,刘鹏举.层次分析法在铁路运营隧道健康状态综合评判中的应用[J].现代隧道技术,2011,48(1):28-32.

[12] 龙浪波,陈景翰.模糊综合评判法在大粗岭隧道岩爆预测中的应用[J].现代隧道技术,2010,47(6):23-27.

[13] 邓雪,李家铭,曾浩健,等.层次分析法权重计算方法分析及其应用研究[J].数学的实践与认识,2012,42(7):93-100.

[14] 徐涛.多因素耦合作用下的水下隧道盾构施工安全风险控制研究[D].重庆:重庆交通大学,2016.

硬岩联络通道开挖关键技术研究

弭　彬[1]　王建涛[1]　胥海江[2]

（1.济南轨道交通集团有限公司　山东济南　250014；2.中铁上海工程局集团有限公司　上海　200436）

摘　要：针对位于济南市槐荫区地铁轨道交通任家庄站—腊山站区间联络通道围岩硬度大、两条隧道间隔较近（最小间距4.8m）等特点，综合考虑工程地质和水文地质条件，通过现场实践，采用水钻＋劈裂机＋风镐凿除施工方法进行通道开挖，提高了施工效率，降低了劳动力成本。本文总结施工经验，为联络通道的施工提出相应建议，可为类似工程提供参考。

关键词：联络通道；硬岩开挖；隧道工程；现场施工

1　引言

城市轨道交通作为一种大容量、快速、公共的交通运输方式，在城市化发展中起着不可忽视的作用。轨道交通所需的道路宽度小，地铁则占用的空间更加少，且可充分利用地下空间，但是地下结构复杂，施工难度大，在一定程度上影响周围土层的承载力和周围建筑物的沉降量，因此地铁工程的施工技术在理论和实践中都需要不断研究。

盾构区间联络通道作为盾构法隧道附属工程，因其洞内开洞时的应力重分布及暗挖工法自身的高风险，所以其施工工法逐渐被人们重视。联络通道是地铁隧道区间常见的一种结构，盾构联络通道一般设置在两条隧道中间，成为设置在两个隧道之间的一条通道，起连通、排水及防火等作用。联络通道作为地铁建设中的一个分部工程，其开挖的方法很多，根据地层不同常见的国内常见的施工方法有矿山法、爆破法、冷冻法，对于硬岩地层联络通道开挖一般选用矿山法及爆破法。采用矿山法施工，则施工工期长，开挖面长时间暴露，劳动力投入多，施工效率低；采用爆破法对隧道结构稳定性易造成不良影响，间接增加施工成本及增大施工风险。

2　工程概况

2.1　工程位置

济南轨道交通2号线任家庄站—腊山站区间起点里程右SK2＋142.407，终点里程SK5＋614.906，区间全长3473.809m，采用盾构法施工，线间距4.8～16.75m，最小曲线半径$R=500$m，区间最大纵坡24‰，拱顶埋深10.12～42.4m。区间线路主要穿越地层为黄土、粉质黏土、黏土、中风化石灰岩、强风化石灰岩，区间于SK2＋572.000设置1号联络通道兼泵房，在SK3＋164.000设置2号联络通道，在SK3＋760.000设置3号联络通道。

1号联络通道兼泵房拱顶覆土厚度约为15.32m，底板埋深约23m，位于刘长山路北侧空地内；2号联络通道拱顶覆土厚度约为15.96m，底板埋深约20m，基本位于腊山北路下方；3号联络通道拱顶覆土厚度约为34.63m，底板埋深约38.67m，基本位于腊山北路下方。1号、2号、3号联络通道（兼泵房）采用洞内超前支护、矿山法施工，正上方均无建筑物和管线。

作者简介：弭彬（1981—），男，研究生，高级工程师，主要研究方向为轨道交通工程。电子邮箱：mibin010@126.com。

2.2 工程地质条件

任腊区间1号联络通道兼泵房拱顶埋深15.32m,主要涉及地质情况自上而下依次划分为①$_2$杂填土、⑨$_1$粉质黏土、⑯$_2$黏土、㉑$_{2-1}$中风化石灰岩(破碎)、㉑$_2$中风化石灰岩、㉑$_{2-1}$中风化石灰岩(破碎)。1号联络通道及泵房涉及地层主要为:㉑$_2$中风化石灰岩、㉑$_{2-1}$中风化石灰岩(破碎)。

任腊区间2号联络通道拱顶埋深15.96m,主要涉及地质情况自上而下依次划分为①$_2$杂填土、⑨$_1$粉质黏土、⑩$_1$粉质黏土、㉑$_{2-1}$中风化石灰岩(破碎)、㉑$_2$中风化石灰岩、㉑$_{2-1}$中风化石灰岩(破碎)。2号联络通道及泵房涉及地层主要为:㉑$_{2-1}$中风化石灰岩(破碎)、㉑$_2$中风化石灰岩。

任腊区间3号联络通道拱顶埋深34.63m,主要涉及地质情况自上而下依次划分为①$_2$杂填土、㉑$_{2-1}$中风化石灰岩(破碎)、㉑$_2$中风化石灰岩、㉑$_{2-1}$中风化石灰岩(破碎)、㉑$_2$中风化石灰岩。3号联络通道及泵房涉及地层主要为:㉑$_2$中风化石灰岩。主要涉及地层特性见表1。

地质情况表 表1

里　程	编　号	拱顶埋深(m)	穿越地层
SK2 +572.000	1号(兼泵站)	15.32	中风化石灰岩㉑$_2$
SK3 +164.000	2号	15.96	中风化石灰岩㉑$_2$
SK3 +760.000	3号	34.63	中风化石灰岩㉑$_2$

2.3 水文地质条件

任腊区间1号联络通道兼泵房通道顶高程30.467m,水位线高程32.198m,开挖范围均在地下水位线之下;2号联络通道顶高程35.218m,水位线高程34.684m,开挖范围大部分在地下水位线之下;3号联络通道底高程34.538m,水位线高程34.308m,开挖范围均在地下水位线之上。根据相邻工点钻孔跟管钻进分析成果,发现在拟建任家庄站至腊山站区间范围内,存在两种类型的水,分别为第四系孔隙水及碳酸盐岩岩溶裂隙水。

3 盾构隧道变形处理

3.1 壁后注浆加固

联络通道施工前,对前后各3环进行二次注浆处理,对管片开口侧位置上方及下方土体进行加固加强,确保管片与联络通道相连接处土体的稳定。加固前进一步紧固隧道管片连接螺栓,确保管片间连接紧密。注浆压力控制在2bar左右,并根据管片情况进行实际调整。注浆材料选用水玻璃+水泥双液浆,注浆浆液配比及相关技术指标见表2。

浆液配合比 表2

水泥浆液	水玻璃(40°Bé左右)与水泥双液浆	初凝控制时间(s)
1:1	1:1	约20

为保证补充注浆效果,补充注浆时采用从联络通道中心向两侧逐环进行,多孔进行注浆,孔位尽量保持对称,压力从小到大逐步增加。

3.2 超前地质预报

在注浆加固完成后,对联络通道进行水平钻孔,以充分了解联络通道前方详细的地质情况,确保开挖施工安全。

(1)在联络通道开挖前先采用 MGY-100A 地质钻机进行超前探孔,孔径 ϕ42mm,孔深 3m。

(2)开挖面高 2.9m、宽 3.7m,探孔位置以洞门中心线为基准,在洞门中心打设一个探孔。空洞布置如图 1 所示。

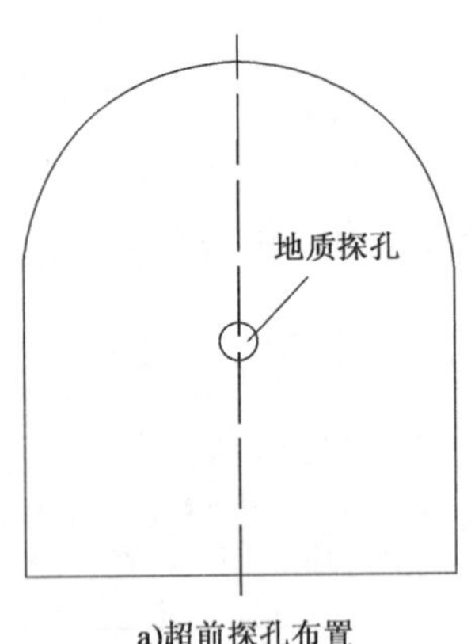

a)超前探孔布置

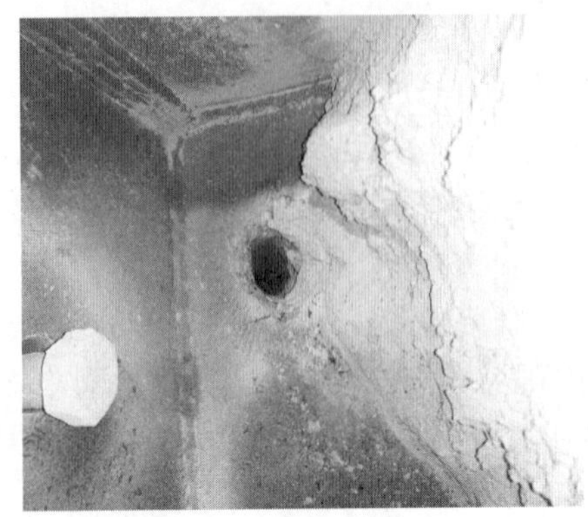

b)超前探孔现场打设

图 1 超前探孔施工

(3)根据地质芯样以及现场开挖面实际地质情况进行综合分析,有无不良形态。

(4)通过地质信息的及时、准确预报,为施工提供决策依据,及时调整施工方法和支护参数。

根据地勘报告现象,该区间联络通道存在岩溶裂隙水,若探测结果显示岩溶裂隙水较大时,对水源补给孔及其两侧孔进行处理,处理方式优先选用注双液浆,当双液浆无法产生有效作用时,采用灌注砂浆。

3.3 临时钢架架设

联络通道施工前对左线(开挖方向)前后 2 环管片(含联络通道处 2 环钢管片)进行支撑加固,对右线联络通道处 2 环钢管片进行支撑加固。

(1)联络通道临时钢架支撑采用 40b、25b 工字钢。

(2)各管片型钢支撑之间采用 M16 螺栓连接,需焊接部位采用双面焊焊接,焊缝高度不小于 10mm,焊接工艺及质量按国家现行标准的有关规定执行。

(3)钢板和型钢的材质应符合现行《碳素结构钢》(GB/T 700—2006)的规定,并具有符合国家标准的出厂证明书。

(4)钢支撑与盾构管片的接触面加设 300mm × 200mm × 20mm 的钢板,在钢板与管片间设 10mm 橡胶垫,并施加预应力。

(5)管片支撑底部纵向支撑下部采用三角钢垫块进行卡死固定,钢垫块两侧采用钢筋点焊于管片螺栓上拉紧,保证支撑体系整体稳定性。

(6)管片支撑安装前,需由测量组进行定位放线,保证支撑体系符合设计图纸要求。

(7)管片支撑安装过程中,采取人工配合进行支撑安装,过程中,现场安全员及技术人员需全程监督。

(8)施工期间应对盾构隧道及管片支撑系统进行实时监测,包括支架体系沉降、位移及变形观测,若出现异常应立即停止施工,并及时加强支撑。左线和右线临时钢支撑架的平面布置图如图 2、图 3 所示。

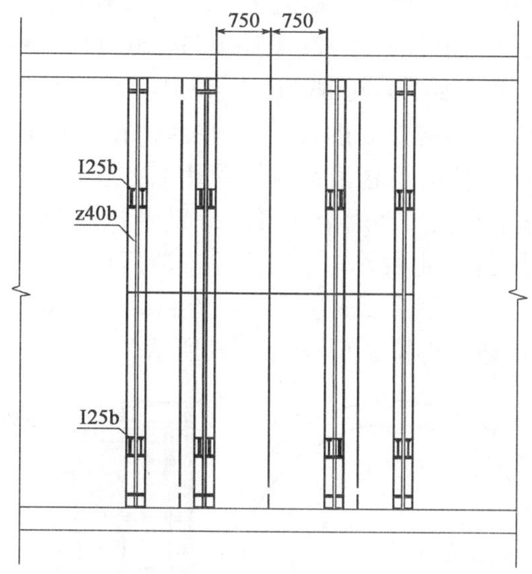

图 2　左线临时钢支架平面图(尺寸单位:mm)

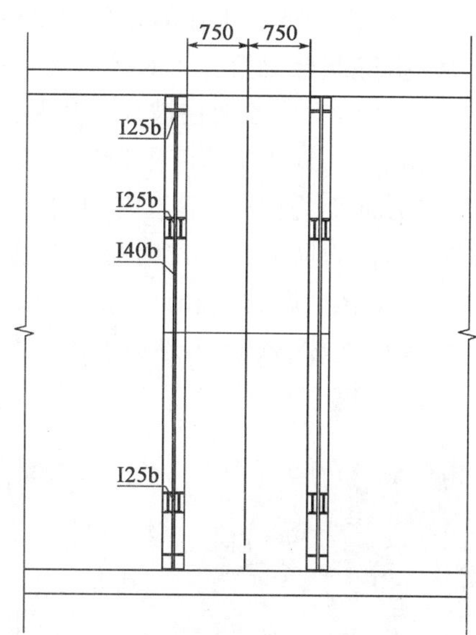

图 3　右线临时钢支架平面图(尺寸单位:mm)

(9)开口环不开口部位均匀设置不少于 7 个支撑点,予以均匀支撑(支撑能力不小于 500kN/点),且支撑点避开管片纵、环缝及手孔位置,尽可能设置在环肋板与纵肋板交接处,并适当焊接钢管片的环、纵缝,以控制隧道变形。

为方便渣土运输,现场架设时将底部 2 根 25 工字钢横撑拆卸,如图 4、图 5 所示。

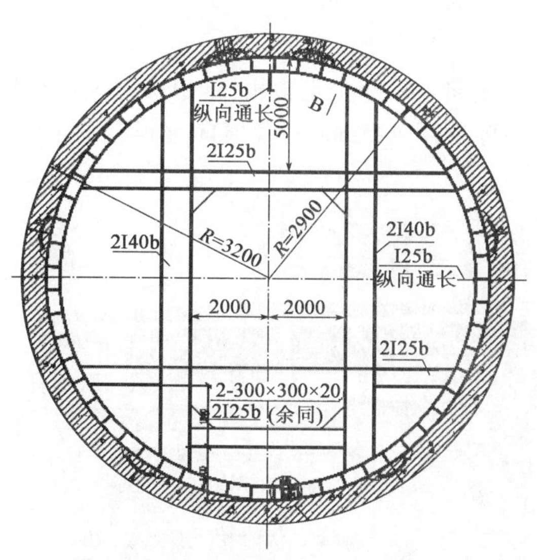

图 4　预应力支架断面图(尺寸单位:mm)

图 5　预应力支架现场布设图

3.4　钢管片拆除

在拆除钢管片开洞前,利用扭矩扳手将联络通道前后共 10 环管片的纵向和环向连接螺栓进行复紧,包括钢管片和混凝土管片间的连接螺栓,扭矩需达到 300N · m。

此外将未拆除钢管片的环、纵缝进行焊接连接,提高钢管片门架结构的刚度和整体稳定性。焊接采用对称式焊接,以防止应力集中,引起钢管片变形。用手工电弧焊焊接,焊接前应首先对拼装缝进行除锈除垢处理,避免虚焊。

在施工必需的准备工作做好后，根据探孔情况，可先拆除一片钢管片，观测工作面情况，认为可行后，拆除剩余钢管片。具体方法为：开管片时，准备 2 台 32t 千斤顶，5t、10t 和 2t 手拉葫芦各一个。两台千斤顶架在被开管片两侧，中间用一根横梁同钢管片直接相连，通过顶推横梁向外推拉钢管片，5t、10t 葫芦作为主拉拔管片用，一端钩住欲拆管片，一端套挂在对面隧道管片上，水平方向加力向外（隧道内）拉拔管片。2t 手拉葫芦悬吊在欲拆管片上方管片上，一端钩住欲拆管片，以防管片拉出时突然砸落在工作平台上。在用千斤顶及 5t 葫芦拉拔期间要注意观察管片外移情况，并随时注意调整 2t 葫芦拉紧程度和方向。因管片锈蚀而拉出困难时，应用大锤锤振管片，减轻拔出应力。

拆除时先拉 1 号，接着拉 2、3、4 号，待通道贯通后再拉 5、6 号，如图 6 所示。

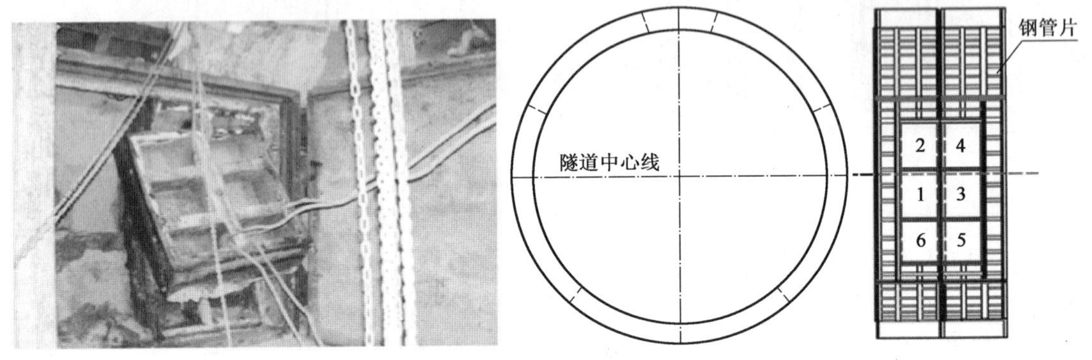

图 6　拆除顺序图

3.5　开挖平台搭设

在联络通道开挖处竖向四个 40b 工字钢支腿上横向铺设 2 个走道板，走道板之间进行焊接加固，靠近开挖处与管片钢环进行焊接，平台底部采用 ϕ45mm 钢管横向铺设，四周采用 ϕ25mm 钢筋进行支撑，如图 7 所示。

图 7　现场开挖平台搭设

4　开挖施工

水钻取芯是通过分层取芯、破裂、取出块石，循环施工，从而达到成孔的目的，其成孔开挖断面规则、截面尺寸准确、对周围土层的承载力影响较小，同时减少因为扩孔增加的成本。钢管片拽出后采用水钻在开挖面周边进行钻孔取芯，先钻取底部，由外而内、由下到上，钻孔均匀布设,每次水钻进尺70cm。上部钻孔时对采用支腿进行支撑,使用手拉葫芦进行固定,上部钻孔时每次操作不得少于两人进行。水钻取芯施工情况如图8所示。

a)钻孔取芯机

b)钻孔取芯

图8 水钻取芯

水钻取芯完毕,在掌子面中部用风炮钻眼,钻孔深度70~100cm,呈梅花形布设(钻孔可垂直打设,也可带角度),施工操作如图9所示。

a)钻孔布设图

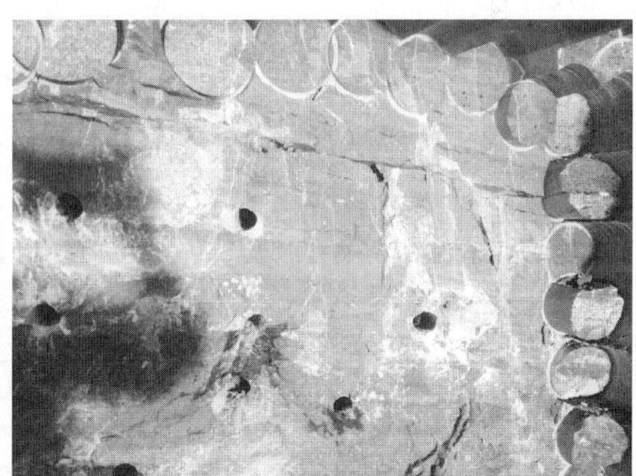
b)钻孔布设局部图

图9 钻孔布设

采用劈裂机插入孔眼进行预裂,预裂无关人员退出工作面,劈裂机压力控制在58MPa。劈裂机现场操作施工如图10所示。

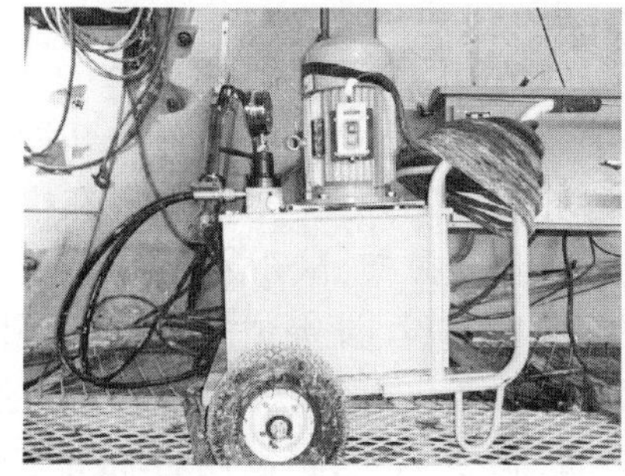
a)劈裂机

b)现场操作

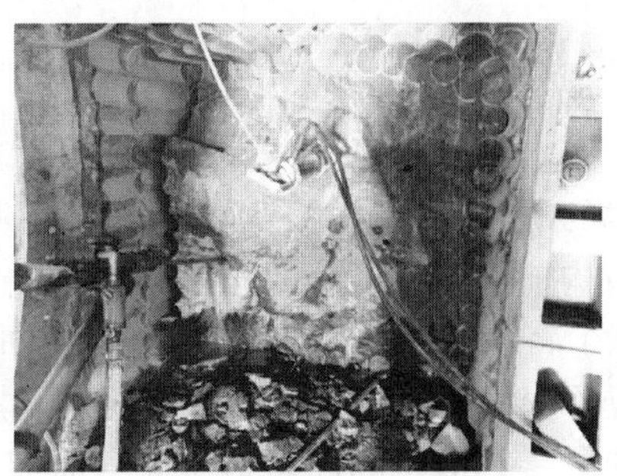
c)劈裂机预裂

图10 劈裂机施工

使用风炮对掌子面突出部分进行凿平处理,防止水平钻进时水钻头接触不平,造成倾斜,具体操作如图 11 所示。

a)风镐架设

b)风炮凿除突出部分

图 11　凿边施工

最后由人工对渣土进行清理,使用三轮车倒运,进入下个施工循环。渣土车装运不得太满,现场三轮车倒运出渣如图 12 所示。

图 12　三轮车倒运人工出渣

5　结语

本文以施工实际操作为研究依据,针对任家庄站—腊山站区间的硬岩联络通道的开挖技术的研究,对于工程地质和水文条件复杂,围岩硬度大,施工空间有限的地铁联络通道,在检测盾构地铁变形可靠的情况下,可以通过水钻(自主设计水钻取芯支撑架,减少水钻的安装频次)+劈裂机(施工中在狭窄工作面安装设备、掌子面的预裂孔的布设、设定预裂位置的具体操作,采用劈裂机对掌子面进行开挖,使其自动剥离掌子面)+风镐凿除方法进行洞内开挖,建立一套成熟的硬岩地层联络通道施工工艺,充分利用工作面,减少人工,提高硬岩联络通道开挖施工效率,缩短工期加快施工进度,整体节约控制施工成本,为后续济南轨道交通盾构施工联络通道分部工程施工提供技术参考,加快济南轨道交通建设。

参考文献

[1] 侯岩.盾构隧道联络通道冻结工程研究及应用[D].淮南:安徽理工大学,2017.

[2] 崔玖江.盾构隧道施工风险与规避对策[J].隧道建设,2009,29(4):377-396.

[3] 马伟斌,柴金飞.运营铁路隧道病害检测、监测、评估及整治技术发展现状[J].隧道建设(中英文),2019.

[4] 高立业.复杂城市环境下既有地铁车站新建联络通道施工技术研究[J].国防交通工程与技术,2020,18(4):50-53.

[5] 陈扬勋.城市地下洞群施工对周边环境影响规律研究[D].北京:北京交通大学,2008.

[6] 彭冠锋.成都地区不同地质条件下地铁区间联络通道施工技术[C]//2012年中铁隧道集团低碳环保优质工程修建技术专题交流会论文集.2012.

[7] 冯威.硬岩地层盾构区间联络通道快速开挖技术[J].建筑施工,2019,41(1):148-151.

[8] 黄展案,黄志肃.明暗挖结合联络通道施工技术[J].城市建设理论研究(电子版),2018(36):102.

[9] 黄祚琮.地铁车站暗挖隧道穿越既有线的施工技术研究[J].现代隧道技术,2014,51(2):133-139.

[10] 黄松.爆破法在隧道施工中的应用[J].城市建设理论研究(电子版),2013(22):1-8.

[11] 饶志强.南昌地铁联络通道冻结法施工数值模拟[D].南昌:南昌大学,2018.

[12] 潘娜娜,颜治国.岩石地层中矿山法联络通道开挖支护施工技术[J].城市建筑,2019,16(2):110-111,138.

[13] 王二平,刁国君.地铁盾构区间联络通道施工技术[J].隧道建设,2007(增刊2):551-554.

[14] 赵智博.浅析矿山法施工[J].城市建设理论研究(电子版),2014(23).

[15] 田志坤.新型爆破施工法[J].探矿工程科技信息,1993(2):26.

地铁盾构施工姿态控制要点分析

张 涛 徐鹏程

（北京住总集团有限责任公司 北京 100018）

摘 要：地铁隧道盾构法施工对于隧道轴线的要求非常严格，影响隧道轴线最重要的就是盾构姿态控制。盾构姿态受很多技术参数制约，盾构姿态控制就是合理控制盾构技术参数，使盾构机沿着隧道设计轴线前进。本文通过对盾构施工中困难状况的分析，来避免增加不必要的操纵难度，提高盾构掘进速度及掘进质量。首先就影响盾构姿态的地质条件、千斤顶推力、铰接、滚动角、刀盘、管片拼装、注浆等因素进行分析；其次对盾构始发时、盾构接收时、盾构机正常掘进时等不同的情况下如何做好盾构姿态控制进行分析；最后对盾构姿态的预偏、盾构掘进姿态不良时的纠偏进行简要的阐述。

关键词：盾构机；盾构姿态；掘进；纠偏

1 引言

盾构机是一种专用于隧道工程施工的全断面掘进装备，它可以实现隧道建设过程中开挖、支护、衬砌、排渣等自动化和工厂化作业。盾构掘进姿态控制技术是保证盾构以正确的姿态沿隧道设计轴线掘进、减少隧道实际轴线与设计轴线偏差、提高衬砌质量和施工效率的关键技术。

1.1 课题背景

盾构法在城市地铁施工中已经成为主流，在盾构掘进中的姿态控制技术是确保隧道施工质量的关键技术。盾构姿态控制受很多技术参数制约，怎样合理地把这些参数科学地统一起来，是影响盾构姿态的关键。盾构隧道施工中盾构机的姿态控制主要是前进方向的控制，在掘进过程中，盾构机操作人员根据激光自动导向系统在电脑屏幕上显示的数据，通过合理选择各分区千斤顶及刀盘转向等来调整盾构机的姿态。盾构姿态控制操作原则有两条：

（1）机体滚动角应适宜，盾构机滚动角太大，盾构机不能保持正确的姿态，影响管片的拼装质量，此时，可以通过反转刀盘来减少滚动角。

（2）盾构机的前进方向水平向右偏，则需要提高右侧千斤顶分区的推力；反之，则需要提高左侧千斤顶分区的推力。如果盾构机机头向下偏则需要提高下部千斤顶分区的推力；反之亦然。

一般情况下，盾构机的方向纠偏应控制在 ±20mm 以内，在缓和曲线及圆曲线段，盾构机的方向纠偏应控制在 ±30mm 以内。尽量保持盾构机轴线与隧道设计轴线平行，否则可能会因为姿态不好而造成盾尾间隙过小和管片错台裂缝。当开挖面土体较均匀时盾构姿态控制比较容易，一般情况下方向偏角控制在 ±5mm 以内。《地下轨道工程施工及验收规范》(GB 50299—2018)规定：“盾构掘进中应严格控制轴线平面位置和高程，其允许偏差均为

作者简介：张涛(1984—)，男，大学本科，工程师，目前主要从事城市轨道交通施工与管理工作。电子邮箱：907307688@qq.com。

50mm，发现偏差应逐步纠正，不得猛纠硬调”。

基于地铁盾构施工对于轴线控制的严格要求，本文对盾构姿态控制要点进行较为详细的阐述。

1.2 国内外研究现状

目前盾构法隧道施工中，盾构推进姿态和掘进轨迹主要通过盾构操作人员根据轨迹跟踪误差人工进行调整，盾构掘进精度受到各种因素影响，且调整作用滞后，盾构“蛇形”现象严重，隧道施工质量较难得到保障，现阶段国内外研究人员对地铁盾构施工姿态控制主要是分析隧道设计轴线、盾构轴线和管片中心线三者在施工中存在的5种位置关系：一是三条线基本重合，二是盾构轴线与隧道轴线重合，三是管片中线与隧道设计轴线重合，四是管片中心线与盾构轴线有偏差，五是三条轴线不重合而且轴线水平移动。从土压的设定值、地质变化、注浆位置与时间、转弯管片的使用、管片的姿态和施工的连续性6个方面对影响盾构掘进姿态的因素进行总结；从偏移量、油缸行程差和最小盾尾间隙三个方面对盾构掘进姿态控制的参数进行分析与计算；从掘进方向的控制，掘进姿态调整与纠偏两个方面阐述盾构掘进过程中姿态控制的技术方法。

1.3 课题研究方法

本文主要是通过对两台海瑞克ϕ6280mm土压平衡盾构机在北京市地铁7号线工程02标段进行盾构推进过程中出现的各种情况进行分析，根据不同的推进状态，找出合理的推进手法并科学地统一起来，以此找到保证盾构掘进姿态合理的人工操作方法，得出本文的结论。

2 盾构姿态影响因素

2.1 工程地质条件对盾构姿态的影响

盾构隧道地质条件因素在隧道工程修建过程中起着非常重要的作用，包括盾构隧道的埋深、地质岩性、地下水位等关键性因素。

区间覆土厚度为9.8～13m，区间主要穿越粉质黏土$③_1$层，结构拱顶主要位于粉土②层、粉细砂$②_3$层及粉质黏土$③_1$层，结构持力层主要位于粉质黏土④层。

根据在盾构推进过程中的姿态控制来看，盾构隧道线路宜处于连续均匀地层中，并尽量避开地质断裂带及其他不利地质条件。当盾构机处于连续地层中掘进时，盾构刀盘受力均匀，掘进参数较稳定易于控制线路轴线。但不可避免地，盾构隧道经常处于某些地层较为复杂的地质条件中，例如上软下硬地层、两侧软硬不均等地质情况。当盾构机在这种地层中掘进，其盾构机的姿态控制难度大，易产生盾构机垂直方向上或水平方向上的偏差过大，造成管片错台及开裂，对下一步施工和地表沉降造成严重的危害。

地层中水土压力及尚未凝固的砂浆对于盾构管片的位移影响。由于管片的位移会造成盾构机千斤顶的推力作用方向发生变化，并且会影响盾构推力的实现，所以管片的位移对盾构机的姿态有着直接的影响。管片环在自身重力及水土压力作用下发生位移，而且这种位移在某些特殊地层、地段的变形量相当可观。应根据不同地质情况选定不同注浆材料和注浆压力进行管片位移控制。

2.2 千斤顶推力对盾构姿态的影响

盾构机向前运行时是靠安装在支承环周围的千斤顶顶力，各千斤顶合力就是盾构的总推力，根据盾构外径、总推力、管片结构和隧道线路等因素考虑千斤顶数量，同时盾构机的轴线控制亦靠众多千斤顶组的不同组合。

盾构推进姿态控制的目标是使盾构能够沿着隧道设计轴线掘进，基于盾构各分区推进液压缸输出力控制的盾构推进姿态控制是直接以跟踪隧道设计轴线为控制目标的盾构姿态控制系统。本区间使用的盾构机，是在盾构机 PLC 控制系统中将盾构千斤顶设 4 个控制区间，只是分组的形式以及各组的千斤顶数量不同，4 组千斤顶可分配不同的油压获得相应的推力。PLC 设置 4 个分区油压控制左、右、上、下 4 组千斤顶推力，各分区可选取不同的油压值及推力，千斤顶获得不同行程。通过盾构位姿测量系统获得的盾构当前位姿数据与隧道设计轴线确定的盾构目标位姿数据进行比较，通过人工调整各分区油压的工作压力，从而不断较少姿态偏差，当加大下部千斤顶推力油缸油压时，下部千斤顶行程则较其他组千斤顶行程大一些，则盾构机向上前进，同样根据调整其他分区油压差值，可分别控制盾构的坡度和方位，使盾构沿隧道设计轴线前进。铰接油缸的行程变化则反映了盾构机的前进趋势。

2.3 刀盘对盾构姿态的影响

刀盘面板的挤土效应是刀盘正面阻力受推进速度影响原因，刀盘面板与原始地层间的相对位移使作用在刀盘面板上的土压力不再是静止侧向土压力，而是随相对位移变化的主/被动土压力。刀盘转动越慢，推进速度越快，挤土作用越明显，盾构推进阻力越大；反之，挤土作用越不明显，盾构推进阻力越小。

土体与盾构机外壳间形成摩擦力矩，当摩擦力矩无法平衡刀盘切削土体时的扭矩时，将引起盾构机体的滚动。刀盘的正反转不均匀或刀盘只向一个方向旋转，将会造成盾构机向一个方向持续地滚动，最终会导致盾构姿态滚动角过大，逐渐积累后造成管片旋转影响管片拼装质量。在盾构掘进中要密切关注滚动角的变化，及时调整刀盘的正反转，这样可以确保盾构主机不会产生过大侧滚，管片顺逆时针扭转也会得到控制。

2.4 管片姿态对盾构姿态的影响

盾构掘进机完成隧道开挖之后需要通过构建衬砌对隧道壁面进行支撑，衬砌是由沿隧道周向分布的若干管片组成。作为盾构机的重要组成部分，管片拼装机的主要功能是将管片以特定的姿态搬运至目标位置以形成衬砌。每块管片都具有特定的位置和姿态，因此管片拼装机通常需要完成多个自由度运动才能完成管片的搬运工作。由于一条隧道衬砌通常是由大量管片构成，且管片安装精度影响衬砌的承载能力和管片间的密封性，因此管片拼装精度和速度直接影响隧道施工的质量和效率。

在隧道施工过程中，为控制好隧道轴线，必须逐环测量盾构姿态和管片姿态，根据测量资料及时调整各项推进参数。当管片与盾构机相对关系一致，即管片与盾构机基本保持同心，管片环面与盾构推进方向基本垂直时，才能保证盾构机按照预计的方向前进，所以管片的姿态直接影响到盾构隧道的轴线控制及盾构隧道轴线纠偏的效果，同时保证管片不破碎。通常情况下，为了保证管片拼装顺利，盾构机盾尾机壳内径一般比管片外径稍大，当盾构机运行轴线与管片轴线有一定程度偏离时，管片与盾构机机壳内侧接触，并产生相互作用力。在实际施工过程中，管片与盾构机的相对关系常常不能保持理想状态，管片在脱出盾尾之后可能会出现上浮，使管片的环面与盾构推进方向存在夹角，其合力作用方向部位的管片容易破碎。在修正盾构方向的同时，还必须慎重地进行管片拼装管理。如果管片与盾尾的间隙减小，则会对盾构推进带来以下种种不利影响：

(1)对管片拼装构成障碍，严重时无法拼装。

(2)进行无理拼装,则隧道的真圆度下降,同时接头错位。缝隙增大,致使漏水。

(3)由于管片和盾尾的挨近,致使推力上升,容易致使管片自身出现裂纹等损伤。

因此,推进完成及管片拼装完成时,均应测量尾隙,为了满足盾构方向修正的需要,必须使用左右环修正管片的方向。即使在直线段,如果上下左右的行程存在差异,则推进时一侧的尾间隙会慢慢变小,最后尾间隙会消失。因此,应准备好修正用的左右环管片。曲线段使用的左右环管片必须充分考虑楔形量、拼装模式等。

2.5 注浆对盾构姿态的影响

同步注浆是指在盾构掘进过程中,盾尾空隙形成的同时进行注浆,使浆液及时地填充盾尾空隙,从而使周围岩体及时获得支撑,有效防止围岩坍塌,控制地表沉降。一般从设置在盾构上的注浆孔进行同步注浆,也可从设在管片上的注浆孔进行二次补浆。

同步注浆的主要作用为:尽早填充地层建筑空隙,减少地基沉陷量,保护周边环境及建筑物安全;确保管片衬砌的早期稳定性,使管片受力均匀,提高管片的防水性能;作为隧道衬砌结构加强层,具有耐久性和一定强度。由于同步注浆对管片的姿态有很大的影响,而管片的姿态直接影响盾构机千斤顶推力的大小和作用方向,所以同步注浆对盾构姿态有重要的作用。

如果注浆位置在左侧或注装压力左侧较大,可使该管环位置右移,换之则相反。盾构隧道掘进施工中,由于开挖直径大于管片拼装直径,当衬砌脱出盾尾后管片与土体间将有一定的间隙,若地层中含水率高,同步注浆的浆液会得到稀释,质量得不到保证,管片就会发生上浮等不良姿态。

同步注浆以不偏压为原则,从下往上对称压注。注浆压力选择以能充填建筑空隙为原则,根据相应部位的土压力、水压力、泥浆压力以及衬砌强度选择合适的压力。注浆量考虑开挖空隙超挖量等因素,对注浆实行压力和注浆量双重控制。一般情况下,注浆速度和掘进保持同步,即在盾构掘进的同时进行注浆,掘进停止后,注浆也相应停止。施工时,加强对盾构尾部地面的沉降监测,通过信息化施工,及时调整同步注浆量,确保地面不下沉,也不出现过大的隆起。

3 盾构姿态的控制

3.1 不同阶段盾构姿态的控制方法

3.1.1 盾构始发、接收时的控制方法

(1)始发时的控制方法

由于反力架和始发架为盾构始发时提供初始的推力和空间姿态,因此,在安装时,应控制盾构机中心线的平面位置、高程和坡度与隧道设计轴线和坡度保持一致。考虑隧道后期沉降因素,盾构中心轴线比设计轴线抬高10~20mm,反力架左右偏差控制在10mm以内。

盾构机出加固区时,由于土层软硬相差较大及其自身重量容易产生“栽头”现象,对盾构姿态造成较大影响。对此,可通过调节上、下两区域内千斤顶的油压差来控制。

反力架的变形也会严重影响盾构的姿态。在安装反力架时,必须保证其能足够支承盾构推进时的作用力。

(2)接收时的控制方法

在盾构接收前要系统地对洞内的控制点进行一次全面精确的复测,确保盾构接收位置准确;接收期间需严格控制盾构的掘进参数,逐渐减少千斤顶的推力,降低刀盘的转速和掘进速

度;由于管片出盾尾时要受到很大的弯曲应力,进洞时应尽量使管片与盾构机保持同心,以减小弯曲应力。

3.1.2 盾构机正常掘进时的线形控制方法

(1)合理选用千斤顶编组

盾构掘进是在千斤顶推力作用下完成的,合理选择盾构千斤顶的使用区域、个数及推力,对于保证盾构机沿设定的隧道理论轴线进行推进是至关重要的。其推进方向是由采用多大的油压,施加在哪些位置来决定的,故掘进过程中必须事先考虑曲线、坡度、纠偏修正等因素来决定千斤顶各区域的推力、个数及富余量。当盾构需要调整方向时,可调节每组千斤顶的工作油压,借此纠正或控制盾构前进方向和坡度。在用千斤顶编组施工时应注意:①千斤顶的只数应尽量多,以减少对已完成隧道管片的施工应力;②管片纵缝处的骑缝千斤顶一定要用,以保证在环管片的环面平整;③盾构机纠偏是一个缓慢的过程,纠偏数值不得超过操作规程的规定值。

(2)合理控制盾构机“蛇行”偏差

为了保证盾构掘进有良好的姿态,蛇行曲线需要不断修正以接近隧道设计轴线,在推进施工中必须由每一环的实测结果,计算出盾构姿态及成环隧道中心与设计轴线的偏差,绘制成图,并及时、连续、缓慢地纠偏。每推进1环,用高精度经纬仪和水准仪进行三角网贯通测量校核。一般用左、右千斤顶的行程差来控制盾构机平面位置的运动轨迹,设定行程差参数是以测量的盾构推进为依据的。当盾构机首尾位于轴线同一侧,并发现切口偏离轴线的数值小于盾尾时,说明盾构机运动轨迹有渐近线设计轴线的趋势,此时可保持原有姿态推进,反之应立即纠偏。在推进曲线段时,应合理使用设在盾构机上的曲线仿形刀和正确选择使用左右环。

(3)正确选用刀盘正、反转模式

盾构机的旋转偏差一般可通过改变刀盘的旋转方向,施加反向的旋转力矩进行修正。实际操作过程中,必须根据旋转角的测量数据在一定调整范围内正确选用。

(4)控制管片拼装质量

在盾构推进过程中,由于管片与盾构机的相对位置常常不能保持理想状态,管片的环面与盾构推进方向存在一定夹角,盾尾间隙上下、左右产生一定的偏差,影响盾构姿态的正常调整,故要求其环面不平整度应小于3mm,相邻环高差小于4mm、环纵缝张开小于2mm。

(5)管片点位选择的要求及对纠偏的影响

本项目用通用环,管片点位的选择首先要考虑是否通缝,因为当相邻几环管片出现通缝时,受力和防水要求都会受到一定的影响,因此,为了现场方便控制,可先将每环16个点位列出,再将下一环可拼装的环的点位列出,这样将很容易选出每环的点位,提高了选型效率和合理性,通缝问题很容易解决。

另外,根据盾构机的走向,即满足的关键点为管片的轴线要与盾构机的轴线重合,在考虑纠偏调整的时候应考虑以下几点注意事项:首先要根据推进油缸的行程分析,L1块要拼装在行程最短的一侧,其次要看盾构机的姿态,例如盾构机向右,而右侧的行程又最大,那就要看第三个考虑的因素——铰接,这个因素也是最容易让人忽略的一个,如果右侧铰接最小,那么拼装时所要优先考虑的是拼装在行程最短处的两侧,使得管片有向右的趋势,减小管片与盾构机轴线之间的夹角,如果左侧的铰接最小,那么拼在行程最短处也是可以的,因为盾构机已经有向左的趋势了。

3.2 盾构姿态的预偏

《地下轨道工程施工及验收规范》(GB 50299—2018)规定:盾构掘进中应严格控制轴线平面位置和高程,其允许偏差均为50mm,发现偏差应逐步纠正,不得猛纠硬调。但是由于地质条件的变异性、施工工艺的局限性和掘进姿态控制的准确性,在实际施工过程中偶尔会出现超出规范要求的现象。而且由于成型管片后期位移,即使盾构沿线路轴线掘进也不一定保证成型隧道与设计线路相吻合。为了控制隧道轴线最终偏差控制在规范要求的范围内,盾构掘进时,考虑给隧道预留一定的偏移量。将盾构沿曲线的割线方向掘进,管片拼装时轴线位于弧线的内侧,以使管片出盾尾后受侧向分力向弧线外侧偏移时留有预偏量。而预偏量的确定往往须依据理论计算测量监测数据分析和施工实践经验的综合分析得出,同时需考虑掘进区域所处的地层情况。

3.3 盾构掘进姿态不良时的纠偏

盾构姿态控制与纠偏就是指如何合理进行操作,使盾构机沿着隧道设计轴线前进。

盾构机在掘进过程中纠偏时必须有计划有步骤地进行,进行纠偏时应该注意以下几点:

(1)在掘进过程中随时注意滚动角的变化,及时根据盾构机的滚角值调整刀盘的转动方向。

(2)应根据各段地质情况对各项掘进参数进行调整。

(3)在纠偏过程中,掘进速度要放慢,并且要注意避免纠偏时由于单侧千斤顶受力过大对管片造成的破损。

(4)尽量选择合理的管片类型,避免人为因素对盾构姿态造成过大的影响,严格管片拼装质量,避免因此而引起的对盾构姿态的调整。

(5)在纠偏时,要密切注意盾构机的姿态、管片的选型及盾尾的间隙等,盾尾与管片四周的间隙要均匀。

(6)当盾构机偏离设计轴线较大时,不得猛纠猛调,避免往相反方向纠偏过大。从施工过程来看,急纠的危害是巨大的,如果从开始就调大推力压差,产生的结果是后点还是向外侧偏移,掘进过程中发现初始阶段大约推进400mm时,把压差调得适当,即保证的状态为维持前后点,使得后点有向内侧移动的趋势,然后再调大压差,就会容易使前点向外侧移动,顺利完成纠偏,同时这样也避免了过多的超挖。

通过对北京市地铁7号线工程02标段的盾构隧道掘进的实践发现,如果水平纠偏,最好先把垂直姿态稳住,再水平纠偏,也就是说要一个方向纠完,再纠另一方向,而实际的情况多是水平、垂直同时出现的,同时纠偏效果不是很好。有的时候,会出现推进压差不够的情况,另外最容易出现的问题就是脱顶,如果一侧脱顶严重的话,将有可能把管片拉开,这对防水及下一环的拼装都会产生不利的影响。

4 结语

本文以解决盾构机在地铁盾构施工沿隧道设计轴线掘进时的姿态和掘进轨迹的状况,来避免增加不必要的操纵难度,提高盾构掘进速度及掘进质量。

本文浅要分析在地铁盾构施工过程中盾构与岩土的相互关系,并考虑刀盘旋转方向及刀盘扭矩对盾构推进姿态的影响;描述千斤顶和铰接等推进系统对盾构机运动特性的影响,应采取多区多缸协调控制;分析盾构机管片拼装与盾构姿态的关系,提出解决方案,以保证管片能够高效地拼装。从掘进过程中的姿态调整与纠偏阐述了盾构掘进过程中姿态控制的技术方法。希望盾构司机可以就以上多种因素组合下姿态控制进行理论分析,以便更好地进行盾构推进工作。

本文从盾构始发、正常掘进以及接收这三个阶段对盾构掘进姿态控制进行了分析,对姿态的控制与纠偏提供了理论依据,从而可以对盾构施工进行优化,为地铁盾构施工的技术工作者提供借鉴及参考。

参考文献

[1] 胡小强.盾构隧道施工中盾构机的姿态控制研究[J].四川水泥,2016(8).

[2] 阳东升.盾构隧道施工中盾构姿态控制[J].科技信息(学术版),2007(14).

[3] 毕小伟.盾构机位姿测量系统的关键技术研究[D].上海:上海交通大学,2010.

[4] 孙延伟,刘杰.盾构掘进姿态精确控制技术[J].广东建材,2008(7)

[5] 凌研方.盾构掘进过程中轨迹规划问题的研究[D].大连:大连理工大学,2009.

[6] 张振.TBM 姿态控制技术研究[D].杭州:浙江大学,2016.

[7] 刘小东.复杂地层盾构掘进姿态纠偏技术研究[J].铁道建筑技术,2016(增刊1).

[8] 廖振宇.地下铁道盾构施工测量检测方法探讨[J].铁道勘察,2014(4).

[9] 任福松,金建俊.地铁施工中的盾构姿态控制研究[J].交通标准化,2009(17).

[10] 黄旭就.关于国内盾构机开发的探讨[J].装备制造技术,2006(2).

[11] 钱七虎,李朝甫,傅德明.隧道掘进机在中国地下工程中应用现状及前景展望[J].地下空间,2002(1).

[12] 章俊凯.地铁盾构施工中盾构姿态的控制方法[J].城市建设理论研究(电子版),2013(14).

[13] 彭永涛.盾构掘进姿态控制技术研究[J].森林工程,2013(6).

[14] 李建强.盾构姿态对管片受力的影响研究[D].沈阳:东北大学,2008.

[15] 王璐石,肖博,王建华,等.盾构掘进姿态对近接桩基的影响分析[J].市政技术,2015,(33).

[16] 秦德贵.地铁施工中的盾构姿态控制研究[J].建筑工程技术与设计,2014,(23).

浅谈叠摞盾构区间施工技术

刘彩军[1]　孙自帅[1]　李安清[2]　孙　亮[2]

（1.中铁一局集团第二工程有限公司　河北唐山　063000；2.北京建大京精大房工程管理有限公司　北京　100044）

摘　要：盾构法施工技术是城市地铁中较为常见的一种隧道施工工艺，具有较强的施工综合性，对加快地铁施工进度、提高工程质量、确保施工安全有着极为重要的意义。伴随着国内各大城市地铁的发展规划，线路的设计变得愈加"拘谨"，叠摞区间应运而生，同时国家各级单位对地铁盾构施工技术管控要求愈加严格。本文依托在建工程实例对叠摞区间盾构施工经验进行阐述，使更多人了解叠摞区间盾构施工，掌握叠摞盾构区间施工关键技术，为类似工程提供借鉴和参考。

关键词：地铁；盾构法；叠摞区间

1　地铁叠摞区间盾构法施工实例背景

某地铁盾构区间全长约840m，上下叠摞段近750m，叠摞段下方隧道为左线，上方隧道为右线，左线埋深范围为21.6～38m，右线埋深范围为13.6～28.4m，叠摞段净间距为1.6～3.5m。盾构穿越地层由上而下揭示的地层分别为：杂填土层、砂质粉土层、粉质黏土层、粉细砂层、卵石层、粉质黏土层，盾构区间主要穿越卵石圆砾⑤层、粉质黏土⑥层、卵石圆砾⑦层。涉及两层地下水，分别是潜水（二）、层间水（三）。该标段地处繁华市区，地理位置敏感而重要，地面交通流量大，周边建（构）筑物和地下管线众多，盾构区间下穿三环路和多处重要建（构）筑物，Ⅰ级风险源涉及自身与环境风险共3项。

2　叠摞区间盾构施工关键技术

2.1　盾构始发准备关键工作

（1）盾构机刀盘选型

根据本区间的地质特点，盾构机选用土压平衡盾构机，刀盘为辐条式刀盘，开口率为69%，刀盘上配置中心鱼尾刀1把、切削刀92把、先行刀61把、周边保护刀12把、超挖刀2把（超挖量150mm），设置5处添加剂注入口，2个刀盘磨损检测装置。

（2）端头土体加固

盾构始发、接收前，需采取有效措施加固车站端头土体，使土体具有较强的自稳性，且不发生渗流，以确保盾构进洞、接收期间洞门范围内土体处于安全状态，不发生安全质量事故。本区间始发端土体加固长度$L=6$m，接收端土体加固长度$L=9$m，采用地下洞内深孔注浆加固。端头加固效果需满足无侧限抗压强度0.5～0.8MPa、渗透系数≤1×10^{-6}cm/s的设计要求。

作者简介：刘彩军（1981—），男，工程硕士，高级工程师，中铁一局集团第二工程有限公司项目经理，一级建造师，主要从事盾构施工现场管理工作。电子邮箱：26769836@qq.com。

(3)反力架的安装

反力架的作用是盾构初始掘进时为盾构向前推进提供所需的支撑力,盾构初始掘进前应首先确定反力架的形式,并根据盾构推进所需最大推力进行校核,然后根据设计加工盾构反力架。结合场地特点及结构尺寸通过测量放线确定反力架最终位置,待反力架安装完毕后,方可进行初始掘进。

本区间右线盾构机属于"空中始发",反力架安装前在始发端底板选用钢支撑 + 型钢搭设始发平台,反力架安装完成后在反力架顶部加焊型钢与车站拱顶结构连接为一个整体,有效避免了在盾构始发掘进时对始发平台及反力架造成的下沉及顶升的影响。区间右线始发端孔洞加固剖面图如图 1、图 2 所示。

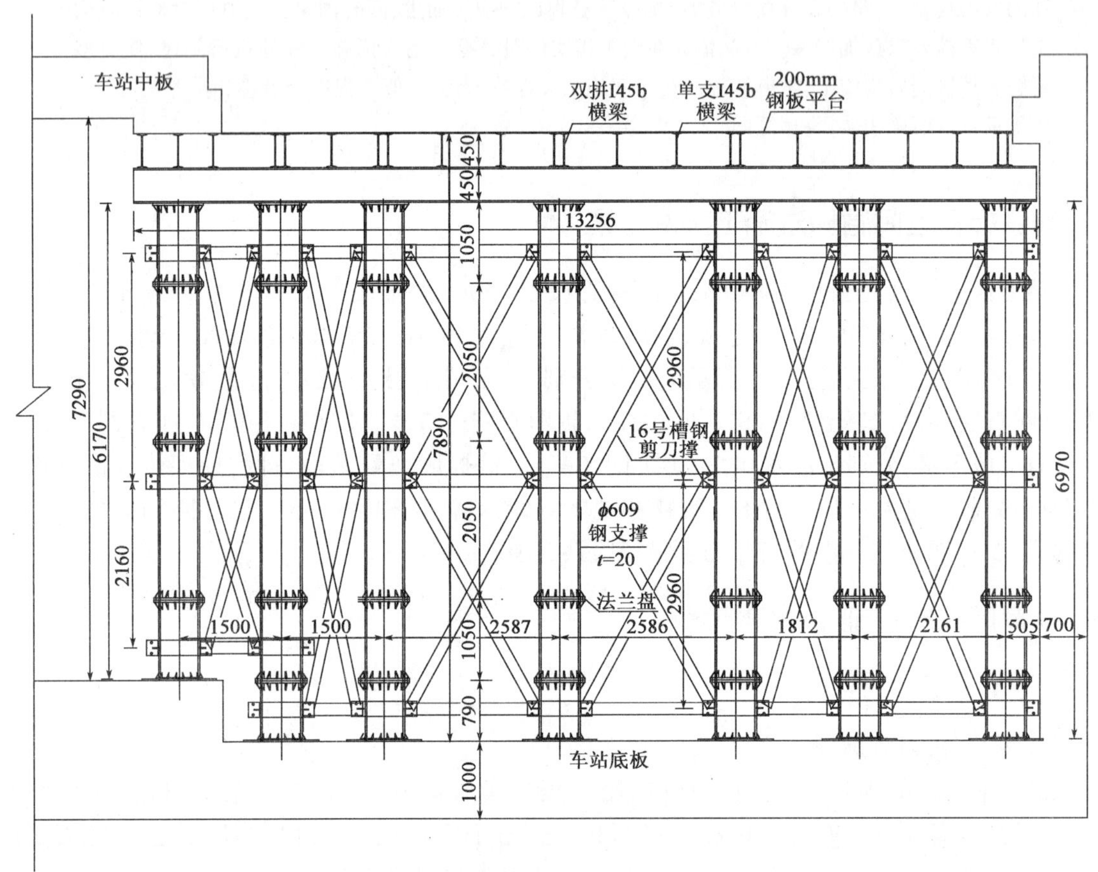

图 1　区间右线始发端孔洞加固纵剖面图(尺寸单位:mm)

2.2　盾构掘进过程中关键技术措施

(1)土压力控制

采用土压平衡模式掘进时,土压力的设定是施工的关键,包含了推进力、推进速度和出土量三者的相互关系,对盾构施工轴线控制和地层沉降控制起主导作用。本区间盾构掘进过程中一般地层土仓压力控制在 0.3 ~ 0.5bar,当穿越地表重要建(构)物时,土仓压力控制在 0.5 ~ 0.6bar。

施工中通过设在刀盘和密封舱的压力计测定,结合地质、埋深和地面监控量测信息的反馈分析,适时优化调整土压力、推进速度、推进力及注浆量的设定值,以确保地面变形控制在规定的范围内。

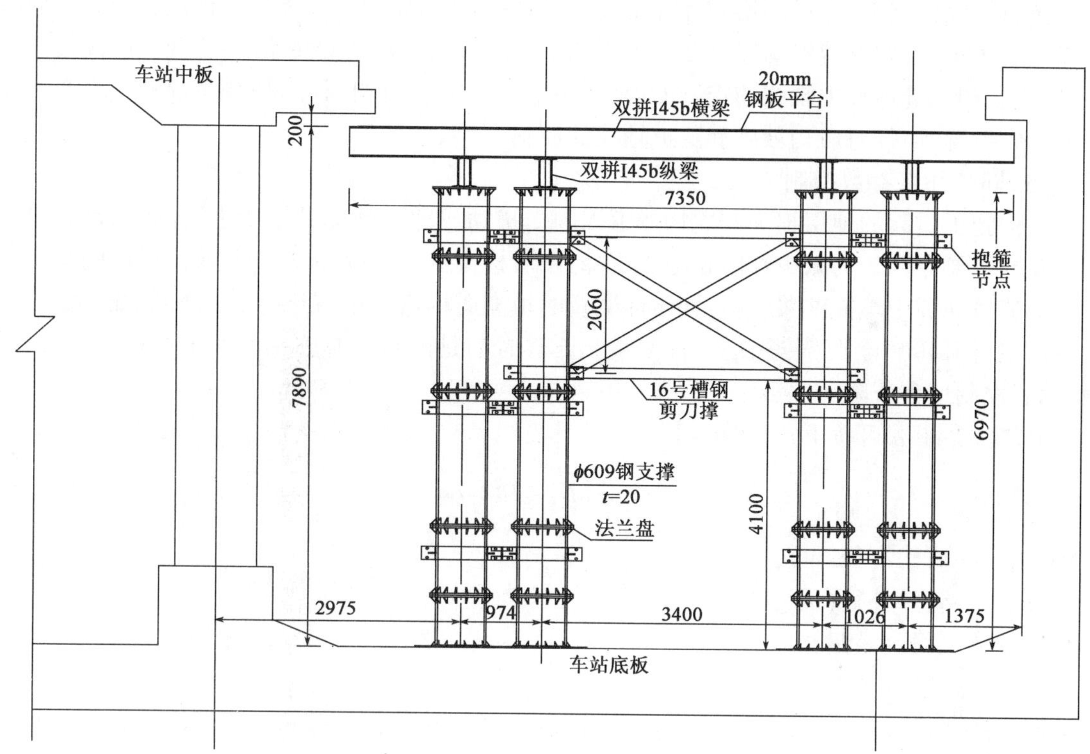

图2　区间右线始发端孔洞加固横剖面图(尺寸单位:mm)

(2)出土量控制

密封舱内土压力以螺旋输送机转速和出土门的开度控制,即以出土量控制。

理论出土量计算公式:

$$V = \pi \times \frac{D}{2} \times 2 \times L \times S \tag{1}$$

式中:D——刀盘直径(m);

L——管片宽度(m);

S——松散系数。

盾构掘进每环管片宽度的出土量约为49.1m^3。在泡沫与泥浆注入正常的情况下,现场控制每环的出土量一般为50~52m^3,并通过龙门吊智能测重系统及记录对每环管片出土量进行测重、记录、分析,预判有无超、欠挖情况,确保盾构机正面土体的稳定。

(3)推进速度控制

盾构推进时通过土压力传感器检测数据来控制盾构千斤顶的推进速度,使盾构推进速度与出土速度相匹配,以保持适当土压力值。

(4)盾构轴线控制

轴线控制是盾构法隧道施工的一个非常重要的环节,在盾构掘进过程中根据导向系统提高的偏差参数、趋势和建议要严格控制,主要方法为:在盾构掘进过程中,以各区域千斤顶的行程、油压以及流量控制盾构前进方向,发现偏差时及时调整千斤顶的编组和各区域千斤顶的行程、流量及油压,加强各施工参数的设定管理,防止因参数设定不当造成隧道轴线产生大的偏离,要做到随偏随纠、勤纠小纠,减少因轴线纠偏而造成的土体超挖、扰动。

在曲线段掘进时,通过严格的计算来确定衬砌的超前量,原则上根据设计图选用管片的型号以及旋转角度,如遇特殊情况可在现场另选更加合适的管片及旋转角度;合理利用铰接千斤顶,提高盾构掘进过程中轴线的控制能力;利用盾构机的区域油压可调整这一特点,改变千斤顶的合力位置,加强对盾构坡度和隧道轴线的控制。

(5)同步注浆参数控制

盾构施工引起的地层损失和盾构隧道周围受扰动或剪切破坏的重塑土再固结,是导致地表沉降的重要原因。为减少和防止地表沉降,在盾构掘进过程中,要尽快在脱出盾尾的衬砌背后环形建筑间隙中填充注浆,通过同步注浆及时填充盾构机盾尾与开挖轮廓之间的间隙。

注浆材料和配合比、注浆压力、注浆量和注浆时间是同步注浆施工的四个要素,是防止隧道坍塌、控制地表沉降的关键。

同步注浆量 q 可按下式估算:

$$q=\frac{\pi}{4}(D_1^2-D_2^2)\ L\alpha \tag{2}$$

式中:D_1——盾构直径(m);

D_2——管片外径(m);

L——盾构(背后注入)的全长(m);

α——充填率(%)。

同步注浆量 $=3.14\times(6.59^2-6.4^2)\times1.2/4=2.32\text{m}^2$,注入率取 1.3 ~ 1.5,同步注浆量为 3.02 ~ 3.48m^3,注浆过程中采用压力的注浆量“双控”标准。

(6)二次注浆参数控制

为防止同步注浆出现未能完全填充管片外空隙的情况,需要通过管片上的注浆孔对管片外侧进行二次补注浆,二次补注浆安排在拼装管片时,注浆量一般为 350 ~ 600L;补注浆的压力比同步注浆的压力高 0.10 ~ 0.20MPa,以更好地对外部间隙进行填充。

3 叠摞区间盾构施工加强技术措施

3.1 优化管片设计

叠摞范围内管片配筋直径增大,即加强型管片。

3.2 采取隧道间土体加固措施

盾构每环管片由六块组成,编号分别为 A1、A2、A3、B1、B2、K,在叠摞段上、下层对应的范围内,上层每环管片编号为 A1 的预留三个注浆管孔,A2、A3 各预留两个注浆孔,下层每环管片编号为 K 的预留一个注浆管孔,B1、B2 各预留三个注浆,如图 3 所示。施工下方隧道时利用吊装孔和新增注浆孔对拱部土层进行先期注浆,上方隧道施工时利用上方隧道吊装孔对两隧道间夹层土体进行补充注浆加固。

3.3 下层区间洞内支撑加固措施

本区间洞内加固措施采用分节拼装式型钢支撑进行加固,如图 4 所示。与支撑台车相比,型钢支撑具有受力可靠、结构简单、便于拆卸、可循环安装使用、加工周期短等优点。区间右线掘进过程中,下层支撑长度需完成不小于 12m(10 环)上层盾构机刀盘位置超前加固,确保盾构机连续作业。

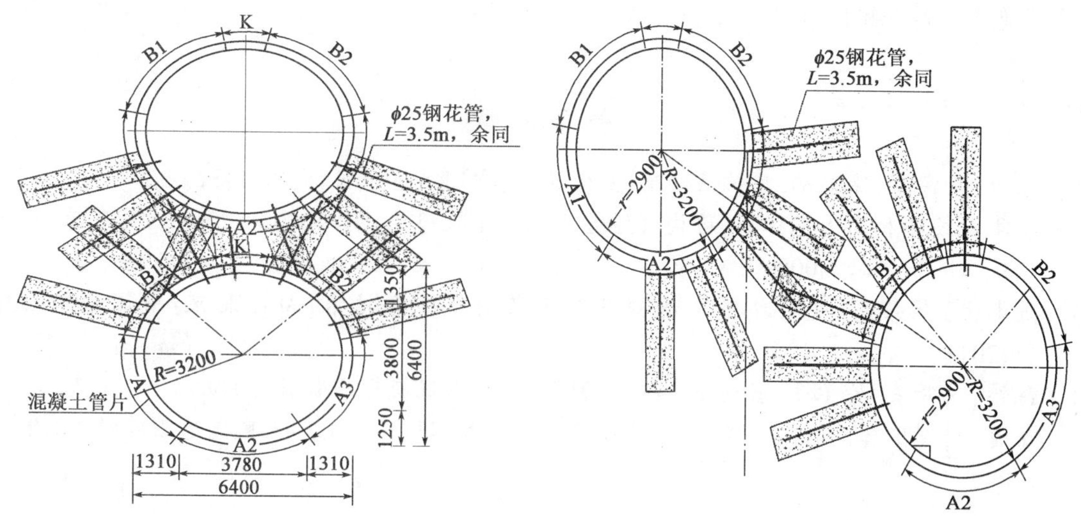

图3 区间叠摞区域土体加固注浆示意图(尺寸单位:mm)

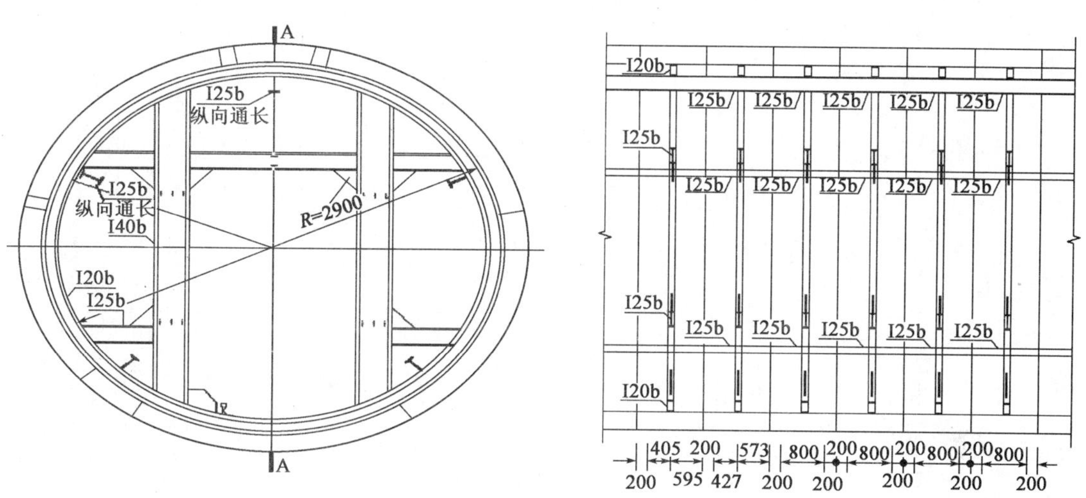

图4 区间左线洞内支撑加固剖面图(尺寸单位:mm)

4 结语

盾构法施工是目前地铁运用越来越广泛的施工工艺，随着盾构施工技术的不断延伸、不断发展，会越来越适应各种复杂条件下的城市轨道交通工程，快速、高效地完成各项攻坚任务。通过对本工程叠摞隧道工程施工总结，得出以下几点结论：

(1)熟练掌握常规的盾构法施工工序要求，是盾构施工技术管控的关键，在熟练的施工技术前提条件下配备先进的智能系统，可全方面提高地下施工作业可控性。

(2)下方隧道通过加强管片及临时型钢支撑加固措施可满足上方隧道盾构掘进过程中对隧道的受力影响，满足设计规范要求。

(3)两条隧道间土体加固措施可有效减少上方隧道施工时对下方隧道的干扰，同时也可减少对地表沉降的影响，是确保叠摞区间土体稳定的关键。

(4)分节拼装式型钢支撑结构简便、拆卸轻便、循环利用性高，同时可满足传统支撑台车洞内支撑加固要求，对加快施工进度、确保盾构持续作业意义重大，在未来盾构叠摞区间洞内加固措施中可优先推广、应用。

参考文献

[1] 张云,殷宗泽,徐永福. 盾构法隧道[M]. 北京:中国铁道出版社,1991:329-369.

[2] 中华人民共和国国家标准. 盾构法隧道施工与验收规范:GB 50466—2008[S]. 北京:中国建筑工业出版社,2008.

[3] 陈湘生,李兴高. 复杂环境下盾构下穿运营隧道综合技术[M]. 北京:中国铁道出版社,2011.

[4] 陈馈,洪开荣,吴学松. 盾构施工技术[M]. 北京:人民交通出版社,2009.

[5] 乐贵平,贺少辉,罗富荣,等. 北京地铁盾构隧道技术[M]. 北京:人民交通出版社,2012.

不同地质条件下超大直径泥水平衡盾构机的适应性再制造技术及应用

赵　珺

（上海隧道工程有限公司　上海　200137）

摘　要：文章通过对比上海虹梅南路隧道和珠海马骝洲交通隧道的地质特点及工程特性，对原应用于上海虹梅南路隧道的 ϕ14.93m 超大直径泥水平衡盾构进行适应性评估和再制造以满足珠海马骝洲交通隧道建设需要，重点阐述了复合式刀盘和破碎机的适应性再制造技术，为盾构设备再制造技术的研究和推广应用起到了一定程度的借鉴意义和促进作用。

关键词：不同地质；超大直径；适应性评估；再制造

1　概述

盾构法作为一种以盾构机为核心的机械化暗挖施工形成隧道的方法，因其在复杂地层适应性、环境安全可控性等方面具有明显优势，已在各类地下隧道工程中得到广泛使用，随着国家经济内循环的总体需求，城市现代化建设的力度加大，基础设施建设的加速发展，超大直径盾构（ϕ14m 以上）的需求量亦进一步扩大。

自 1994 年全球第 1 台超大直径盾构（ϕ14.14 m）在日本东京湾横断道路隧道工程中得到应用，经过近 27 年的发展，超大直径隧道掘进机得到越来越多的重视与应用。截至 2020 年 5 月底，全球超大直径隧道掘进机施工共有 56 处工程。其中，中国采用超大直径隧道掘进机施工的隧道工程数量最多，达到 39 处、占比约 69.6%。

根据最新的统计，国内外品牌新制造的及再制造的超大直径（ϕ14m 以上）盾构数量见表1。

国内、外品牌新制造的及再制造的超大直径（ϕ14m 以上）盾构机数量（单位：台）　　表 1

1994—2019 年新制造的数量		2020 年正在新制的数量	
国外品牌	国内品牌	国外品牌	国内品牌
42	6	2	15

新制一台超大直接盾构机需要投入巨大的资金，且研发制造周期漫长。超大直径盾构资产存量愈益增多，如何盘活存量盾构资产，提高盾构的重复利用率，在保证项目风险可控的前提下，降低盾构机投入成本是目前盾构掘进装备企业急需解决的问题，超大直径盾构的适应性再制造技术可有效解决此问题。适应性再制造是综合工程项目实际施工需求，通过技术匹配、性能强化、功能优化等分析评估，对超大盾构机进行适应性再制造，最大程度地提高盾构设备的创效能力，可大幅节约投入成本、缩短工程建设工期。其具有适应性（技术上符合工程项目

作者简介：赵珺（1972—），男，大学本科，工程师，目前主要从事超大直径盾构机的采购、自制、改制、维修、全生命周期过程管理工作。电子邮箱：zhaojun@ stecmc. com。

的设计施工需求）、经济性（经济上控制成本大幅度降低）、时效性（响应整个工程的工期要求）等特点。

2 适应性再制造

2.1 工程概况

上海虹梅南路越江隧道是上海市闵行区和奉贤区的第一条黄浦江越江隧道，隧道途经闵行区和奉贤区，全长6.8km，隧道开挖采用一台ϕ14.93m切削外径的超大直径泥水气平衡盾构机，如图1所示，盾构机主要由主机、车架、推进、拼装机、液压系统和辅助配套系统等组成，设备耗资3.5亿元引进，于2012年7月初始掘进，至2015年3月完成掘进。

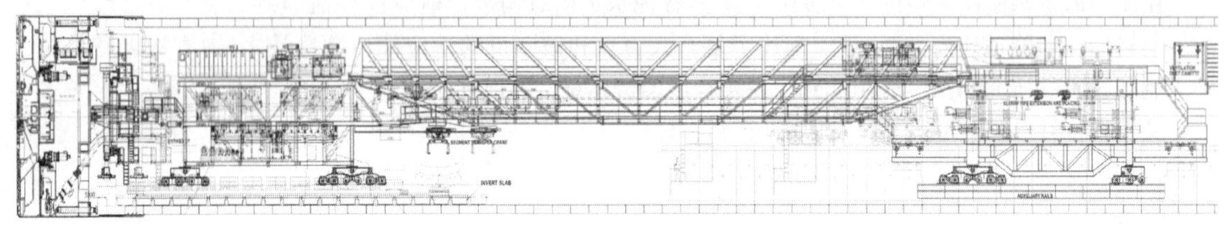

图1 ϕ14.93m超大直径泥水加压平衡盾构机结构示意图

如图2所示，越江隧道段穿越地层主要有③层灰色淤泥质粉质黏土、④层灰色淤泥质黏土、$⑤_1$层灰色粉质黏土、$⑤_{1-1}$层灰色黏土、$⑤_3$层灰色砂质粉土夹粉质黏土、$⑤_{41}$层灰绿色粉质黏土、⑥层暗绿～草黄色粉质黏土、$⑦_{1-1}$层草黄色黏质粉土夹粉质黏土、$⑦_{1-2}$层草黄～灰黄色砂质粉土、$⑦_2$层灰黄～灰色粉砂。

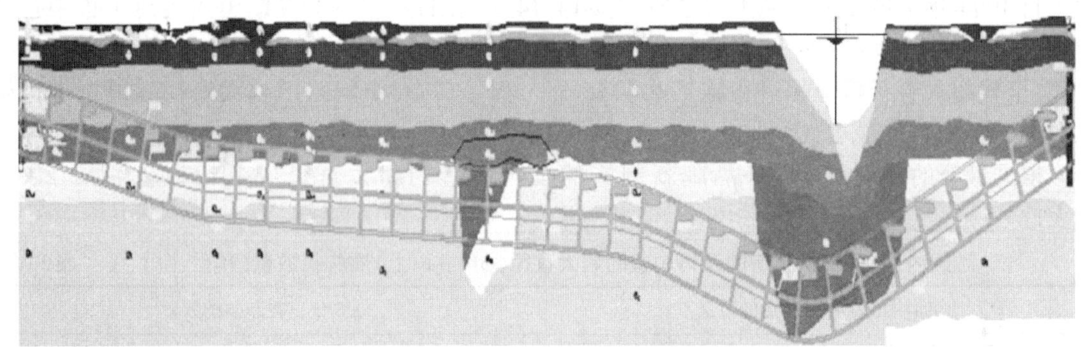

图2 上海虹梅南路隧道盾构段地质剖面图

珠海横琴马骝洲交通隧道是横琴岛的第三通道，位于珠海市南湾城区和横琴新区，南起横琴隧道以南约300m，与在建横琴中路顺接，过马骝洲水道后，向北至南琴路，与珠海的主城区联通，全长约4km，如图3所示。海底隧道横跨马骝洲水道，隧道长2200m，其中盾构段长1082m。该隧道建成后，可在台风等恶劣天气的影响下，确保横琴岛与珠海市区以及外界在极端天气条件下全天候交通畅通。隧道采用单管单向3车道，双管双向6车道。

如图4所示，马骝洲交通隧道穿越地层主要有$②_1$淤泥、$②_2$黏土、$②_4$淤泥质黏土、$③_1$粉质黏土夹砂、④中粗砂、⑤砾质黏性土、$⑥_1$全风化花岗岩、$⑥_2$强风化花岗岩、$⑥_3$中风化花岗岩。潜水位1.6m，受潮汐影响；与盾构施工相关的承压水主要存在于④中粗砂层中，水位埋深0.1m，相应黄海高程为2.33～2.92m。经过设备性能、成本及工期的综合筹划，考虑利用上海虹梅南路越江隧道盾构机，通过适应性再制造技术以满足工程需要。

图3 马骝洲交通隧道线路图

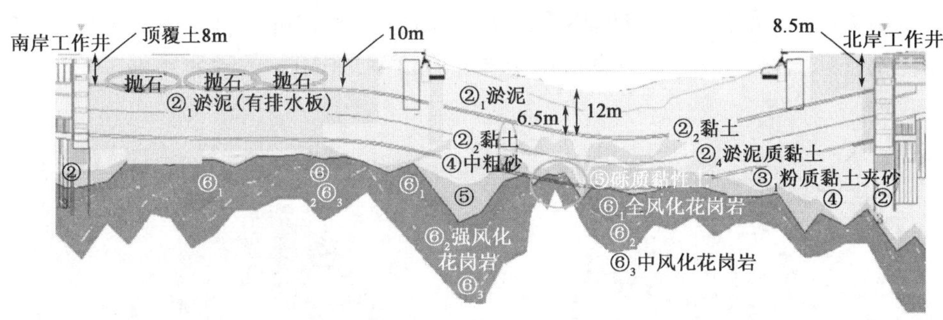

图4 马骝洲交通隧道盾构段地质剖面图

2.2 刀盘适应性再制造

按照珠海的地质条件信息,盾构将穿越中风化花岗岩地层,最高强度为 UCS < 100MPa。现有的应用于上海虹梅南路隧道盾构机的刀盘设计仅配备软土刀具,不能适用于具有花岗岩成分的地层中切削,必须对刀盘进行适应性再制造。

(1)方案1

如图5所示,保持原刀盘中心不变,仅重新制作4块周边分块。新分块布置:正面布置17in(1in = 25.4mm)双楔块单刃滚刀,周边布置17in双楔块单刃滚刀。

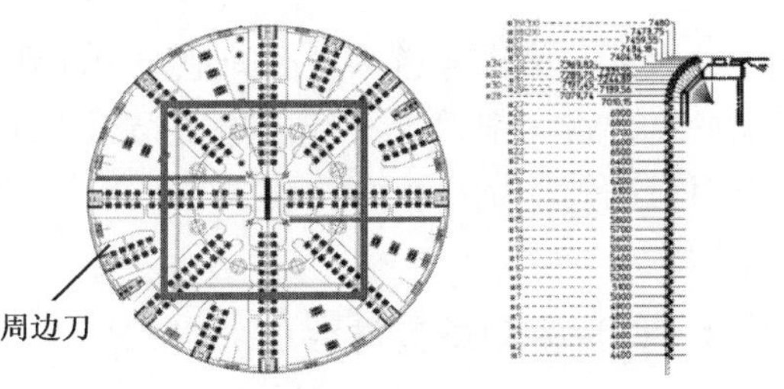

图5 刀盘正面及刀具轨迹图

该方案只需对周边刀盘进行再制造,但是在侵入隧道底部的岩层不高于3m的情况下适用,如图6所示,根据实际勘探侵入的岩石地层高于3m,因此本方案不可取。

(2)方案2

如图7所示,采用常压可更换刀盘,配备19in整体式双刃滚刀,能在常压条件下通过刀臂进行刀具更换,在软土地层中掘进时滚刀可以与齿刀互换安装。

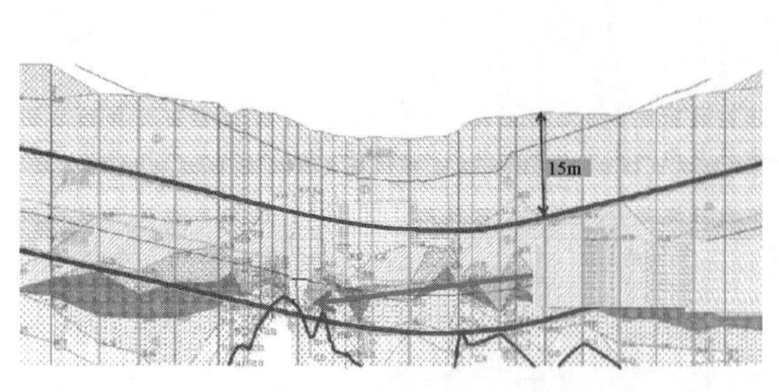

图 6　隧道底部岩石侵入图

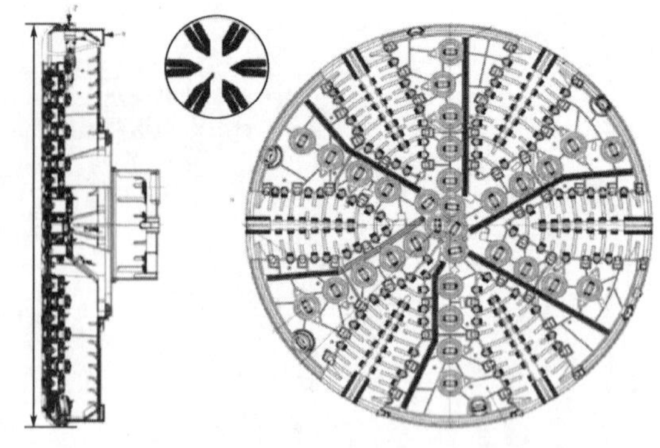

图 7　常压可更换刀盘示意图

方案中适合工程项目,但需重新设计制造伸缩主驱动及壳体,投入成本巨大,周期长,因此不建议采用该方案。

(3)方案 3

按照珠海工程的地质要求重新制造带压复合刀盘,刀具布置如图 8 所示。中心布置 17in 双楔块单刃滚刀、正面布置 17in 双楔块单刃滚刀、周边布置 17in 双楔块单刃滚刀、边缘耐磨条上增加碳化钨硬质合金。该刀盘方案适用于岩石强度 >100MPa 的地质条件。

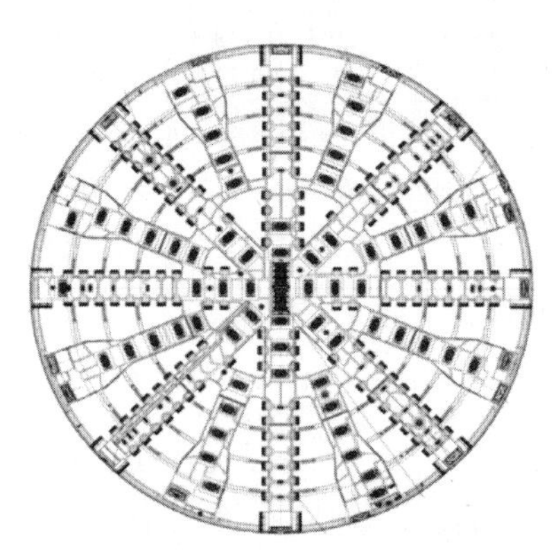

图 8　复合式刀盘布置图

由于本项目隧道掘进区间地层为软硬不均性质,对刀具可能产生不同程度的磨损,盾构机配置复合式切削刀盘,当盾构掘进至中风化花岗岩地层时可根据需要将刀臂上的齿刀更换为滚刀,这种滚齿刀互换功能,既符合软土地层的高效切削也可以满足硬岩地层中对刀具的保护。

2.3　刀盘驱动适应性评估

刀盘驱动是刀盘核心动力部件,为满足驱动在本项目工程施工性能可靠,对主驱动进行适应性评估。

刀盘驱动经计算后的应用范围满足珠海地质的施工要求,因此不需要进行改造,但需对原驱动拆解检查以及维护保养。驱动的维护保养主要为大轴承拆解维护保养,密封圈、滚道、滚柱、保持架的磨损情况检查,经质检部门检测和技术评估,虹梅南路盾构驱动满足珠海项目盾构使用要求。

2.4 搅拌机适应性再制造

珠海马骝洲交通隧道项目所使用的盾构将穿越比较破碎的强风化花岗岩层,也可能会遇到球状风化岩和孤石。如图9所示,虹梅南路隧道盾构配备的搅拌机适用于软土地层格栅口搅拌,如不更换搅拌机,不排除需要人员进舱清除这些障碍物的可能性。而新选型的破碎机适用于岩石地层,将切削下的石块在进入泥水系统前进行破碎,由图10可以看出,破碎机装置排除了石块在格栅口的堆积,确保了泥水循环顺利进行。

图9 泥水仓搅拌机

图10 泥水仓破碎机破碎工作情况

2.5 其他系统适应性评估

此外,对盾构开挖仓工作压力、曲线半径、人行闸,壳体、推进装置、拼装机,推进系统、工业水系统、泥水输送系统、工业空气系统、油润滑系统、电气和控制系统以及后配套车架进行适应性评估,以上装置和系统经评估符合珠海马骝洲交通隧道工程项目使用要求,仅需做维修保养。

3 结语

对原应用于上海虹梅南路越江隧道的 ϕ14.93m 超大直径泥水平衡盾构进行适应性评估,并根据评估结果和设计施工要求对盾构设备进行适应性再制造,以应用于珠海横琴马骝洲交通隧道建设工程,盾构机于2016年1月始发掘进,2017年11月顺利贯通。相较于新制一台符合珠海项目施工要求的盾构机,利用现有的存量盾构进行适应性再制造,可大幅降低工程的投入成本,极大地缩短了项目建设工期,全面拓展设备的适应性及寿命,充分提高装备的利用率。

参考文献

[1] 张厚美,盾构隧道的理论研究与施工时间[M].北京:中国建筑工业出版社,2010.
[2] 周文波,吴慧明.大直径盾构法技术[M].北京:人民交通出版社股份有限公司,2020.
[3] 鹿全鑫,温法庆.盾构机的针对性改造和部件再制造[J].现代制造技术与装备,2019,10:

27-30.
[4] 顾国明,陈卫平.大型泥水平衡盾构越江隧道施工技术[J].建筑机械化,2008(10):52-56.
[5] 赵新合.盾构再制造技术与实践[J].建筑机械化,2014(3):79-82.

地铁工程土压平衡盾构施工技术要点分析

赵 健

（北京住总集团有限责任公司轨道交通市政工程总承包部　北京　100029）

摘　要：地下铁路设立建设是现代城市地下轨道交通系统建设的不可或缺组成部分。在当前的中国城市轨道交通系统建设中，土压平衡盾构工程施工技术是一种较为广泛有确实根据的技术手段。它的体积小，可以保证较高的工程施工效率，因此，也受到许多地铁建筑公司的重视。

关键词：地铁工程；土压平衡盾构机；要点分析探讨

1　引言

在地下铁路建设中，好的工程施工技术发挥着越来越重要的作用。以土压平衡盾构施工技术为例，在应对一连串不利而复杂的地质构造实质条件时，可以取得较好的特殊效果。为了进一步提高施工工艺水平，提高工程施工效率，有必要根据实际工程施工实质条件合理调整工程施工技术的实际应用策略，结合不同的工程建设实质条件，提高地铁的整体工程施工水平，进一步提高工程施工水平和工作效率。

2　盾构法概述

在当前的地下工程施工过程中，盾构法已被广泛使用。在施工过程中，盾构法隐蔽性好，对有关环境的直接影响小，受到浅层土壤结构覆盖的直接影响也小，尤其是在地下隧道工程中，无论是在海底公路隧道工程、河道地下隧道工程还是穿越地面建筑物的工程中，都不会对周围环境产生严重影响。

3　工程施工特点分析

3.1　地下隧道施工风险分析

市中心的绝大部分地铁系统都建在地下，这种城市的公共建筑周围环境比较复杂。一旦发生，项目风险将给社会和周围环境带来更多的不良影响。所以，地下城际轨道交通工程中城市铁路隧道的开挖需要保持稳定由于开挖引起的土压力损失，以保持周围土壤结构的整体稳定性，并要有效确保周围环境和建筑物的安全防护。

3.2　盾构法工程施工

盾构隧道掘进机是一种用于钢壳开挖和衬砌段装配的固定设备。在钢壳的保护下，盾构隧道掘进机用于开挖，推进，衬砌和灌浆。这是一个机电一体化设备。目前，中国地下的交通工程中应用的绝大多数盾构隧道掘进机都是封闭式平衡盾构机，主要步骤：稳定性结构分析→准备步骤手续→工程施工技术→项目总结。

作者简介：赵健（1989—），男，大学本科，助理工程师，目前主要从事城市轨道交通施工与管理工作。电子邮箱：1135508687@qq.com。

(1)盾构法施工的优点

工业自动化工程施工可以有效地利用劳动力,并与工程施工组织紧密联系;工程施工方法产生的噪声污染和机械振动对环境影响很小;在保持压力等级均衡的同时,在压力传感器中具有独特的优势。

(2)盾构法施工的缺点

机械设备故障引起的相关联的问题需要解决;进入工程施工状态后,遇到阻碍物时某些障碍物难以撤出,即不利的情况只能向前推进而不撤出;地面下沉或地陷,盾构机位置和地下隧道断面变形是该项目的重心;有很多项目和复杂的协调性工作难以解决。

4 盾构工程技术要点

4.1 合理有效的选型

土压平衡盾构施工技术在地铁工程中的有效果的实际应用必须建立于有充分根据的选择,以确保所使用的盾构机械设备能够满足地下铁道工程施工的实际总需求。在实际选择过程当中,应注意下列要求:①盾构隧道掘进机的开挖尺寸应满足盾构断面结构的要求;②盾构机的开挖基本功能必须适用地下隧道的地质要求,以最大极限的程度地减少地表下陷并确保工程施工安全可靠;③盾构参数值要满足计算要求。因此,在使用设备之前,必须根据地质构造实质条件进行结构分析和运算,以使用寿命长,行程长的固定设备为佳。

4.2 端头加固工程技术的实际运用

当盾构周围的地层自稳性差、渗透性强、沙和黏土矿物薄弱时,在不加固的情况下开挖后,大量的土壤和水体会直接掉入工作井,导致大面积上规模塌陷,会直接危及地下管道和靠近的建筑物的安全防护。目前常用的加固方法和手段有灌浆、旋转喷涂、深层搅拌、井点脱水、冷冻等、可依据土壤结构类型,渗透系数,标准度量渗透率值,加固深度,和主要目的进行选择工程规模,建设周期等在周围环境要求下,加固土应具备一定的独立性,耐水性和强度等级,以确保屏蔽的安全性。从一开始就需要严格检查加固土的强度等级和应力变化。

4.3 掘进中的要点

在盾构的试掘进过程中,各项参数都得到基本的确定,此时就可以过渡到正常掘进的阶段中。而在这一阶段中,还需要对掘进模式进行相应的选择。为了整体的盾构机能够始终保持良好的工作状态,就必须保证以下两大方面的基本情况:首先是要确保刀盘和刀具之间具有良好的适应性;其次是要保证渣土能具有良好的流动性,并且不会发生渗水的现象。在保证以上两大方面的要素之后,就可以根据线路所在地的具体地质情况,来对具体的掘进方式进行选择。在实际的操作过程中,由于地铁隧道当中的地层情况会有所差别,因此操作人员需根据不同的地层情况来调整盾构的参数。如此,盾构机才能够在操作的过程当中满足不同地质情况的要求,从而不影响整体土体结构的稳定性,并且稳步提高施工的水平。此外,相关人员要在施工过程中对不同土层进行测量,盾构参数才能够获得准确的依据。

5 特殊地层条件的施工要点

5.1 泥沙淤泥地层条件的施工要点

在地铁施工中,不可避免地会遇到以冲积沉积物或泥泞地层为主的地质构造实质条件。一般而言,在这种的地质构造条件下,整体稳定度和环境承载力非常差。在这样的地质条件

下,应注意以下几点:

(1)在采用土压平衡盾构施工技术时,为避免工作面失去平衡和大面积地面下沉或地陷,有必要严格控制并保持其开挖量。

(2)随着工作面的持续发展,使用附加材料可以最大限度提高矿渣的性能指标,防止水和砂子的涌出。应逐步升级技术改造,以削减灌浆的整体所用时间。提高同步性,灌浆的工程施工单位质量可有效确保盾构的整体单位质量。

5.2 盾构接收

洞门破除前期,技术人员需及时观察土体实际情况,并针对土体情况进行土压值的设计,此期间操作人员需及时降低设备对土体造成的压力,以保证洞门破除工作的顺利开展。同时,在盾构机刀盘与洞门位置相近时,操作人员需及时降低推进速度,确保接收洞门能够安全破除。在完成洞门破除工作后,施工人员应加快管片拼装进度,使盾构出洞时间能够得到合理缩短,进而降低土体与水分的过分流失。施工人员在完成以上工作后,需及时对环形钢板以及特殊环管进行焊接,填充洞门与管片的间隙,防止水分及土体出现流失严重现象。

5.3 不均匀土层施工要点

地铁施工也会遇到一系列复杂而不均匀的硬度条件。在这类地层中,对盾构机设备的地下隧道控制要求相比较的较高。在实际工程施工中,应注意:①数据分析和先进的钻探必要措施,准确掌握软、硬地层的实际分布和变化规律,分析整体应力张量特征;②在压力等级下软、硬土的分布应紧密结合动态平衡法和地层应力张量特征。另外还要注意根本的覆盖,通过合理使用超挖刀,及千斤顶对开挖参数值进行动态的调整,才能保证参数值的有效控制。

6 旁穿建筑物施工技术

6.1 掘进参数

盾构穿越风险源段将重点参考试验段掘进参数,严格控制相关盾构推进参数,确保盾构稳定、匀速通过建筑物,避免对地层扰动过大,主要参数如下:

(1)土压力:合理设置土压力,根据监测数据及时调整土压力值,保证土压平衡,以减少对土体的扰动。土压力控制值为:上土压为1.3~1.5bar,停机时上土压为1.5~1.7bar。

(2)推进速度:盾构推进速度对地面的沉降变形有明显的影响,过快的推进速度将增加对土体的扰动,产生较大的地表沉降,应保证推进速度均匀、稳定,速度控制在35~45mm/min。

(3)刀盘转速、推力:刀盘转速控制范围为0.8~1.2r/min,推力控制范围为8000~13000kN。

6.2 盾构出土量

严格控制出土量,避免出土量过大造成地层损失,引起地面变形,计算理论出土量为每环36.80m^3,土体松散系数经验值为1.2,海瑞克盾构出土量应该控制在$36.80\times1.2=44.16m^3$以内。实际施工过程中,应及时观察土体状况、监测数据以确定出土量。

6.3 注浆控制

由于盾构机外径大于盾构隧道结构外径,隧洞周围形成130mm的建筑空隙是造成地面沉降的直接因素。盾构施工中注浆施工是盾构侧穿用友办公楼控制地表沉降的关键,应保证同步注浆量和推进速度的协同一致等。

(1)同步注浆:理论计算每环的开挖空隙为 $3m^3$,每环的注浆量一般为开挖空隙的 130% ~ 180%,确定每环的同步注浆量应控制在 $3.9 \sim 5.4m^3$,同步注浆压力控制在 0.2 ~ 0.3MPa。

(2)二次补浆参数:每两环进行一次二次补浆,采用单液水泥浆,补浆位置为管片两侧上半圆范围,在盾尾后 6 ~ 8 环开始。二次补浆量为 $1.2 \sim 1.5m^3$,补浆压力控制在 4bar 以内,以注浆压力控制为准,浆液配合比为 1:1。

6.4 土体改良

采取合适的地层改良措施、改善土体的流塑性、保持进出土顺畅,采取措施如下:采用泡沫添加剂,通过先期试验段确定合适的泡沫添加剂配合比为 3.5% ~ 4.5%,以达到最优的土体改良效果。

6.5 盾尾密封

通过加大盾尾油脂压注入量来防止浆液通过盾尾流失,油脂采用优质油脂,计划每掘进 1 环使用一桶 42kg 油脂。

6.6 轴线控制措施

通过控制盾构姿态来控制隧道轴线,每环推进前根据上一环的报表来调整推进参数,主要控制手段如下:

(1)调整分区油压。

(2)千斤顶编组。

(3)控制推进速度。

(4)调整相邻管片转角,控制盾尾间隙量。

(5)更换注浆位置。

(6)调整控制土压。

(7)使用盾尾“铰接”装置。

盾构推进过程中注意姿态变化随时调整,保证姿态,纠偏量控制在 5mm/环;盾尾间隙小于 50mm 时采用左、右环进行纠偏;当轴线偏差达到 ±20mm 时橙色预警,需及时同时技术、测量人员配合施工、盾构司机进行第一时间纠偏;盾构姿态垂直姿态调整为 -70 ~ -80mm。

应根据上一环的报表、千斤顶左右长度差及当前推进环的设计轴线变化,来判断盾构现状是否将完成预计的纠偏量;正确使用盾构机铰接装置,保证盾构机外侧紧贴土体,控制超挖量为最小值;在管片脱出盾尾前对相应的管片螺栓进行复拧紧,提高其抵抗切向力的能力,减少管片错台及隧道管片整体位移量。

6.7 径向注浆加固

在盾构自身参数控制下,采取一定的专项加固措施,保证建筑物沉降及倾斜在设计安全允许范围内。在盾构通过后,通过壁后注浆孔向建筑物方向径向注浆,注浆浆液采用水泥水玻璃双液浆。加固范围为隧洞外侧 3m,隧洞全拱 360°,扩散半径为 0.5m,浆压力控制在 0.5 ~ 0.8MPa。具体断面加固图如图 1 所示。

7 结语

在实际施工中,工程人员应在充分掌握土压平衡盾构技术的基础上,规范操作,吸取经验教训,避免各种安全隐患,确保工程安全。

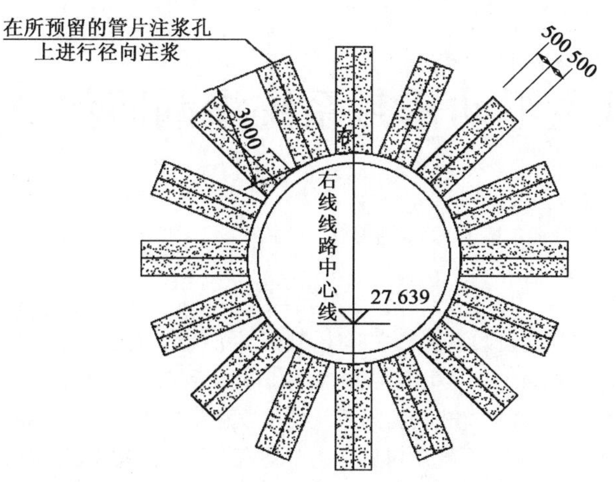

图1　隧道径向注浆加固横断面图(尺寸单位:mm)

参考文献

[1] 吴四二,夏卫平,颜海峰,等.城市地铁盾构施工过运营高铁站接收技术控制与应用[J].安徽建筑,2019,26(1):90-93.

[2] 汤德品.岩溶发育区域地铁区间盾构施工技术[J].工程建设与设计,2019(14):147-150.

[3] 谢胡明.土压平衡盾构在黏土地层中的掘进控制[J].建筑·建材·装饰,2019(9):130-131.

[4] 程高军,周小娟.兰州地铁富水砂卵石地层土压平衡盾构施工关键技术[J].甘肃科技,2019,35(3):104-106.

[5] 李继超.南宁地铁盾构选型分析[J].工程技术研究,2019(4):123-124.

盾构机主驱动密封系统渗漏防治技术研究

赵 锐

（北京城建轨道交通建设工程有限公司 北京 100080）

摘 要：盾构机作为地下隧道开挖的专用设备，已经被广泛应用到城市轨道交通、市政管线、地下道路等工程。主驱动是盾构机的重要核心部件，其密封系统是防止地层中的泥沙进入主驱动壳体的重要屏障。主驱动密封系统一旦失效渗漏，将给盾构工程带来巨大的影响，甚至造成灾难性的后果。配置具有结构合理、性能优良的密封系统的主驱动是盾构掘进施工的重要安全保障。本文通过主驱动密封渗漏的实际案例，提出对盾构主驱动密封的改进技术，不断提高密封的可靠性，保证盾构设备的安全性，确保盾构隧道的顺利掘进。

关键词：盾构机；主驱动；密封；渗漏；技术研究

1 盾构机主驱动密封的结构设计

盾构工法已经广泛应用到城市轨道交通、市政管线、电力、热力、地下道路、矿山开采等工程。盾构作为地下隧道开挖的专用设备，均采取定制生产制造模式。近十年来，我国盾构制造产业已经从引进吸收转型到自主设计、制造、组装阶段。

盾构机作为专业定制、专用设备，其主驱动系统是重要核心部件。主驱动系统由马达、减速机、驱动小齿轮、主轴承及大齿圈、内外周密封、刀盘连接法兰、壳体等组成，如图1所示。

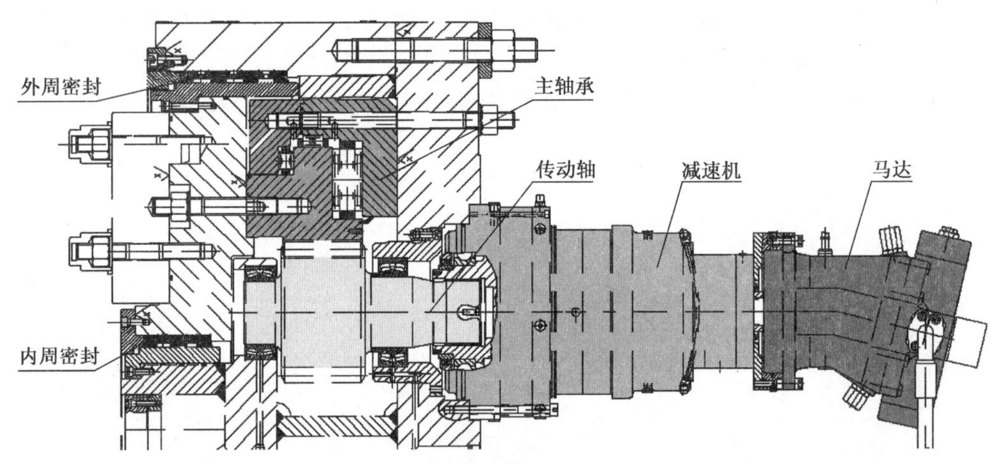

图1 主驱动系统结构示意图

主驱动密封系统是防止地层中的泥沙进入盾构壳体内的重要屏障。主驱动密封系统一般是由多道密封腔体组合而成，其结构形式如图2所示。主驱动密封系统结构一般包括唇形密封圈、O形密封圈、各类密封油脂腔体、密封衬套、检测腔等组成。检测腔靠近主轴承减速机一侧的唇型密封起到防止减速箱内齿轮油泄漏的作用。检测腔朝向土仓侧依次为稀油腔、EP2黄

作者简介：赵锐（1987—），男，大学本科，工程师，目前主要从事盾构工程设备管理和地铁工程施工管理工作。电子邮箱：446556728@qq.com。

油腔、HBW 黑油脂腔,每道腔体内的油压为前一道唇形密封提供背压,直至 HBW 油脂以一定压力和流量排至土仓一侧,防止刀盘旋转时土仓内具有压力的泥沙进入盾构机主驱动壳体内。

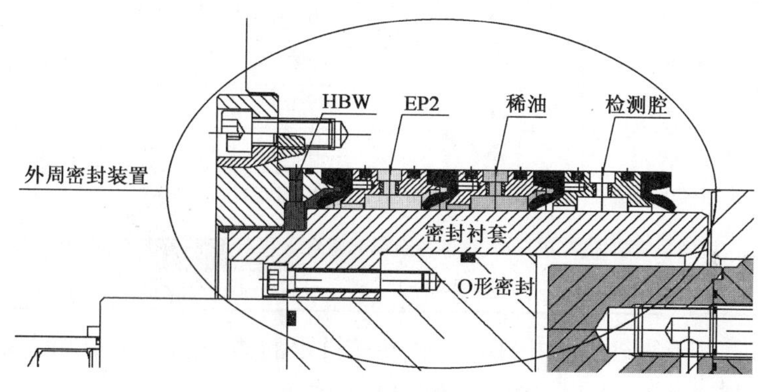

图 2 主驱动密封系统示意图

主驱动密封系统设计有密封衬套,密封衬套与唇形密封形成动密封,是主驱动密封的最关键密封部位;密封衬套与主驱动支撑体间设置 O 形密封圈,形成静密封。动密封和静密封共同形成主驱动密封系统。当密封衬套与唇形密封之间产生磨损,使密封性能降低时,可以沿轴向进行密封衬套变位调整 5mm,而恢复唇形密封的压密量,达到恢复密封性能的目的。

2 主驱动密封渗漏实例

国内某盾构隧道项目始发后,发现主驱动大齿轮箱内齿轮油出现乳化现象。经对油品取样检验,水分等含量超过油品规范要求。油品取样检测情况见表 1、表 2。

油品水分检测报告参数 表 1

序号	取样日期(月-日)	取 样 时 间	检 测 项 目	技术要求(%)	检测结果(%)	结 论
1	7-11	8:40	水分检测	<0.1	0.2	超标
2	7-11	12:33	水分检测	<0.1	1.2	超标
3	7-11	14:35	水分检测	<0.1	1.4	超标
4	7-11	16:35	水分检测	<0.1	1.5	超标

油品理化指标和金属含量检测参数 表 2

<table>
<tr><td colspan="2">机械类型:</td><td colspan="2">油品使用时间(h):</td><td colspan="2">报告日期:2019 年 7 月 12 日</td></tr>
<tr><td colspan="2">取样位置:主轴承</td><td colspan="2">机械运行时间(h):</td><td colspan="2">备注:</td></tr>
<tr><td colspan="6">一、理化指标</td></tr>
<tr><td>测试项目</td><td>化验结果</td><td>分析</td><td>参考值</td><td colspan="2">试验标准</td></tr>
<tr><td>黏度</td><td>162.21cst</td><td>超标</td><td>新油 ±10%</td><td colspan="2">GB/T 265—1988</td></tr>
<tr><td>水分</td><td>>0.2%</td><td>超标</td><td><0.1%</td><td colspan="2">GB/T 260—2016</td></tr>
<tr><td>机械杂质</td><td>>0.1%</td><td>超标</td><td><0.1%</td><td colspan="2">GB/T 511—2010</td></tr>
<tr><td colspan="6">二、元素浓度(ASTM D6595—2017)</td></tr>
<tr><td>元素</td><td>含量(%)</td><td>元素</td><td>含量(%)</td><td>元素</td><td>含量(%)</td></tr>
<tr><td>Fe</td><td>29.20</td><td>Ni</td><td>0.68</td><td>B</td><td>0</td></tr>
<tr><td>Cu</td><td>4.45</td><td>Sn</td><td>0.51</td><td>Ba</td><td>0.26</td></tr>
<tr><td>Si</td><td>6.13</td><td>Ti</td><td>0.04</td><td>Ca</td><td>43.13</td></tr>
</table>

续上表

Ag	0.06	V	0	Mg	1.14
Al	0.25	Li	0.81	P	152.97
Cd	0.79	Mn	0.59	Zn	163.70
Cr	0.20	Mo	1.04	Pb	4.44
K	1.00	Na	18.78	Sb	1.37
评价	该油各金属元素含量相对正常,应加强进一步跟踪监测。				
结论:该油黏度、水分、机械杂质超标;光谱分析,该油各金属元素含量相对正常,应加强进一步跟踪监测;该油需进行更换					

从结构上分析,能够导致盾构主驱动大齿轮箱进水的路径,主要有四种可能:

(1)主驱动油脂动密封损坏(HBW 油脂、EP2 油脂)。

(2)齿轮油冷却器泄漏。

(3)驱动减速机密封损坏,冷却水进入驱动箱。

(4)密封衬套静密封损坏。

对应上述路径,经过现场对盾构设备进行系统检查与测试,并结合区间始发掘进的实际情况,分析如下:

(1)主驱动油脂动密封:经现场对驱动密封系统工作压力和流量进行核实,各参数符合设计要求。检测腔中未存在油液或水分,可准确判断该盾构主驱动油脂动密封工作正常。

(2)齿轮油冷却器:现场对冷却器进出水口进行分离,并分别按照其工作压力做水压和气压保压试验未出现异常,说明冷却器没有明显泄漏水现象。

(3)驱动减速机密封:经对主驱动 8 台减速机齿轮油进行检查,油品正常,可排除进水点故障原因。

(4)驱动环静密封:该盾构在沿用原密封衬套基础上进行了位置调整再使用(外调 5mm)。调整后,密封衬套与 O 形密封有相对位移,原始密封状态发生变化,结合始发阶段刀盘破除连续墙等因素,导致静密封振动过大,对静密封形成暂时性局部失效发生轻微渗漏,可能是齿轮油进水乳化的原因之一。根据油品乳化后的进水量和乳化程度,齿轮油液位未上升、油品成色未继续恶化,说明密封可能局部轻微失效。由于密封衬套内侧与驱动箱本体间隙为 0.54 ~ 1mm,静密封泄漏在掘进过程中随泥浆的填充,渗水现象可能会逐渐改善或消失。其泥水侵入路径如图 3 所示。

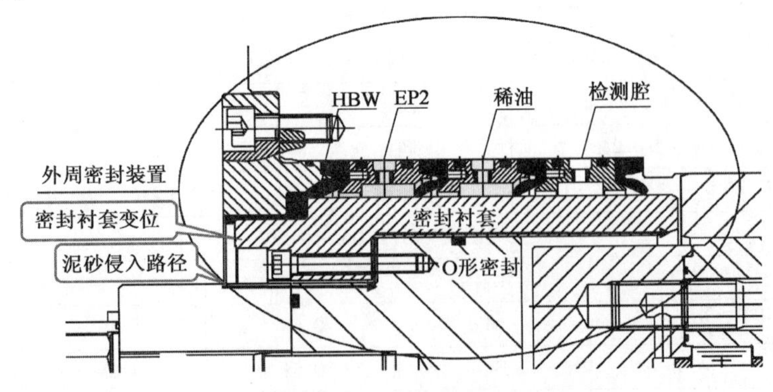

图 3　密封衬套变位后土仓泥水侵入路径示意图

更换齿轮箱油品,并设置油水分离外循环体系,在盾构掘进过程中同时对齿轮油进行过滤。经过一段距离的正常掘进,正如上述分析的过程,静密封部位逐步被细小的泥浆颗粒填充,堵塞了泥水侵入的通道,密封效果得到恢复。经现场多次对齿轮箱油品取样检测,油品中的含水量逐步达到要求,主驱动密封系统恢复到正常状态。

盾构机完成该区间施工任务后,将主驱动回厂进行解体检修,证实现场分析的结果是正确的,O 形静密封朝向土仓侧已经被泥沙侵入,静密封的压密量已经不足;O 形静密封朝向齿轮箱侧有明显的泥水侵入痕迹,如图 4 所示。

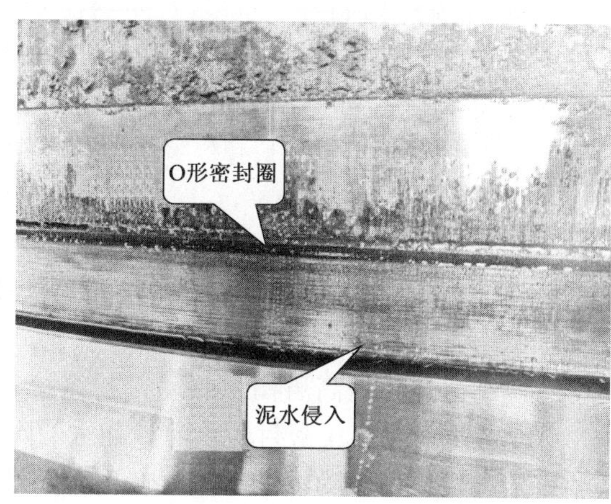

图 4　主驱动解体后泥沙泄漏和泥水侵入情况

3　主驱动密封改进技术研究

总结现场盾构主驱动发生渗漏水造成齿轮箱油品乳化的相关情况,对盾构机主驱动密封系统进行详细的分析研究。采用此类型的密封结构时,其优点是可以有效发挥密封衬套的作用,延长密封系统的使用寿命。但是当进行密封衬套二次变位使用时,密封衬套与主驱动支撑体之间出现"空腔"部分,此时单独的 O 形密封圈不能形成很好的密封体系,如图 5 所示。

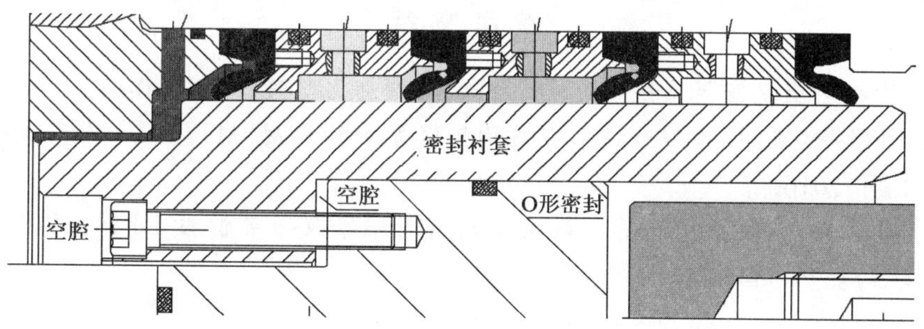

图 5　密封衬套变位后密封体系示意图

经过对盾构设备主驱动密封技术性能进行多方面的考察和调研,出现渗漏水故障的情况时有发生,主驱动密封一旦出现渗漏现象,将给盾构工程带来巨大的影响,不及时处理甚至会造成灾难性的后果。因此必须对密封系统进行必要的技术改进,消除密封渗漏的安全隐患,确保盾构工程的安全掘进。具体改进措施有:

(1)将单圈 O 形密封改为双圈形式,使静密封成为稳定的密封结构体系。

(2)密封衬套二次变位时,在变位后的"空腔"处必须填充柔性密封材料,并通过变位螺栓压紧,使密封衬套与支撑体形成连续完整的密封体系。

改进后的主驱动密封系统结构如图 6 所示。

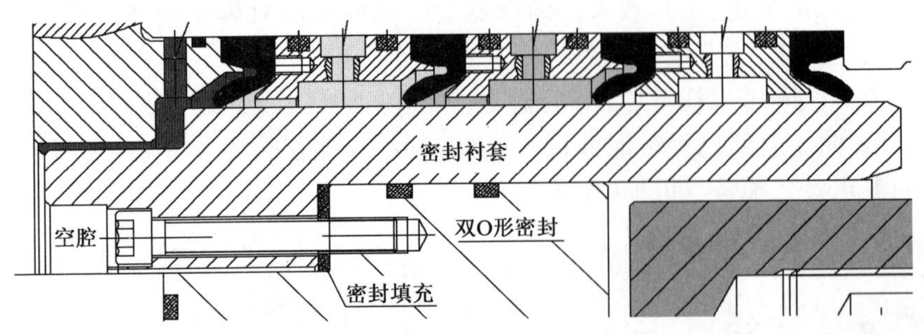

图 6　改进后的主驱动密封系统结构示意图

4　结语

针对盾构机主驱动密封系统渗漏水问题,经过系统深入的分析调研和技术研究,取得的主要进展和结论如下:

(1)详细研究为提高盾构主驱动密封系统寿命,便于进行维修而设计的可变位密封衬套系统,发现了该系统存在密封失效而渗漏水的隐患。

(2)结合现场主驱动渗漏水实际情况,及时制订针对性的现场应急处置方案,未对盾构隧道工程掘进造成重大影响,保证了工程和设备的安全。

(3)采取可持续的技术改进研究方式,在原有主驱动密封系统上进行改进,消除隐患,提高密封性能和稳定性,而且成本较低。

(4)经改进技术研究处理后的主驱动系统,在后续工程中取得了较好的应用效果;同时促进盾构制造厂在以后的设备制造时,直接采用改造后稳定的密封系统,提高了盾构设备的安全技术性能。

参 考 文 献

[1] 王豪. 盾构机主驱动密封系统研究[J]. 科学与信息化,2018(14):80-81.

[2] 李敬文,桂轶雄,曹晶. 再制造技术在盾构机修复中的应用[M]. 北京:人民交通出版社股份有限公司,2016.

[3] 李润军,单仁亮,李润圣,等. 盾构机主驱动密封维修改造关键技术[J]. 西安科技大学学报,2014(5):579-584.

盾构始发初始姿态调整技术

孟翔宇

(北京住总集团有限责任公司轨道交通市政工程总承包部　北京　100029)

摘　要:盾构始发在盾构法施工过程中具有非常重要的意义,始发过程以正确的姿态进行是保证隧道建设能够按照勘察路线施工的前提,是防止隧道轴线偏差过大,影响正常行车的有效措施。本文结合北京地铁七号线东延02标豆黑(豆各庄站—黑庄户站)盾构区间日立华隧通TS6150B IV土压平衡盾构始发准备过程中出现姿态偏差较大的情况,为保证盾构以正确的姿态进行始发,对盾构机结构及盾构姿态调整进行分析研究,提出了详细可行的具体措施和方案。

关键词:盾构;始发;姿态调整

1　引言

盾构始发是指在隧道施工过程中预先建造出始发井,将盾构装置安装放置在符合对到设计轴线的始发架上并进行组装调试,盾构后配套设备准备就绪、辅助工序满足施工条件,盾构向前推进贯入隧道洞门,沿隧道设计线路向前掘进,直至盾构全部进入到区间隧道内,至洞口反力架和负环管片拆除为止。由于反力架和始发架为盾构始发时提供初始的推力和空间姿态,因此,在安装时,应控制盾构机中心线的平面位置、高程和坡度与隧道设计轴线和坡度保持一致。考虑隧道后期沉降因素,盾构中心轴线比设计轴线抬高10～20mm,反力架左右偏差控制在10mm以内。然而在这些基本原则的前提下,本区间日立盾构机的始发姿态水平偏差为前部为－25mm,后部＋2mm,竖直偏差为前部为－34mm,尾部为－75mm。需要对盾构姿态进行调整,始发掘进姿态的好坏直接影响到施工过程的质量、进度、安全、工期以及经济效益。

2　工程概况

北京地铁7号线东延豆各庄站—黑庄户站区间为暗挖＋盾构区间,区间长度为2322.8m,区间单线矿山法隧道长42.8m,盾构隧道2280m。区间隧道洞身主要位于第四纪沉积层中,穿过的岩土层主要为粉质黏土③$_1$层、粉细砂④$_3$层、中粗砂④$_4$层、圆砾卵石⑤层、粉质黏土⑥层、粉土⑥$_2$层。隧道结构采用钢筋混凝土的复合管片,管片与管片之间利用高强度螺栓进行连接,各管片之间4个螺栓实现切向的连接,考虑施工段的地质、抗震等要求将管片与管片之间利用2个螺栓连接;基于土质、隧道深度等因素选定管片的外径尺寸为6000mm,内径尺寸为5400mm,宽为1200mm的5大1小的分块结构。

3　姿态调整问题描述

盾构始发的过程中姿态的正确与否由始发架的位置和角度决定。始发架一般是采用钢结构进行焊接而成,其具有足够的强度、刚度,以确保变形量在可控的范围内。在进行始发架的

作者简介:孟翔宇(1985—),男,大学本科,工程师,目前主要从事城市轨道交通施工与盾构设备管理工作。电子邮箱:knowche@ aliyun. com。

铺设时,需要对隧道的轴线横向、纵向进行反复测量之后,确定盾构的始发姿态,然后精确定位始发架的坐标位置。同时考虑到隧道始发井的后期沉降等因素,洞口处中心轴线坡度可比设计轴线高 0.5% ~1% ,盾构机的中心轴线与设计轴线竖直偏差 <0.2% ,水平偏差 < +0.3% 。同时为了降低始发井沉降的影响,通常对地面进行混凝土加固处理。

然而由于在盾构始发前中,出现以下四个问题:

(1)洞门圈的中心姿态在预埋钢环时存在偏差。

(2)盾构机盾尾变形,造成盾构机测量不准确。

(3)始发架安装不稳固,在盾体平移时出现少量偏差。

(4)测量仪器本身、外界环境以及人为读数仪器的测量误差。

由于这四个方面的问题,造成该盾构机的始发姿态水平偏差为前部为 -25mm,后部 +2mm,竖直偏差为前部为 -34mm,尾部为 -75mm。由于盾构始发过程中,盾构主机完全脱离反力架以前,不能对姿态进行调整,因此以目前姿态直接始发后,经计算脱出始发架时的盾构姿态,水平偏差 -80mm 左右,垂直偏差受盾构主机自重影响应在 -50mm 左右,在这种情况下进行始发将直接导致盾构机在初始掘进时发生位置偏移,会造成隧道轴线的偏差过大,甚至始发后轴线控制失控,盾构的走向严重偏离隧道设计轴线。给施工过程造成额外的风险,同时也无法完成合同标段的设计规划。

4 盾构始发姿态调整技术与施工

4.1 盾构参数

考虑到如果对盾构进行解体后重新定位、组装,虽然可以解决始发姿态问题,但所需工期长,成本高。需断开盾构主机与配套台车的连接,拆除工作平台、螺旋输送机等部件,将盾构主机前、中、尾盾进行解体,并吊起至地面,待始发架调整完毕后再将盾构主机吊装下井组装,需动用 300t 起重机一台,工期 10d。因此,考虑对盾构主机整体进行姿态调整。

在对盾构机进行姿态调整的施工操作时,盾构机的尺寸和重量非常的重要。本文进行调整姿态的盾构机为日立华隧通 TS6150B IV,具体的刀盘、前盾、中盾、盾尾、始发架的尺寸和质量见表 1。

盾构参数 表1

序号	名称	直径(mm)	长(mm)	宽(mm)	高(mm)	质量(t)
1	刀盘	6160		350		25
2	前盾	6140		3950		103
3	中盾	6140		1015		90
4	盾尾	6140		3635		35
5	螺旋输送机		10150	1460	1300	16
6	拼装机	3730		565		14
7	始发架		12000			15
8	工作平台					5
9	总质量					303

4.2 姿态调整工艺流程

根据盾构姿态的偏差值和盾构机在始发井中的姿态,经过分析之后,确定姿态调整的工艺流程。

在方案制订过程中,首先考虑使用液压千斤顶对盾构主机进行顶升,盾构主机总重 303t,因此须使用 200t 液压千斤顶 4 台,液压泵站 1 台,最大工作压力 33MPa,实际最大推力 4400kN,满足使用要求。同时需考虑垂直顶升时,顶码位置的选择,选择顶在盾体上或顶在始发架上,由于始发架较薄弱,易产生变形,因此选择将顶码位置设置在盾体上,并设置在盾体的连接位置。由于本盾构设备具备铰接功能,即盾构前中盾与尾盾可以转折,利于盾构曲线掘进,因此在顶升过程中可能出现前中盾与尾盾顶升不同步,产生夹角的问题,如此便可能在调整过程中产生偏差,影响最终始发姿态。为解决此问题,首先将盾尾铰接油缸全部收回并保压锁紧,其次再将盾体与始发架用钢板焊接,由于始发架是一个整体,不存在铰接,因此焊接后盾体与始发架形成一个整体结构,通过以上两种措施可以避免前中盾与尾盾产生夹角。

首先断始发架与反力架之间的连接,然后将盾构机用 7 块 200mm × 200mm × 20mm 的钢板焊接到始发架的支撑梁处,以保证盾构机与始发架焊接成为一个整体。然后在盾构机的前盾与中盾的焊缝处,中尾盾焊缝连接处进行调整支座的焊接。最后利用 4 台 200t 的液压千斤顶对盾构机进行顶升调整姿态,同时顶升的过程中将事先切割好的钢板平铺在顶升之后的始发架的下面。具体的工艺流程如图 1 所示。

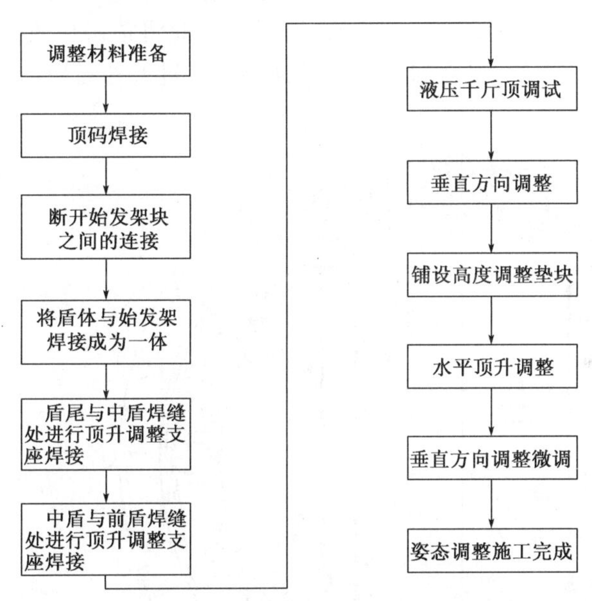

图 1　盾构姿态调整施工流程图

4.3　姿态调整准备工作

根据图 1,我们在进行具体施工之前需要进行用电、安全、测量、材料等方面的装备工作。用电方面与项目经理部进行协调临时用电、场地移交等工作,同时配备具体的专职安全人员进行防火、防爆、倾斜等工作的监督;测量方面协调数据实时报送指挥人员,为施工过程的正确进行有效保证;材料方面,预先准备液压站、千斤顶等相关原件和管路,三级配电箱,200mm × 200mm × 20mm 的垫块钢板若干,顶码材料下料和焊接等。

4.4　顶码制作与调整支座焊接

顶码底板和顶板采用 600mm × 600mm × 30mm 的钢板,支撑体采用工字钢,利用二氧化碳保护焊焊接制作，确保既能保证高度要求，同时又能确保顶码的强度不出现变形等现象。焊接实物如图 2 所示。

图 2　顶码实物图

盾构机的重量主要集中在中前盾处，盾壳厚度为 35mm，同时中盾与前盾之间、中盾与盾尾之间均采用螺栓连接，为避免在顶升过程中造成盾壳变形或螺栓受力切断的情况出现，必须选择盾壳后有肋板的位置，同时又能避免连接螺栓切断。根据以上要求，中前盾连接位置及盾尾连接位置均有厚度为 45mm 的法兰，如图 3 所示。因此将顶码位置选择设置在盾体法连连接处，既能保证盾体不会变形，也能保证连接螺栓不会受过大外力而切断。

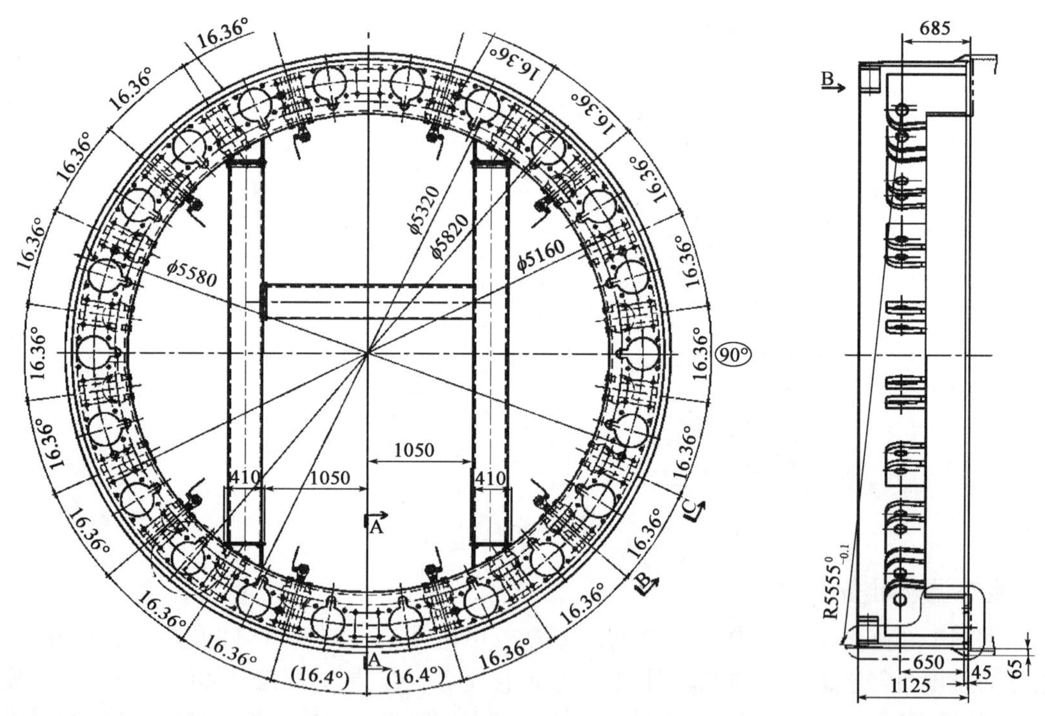

图 3　盾体连接法兰（尺寸单位：mm）

具体的布置如图 4 所示。支座底板为 600mm × 600mm × 30mm 的钢板，与底板相连的肋板采用等腰直角三角形，斜边为直径 6150mm 的弧面，肋板采用 30mm 的钢板。支座底板与肋板和盾构机进行满焊连接，如图 5 所示。焊接实物如图 6 所示。由于中盾与盾尾之间是铰接位置，因此焊接连接板要横跨铰接。

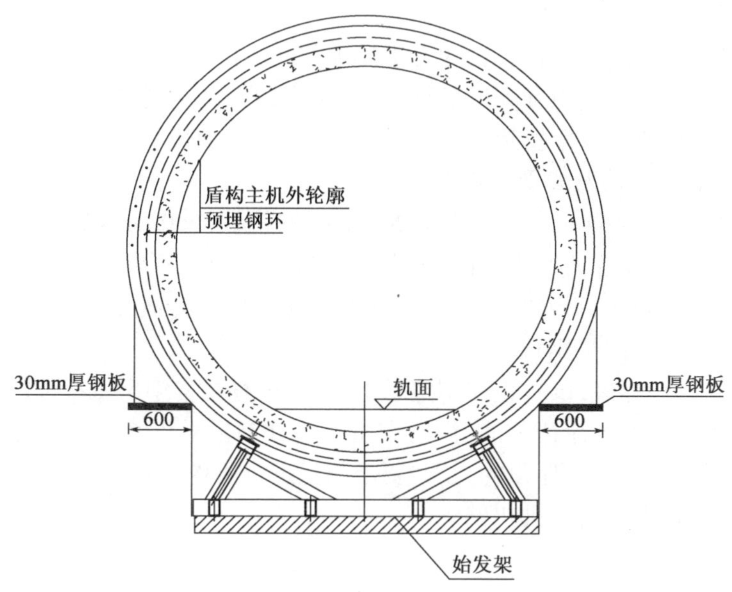

图4 盾构机支座正立面位置图(尺寸单位:mm)

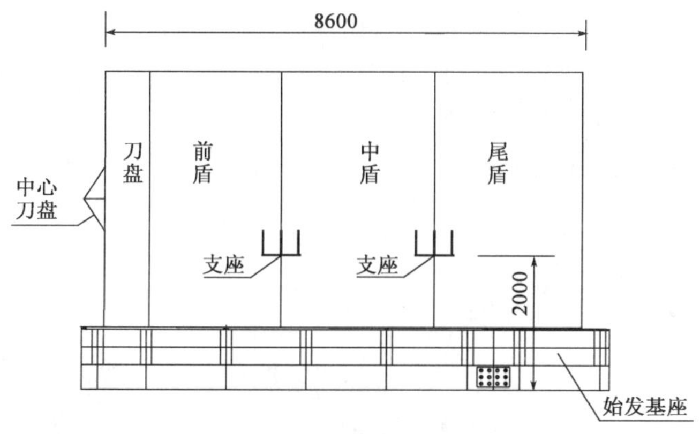

图5 盾构机支座正侧面位置图(尺寸单位:mm)

a)中前盾焊接支座

b)中盾与尾焊接支座

图6 支座焊接实物

4.5 盾构垂直姿态的调整

利用四个千斤顶同时顶升盾构机，随着千斤顶顶起盾构主机及始发架时，及时在始发架下方垫钢板，顶升过程中随时对顶升高度进行测量，达到预定高度时顶升操作停止，同时关闭油缸接口阀门，防止油缸泄压。始发架下方钢板铺设应垫实，钢板垫于始发架承重梁下方，中心距不得大于800mm，防止始发架受弯变形。

盾构机前方需要抬高64mm，需垫3块20mm厚的钢板(200mm×200mm)及1块5mm厚的钢板(200mm×200mm)；盾构机后方需抬高75mm，需垫3块20mm的钢板(200mm×200mm)，1块10mm的钢板以及1块5mm的钢板(钢板厚度选型可变化，必须严格控制总高度)。盾构始发架两侧均需垫钢板。

每块钢板之间进行焊接，以防止在调整水平姿态，平移过程中出现错位。在盾构机前盾始发架下方所垫钢板最上方处涂抹黄油(润滑作用)，该处钢板不与始发架焊接。

当钢板塞焊完毕后卸下千斤顶的力，并要求测量进行盾构姿态的复核，如还存在盾构姿态偏差较大的问题时，在进行盾构机纠偏。

4.6 盾构水平姿态调整

盾构水平姿态调整是利用千斤顶在基座的前部垫塞I50工字钢作为支撑进行顶进。平移过程中，为盾构始发架与垂直顶升后垫好的最上层钢板间的水平位移，摩擦阻力较小，采用2台200t的千斤顶可以完成平移，平移过程中及时进行测量，始发架前部平移25mm后停止，后部由于姿态偏差较小，不进行调整，进行焊接保持位置不变，最终保证盾构机的轴线与设计轴线接近。具体的千斤顶布置图如图7所示。

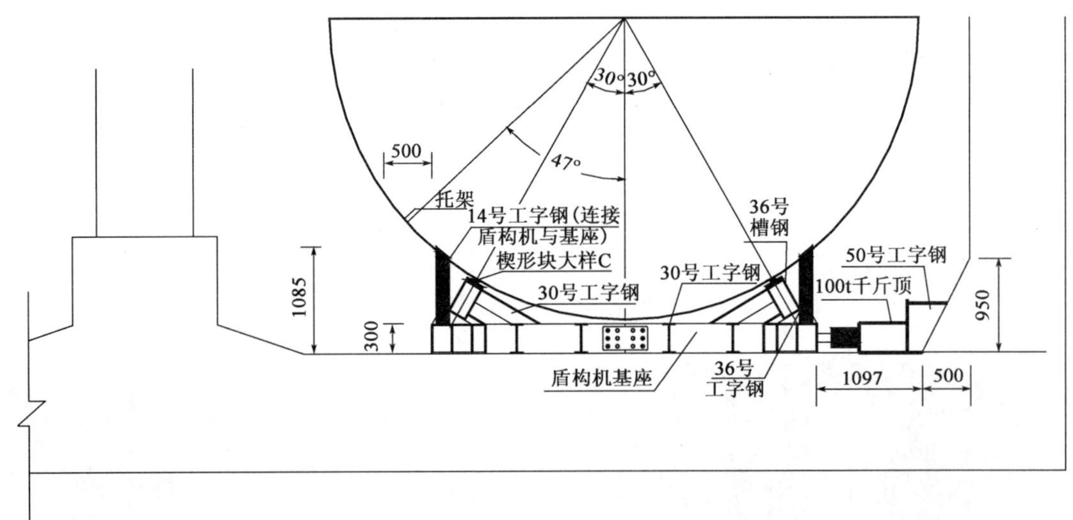

图7 盾构机横向平移示意图(尺寸单位：mm)

5 施工过程注意事项

(1)垂直姿态调整的过程中，要保证4组液压顶能够同步顶升，同时液压千斤顶需要配置自锁装置，防止由于液压泵站的意外事故发生。

(2)由于盾构机的质量比较大，因而支座，顶码的焊接质量必须要可靠，达到方案的设计要求。

(3)横移、顶升、降落盾构机时应密切注意基座和盾构机,发现产生变形应暂停施工,排除问题后继续施工。

(4)平移盾构机时,应密切观察导轨,如发现导轨变形、偏移、倾斜等应立即停止施工,排除问题后继续施工。

(5)水平姿态调整后,会对垂直姿态造成影响,需对垂直姿态进行复测,如偏差较大,则再次对垂直姿态进行顶升调整,如此往复直至姿态满足始发要求。

6 结语

盾构始发过程的施工工艺比较成熟,但是由于地质、材料变形、人为等因素的影响,始发架上面的盾构姿态会出现达不到测量位置的要求,因而达不到始发要求。在这种情况下可以利用千斤顶顶升调整的方案来进行水平和垂直方向的校正,本文提出的方案经过实际的施工检验后,证明是可行的,同时所用设备简单,操作方便,值得在类似的工程中推广,具有比较大的应用价值。

参考文献

[1] 王珣,杨博,刘文斌.盾构机平移过站技术[J].隧道建设,2007,27(4):52-54

[2] 王吉华.土压平衡盾构始发掘进施工技术[J].山西建筑,2009,35(9):335-336.

[3] 李虹.浅述盾构机平移施工技术[J].城市建设理论研究(电子版),2012,(8):1-5.

[4] 崔青玉,陈寿根,李茂文.盾构机下落平移施工设计研究[J].四川建筑,2011,31(2):170-171.

[5] 曹建辉.盾构法施工中的盾构始发技术[J].建筑机械,2011,15(8):107-109.

[6] 钟志全.无吊装条件下的盾构机平移过站[J].建筑机械化,2009,30(12):59-61.

[7] 黄云生.盾构的平移解体技术[J].铁道建筑技术,2014,246(6):59-62.

[8] 王月辉.地铁车站端头井盾构平移的结构处理措施及有限元计算[J].山西建筑,2017,43(15):159-160.

EPB/TBM 双模盾构机模式转换技术研究

王　涛　万　坤

（中交天和机械设备制造有限公司　江苏常熟　215500）

摘　要：本文针对长距离、大截面积区间富水硬岩及软弱地层交替条件下掘进施工，提出了一种 EPB/TBM 双模盾构机，其集成了常规敞开式与土压两种掘进模式的优势，并结合深圳地铁 8 号线工程实例，着重讲述了 EPB/TBM 双模盾构机在洞内模式转化的注意要点及转换流程，为后续土压/TBM 双模式掘进机的研究及应用提供了参考。

关键词：隧道掘进；EPB/TBM 双模盾构；模式转换

1　引言

随着我国基建行业的井喷式发展，盾构工法被广泛地应用在全国各个地区的市政地铁、公路隧道施工建设中。我国广袤、复杂的地理特征存在众多大跨度软硬岩分布不均，强度相对较大的地层，使得传统土压平衡盾构工法、泥水平衡盾构工法、TBM 工法无法单独适应这种复杂地层。一般而言，土层特征与掘进设备选用一一对应，每种设备单一地适用于单一地层。这使得适合复杂地层的复合多模式盾构机应运而生，其可以在不同地质条件下进行掘进。但是，复杂盾构模式也带来了新的问题。如在土压模式下，径向安装的刮料装置会产生巨大的摩擦阻力，其拆、运也受到土仓隔板限制；土压平衡盾构机的土仓由螺旋输送机，中心回转节构成封闭空间，有效防止涌水等状况，TBM 模式中心有皮带机输送土渣，是敞开式结构；溜渣板要求高效将土石输送到集渣斗，又便于拆运；转换模式工人往往各行其是，无相对高效的转换工序、转换时间。本文针对中交天和 6.56m EPB/TBM 双模盾构，尝试从其模式转换的工法疑难点进行了研究，并从优化转换工序方面对前端设计进行优化。

2　工程概况

大梅沙站—小梅沙站区间是深圳地铁 8 号线二期工程第 4 段区间工程，区间左线全长 1853.922m，右线全长 1852.926m。本区间采用 2 台土压/TBM 双模式掘进机从小梅沙站始发，于大梅沙站吊出。隧道最小纵坡坡度为 5‰，最大纵坡坡度为 25‰，见图 1。

2.1　工程地质条件

本区间盾构穿越地层变化较大，洞身主要穿越粉质黏土、细沙、中砂、全、强风化花岗岩、中微风化花岗岩且有存在孤石的可能性。微风化花岗岩单轴饱和抗压强度值 55.3 ~ 121.0MPa，平均值为 84.11MPa，*RQD* 一般为 52% ~92%，主要为坚硬岩，岩体较完整。

2.2　施工重点及风险

（1）区间沿线侧穿、下穿多处建（构）筑物。

作者简介：王涛（1990—），男，硕士，工程师，主要从事盾构机、隧道掘进机的研发设计及管理工作。电子邮箱：wangt@cccth.net。

(2)长距离掘进硬岩地层。

(3)区间穿越上软下硬地层。

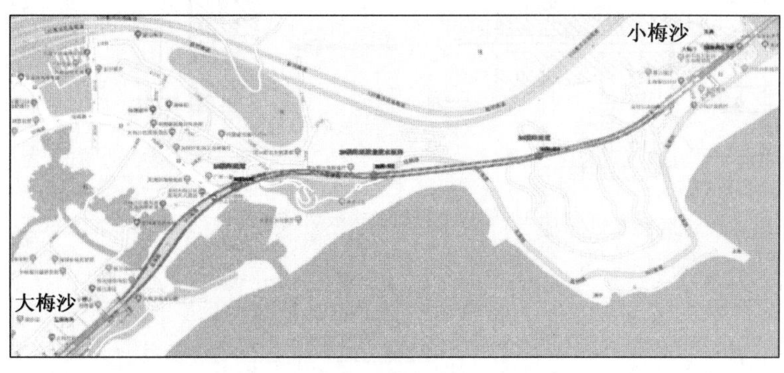

图1　大梅沙站—小梅沙站区间平面图

(4)穿越陈坑断裂带。

(5)TBM/EPB 双模盾构机施工实例较少,双模盾构机的洞内转换属新工艺,模式转换的工期具有不确定性。需要在设计阶段就设计好相关的工装以提高模式转换效率。

3　模式转化主机设计分析

3.1　设计难点

EPB/TBM 双模盾构模式转换主要是土仓的相关结构转化,由土压平衡盾构(TBM 盾构)装配拆除相关功能模块,从而转换为 TBM 盾构(土压平衡盾构)。传统 EPB/TBM 模式转换时涉及刀盘溜渣板、前挡板、中心块、中心框架、牛腿、中心回转节,螺旋输送机筒口挡板、土仓隔板、集渣斗、中心旋转接头组件、螺旋输送机和皮带机等多个部件更换艰难(空间小、零部件多而杂),尤其是螺旋输送机与皮带机大部件更换时最为艰难。当盾构机从 EPB 模式转换为 TBM 模式时,螺旋输送机要全部从主机里抽离出去,空间小、工作量大、更换时间长等难点。

3.2　设计优化

(1)双模式通用性优化

传统模式转换中,为强度考虑,溜渣板一般为整体焊接式。当转化为 TBM 模式时不得不刨除原土压的管路及其保护板,并刨除主、被动搅拌棒,以便让出结构边板空间来焊接主溜渣板;同时转换回土压模式时再焊接回去。

为降低更换操作风险,最大程度地实现两种模式通用,主动搅拌棒为不可更换式,与溜渣板相错,在两块主溜渣板中间留出空间,实现模式转换,搅拌棒不变;前盾溜渣板在 TBM 模式下焊接(图2),其双模式下都不与其他结构干涉,可以实现两种模式都不变;被动搅拌棒设计为螺栓型可更换式(图3),转换为 TBM 模式时可以实现机内拆除,机内密封。为减少转换工序,同时不破坏管路,主溜渣板分为两部分,如图4 所示,一部分作为管路保护板的结构,转换时在其上焊接另一部分,缩短时间,提高效率。

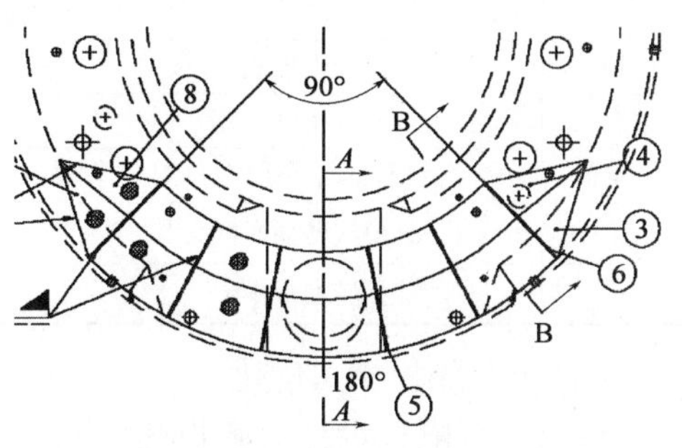

图2　TBM 模式下前盾溜渣板

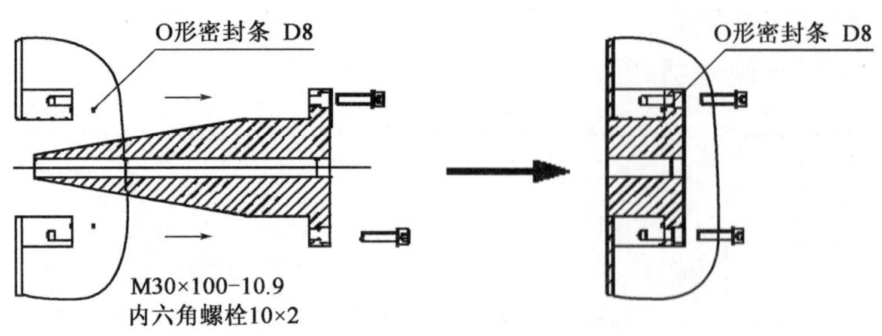

图3 螺栓型可更换式被动搅拌棒

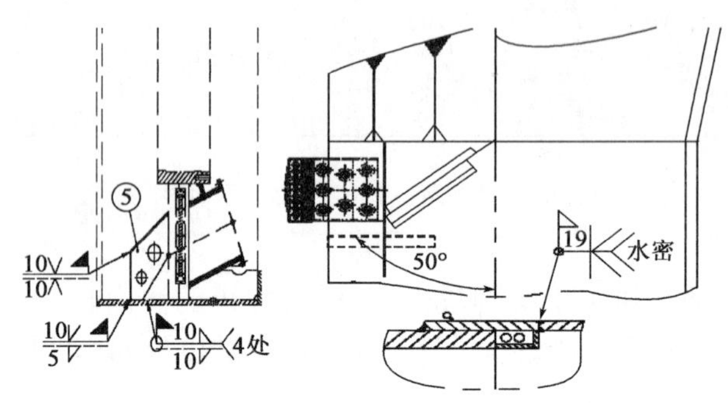

图4 TBM 模式下刀盘主溜渣板示意图

(2)出渣方式优化

传统模式为两种盾构工法的简单整合,即土压地层螺旋输送机出渣,TBM 时移出螺旋输送机,安装皮带机。为腾出操作空间,在停机后不得不断开连接桥并用小车后移后配套整体约15m。其转换方式周期长,改动大,危险系数高;同时 TBM 模式下用皮带机不利于应对突发状况。设计优化方式如下:

①EPB 模式:渣土进入土仓底部后通过螺旋输送机进行排渣。

②TBM 模式:渣土通过刀盘溜渣槽至积渣斗处,从盾构机中心部位采用中心螺旋输送机出渣(螺旋输送机分输送 3 段,削减前筒长度,以降低操作空间)。

两种模式统一使用螺旋输送机出渣方式,同时减少了传统平移整个螺旋输送机、皮带输送机所需的巨大的输送门架,用葫芦即可在主机内部实现模式转换。即节约成本,降低了转换中的风险,又加快了进度。在 TBM 模式下两种出渣方式(传统的中心皮带机与优化后的中心螺旋输送机)对比见表 1。

两种出渣方式对比 表1

序号	项 目	中心螺旋输送机	中心皮带输送机
1	出渣效率	效率低于中心皮带输送机	效率高
2	扬尘控制	除尘效果好	扬尘高于中心螺旋输送机
3	耐磨	耐磨要求高	无耐磨要求
4	不良地层适应性	富水地层防喷涌	富水地层需提前封堵
5	模式转换时间	中心螺旋输送机比中心皮带输送机模式转换节省约 5d 时间	
6	转换成本	成本低	多一套皮带输送机、一套液压系统

(3)土仓隔板相关优化

传统土仓隔板设计为圆板螺栓连接模式,更换皮带机时取出隔板以留出皮带机空间。皮带机为矩形截面,与圆形轮廓配合需加固定工装,而且空间利用率较低。优化为圆环加圆板模式后，环状板用于连接，圆状板模式转换是去除。其除了承担集渣斗连接，前方溜渣板等转换构件进出通道的作用，又与螺旋输送机配合，便于密封形成封闭舱体以增加主机内安全系数。此外，为适应小土仓隔板开口，将刀盘面板挡板分为两块。中心块管路框架设计为双跨式，用法兰分为3块独立体。

(4)模块化设计优化

传统模式因中心框架结构为单跨L形，故中心块不得不参与管路分路，厚度增加。在TBM模式下不得不刨除，在土压时再用焊接方法安装。优化后中心块与刀盘焊接为一体，不参与模式转换，中心框架与其法兰连接，参与转换。一方面减少中心块厚度，便于集渣斗后期装入；同时中心框架跨度较大，便于退刀；还有其中心块与刀盘管路构成整体不参与转换，避免了管路损坏，方便模块化转化。同时模块化设计优化还体现在溜渣板与铲刀、集渣斗等模块组装好后整体运安装。

在中心块端面预留螺纹接口，中心滚刀底部四角预焊带螺孔的小挡板；将旋转接头与底座连接后整体运入，螺栓连接于螺孔挡板，接短管，实现模块化安装更换，缩短更换时间。设计结构见图5、图6。

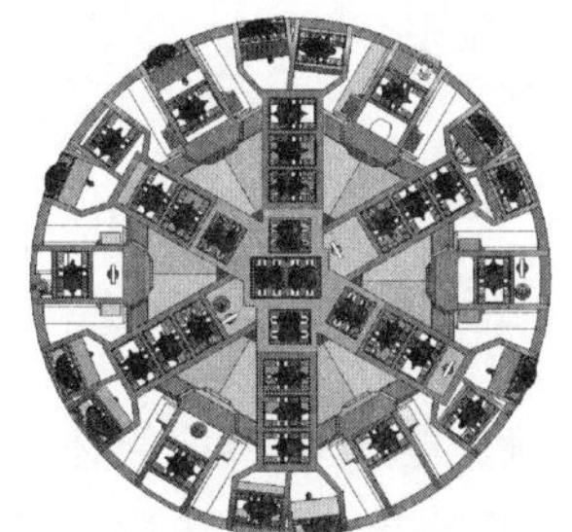
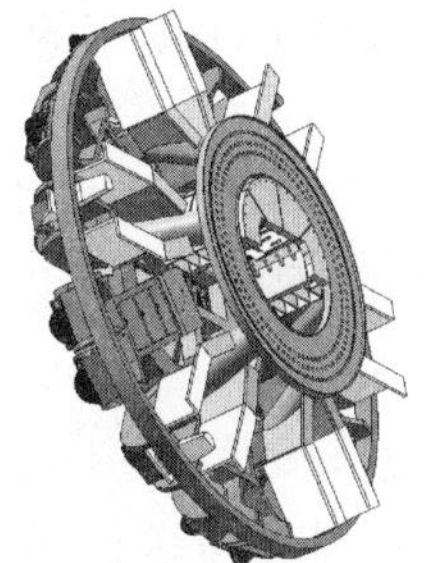

图5　TBM模式下刀盘整结构

图6　EPB模式下刀盘整结构

优化前后对比：传统模式转换类型见图7、图8，优化后见图9、图10。

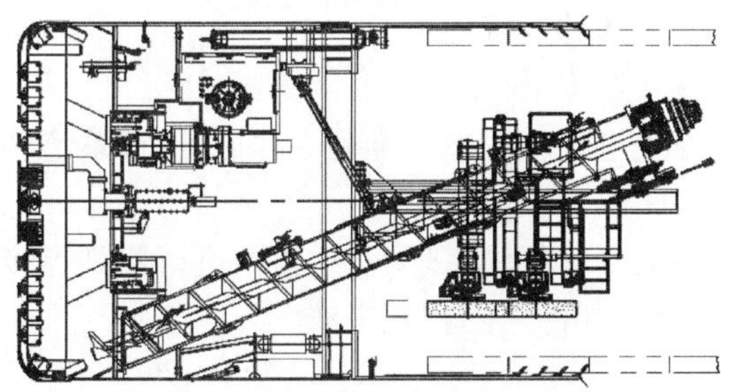

图7　EPB模式

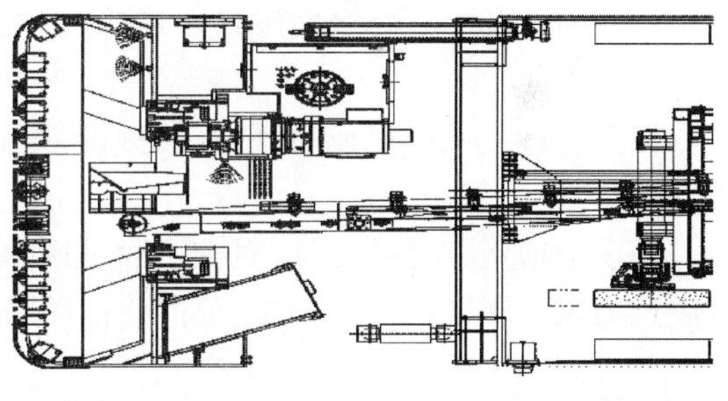

图8　TBM模式

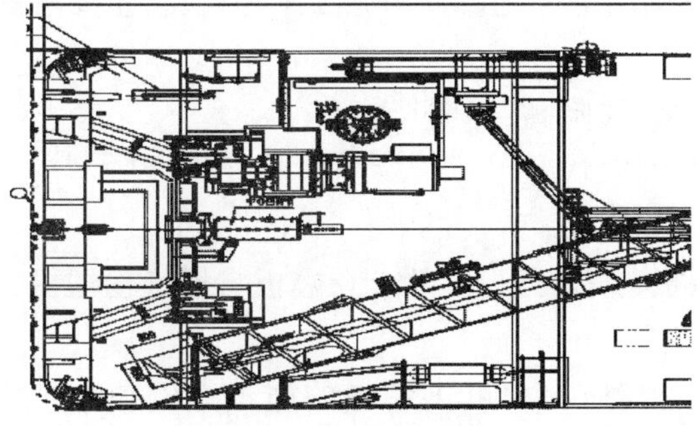

图9　EPB模式

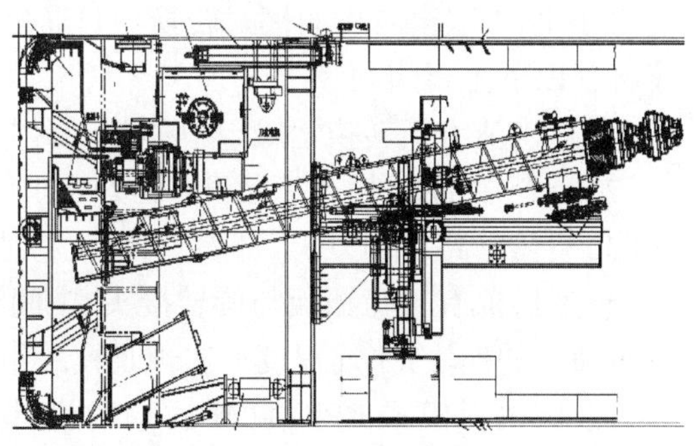

图10　TBM模式

4 模式转化分析

下面以土压模式转换成 TBM 模式为例,介绍模式转换的流程及重点。

4.1 模式转化准备

(1)确定掘进里程及选取工作面稳定段实施转换。调整盾构姿态,尽量保证上下左右铰接位移接近并放到液压缸最大行程,做停机准备,停机。

(2)设备、机具、材料准备:准备配套的管路、旋转接头、集渣斗、各个溜渣板等更换配件;蓄电池车、电焊机、气刨机等工具;钳工、电工用工具,手拉葫芦等起吊工具。

4.2 模式转化流程

模式转化方案流程见图 11。

模式转换关键步骤包括:

(1)拆除 EPB 模式下的相关部件

拆除 EPB 模式下的中心回转节、中心框架、中心回转节管路,土仓隔板环(内环)等部件并逐个运出,拆除时做好防护,注意保护对接平面,方便下次使用的定位和安装。

(2)安装 TBM 模式下的相关部件

将事先准备好的溜渣槽、铲斗、中心旋转接头、溜渣板、集渣斗等部件运进洞内并根据图纸安装到位,安装时注意保持洞内空气流通,控制焊接质量,保护相关管路。

(3)主机螺旋输送机的拆装

将螺旋输送机外壳前段的前筒体拆开,利用做好的移动架把螺旋输送机轴从前筒体内拔出,再向前深入中心土仓隔板(内环)中,换上短的螺旋输送机吊具,调整角度,使螺旋输送机出渣口对准皮带机送渣区域,固定螺旋输送机。

(4)连接后配套、管线连接

将之前断开的管路级电缆重新连接,后配套的相关部件连接完成。

(5)调试

将全部拆装工作完成后,检查机械设备、液压管路、电气电线电路准确无误后,进行系统调试,模式转换工作完成。

注意事项:停机转换时应对掌子面进行加固以保证安全的施工环境,主机内进行切割焊接时注意通风。转换部件小而多,要严格以图纸为准,避免部件之间相互干涉。

5 结语

EPB/TBM 双模盾构的模式转换项目通过合理的结构优化设计与施工工序优化,主要解决或缓解了以下主要问题:

(1)双出渣方式转换运输、现场安装部件大而多,风险高,周期长。

(2)土仓在 TBM 模式下敞开,不易应对喷涌等突发状况。

(3)刀盘管路,中心块等都参与转换,易造成管路损伤。

(4)形成前有刀盘挡板与旋转接头、中间溜渣板与集渣斗、后部土仓隔板与螺旋输送机三个相对独立的模块,一定程度上实现了模块组装。

目前国内双模式 EPB/TBM 盾构的设计施工相对较少,可供参考的施工案例较少。本文仅从深圳地铁 8 号线 EPB/TBM 双模盾构模式转换工序方案分析及对优化转换工序而对

掘进
停机
换模条件
不满足
满足
停机位
不满足
调整刀盘角度
满足
断高压电
架土仓通风设备
排空土仓移除隔板
4～15h
72h
移除中心回转节
焊支撑1
焊支撑2
焊接刀盘小溜渣板
6h
3～3h
3～3h
移除中心框架
螺旋机下筒移出固定
螺旋机液电管线拆除
3～6h
12h
6h
6～16h
安装旋转接头及管路
安装主溜渣板
封堵下筒洞门
螺旋机中上筒调整固定
16h
12h
安装集渣斗
6h
2～6h
18h
焊盾体溜渣板
刨支撑1,2;焊支撑3
72h
3h
48h
螺旋机下筒安装定位
12h
拆除被动搅拌棒
安装土仓隔板
6h
螺旋机中上筒、拉杆定位安装与密封
16h
安装风管
安装顶部平台
焊支撑3
3h
3h
2h
4～4h
移除工装
2h
刨支撑3
3h
管路连接
电路连接
其他部门
6h
6h
6h
整机调试

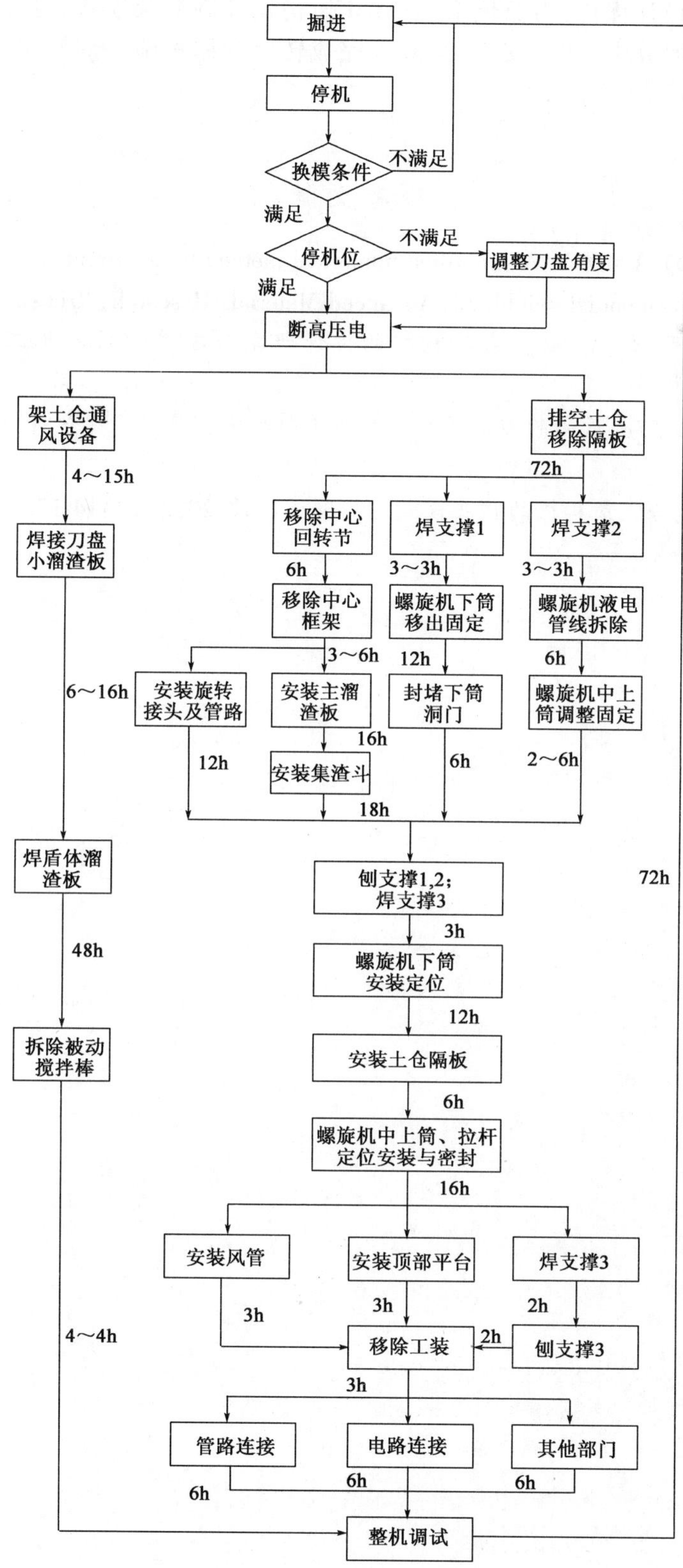

图 11　模式转换流程图

土仓相关结构进行设计优化，为双模 EPB/TBM 盾构设计制造及模式转换施工提供有意义的借鉴。在以后的研究中，如何安全、高效地完成转换和缩短施工周期将会是一个重要的课题。

参 考 文 献

[1] He F J ,Zhang Q ,Cai Z X. A simplified numerical method to determine the loads acting on the cutterhead of a compound shield[J]. Advanced Materials Research,2011:25-31.

[2] 姚平，付飞达，张岚，等. 双模式盾构机的设计研究与应用[J]. 机械工程师，2012(8):185-186.

[3] 郭朝. 复合地层 φ7m 盾构的刀盘适应性及施工引起地层变形规律分析[D]. 北京：北京交通大学，2014.

[4] 肖广良. 浅析复合式盾构机的作业模式[J]. 隧道建设，2002(1):14-17.

预制盾构管片生产线工艺改造及应用

潘永超　周　浩　冯明水　王庭根

（浙江省建材集团建筑产业化有限公司　浙江湖州　313219）

摘　要：通过对管片模具加装气振式振动机改变振捣方式及对送喂料方式的工艺改造，达到提高生产效率、减轻劳动强度、降低生产成本、提升产品质量的目的。

关键词：管片；振捣；改造；轨道；送喂料

1　引言

我公司于2007年引进了一套技术先进的预制混凝土盾构管片生产线，该生产线采用流水线作业形式，采用“4＋1”独立分段推进模式。每条线都有相对独立的分段推进油缸（收水区与养护区是独立分开的），油缸增多给液压站增加了负担，也给漏油的可能性增添了变数。成型采用的是人工振捣形式，该工位安排三人，以便轮流作业，防止人因为疲劳振捣不足而降低产品质量。管片振捣时覆盖的盖板是分体式的，由六块组成，四大两小，盖板的覆盖和取下也都由人工完成。随着技术的发展，生产工艺的进步，这种劳动强度大、质量稳定性差的缺点就显露无遗了。

送料方式是沿袭预应力管桩的送料方式，一列摆渡车将搅拌站拌好的混凝土分送到不同生产位置的喂料车，由喂料车再把料喂入料斗，起重机吊起料斗到喂料工位，由人工喂进管片模具中。

旧管片成型工艺流程如图1所示。

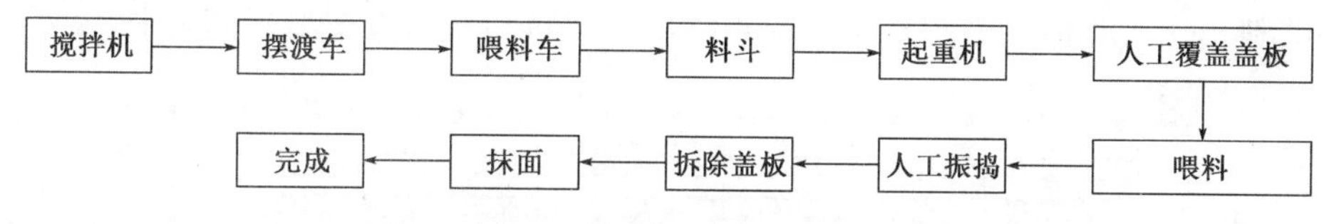

图1　旧管片成型工艺流程图

随着员工的疲劳，插入式振捣不到位出现振捣漏振蜂窝现象，如图2所示。

人工振捣时间不足或者振动棒抽插太快引起的气泡如图3所示。

另外由于人工随意性无法得到有效控制，会造成振捣密实度不足给后期管片质量如渗水、开裂等留下隐患。还有就是因为劳动强度大、人容易疲劳，生产工艺落后，造成产量低，生产成本高给企业带来市场竞争压力。

为了适应市场需求，引进新技术、新工艺、新设备进入生产，增加产量、提高质量、降低成本、减轻员工的劳动强度，用现行的新技术、新工艺、新设备对生产线进行改造，争取达到优化工艺、减少用工、产量质量双提高、劳动强度生产成本双降低的目标。

新管片成型工艺流程如图4所示。

作者简介：潘永超（1986—），男，大学专科，工程师，目前主要从事生产和设备管理工作。电子邮箱：820800118@qq.com。

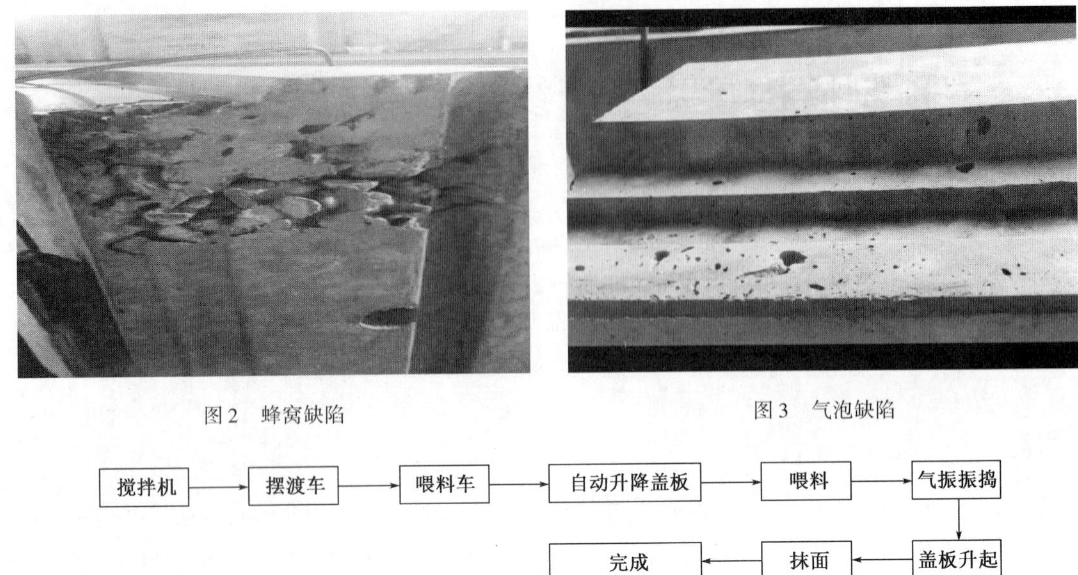

图2　蜂窝缺陷

图3　气泡缺陷

图4　新管片成型工艺流程图

2　改造过程

对生产线的改造主要从四个方面进行。

2.1　基础建设改造

2.1.1　旧生产工艺流程平面图

旧生产工艺流程平面图如图5所示,生产线和地模生产使用的混凝土是用两条相邻落地式轨道送料的。搅拌站拌好的料由摆渡车(架空式轨道)分别送到生产线或者地模接料点,再由不同的喂料车送到相应的喂料斗中。起重机吊起喂料斗再由人工喂到模具中。

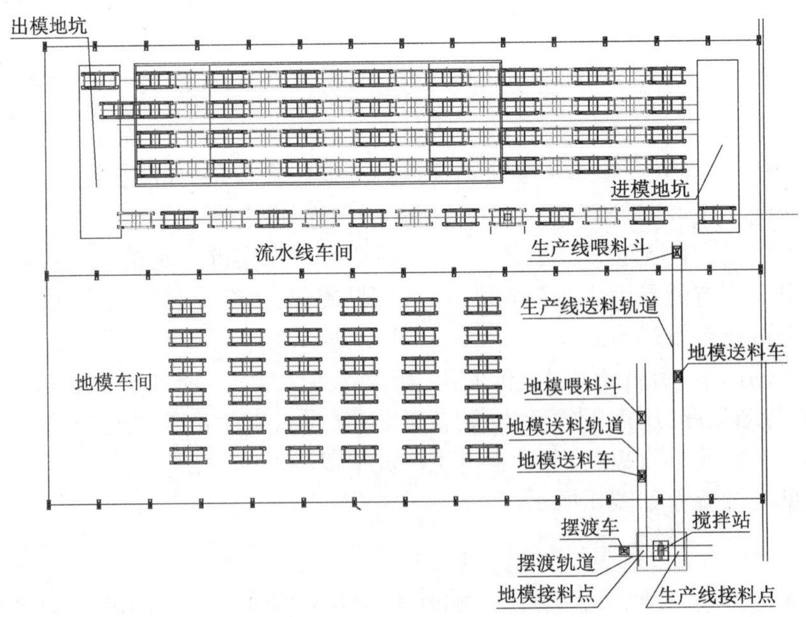

图5　旧生产工艺流程平面图

2.1.2 新生产工艺流程平面图

新生产工艺流程平面图如图6所示,地模、生产线由一条架空式轨道送料。搅拌站拌好的料由送料车分别送到生产线或者地模卸料点,再由喂料车到喂料点喂料。(地模由于特殊性,还是由起重机吊料斗喂料,喂料方式由人工改为油压遥控方式,生产线喂料方式改为架空式轨道喂料车喂料)

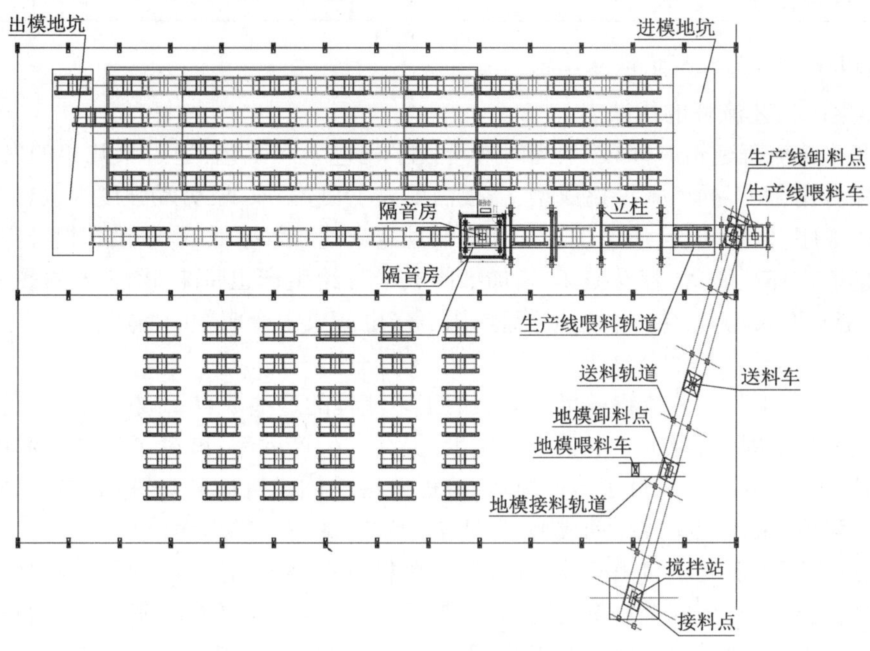

图6 新生产工艺流程平面图

生产线基础建设改造主要是送料、喂料架空轨道和隔音房。为了节约成本,架空轨道桁架采用原有的搅拌站下面的轨道桁架,形式、材料规格都不变化,就是位置、方向做出相应的改变,这样也可以省略相应的参数验证。原来桁架高度是5000mm,现在根据需要降到4600mm,间距6000mm不变。生产线喂料桁架高度2400mm。为了减少对生产的影响,基础建设、桁架安装、隔音房基础等工作安排在春节放假期间完成。设备安装、调试安排在节后进行,总工期控制在10d。生产线改造进度见表1。

生产线改造进度表　　表1

序号	项　目	时间(d)														
		1	2	3	4	5	6	7	8	9	10	11	12	13	14	15
1	放线	不影响生产的前提下提前施工(其中8只基础无法施工)														
2	钢构基础植筋															
3	隔音房基础开挖、钢筋绑扎、浇垫层															
4	钢构立柱钢筋绑扎、立模															
5	基础混凝土浇筑															
6	钢结构安装(含补做8只基础)															

续上表

序号	项　　目	时间(d)														
		1	2	3	4	5	6	7	8	9	10	11	12	13	14	15
7	隔间房预制安装															
8	运行小车及控制线路安装															
9	试运行及问题整改															

2.1.3　新旧生产工艺流程优缺点比较

(1)旧生产工艺流程的优缺点

旧生产工艺流程建造时间较早,当时属于技术先进生产工艺,通过十几年的发展,按照现在工艺流程对比,人工插入式振捣成型,盖板需要人工覆盖、取下,劳动强度大,员工容易疲劳;混凝土运送工序多、时间长,质量也会受到影响且造成生产效率低,产量没有提升空间;使用设备油缸多且工作环境恶劣,容易损坏,增加维修成本且给生产也带来影响;人的疲劳使产品质量波动大,密实度欠均匀,给工程造成隐患;用工多也造成生产成本的增加。

(2)新生产工艺流程的优缺点

①优点:新的生产工艺流程就可以克服旧工艺流程的这些缺点。减少混凝土运送工序,缩短了混凝土的运送时间,保证了混凝土的质量,提高了生产效率;减少了油缸的使用也减少了故障率;用工人数的减少,降低了生产成本;盖板采用整体式机械升降,振捣采用气振振动机,降低了劳动强度;采用气振式振动成型,保证了产品质量,密实度更均匀。

②缺点:为减少混凝土自由落体的冲击力,喂料行走小车高度低于两米,这给安全带来一定隐患,需要对员工频繁安全教育,特别是新来员工,更要加强教育。其次模具的整体盖板起升时负压面积大,需要采用二次起升工艺,第一次点动起升,让盖板有所松动再连续起升到一定高度。如果一次连续起升会造成外弧面混凝土被负压吸起,造成外弧面强度降低。

2.2　管片模具的改造

原管片模具成型方式是采用人工插入振捣形式,为了适应新工艺、新技术的要求,需要在该模具上加装气振式振动机。标准块、连接块模具加装 4 台,封顶块模具加装 2 台。

(1)模具质量

模具通过实际称量,标准块、连接块模具质量 4500kg,封顶块模具质量 1600kg。

(2)产品质量

产品质量通过理论计算,标准块、连接块产品容积 1.5m^3,密度 2500kg/m^3,产品质量为 3750kg;封顶块容积 0.48m^3,质量 1200kg。

(3)振动机位置和旋转方向(图 7)

管片成型是采用"正"拱形模具,端部有端部侧模板,振动机需要偏下才有利于混凝土的流动成型。通过质量测算,端部两台振动机设置在宽度方向 1/3,长度方向 1/8 对角线交点上;中间两台设置在宽度方向 1/3,长度方向 3/8 对角线交点上。四台振动机成"之"字型分布,如下图所示。振动机旋转方向采取延轴线对称两两相对形式旋转,这样有利于模具均匀振动,利于气体排出和混凝土流动,产品密实。振动机支架安装不能破坏原有结构强度,采取方法是原结构不动,用厚度 12mm Q345 钢板作为支撑加强连接件,安装振动机底板采用 20 号槽钢,支撑加强连接件焊接在原模具加强筋、底板、边板上,使其成为一个整体。振动机与底座采用抱箍形式连接,便于更换和维修。

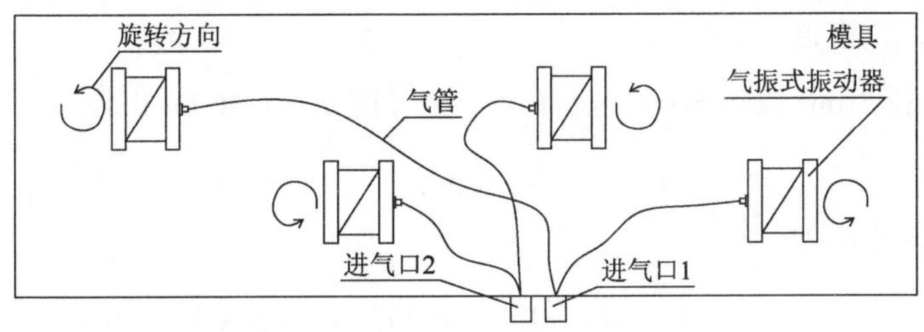

图7　振动机位置和旋转方向

(4)振动机的选用

①振动机推力公式为：

$$F = (M_0 + M_1 + M_2\cdots\cdots) \cdot A$$

式中：F——推力，即激振力(N)；

M_0——振动台运动部分有效质量即模具质量(kg)，其中模具质量4500kg；

M_1——试件质量即产品质量(kg)，其中产品质量3750kg；

A——试验加速度(m/s^2)，其中 $A=\frac{f^2}{250}\cdot D$；

f——试验频率(Hz)，设 $f=50Hz$；

D——位移最大值(mm)，设 $D=2.5mm$。

$$F = (M_0 + M_1) \cdot A = (M_0 + M_1) \cdot \frac{f^2}{250} \cdot D = (4500 + 3750) \cdot \frac{50^2}{250} \cdot 2.5$$

$$=206250N$$

②振动机选择。

考虑到气动式振动机由于磨损原因，使用一段时间激振力会有所下降，按照激振力年衰减量3%，时间按照使用3年计算，总衰减量为9%。管片模具标准块准备安装4台振动机，即每台激振力 $F'=206250\div4\cdot(1+9\%)=56203N$。通过厂家(江苏阜宁县节能阀门研究所)提供的产品型号表(表2)，标准块、连接块选取激振力为6300kg，封顶块激振力为：

$$F''=(1600+1200)\times\frac{50^2}{250}\times2.5=70000N$$

封顶块准备安装两台振动机，即每台激振力为：

$$F=70000\div2\times(1+9\%)=38150N$$

封顶块选取振动机激振力为4300kg。

江苏阜宁县节能阀门研究所提供的振动机选型表　　表2

气动振动器型号	供气压力(MPa)	供气量(L/min)	激振力(kg)
Ⅰ型	0.6	2850	6300
Ⅱ型	0.6	2500	5500
Ⅲ型	0.6	2050	4300
Ⅳ型	0.6	1500	3850

2.3 送喂料小车的改造

运行距离:送料 30m,喂料 30m;速度设计:运行速度 30 ~ 60m 可调。

2.3.1 电机选取

电机功率选择公式为:

$$P = \frac{(10 \times 1.5) \times (G_1 + G_2) \times V}{1000 \times \eta \times m}$$

式中:P——电机功率(kW);

G_1——小车质量(t),本项目中小车为 2t;

G_2——装载额定质量,本项目中为 5t;

V——小车运行速度(m/min),本项目中取最大值 60m/min;

η——运行机构总效率,取 0.9;

m——电动机数量,本项目中取 2。

则:

$$P = \frac{(10 \times 1.5) \times (G_1 + G_2)}{1000 \times \eta \times m} = \frac{15 \times (2 + 5) \times 60}{1000 \times 0.9 \times 2} = 3.5\text{kW}$$

根据一般三相异步电机规格 3kW、4kW、5.5kW,选取 4kW 电机两只。

2.3.2 电机扭矩计算

$$T = 9550P/n$$

式中:T——扭矩(N·m);

P——电机功率(kW),本项目电机功率 4kW;

n——电机转速,本项目选取电机 2 极转速 1440r/min;

故 $T = 9550 \times 4/1440 = 26.5\text{N} \cdot \text{m}$。

2.3.3 减速机选择

为了减少安装空间,减速机选取模块化系列斜齿轮减速机中的 SEW-R 系列一款产品。

(1)小车轮子直径设定 $D = 200\text{mm}$,$V = 60\text{m/min}$。

(2)输出轴转速 $v' = 60 \times 1000/(3.14 \times 200) = 95.5$。

(3)传动比 $i = 1440/95.5 = 15.08$。

(4)减速机有效功率因数取 0.95。

(5)减速机输出轴上的扭矩 $T' = 26.5 \times 15.08 \times 0.95 = 377\text{N} \cdot \text{m}$。

(6)减速机选择:查表得出。

(7)输入功率 $P_m = 4\text{kW}$;输出转速 $n' = 92\text{r/min}$。

(8)输出转矩 $T' = 415\text{N} \cdot \text{m}$,传动比 $i = 15.35$。

(9)减速机型号为 RF87,电机型号为 DV112M4。

2.3.4 小车轴强度、刚度校核

小车轴材料采用 45 号钢,对于选用的材料进行强度、刚度校核。

(1)小车轴扭转强度校核

小车轴直径设计为 $D=60\text{mm}$,扭转强度公式为:

$$d = 17.2 \times \sqrt[3]{\frac{T}{\gamma_p}}$$

式中:d——轴端直径(mm);

T——轴所传递的转矩(N·m);

γ_p——材料应力(MPa),查表取25MPa。

则 $d=17.2\times\sqrt[3]{\frac{T}{\gamma_p}}=17.2\times\sqrt[3]{\frac{377}{25}}=17.2\times2.47=42.5\text{mm}$

计算值 $d=42.5\text{mm}<$ 设计值 $D=60\text{mm}$。

(2)小车轴扭转刚度校核

$$d=9.3\times\sqrt[4]{\frac{T}{\Phi_p}}$$

式中:Φ_p——许用扭转角度(°),查表取1°。

则 $d=9.3\times\sqrt[4]{\frac{T}{\phi_p}}=9.3\times\sqrt[4]{\frac{377}{1}}=9.3\times4.41=41.0\text{mm}$。

计算值 $d=41.0\text{mm}<$ 设计值 $D=60\text{mm}$。

通过校核,选取直径 $D=60\text{mm}$ 的小车轴满足实际使用要求。

送、喂料小车是整个环节的关键点,送料、喂料是否及时、是否满足生产节拍,都在送、喂料小车运行速度上面。通过调试、试用,送料小车速度45M/min比较合适,满足地模、生产线两个送料点的需求。喂料小车速度40m/min就能满足要求。地模小车由于行走距离只需5m,设定为30m/min。

2.4 管片模具的运行方式的改造

生产线运行方式采用的是"4+1"独立分段推进模式。每条线都有相对独立的分段推进油缸,工作时分段推进,油缸多故障率就高,不但给维修增加了负担,也影响了生产。

生产线改造以后,模具的运行方式是模具与模具之间采用相互顶推方式,靠模具之间相互推动,源动力就是在进模小车上设置一个油缸就可以了。出模也是一样,这样就简化了生产线的结构,优化了工艺流程,使生产线的工作节拍达到了5min/节拍,满足蒸养温度55℃,蒸养时间6h(静停1h,升温3h,降温2h)的工艺要求,提高了生产效率,降低了生产成本。

3 效益分析

(1)劳动强度的减轻:人工插入式振捣改为气振振捣,大幅度减轻了员工的劳动强度。

(2)减少用工人数:振捣工位由3人减少2人(留1人操作设备),行车工1人,送料2人,合计减少5人。

(3)生产产量的增加:生产线节拍达到5min/节拍,产量由每班12环增加到18环,增加50%;按照每天两班计算,每天可以增加12环的产量。

(4)产品质量:通过钻心取样,直径60mm×100的十组试件,平均重量增加0.06%。

(5)投资:12套新模具加装气动式振动机168万元,送、喂料及配套装置55万元,合计223万元。

(6)效益(按 300 天/年,增产 12 环/天,1.2 万元/环)。

①产量效益:产值 $=300\times12\times1.2=4320$ 万元,利润 $=4320\times10\%=432$ 万元。

②人工效益:$5\times10=50$ 万元,产量效益和人工效益总计 482 万元。

4 结语

生产线经过模具加装振动器改变振捣方式及送、喂料方式的工艺改造,提高了生产效率,减少了用工人数,保证了产品质量,降低了生产成本,增强了企业在市场中的竞争力。

地铁穿越既有线工程自动化监测技术与变形控制探讨

李 伟[1] 黄 信[2] 赵 勇[2]

（1. 杭州市地铁集团有限责任公司 浙江杭州 310018；2. 北京城建勘测设计研究院有限责任公司 浙江杭州 310000）

摘 要：统计数据显示，截至2019年底，全国地铁运营城市已达37个，线路运营里程约5316.82km。随着后期国内新的地铁线路建设以及既有线沿线工程的持续增加，高风险项目如穿越既有线的地铁建设项目的地铁保护监测是项目开展的重中之重，如何快速真实反映穿越工程队既有线路产生的变形是地铁变形监测的重点和热点。本文以杭州地铁5号线下穿地铁1号线滨康路站—湘湖站区间为例，探讨在下穿施工等高风险项目作业时自动化监测是否能快速、真实反映下穿施工对既有地铁线路变形的影响。

关键词：地铁保护；高风险项目；自动化监测；变形

1 工程概况

杭州地铁1号线滨康路站—湘湖站区间隧道已于2012年底开始运营，地铁5号线滨康路站—青年路站区间隧道的下穿工程会对已运营的1号线隧道产生影响（图1、图2）。

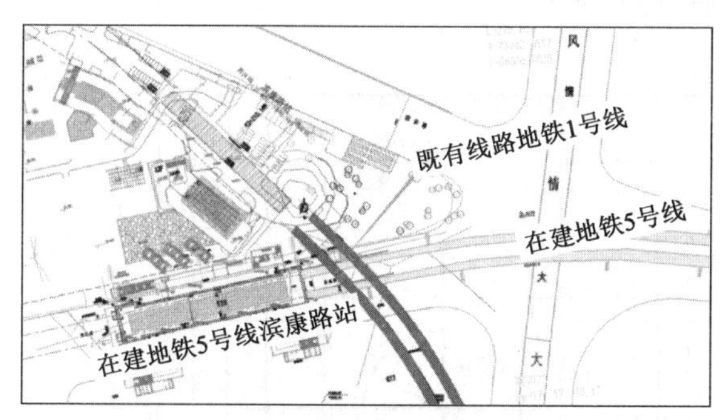

图1 既有线与在建5号线平面位置关系

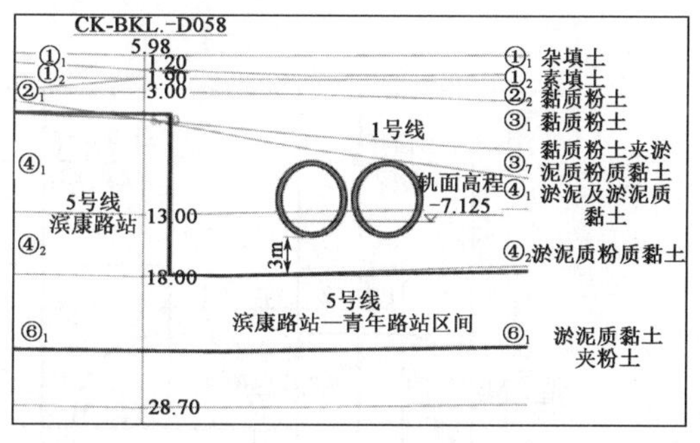

图2 线路剖面图

场地浅表层为厚1～2m的填土，其下为厚度不等的②层黏性土和粉砂性土层以及③$_1$黏质粉土层，以下为④层、⑥层淤泥质土，⑥层以下直接分布有⑧层软塑（稍密）状的粉质黏土夹粉砂层（⑧层系软土成因）。⑧层以下直接分布有⑩软塑状的黏性土层（⑩层系软土成因）。地层底部基本分布有⑫层、⑭层砂砾层，两层之间大部分区域连续分布，⑭层砂砾层以下为⑮层黏性土层及砂砾层，沿线基岩仅少量揭露，风化基岩为㉑层蚀变凝灰岩。1号线隧道大致位于④$_1$～④$_2$层，5号线隧道全部位于⑥$_1$层。

5号线滨康路站—青年路站区间采用盾构法施工，区间出滨康路站后，下穿1号线湘湖站—滨康路站区间，下穿段隧道与1号线隧道最小净距为3.258m。区间采用两台盾构机进行

作者简介：李伟，男，硕士研究生，高级工程师，主要从事地铁工程建设管理与研究工作。电子邮箱：119778910@qq.com。

掘进施工，均从青年路站西端头始发，于滨康站东端头井接收，先施工左线后施工右线。

隧道下穿前，施工单位对1号线正影响区域隧道进行了MJS加固（图3、图4）。穿越区域1号线隧道主要位于④$_1$淤泥及淤泥质粉质黏土层，5号线隧道主要位于⑥$_1$淤泥质粉质黏土层。④、⑥淤泥质土层具低强度、高压缩性，有较明显的蠕变、触变特性。这类地层对盾构施工时的扰动较为敏感，一经扰动，土体沉降难以稳定。

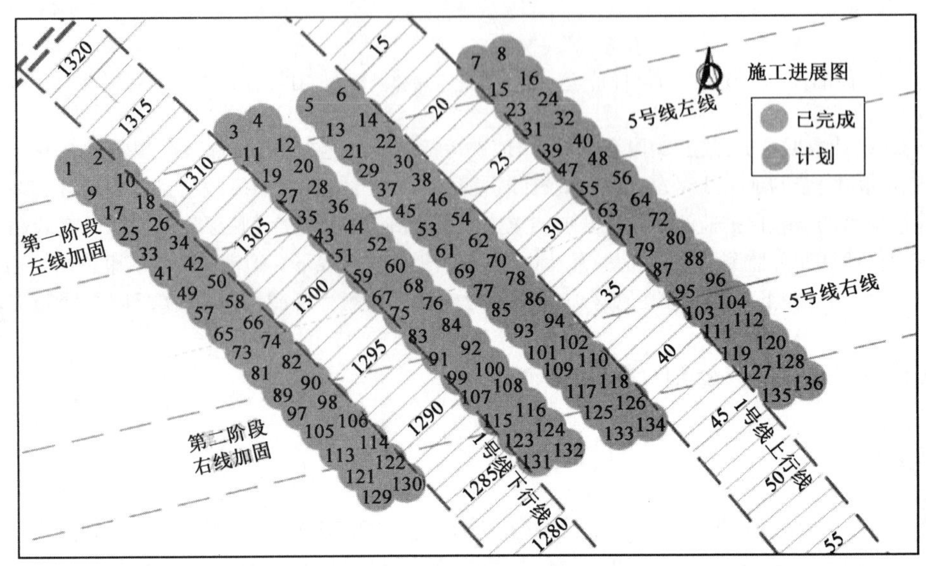

图3　MJS加固平面布置图

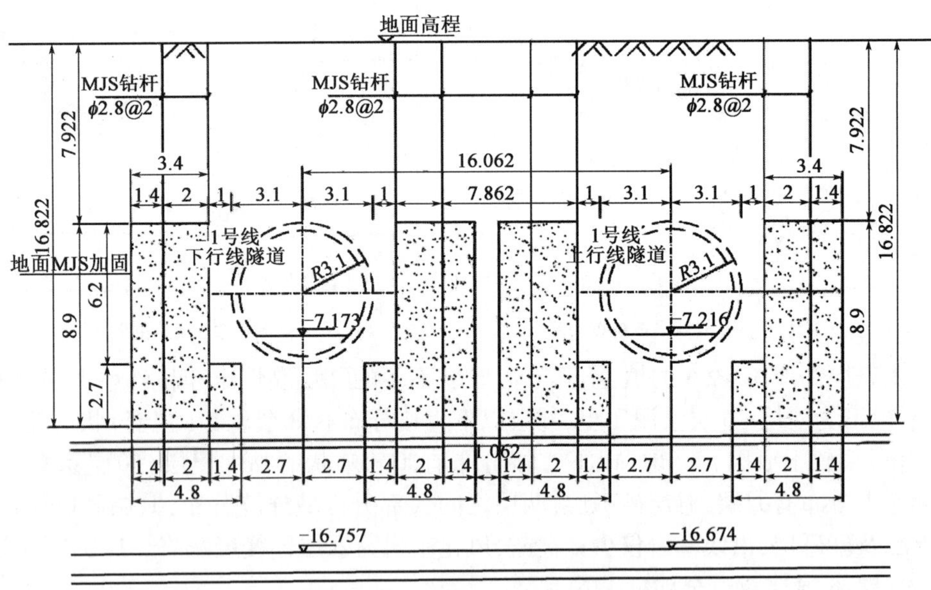

图4　MJS加固剖面图（尺寸单位：m）

为了减少1号线隧道周围土体受5号线盾构穿越前后施工的影响，对1号线隧道两侧及底部局部进行MJS工法加固，一方面直接将软弱土进行硬化，极大降低其变形能力，另一方面隔离和约束1号线隧道底部未加固土体，减小其变形空间，同时对工后沉降进行注浆处理时，也能提高注浆效果，有效减小1号线隧道沉降。

2 监测措施

2.1 监测点布设

本项目对既有线产生影响的施工主要有两个阶段:MJS 加固施工、滨康路站—青年路站区间盾构施工。针对不同阶段的施工,制订了专门的既有线保护自动化监测方案。

(1)MJS 加固施工期间对加固范围内的既有隧道按 2 环间距布置断面;对加固范围外延 40 环(48m)内的既有车站按 10m 间距布置断面,既有隧道按 10 环间距布置断面(表 1)。

MJS 加固施工影响既有线监测对象、项目及监测点布置情况 表 1

监测对象	监测项目	断面间距
1 号线车站 (MJS 加固范围外延 48m)	道床水平位移	10m
	道床竖向位移	
	两轨差异沉降	
1 号线隧道 (MJS 加固范围)	隧道结构道床水平位移	2 环
	隧道结构道床竖向位移	
	隧道结构净空收敛	
	两轨差异沉降	
1 号线隧道 (MJS 加固范围外延 40 环)	隧道结构道床水平位移	10 环
	隧道结构道床竖向位移	
	隧道结构净空收敛	
	两轨差异沉降	

(2)5 号线隧道施工期间对隧道正投影范围内的既有车站按 10m 间距布置断面,既有隧道按 2 环间距布置断面;对隧道正投影外延 40 环(48m)范围内的既有车站按 10m 间距布置断面,既有隧道按 10 环间距布置断面(表 2)。

5 号线隧道施工影响既有线监测对象、项目及监测点布置情况 表 2

监测对象	监测项目	断面间距
1 号线隧道 (5 号线隧道正投影范围)	隧道结构道床水平位移	2 环
	隧道结构道床竖向位移	
	隧道结构净空收敛	
	两轨差异沉降	
	管片顶部竖向位移	
1 号线车站 (5 号线隧道正投影及外延 48m 范围)	道床水平位移	10m
	道床竖向位移	
	两轨差异沉降	
1 号线隧道 (5 号线隧道正投影外延 40 环范围)	隧道结构道床水平位移	10 环
	隧道结构道床竖向位移	
	隧道结构净空收敛	
	两轨差异沉降	

2.2 监测方法与监测频率

本项目采用 Leica TM50 测量机器人自动化监测辅以人工复核的方式进行监测(图 5),MJS 加固期间按 1 次/h 的频率进行监测,盾构穿越期间对关键影响区域按 1 次/15min 的频率进行监测(表 3)。由于盾构下穿时监测频率高,周期短,一台仪器无法完成监测任务,因此以 5 号线盾构隧道中心线向两侧各外延 10m 的区域作为 1 号线隧道关键影响区域,在同一断面上设置两台仪器,一台仪器以 1 次/3h 的频率监测所有点,另一台仪器则以 1 次/15min 的频率对关键影响区域的点进行监测。

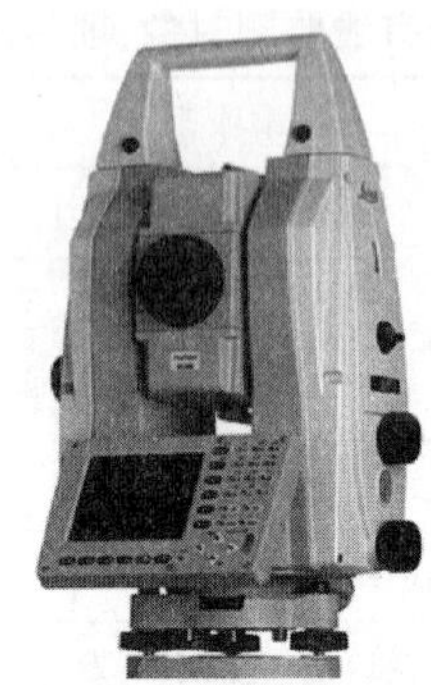

a) 自动化监测仪器

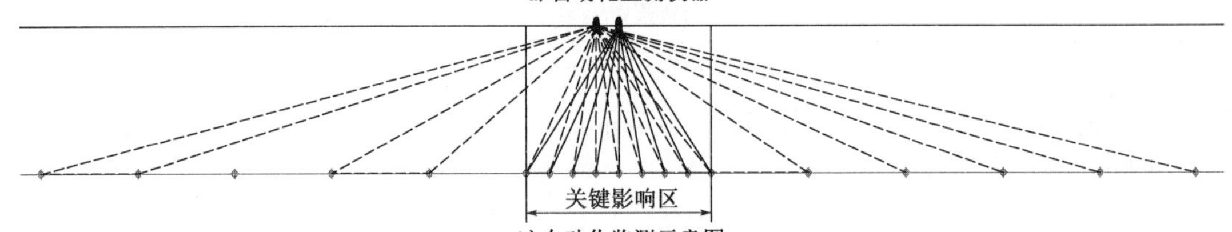

b) 自动化监测示意图

图 5 自动化监测仪器和自动化监测示意图

各工况监测频率 表 3

工　况	监 测 频 率
MJS 加固期间	1 次/1h(喷浆期间)
盾头距隧道 100 ~ 50m	1 次/d
盾头距隧道 50 ~ 20m	1 次/6h
盾头距隧道 20 ~ 10m	1 次/3h
盾头距隧道 10m ~ 盾尾距隧道 10m	1 次/15min(关键影响区域) 1 次/3h(所有断面)
盾尾距隧道 10 ~ 20m	1 次/3h
盾尾距隧道 20 ~ 50m	1 次/6h

本项目数据处理采用 Leica GeoMoS 自动变形监测数据进行管理与处理软件,按极坐标的方法测量测站点至其他基准点和变形点的斜距、水平角和垂直角,将测站点至基准点测量值与其基准值相比,求得差值。

3 监测结果分析

3.1 MJS 加固施工期间变形情况

通过实时自动化监测手段,获得了加固扰动期间的既有线变形数据,1 号线上下行区间道床沉降最大累计变化量为 -2.4mm 左右,隧道收敛未产生明显变化(图 6)。

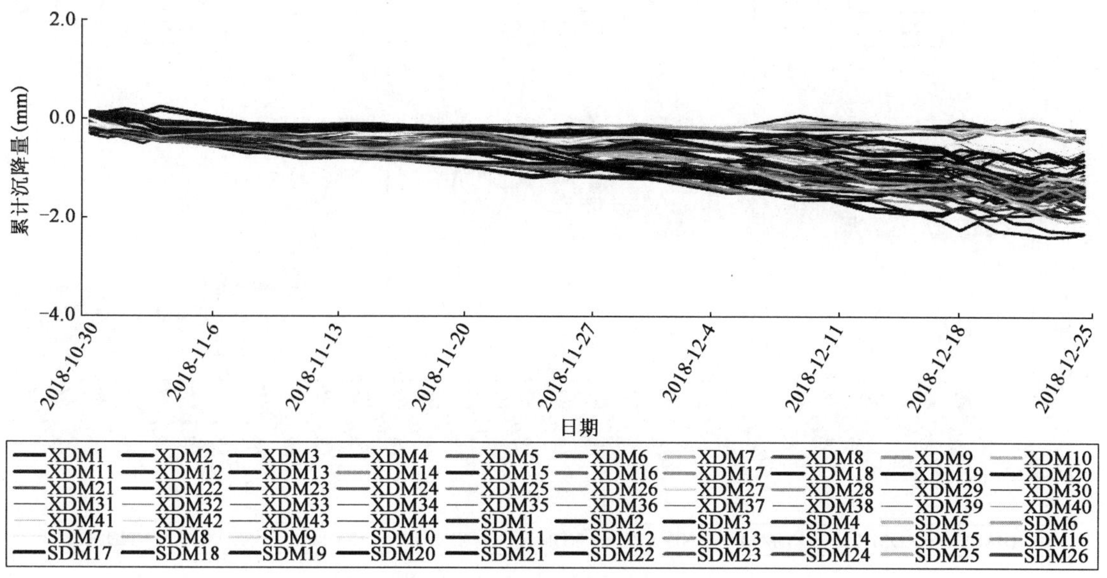

图 6　MJS 加固过程中 1 号线上下行线道床沉降变化曲线

3.2　5 号线隧道施工期间变形情况

(1)5 号线左线下穿 1 号线既有隧道可划分为三个时间阶段,分别为穿越前(刀盘切口距 1 号线投影区 30 环 ~ 10 环区段)、下穿期(刀盘切口距 1 号线投影区 10 环 ~ 盾尾脱出 1 号线投影区 10 环)、工后期(盾尾脱出 1 号线投影区 10 环 ~ 稳定阶段)。

①穿越前阶段

该阶段 5 号线左线盾构掘进对 1 号线隧道影响很小,上行线道床沉降几乎没有变化,下行线道床沉降最大累计量为 1mm 左右(图 7、图 8)。

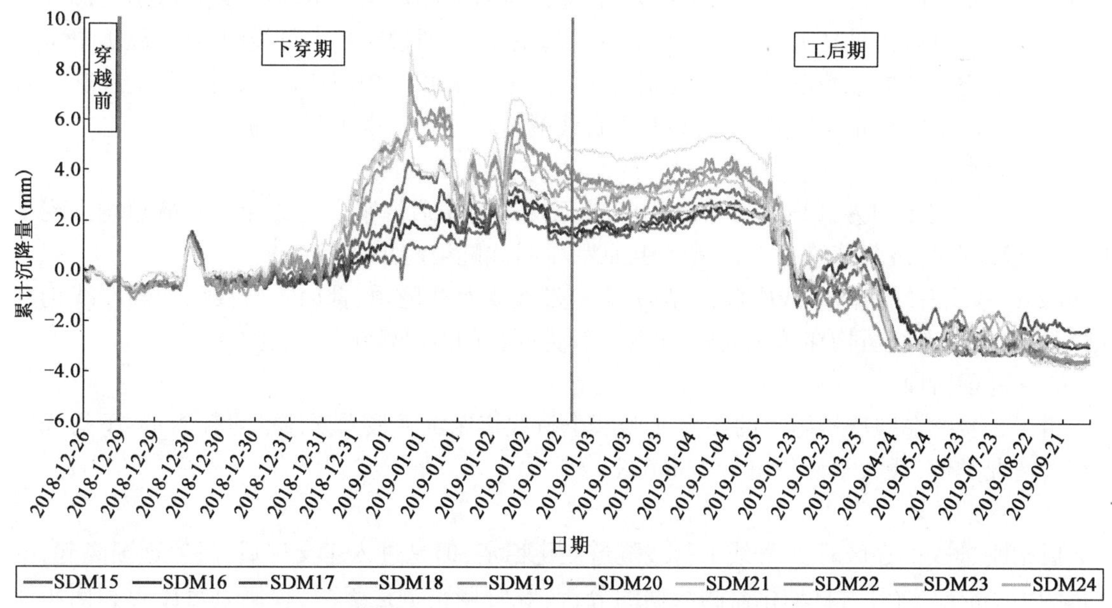

图 7　5 号线左线盾构下穿过程中 1 号线上行线道床沉降变化曲线

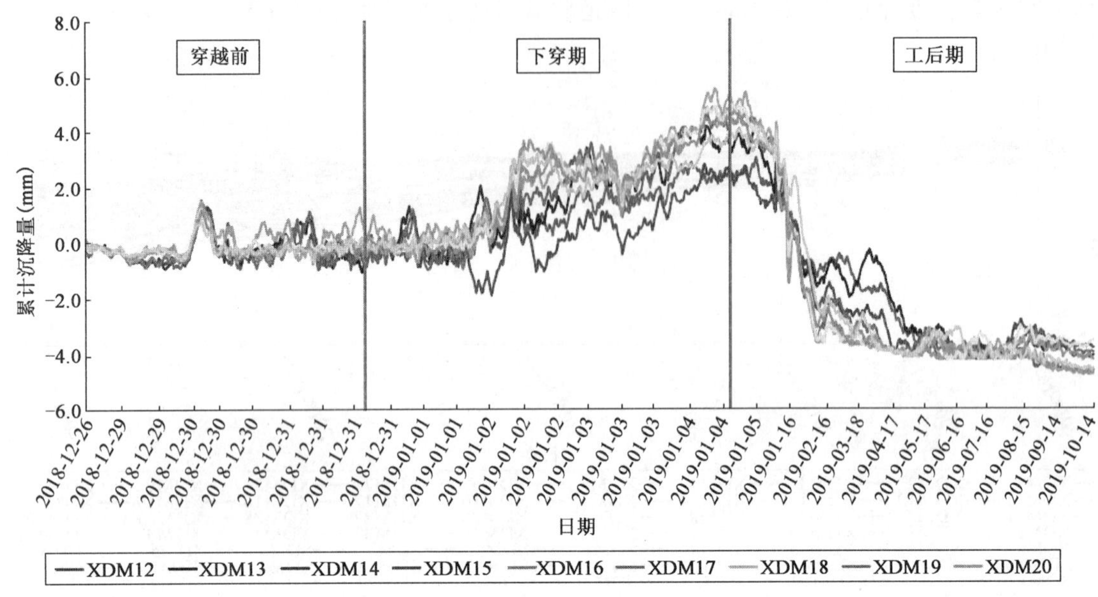

图 8　5 号线左线盾构下穿过程中 1 号线下行线道床沉降变化曲线

②下穿期阶段

隧道正交区域(1 号线上行线监测断面 SDM15 ~ SDM24,下行线监测断面 XDM12 ~ XDM20)在盾构机进入和穿出下穿区期间监测数据相对变化较大。盾构机刚进入下穿区时,1 号线上行线逐渐上抬,变化较平稳;当盾构机处于 1 号线上行线正下方时,由于担心压力不足导致隧道产生过大变形,从而加大了推力和同步注浆压力,反而引起 1 号线上行线出现较大隆起现象,最大隆起量达到 9mm,经过对监测数据的分析后及时调整了推进参数,隧道隆起情况得到有效控制。盾构机出了上行线下穿区后,通过实时监测数据调整推进参数,隧道变形逐步趋于稳定。此时盾构机又进入了 1 号线下行线的正交区,通过穿越上行线的经验,施工单位已能较好地掌握施工参数的设置,下行线正交区的隧道变形相对控制地较好,有少量的隆起。盾构机完全推出 1 号线正交区时,上行线和下行线隧道均分别出现了明显的下沉现象。

③工后期阶段

2019 年 1 月 5 日左线盾构接收后,由于未及时进行工后注浆,1 号线上下行隧道均出现了明显的下沉现象,沉降持续了大约三个月,此后 1 号线隧道趋于稳定。

(2)5 号线右线紧随左线盾构,再次下穿 1 号线既有线隧道,此时 1 号线区间因左线仍存在隆起现象,待右线盾构穿越完成后,出现了较为明显的沉降情况。

①穿越前阶段

由于 5 号线左线盾构施工的影响,1 号线上行线道床沉降最大累计量约有 2mm,下行线与上行线情况类似,最大累计量也为 2mm(图 9、图 10)。

②下穿期阶段

盾构刚进入下穿区时,1 号线上行线隧道变化稳定,但是进入正交区后,隧道逐渐隆起,变化量约为 3mm。通过对自动化监测数据的分析,及时调整掘进参数,控制刀盘压力和同步注浆压力,隧道隆起情况得到控制,变形曲线开始向下发展,部分断面甚至降至零位以下,通过二次注浆,隧道慢慢回升,累计变化量基本位于 1 ~ 4mm 之间。

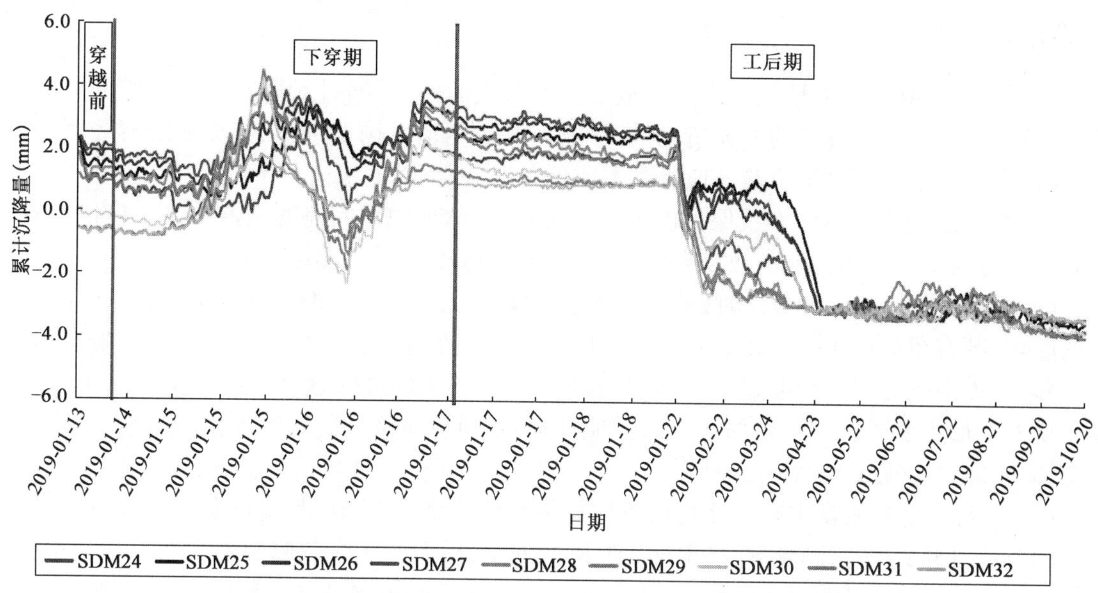

图9　5号线右线盾构下穿过程中1号线上行线道床沉降变化曲线

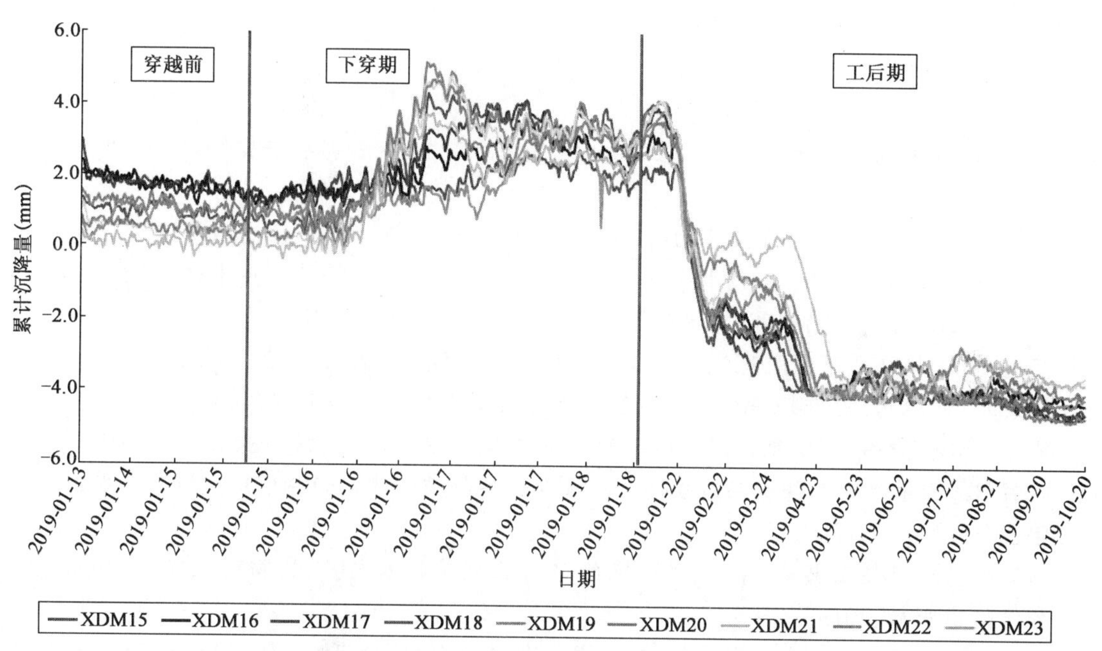

图10　5号线右线盾构下穿过程中1号线下行线道床沉降变化曲线

③工后期阶段

盾尾脱出1号线上行线投影区10环后,由于二次注浆的作用,上行线隧道未出现明显的沉降。随着盾构掘进,二次注浆区域逐步西移,对1号线隧道的支撑作用也逐步减小。2019年1月20日右线盾构接收后,未及时进行工后注浆,1号线上下行隧道均出现了明显的下沉现象,沉降持续了大约3个月,此后1号线隧道趋于稳定。

盾构出下穿区进入后影响区后,结合左线隧道施工经验,工后注浆控制得当,1号线上下行线隧道变化均很小,沉降曲线呈平直形态。

4 结语

本文阐述了既有运营地铁隧道下穿施工对既有线的影响,通过对既有运营线路的自动化监测,及时反映了地铁隧道的变形情况,指导施工及时调整盾构掘进参数,保证既有线路的安全运营,为类似工程提供了经验。通过对本项目总结,得出以下结论:

(1)MJS 加固施工对既有线保护作用较为明显,虽然加固期间对隧道产生了一定的扰动,但对于既有线下部软弱土层的改良,大大减小了被穿越隧道的工后沉降量。

(2)5 号线盾构下穿 1 号线时,盾构姿态为上坡,受刀盘压力、同步注浆压力及二次注浆压力的影响,既有线变形主要表现为隆起。盾构下穿施工在穿越前阶段对既有线的影响相对较小,穿越过程中既有线出现明显变形,变形量的大小受盾构掘进的参数、同步注浆的影响较大,而工后期变形主要受二次注浆的影响,其作用是填充同步注浆液凝固后因体积收缩而留下的空隙,防止隧道出现过大的工后沉降。

(3)自动化监测能真实有效反映出盾构掘进对既有线的影响,尤其是采用 4 台设备同时观测的方法,15min 的监测频率,既保证了监测的安全性,避免个别仪器突然失效而盲目推进,又提高了既有线的监测频率,从而指导施工单位及时调整掘进参数及注浆压力,控制既有线隧道变形。

参考文献

[1] 王振军. 地铁隧道盾构法下穿施工对地表既有铁路的变形影响研究[D]. 天津:天津大学,2014.

[2] 马振超. 北京既有线下穿工程的特点及影响规律研究[D]. 北京:北京交通大学,2012.

[3] 谢雄耀,张永来,周彪,等. 盾构隧道下穿老旧建筑物群微沉降控制技术研究[J]. 岩土工程学报,2019,41(10):1781-1789.

[4] 焦德超. 盾构隧道下穿既有线施工控制[J]. 施工建设,2017,12:172.

[5] 胡景元,何旭峰,史平扬,等. 某隧道下穿既有线变形情况分析与对策[C]//马海志. 智慧地铁,勘测先行——城市轨道交通勘测创新技术. 北京:中国建筑工业出版社,2016.

[6] 赵兵权. 测量机器人联网在线控制系统及其在地铁监测中的应用[D]. 合肥:合肥工业大学,2019.

[7] 马海志,马全明,王书林,等. 地铁既有线路工程测量技术与应用[M]. 北京:中国劳动社会保障出版社,2013.

[8] 王岩. 基于 MJS 工法地铁近接施工对既有隧道的影响研究[D]. 西安:西安科技大学,2019.

[9] 肖照阳,李逸,邹琦,等. 盾构隧道下穿河堤的安全影响分析[J]. 土工基础,2020,34(3):331-334.

潮鸣地块基坑开挖对庆菱路站—建国路站区间的影响分析

马少俊[1]　李鑫家[2,3]　王乔坎[1]　丁　智[2]

(1. 浙江省建筑设计研究院　浙江杭州　310006;2. 浙江大学城市学院土木工程系　浙江杭州　310015;
3. 浙江大学建筑工程学院　浙江杭州　310058)

摘　要:在既有盾构隧道上方进行基坑开挖,会使盾构隧道产生较大的变形。本文基于潮鸣地块基坑工程实测隧道变形数据,分析了门式加固和分区分块开挖等措施对隧道变形的影响,分析结果表明:门式三轴搅拌桩加固,能够有效减少上方卸载对盾构隧道的变形影响;分区分块的基坑开挖方式可以大大减小基坑开挖卸载过程中隧道的隆起变形。

关键词:基坑开挖;盾构隧道;门式加固;分区分块分层;实测分析

1　引言

随着经济高速发展,城市轨道交通建设也如火如荼。以浙江省为例,截至2019年6月,杭州地铁运营里程达约135km,预计2022年运营里程将达到约516km;截至2019年5月,宁波地铁运营里程达约91km;温州、绍兴、金华等地也有多条线路正在建设。地铁沿线由于人流量大、交通便利使得地铁上方的工程建设日益增多,对既有地铁设施产生一定的影响,尤其在软土地区,临近工程施工对地铁设施的影响更大。

近年来,有不少学者对此类问题展开多方面的研究,并取得了一些成果。黄兆纬等基于ABAQUS(有限元分析软件)建立了基坑开挖对地铁隧道影响的三维数值分析模型,分析了地铁上盖基坑开挖对既有地铁隧道的影响,并分析了土体加固、分块开挖等技术措施对地铁隧道变位的控制效果;郑刚结合现场实测数据,分析既有隧道箱体两侧的土体加固、浇筑底板与抗浮桩形成"保护箍"以及堆载回压等措施对既有箱体轨道的影响及其有效性;丁智等从实测数据入手,对基坑围护结构土体侧移与隧道变形之间的联系规律展开研究,分析了注浆、基坑开挖效应和顺序对地铁隧道变形的影响;黄宏伟等运用三维有限元软件结合实测数据,分析了土体加固以及坑底堆载对于控制盾构隧道变形的有效性。由于各地土质条件的不同,使得上方基坑开挖对下卧隧道的影响程度也存在较大的差异。

本文基于杭州某典型地层中的盾构隧道上方基坑实测数据,对项目采用的多种减少隧道变形控制技术进行了分析,为后续盾构隧道上方基坑的设计和施工提供一定的参考。

2　工程概况

2.1　基坑与既有盾构隧道概况

潮鸣地块项目位于杭州市下城区,项目由南北两个区块组成。本工程基坑总周长约

作者简介:马少俊,高级工程师,博士,目前主要从事岩土工程设计、城市轨道交通环境影响分析的研究工作。电子邮箱:1055534287@qq.com。

1001m,基坑面积约 33830m^2。南北区块地下室贯通,除最南端约 40m 范围设置一层地下室,其余区域均设置两层地下室,北地块基坑开挖深度为 10.00~10.30m,南地块二层地下室区域开挖深度为 9.60m,一层地下室区域开挖深度为 5.60m。项目基坑坑底与隧道结构顶面的距离 9.30~10.00m。盾构隧道自东南往西北,与基坑用地红线成 25°~26°交叉穿越基坑北地块,盾构隧道已经推过地块范围。

早在基坑开挖前,盾构隧道已铺轨验收,但尚未投入运营。基坑开挖过程分为两个工况,工况一为基坑核心区土方开挖完成,工况二为隧道侧方(东北角及西南角)土体开挖完成。盾构隧道于侧方土体开挖期间投入运营,基坑核心区示意图见图 1。

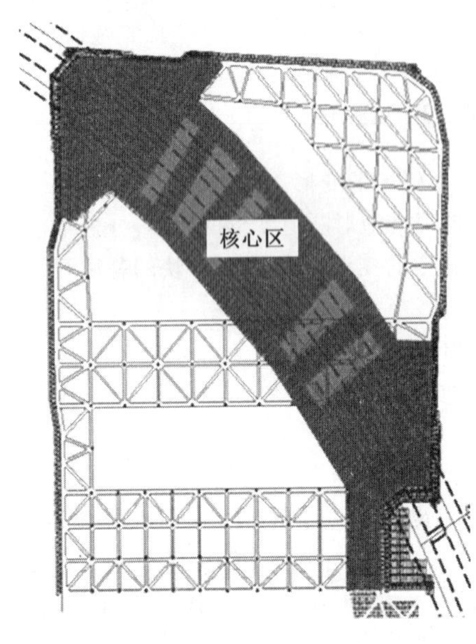

图 1　基坑核心区示意图

2.2　工程地质条件

根据勘察报告,基坑开挖影响范围内土层自上而下分为①$_{0-1}$杂填土、①$_{0-2}$素填土、①$_1$ 黏质粉土、①$_2$ 砂质粉土、②$_1$ 砂质粉土夹粉砂、②$_2$ 砂质粉土、③淤泥质粉质黏土、④$_1$ 粉质黏土、④$_2$ 粉质黏土、⑤粉质黏土、⑥$_2$ 含砂粉质黏土、⑥$_{3-1}$粉砂、⑥$_{3-2}$圆砾。坑底位于②$_2$ 砂质粉土或②$_1$ 砂质粉土夹粉砂。盾构隧道基本位于③淤泥质粉质黏土中。

场地地下水类型主要是第四纪松散土层孔隙水,根据地下水的含水介质、赋存条件、水理性质和水力特征,可划分为孔隙潜水和孔隙承压水两大类。典型地质剖面见图 2,基坑开挖影响范围内的土层主要物理力学参数见表 1。

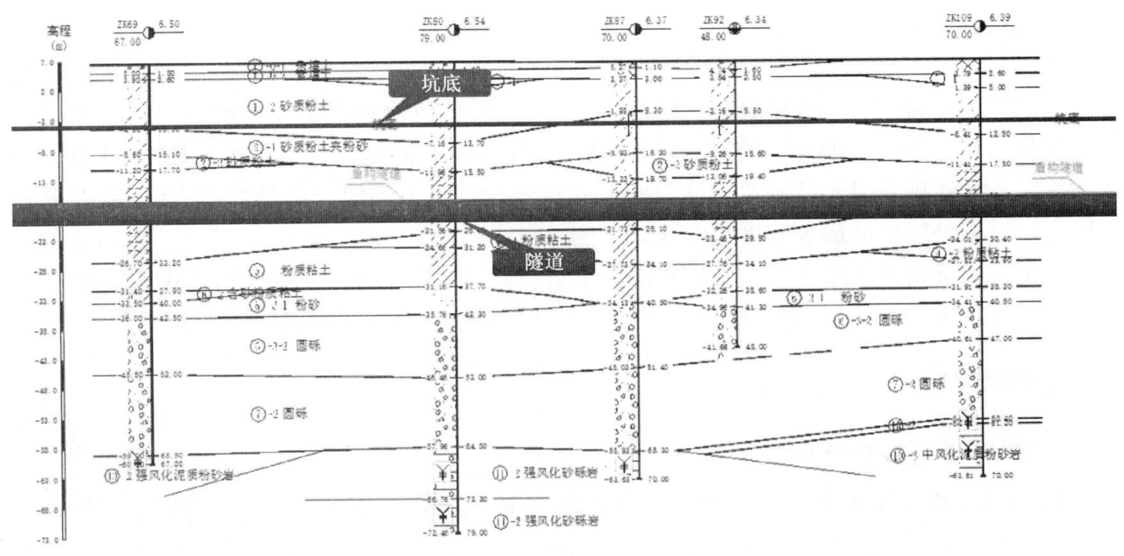

图 2　基坑范围内典型地质断面图

土体参数表 表1

土层编号	土层名称	土层重度(kN/m^3)	黏聚力(kPa)	内摩擦角(°)
①$_{0-1}$	杂填土	18.0	12	12
①$_2$	砂质粉土	18.1	4	23.5
②$_1$	砂质粉土夹粉砂	19.2	3	29.5
②$_2$	砂质粉土	18.5	4	23.5
③	淤泥质粉质黏土	18.0	12	9.5
④$_1$	粉质黏土	19.0	6	18
⑤	粉质黏土	18.5	18	11.9
⑥$_2$	含砂粉质黏土	19.0	3	20
⑦$_2$	圆砾	20.0	2	33
⑩$_2$	强风化泥质粉砂岩	20.0		

2.3 隧道变形监测概述

本工程基坑施工影响范围为425～835环(下行线)和405～833环(上行线)。为进一步研究基础开挖对盾构隧道的影响,由监测单位对基坑影响范围内的区间盾构隧道的变形进行监测,特别是自基坑土方开挖后的阶段。隧道管环号与基坑位置关系如图3所示。

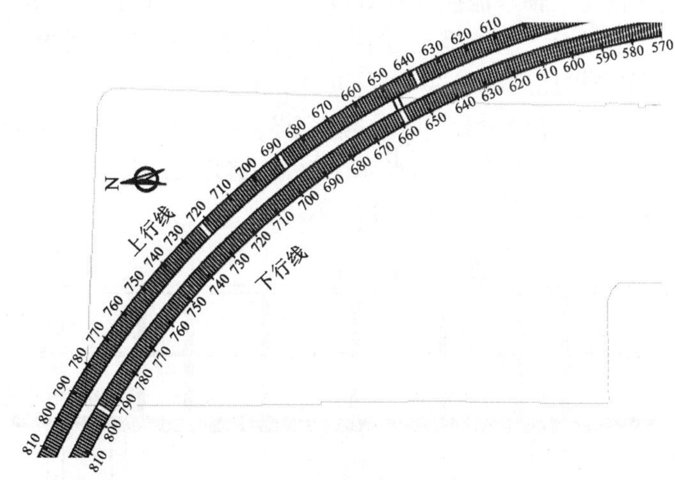

图3 管环号与基坑位置关系图

3 工程特点、难点分析

3.1 周边环境复杂

基坑周边均为市政道路及已建小区,基坑东侧为已建环城东路(道路边线与基坑最近处距离约4m),道路上有110kV电力管(距离红线3.0m)、燃气管(距离红线5.0m),北侧为高架。盾构隧道下穿基坑北区块并从南区块基坑侧边穿过,与本工程交叉范围大,且卸载后基坑周边存在高频率的动荷载,容易对隧道产生较大的影响。

3.2 基坑开挖工程量大

基坑面积约为 33830m^2，北地块基坑开挖深度为 10.0～10.3m，南地块开挖深度为 9.600m，开挖卸荷量大。同时，在基坑开挖过程中会对开挖面以下土体产生明显的卸荷作用，导致下卧盾构隧道产生较大的竖向变形。

4 关键施工技术

4.1 基坑围护设计方案

地铁盾构隧道与围护结构交叉处及其两侧约 5m 范围采用两排厚度为 850mm 的 TRD（渠式切割水泥土连续墙，内插标准型钢 H700mm×300mm×13mm×24mm，间距 600mm）结合一道（二道）钢筋混凝土支撑支护。地铁盾构隧道约 30m 范围内（除采用双排 TRD 结合内插型钢外）采用大直径硬咬合桩（直径 1000mm，间距 1400mm）或钻孔灌注桩（直径 1000mm，间距 1200mm）结合一道（二道）钢筋混凝土支撑支护，咬合桩及钻孔桩外侧采用 TRD 止水桩予以加强并起挡土止水作用，以确保基坑临近地铁位置止水止土安全。其他区域采用大直径钻孔灌注桩（直径 900mm，间距 1100mm 或 1200mm 的长短桩，长桩穿透淤泥质土层进入粉质黏土以满足整体稳定性，短桩以满足受力要求为宜）结合一道（二道）钢筋混凝土支撑支护，钻孔灌注桩外侧采用三轴水泥搅拌桩止水止土。

4.2 门式加固

下卧盾构隧道的基坑工程中，盾构隧道的竖向变形主要由土方卸载引起的基坑回弹、下卧盾构隧道的整体上浮引起，三轴水泥搅拌桩对被动区的加固，强化了土体的抗变形能力，改善了土体的力学性质，减小了上方基坑施工对下方盾构隧道的影响，同时限制了基坑大规模开挖引起的坑底回弹。但在围护加固施工过程中，也会对土体产生一定的扰动。

为减少本工程基坑施工过程中对下卧盾构隧道的变形影响，对盾构隧道上方核心区范围（约为隧道两侧 30m 范围）土体采用三轴水泥搅拌桩进行满堂加固。搅拌桩桩底位于坑底以下 4m 处，距离下卧隧道顶部约 5.3m，如图 4 所示。

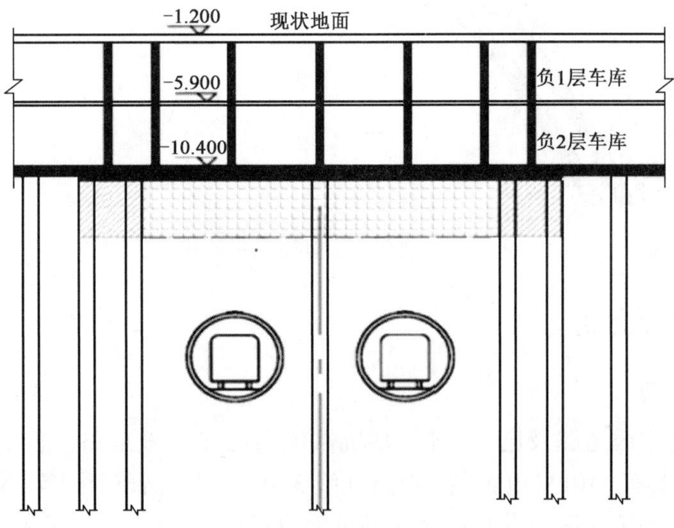

图 4　门式加固图

如图5、图6所示，上、下行线盾构隧道在完成上方土体加固后，隧道竖向沉降变化曲线分布图，搅拌桩加固施工过程中，隧道产生较大沉降变形。

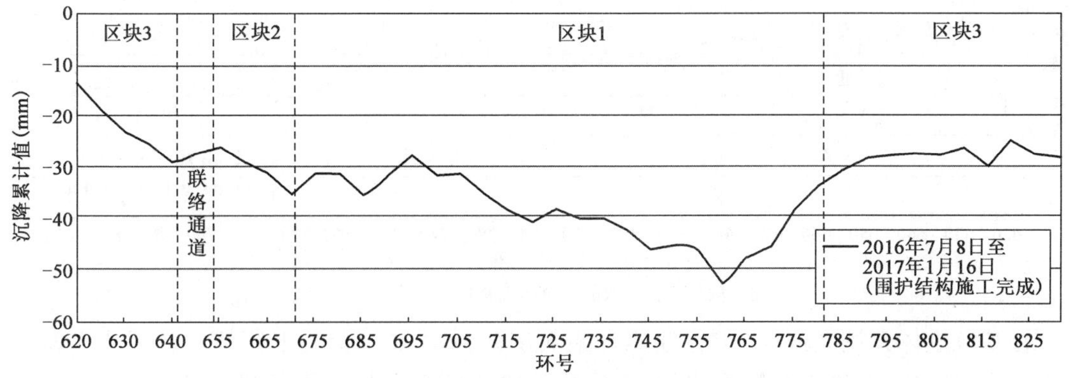

图5 加固后隧道沉降变化曲线分布图(上行线)

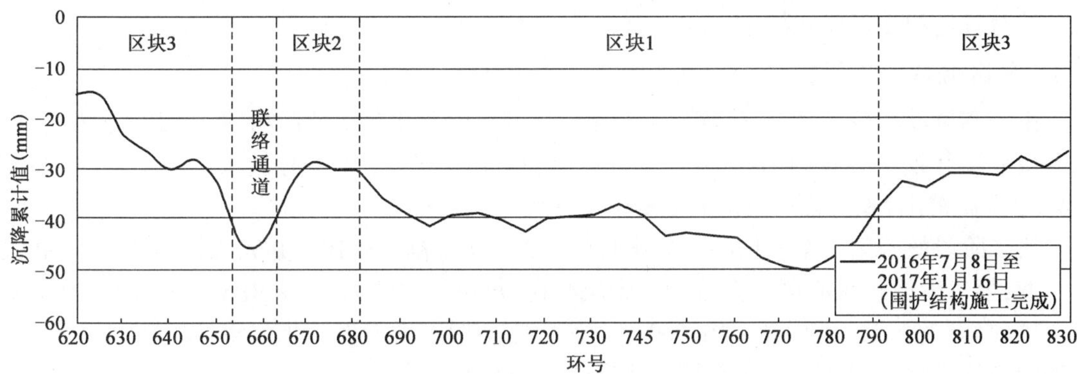

图6 加固后隧道沉降变化曲线分布图(下行线)

其中，上行线累计最大沉降量为51.2mm，下行线累计最大沉降量为50.1mm，隧道总体呈现沉降变形，主要由于隧道两侧及上部土体加固施工，扰动了隧道周边淤泥质土体，加上三轴水泥搅拌桩施工机械对隧道产生的竖向施工荷载、振动等所致。

在盾构隧道上方土体加固完成后，监测数据显示盾构隧道竖向沉降明显减缓。在隧道上方核心区、侧方的土方开挖及联络通道区域附近施工时，由于隧道上方的荷载减小，使得隧道产生一定的隆起。图7、图8为基坑开挖至坑底时的隧道累计竖向位移。

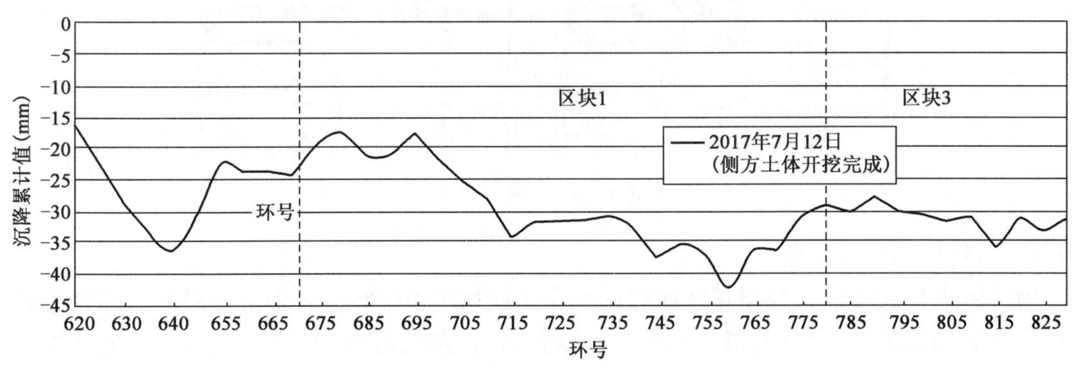

图7 截至开挖完成隧道沉降变化曲线分布图(上行线)

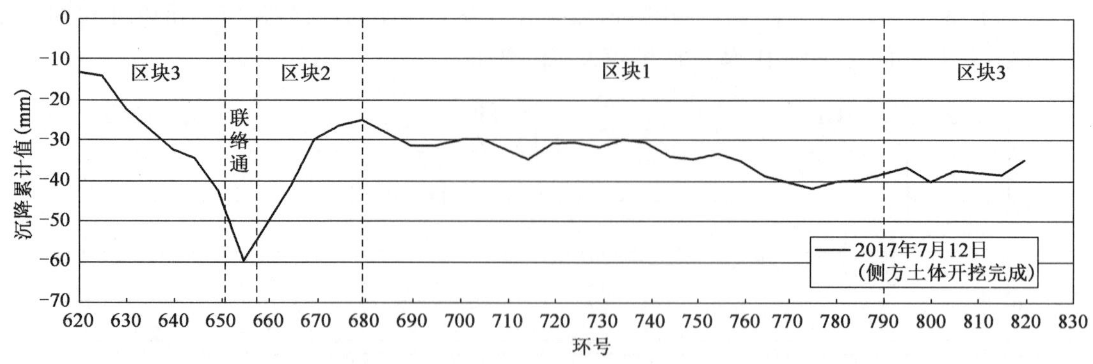

图8　截至开挖完成隧道沉降变化曲线分布图(下行线)

在基坑土体开挖完成时,上行线累计最大沉降量为42.4mm,下行线累计最大沉降量为60.0mm。对比图5、图6可以看出,开挖完成后隧道的总体累计沉降量较基坑加固后有所减小,但相对而言,变化幅度不大,一方面正是由于隧道核心区“门”式加固体系的建立,导致基坑开挖对隧道的变形影响减小。

4.3　分区分块分层开挖

由于基坑面积较大,挖深较深。为减小基坑开挖对盾构隧道的影响,要求基坑土方进行分区分块分层开挖。开挖过程分四阶段,第一阶段土方开挖,即核心区大面积开挖3.7m至-4.8m标高范围,施工第一道钢筋混凝土支撑梁。

第二阶段核心区一至六按顺序分块开挖3.3m,至标高-8.100,并完成相应区域的临时反压作业;第三阶段将核心区土方分为二十块开挖,每块尺寸约为6m×30m,按顺序逐一分块开挖至坑底(开挖2.5m至标高-10.600m)、施工配筋垫层,并及时施加配重,以减小土方卸载对盾构隧道的影响;第四阶段进行两侧土体开挖,如图9所示。

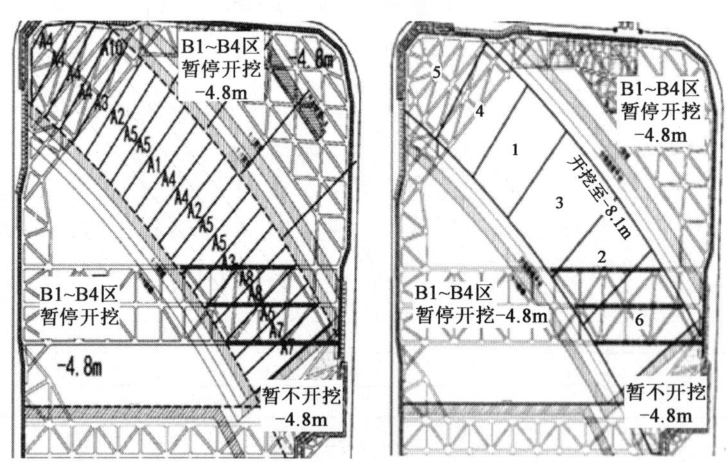

图9　土方开挖示意图

4.3.1　地铁隧道竖向位移

地铁隧道最大竖向位移增量随阶段的变化曲线如图10所示,正值表示隆起。结合监测单位提供的盾构隧道监测数据,以及从图中可以看出,在基坑范围内,阶段一由于基坑开挖引起的上行线最大隆起量为3.03mm,最大隆起在740环,其余管片隆起基本控制在2.0mm左右,基坑开挖引起的下行线的隆起量基本控制在2.0mm左右。

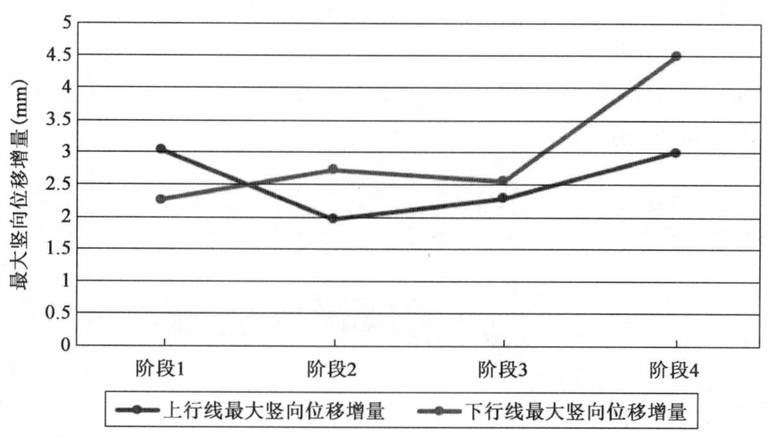

图10　实测基坑开挖过程中隧道最大竖向位移增量

第二阶段土方开挖引起的上行线隆起量最大值为2.8mm,下行线隆起量最大值为2.5mm。本工程区间隧道铺轨后隧道竖向变形主要表现为沉降,沉降量基本在3~4mm。因运营地铁安全主要参考轨通后的隧道变形指标,本工程阶段二土方开挖完成时,轨通后的盾构隧道最大隆起量为2.38mm。其中,上行线区块1范围(730~750环)的隧道隆起量相对较大;下行线区块3(715~729环)的隧道隆起量相对较大。

阶段三土方开挖造成上行线最大隆起变形达到2.29mm,造成下行线最大隆起变形达到2.56mm。累计第一、第二阶段竖向隆起值,基坑开挖引起的上行线轨通后最大隆起量5.83mm,下行线轨通后最大隆起量5.88m。前三阶段基坑核心区开挖时,隧道隆起变化呈正态曲线分布,其中隧道最大隆起值出现在基坑内部,且其靠近开挖基坑的中部,向两侧延伸。如图11、图12所示为阶段三上、下行线保护区自基坑开挖后沉降增量时程图。

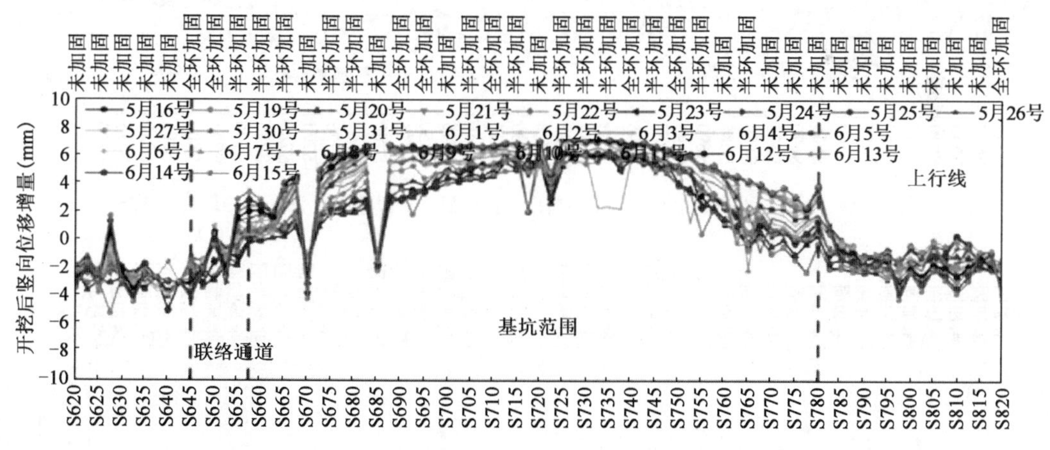

图11　上行线保护区自基坑开挖后沉降增量时程图

阶段四侧方的卸土施工及联络通道区域附近卸土施工,地块下方隧道变形趋势平缓。上行线最大隆起变形3mm,下行线最大隆起变形4.5mm。

4.3.2　地铁隧道水平位移

在开挖卸载作用下,坑底土体发生回弹,两侧土体向坑内挤压,进而引起下方隧道发生变形。由于本工程的基坑核心区域位于盾构隧道的正上方,故核心区开挖不会引起较大的水平位移。阶段一土体开挖隧道累计最大水平位移为0.8mm,阶段二累计最大水平位移为

-1.5mm，隧道水平位移的变化规律不太明显，图 13、图 14 为阶段三上、下行线保护区自基坑开挖后水平变形增量分布曲线，总体可以看出，阶段三土体开挖，上行线大部分管片水平位移增量小于 4mm，相比于上行线，下行线大部分管片的水平位移较小，但 665 ~685 环之间水平位移较大，个别点水平位移超过 4mm。

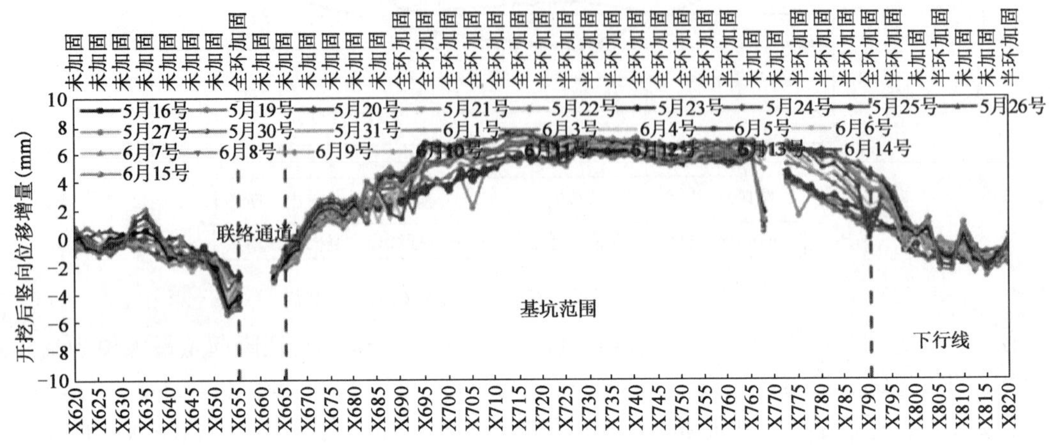

图 12　下行线保护区自基坑开挖后沉降增量时程图

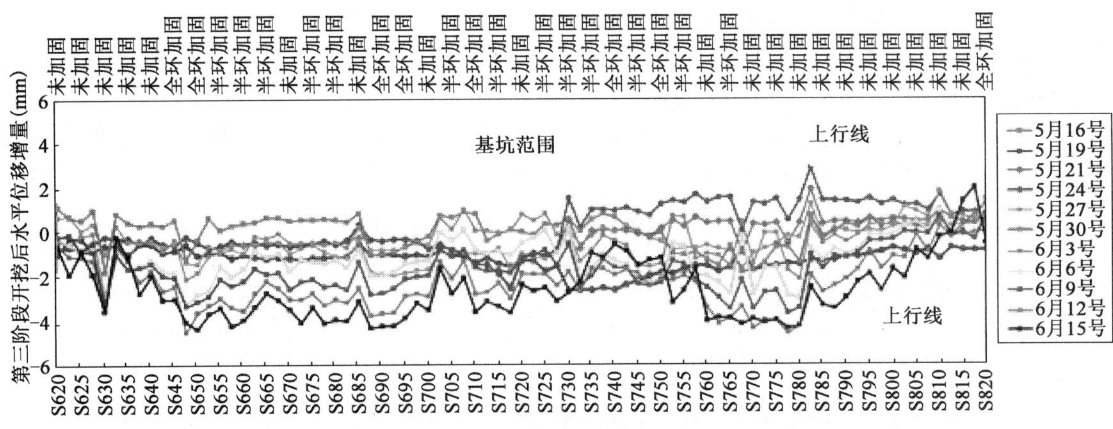

图 13　上行线保护区自第三阶段开挖后的水平位移增量分布曲线

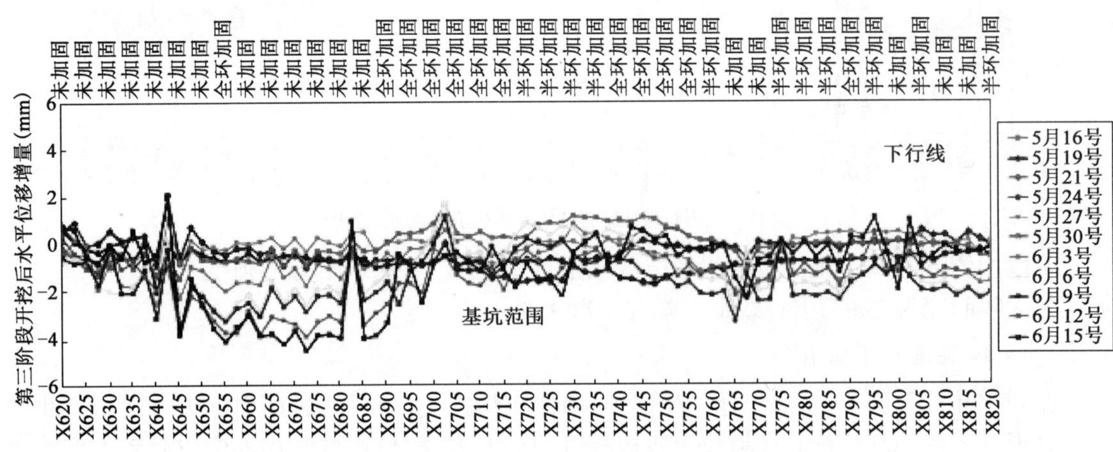

图 14　下行线保护区自第三阶段开挖后的水平位移增量分布曲线

4.3.3 地铁隧道收敛变形

隧道上方土体的开挖卸载,导致隧道上方土压力骤减,而水平土压力基本保持不变,从而会引起隧道的收敛变形。基坑开挖前隧道已存在较大收敛变形,阶段一基坑土体开挖完成后隧道最大收敛变形为79.6mm;阶段二土体开挖完成后隧道最大收敛变形为79.8mm,阶段二开挖对盾构隧道整体累计收敛影响较小,施工过程中收敛变形基本不变,甚至对前期正向收敛变形有一定的减小作用;阶段三土体开挖完成后隧道最大收敛变形为80.8mm,整体收敛变形基本稳定;阶段四的土体开挖同样对盾构隧道整体累计收敛影响较小。但盾构隧道整体累计收敛变形较大,整个隧道的收敛最大区域出现在上行线的690~695环与下行线的700~710环,即该区段盾构隧道结构相对薄弱。

5 结语

本文详细介绍了潮鸣地块上跨杭州地铁2号线基坑开挖时的隧道变形控制措施,并对监测数据进行分析,分析了施工过程中的隧道水平、隆起及收敛变形,得到如下结论:

(1)上跨地铁隧道的基坑施工时,对基坑下方土体进行门式三轴搅拌桩加固,能够有效减小上方基坑卸载对盾构隧道的影响。

(2)分区分块分层的基坑开挖方式,较好地运用了时空效应,减少了基坑的暴露时间,有效地限制了土体的回弹,大大减小了土体的隆起变形。

(3)搅拌桩施工过程导致隧道上行线最大累计沉降52.1mm,下行线最大累计沉降50.1mm;而基坑开挖完成后上行线最大累计沉降量为42.4mm,下行线最大累计沉降量为60.0mm。由此可见,加固施工过程对隧道变形的影响远远大于基坑开挖造成的影响,故建议在以后类似工程中采用微扰动施工工艺以减少加固施工对隧道的变形影响。

参考文献

[1] 陈仁朋,王诚杰,鲁立,等.开挖对地铁盾构隧道影响及控制措施[J].工程力学,2017,34(12):1-13.

[2] 姚爱军,张剑涛,郭海峰,等.地铁盾构隧道上方基坑开挖卸荷—加载影响研究[J].岩土力学,2018,39(7):2318-2326,2335.

[3] 张玉成,杨光华,姚捷,等.基坑开挖卸荷对下方既有地铁隧道影响的数值仿真分析[J].岩土工程学报,2010,32(增刊1):109-115.

[4] 黄兆纬,黄信,胡雪瀛,等.基坑开挖对既有地铁隧道变位影响及技术措施分析[J].岩土工程学报,2014,36(增刊2):381-385.

[5] 郑刚,刘庆晨,邓旭.基坑开挖对下卧运营地铁隧道影响的数值分析与变形控制研究[J].岩土力学,2013,34(5):1459-1468.

[6] 丁智,张霄,金杰克,等.基坑全过程开挖及邻近地铁隧道变形实测分析[J].岩土力学,2019,40(增刊1):415-423.

[7] 黄宏伟,黄栩,等.基坑开挖对下卧运营盾构隧道影响的数值模拟研究[J].土木工程学报,2012,45(3):182-189.

地铁盾构施工交叉双导线网测量案例分析

胡成祥

（北京城建勘测设计研究院有限责任公司　浙江杭州　310000）

摘　要：我国城市化进程正处在关键阶段，随着交通压力加大修建地铁来缓解城市交通压力成为最好的选择。地铁盾构施工对测量精度的要求特别高，因此有必要将盾构施工测量流程及精度分析拿出来进行探讨。

关键词：交叉双导线网；全导线网；严密平差；联系测量

1　引言

城市地铁盾构施工多采用暗挖施工，需要较高测量精度保证隧道的精确贯通。盾构区间施工测量多采用全导线网控制技术。费事费力、影响精度的因素多，故本工程采用交叉双导线测量控制技术，为盾构施工和后期安装提供准确的三维坐标数据。本工程为地铁一号线试验段凤林路站至二环北路站盾构区间测量，本工程取得较好的测量控制效果，贯通精度优于各项测量规范要求，适用于地铁盾构未贯通前的控制测量，区间长度超过1200m需加测陀螺边定向。

2　地铁盾构施工测量

2.1　施工测量技术要求

本工程导线测量采用Leica全站仪TM50及配套棱镜进行导线网观测，仪器标称精度为测角0.5″、测距0.6mm+1ppm，对点器对中误差不大于1mm。地下导线测量只有两个方向时需采用左右角观测法进行测量，左、右角的平均值之和与360°的较差小于4″。导线观测遇到长、短边需要调焦时，应采用盘左长边调焦，盘右长边不调焦；盘右短边调焦，盘左短边不调焦的观测顺序进行观测。每条导线边应往返观测各两测回，每测回间应重新照准目标，每测回三次读数。测距时，一测回三次读数的较差应小于3mm，测回间平均值的较差应小于4mm。每边测距中误差：±3mm。导线边测量距离时，仪器加乘常数及气象改正应根据全站仪的性能，现场设置仪器气压、温度等相关数据，使仪器在测距时直接改正或记录相关资料，内业平差计算前进行改正。地上导线点两期测量坐标差不大于12mm。测量技术要求见表1。

精密导线网测量技术要求　　表1

平均边长（m）	闭合环或符合导线平均长度（km）	每边测距中误差（mm）	测距相对中误差	测角中误差（″）	水平角测回数		方位角闭合差（″）	全长相对闭合差	相邻点的相对点位中误差（mm）
					Ⅰ级	Ⅱ级			
350	3	±3	1/80000	±2.5	4	6	$\pm5\sqrt{n}$	1/35000	±8

作者简介：胡成祥（1979—），男，大学本科，工程师，目前主要从事地铁工程第三方测量管理工作。电子邮箱：150125369@qq.com。

2.2 盾构联系测量

车站控制点联系测量即通常所说的向地下传递的联系测量，主要用于隧道掘进阶段洞内控制点的起算、车站二次结构施工放样、地下区间两站一区间贯通测量起算点。

(1)两井定向

车站一般采用两井定向方法，如图1所示。在具备投点或悬挂钢丝的两竖井中(相距不小于30m)各投测一个坐标点，井上井下将投点用导线连接，构成两井定向图形。连接导线测量观测技术要求同精密导线。

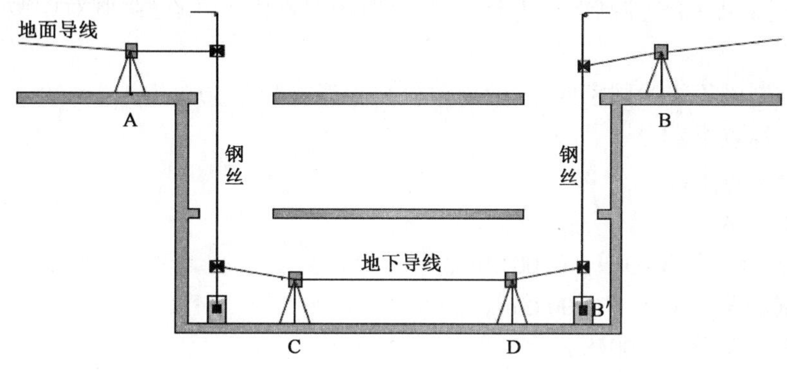

图1　两井定向方法示意图

与一井定向相比，由于两钢丝间的距离大大增加了，因而减少了投点误差引起的方向误差，有利于提高地下导线的精度，这是两井定向的主要优点。其次是外业测量简单，占用竖井的时间较短。与一井定向一样，两井定向也可以在某一竖井中多悬挂一根钢丝，形成两组无定向导线，提高精度，增加复核。

两井定向的主要技术要求为：

①两井定向最有利的形状为地面近井点与钢丝呈直伸型，尽量在一条线；地下待定点不宜超过两个，并在两井钢丝之间，呈直伸型，尽量在一条线上；组成的直伸型尽量与隧道掘进方向平行。

②两钢丝间距离越大，定向精度越高。

③两井定向其他技术要求参照一井定向。

(2)地下导线定向(导线直接传递测量)

通过车站开挖基坑、竖井、通道向隧道内传递坐标和方位时，一般采用全导线网的布网方式，如图2所示。导线定向测量观测技术要求同精密导线，见表1。地下定向边方位角互差应小于12″，平均值中误差应小于8″。

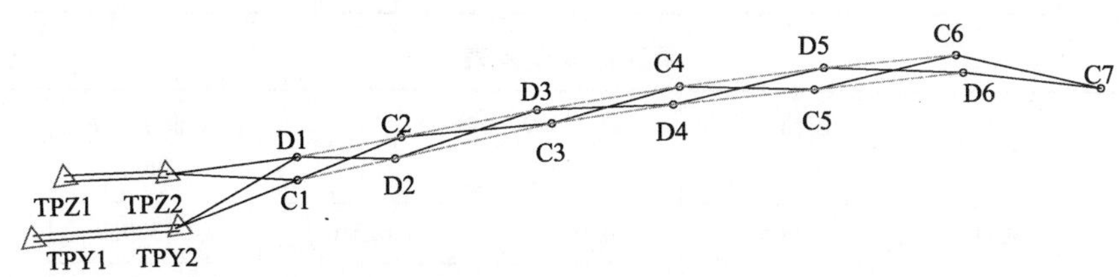

图2　地下全导线网布网示意图

导线直接传递测量应符合下列要求：

①采用具有双轴补偿的全站仪，无双轴补偿时应进行竖轴倾斜改正。

②垂直角宜小于 30°。

③仪器和觇牌安置采用强制对中或三联脚架法。

④测回间检查仪器和觇牌气泡的偏离,必要时重新整平。

⑤导线边长必须对向观测。

3 案例分析

3.1 地面控制网精度分析

地面控制网采用 GPS 控制点作为起算点,计算出车站内近井点(强制对中墩)坐标。测量精度见表 2、表 3。

(1)平面控制网等级为国家四等,验前单位权中误差为 2.50s。

(2)已知坐标点个数:2。

(3)未知坐标点个数:3。

(4)未知边数:4。

(5)最大点位误差[MJQ1]=0.0052m。

(6)最小点位误差[F3]=0.0045m。

(7)平均点位误差=0.0048m。

(8)最大点间误差=0.0074m。

(9)最大边长比例误差=220259。

(10)平面网验后单位权中误差=2.92s。

(11)往返测距单位权中误差=0.002m。

(12)边长统计:总边长为 1614.816m,平均边长为 403.704m,最小边长为 136.605m,最大边长为 583.276m。

(13)路线:DG123→F3→F5→MJQ1→DG122。

(14)角度闭合差为 4.16s,限差为 ±16.77s。

(15)$f_x = -0.004$m,$f_y = -0.003$m,$f_d = 0.005$m。

(16)总边长[s]=1614.813m,全长相对闭合差 $k = 1/324662$,平均边长 322.963m。

平面点位误差表　　表 2

点　　名	长轴(m)	短轴(m)	长轴方位(dms)	点位中误差(m)
MJQ1	0.0047	0.0022	31.333957	0.0052
F3	0.0041	0.0020	177.533622	0.0045
F5	0.0039	0.0024	179.241030	0.0046

平面点间误差表　　表 3

点名 1	点名 2	长轴 MT (m)	短轴 MD (m)	D/MD	长轴方位 T (dms)	平距 D (m)
DG122	MJQ1	0.0052	0.0022	260530	31.333957	583.2752
MJQ1	F5	0.0041	0.0020	222162	4.152373	444.6927
DG123	F3	0.0052	0.0022	260530	31.333957	450.2435
F3	F5	0.0045	0.0020	220259	177.5336	136.6050

3.2 两井定向精度分析

采用无定向导线测量方法将地面控制点坐标通过悬吊的钢丝坐标导到井下控制点。平面控制网等级为国家四等,严密平差计算见表4。

无定向导线严密平差计算表 表4

点　名	观测角度	角度改正(″)	方位角	边长观测值(m)	边长改正数(mm)	边长平差值(m)
BGS						
			336°50′41.21″	45.4527	0.62	45.4533
TPZ2	358°33′30.63″	-0.00				
			155°24′11.83″	107.2551	-0.69	107.2544
TPZ1	219°01′00.88″	0.001				
			194°25′12.71″	19.2702	-0.51	19.2697
NGS						
计算结果	$W_x = -1.67\text{mm}, W_y = 0.49\text{mm}, W_s = 1.74\text{mm}, \sum D = 171.978\text{m}, 1/T = 1/99049 < 1/35000$					

3.3 地下控制网精度分析

本工程区间盾构地下测量控制点采用强制对中盘支架,两侧交叉布设控制点,如图3所示。

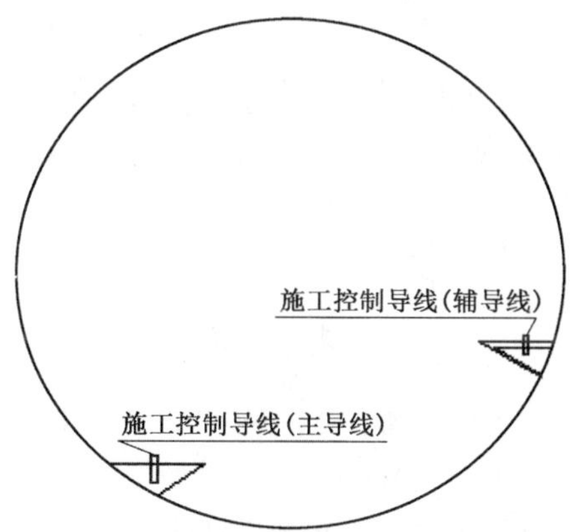

图3　地下导线强制对中控制点示意图

盾构区间地下测量控制网采用交叉双导线闭合网,网型简单、操作方便、工作量小、旁遮光影响小、通视容易,方便快捷,贯通后精度完全能够满足规范要求,如图4所示。

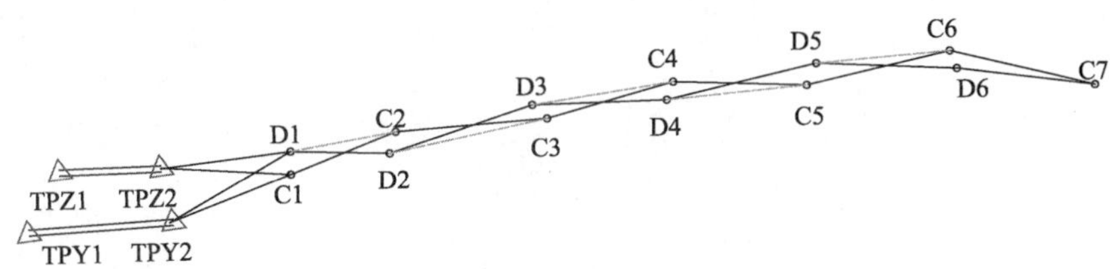

图4　地下交叉双导线网布网示意图

(1)平面控制网等级为国家四等,验前单位权中误差为2.50s。

(2)已知坐标点个数:2。

(3)未知坐标点个数:14。

(4)未知边数:15。

(5)最大点位误差[A7]=0.0183m。

(6)最小点位误差[B1]=0.0019m。

(7)平均点位误差=0.0094m。

(8)最大点间误差=0.0063m。

(9)最大边长比例误差=118296。

(10)平面网验后单位权中误差=1.89s。

(11)边长统计:总边长为2168.453m,平均边长为144.564m,最小边长为73.683m,最大边长为213.150m。

(12)角度闭合差为6.52s,限差为±29.05s。

(13)$f_x=0.000$m,$f_y=0.004$m,$f_d=0.004$m。

(14)总边长[s]=2168.455m,全长相对闭合差$k=1/578070$,平均边长为144.564m。

4 结语

由于城市地铁的局限性,盾构区间曲线段多,布设成全导线网通视条件基本上不能满足,且容易增加小角测量数量。与一般地铁盾构施工测量的方案比较,本工程布设成交叉双导线网能够减少隧道壁侧导线的布设数量,还大大减少了旁遮光对控制网的影响,降低了一线的工作量。通过本工程地面和地下控制网案例分析,可以得出地面采用GPS控制导线网,通过两井定向的方式导到地下控制点,地下控制网采用交叉双导线能够灵活且准确地保障隧道最后的顺利贯通,测量精度完全满足规范要求,适用于地铁盾构区间始发前和施工期间的控制测量。

参考文献

[1] 中华人民共和国住房和城乡建设部.城市轨道交通工程测量规范:GB/T 50308—2017[S].北京:中国建筑工业出版社,2018.

[2] 中华人民共和国住房和城乡建设部.城市测量规范:CJJ/T 8—2011[S].北京:中国建筑工业出版社,2012.

[3] 国家测绘局.测绘技术设计规定:CH/T 1004—2005[S].北京:中国标准出版社,2006.

[4] 国家测绘局.测绘技术总结编写规定:CH/T 1001—2005[S].北京:中国标准出版社,2006.

地铁区间穿越铁路杭州南站影响分析和应对措施

孟凡祥[1]　卜　铭[2]　郭传点[2]　洪晓敏[2]　黄汉祥[2]

(1. 中国铁路设计集团有限公司　天津　300308;2. 杭州市地铁集团有限责任公司　浙江杭州　310018)

摘　要:本文详细介绍了杭州地铁5号线通惠路站—火车南站站区间下穿对铁路杭州南站的综合技术,重点对基坑支护设计、工程桩设计和基础底板的影响及应对措施等方面进行分析和论述,通过盾构穿越施工过程控制和穿越后补强注浆,结合现场监测数据,各项变形指标满足铁路控制标准,取得良好效果,可为同类工程提供借鉴和参考。

关键词:地铁;盾构;铁路站房;注浆加固

1　引言

随着城镇化建设的不断发展和全国铁路网的不断扩大,越来越多的交通、市政、建筑工程交叠设计和施工,相互影响的情况不断出现,特别是城市轨道交通与铁路之间的相互影响更为突出,临近、下穿铁路运营线和铁路站房的盾构工程案例越来越多。由于地质条件与环境条件的双重复杂性,如果处理措施不当,将会影响铁路行车安全和人民生命财产安全。

由于杭州南站国铁站房的建设工期要求,杭州南站国铁站房先期建成并投入使用后,杭州地铁5号线盾构区间后期下穿。因此,研究盾构区间后期施工时对国铁站房的影响,特别是对杭州南站高铁站房、时速350km的杭甬和杭长两条正线高速铁路以及一条普速铁路的影响,确保铁路运输的绝对安全是非常有必要的。虽然国内外许多专家学者对地铁区间下穿铁路的研究案例比比皆是,但是对于同时下穿高铁站房、两条正线高速铁路和一条普速铁路的区间还未曾有过。

本文以杭州地铁5号线通惠路站—火车南站站区间下穿对铁路杭州南站工程为例,重点论述了盾构穿越对杭州南站的影响分析及相关应对措施,通过施工过程控制,穿越施工取得良好效果,保证了铁路运营安全。

2　工程概况

杭州地铁5号线通惠路站—火车南站站区间起于金城路与通惠中路路口的通惠路站,线路出站后转向南,依次穿越北干山派出所、山北河、北干街道生态安息堂、虎山、柳桥社区安置房、机电市场和铁路火车南站后到达地铁火车南站站。地铁火车南站站设置于杭州南站枢纽市政东广场下方,为5号线和规划11号线换乘车站,如图1所示。区间总长度为1655m,平面最小曲线半径为300m,区间线路纵断面呈V字坡,最大纵坡坡度为28‰。

区间穿越火车南站的土层主要为④淤泥质黏性土层、⑥淤泥质黏性土层,该土层呈流塑状,含有机质,具低强度、高压缩性,有较明显的蠕变、触变特性,力学性能差。场区潜水静止水位一般在埋深0.30~2.70m,并随季节性变化,主要分布于浅部的①填土层和②粉质黏土层中,水量一般。

作者简介:孟凡祥(1983—),男,硕士研究生,高级工程师,目前主要从事城市轨道交通设计管理工作。电子邮箱:40263316@qq.com。

图1　通惠路站—火车南站站区间平面示意图

铁路杭州南站为杭长、杭甬客运专线的特等站，且盾构施工过程中普速线、杭长客专、杭甬客专均正在运营，必须确保铁路运营的安全，铁路变形控制标准高，见表1、表2。

铁路变形控制标准(普速)　　表1

控制标准	累计值(mm)		位移速率(mm/d)	
	预警值	报警值	预警值	报警值
路基水平位移	8	10	3	6
路基沉降	8	10	3	6

铁路变形控制标准(客运专线)　　表2

控制标准	累计值(mm)		位移速率(mm/d)	
	预警值	报警值	预警值	报警值
路基水平位移	8	10	1	2
路基沉降	8	10	1	2

3　盾构穿越对杭州南站的影响分析和应对措施

3.1　基坑围护设计预留的穿越条件

杭州南站国铁站房基坑面积约18835m^2，基坑深约9.2m。本基坑是一项综合性强、涉及面广的系统工程，涉及场地范围内站场的过渡、新站房的分段建设、运营铁路线的保护及为地铁5号线后期实施预留条件等一系列问题，且工期要求紧迫。基坑围护结构采用钻孔灌注桩+内支撑体系，根据“杭州南站过渡实施方案”，基坑分五段施作，基坑分段与分段之间考虑设置临时分隔墙，既能保证既有铁路运营线路的安全，又能够形成基坑的整体性。

(1)对围护结构设计的影响

盾构区间推进过程中，不能出现刚性的地下障碍物，尤其是钢筋混凝土结构物(桩、地下连续墙等)对盾构的顺利推进危害巨大，易引发事故。按照一般的围护结构入土深度计算原则，国铁站房基坑围护结构临时分隔墙与5号线地铁盾构区间有冲突，同时，国铁基坑临时立柱桩有可能侵入盾构区间范围内。

(2)应对措施

国铁基坑工程设计时，考虑5号线地铁盾构区间下穿的可能性，为其预留后期实施条件。在盾构隧道下穿的影响范围内，基坑围护设计也做出了针对性的设计和考虑：

①国铁站房基坑的临时立柱桩布设时避开盾构线路，为远期盾构掘进创造施工条件。

②对于围护结构临时分隔墙采取了以下两种应对措施：在临近铁路运营线的分隔墙处采用玻璃纤维筋钻孔灌注桩，在远离铁路运营线的分隔墙处采用型钢水泥土搅拌墙（型钢后期拔除），如图2所示。

3.2 盾构穿越站房工程桩设计的影响分析

杭州南站基础采用桩—筏基础。桩基采用直径为850mm的钻孔灌注桩，为满足沉降控制要求，采用桩端后注浆措施。

(1)数值模拟分析

为了比较准确地模拟盾构掘进对国铁站房工程桩的影响，本工程采用有限元计算软件Midas GTS进行数值模拟分析计算，模型如图3所示。

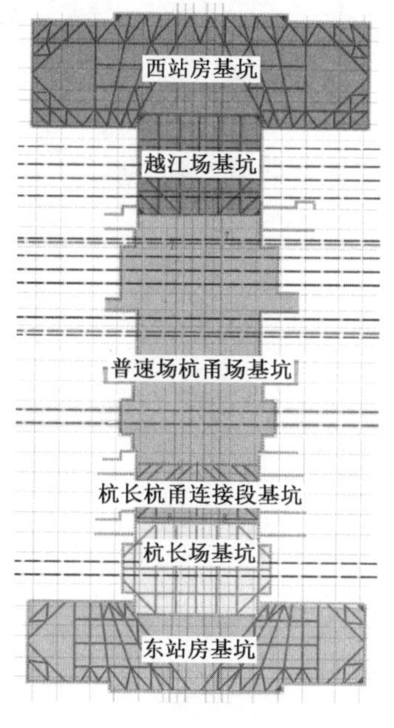

图2 基坑平面示意图

图3 整体计算模型

从桩周土体变形和工程桩变形云图（图4）可以看出，盾构掘进将引起桩周土体的水平变形和竖向沉降，从而引起工程桩的水平变形和竖向位移，对桩身产生约为158kN·m水平向弯矩和向下的负摩阻力，桩基设计时应考虑这一不利因素。

(2)对工程桩设计的影响分析

对工程桩平面布置的影响为：地铁隧道的盾构推进过程中不能出现刚性的地下障碍物，国铁站房的工程桩作为永久受力构件也不允许被盾构隧道切割破除，因此杭州南站国铁站房的结构布置在满足自身使用功能和结构受力的同时，还要充分考虑地铁隧道的平面位置，在空间上相互错开，确保工程桩的布置可以避开地铁隧道，如图5所示。

对工程桩受力的影响：盾构施工时对邻近国铁站房工程桩的保护也是难题之一。地铁5号线盾构区间穿越的土层均为松软含水流塑状淤泥质粉质黏土层，盾构与工程桩最小净距为

1.8m，盾构掘进过程中势必对桩基受力和变形产生影响，如图6所示。

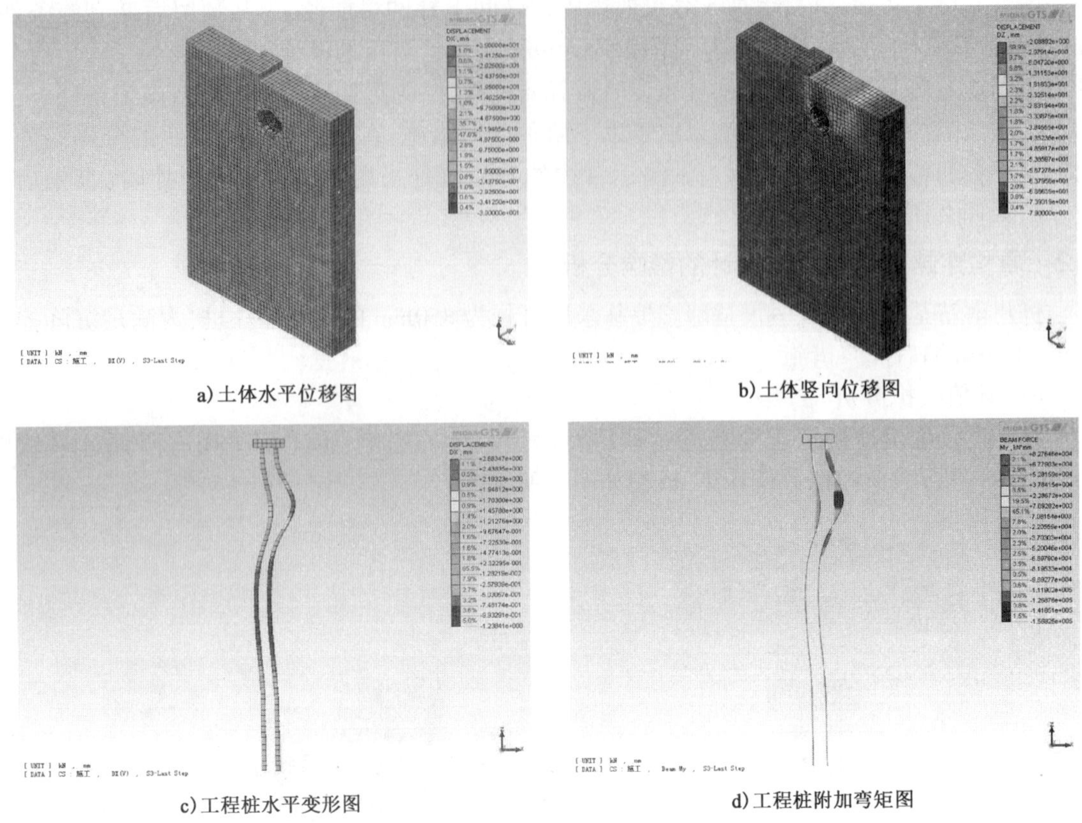

a）土体水平位移图

b）土体竖向位移图

c）工程桩水平变形图

d）工程桩附加弯矩图

图4　计算结果

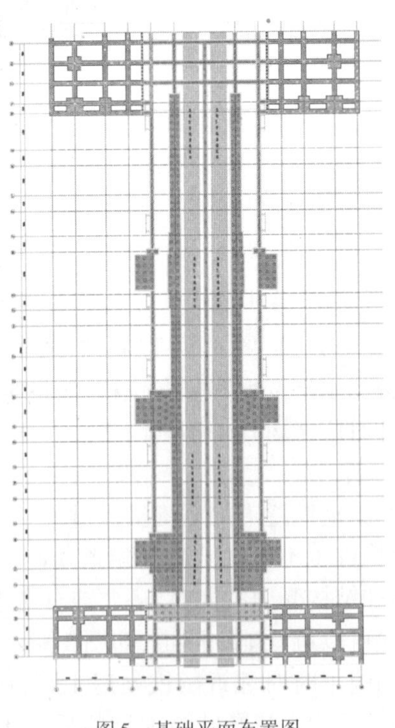

图5　基础平面布置图

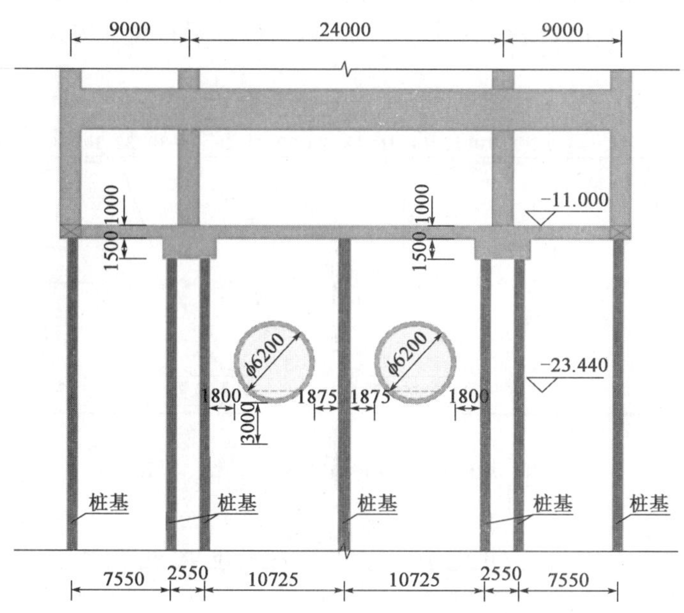

图6 基础剖面图(地下通廊标准断面,尺寸单位:mm)

(3)应对措施

为了降低盾构施工对临近工程桩的影响,加强施工技术及施工措施是关键。在施工前应制订详细的施工方案,施工过程中应严格控制盾构机的操作,加强对土体及工程桩的监测,采取切实可靠的施工措施降低对周围土体的扰动,从而降低盾构施工对工程桩的不利影响。

3.3 盾构穿越站房基础底板的影响分析

(1)数值模拟分析

为了验证基坑坑底土体加固的有利作用,本工程采用有限元计算软件 Midas GTS 进行双隧道开挖数值模拟分析计算,如图 7 所示。

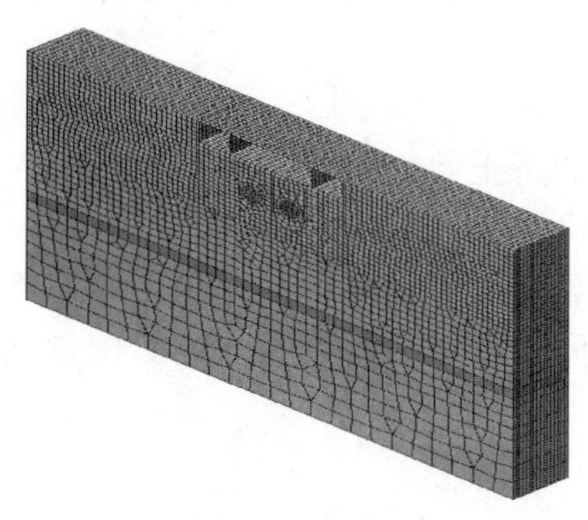

a)底板下无加固土体

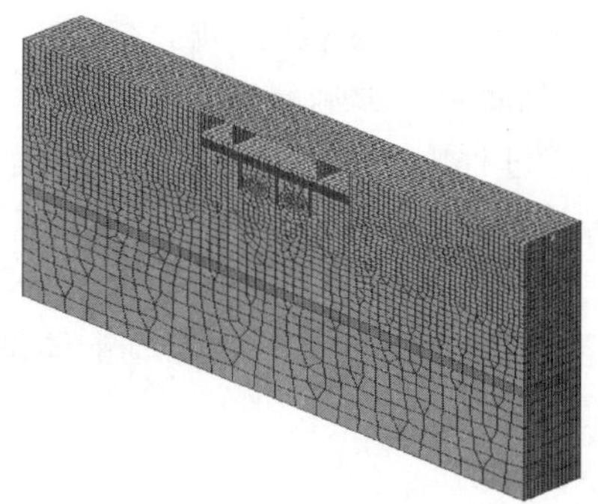

b)底板下有加固土体

图7 计算模型

从图 8 的数值模拟结果可以看出,在无基坑坑底加固的条件下,基础底板下土体沉降值较大,基础底板与下部土体脱空。左右盾构隧道因施工次序不同,引起的盾构顶部最终沉降量有一定差异,沉降最大值位于右侧盾构隧道上方,最大沉降值达 25.6mm。

从图9的数值模拟结果可以看出,存在基坑坑底加固土体的条件下,基础地板下土体沉降值较小,基础底板与下部土体脱空不明显。沉降最大值位于右侧盾构隧道上方,最大沉降值约为4.5mm。

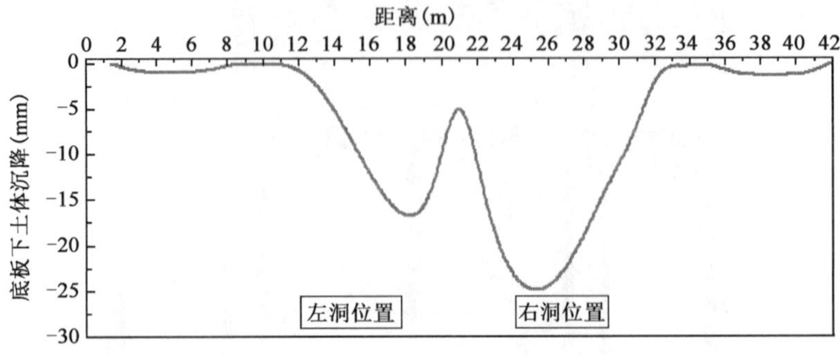

图8　底板下土体沉降曲线(底板下无土体加固)

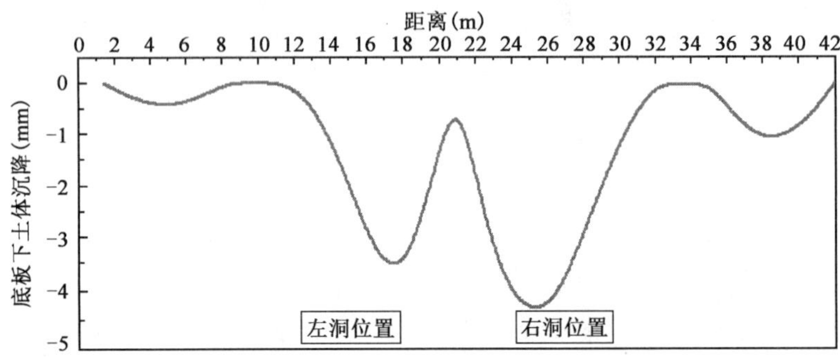

图9　基础底板下沉降曲线(底板下有土体加固)

对比基础底板下土体无加固和基础底板下土体加固的变形云图和沉降曲线,容易看出:基坑开挖时,基坑底部采用三轴水泥土搅拌桩进行坑底加固,在盾构施工期间,该加固土体可以稳固地基土体,减小盾构施工对地下通廊地基土体的影响,避免地基土体与基础底板脱空,从而减小盾构施工对基础底板的影响。

(2)对基础底板的影响分析

盾构掘进过程中,对盾构前方的土体有一定的挤土效应,形成向外的挤压力,对其上部的国铁站房基础底板产生顶推力。盾构推进的后方,土体受扰动引起一定的固结沉降,可能导致其上部的国铁站房基础底板下部土体脱空。尽管盾构施工过程中可以通过控制推进速度、调整施工参数等减小对周边土体的扰动,但还是不能完全消除对国铁站房基础底板的影响。

(3)应对措施

①为了减小盾构施工对基础底板的影响,在施工中应尽可能地减少对周围土体的扰动,可以采取优化盾构施工参数、加强盾尾同步注浆与二次压浆等辅助措施降低地层损失。

②国铁基坑开挖时,基坑底部已采用三轴水泥土搅拌桩及高压旋喷桩进行坑底加固,加固深度为坑底以下4m,如图10所示。在盾构施工期间,该加固土体能够稳固基础底板下方的土体,减少盾构施工对基础底板的不利影响。

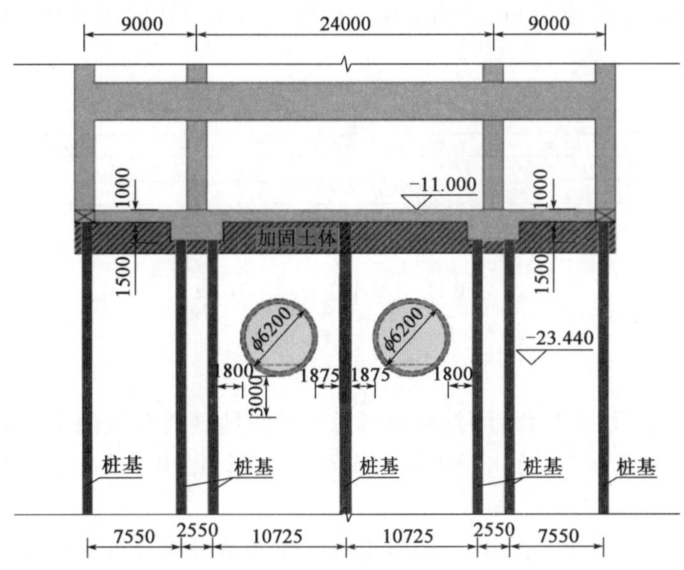

图 10 基础底板下土体加固示意图(尺寸单位:mm)

4 盾构穿越施工过程与控制

4.1 穿越前的准备

在穿越前对盾构机及其他辅助设备进行一次全面彻底的检修,对盾构机上现存的机械故障和缺陷,会同设备制造和施工专家共同检测修理,并对可能产生的故障预先做好修理准备。在穿越推进期间,与零配件供应仓库建立 24 小时有效的联系及供应渠道,同时确保其他施工物资材料的及时供应。

4.2 穿越施工

盾构左线从 2017 年 6 月 20 日(以下日期均省略年份)开始穿越,至 8 月 4 日推进结束。盾构右线从 7 月 4 日开始穿越,至 8 月 9 日推进结束。双线总共推进环数为 410 环,单线长度约为 246m。

推进阶段的土压力设定值从初期的 0.263MPa 逐渐调低至 0.185MPa,随后又升至 0.205MPa,千斤顶总推力的变化范围为 12400 ~ 14900kN,大刀盘扭矩的变化范围为 970 ~ 1247kN · m。在推进过程中,盾构前方沉降监测点累计隆起值为 2 ~ 3mm,瞬时最大值曾超过 3mm。

4.3 穿越后的应力补强注浆

本次地铁 5 号线盾构在穿越过程中,虽然扰动极小,但仍对车站的沉降造成一定的影响。杭州南站范围内杭甬等高铁线路正常运营,沉降控制要求极高。故在盾构顺利穿越后,必须进行注浆加固。虽然在推进过程中对同步注浆也有非常严格的控制,但同步注浆为惰性浆液,考虑到惰性浆液不硬化、强度低、不稳定等诸多不利因素,因此在管片脱出车架后,利用管片上的注浆孔对隧道进行应力补强注浆。根据电子水平尺连续跟踪监测数据显示,注浆施工起到了很好的减缓沉降并稳定地层的作用。

5 监测结果

如图 11 所示,铁路轨道最大沉降值为 3.3mm,经持续观测本点出现回落稳定的趋势,其余监测点位整体稳定。综合分析,盾构下穿过程中铁路轨道几何状态基本稳定。

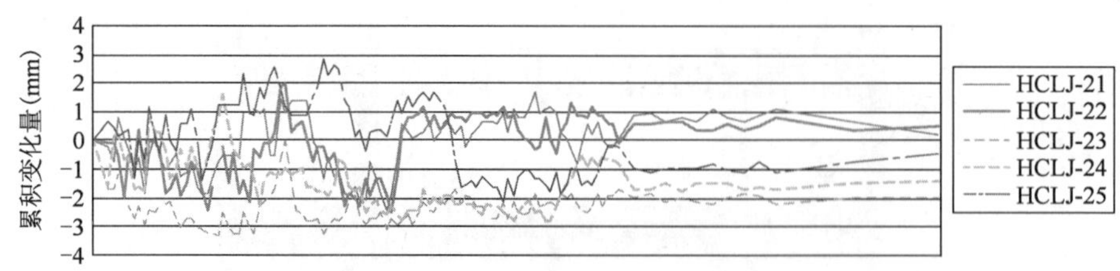

图 11　铁路轨道竖向沉降曲线

6　结语

(1)在铁路站房基坑工程设计时,充分考虑 5 号线地铁盾构区间下穿影响,为其预留后期实施条件。在盾构隧道下穿的影响范围内,基坑围护设计做出了针对性的设计和考虑,实践证明设计方案是可行的。

(2)从数值分析结果可以看出,盾构施工对杭州南站底板及桩基均有一定影响,铁路站房设计时提前考虑了盾构施工引起的桩基变形对桩身产生水平向弯矩和向下的负摩阻力,通过加强桩身配筋、增加桩长及桩底注浆等方式加强桩身强度,对基础底板下方的土体采用搅拌桩加固等方式,减小对基础底板的不利影响。

(3)从实际监测数据看出,铁路轨道沉降小于 3.3mm,满足铁路控制标准,穿越后的注浆同样取得了很好的效果,变形控制在 −1 ~ +2mm 之间。

参 考 文 献

[1] 骆培明. 地铁盾构穿越既有铁路营业线的加固和监测方法[J]. 铁道勘察,2010(1):22-25.

[2] 李明阳,杨海涛,邹高明,等. 复合地层土压平衡盾构掘进参数模拟分析研究[J]. 隧道建设,2012,32(3):287-295.

[3] 王其炎,杨建辉,薛勇利,等. 盾构在软土地层掘进过程中的管片上浮研究[J]. 现代隧道技术,2014,51(1):44-51.

[4] 钱新,黄雪梅. 盾构下穿建(构)筑物控制沉降注浆技术研究与应用[J]. 现代隧道技术,2010,47(4):85-89.

[5] 张天明. 浅谈盾构下穿建筑物掘进参数控制[J]. 现代隧道技术,2012,49(2):92-98.

[6] 牟军东. 粉砂地层土压平衡盾构下穿既有线路的施工实践[J]. 浙江建筑,2012,29(10):43-47.

[7] 王坤. 宁波地区地铁盾构下穿铁路路基的控制研究[J]. 铁道工程学报,2017,34(4):91-95.

地铁隧道近距离下穿运营地铁隧道群施工技术

周　锐[1]　王慕升[2]　吴梦迪[1]

（1.中铁一局集团有限公司　陕西西安　710000；2.杭州市地铁集团有限责任公司　浙江杭州　310018）

摘　要：随着地铁网络化运营，盾构隧道下穿地铁运营线路的情况越来越多，作为盾构掘进控制的关键点，对这方面的影响分析及控制措施研究具有重要的意义。以杭州地铁6号线艮山西路站—火车东站站盾构区间近距离下穿运营地铁隧道群为例，分析了穿越控制的风险、难点和重点，针对实际情况提出了施工应对控制措施，对类似穿越工程具有参考意义。

关键词：土压平衡盾构机；近距离下穿；运营地铁；沉降监测；施工技术

1　引言

目前，随着城市地下空间开发日益重要，新建地下轨道交通不可避免出现交叠设计施工的情况，为确保盾构安全顺利的下穿运营地铁隧道群，避免下穿过程中引起运营隧道过量沉降影响既有线运营安全，以杭州地铁6号线艮山西路站—火车东站站区间隧道下穿杭州地铁1、4号线为背景，针对实际情况制订相应的施工技术措施为类似穿越工程提供参考依据。

2　工程概况

艮山西路站—火车东站站区间隧道以65°斜交下穿地铁1、4号线，该下穿位置位于鸿泰路与东宁路交叉口东北侧。右线下穿该段埋深26.774～27.039m，与4号线隧道最小净间距3.085m，该段艮山西路站—火车站东站区间线间距16.2m。左线该段埋深26.774～27.039m，与4号线隧道净间距3.077m，盾构下穿1、4号线位置关系如图1、图2所示。

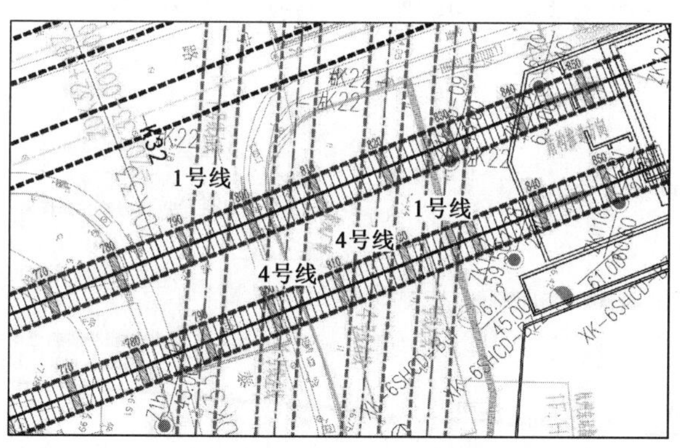

图1　盾构下穿1、4号线平面图

作者简介：周锐（1984—），男，大学本科，高级工程师，目前主要从事城市轨道交通施工与管理工作。电子邮箱：348744238@qq.com。

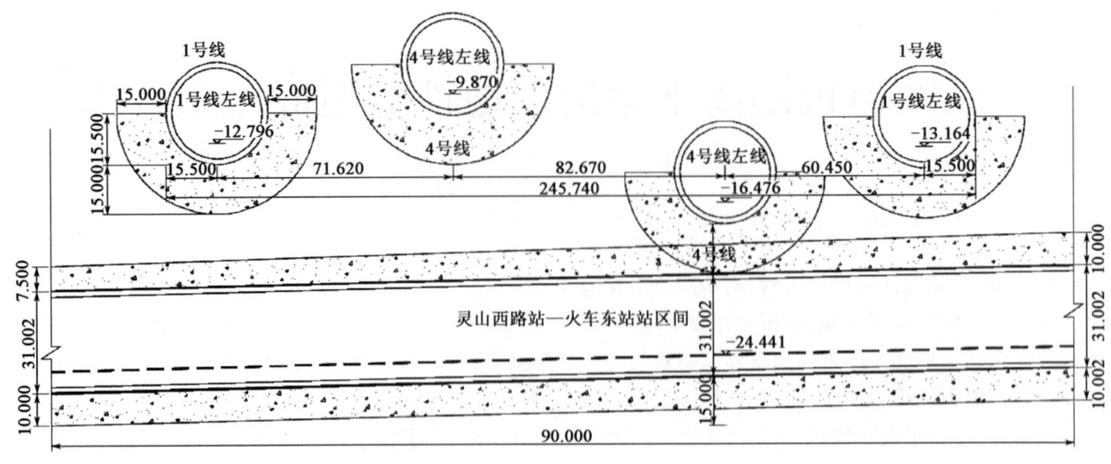

图2　盾构下穿1、4号线剖面图(尺寸单位:m)

2.1　工程地质条件

艮山西路站—火车站东站区间下穿1、4号线下穿段,穿越段地层自上而下依次为:①$_1$杂填土、①$_2$素填土、③$_1$砂质粉土、③$_2$砂质粉土、③$_3$粉砂夹粉土、⑥$_1$淤泥质粉质黏土,隧道埋深约26.73~27.006m,隧道上卧层为⑥$_1$淤泥质粉质黏土层,下卧层为⑧$_1$黏土层,主要穿越地层为⑥$_1$淤泥质粉质黏土层。盾构下穿1、4号线地质剖面图如图3所示。

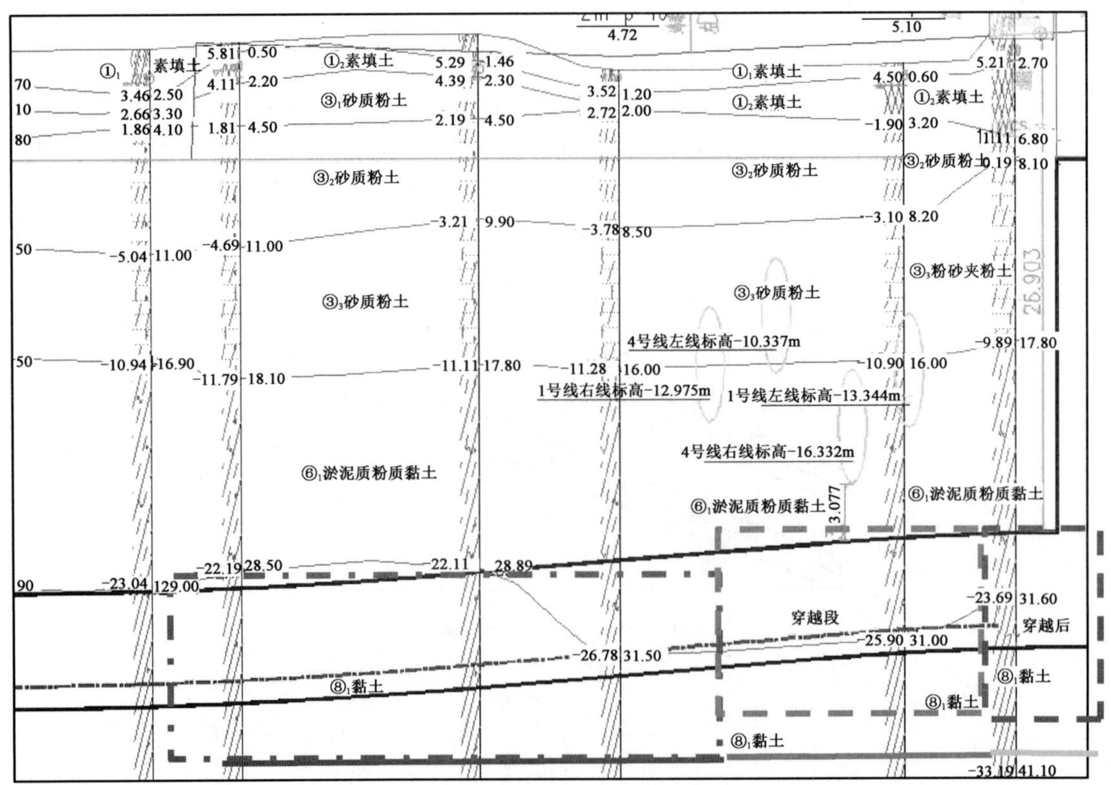

图3　艮山西路站—火车站东站区间下穿1、4号运营线段前后位置地质剖面图

2.2 沉降监测概况

(1)由于地铁6号线区间盾构施工会对运营地铁1、4号线产生影响,为保证地铁1、4号线的安全运营,需对其左右线隧道远程自动化监测,加密设置地表监测点,并在盾构前方布置深层沉降观测点。6号线盾构通过时应对1、4号线运营隧道进行远程自动连续监测,在1、4号线隧道范围内以间距不大于2.4m(即隔一环)布置一个监测断面,根据地铁隧道监护指标,优化盾构施工参数,保证地铁运营安全。施工监测中应及时对监测结果进行分析与反馈。自动化监测横断面布置示意图,如图4所示。

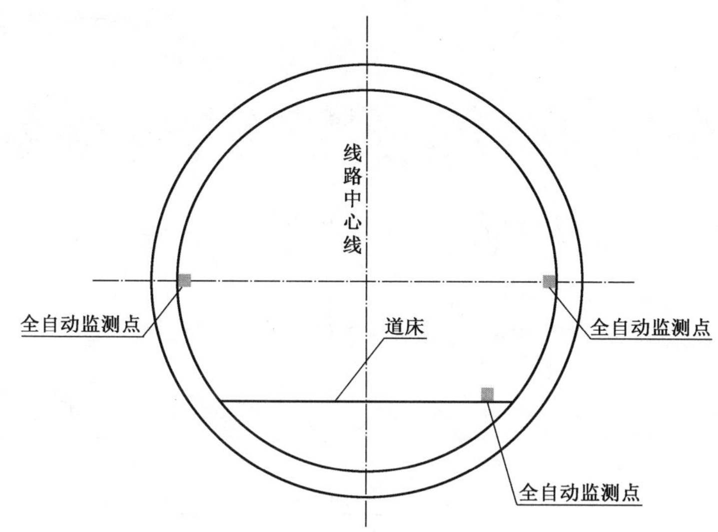

图4　自动化监测横断面布置示意图

(2)将盾构推进至穿越段的前120m作为试验段,试验段上每隔5环设置地面沉降监测点,根据监测数据,调整优化盾构推进速度、刀盘转速、正面土仓压力、出土量、同步注浆量、注浆压力等施工参数,确保盾构机的平稳穿越。

(3)当6号线盾构区间下穿1、4号线运营区间时,全自动化监测要求每隔15min自动监测系统向盾构现场指挥中心传递一次监测数据。现场指挥中心根据监测数据决定是否调整盾构推进的主要施工参数以及调整量的大小。

(4)盾构掘进时,需对盾构与衬砌间的环形空隙同步注浆,要求浆液强度≥周围土体的强度。同步注浆量应根据监测数据动态调整,确保已建成隧道满足控制变形的要求。

3　盾构下穿地铁1、4号线主要施工技术

盾构下穿地铁1、4号线整个过程分为3个阶段:下穿试验段、下穿阶段、穿越后阶段。

3.1　建立施工试验段

设置盾构施工试验段,在即将下穿1、4号线隧道前120m范围设置盾构施工试验段,对盾构掘进参数及监测数据进行深入对比分析,优选盾构掘进参数,确定下穿段盾构推进速度、刀盘转速、正面土仓压力、出土量、同步注浆量等施工参数。同时对注浆浆液进行现场试验,根据现场试验结果,确定注浆浆液类型(商品浆液或双液浆),确定浆液配比,确保浆液凝固时间及强度、稠度、坍落度等各项指标满足要求。

3.2 下穿前运营期地铁 1、4 号线沉降数据分析

(1)1 号线左线下穿前现状情况

根据华东勘测设计研究院关于地铁 1、4 号线安全评估报告显示,下穿前 1 号线左线沉降量为 5.3 ~21.6mm,收敛值为 6.0 ~43.9mm(超过 40mm 占比 13.3%)。

1 号线左线运营沉降值、收敛值见图 5、图 6。

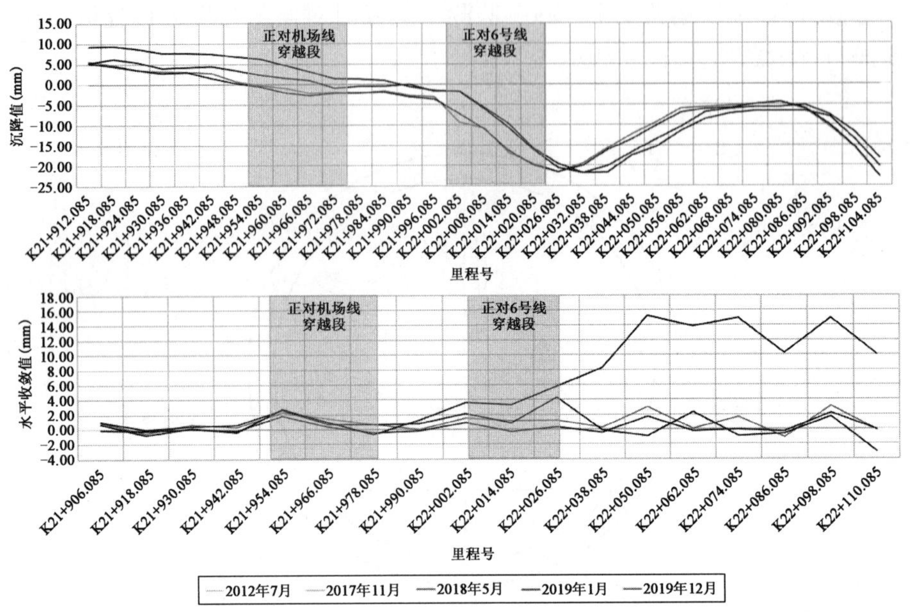

图 5　1 号线左线运营沉降值示意图

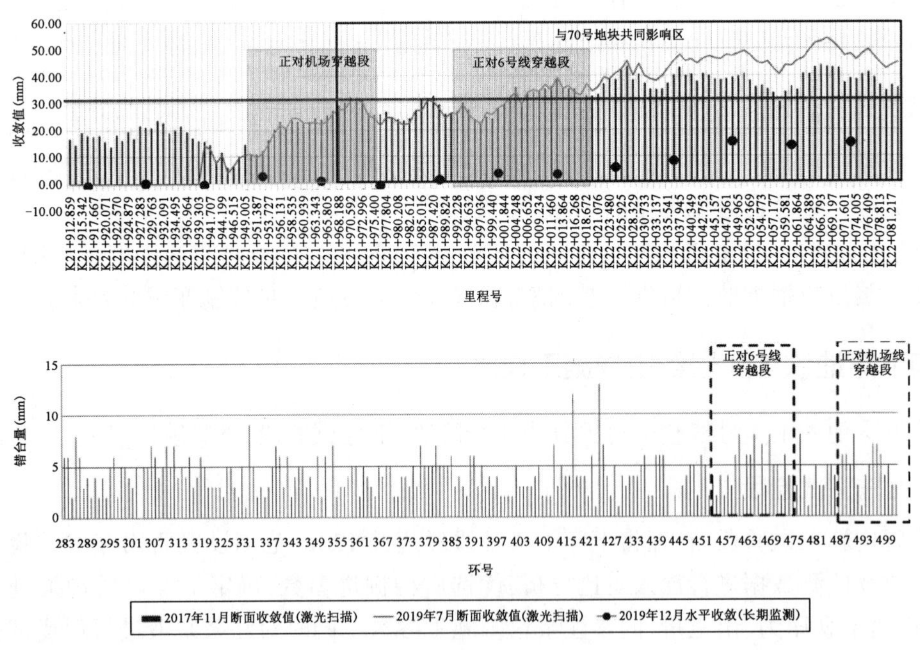

图 6　1 号线左线运营收敛值示意图

(2)根据华东勘测设计研究院关于地铁运营 1、4 号线安全评估报告显示,目前 1 号线右线沉降及收敛情况。

1 号线右线运营沉降值、收敛值见图 7、图 8。

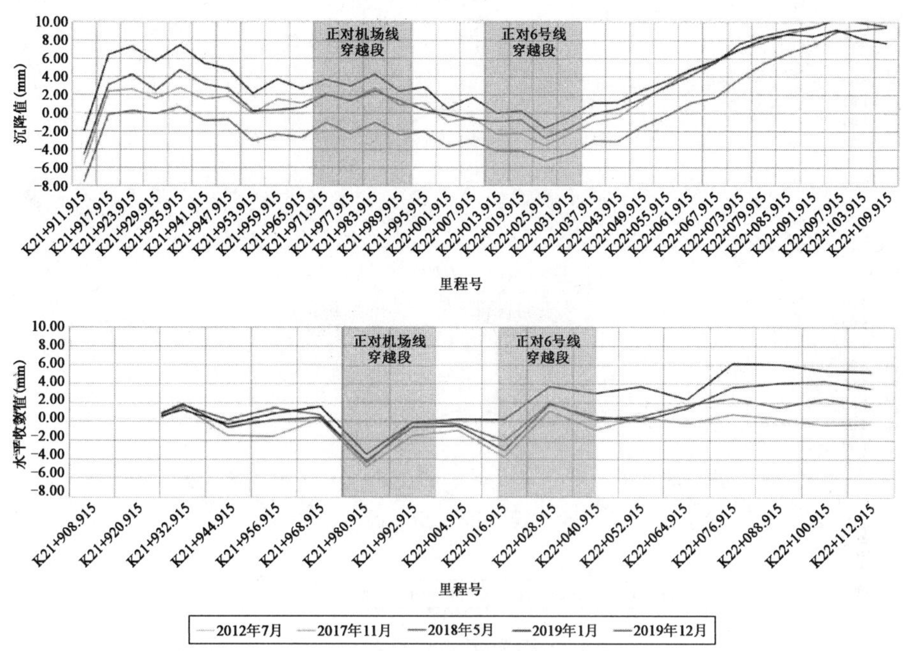

图 7　1 号线右线运营沉降值示意图

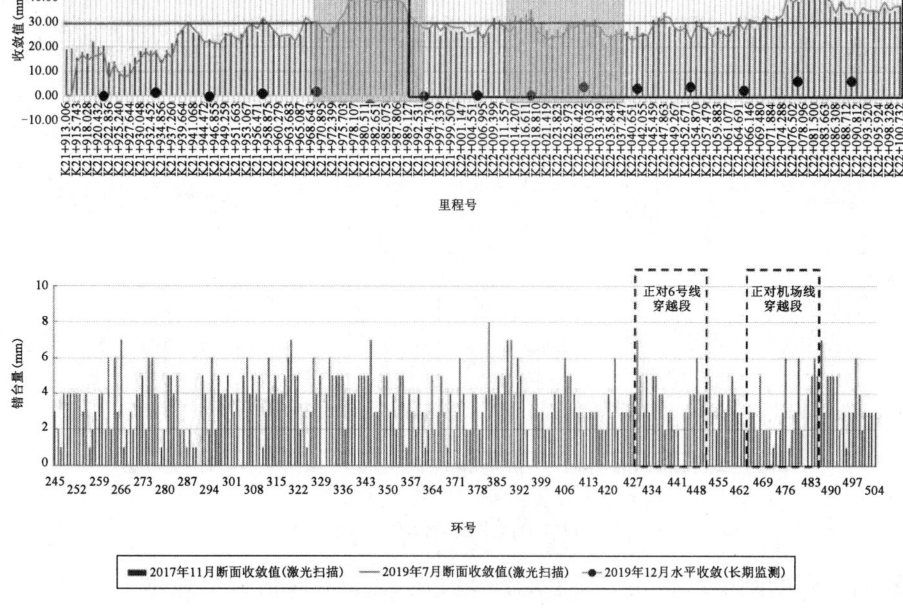

图 8　1 号线右线运营收敛值示意图

(3)根据华东勘测设计研究院关于地铁运营1、4号线安全评估报告显示,下穿前4号线左线沉降及收敛情况。

下穿前4号线左线运营沉降值、收敛值见图9、图10。

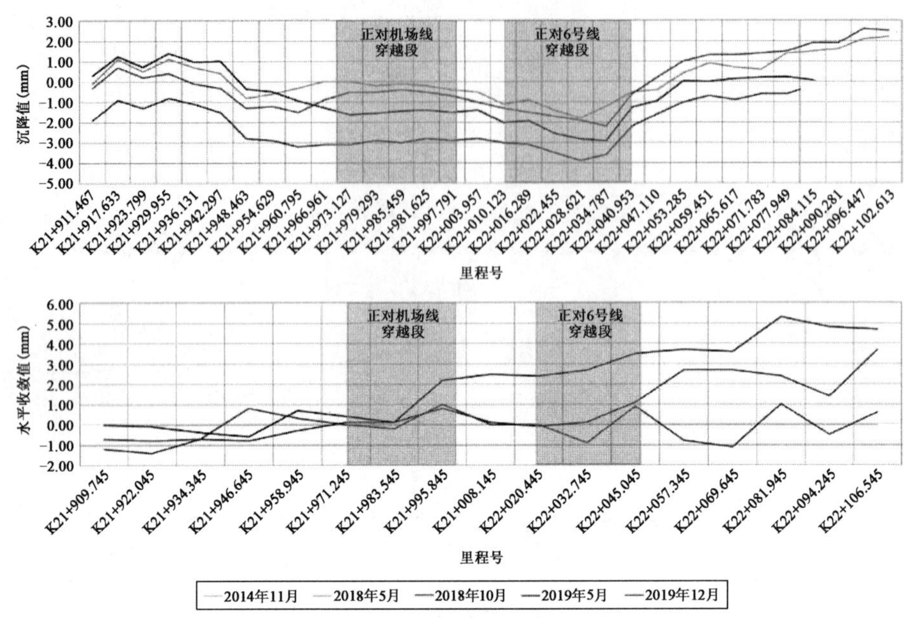

图9 4号线左线运营沉降值示意图

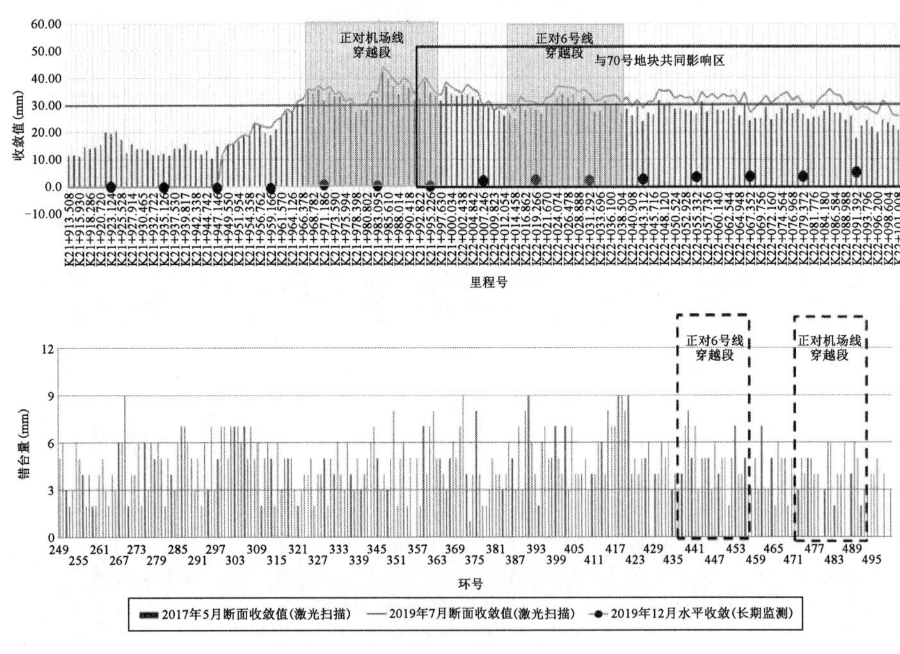

图10 4号线左线运营收敛值示意图

(4)根据华东勘测设计研究院关于地铁1、4号线安全评估报告显示,下穿前4号线右线沉降及收敛情况。

下穿前4号线右线运营沉降值、收敛值见图11、图12。

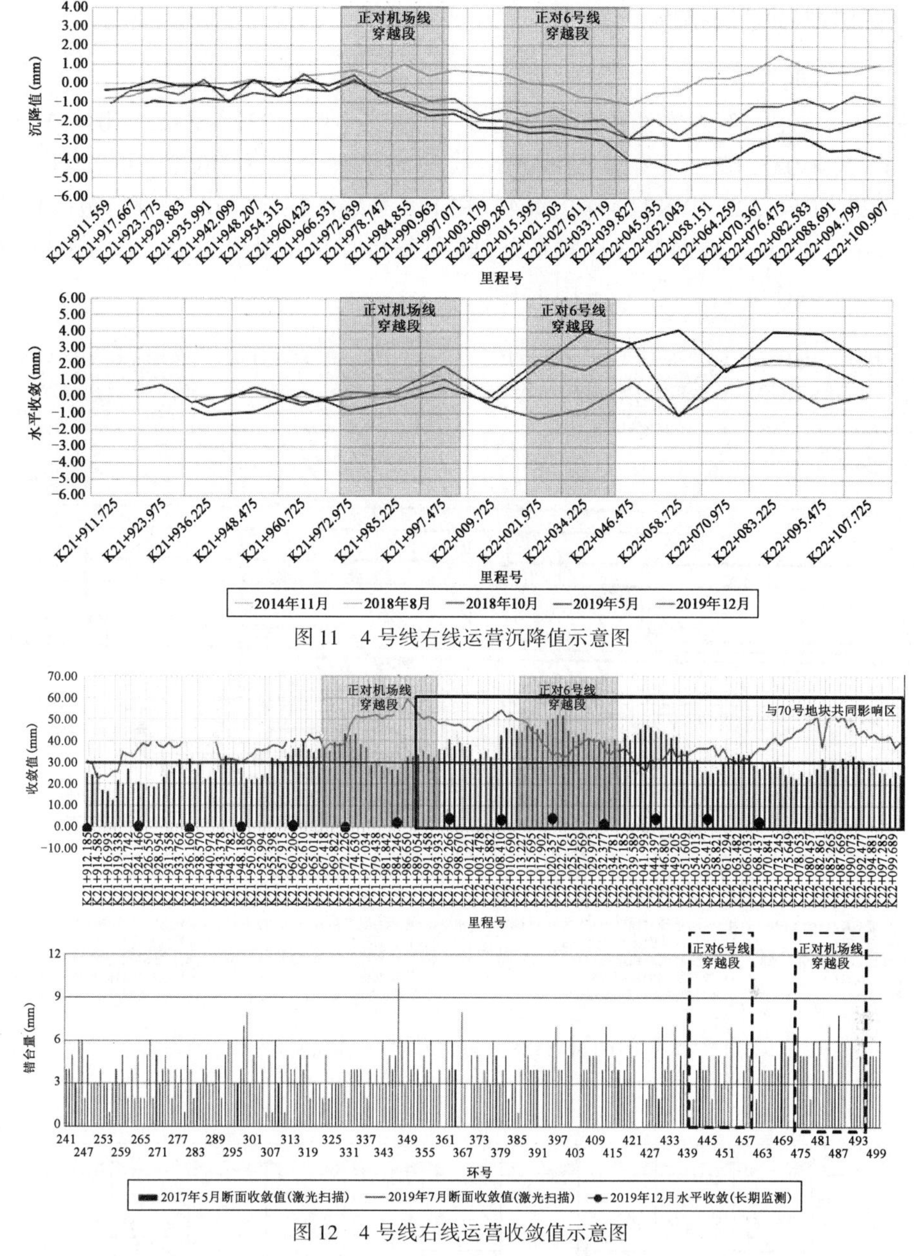

图 11　4 号线右线运营沉降值示意图

图 12　4 号线右线运营收敛值示意图

根据长期运营监测数据分析,本项目影响区段内既有盾构隧道特点如下:

(1)1 号线上行线(右线)、4 号线上行线(右线)和 4 号线下行线(左线)的沉降较为稳定,累计值均在 ±10mm 内。

(2)1 号线下行线(左线)穿越段存在沉降槽(2012 年 11 月发现,2013 年变化大),现累计值约 25mm。

(3)正对穿越段的既有线在 2017 – 2019 年期间基本稳定,沉降变化量在 ±5mm 内。

(4)根据运营监测数据,穿越段既有线水平收敛稳定(10mm 以内),1 号线下行线(右线)的水平收敛于 2019 年期间有个较大幅度增长,可能受到周边施工活动影响。

(5)根据 2019 年 7 月周边 70 地块的三维激光扫描数据,预判穿越范围 4 号线右线部分管片断面收敛超 60mm。

3.3 下穿掘进阶段控制措施

3.3.1 管片联系条安装

区间隧道下穿 1 号线左右线中心里程分别为 ZK21 + 977.230 ~ ZK22 + 015.169，YK22 + 015.684 ~ YK22 + 033.623，下穿 4 号线左右线中心里程分别为 ZK22 + 017.110 ~ ZK22 + 035.041，YK22 + 014.522 ~ YK22 + 032.464。在 1、4 号线下穿前后 6m(5 环)范围位置的成型隧道下部位置增加[14b 槽钢的管片联系条，联系条与管片吊装孔连接，采用 M36 螺栓与垫圈。管片联系条具体安装，如图 13 ~ 图 15 所示。

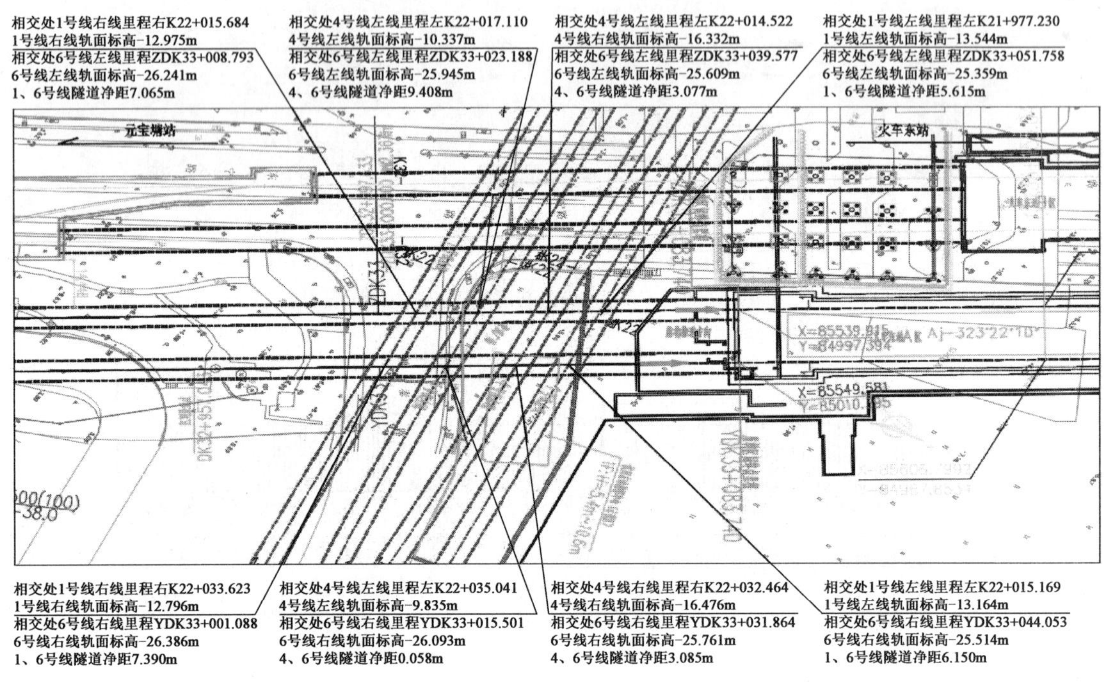

图 13 盾构下穿 1、4 号线成型隧道内管片联系条安装平面示意图

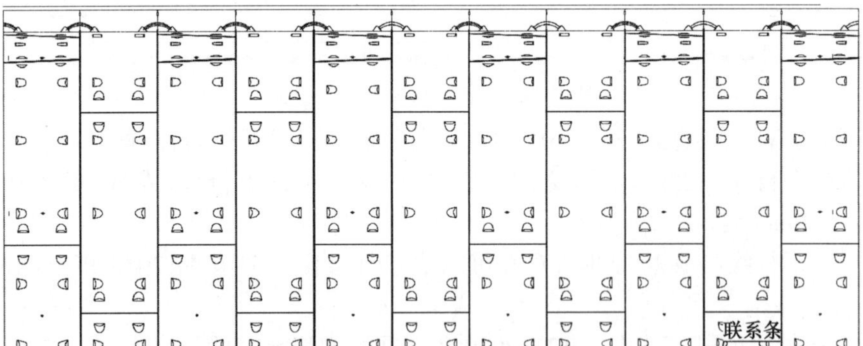

联系条

图 14 盾构下穿 1、4 号线成型隧道内管片联系条安装示意图

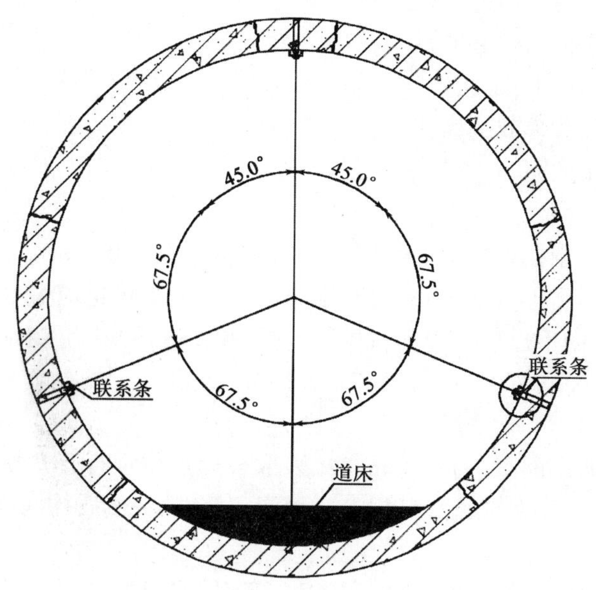

图 15　盾构下穿 1、4 号线成型隧道内管片联系条安装示意图

3.3.2　盾构下穿 1、4 号线掘进参数选定

隧道埋深较大，取上部土体自重作为上覆土地层压力。

（1）盾构机受到的压力（图 16）

$$P_C = \gamma H + P_0 \tag{1}$$

$$P_{01} = P_C + \frac{G}{DL} \tag{2}$$

$$P_1 = P_C K_0 \tag{3}$$

$$P_2 = (P_C + \gamma D) K_0 \tag{4}$$

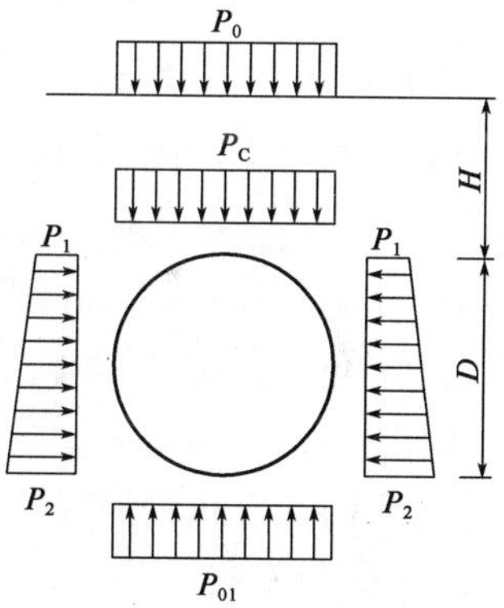

图 16　盾构土压力示意图

式中：K_0——水平侧压力系数；

H——上覆土厚度；

γ——土重度；

G——盾构机重量；

D——盾构机外径；

P_0——地面上置荷载；

P_{01}——盾构机底部的均布压力；

P_1——盾构机拱顶处的侧向水土压力；

P_2——盾构机底部的侧向水土压力。

（2）推进速度

为减少盾构对地层的扰动，推进速度不宜过快，应控制在 25～30mm/min。

（3）总推力

$$F = F_1 + F_2 + F_3 + F_4 + F_5 \tag{5}$$

式中：F_1 ——盾构外壳与土体的摩擦力；

F_2 ——刀盘水平推力引起的推力；

F_3 ——切土所需要的推力；

F_4 ——盾尾与管片之间的摩擦力；

F_5 ——后方台车的阻力。

(4)排土量管理

盾构推进出土量控制在理论值的96% ~98%，即44.9 ~45.8m^3。在穿越阶段，出土量应做好理论出土量与实际出土量的记录，每车出土的掘进里程数也应做好记录。当每环排土达到预警值，或者每斗土的千斤顶行程不在控制范围内时，盾构操作手必须上报，不得隐瞒，不得掘进，等待指令。

(5)盾尾间隙

当推进完毕单侧盾尾间隙达到50mm时，采取合理点位进行管片拼装来调整该侧盾尾间隙，避免一侧盾尾间隙过小造成管片破损产生渗漏，避免另一侧盾构间隙过大造成漏浆现象。

(6)盾尾油脂量

较平时单环注入量每环增加5 ~10kg，避免一侧盾尾间隙过大时，浆液击穿尾刷造成漏浆现象。

(7)其他参数

①刀盘转速：1.0 ~1.2r/min。

②扭矩：1500 ~2000kN · m。

③因埋深较深，注浆压力不宜过小，控制在0.2 ~0.3MPa。

④注浆量：5.15 ~5.72m^3。

3.4 开挖面土压力动态控制

为保证地面沉降，保持开挖面稳定是前提条件，而开挖面的稳定又是靠土仓内泥土压力与掌子面土压力平衡来实现的。因此，开挖面土压动态控制管理是盾构施工技术的核心之一，在施工过程中要通过保持开挖土量与排土量的平衡来维持开挖面的土压稳定。

施工前、施工期间对运营的地铁1、4号线区间隧道进行自动化监测，加密设置地表监测点，并在盾构前方布置深层沉降观测点，加强施工监测，根据监测数据合理设置土压力值，减少盾构的超挖和欠挖，使盾构匀速推进，减少对土体扰动，采用同步双液注浆工艺，确保浆液填充满盾尾管片与土体间的建筑空隙，注浆量的控制应根据模拟推进的监测数据确定动态控制，盾构推进时控制地层损失率≤2‰，对已运营隧道附加沉降≤5mm，水平位移≤5mm，管片附加纵横径变形≤5mm。

(1)开挖面土压值控制

合理设定土压力是目标土压力管理的重要内容。本工程目标土压力设定的基本原则是：保证开挖面的土体稳定，尽量减少掘进对周围土体的干扰。土仓内压力的确定方法，一般按“静止土压 + 水压 + 预留压力”来计算。

(2)开挖面土压平衡的保持

为控制开挖面的稳定，必须做好目标土压力值的动态管理，使地层水土压力 P 和密封舱内泥土压力 P_0 保持动态平衡。这种平衡，通过调节与控制螺旋输送机的排土量来实现。

$|P-P_0|$ 与螺旋输送机出土量的关系如图17所示。

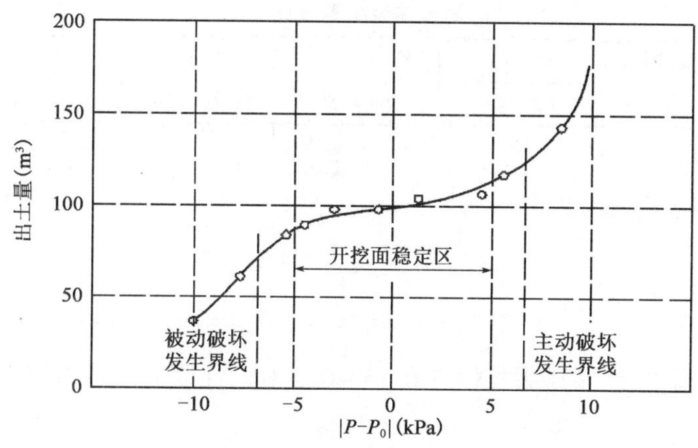

图 17　| $P-P_0$ | 与螺旋输送机出土量关系图

由图 17 可知,开挖面土压力的大小及其变化幅度是开挖面稳定的重要因素。

为实现螺旋输送机正常排土,保证开挖面的土体平衡,目标土压力值的管理还涉及加泥量、千斤顶推进速度、切削刀盘转速控制等参数。因此,目标工作压力的管理实际上是一项综合管理技术。经过上述土压力调整,实现土压力的稳定。

(3)开挖土量的管理

开挖土量与排土量是否平衡对开挖面土压力有比较大的影响,在施工中,通过对开挖土量和排土量的实际测量,得出开挖土量、排土量与土压力的关系;若开挖土量大于排土量,则土压力有升高的趋势;若开挖土量小于排土量,则土压力有降低的趋势。

根据以往掘进经验,排土控制措施如下:

①疏通泡沫添加系统管路,同时根据刀盘扭矩和掘进速度与总推力的关系,调整泡沫原液、水、空气的比例,使泡沫产生最佳效果,防止改良效果不好,形成泥饼后,刀盘空转导致超排使隧道上方出现空洞塌方,经过试验段施工总结经验,得出泡沫最佳配比,有效地改良土体,排土顺畅。

②充分合理利用螺旋输送机来实时的调节土压力,使土压力控制在目标范围值之内,将每环出土量细化,设置排渣预警值,严禁渣土超排。

③合理使用螺旋输送机,达到控制土压稳定,出土顺畅,根据掘进速度和土仓上部土压值,使其控制在稳定合理的转速状态,确保螺旋输送机匀速排土。

3.5　同步注浆

在盾构机盾尾脱出管片后,及时采取同步注浆措施填充土体与管片间的环形间隙,控制地层变形,稳定管片结构,控制盾构掘进方向,加强管片与隧道结构的防水能力,有效减小变形。

(1)浆液配比

盾构穿越时的同步注浆需要保证以下性能:

①浆液充填性好,保证盾构机通过后的沉降能够得到有效控制。

②浆液初凝时间适当,早期强度高,浆液硬化后体积收缩率小。

③浆液稠度合适,过稠容易造成管路堵塞,过稀容易造成管片上浮。

(2)浆液配比

拟采用的同步注浆配比(配成 $1m^3$ 浆液),见表 1。

同步注浆材料配比表 表1

水泥(kg)	粉煤灰(kg)	砂(kg)	膨润土(kg)	水(kg)	初凝时间(h)	7d 强度(MPa)
200~220	300~350	700~800	100~150	400~450	6~7	>0.2

(3)注浆量计算

注浆量通常可按下式估算:

$$Q = V\alpha \tag{6}$$

式中:V——理论空隙量(m^3);

α——充填系数。

在本次穿越过程中,注浆压力控制在0.15~0.2MPa,注浆时以压力控制为主,注浆量控制为辅的方针。

(4)注浆关键技术的控制

注浆操作是盾构施工中的一个关键工序,直接关系工程安全和经济效益,因此在施工中加强注浆管理,严格按照"确保注浆压力,兼顾注浆量"的双重保障原则。注浆操作必须由专人完成,在每环掘进完成后必须对注浆量进行记录,当发现注浆量变化较大时,应认真分析其原因,通过加大注浆压力等方法补注,当同步注浆无法满足沉降要求时,必须及时进行二次(多次)补浆。

3.6 全断面二次注浆

为防止掘进后的后期沉降,在下穿地铁1、4号线时,在管片脱出盾尾5环,立即对管片后的建筑孔隙进行二次注浆。在盾构通过后,根据监测情况通过注浆孔及时进行二次注浆,以限制地层沉降、确保既有运营隧道安全。

因下穿段埋深较深,二次注浆压力控制在0.2~0.3MPa之间,采取少注、勤注原则,注浆时密切注意管片的变化,以压力为主控制。密切关注地表监测数据,及时调整。二次补浆结构组成,如图18所示。

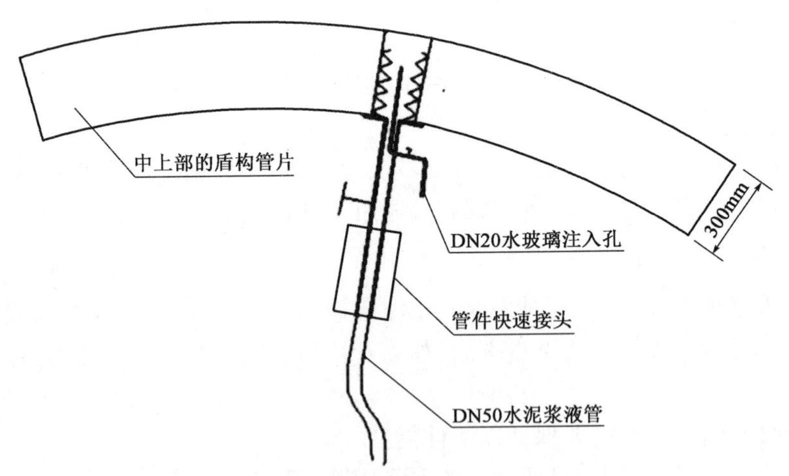

图18 二次补浆结构组成示意图

(1)二次补偿注浆利用管片的吊装孔开口后进行补浆,采用水泥浆、水玻璃浆双液注浆,弥补壁后浆液的填充不实的空隙,减小因同步注浆不饱满产生的沉降,为满足地铁1、4号线沉降要求,施工中要求每环都多次补浆,补浆位置为隧道管片上部,补浆和注入位置和方式如

图18所示。

(2)为防止掘进后的后期沉降,在管片脱出盾尾后5环,立即对管片后的建筑孔隙进行二次注浆。二次注浆拟采用双液浆。

①A液为水泥浆,水:水泥=1:1(质量比)。

②B液为水玻璃溶液,水:水玻璃=2:1(体积比)。

③A液:B液=1:1(体积比)。

壁后补压浆的压浆量和压浆时的压力值按照施工监测数据而定。

(3)二次注浆质量控制措施。

①施工前应进行详细的浆液配比试验,选定合适的注浆材料、添加剂及浆液配比,保证所选浆液配比、强度、耐久性等物理力学指标满足工程的设计要求。

②严格按要求注浆、检查、记录、分析,及时做出P(注浆压力)-Q(注浆量)-t(时间)曲线,分析注浆效果,指导下次注浆。

③注浆作业由专人进行,上岗前应通过培训,施工过程应由富有经验的土木工程师负责注浆技术指导工作。

④根据洞内管片衬砌变形和地面及周围建筑物变形监测结果,及时进行信息反馈,修正注浆参数和施工方法。

⑤做好注浆设备的维修保养、注浆材料供应,以保证注浆作业顺利连续不中断的进行。

⑥做好注浆孔的密封,保证其不漏水。

3.7 盾构通过地铁1、4号线段后处置措施

盾构通过下穿段后继续进行掘进施工,须及时进行二次注浆作业。同时应保持对下穿段的监测工作,待连续7d监测沉降值较稳定时方可停止监测。

4 结语

通过结合施工现场对盾构安全顺利的下穿运营地铁隧道群的实例分析,避免下穿过程中引起运营隧道过量沉降影响既有线运营安全。明确了各阶段工作的事项,尽可能地减少下穿已运营地铁隧道这一重大风险源对盾构施工的影响,提出了相关施工措施,希望本文可以有助于今后的同类工程借鉴。

参考文献

[1] 魏林.盾构下穿既有地铁线路施工技术研究[J].居舍,2018,11(下):51.

[2] 温克兵,卢艳.盾构下穿既有地铁隧道监测分析[J].现代城市轨道通,2017,8:28-32.

[3] 张建忠,董志成.盾构下穿既有地铁线路施工控制[J].环球市场,2015,9(3):241.

[4] 杨志勇,江玉生,颜治国,等.盾构下穿地铁运营隧道沉降规律分析[J].西安科技大学学报,2014,34(3).

叠交隧道地铁保护自动化监测数据分析

桂焱平[1]　郭丹烽[2]

（1. 浙江华东测绘与工程安全技术有限公司　浙江杭州　311122；2. 杭州市地铁集团有限责任公司　浙江杭州　310018）

摘　要：杭州某基坑紧邻杭州地铁1、4号线隧道，基坑开挖需对可能引起的既有隧道变形进行严格控制，设计中对运营线路有针对性地提出围护支撑体系、地层加固、分块开挖等施工方案及措施。通过对基坑开挖节点的既有隧道的监测数据进行分析，研究了不同施工阶段的隧道变形规律，邻近基坑的1号线隧道左线变形最大，叠交段离基坑越近，影响越大，同时实测隧道变形超过给定的报警值，相邻B基坑开挖对隧道占总体变形的60%。

关键词：地铁保护；叠交隧道；实测分析；自动化监测

1　引言

随着城市地铁网络的逐渐完善，地铁沿线的工程建设与日俱增，新建基坑开挖施工会不可避免地引起周围地层的移动，从而导致邻近既有隧道的位移，当位移不均匀时还会产生附加应力，影响既有隧道的正常运营。况龙川结合上海广场基坑开挖分析了影响隧道变形的主要因素，在地铁隧道旁侧开挖深基坑将引起隧道向基坑方向产生较明显侧移，使隧道横截面呈横椭圆形状的变形，直接影响到隧道的使用功能和安全性；隧道侧移对其旁侧土方开挖十分敏感且与开挖部位具有比较明确的对应性，深基坑开挖结束完成基础板后才能从根本上控制隧道侧移发展使其达到稳定；刘国彬利用坑内加固和基坑工程的时空效应法等措施来控制民用建筑基坑下的已建成隧道的上抬变形，实践证明：基坑工程中的时空效应原理是减小基坑工程下已运行隧道上抬变形的最有效最经济的措施，适当的地基加固和降水有利于减小基坑工程下已运行隧道的上抬变形；伍尚勇以广州邻近地铁隧道的基坑为背景，通过数值模拟结果与实测数据的对比分析及数值试验等手段分析双侧深基坑按不同顺序开挖对穿越其间的已运营地铁隧道的影响，结果表明：计算结果与工程实测数据基本吻合，两基坑对称开挖比不对称开挖能更好地控制隧道水平位移，但对称开挖对于隧道竖向位移的控制相对不利；高广运根据隧道与基坑的不同位置关系，分为紧贴型和浅埋型两类共7种工况，分析基坑分步开挖对邻近地铁隧道变形的影响以及隧道对基坑连续墙变形和墙后地表位移的影响。数值分析结果发现，隧道变形大小与基坑距离关系不完全单调，隧道的存在对基坑墙后土体有明显的"加筋效应"。因此研究新建工程对既有隧道的影响成为盾构研究的热点问题。

2　隧道自动化监测系统

隧道全自动监测系统已成为解决现代化地铁建设和运营期间变形监测需求的成熟方案，文献[5]～[10]开展了地铁保护区自动化监测实际应用，地铁隧道自动化监测系统有实时观测、无人看守、不妨碍列车运行、远程遥控等优点。当前在地铁隧道监测中普遍使用测量机器

作者简介：桂焱平(1986—)，男，工程师，目前从事岩土工程监测与检测、地铁风险咨询工作。电子邮箱：gui_yp@ecidi.com。

人进行自动化变形监测，自动全站仪又称测量机器人，是一种代替人进行自动搜索、跟踪、识别和精确照准目标并获取角度、距离、三维坐标以及影像等信息的智能型仪器。自动全站仪通过发射红外光束，并利用自照准原理和LCD（液晶显示器）图像处理功能，无论在白天还是黑夜，都能实现目标的自动识别、照准与跟踪，保证了监测工程能够24h连续运行。全自动化监测系统具有高精度、高效率的优点，并成功地应用在北京、上海、广州和深圳等城市的地铁监测中，积累了丰富的监测经验。

3 自动化监测系统设计

隧道被监测范围的选取与基坑开挖对隧道的影响紧密相关，地铁隧道结构变形监测中，监测断面、监测点和基准点的选取非常重要。通过选取反映隧道结构局部或整体变形以及处于重要结构部位的位置设置监测点，反映隧道结构变形的实际状况。地铁隧道自动化监测的方案设计大致分为：基准点的选取、基准网设计、监测点和监测断面布设、仪器的选择。此外，地铁隧道的变形监测还包括基准网的平差和判定基准点的稳定性，数据变形分析、提交报表、自动预警等。本文案例中基坑紧邻杭州地铁1、4号线叠交隧道，研究基坑开挖对1、4号线叠交隧道的监测变形情况，自动化监测采用徕卡TM50型测量机器人及自动监测软件GeoMoS，徕卡TM50测量机器人测距精度$\pm(0.6+1\text{ppm}\times D)$mm，测角精度0.5″，独特的9.4′小视场角技术适合地铁自动化监测（图1）。

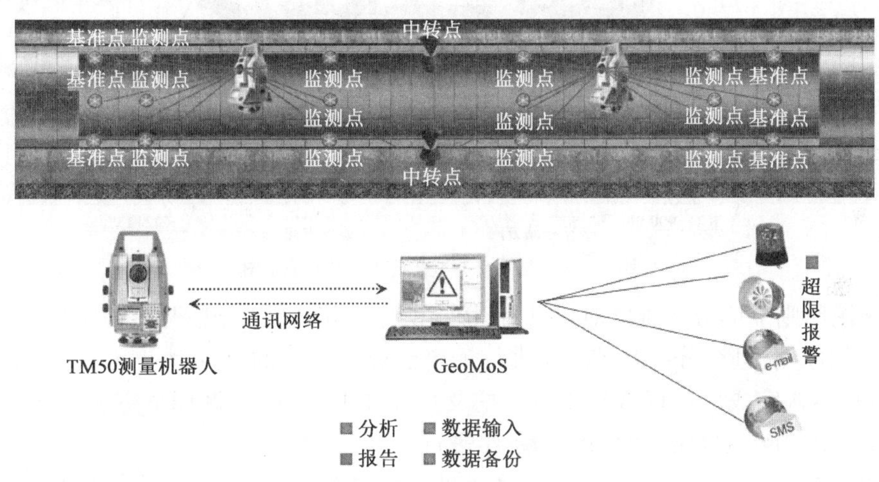

图1 自动化监测系统架构图

徕卡GeoMoS自动化监测系统具有如下特点：

（1）组网平差，对测站周围的基准点进行测量，通过平差的方法实时对测站坐标和后视方向进行修正，有效解决不稳定的问题。

（2）徕卡GeoMoS采用专业规范的核心算法，自动化监测无须人工干预，黑匣子模式保证监测数据不落地，保证数据的真实有效。

（3）可实现24h不间断监测，可根据项目实际情况灵活设置起始时间和平差周期。

（4）具备实时进行数据处理、数据分析、报表输出及图形分析等功能，真实直观反映点位变化。

4 工程案例

4.1 工程概况

杭政储出〔2012〕70号地块目用地面积约3.3万m^2,总建筑面积约7.6万m^2,地下面积约4.9万m^2,两层地下室,局部三层(地下三层位于地铁控制保护区外)。基坑分A区基坑(面积约18840m^2,尺寸约145m×130m)、B区基坑(面积2900m^2,划分为B1、B2、B3三个小基坑),如图2所示。基坑南侧下有已运营的杭州地铁1号线和4号线,距离已运营的地铁1号线结构外边线最近约10.95m,距离已运营的地铁4号线结构外边线最近约21.95m,邻地铁侧基坑开挖深度12.3m。

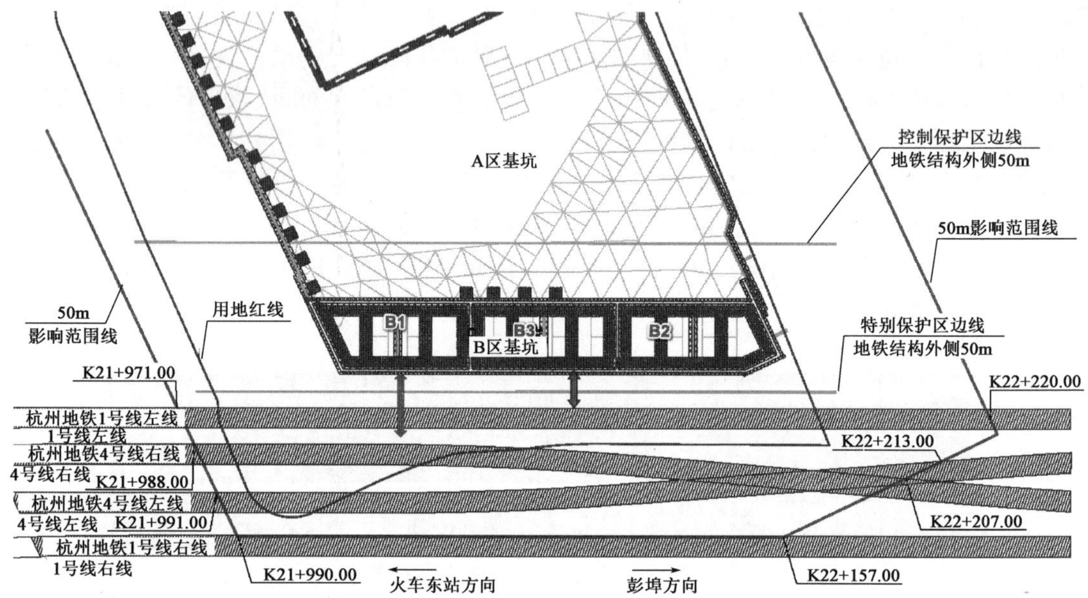

图2 基坑与既有1、4号线隧道平面关系图

土方开挖原则上应分区分段对称进行,挖土次序严格遵循“分层开挖,先撑后挖”及“大基坑,小开挖”的原则,进行分区开挖。先进行远离已运营地铁的A区块土方开挖,待A区块地下室±0.000结构完成后进行B区土方开挖及基础施工,应在A区地下室和B区地下室开挖完成后施工。B区可按照B1、B2、B3的顺序进行。

既有隧道1、4号线埋深11~25m,管片外径6.2m,内径5.5m,衬砌厚度0.35m,环宽1.2m,采用预制钢筋管片制作。

地层剖面如图3所示,基坑开挖主要土层①层杂填土、②$_1$层黏质粉土、②$_2$砂质粉土、②$_3$砂质粉土,1、4号线主要穿越②$_3$砂质粉土、③$_1$层淤泥质粉质黏土。基坑在地铁隧道沿线附近开挖,基坑周围的土体会向下及坑内运动,土体的运动会使隧道在斜下方的方向产生纵向变形。基坑开挖地层物理力学参数见表1。

基坑开挖地层物理力学参数　　表1

土　层	层厚(m)	γ(kN/m^3)	c(kN/m^2)	φ(°)
①杂填土	3.24	18.00	8.0	10.0
②$_1$黏质粉土	4.90	18.88	9.0	21.5
②$_2$黏土	5.80	19.35	7.4	25.5

续上表

土　　层	层厚(m)	γ(kN/m^3)	c(kN/m^2)	φ(°)
②$_3$砂质粉土	3.20	19.49	6.6	26.8
③$_1$ 淤泥质粉质黏土	13.20	17.55	15.55	8.3

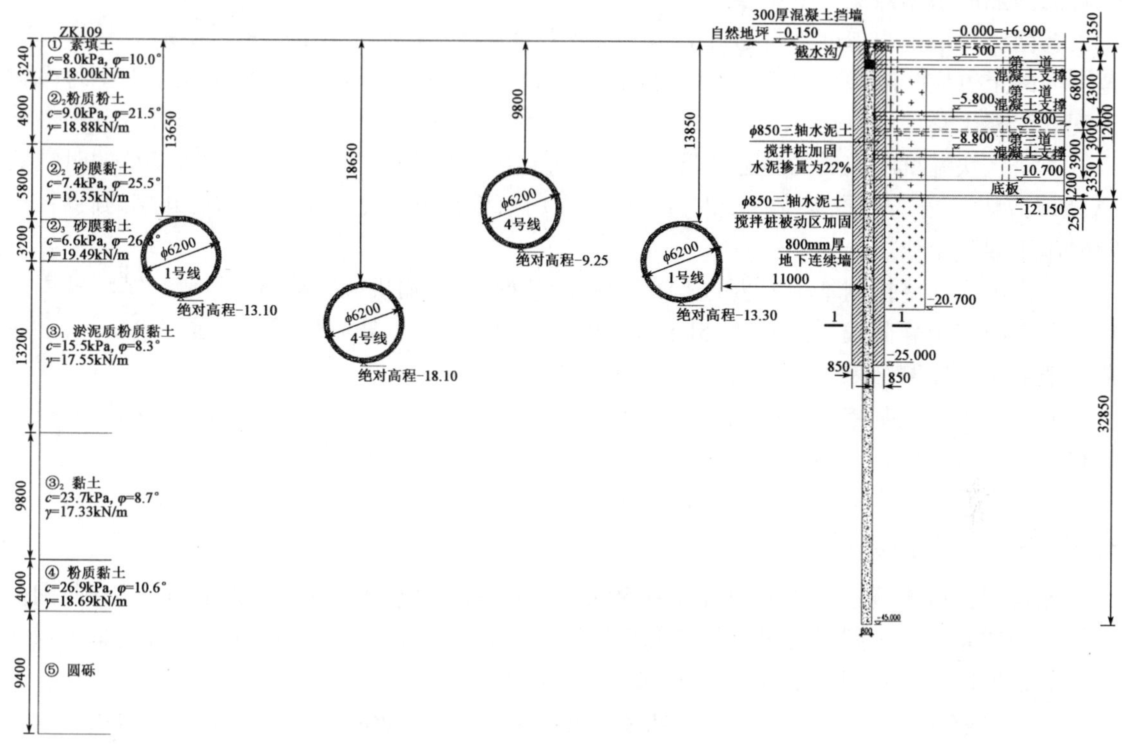

图 3　基坑与既有 1、4 号线隧道剖面示意图(尺寸单位:mm)

4.2　地铁保护措施

(1)基坑平面长边尺寸近 140m,基坑施工对围护结构变形影响大。解决方案:将基坑工程划大为小,充分实现基坑的空间效应。设置分隔墙,划分为 A 区块、B 区块,其中 B 区块划分为三个区块,基坑靠盾构隧道一侧基坑尺寸缩小后,可大大提高土方开挖、支撑以及主体结构的施工速度,基坑的空间效应和实效性大大提高,有利于基坑围护结构的变形控制。

(2)地铁线一侧围护结构变形控制严格,解决方案:

①沿盾构隧道一侧采用地下连续墙,保证了围护结构控制变形所需的刚度,又方便了施工。

②选择合适的支撑形式,第一道支撑采用刚度较大的钢筋混凝土支撑,第二道、第三道支撑采用钢支撑,不设置围檩,加快施工进度,并采取轴力自动补偿系统,确保支撑安全可靠。

③设置壁中墙,形成刚度较大的坑底暗撑,提高整体围护刚度。

④坑内设置有效的被动区加固措施,减小围护结构坑底位置的土体变形。

⑤底板垫层可设置配筋垫层,利用时间效应可在坑底位置短期形成有效的支撑,进一步减少淤泥质土因流变而增加变形。

(3)拆撑工况的变形控制措施。解决方案:由于地铁盾构隧道和本工程基坑底接近,为消除支撑拆除工况对围护结构的应力变形影响。可考虑在底板位置设置一定的斜向换撑,进一步控制围护结构总位移,减小基坑施工对隧道的变形影响,具体可根据监测情况设置。

(4)施工措施。

①沿盾构隧道一侧的围护结构施工之前,应设置测斜管等监测点,实施监控围护结构施工对地铁的影响,并动态调整施工方案。

②该侧需控制围护结构施工速度。三轴水泥搅拌桩(地下连续墙)应采用跳打方式施工,跳打的间隔应根据监测结果调整。

③南侧每层挖土深度不得超过1.5m,放坡平台宽度不得小于15m。沿基坑周边20m宽度范围内的土方应间隔跳挖施工,每块间隔长度不得大于15m。开挖至坑底后,应12小时内施工配筋混凝土垫层。

④子区块基坑距离盾构隧道最近范围,基坑土方开挖时,施工单位仍应发挥基坑的时空效应,划大为小。土方开挖至支撑底时,应快速、及时有效地形成支撑作用。基坑开挖到底后,应及时施工混凝土垫层。

⑤东侧应严格控制基坑周边的施工荷载,严禁挖土、运输机械等动荷载行驶。基坑外周边10m范围内施工静荷载不得超过15kN/m^2,10m范围以外施工静荷载不得超过5kN/m^2。上述荷载值需根据监测结果进行动态调整,但不得大于上述限值。

⑥若沿地铁侧基坑行驶运输车辆等重型动荷载机械时,需设置栈桥,以减小机械动荷载对盾构变形的扰动影响。

⑦土方开挖原则上应分区分段对称进行,挖土应严格遵循"分层开挖,先撑后挖"的原则。

4.3 自动化监测设计

地铁保护区为隧道结构外边线外侧50m内。隧道内自动化监测测点断面布设原则:围护结构外边线垂直投影到隧道区域范围为每间隔5环(6m)布设一个监测断面,垂直投影区域两端向外延伸区域为每间隔10环(12m)布设一个监测断面。

盾构段监测点棱镜安装在管片的两腰和道床两侧,一个断面共4点(图4)。测点布设应尽量避开人员行走通道,避免人员认为触碰导致测点失准。人工监测点布设与自动化监测点布设相对应,以方便数据复核的可对比性与准确性。隧道各监测项目监测控制值见表2。

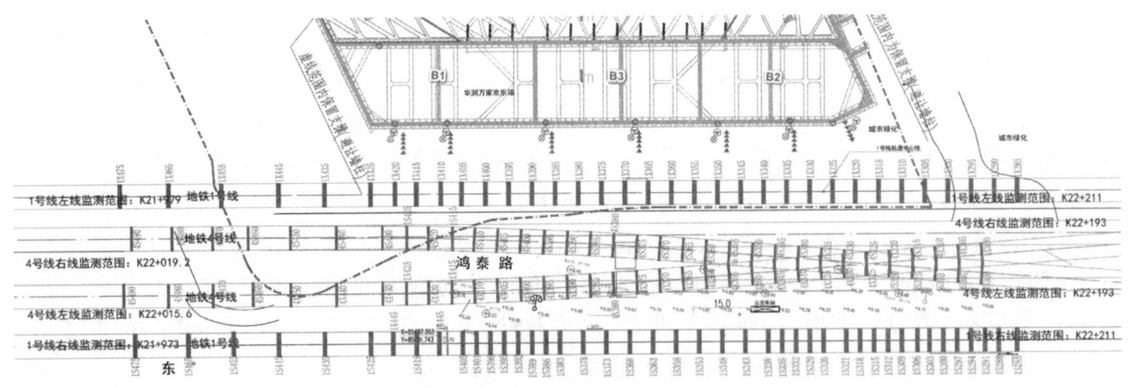

图4 监测点布置示意图

隧道各监测项目监测控制值 表2

序号	项目	判断依据	1、4号隧道控制值(mm)	速率
1	竖向位移	沉降或隆起绝对变化量	4	连续2d≥1mm/d
2	水平位移	位移绝对值	4	连续2d≥1mm/d

续上表

序　　号	项　　目	判 断 依 据	1、4 号隧道控制值(mm)	速　　率
3	水平收敛	隧道收敛,相对位移	4	连续 2d≥1mm/d
4	轨间高差	两轨间高差绝对值	4	连续 2d≥1mm/d

4.4　自动化监测成果

自 A 区围护结构施工开始布置隧道内自动化监测点,直到 B 区封顶完成,1 号线左线道床累计沉降最大约 -17.3mm,1 号线左线累计水平位移最大约 11.4mm,1 号线最大收敛位移约 5.6mm。图 5 为隧道影响区道床沉降变形曲线,图 6 为隧道影响区水平位移变形曲线,图 7 为隧道影响区收敛曲线。

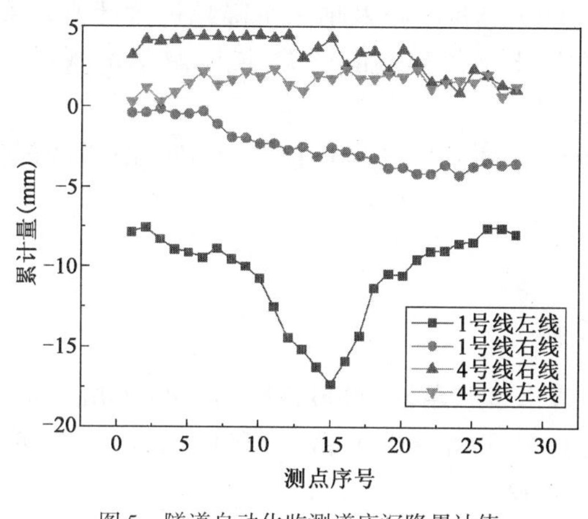

图 5　隧道自动化监测道床沉降累计值

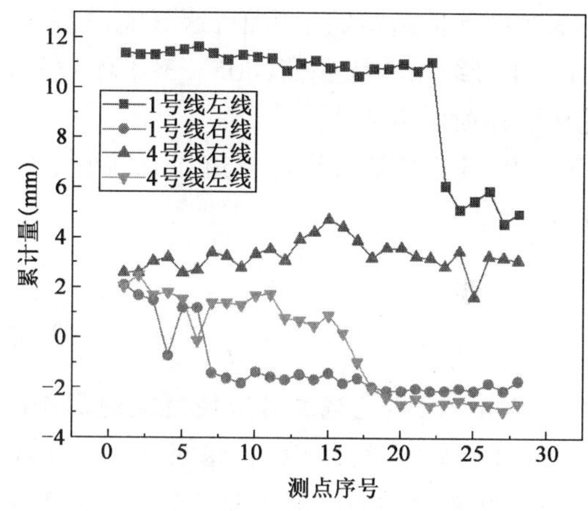

图 6　隧道自动化水平位移累计值

从隧道水平位移看,4 号线左右线叠交(300 ~ 405 环)段,左右线水平位移差值变大,说明了离基坑越近,隧道水平位移受基坑开挖影响越大。

B 基坑更邻近地铁侧,如果仅考虑 B 基坑开挖对隧道的影响,1 号线左线道床阶段沉降最大约 -10.3mm,阶段水平位移 6.8mm,阶段收敛 3.8mm,占总体变形的 60%(表 3)。图 8 为 1 号线左线隧道分阶段开挖道床沉降变化曲线。

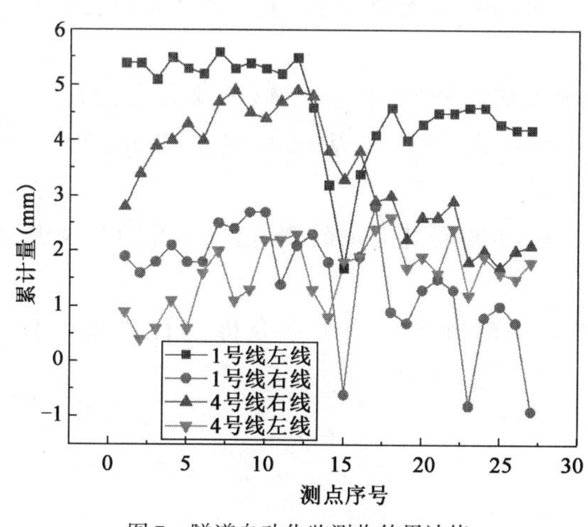

图 7　隧道自动化监测收敛累计值

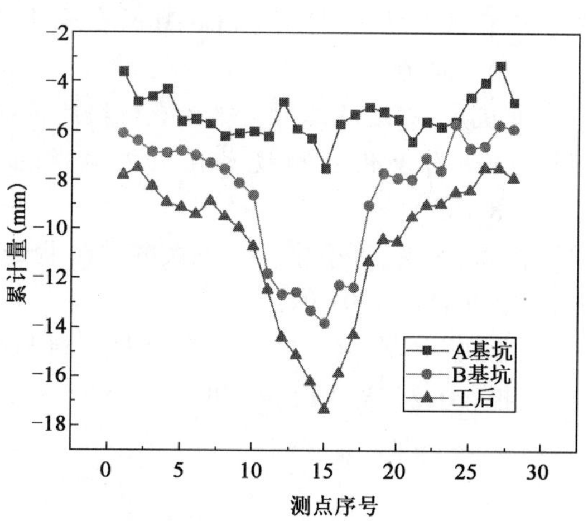

图 8　1 号线左线隧道分阶段开挖道床沉降图

1 号线隧道左线监测累计最大值 表 3

监测项目	A 基坑	B 基坑	工后沉降
道床沉降(mm)	-7.5	-12.0	-17.3
水平位移(mm)	7.1	11.2	11.4
收敛(mm)	3.2	5.4	5.6

5 结语

本文基于杭州某基坑紧邻杭州地铁 1、4 号线隧道,通过对基坑开挖节点既有隧道的监测数据进行分析,研究了不同施工阶段的隧道变形规律:

(1)在基坑施工过程中,邻近基坑的 1 号线隧道左线变形最大,同时实测隧道变形远远超过安全专项评估给定的报警值,这可能是基坑开挖围护结构变形及地表沉降超过设计值有关。

(2)4 号线左右线叠交(405 ~ 300 环)段,左右线水平位移差值变大,说明离基坑越近,受基坑开挖卸荷影响越大。

(3)相邻 B 基坑开挖对隧道占总体变形的 60%,目前基坑已经封顶,1、4 号线隧道变形仍未收敛。

参考文献

[1] 况龙川. 深基坑施工对地铁隧道的影响[J]. 岩土工程学报,2000,22(3):284-288.

[2] 刘国彬,黄院雄,侯学渊. 基坑工程下已运行地铁区间隧道上抬变形的控制研究与实践[J]. 岩石力学与工程学报, 2001,20(2): 202-207.

[3] 伍尚勇,杨小平,刘金庭. 双侧深基坑施工对紧邻地铁隧道变形影响的分析[J]. 岩石力学与工程学报,2012,31(增刊 1):3452-3458.

[4] 高广运,吴勇,张先林,等. 深基坑开挖与邻近隧道相互影响的分析[J]. 土木工程学报,2011,44(增刊):114-117.

[5] 曹权,李清明,项伟,等. 基坑群开挖对邻近既有地铁隧道影响的自动化监测研究[J]. 岩土工程学报,2012,11(增刊): 552-556.

[6] 陈喜凤,黄腾,刘岭,等. GeoMoS 在地铁保护区自动化监测中的应[J]. 测绘工程,2012,22(2): 64-69.

[7] 刘庆晨. 邻近施工对天津既有地铁隧道的影响及保护研究[D]. 天津:天津大学,2013.

[8] 张昭. 自动化监测技术在地铁隧道施工中的应用[J]. 自动化与仪器仪表,2017,7: 178-182.

[9] 段伟,王敏,钟金宁,等. 地铁隧道结构稳定性自动化监测系统的研究与应用[J]. 测绘通报,2015(9):91-94.

[10] 杨帆,赵剑,刘子明,等. 自动化实时监测在地铁隧道中的应用及分析[J]. 岩土工程学报,2012(增刊 1):47-49.

盾构隧道下穿市政隧道格构柱桩基预处理施工技术措施

吴梦迪[1]　周　锐[1]　王慕升[2]

（1.中铁一局集团有限公司　陕西西安　710000；2.杭州市地铁集团有限责任公司　浙江杭州　310018）

摘　要：本文详细介绍了浙江省杭州市地铁6号线昙花庵路站—三堡站盾构区间下穿市政隧道工程，为保证工程的安全顺序进行，在施工过程中对市政隧道格构柱桩基进行预处理施工，分别从桩位确认、市政隧道加固、市政隧道开孔、全套管全回旋钻机清障、隧道结构恢复等几方面进行了详细介绍，预处理施工可提前对障碍进行处理，缩短施工工期，工程现场实施效果良好，可为同类工程提供参考。

关键词：盾构下穿；格构柱桩基预处理；全套管全回旋钻机；清障；格构柱拔出；隧道主体结构恢复

1　引言

随着各地盾构施工的日益发展，越来越多的盾构线路需要穿越既有市政建筑。本文以杭州地铁6号线昙花庵路站—三堡站盾构区间施工为背景，针对下穿既有市政隧道格构柱桩基础预处理这一重要节点的施工技术进行讨论研究，为盾构隧道穿越重点市政项目桩基预处理的施工提供参考依据。

2　工程概况

某市政隧道立柱桩直径800mm，桩长18.758m，桩底高程－22m，为下沉隧道基坑围护结构临时立柱桩，不兼做抗拔桩或抗沉桩。配筋：主筋16ϕ28mm，底板以下3m内插460mm×460mm钢格构柱。所在位置处盾构区间隧道底高程约为－21.5m，立柱桩贯穿区间隧道，影响盾构施工，需提前采用全套管钻机进行拔除。拔桩前需先对隧道底板以下3m，立柱桩周围1.6m范围进行注浆加固，并在隧道内设置临时支撑，支撑隧道顶板和底板，再根据精准定位后的格构柱位置，用全套管钻机切割市政隧道顶板、底板，开洞完成后用全套管钻机将障碍桩分节拔除，最后恢复隧道结构。

盾构隧道与格构柱平面如图1所示。

3　设备选型及施工流程

根据本工程特点，考虑到设备的垂直度、刀头受力均匀程度、刀头磨损等因素，结合障碍物的特殊性，以及调查调研咨询论证结果，最终确定选用DTR-200H型360°全回转套管钻机进行桩体的清除。套管旋转沉入360°旋转钻进，清障安全性能好，无振动，对土体扰动和周边建（构）筑物的影响较小，既环保又安全。套管对四周土体及临近构筑物无影响和扰动，保证了清除桩体和回填的质量。

作者简介：吴梦迪（1993—），男，大学本科，工程师，目前任职于中铁一局集团有限公司，主要从事城市轨道交通施工与管理工作。电子邮箱：358299820@qq.com。

图1　盾构隧道与格构柱平面示意图

3.1　全回旋套管钻机设备组成

全回转套管钻机主要配置有全回转套管钻机主机、相应型号数量的套管、液压动力站、操控室、反力配重、路基板及定位钢板、冲抓斗、反力叉、楔形锤及十字冲锤。钢套管底端镶嵌钛合金刀头,具备很强的切割切削能力,可将地下抛石、残留旧桩、旧钢筋混凝土、钢桩等障碍物一并清除。

套管钻机结构组成如图2所示。

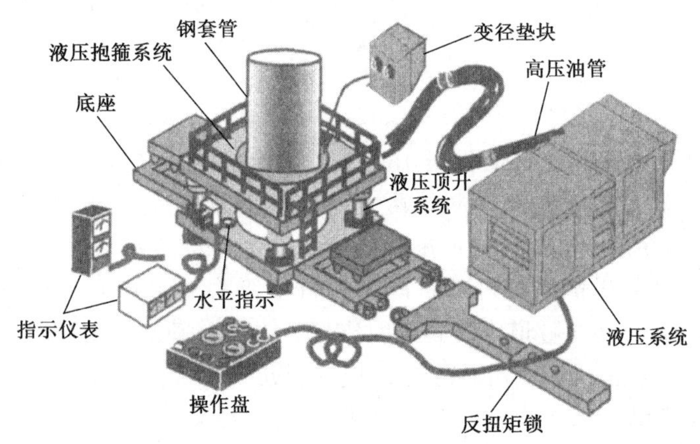

图2　套管钻机结构组成示意图

3.2　套管结构

由于桩体直径为800mm,拔桩施工过程中为使得桩体周围土体松动而更易拔除桩体,因此选用外径为1000mm的套管进行桩体的拔除,套管有两方面功能:

(1)将顶部驱动设备提供的扭矩和压入力传递给刀头。

(2)在钻进的过程中还起到支护孔壁,防止孔壁坍塌。

套管厚度为40mm,根据需要钻进的深度情况分长度不同的若干节。套管长度有10m、8m、6m、4m四种。最底部一节长度一般为10m,不含刀筒长1.5m,在管口布置刀头,其他套管的中间为筒身,两头为套叠式接头。接头设螺孔和剪力键,相邻两节靠螺栓和剪力键连接传递荷载。套管主体材质为16Mn钢,两端接口材质为24Mn钢。

套管及刀头结构组成如图3所示。

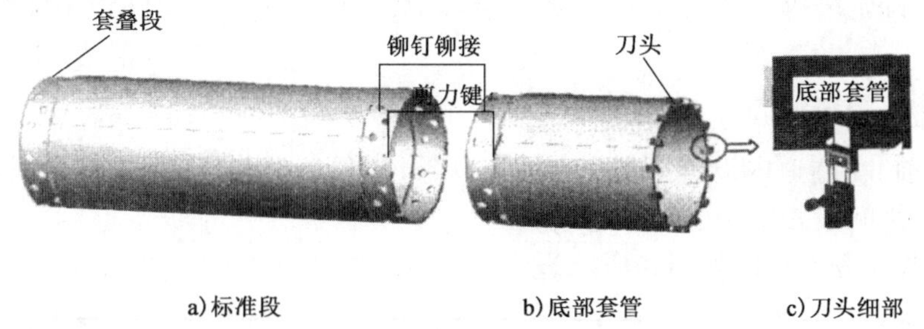

图3　套管及刀头结构示意图

4　施工操作要点

4.1　施工流程

市政隧道格构柱拔除清障施工流程如图4所示。

4.2　测量定位

首先由测量人员对需拔除障碍桩进行放样,并做好标记。

4.3　桩位确认

拔桩前需先对障碍桩的实际桩位及桩长进行确认。本次计划采用钻芯取样法进行桩长桩位确认,经现场踏勘,为满足钻孔取样施工场地需求,需对隧道中隔墙腋角进行拆除。市政隧道拆除范围如图5所示。

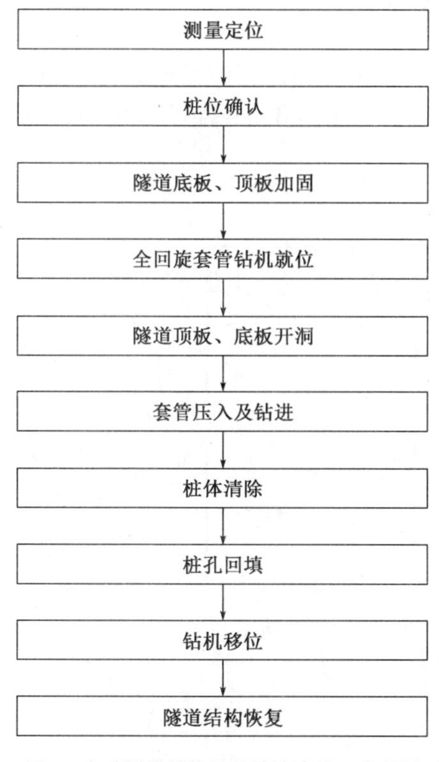

图4　市政隧道格构柱拔除清障施工流程图

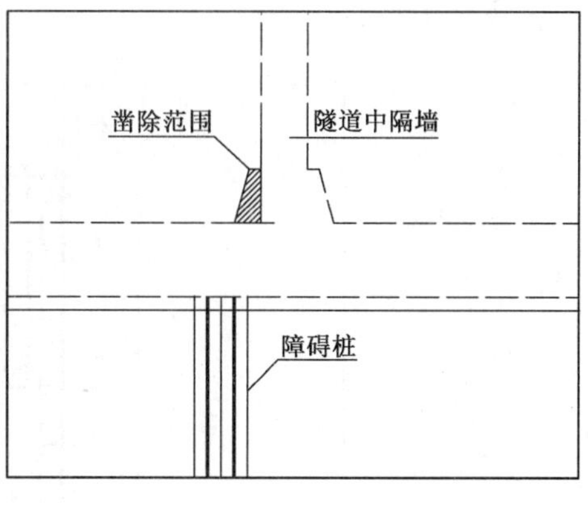

图5　市政隧道拆除范围示意图

确定桩位后在隧道顶板上放样，挖除2.1m厚市政隧道顶板覆土（保留0.7m覆土厚度），再次测量定位，确定障碍桩平面位置，安放定位钢板，并核实钻孔桩与隧道主体结构中隔墙间的距离。

4.4 隧道底板、顶板加固

拔桩施工前，在隧道内设置 ϕ609mm@3m×3m 钢管临时支撑，钢管撑顶底板焊接20mm厚钢板，钢管撑之间设置槽钢剪刀撑连接。

市政隧道临时支撑加固如图6所示。

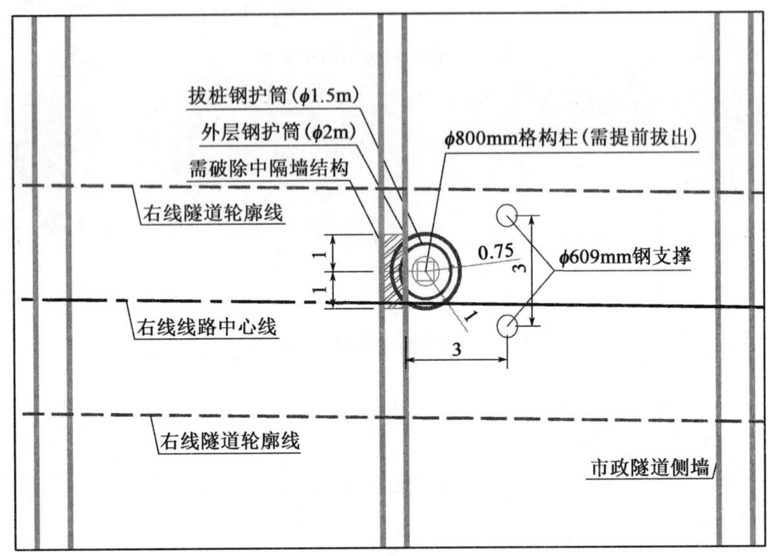

图6　市政隧道临时支撑加固示意图（尺寸单位：m）

底板开洞前，需先对底板以下3m，立柱桩周围2m范围土体进行注浆加固，浆液采用水泥-水玻璃双液浆。加固后土体28d的无侧限抗压强度不小于0.8MPa。注浆参数应根据现场试验确定，注浆压力不大于0.4MPa。

市政隧道底板下加固剖面如图7所示。

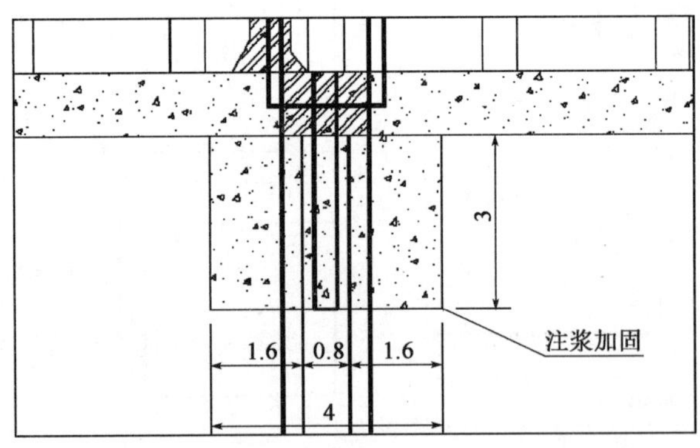

图7　市政隧道底板下加固剖面示意图（尺寸单位：m）

4.5 全回旋套管钻机就位

根据钻孔桩中心位置将钻机就位，就位过程如下：

（1）安放定位钢板，定位钢板安放必须平整，且孔位中心与需清障的孔位中心精确重合，定位钢板的四个定位基点必须全部在路基板的中心。

(2)安放钻机,钻机四个支腿全部安放入定位钢板的四个基点,安放到位后,可通过钻机的垂直监视系统或全站仪确定钻机的垂直度,通过调整四个支腿油缸使钻机安放水平。

(3)液压泵站就位,并与钻机液压系统连接完毕,检查、调试好设备,并确保各个系统工作正常(启动前须保证泵站各个系统工作良好,包括油料、冷却液、油管连接、各阀门等)。

(4)安装钻机配重架及反力配重,注意反力配重应对称安放。

(5)安装反力叉,反力叉安装好后,反力叉远离钻机的一端用履带吊或者挖掘机的履带顶死,以防钻机带载旋转切削时产生的反力造成钻机主机旋转。

(6)将已安装刀具的钻头(1.5m 长)与一截 6m 或 4m 的套筒连接好后,安放入钻机。

4.6 隧道顶板、底板开洞

在隧道内设置临时钢管支撑,支撑隧道顶板和底板。再根据精准定位后的格构柱位置,布置 360°全套管回转钻机位置。放坡开挖顶板覆土后,先采用直径 2.0m、长 9m 钢套管,切割市政隧道顶板、中隔墙及底板。直径 2.0m 钢套管钻进至底板顶以下 0.5m 时停止钻进,换用直径 1.5m 钢套管进行障碍桩拔除。

障碍立柱桩拔除钢套管如图 8 所示。

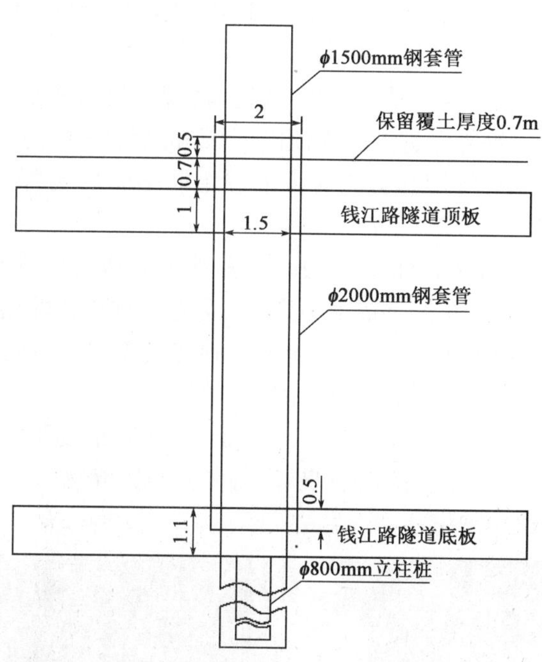

图 8　障碍立柱桩拔除钢套管示意图(尺寸单位:m)

4.7 套管压入及钻进

在钻机就位后,开始进行套管的埋设和钻进作业。

(1)首先挖除顶板覆土,保留 0.7m 覆土厚度。用全套管钻机压入 9m 长的 ϕ2m 钢套管,切割隧道顶板、中隔墙及底板。钢套管进入底板顶以下 0.5m 后,停止钻进。凿除钢套管周围 0.2m 范围内底板上层钢筋保护层,将钢套管与底板上层主筋牢固焊接,再用 C40 微膨胀混凝土回填凿除范围,形成止水带。

(2)钻机移位后,将顶板覆土回填至 ϕ2m 钢套管顶面高程位置,再次根据桩心将钻机就位，压入 ϕ1.5m 钢套管，进行立柱桩拔除施工。

4.8 桩体清除

桩体清除主要采用分段拧断拔出的方法，具体做法如下。套管与下穿市政隧道立柱桩位置关系如图 9 所示。

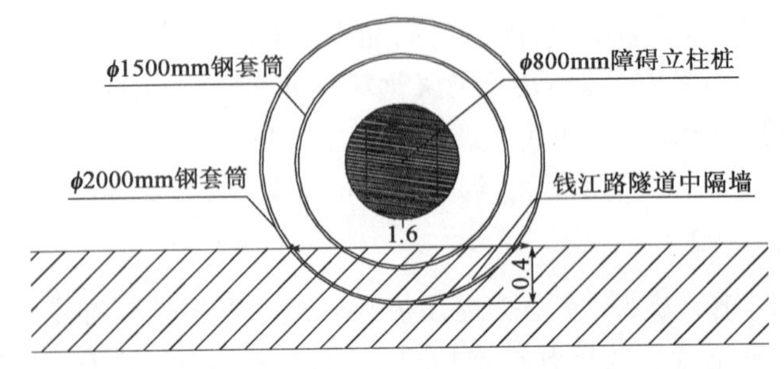

图 9 套管与下穿市政隧道立柱桩位置关系图(尺寸单位：m)

套管采用直径 2.0m 和 1.5m。施工过程中需严格控制套筒的垂直度以及钻进速度，以减小钻进过程给隧道带来的附加压力；钻机刀头在切割桩体时，需要设置钻机钻进的特定参数，防止破坏隧道主体结构；桩体拔除后，保证孔内回填的土体质量且回填密实。

桩体逐步切除后分段拔除，具体步骤如下：

(1)挖除顶板覆土，保留 0.7m 覆土厚度。用全套管钻机压入 9m 长的 ϕ2m 钢套管，切割隧道顶板、中隔墙及底板。钢套管进入底板顶以下 0.5m 后，停止钻进。凿除钢套管周围0.3m 范围内底板上层钢筋保护层，将钢套管与底板上层主筋牢固焊接，再用 C40 微膨胀混凝土回填凿除范围，形成止水带。

(2)钻机移位后，将顶板覆土回填至 ϕ2m 钢套管顶面高程位置，再次根据桩心将钻机就位，压入 ϕ1.5m 钢套管至底板下 3～5m，停止钻进，进行立柱桩拔除施工。

(3)采用楔子插入套管内(套管与桩体空隙)，旋转套管，将桩体拧断，抓斗配合将破除的桩体及土体清出套管，吊车配合将桩体吊出、堆放。

(4)套管继续向下钻进 3～5m，重复(2)、(3)步骤，套管最终下放至桩底以下至少 1m，直至桩体全部破除。桩体拔除后，利用镐头机破碎桩体并与废弃物一起装车外运。

抓出拧断的桩体如图 10 所示。

图 10 抓出拧断的桩体

4.9 桩孔回填

桩全部清除后一边拔除钢套管一边回填水泥土，土采用塑性较好的黏性土，填入前在土内掺加7%水泥，当钢套管全部拔除后，水泥土也同时填到市政隧道底板以下3m。停止回填水泥土，采用C20素混凝土回填至底板底以下0.4m，施工防水层，最后再使用C20素混凝土回填至底板底。

土方选用不得有大于5cm以上的块体，不得有建筑垃圾等掺合物，水泥采用P·O32.5级以上的普通硅酸盐水泥；水泥土应随拌随用，搅拌时采用挖机翻搅拌均匀，不得出现水泥块堆结现象，强度控制在0.5MPa左右。水泥土搅拌后必须在水泥初凝前使用，每回填2~3m后须用全回转钻机的冲击锤夯击数次，确保回填已密实。

桩孔回填剖面如图11所示。

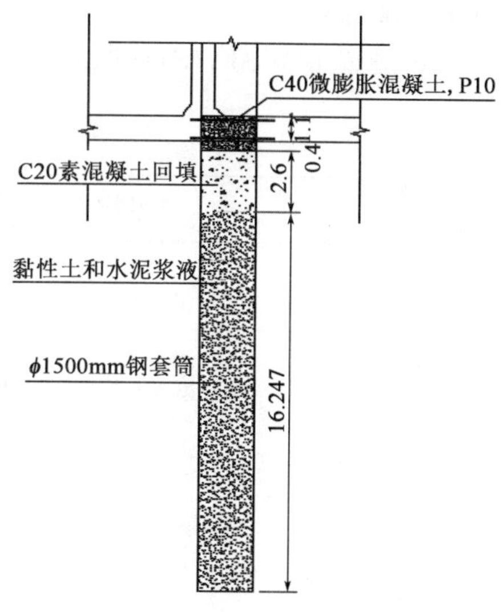

图11 桩孔回填剖面示意图(尺寸单位：m)

4.10 隧道顶板、底板及中隔墙恢复

桩孔回填完成后需对隧道主体结构进行恢复。首先清理隧道顶板剩余覆土，在顶板开洞四周砌筑一圈高0.5m，5m见方的挡土墙，保障顶板修复安全质量。对底板、顶板切口进行凿毛清洗处理后，对底板、底板修补：铺设防水层，植筋，浇筑微膨胀混凝土。

底板下层主筋采用水平植筋，共植入16根ϕ25mm热轧带肋钢筋，植筋深度20d(d为钢筋直径)。底板上层主筋采用垂直植筋，先在底板上距离底板开洞0.3m的圆形范围钻孔，钻孔深度20d，然后植入ϕ25mm@150mm的[形钢筋。钢筋绑扎完成后，浇筑C40微膨胀混凝土，抗渗强度采用P10。

市政隧道底板修补如图12所示。

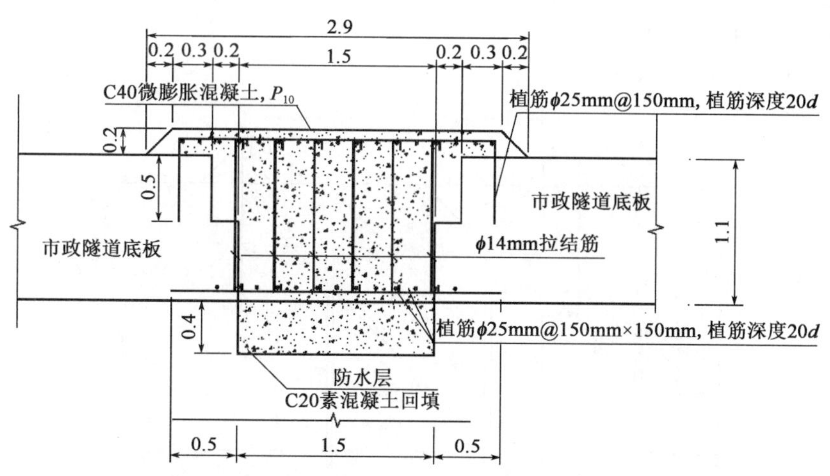

图12 市政隧道底板修补示意图(尺寸单位：m)

隧道底板恢复施工完成后，进行中隔墙恢复施工，中隔墙腋角加强筋采用ϕ25mm@150mm，植筋锚固长度不小于20d(d为钢筋直径)；水平钢筋采用ϕ25mm@150mm钢筋，植入

已有墙体,植筋锚固长度不小于 $20d$;竖向主钢筋采用 ϕ25mm@150mm,拉结钢筋采用 ϕ14mm@300×300mm。

市政隧道中隔墙修补如图 13 所示。

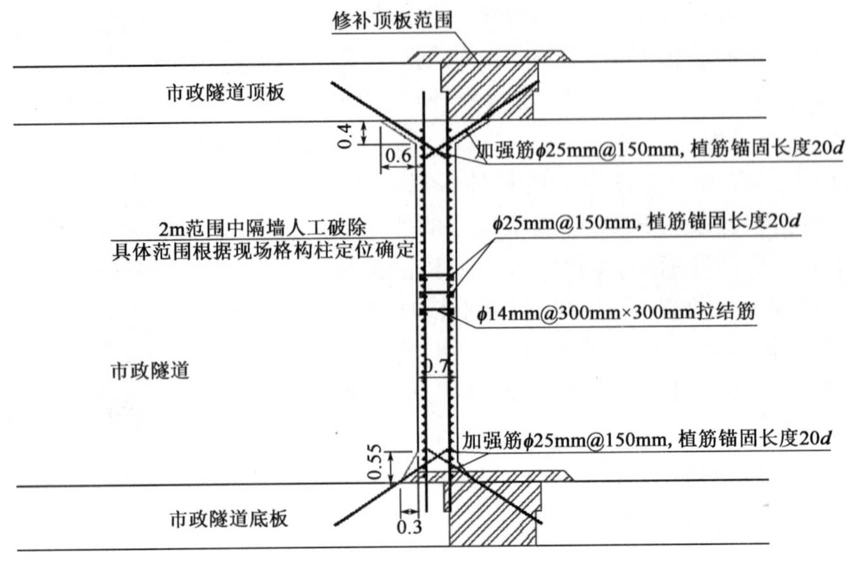

图 13　市政隧道中隔墙修补示意图(尺寸单位:m)

顶板下层钢筋采用水平植筋,共植入 16 根 ϕ25mm 热轧带肋钢筋,植筋深度 $20d$。顶板上层主筋采用垂直植筋,先在顶板上距离底板开洞 0.4m 的圆形范围钻孔,钻孔深度 $20d$,然后植入 ϕ25mm@150mm 的[形钢筋。钢筋绑扎完成后,浇筑 C40 微膨胀混凝土,抗渗强度采用 P10。最后施工顶板防水层,顶板防水层与市政隧道保持一致。

底板及顶板施工缝需进行防水处理,底板施工缝共设置两道环向遇水膨胀止水胶条及一道全断面注浆管,顶板施工缝共设置一道环向遇水膨胀止水胶条及一道全断面注浆管,在底板铺装及顶板回填前注入环氧树脂止水。

施工缝处理细节如图 14 所示。

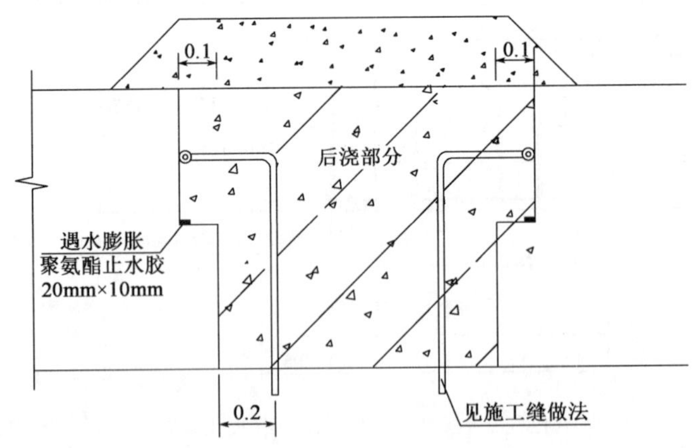

图 14　市政隧道底板施工缝处理示意图(尺寸单位:m)

5 结语

通过结合施工现场对市政隧道格构柱桩基预处理的实例,对格构柱清障的流程进行了整体的论述;明确了各阶段工作的事项,尽可能地减少穿越建筑物这一重大风险源对盾构施工的影响;同时提出了相关施工措施,可为同类工程提供参考和借鉴。

参考文献

[1] 蒋峰,洪建,卢根峰. 全套管回旋钻机在地下清障和工程桩施工中的应用[J]. 建筑施工,2014,36(1):10-12.

[2] 王全贺,党华甫. 全回转套管钻机和全套管施工工艺的研究[J]. 工程技术,2016,7:245-247.

[3] 中华人民共和国国家标准. 混凝土结构设计规范:GB 50010—2010[S]. 北京:中国建筑工业出版社,2011.

盾构钢套筒分体始发技术

卜　铭[1]　郭传点[1]　洪晓敏[1]　朱耀民[2]　马　硕[3]　张永松[2]　黄汉祥[1]

(1. 杭州市地铁集团有限责任公司　浙江杭州　310018;2. 中铁第四勘察设计院集团有限公司　湖北武汉　430063;
3. 中铁四局集团有限公司　安徽合肥　230000)

摘　要:依托杭州地铁 5 号线平海路站—城站站区间盾构工程,对全套筒密闭分体始发技术进行研究。实践表明,盾构钢套筒始发技术可解决"盾构端头地面加固受限、富水砂层地层始发即穿越重要建筑物"的难题,降低了盾构始发风险。通过钢套筒分体始发技术,可以突破地质和场地的限制,是盾构施工技术的有益补充,对今后类似工程具有重要借鉴意义。

关键词:钢套筒;分体;盾构始发;盾构隧道

1　引言

截至 2019 年 12 月 31 日,中国内地累计有 40 个城市投运城轨交通,运营里程已超 6700km。因具有施工速度快、适用地层范围广等优点,盾构法是城市轨道交通隧道建设的主流工法。

对于盾构法施工而言,盾构始发是盾构施工技术的难点及风险点,通常采用始发端头加固的措施降低盾构始发的风险。盾构钢套筒始发技术可以为盾构始发前建立水土平衡环境,盾构掘进始发类似于在隧道内掘进。目前,国内已有多例工程成功应用了钢套筒始发和接收技术,但基于土压平衡盾构全套筒始发的工程案例较少,缺乏必要的工程实践。现有的盾构钢套筒始发技术多是与端头加固工法联合使用。

通常,地铁隧道盾构机采用整体始发方案,但有时因盾构始发井场地限制,盾构机及其后配套台车设备不能在始发前全部位于始发井内,而必须进行分体始发。本文结合杭州地铁 5 号线平海路站—城站站区间工程,对盾构钢套筒分体始发施工工艺的重难点进行剖析。

2　工程概况

杭州地铁 5 号线平海路站—城站站区间,在始发区域近距离侧穿国铁信号楼,国铁信号楼为地上 6 层结构、灌注桩基础,桩长 10.8m,有筋长度 4.5m,左线隧道与信号楼桩基最小水平净距 2.0m,隧道与桩底最小垂直净距 3.385m,车站端头距信号楼外缘最大距离 7.77m,如图 1 和图 2 所示。根据杭州地区隧道工程经验,盾构始发端加固长度为 9m(图 3),径向加固宽度为洞口周围 3m,受国铁信号楼影响,端头井加固场地受限,加固区长度、宽度均小于盾构始发加固要求,该大楼为上海铁路局信号终端处理基站,内部精密仪器较多,对沉降控制要求严格。盾构始发地层为③$_5$ 砂质粉土夹粉砂、③$_6$ 粉砂夹砂质粉土,始发存在洞门涌水、涌沙的风险。

作者简介:卜铭(1978—),男,硕士研究生,高级工程师,目前主要从事城市轨道交通工程管理工作。电子邮箱:2207024776@qq.com。

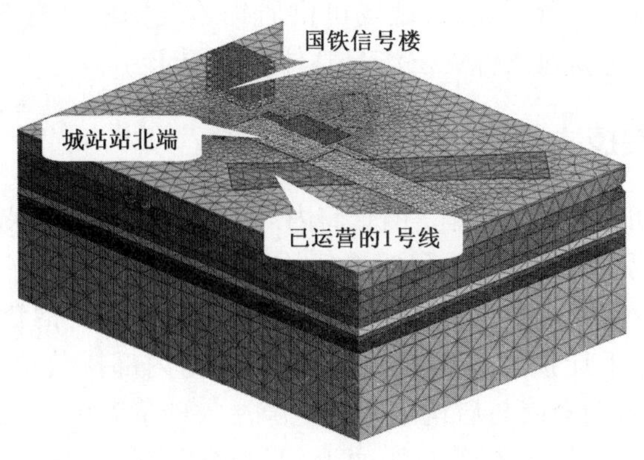

图 1　盾构始发站周边构建筑物分布情况

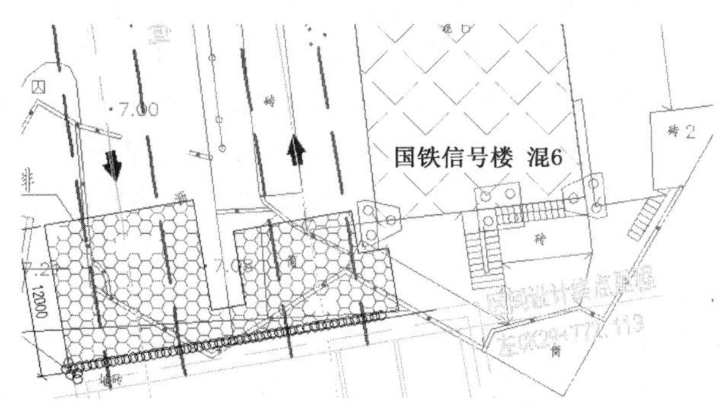

图 2　国铁信号楼与盾构始发站位置关系图

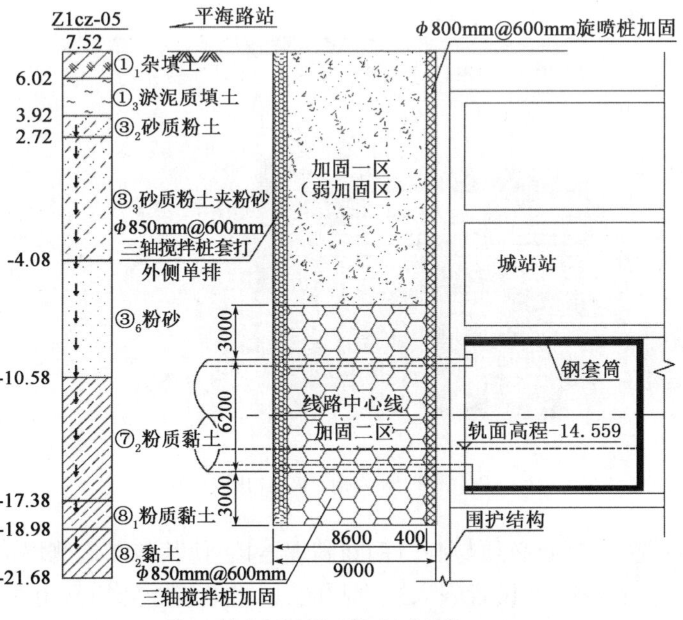

图 3　端头加固剖面图(尺寸单位:mm)

盾构始发站城站站为地下三层结构，是1号线与5号线的换乘站，为保护已开通运营的1号线，前期已采用封堵墙将运营区隔离，现场可供盾构始发场地只有56m，而通常盾构机始发场地长度需70~80m，现场场地条件无法满足整体始发要求。

3 盾构分体始发主要技术特点

（1）采用钢套筒密闭始发技术，建立钢套筒内外的土压平衡，确保国铁信号楼的安全和盾构始发的安全。盾构始发时，最主要的风险为盾构与开挖面之间密闭性不足，造成开挖面欠压或渗漏，从而引发土体位移和地面沉降。盾构采用钢套筒始发时，钢套筒一端与洞门地下连续墙紧密连接，另一端通过千斤顶与反力架相连，并在套筒内部拼装负环管片。组装测试完成后，通过预留的注浆孔，向钢套筒与盾构之间的空隙注入砂浆等填充物，因此，盾构机在进洞前就已经在钢套筒内形成稳定的掌子面压力，并且可以根据实际情况调整该压力的大小，以确保最佳掘进效果。

（2）采用分体始发技术解决盾构始发井场地不足问题。分体始发是指将盾体与全部或部分台车之间采用加长管线连接，盾体与全部或部分台车分开前行，待初始掘进完成后再将盾体与台车在隧道内连接进行正常掘进的施工技术。在分体始发的过程中，通过始发场地的合理布置、始发设施的准确安装、始发施工参数的优化等可以确保盾构机在分体始发过程中的安全、质量及进度要求。如果盾构从平海路站始发，受限于平海路站端头结构完成时间，隧道洞通时间将延迟至少6个月。

4 技术难点和应对措施

（1）难点一：钢套筒密闭性的保证

保证钢套筒的密闭性是盾构始发的重点和难点，始发钢套筒结构图如图4所示。

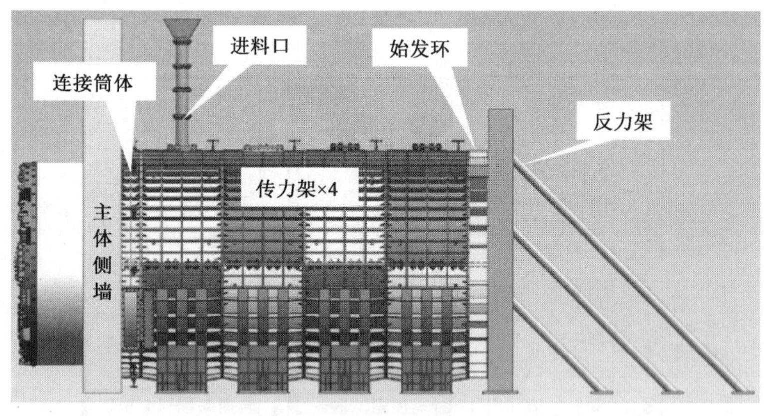

图4 始发钢套筒结构图

应对措施为：首先，钢套筒必须与洞门钢圈满焊连接，使其与结构侧墙形成整体，钢套筒各部件采用高强螺栓进行连接，并设置嵌入式密封圈，以增大接缝处的密闭性和抗变形能力。同时，始发所采用的负环管片需选用无破损和裂缝的管片，并且在钢套筒与管片接缝处及管片环缝处粘贴三元乙丙橡胶密封垫+遇水膨胀止水条，以保证负环管片与钢套筒间的密闭性。最后,在填料前对钢套筒进行水压试验,并及时修复所有渗漏点。

(2)难点二:盾构机和钢套筒防扭转措施

盾构机在切削洞门剩余连续墙和加固土体时会产生较大扭矩,此时钢套筒是一个独立的封闭空间,防扭转的扭矩主要来自盾构机自重与钢套筒下部填砂之间的摩擦反力,因此在掘进过程中需严格控制扭矩不超过控制值。由于刀盘切削扭矩发生较大波动,可能会造成盾构机盾体和钢套筒整体发生扭转、倾覆。

应对措施:为防止盾构机盾体和钢套筒整体发生扭转、倾覆,可在钢套筒基座两侧每间隔2m安装一根工字钢横撑和三脚架。

(3)难点三:盾构推进过程中钢套筒保压

盾构始发推进过程中保持钢套筒内压力稳定也是本工程施工重点及难点。

应对措施包括:

①在钢套筒与侧墙之间、钢套筒各传力架之间、钢套筒与反力架之间安装百分表,在推进过程中进行变形监测,变形较大时及时调整推进参数。

②在反力架和钢套筒之间均匀设置多个预压千斤顶,通过千斤顶对钢套筒施加预应力,使钢套筒顶紧洞门环板,根据盾构推力调整预压千斤顶压力,使洞门环板始终处于受压状态。

③钢套筒内填料采用粉砂,适当冲水使粉砂呈流塑状态以保证填料均匀、密实并进行压实,冲水通过钢套筒下部的排水孔排出,逐级进行建压,确保钢套筒内压力与掌子面水土压力平衡。

④盾构始发推进过程中及时进行同步注浆,确保钢套筒填料和管片之间填充密实。

(4)难点四:盾构分体始发筹划

盾构分体始发的前期筹划是本工程重点。盾构分体始发遇出土困难会造成施工效率低下,而且分体始发需要延长管路及电缆,管路和电缆的布置及质量对盾构施工也有较大影响。

应对措施为:根据场地布置、井口深度等数据,提前计算盾构所用延长管线数量,延长管线尽量采购进口件或原厂件以确保质量,管线订购、运输等环节时间较长,需提前考虑,确保盾构进场时主要延长管线已进场,避免耽误现场施工。同时,在盾构施工过程中对延长管线进行保护,避免出现死折和磨损,可采用管线运输小车,确保管线安全。

5 盾构分体始发关键技术

(1)盾构始发施工流程(图5)

钢套筒和反力架安装如图6~图9所示。

(2)钢套筒分体始发盾构参数设定

①推进速度:小于10mm/min。

②土仓压力:2.1bar。

③盾构姿态:水平±50mm,垂直±50mm。

④注浆压力:2.2bar。

⑤推力:小于1300kN。

⑥刀盘转速:小于1r/min。

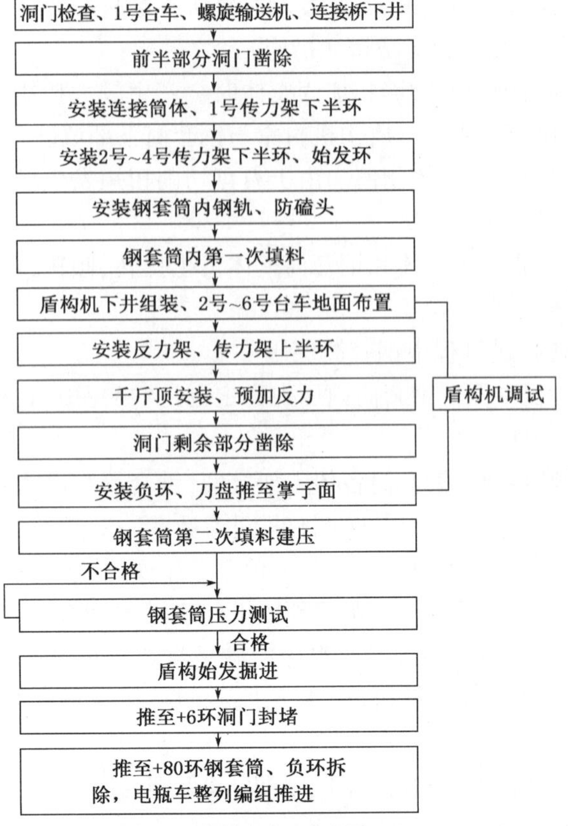

图5 盾构始发施工流程图

a)钢套筒与洞门钢环满焊

b)百分表安装

c)下半部分传力架安装

图6 下半部分钢套筒安装图

a)钢套筒内钢轨焊接

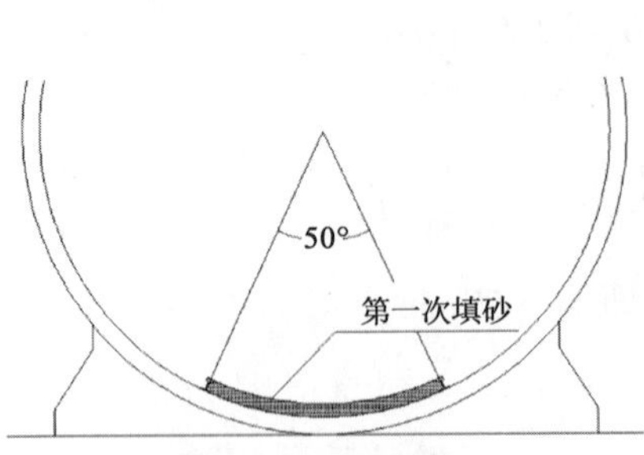

b)第一次填料示意图

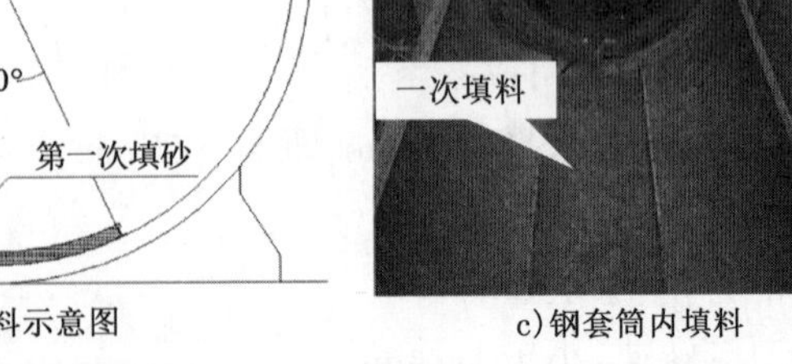

c)钢套筒内填料

图7 钢套筒第一次填料

a)盾构吊装

b)台车吊装

c)上部分钢套筒吊装

图8　盾构及上半部分钢套筒安装图

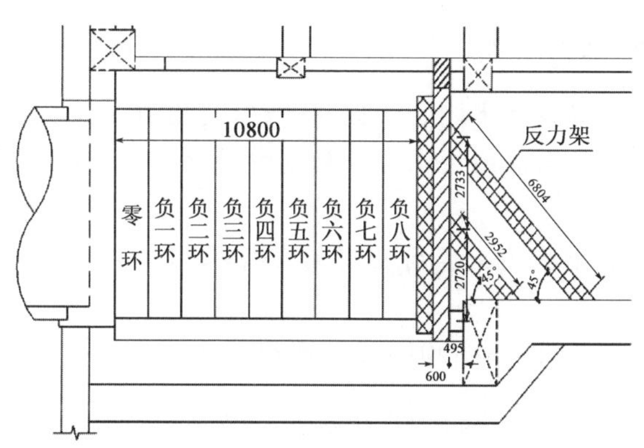

a)负环管片布置图

b)负环管片拼装

c)钢套筒反力架安装

d)千斤顶安装

图9　反力架安装及预应力施加图(尺寸单位:mm)

6　应用效果评价

从盾构始发到盾构侧穿建筑物,再到推进至75环,过程中对国铁信号楼进行了竖向位移监测,由监测数据可得,建筑物单次最大变形小于3mm,累计变形不超过10mm,未对信号楼结构造成明显影响,未影响其内部精密仪器正常使用。

7 结语

杭州地铁5号线平海路站—城站站区间工程对钢套筒分体始发技术的成功运用,确保了盾构始发和临近重要建筑物国铁信号楼的安全,解决了盾构始发场地不足的难题。通过该技术的运用,本工程工期提前约6个月。钢套筒分体始发技术,可以突破地质和场地的限制,是盾构施工技术的有益补充,对今后类似工程具有重要借鉴意义。

(1)盾构钢套筒始发技术可解决“盾构端头地面加固受限,富水砂质地层始发即穿越重要建筑物”的难题,降低盾构始发风险。盾构钢套筒始发技术可以在盾构始发前建立水土平衡环境,与传统端头加固法相比,其安全性、可靠性和经济性均有较大的提高。

(2)盾构分体始发技术解决了在狭小的施工场地上进行盾构始发的难题,提高了盾构工法的适用性。

参考文献

[1] 姚八五.富水砂层土压平衡盾构机短钢套筒始发技术[J].中国高新科技,2019,18:75-77.

[2] 郑光辉.大埋深高承压水条件下钢套筒平衡法与冻结法在盾构始发中的联合应用[J].土工基础,2015,29(4):27-31.

[3] 徐会斌,等.富水砂卵石地层条件下土压平衡盾构全套筒密闭始发技术[J].施工技术,2018,7(上):45-49.

[4] 郑永军.盾构法分体始发施工技术综述[J].北方建筑,2016,11:65-68.

盾构空推通过矿山法隧道施工技术研究

延永琴[1]　卜　铭[1]　郭传点[1]　黄汉祥[1]　刘福生[2]　李爱光[3]

（1.杭州市地铁集团有限责任公司　浙江杭州　310018；2.中铁第四勘察设计院集团有限公司　湖北武汉　430063；
3.中铁四局集团有限公司　安徽合肥　230000）

摘　要：随着我国城市化进程不断加快，城市轨道交通工程发展迅速，盾构法施工安全可靠，在城市地下隧道施工中逐渐取代原有的暗挖法施工。由于我国国土面积大，地质条件复杂，不同的盾构隧道工程会遇到不同的工程地质情况，当隧道穿越上软下硬地层，从工期、成本、安全等多方便考虑，需要多种工法相结合进行施工，其中盾构空推拼管片法过矿山隧道可优化刀具配置、提高硬岩段施工工效，降低工程造价，取得较好的经济效益。

关键词：隧道施工；盾构空推；管片拼装；背后处理

1　引言

目前，国内在广州、深圳等地的地铁施工过程中碰到复杂地层、软弱不均的地层时，一般都采用盾构通过矿山法隧道段的施工工法。刘建美以广州地铁4号线大学城专线小新区间隧道为例，详细介绍了盾构通过矿山法施工隧道段时的回填、盾尾注浆和分阶段压注浆等工艺；杨书江从解决空推无法对已拼装管片隧道施加足够轴向压力角度出发，提出了在盾构通过矿山法施工隧道段拼装管片时，采用焊接连接钢筋、支挡牛腿和复紧螺栓三步走的措施，保证隧道的防水效果。汪茂祥结合广州地铁5号线区杨盾构区间盾构隧道，介绍了盾构通过矿山法施工隧道段的导台施工、盾构“磕头”、管片错台控制和增大盾构总推力压紧管片等施工关键技术。但盾构在过矿山法隧道时管片壁后注浆填充不密实，导致管片拼装完成后隧道渗水，漏水严重，后期遗留问题较多。本文依托杭州至临安城际铁路工程4-1标高青区间隧道施工，阐述盾构空推拼管片法过矿山隧道及隧道地面注浆方法。

2　项目概况

高新园区站—高青区间U形槽隧道区间位于高新园区站—青山湖站之间，区间沿科技大道敷设，全长846m，采用盾构工法施工，由明挖工作井始发，高新园区站接收。区间沿线涉及地层为全风化含砾凝灰岩、强风化含砾凝灰岩及中风化凝灰岩，其中临近高新园区站段约200m范围内隧道全断面位于22×10^{-3}中风化凝灰岩，该岩层天然抗压强度平均值为69.13MPa，饱和抗压强度最大达110MPa，对刀具磨损较大，掘进效率低，频繁换刀。经研究，临近高新园区站段拟采用矿山法开挖，盾构空推形式接收，空推长度约200m。本段区间平面及地质纵断面见图1、图2。

作者简介：延永琴（1974—），男，大学本科，高级工程师，目前主要从事城市轨道交通工程管理工作。电子邮箱：yanyongqin@hzmetro.com。

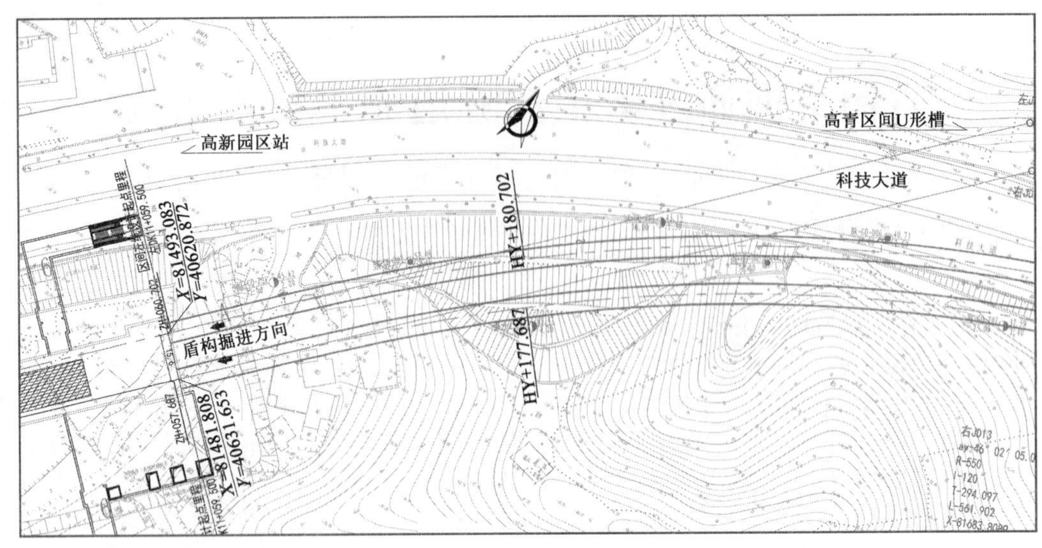

图1　空推段区间平面图

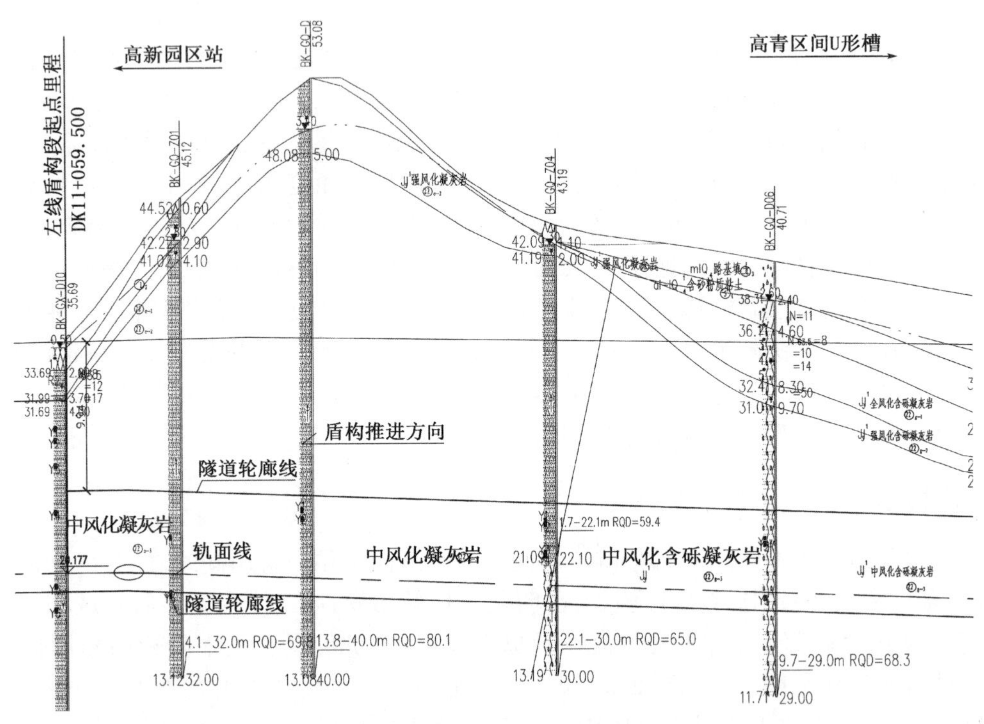

图2　空推段区间地质纵断面图

3　施工参数

根据地质勘察报告揭示岩层特性，确定空推段长度，在盾构推进的同时，从盾构吊出井处向盾构机方向开挖，开挖断面大于盾构机刀盘直径，矿山法开挖完成后进行导台施工。由于交界面处岩层是中风化凝灰岩，岩层完整性及硬度较好，不需要再做端头墙。盾构机上导台后即进行空推拼管片施工，同时进行背后回填和注浆。

盾构开挖直径6.98m,盾构管片外径6.7m,管片厚度350mm,矿山法开挖直径7.9m,见图3。

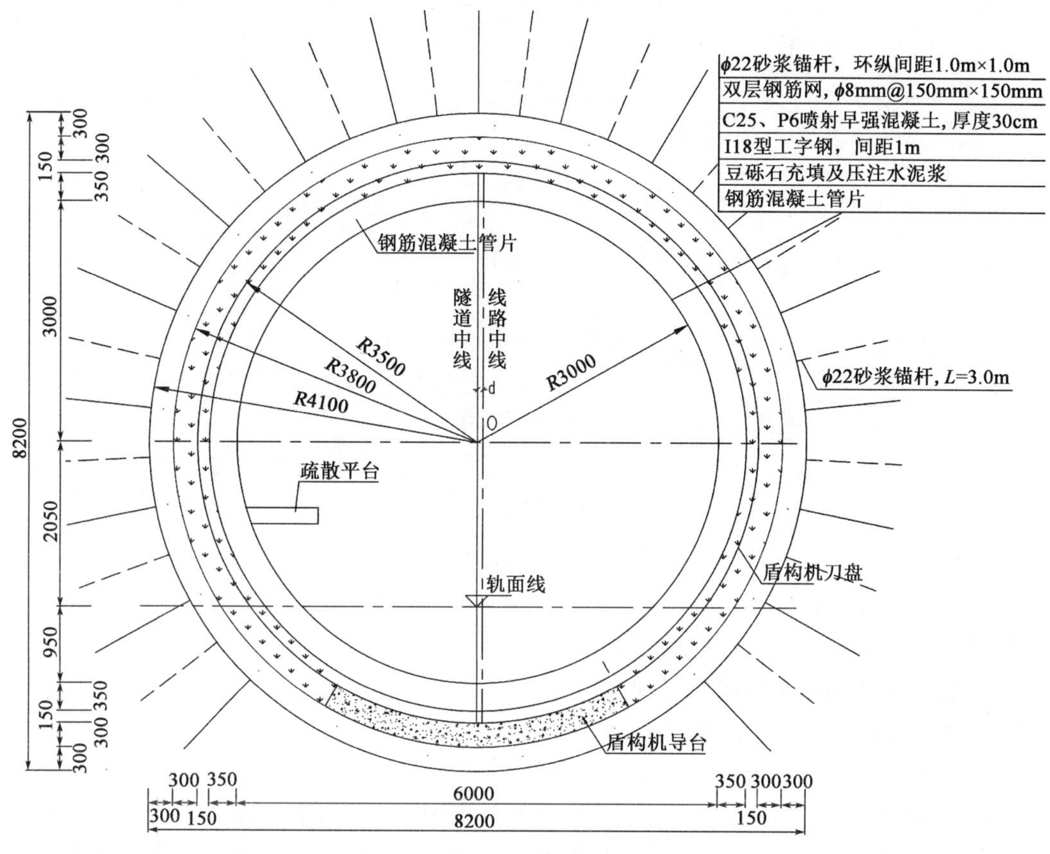

图3 矿山法开挖盾构空推拼管片段断面设计图(尺寸单位:mm)

隧道初期支护参数如下:

(1)砂浆锚杆:φ22mm,间距1.2m×1.2m(环×纵),拱墙梅花形布置,$L=2.5$m。

(2)钢筋网:φ8mm,间距150mm×150mm,单层设置,钢筋网喷射混凝土保护层厚度不小于20mm。

(3)喷射混凝土:C25、P6喷射混凝土,厚度200mm。

4 施工流程及操作要点

4.1 施工流程

盾构空推拼管片过矿山法隧道施工流程见图4。

4.2 施工工艺操作要点

(1)矿山法初期支护断面测量与超欠挖处理

矿山法隧道采用爆破开挖,隧道开挖存在一定超欠挖现象,欠挖严重盾构机将无法通过,后期处理难度大。在盾构机进入矿山法隧道前进行断面测量,发现影响盾构机通过的欠挖部位,进行提前处理。

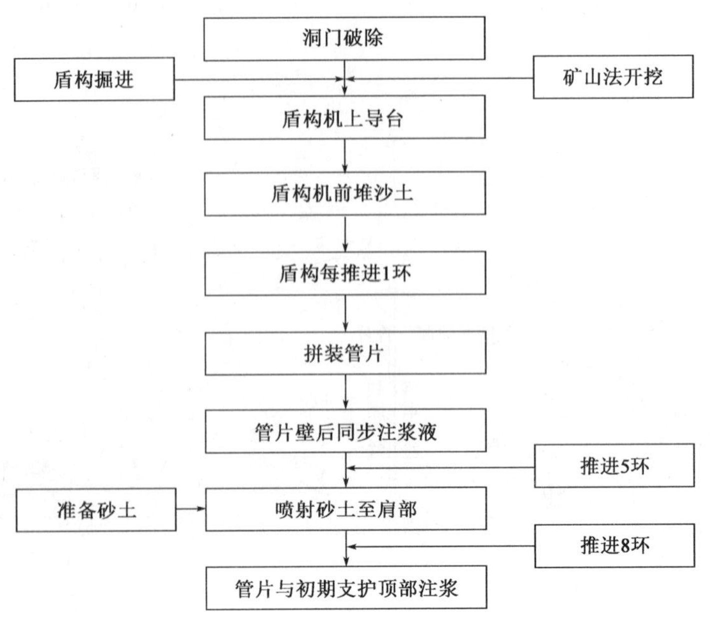

图4　施工流程图

矿山法隧道开挖初期支护完成后每1m设置一个测量断面，每个断面6个测点。根据测量数据采取以下两点措施进行处理：

①对隧道欠挖部位进行凿除处理。

②对于超挖超过100mm的部位进行回喷处理。

(2)矿山法开挖

按照图纸进行矿山法开挖施工，矿山法开挖过程中严格按照初期支护设计参数进行支护，及时进行断面测量，控制超欠挖。控制喷射混凝土质量，确保初期支护面无渗漏水出现，盾构空推时管片反力较小，初期支护渗漏水对管片成型隧道影响较大，在出现渗漏水时及时进行初期支护壁后注浆。

(3)导台施工

盾构机通过矿山法段，导台支撑盾构机并为盾构机前进导向方向，盾构机在导台上前进并拼装管片。导台采用C35钢筋混凝土现浇而成，高度15cm，导台强度满足要求。导台施工时确保高度、弧度、轴线等参数的精度，保证盾体与导台有足够的接触面并均匀接触，防止因盾构机自重压坏导台。导台顶部两侧预埋两根角钢，盾构机架设在角钢上，减小盾构机与导台的摩擦力，见图5。

图5　隧道内混凝土导台实体图片

(4)刀具拆除、刀盘固定

由于盾构机刀盘外径比盾构机外径大，在盾构机到达导台前卸掉刀盘上与导台面接触的边缘刀具，避免盾构机在导台上前进时将导台混凝土刮起，破坏导台。

盾构空推掘进时，由于刀盘受正面阻力不均，推力较大时，易导致刀盘偏位，严重时将损坏刀盘主轴承。故在推进前将刀盘与前盾进行焊接钢板固定（图6），推进时密切关注焊缝情况，发现开裂，及时进行补焊。

图6　刀盘固定实例

（5）空推管片拼装

盾构机在导台上行进，每前行1.5m安装一环管片。在管片拼装过程中盾构机前方要有足够的反力，确保管片安装的质量要求，增强管片防水效果。反力由堆放在刀盘前方的砂土混合物堆提供，原设计采用喷射豆砾石，考虑到豆砾石透水性较强，盾构机前方为空，抵制不住浆液流失，根据施工经验，采用一定级配的砂土进行堆放，既有利于盾构推进时砂土两边散落，又可减少渗透性，进而减少浆液流失。

由于隧道是矿山法先行开挖支护后，在刀盘前方回填沙土以提供反力，所以按全部松土压力作用于刀盘面板上，并且在矿山法开挖支护后基本上没有水作用于盾体。刀盘下半断面填土高度3m，则盾构机的反作用力计算如下：

推进时混凝土导台对盾构机的摩擦阻力为：

$$F_1 = \mu W_g = 0.6 \times 3900 = 2340\text{kN}$$

式中：W_g——盾构及附属物总重（kN），取3900kN；

　　μ——摩擦系数，取0.6。

由于缺少盾构机前方堆放砂土提供反力进行空推的施工经验，在开始堆放砂土时盾构机前方全部填满砂土，砂土沿隧道长度12m，由于盾构前方阻力大，盾构机最大推力高达18600kN。推力太大导致盾构机盾体上浮，最大处上浮400mm，经过方案调整把盾构前方堆土高度降至3m，长度降至5m后盾构推力为6000～8500kN，盾构机不再上浮且满足盾构正常推进要求。在盾构推进过程中及时补充砂土，保证前方砂土量既能提供足够的反力又不导致盾构机上浮。

管片拼装工艺与正常掘进时的工艺相同，管片要根据盾尾间隙与油缸行程差结合盾构姿态选择合适的管片。在管片安装时，先人工将每片管片连接螺栓进行初步紧固；待安装完一环后，用风动扳手对螺栓进行进一步的紧固，待管片出盾尾之后，重新用风动扳手进行紧固。在管片拼装最后10环时，在隧道内已拼装好的两侧用18cm的槽钢将相邻的两环管片连接在一起,防止盾构机在前行时反力变小,管片止水胶圈压不密实,出现渗漏等质量问题。

(6)洞内管片背部回填与注浆

管片拼装完成后,要及时进行管片外径与初次衬砌间的回填工作,用喷射的砂土混合物在管片脱离盾尾时进行管片支撑,以防管片下沉产生错台。管片背部回填是在刀盘前方,将200mm的导管从盾构机盾壳外伸入到当盾构机中盾或者盾尾进行,在回填时盾构机停止前行,使用喷射机自刀盘前方向盾体后方吹入有一定级配的砂土混合料,见图7。盾构前行时不停地进行喷料,以确保管片背部充分密实。

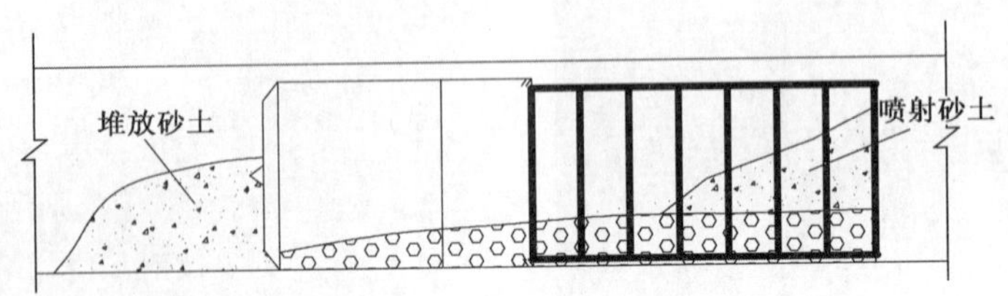

图7 空推示意图(喷射砂土)

在盾构空推管片脱出盾尾7、8环位置,对管片下半部进行注浆,防止管片持续下沉,避免出现大的错台和破损。同时每10环进行二次注浆堆填,进行已完成部分管片背后灌浆填充密实。在盾构机空推结束后,根据管片间渗漏水情况,采用二次注浆进行注浆堵水。浆液采用水泥—水玻璃双液浆。

空推段掘进完成的最后阶段盾尾即将到达洞门20~30cm时停止掘进,对洞门与盾尾的间隙进行湿喷封闭,然后用同步注浆设备进行注浆,确保空推段所有管片壁后全部填充饱满,同时对所有管片螺栓进行再次复紧。

(7)洞外地表回填砂浆

空推段推进速度快,洞内同步注浆不能及时跟上,空推段管片拼装完成后初期支护与管片间有较大空隙,裂隙水流进空隙导致管片漏水。洞通后洞内进行铺轨作业,无法再进行管片背后二次注浆。结合现场周边环境,采用地面钻孔进行砂浆回填。地面钻孔直径200mm,孔间距10m,钻孔位置在隧道的正上方。地面灌浆采用无压力自然流淌式,直至注浆孔灌满为止。注浆完成后隧道堵漏效果较好,达到了预期效果。

5 结语

盾构空推拼管片过矿山法隧道目前已有多个城市地下轨道交通施工在应用,有效解决了工程问题,具体为以下几点:

(1)刀盘刀具配置更合理,有效解决硬岩掘进困难,刀具磨损及开舱换刀等问题,提高了盾构隧道掘进效率。

(2)空推过程中根据盾构机姿态调整盾构机前方砂土数量,能有效控制隧道轴线偏差。

采用空推,提高工效,缩短工期,节约工程造价。

参考文献

[1] 刘健美. 盾构法 + 矿山法在广州地铁4号线大学城专线段的应用[J]. 广东土木与建筑,2005(6):14-15,25.

[2] 邓彬,顾小芳.盾构过空推段施工关键技术研究[J].现代隧道技术,2014,4(15).
[3] 李锦富.浅议盾构过矿山法隧道空推段施工质量控制[J].现代隧道技术,2014,4(15).
[4] 李涛,崔远,刘波,等.岩—土复合地层隧道施工引起建筑物沉降计算[J].华中科技大学学报(自然科学版),2020,48(3):86-91.
[5] 田兵.马来西亚浅埋暗挖隧道下穿城市主干道施工技术研究[J].价值工程,2020,39(8):155-158.
[6] 刘建国.深圳地铁盾构隧道施工技术与经验[J].隧道建设,2015,2(20).

盾构下穿运营既有线铁路技术总结

郭传点[1]　卜　铭[1]　陈晓明[1]　黄汉祥[1]　刘俊超[2]

（1. 杭州市地铁集团有限责任公司　浙江杭州　310018；2. 中交一公局集团　北京　101100）

摘　要：文章以杭州地铁10号线吴家路站—新兴路站盾构机成功下穿宣杭、老宣杭铁路为背景，对软弱地层中盾构下穿正运营铁路线施工技术进行研究与总结，阐述了土压平衡式盾构机在软弱地层中下穿运营既有线铁路沉降控制措施，并将下穿过程中的理论控制值和实际控制值进行对比并总结规律，最大化的规避施工风险，为后续类似情况施工积累了经验。

关键词：盾构机；软弱地层；地表沉降；运营铁路；控制值

1　引言

盾构施工技术作为目前城市地下轨道工程中应用最为广泛的施工技术，有着机械化程度高、对环境影响小等诸多优点。随着各大城市地铁项目的不断上马，盾构施工的工况也越发复杂，地面建（构）筑物、地下管线均一定程度影响着盾构施工。文章以杭州地铁10号线吴家路站—新兴路站区间隧道盾构下穿宣杭、老宣杭铁路为例，分析总结软弱地层中盾构机穿运营既有线铁路的控制措施，为后续类似环境施工提供了一定经验。

2　工程概况

2.1　区间与宣杭老线、宣杭线铁路关系

左线515～583环，右线519～587环穿越老宣杭铁路及影响区，盾构穿越总长度84米，线路隧道中心线与铁路交角约54°，盾构穿越铁路道轨1股。

区间左线676～765环，右线673～763环处穿越宣杭铁路及影响区，盾构穿越总长度113m，线路隧道中心线与铁路交角约81.2°，盾构穿越铁路道轨6股。

盾构掘进对铁路的影响范围为宣杭、老宣杭铁路中心以外各30m，以及盾构机长度10m。

2.2　工程地质条件

（1）地形地貌

本工程场地地处杭州北部，地貌类型为杭嘉湖冲湖积平原，地势较低，地形平坦开阔，局部场地受人类活动的影响，场地微地形上略有起，现地面标高2.0～6.0m。主要以农田、厂房为主。

（2）盾构穿越影响铁路区域地层

盾构穿越宣杭老线、宣杭铁路段土层依次分别为$⑦_1$粉质黏土、$⑥_1$淤泥质粉质黏土和$⑦_1$粉质黏土，穿越地质情况见图1，各地层物理力学参数见表1。

作者简介：郭传点（1974—），男，大学本科，高级工程师，目前主要从事城市轨道交通工程管理工作。电子邮箱：guochuandian@ hzmetro. com。

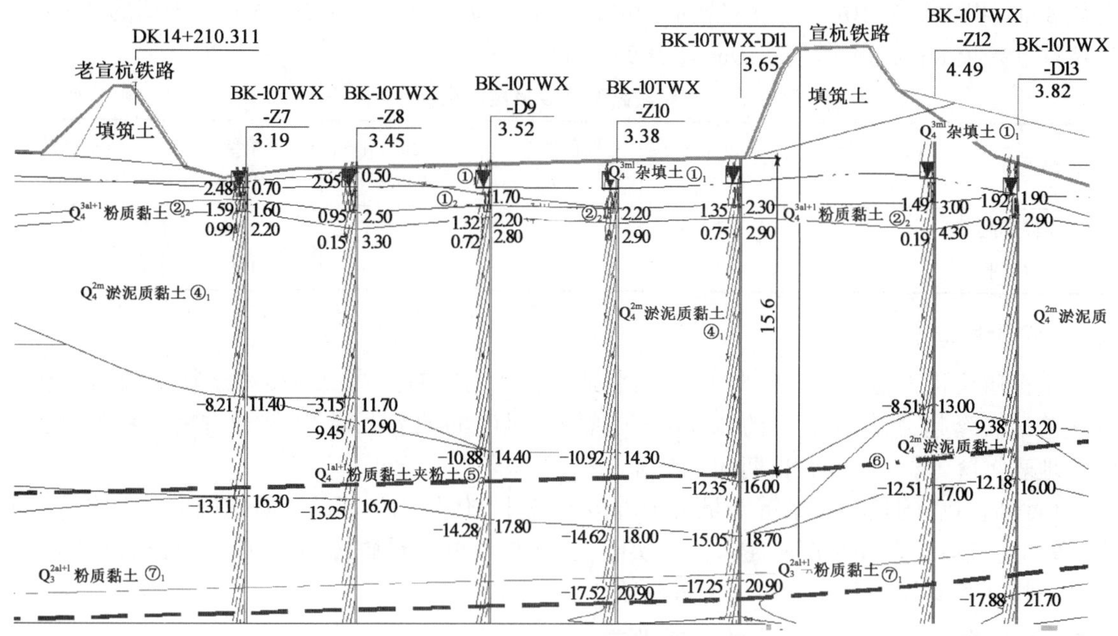

图1　下穿宣杭老线、宣杭铁路处地质剖面图

各地层物理力学参数　　表1

地层编号	地层名称	压缩模量 E_s (MPa)	固结快剪试验参数		承载力基本容许值 f_{a0} (kPa)	钻孔灌注桩桩周土的极限摩阻力 q_{ik} (kPa)	水泥搅拌桩桩周土的侧阻力特征值 q_s (kPa)
			c_{max} (kPa)	φ_{max} (%)			
①	杂填土						
②	粉质黏土	5.37	11.5	18.0	110	35	10
③	淤泥质黏土	2.62			60	15	6
④$_1$	粉质黏土	5.73	45	19.4	130	45	14
④$_2$	粉质黏土夹粉土	4.48	21	18.1	110	42	16
⑤$_1$	粉质黏土	4.22	16	12.5	140	45	12
⑤$_2$	粉质黏土	7.58	54	21.0	180	62	22
⑤$_3$	粉质黏土	5.73	40	20	160	50	18
⑤$_4$	粉质黏土	6.30	41	19.3	160	50	
⑥$_1$	粉质黏土	6.18	43	20.0	150	45	
⑥$_{1夹}$	粉土	8.65			140	48	
⑥$_2$	粉砂	10.3			180	52	
⑦$_1$	粉质黏土	6.12	39	17.4	200	68	
⑧$_3$	圆砾				350	110	
⑧$_4$	粉质黏土	7.30			220	72	
⑩$_2$	强风化泥质粉砂岩				300	70	
⑩$_3$	中风化泥质粉砂岩				400	120	

3　盾构施工对既有铁路线的影响分析

3.1　铁路线路沉降变形控制指标

根据设计要求，铁路道岔区路基单日沉降预警值为1.6mm，报警值为2mm，累计沉降量预

警值 8mm，报警值为 10mm。铁路轨道和电化杆单日位移预警值为 1.6mm，报警值为 2mm，累计位移预警值 8mm，报警值为 10mm（表 2）。

铁路线路沉降变形控制指标　表 2

检测项目	内控预警（mm）	黄色预警（mm）	橙色预警（mm）	红色预警（mm）	速率预警（mm/d）	速率报警（mm/d）
道岔沉降隆起	3	7	8.5	10	1.6	2
轨道沉降隆起	3	7	8.5	10	1.6	2

3.2 阶段影响分析

根据盾构机刀盘的空间位置不同，可将盾构施工对既有铁路线的影响分为 5 个阶段：盾构到达前地表隆起、盾构到达时的地表沉降、盾构通过时的地表沉降、盾构通过后管片脱出盾尾时的地表沉降、盾构通过后长期固结沉降。

盾构通过后的长期固结沉降是由于盾构掘进对土体扰动引起的。盾构掘进对土体扰动越大，盾构通过后长期固结沉降越大。在实际施工中，可根据对盾构下穿铁路的地表沉降分析，拟定盾构在下穿铁路各阶段中的掘进参数。

3.3 盾构掘进引起地表沉降的主要因素

（1）开挖面土压不平衡引起的土体损失。

（2）盾构机纠偏过大引起的土体损失。

（3）管片直径与盾构机直径的差值带来的建筑空隙。

（4）注浆浆液固结收缩。

根据刀盘位置，可将穿越铁路过程分为 3 个不同阶段，每个阶段需要控制的重点不同，表 3 以区间左线穿越老宣杭铁路为例列出了穿越各个阶段的控制要点。

穿越不同阶段控制重点　表 3

序　号	位置关系	环　号	控制重点
1	刀盘进入影响区～刀盘进入铁路线	515～547	土压力、出土量
2	刀盘进入铁路线～盾尾离开铁路线	548～554	土压力，出土量、同步注浆
3	盾尾离开铁路线～盾尾离开影响区	555～583	二次注浆

4 穿越铁路控制措施

4.1 穿越铁路前

（1）与铁路产权单位签订安全协议，明确责任划分，提前办理穿越铁路相关手续。

（2）穿越前对铁路路基加固，加固施工由专业分包单位进行作业。

①综合考虑宣杭铁路处地质情况及周边管线情况，且铁路无交叉节点道岔，因此采用斜向导管密集注浆加固铁路路基。

②为提高盾构穿越区域土体强度，降低盾构穿越施工和后期运营对铁路的影响，加固方案采用分块加固，即分为主加固区、旋喷加固区、次加固区。加固平面范围由盾构隧道外径向两侧外延不少于 3m。

③在铁路路基的两侧进行加固注浆布孔，孔位布置成梅花状，次加固区布设铅垂方向注浆孔。

④邀请专业单位对加固效果进行试验,加固效果满足要求后进行穿越掘进。

(3)穿越前100环设置试验段,试验段掘进中不断调整各项掘进参数,将理论计算值与推进时现场实际情况相结合,选取最适宜的掘进参数,确保顺利下穿铁路。

(4)穿越前对盾构机进行系统检修(图2),降低盾构下穿铁路期间设备故障率并确保盾构机在穿越时以最佳状态匀速、同步的掘进,同步注浆量、出渣量、泡沫和油脂的注入量与掘进速度同步。

图2　穿越前对盾构机进行检修

4.2　穿越中控制措施

(1)合理控制上部土压力

盾构掘进施工时,土仓内压力为掌子面压力,当掌子面压力过高,地面发生隆起;掌子面压力过低,刀盘前方土体发生坍塌。当刀盘前方压力发生变化时刀盘前方土体应力会重新分布,杭州的淤泥质地层抗剪强度较低,极易被扰动,应力重新分布的过程中土体易变形,引发地面隆起或沉降,因此应尽量将少土仓压力突变。

由土压力计算公式可得盾构机在穿越铁路正线时理论土压力应控制在0.19~0.22MPa之间,实际穿越时土压力控制值如图3所示,土压力在0.20~0.22MPa之间波动,铁路基础未发生沉降或隆起。因此在相同工况下,上部土压力控制在0.20~0.22MPa,可以确保地面建(构)筑物基础不会发生沉降。

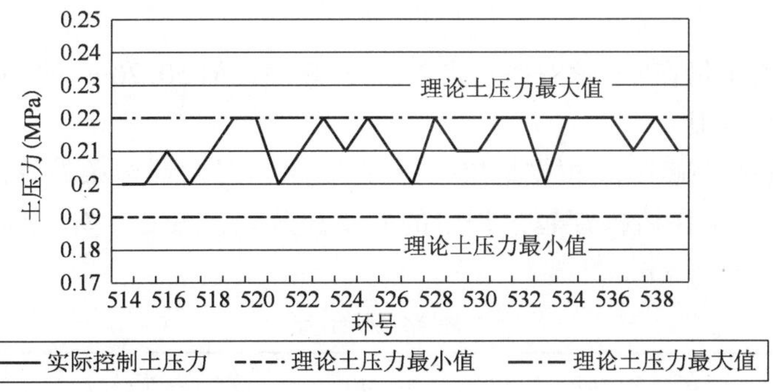

图3　实际控制土压力与理论控制土压力对比曲线

(2)严格控制掘进速度(图4)

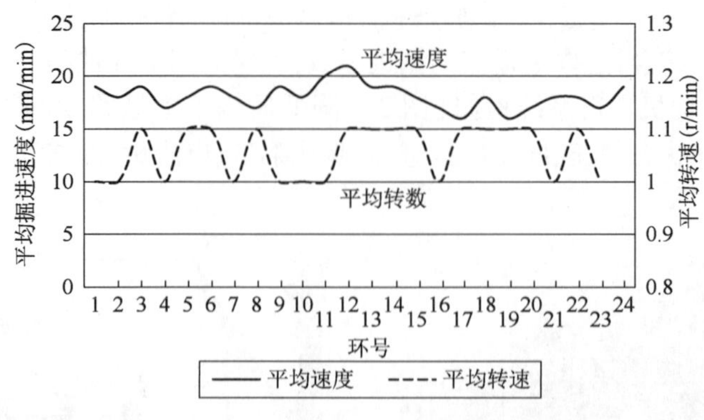

图4　刀盘转速与掘进速度

快速掘进会使地表沉降有增加的趋势,应严格控制盾构的推进速度。根据以往盾构穿越铁路的经验,推进速度应控制在2.0cm/min左右,刀盘转速控制在1.0~1.1r/min,并在推进过程中保持匀速,每日推进6~8环,并根据实际情况及时调整,施工中保持推进速度与出土速度相匹配,做到均衡施工,减少对周围土体的扰动,避免在穿越过程中有较长时间停机。

(3)严格控制出土量

计算每环理论出渣量 $=K\times L\times\pi\times R_2=1.3\times1.2\times3.14\times3.23^2=50.26\text{m}^3$。盾构掘进过程中严格控制出渣量,盾构每掘进一环的出渣量应控制在理论出渣量为理论值的96%~98%,剩余2%~4%的渣土弥补土体受到扰动后变形引发的沉降,即49.2~50.2m³/环。穿越段实际出土量控制曲线如图5所示。

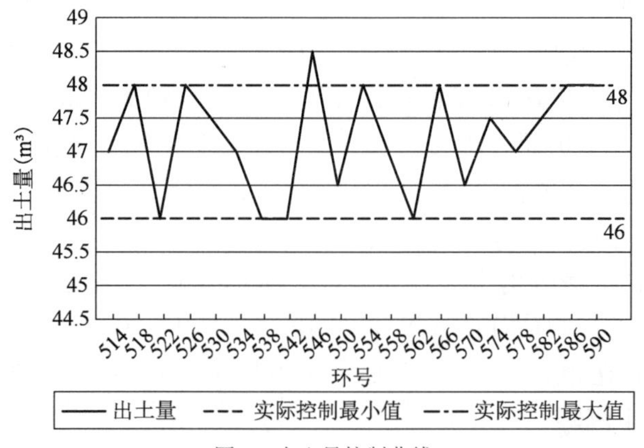

图5　出土量控制曲线

由图5可知,出土量在46~48m³间波动,为计算理论值50.26m³的91%~96%。

(4)注浆浆液配合比

在盾构穿越铁路段施工中,根据地层条件、地下水情况及周边条件等,通过现场试验段的同步注浆浆液配比确定在盾构穿越过程中的同步注浆浆液配比。穿越前使用的砂浆配合比见表4。

砂浆配合比　　表4

粉煤灰(kg)	膨润土(kg)	砂(kg)	水(kg)	外加剂
350	70	800	400	减水剂(P101)1kg

经测定,砂浆稠度值为125mm,密度为1.7g/cm^3,凝固时间如图6所示。

由图6可知,砂浆拌制后21h左右达到0.5MPa强度,凝结时间较长,无法满足穿越要求,因此对配比进行更改,在原配比上增加水泥,保持其他量不变,每30kg为一组进行对比试验,试验结果如图7所示。

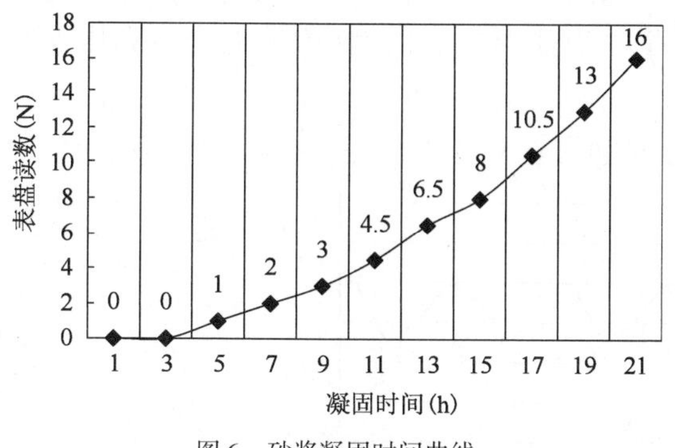

图6 砂浆凝固时间曲线

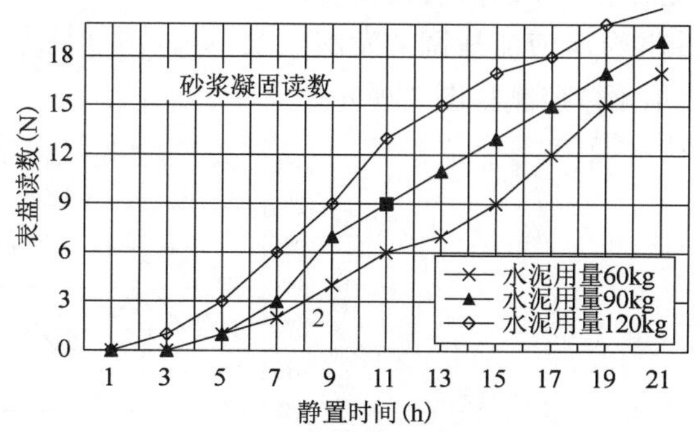

图7 砂浆凝固时间与水泥用量关系曲线

由图7可知,砂浆凝固时间随水泥用量增加逐渐缩短,三种不同掺量凝固时间分别为13h、17h、19h,其中水泥掺量为120kg时,符合穿越段实际施工要求。经测定,该种配比时砂浆稠度值为116mm,满足施工过程中运输与注入要求,密度为1.8g/cm^3,最终砂浆配比见表5。

最终使用砂浆配合比 表5

水泥(kg)	粉煤灰(kg)	膨润土(kg)	砂(kg)	水(kg)	外加剂
120	350	70	800	400	减水剂(P101)1kg

(5)注浆参数控制措施

注浆量以盾尾建筑空隙量为基础,并结合地层、线路及掘进方式等选择适当的饱满系数,以保证充填密实。同步注浆的量决定了盾尾建筑空隙填充是否饱满,注浆量不足时地面发生沉降;注浆量过大、注浆压力过高时地面发生隆起,以盾尾建筑空隙量为基础并结合地层、线路及掘进方式等选择适当的饱满系数,以保证充填密实。注浆量的注浆率(注浆量/理论开挖空隙)控制在150%~180%之间,$Q_1=1.2\times1.5\pi r^2=4.8\text{m}^3$,$Q_2=1.2\times1.8\pi r^2=5.8\text{m}^3$。注浆量控制曲线如图8所示。

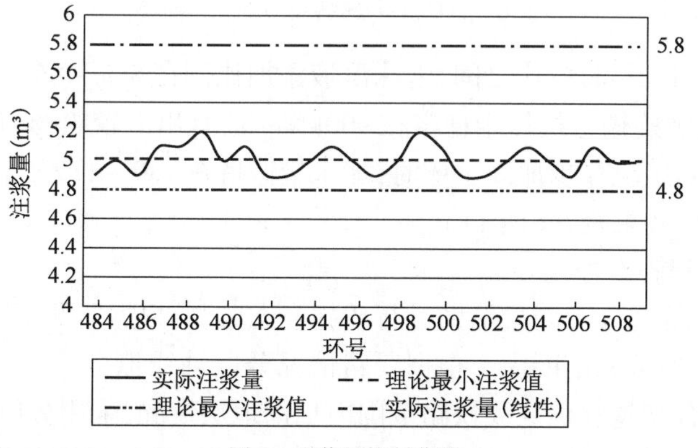

图8 注浆量控制曲线

由图8可知,当注浆量在4.9~5.1m^{3}时,地表不会发生沉降或者隆起,在相同工况下注浆饱满系数K取152%~160%时效果最佳。

(6)渣土改良

盾构穿越加固段土地时需采用不同的与穿越普通黏土地层时不同的渣土改良措施,穿越普通黏土地层时,因土地本身含水率较高,含水量大于液限,加水过多时会导致皮带机打滑。当穿越加固区时,需加入适量的水和泡沫剂,用以改良加固土体,防止螺旋输送机出土不畅导致憋压。穿越段盾构机泡沫原液与水混合比例为1:45,推进过程中控制压缩空气阀流量与泡沫混合溶液流量调节发泡效果,穿越段实际加水量与泡沫混合液比例(泡沫混合液和压缩空气比例)控制如图9所示。

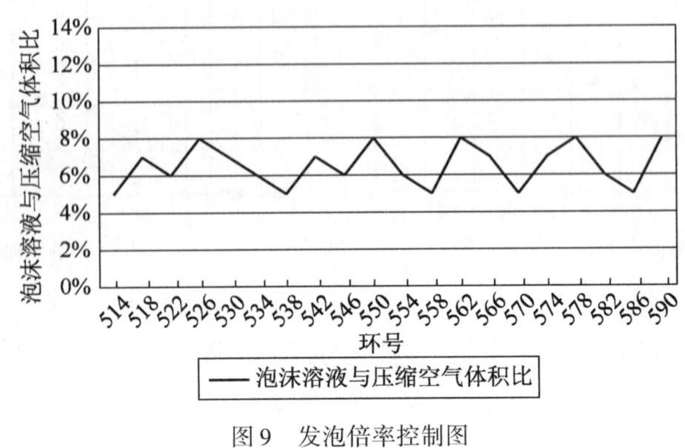

图9　发泡倍率控制图

穿越段螺旋输送机扭矩及刀盘扭矩曲线如图10所示。

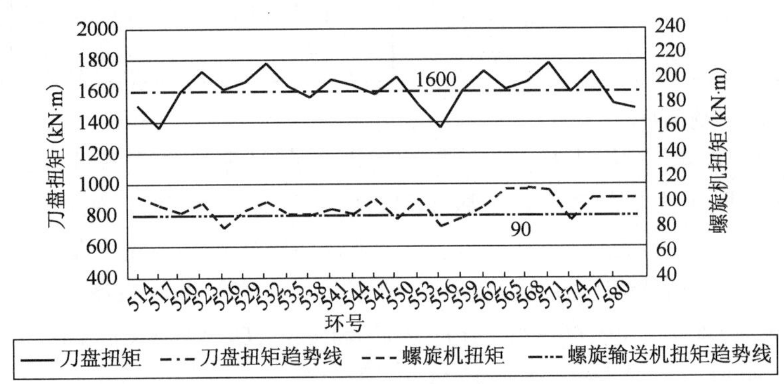

图10　刀盘扭矩及螺旋输送机扭矩曲线

当每环加水量在1.2~1.9m^3之间、泡沫溶液添加比例在5%~8%之间时,刀盘扭矩稳定在1600kN·m左右,螺旋输送机扭矩稳定在900kN·m,且出渣较顺畅,泵出口压力稳定,未出现憋压现象,可知相同工况穿越加固土体时,加水量保持在1.9~1.2m^3,泡沫溶液添加比例在5%~8%时,渣土改良效果较好(图11)。

(7)盾构掘进过程姿态控制

采用自动导向系统和人工测量辅助进行盾构姿态监测,根据监测情况调整盾构机姿态,保证其始终保持在允许的偏差范围内。根据线路情况分段轴线拟合的控制计划、导向系统反映的盾构姿态信息,结合穿越宣杭老线铁路范围内加固地层情况,采用分区压力操作盾构推进油缸控制盾构掘进方向。根据轴线位置偏差数据显示,缓慢、微量的调整推进油缸压力,严格控制管片选型,确保拼装质量与精度,使管片端面与设计轴线垂直,控制盾构机沿设计轴线方向掘进。

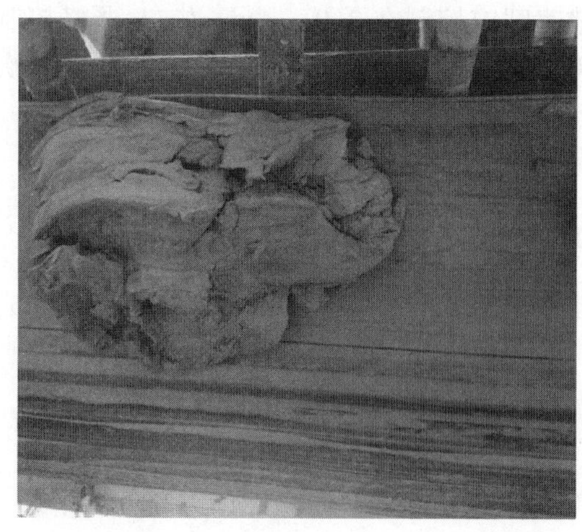

图11　渣土改良效果

(8)严格控制管片拼装

施工中严格按操作程序进行。管片严格采取居中拼装,如果管片无法居中拼装,采用低压石棉橡胶板或软木楔子进行调整,从而使管片处于较理想状态,确保管片拼装质量及推进轴线控制在规范要求范围之内。另外施工中须加强对管片环面防水的施工操作。施工时严格控制K块管片的拼装,控制管片不破损、不渗水、减小错台量。

4.3　穿越后控制措施

由于同步注浆液的收缩变形及土体裂隙渗透现象的存在,同步注浆浆液不能完全填满建筑空隙,因此需对隧道进行二次注浆补注。根据监测数据在脱出盾尾5环进行双液浆补注,填充效果最佳,注浆压力控制在0.3~0.45MPa。

5　沉降控制效果

如图12所示,穿越段铁路路基最大沉降控制在1.6mm,小于内控预警值3mm,穿越中采取的管控措施均有效,圆满完成穿越任务。

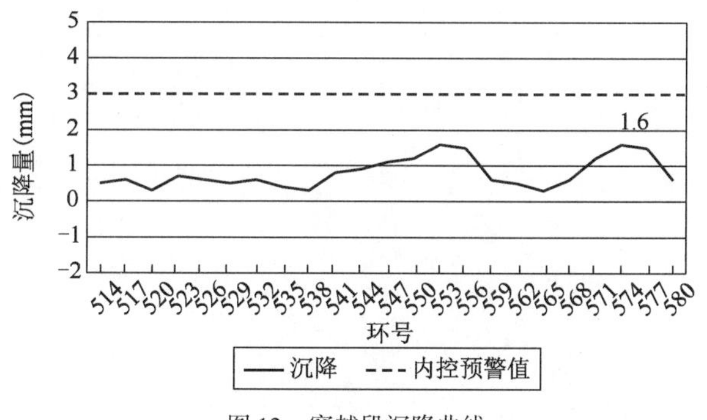

图12　穿越段沉降曲线

6　结语

本工程下穿宣杭、老宣杭铁路,风险源范围大,距离长,单线共计达到162环,工程埋深较深(19~22m),施工难度及风险较大。通过本工程总结出盾构穿越构建筑物盾构穿越前,进行安全协议签订;铁路路基加固;试验段开展以及盾构机系统检修。盾构穿越中,合理控制上部土压在0.19~0.22MPa之间；严格控制掘进推进速度应控制在2.0cm/min左右；严格控制每环出土量在49.2~50.2m^3之间；盾构穿越后，以0.3~0.45MPa的注浆压力进行壁后二次补充注浆。

参考文献

[1] 闻毓民，高新强. 盾构施工技术在城市轨道交通系统中的发展[J]. 四川建筑，2005，25(4)：111-112.

[2] 张中阳. 地铁盾构施工地表沉降及其控制措施[J]. 科技创新与应用，2015.

[3] 王志新. 盾构施工二次注浆技术的优化研究[J]. 铁道建筑技术，2017.

不良地层盾构近距离下穿高压燃气管技术研究

郭传点[1] 卜 铭[1] 李世麟[2] 韩 旭[1] 黄汉祥[1]

(1. 杭州市地铁集团有限责任公司 浙江杭州 310018;2. 上海市政工程设计研究总院(集团)有限公司 上海 200092)

摘 要:杭州地铁3号线联胜路站—访溪路站区间盾构隧道近距离下穿高压燃气管,隧道与管线之间为淤泥质粉质黏土、圆砾等不良地层,盾构掘进过程中的扰动较敏感,易引起较大的地面沉降甚至塌陷,引发管线安全问题。针对以上问题,采用二次注浆等措施,确保盾构壁后填充密实和叠交段地层稳定;通过合理盾构参数的设置有效控管线变形,并通过监测数据进一步优化盾构施工参数。研究成果可为同类型不良地层条件下盾构隧道近距离穿越重要管线的设计与工程施工控制提供依据,具有一定的理论意义与应用价值。

关键词:盾构机;近距离穿越;不良地层;高压燃气管;施工控制

1 引言

随着城市地下工程建设规模的不断扩大,使得对临近建(构)筑物,特别是重要的既有地下管线的保护工作难度增大、风险提高。尤其对于如圆砾等不良地层,其结构松散、渗透系数大、易受施工扰动,易引起较大的地面沉降甚至塌陷,引发管线安全问题。

地铁盾构隧道施工扰动造成地层变形进而诱发地下管线变形、破坏,导致各种恶性事故屡次发生。盾构隧道引起的地层变形及其对地下管线的影响涉及两个方面:①隧道围岩受施工扰动的影响范围和受扰动作用后土层的形变与稳定性;②施工扰动作用下的地下管线的承载能力及其附加应力与形变。周晶等发现土质对管线的响应影响较大,管线与土体间的摩擦系数越大,管线的应力越大。吴波考虑隧道支护结构、土体与地下管线三者的相互耦合作用分析了施工过程中埋管的安全状态,提出了管线安全性评估的具体标准。毕继红,刘伟,江志峰认为管线的沉降受管线下卧层土体的刚度制约,随着土体刚度的增大,刚度制约越不不明显。吴为义分析了杭州地铁盾构隧道施工对与隧道平行的地下管线的影响,发现地下管线的沉降与管线埋深、管线与隧道水平距离等因素有关。骆建军等结合北京地铁黄庄站4号线工程分析了隧道施工对埋管的扰动影响,发现管节差异沉降不大于限制准则,管线符合形变限制准则。朱叶艇等采用相似物理模型试验研究盾构隧道开挖对上方垂直于隧道轴线的地下管线的影响。魏纲等建立连续管线应变与地表沉降关系式,通过测量地表沉降值即可判断管线安全性。王春梅等将既有管线视为连续长梁,结合横观各向同性条件下的小孔扩张理论,导出管线在下穿盾构隧道施工作用下的竖向位移计算公式。

本文基于杭州地铁工程,区间盾构隧道于圆砾地层中近距离下穿高压燃气管,总结了设计与施工中对于管线保护的控制措施,可为同类型不良地层条件下盾构隧道近距离穿越重要管线的设计与工程施工控制提供依据,具有一定的理论意义与应用价值。

作者简介:郭传点(1974—),男,大学本科,高级工程师,目前主要从事城市轨道交通工程管理工作。电子邮箱:guochuandian@ hzmetro. com。

2 工程概况

联胜路站—访溪路站区间为盾构法区间，整体大致呈西—东走向，区间从五常大道访溪路路口的访溪路站始发，沿五常大道向西偏南走行，下穿绕城高速、荆长大道、西坝路后，再接至五常大道丰岭路路口的联胜路站。区间全长约1444m，平面线间距为15.8～45.5m，区间两端的联胜路站、访溪路站均为地下二层岛式车站，线路纵坡呈“V”形坡，出联胜路站后以9.96‰、24‰的坡度下行至最低点，再以4‰、20.626‰的坡度上行至访溪路站。区间隧道顶埋深约为9.9～17.8m。左右线盾构均从访溪路站向联胜路站推进。盾构管片外径6200mm，内径5500mm，管片宽度1200mm，管片厚度350mm。

区间在里程右K16+721.3、左K16+735.0处下穿ϕ610mm高压钢燃气管，燃气管外部被DN1200混凝土管套包裹，外径1440mm，管线埋深5.8～7.8m，管顶标高-4.53～-4.86m，最小净距约5.5m。隧道与高压燃气管线的相对位置关系如图1、图2所示。

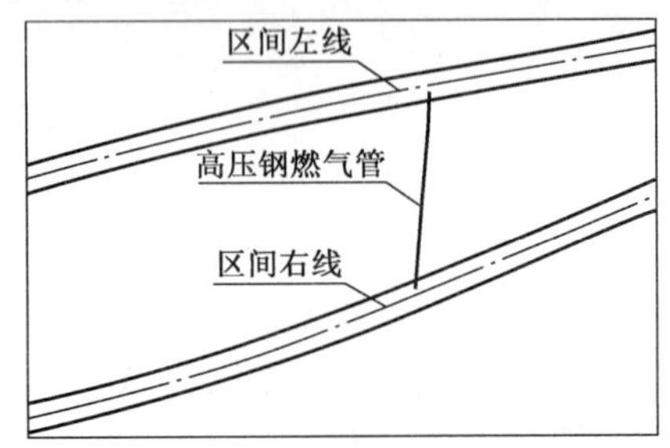

图1 区间穿越高压燃气管平面图

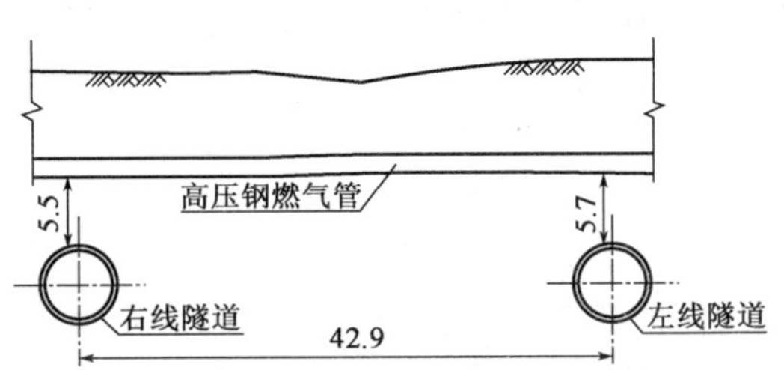

图2 区间穿越高压燃气管剖面图(尺寸单位:m)

在隧道穿越高压燃气管处地层从上至下为①$_1$碎石填土、④$_1$淤泥质粉质黏土、⑤$_1$粉质黏土、⑨$_4$圆砾、⑳$_{a-1}$全风化泥质粉砂岩、⑳$_{a-2}$强风化泥质粉砂岩、⑳$_{a-3}$中风化泥质粉砂岩。其中⑨$_4$圆砾层含承压水，承压水位埋深为1.79m(对应高程2.14m)，该层承压水水量大，且水头较高。

高压燃气管位于④$_1$淤泥质粉质黏土，区间隧道上半部位于⑨$_4$圆砾层，下半部位于⑳$_{a-1}$全风化泥质粉砂岩、⑳$_{a-2}$强风化泥质粉砂岩、⑳$_{a-3}$中风化泥质粉砂岩。各地层物理力学参数见表1。

各地层物理力学参数 表1

地层名称	重度γ (kN/m^3)	弹性模量E (MPa)	泊松比 ν	黏聚力c (kPa)	内摩擦角φ (°)
①$_1$碎石填土	18.7	12.8	0.32	3	14
④$_1$淤泥质粉质黏土	17.1	9.2	0.37	13	9
⑤$_1$粉质黏土	19.0	22	0.30	43	17
⑨$_4$圆砾	20.5	68	0.26	2	34
⑳$_{a-1}$全风化泥质粉砂岩	19.5	24	0.25	35	15.5
⑳$_{a-2}$强风化泥质粉砂岩	20.3	60	0.23	25	27
⑳$_{a-3}$中风化泥质粉砂岩	24.5	200	0.22	170	33

3 盾构穿越高压燃气管关键技术措施

3.1 盾构机刀盘刀具选择

隧道区间在穿越高燃气管段以及前后较长距离的地层条件为上半部位于⑨4 圆砾层，下半部位于全风化、强风化、中风化泥质粉砂岩，且不排除局部位置有中风化砾岩和中风化灰岩凸起至隧道掘进断面，需保证刀具可以顺利切削掌子面，尽可能减小掘进过程中对地层的扰动，从而降低对于高压燃气管的影响。根据地层特点针对刀具作出如下针对性措施：

(1)针对隧道断面下部范围的基岩凸起，在刀盘外周配置 8 把镶齿型的滚刀，可对凸起的岩石进行破碎，实现刀具最佳配置，提高掘进效率；鱼尾刀钎焊合金块在原基础上加厚，增强其在圆砾石地层中的抗冲击性能；边缘滚刀配置镶齿型刀圈，同一轨迹上配置焊接式撕裂刀，高度比滚刀低 15cm；外圆磨损检测刀检测尺寸为 ϕ6443mm，盾体最大外径为 ϕ6440mm，满足外圆磨损检测刀检测尺寸大于盾体外径条件。

(2)刀盘开口率为 38%，采用合理的泡沫注入设置等措施的采取，提高了泥渣通过刀盘的能力，减小了对刀盘的磨损；刀盘面板上设有加注孔可用于加注泡沫、水和高浓度泥浆，进行土仓内渣土改良，避免结泥饼；刀盘背面设有 3 根主动搅拌棒和前盾上 2 根被动搅拌棒，增加渣土流动性，有利于对螺旋输送机进行喂料；刀盘中心及周边开口均可通过最大 ϕ500mm 圆砾石，可以保证 30cm 任意形状砾石通过刀盘面板。刀盘面板见图 3。

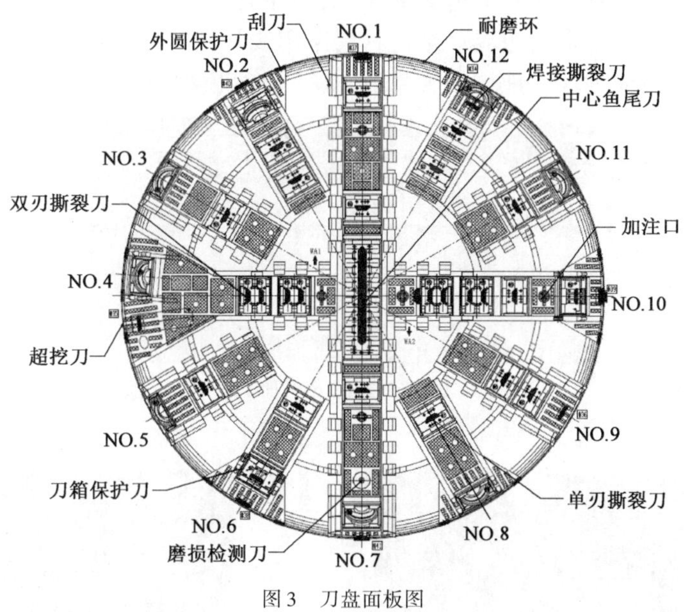

图 3　刀盘面板图

3.2 洞内二次注浆加固

盾构同步注浆施工后，由于浆液的脱水会造成浆液体积收缩，加大地表的后期沉降。二次注浆能够有效地充实管片和土层之间的空隙，提高隧道的止水能力。盾构穿越高压燃气管附近 50 环范围内采用增设注浆孔衬砌环，每环共有 16 个注浆孔，盾构推进后视监测情况进行全断面二次注浆，加固范围为管片外 2m。浆液为水泥—水玻璃双液浆(体积比 1∶1)，注浆压力不大于 0.5MPa，加固后土体强度 q_u 为 0.2 ~ 0.3MPa，且不应小于原状土强度，并有良好的均匀性。

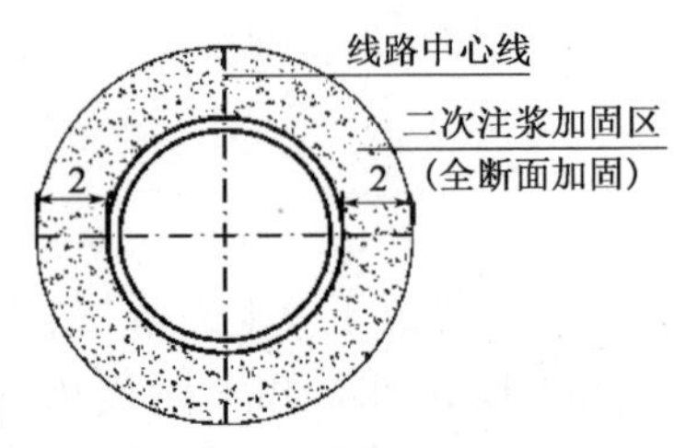

图 4　洞内二次注浆加固示意图
(尺寸单位:m)

如果对管片和土体之间的缝隙不及时进行填充,会导致地层发生较大的固结沉降,且管片防水系统难以生效,地下水渗入洞内,引起地面沉降甚至塌陷,极大地危害了燃气管的安全性。通过洞内二次注浆加固确保管片与地层间空隙被填充密实,控制地层稳定性,减小掘进过程中可能发生的超挖带来的影响,减缓开挖土层周围的应力释放程度。二次注浆加固如图 4 所示。

3.3　螺栓复紧措施

为了降低由于管片接头松弛导致的管片环较大变形,在盾构掘进时,在管片拼装过程中,对管片螺栓进行三次复紧。在每环管片拼装结束后,及时拧紧连接衬砌的纵、环向螺栓,拧紧时要注意检查螺栓孔密封圈是否已全部穿入,不得出现遗漏。在该环管片脱出盾尾后,应再次拧紧纵、环向螺栓。在进入下一环管片拼装作业前,应对相邻已拼装成型的 3 环范围内的管片螺栓进行全面检查并复紧。

4　盾构穿越高压燃气管有限元计算模型

采用 ABAQUS6.14 软件建立有限元模型,对盾构穿越施工安全影响进行模拟计算分析。计算模型包括 3 号线区间隧道、高压燃气管及周边土体。

计算模型左右边界各取 50m,下边界取 45m,整个计算区域左右边界设置铰接约束,底部边界设置垂直约束,上部为自由边界。结构材料采用线弹性本构关系,假定各土层均呈水平层状分布;考虑土体自重应力场。地层损失率取 1‰。计算模型及计算结果如图 5 ~ 图 9 所示。

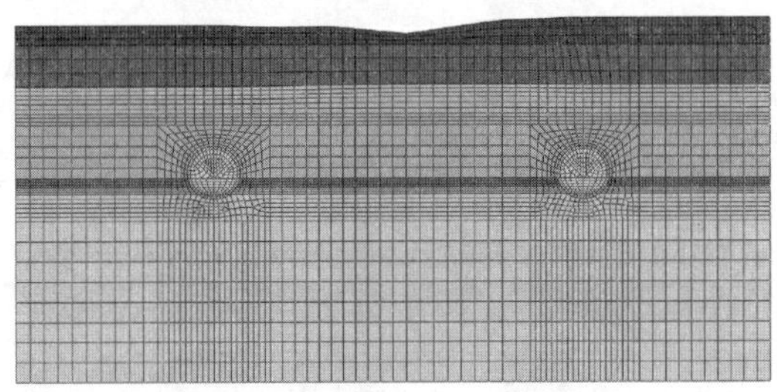

图 5　盾构穿越高压燃气管计算模型

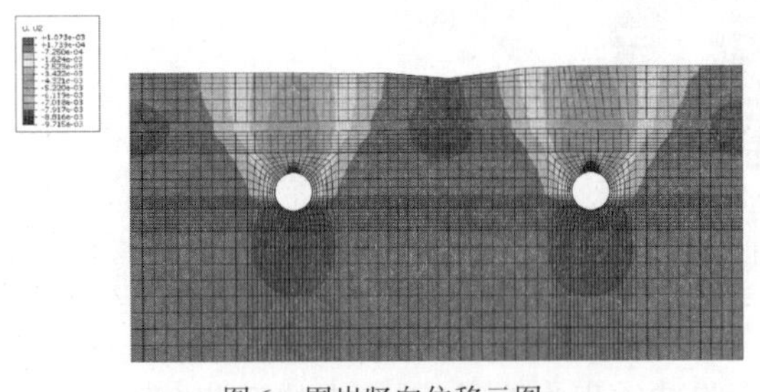

图 6　围岩竖向位移云图

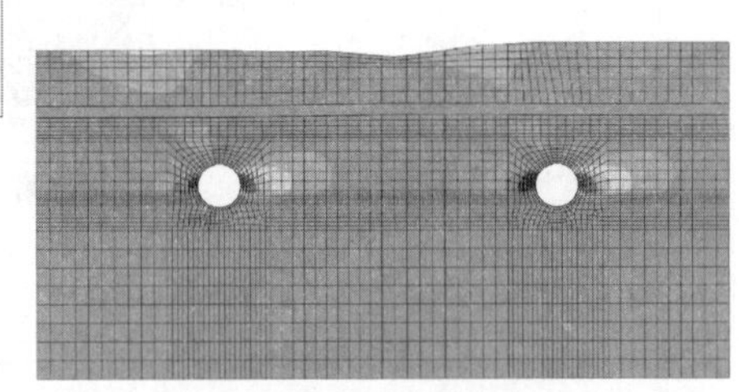

图 7　围岩水平位移云图

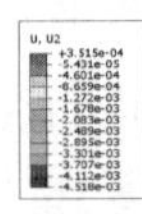

图 8　高压燃气管竖向位移云图

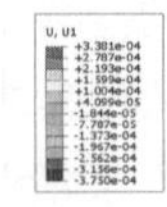

图 9　高压燃气管水平位移云图

计算结果显示，管片最大位移出现在平面上与管线交叠位置，在该断面拱顶沉降为9.715mm，底部隆起为1.073mm，最大水平位移为3.634mm；高压燃气管最大竖向位移为4.518mm，最大水平位移为0.375mm，可以确保盾构推进过程中的工程安全。

5 下穿燃气管掘进参数控制

根据盾构穿越高压天然气管道的工况特点，将盾构穿越分为3个阶段，分别为盾构穿越前试推进阶段（A区），盾构穿越阶段（特区）和盾构穿越后阶段（B区）。

（1）盾构穿越前试推进阶段（A区）

设定左、右线盾构下穿高压燃气管前100m为盾构穿越试推进段（左线290环～372环；右线297环～379环）。在这段范围掘进中结合地面沉降监测情况主要收集盾构推进参数，主要印证和优化土压力、推进速度、加泥加泡沫量、同步注浆压力；二次注浆采用惰性浆液，试验段印证和优化注浆压力及注浆量等，在进入穿越区以前确定最优的施工参数。

此阶段盾构开挖面主要位于⑨$_4$圆砾，隧道上部为④$_1$淤泥质粉质黏土，隧道底部逐步进入⑳$_{a\text{-}1}$全风化泥质粉砂岩、⑳$_{a\text{-}2}$强风化泥质粉砂岩。由于盾构切削开挖面土体过程中，泥质粉砂岩与圆砾充分拌和，采用加水、加泡沫，原液比为1:30，空气流量为300L/min进行渣土改良，渣土呈现较好的流塑性，地表累计隆沉均小于±25mm。其间盾构各项施工参数见表2。

盾构穿越前试推进阶段参数 表2

项目	参数	备注
千斤顶总推力（kN）	8000～12000	
刀盘扭矩（kN·m）	900～1400	
刀盘转速（r/min）	1.0～1.2	
掘进速度（mm/min）	20～30	
土仓压力（bar）	1.5～1.7	
同步注浆量（m^3）	4.5～4.8	充盈系数1.3～1.4

（2）盾构穿越阶段（特区）

把盾构切口到达管道前5环开始设为穿越段开始，直至盾尾脱出管道范围5环后共计约20环定为穿越段（左线372～392环，右线379～399环）。该控制区段施工时，主要根据穿越试推进段总结的推进参数和施工数据来指导盾构的推进施工。在这个阶段主要任务是控制盾构的施工参数，包括控制推进速度、正面土压力、同步注浆流量、同步注浆压力等主要施工参数。此外，每隔3环在管片的不同点位安装2个球阀，保证可随时二次补浆。确保穿越过程中高压天然气管道的安全。

由于盾构下穿高压燃气管前100m的地层条件与本阶段隧道范围的地层条件一致，同时结合试推进段盾构掘进施工参数总结以及各项监测数据变化情况，盾构下穿高压燃气管施工期间施工参数见表3。

盾构下穿燃气管阶段参数 表3

项目	参数	备注
千斤顶总推力（kN）	9000～12000	
刀盘扭矩（kN·m）	1000～1400	
刀盘转速（r/min）	1.1	

续上表

项　目	参　数	备　注
掘进速度(mm/min)	20~30	
土仓压力(bar)	1.6~1.9	
同步注浆方量(m^3)	4.6	充盈系数1.3

(3)盾构穿越后阶段(B区)

盾尾脱出高压天然气管道范围后6~20环定为盾构穿越后阶段(左线392~407环,右线399~414环)。由于盾构穿越后,地面存在一定程度的后期沉降,会对高压天然气管道造成影响。必须在穿越区域的隧道内准备充足的补压浆材料以及设备,根据沉降监测情况进行后期补压浆。

本阶段盾构盾尾已脱出高压燃气管道,主要为跟踪监测周边地表工后沉降情况,经监测数据反映燃气管道周边地表沉降均较为稳定。为防止隧道上部④$_1$淤泥质粉质黏土松弛沉降,盾构穿越后采取了洞内二次注浆措施,见表4。

盾构穿越燃气管后阶段参数 表4

项　目	参　数	备　注
千斤顶总推力(kN)	9000~12000	
刀盘扭矩(kN·m)	1100~1500	
刀盘转速(r/min)	1.0~1.2	
掘进速度(mm/min)	20~30	
土仓压力(bar)	1.6~1.9	
同步注浆方量(m^3)	4.5~4.8	充盈系数1.3~1.4

6 监测数据分析

对盾构穿越高压燃气管区段进行深层土体沉降监测,在距离高压燃气管线15~45m位置处布置沉降测孔。左线一共布置10个测孔,孔深均为10m,共三个断面。其中断面一(325环)布置测孔L11、L12,断面二(339环)布置测孔L21、L22、L23、L24,断面三布置测孔L31、L32、L33、L34。受环境制约,右线一共布置3个孔,孔深均为10m,其中断面一(361环)布置测控R31、R32、R33。深层土体沉降测点平面图如图10所示。

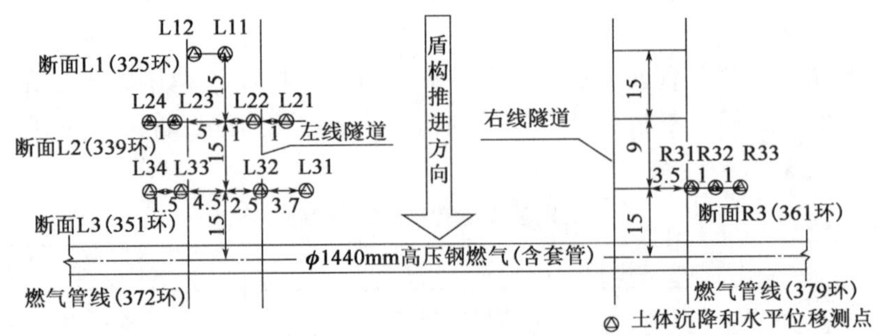

图10 高压燃气管道监测点布置图(尺寸单位:m)

图 11 为断面 R3(361 环)的地表竖向位移图,横轴表示刀盘与监测断面的距离,正值表示刀盘已经通过监测断面,负值表示刀盘还未到达监测断面。从图中可以看出,土体地表竖向位移在盾构掘进过程中经历了如下五个阶段:

(1)盾构刀盘距离断面三较远时,地表竖向位移几乎不大变化(0～1mm)。

(2)盾构刀盘在接近断面三时,在千斤顶推力和土仓压力的共同作用下,盾构前方土体发生挤压变形,地表开始隆起抬升,并且隆起量是逐渐增大的(1～2mm)。

(3)盾构刀盘通过断面一阶段时,盾构上方土层不再受到来自盾构刀盘推力、掘进压力的影响,由于盾构姿态纠偏、存在盾尾间隙等影响,监测断面产生沉降;随着盾构向前推进,断面土层又会向上隆起,这样循环往复好几次,这是因为盾尾注浆压力偏大导致的,说明盾尾注浆压力不仅影响盾尾后方土体竖向位移的变化,同时也会渗透到盾尾前方土体,影响盾尾前方土体的竖向位移变化。

(4)在盾尾即将脱出断面时,由于盾尾空隙的存在,再加上盾构穿越层是砂卵石层,孔隙率较大,产生空隙后可能导致上方土体迅速下落,造成较大的沉降(约 1mm)。

(5)盾尾远离监测断面以后发生了后续的固结沉降(约 0.5mm)。可能是由于滞后效应或是监控室环数与实际推进环数并未对应,导致刀盘到达时土体并没有立刻隆起以及盾尾脱出土体没有立刻沉降。

图 12 为测点 R31 的土体竖向位移图,可以看出,在地表以下 1m、2m、4m、6m、8m、9m、10m 的地层变形规律与地表变形规律基本一致。并且发生变形量较大的地层是地表以下 10m 和 6m 位置处。地表以下 10m 处于圆砾层(最靠近隧道顶部位置),累计隆起量达到最大为 2.77mm,累计沉降量达到最大为 2.71mm。地表以下 6m 处于淤泥质黏土层的中下部,累计隆起量达到最大为 0.53mm,累计沉降量达到最大为 7.31mm。

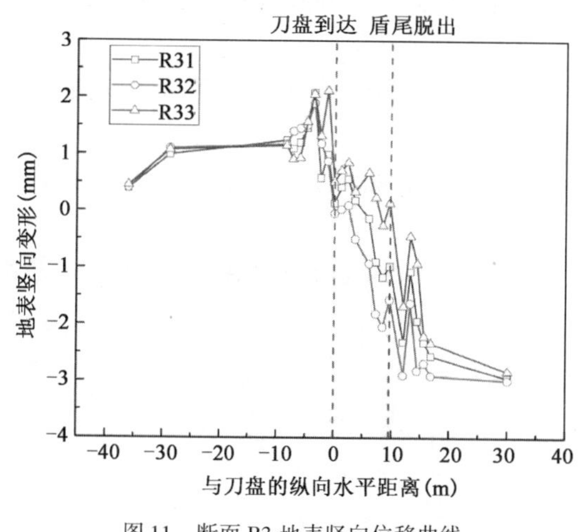

图 11 断面 R3 地表竖向位移曲线

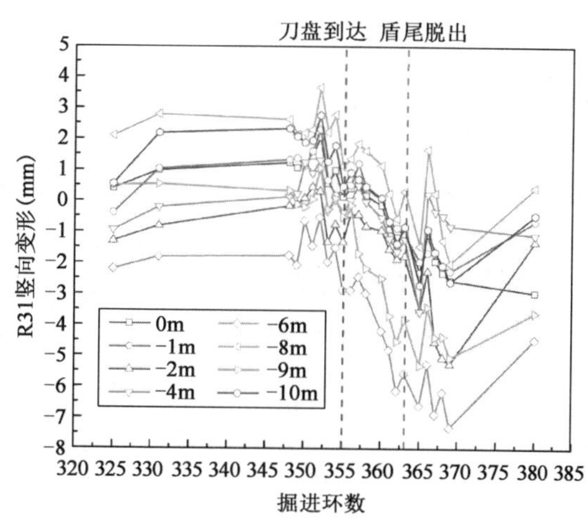

图 12 R31 深层土体竖向位移曲线

7 结语

(1)对于盾构在淤泥质粉质黏土、圆砾等不良地层中穿越高压燃气管,选用合理的刀盘刀具,并采用洞内二次注浆、复紧螺栓的加固措施,可以有效控制盾构掘进对于重要管线的影响,保证工程安全。

(2)盾构穿越高压燃气管前需设定试推段,在进入穿越区以前确定最优的施工参数,并在后续穿越过程中根据具体地层情况进行优化和调整，确保穿越过程中高压天然气管道的安全。

(3)盾构在穿越监测场地区间，主要对注浆压力做了调整(由 0.2 ~ 0.5MPa 调整为 0.15 ~ 0.25MPa)，监测得到的地表和深层土体竖向位移在到达断面前基本不变化，在穿越断面期间竖向位移有起伏波动，穿越断面以后地表整体是沉降的，盾构在下穿高压燃气管场地区间是安全稳定的。

参考文献

[1] 王雨. 地铁隧道施工对地下管线变形的影响研究[D]. 北京：北京交通大学，2014.

[2] 蒋正华，吴波，高波. 地铁区间隧道施工对管线影响的数值模拟[J]. 现代隧道技术，2003，40(1)：16-20.

[3] 向卫国，胡云龙. 隧道开挖引起地下管线变形的数值分析及其应用[J]. 城市轨道交通研究，2014，17(2)：80-85.

[4] 李昕，周晶，陈健云. 考虑土体非线性特性的直埋管道——土体系统的动力反应分析[J]. 计算力学学报，2001，18(2)：167-172.

[5] 吴波，高波. 复杂条件下城市地铁隧道施工地表沉降研究[J]. 中国铁道科学，2006，27(6)：129-131.

[6] 毕继红，刘伟，江志峰. 隧道开挖对地下管线的影响分析[J]. 岩土力学，2006，27(8)：1317-1321.

[7] 吴为义，孙宇坤，张土乔. 盾构隧道施工对邻近地下管线影响分析[J]. 中国铁道科学，2008，29(3)：58-62.

[8] 骆建军，张顶立，王梦恕，等. 地铁施工对管线的影响[J]. 中国铁道科学，2006，27(6)：124-128.

[9] 朱叶艇，张桓，张子新，等. 盾构隧道推进对邻近地下管线影响的物理模型试验研究[J]. 岩土力学，2016，37(增刊 2)：151-160.

[10] 魏纲，林雄，金睿，等. 双线盾构施工时邻近地下管线安全性判别[J]. 岩土力学，2018，39(1)：181-190.

[11] 王春梅，何越磊，汪磊，等. 隧道下穿引起地下管线竖向位移的计算方法研究[J]. 隧道建设，2016，36(2)：186-192.

管棚支护工艺在盾构近距离穿越运营线路的理论分析及应用案例

陈用伟[1] 朱一凡[2]

（1. 杭州市地铁集团有限责任公司 浙江杭州 310018；2. 中铁二院华东勘察设计有限责任公司 浙江杭州 310017）

摘 要：盾构隧道下穿既有运营盾构隧道是地铁施工中的重点与难点。杭州地铁 2 号线中河北路站—凤起路站区间下穿已运营的地铁 1 号线凤起路站—武林广场站区间盾构隧道。为了确保 1 号线的运营安全，需采取措施进行保护。鉴于现场的实际条件，考虑采用打设管棚的方式在既有 1 号线下进行加固，加固完成后 2 号线盾构再穿越。通过自动化监测，表明穿越后 1 号线沉降满足控制要求，保护措施有效。

关键词：地铁；盾构隧道；下穿隧道；管棚

1 引言

随着城市交通拥堵问题日趋严重，城市轨道交通作为大运量公共交通运输系统，可较好地解决交通拥堵问题。因此，越来越多的城市加入轨道交通建设队伍，并且随着城市化进程的大步推进，轨道交通线网的调整和加密也是常态，从而经常造成新建隧道下穿既有运营隧道情况。特别是在软土地区，新建隧道下穿既有隧道不可避免会引起叠交区域土体位移、应力损失，进而产生对既有隧道的不利影响，诸如管片开裂、螺栓脱开、渗漏水、纵向不均匀沉降等，影响地铁的正常运营。以往通常在运营隧道内采用长管注浆的方式进行加固，但存在施工工期长、注浆效果不稳定的特点。现结合杭州地铁 2 号线盾构区间下穿运营 1 号线工程案例，通过前期理论分析、过程控制及最终数据总结，旨在提出一种管棚辅助保护工艺供类似工程借鉴。

2 工程概况

杭州地铁 1 号线凤起路站—武林广场区间盾构隧道（以下简称“凤—武区间”）已于 2012 年开通运营，现因杭州地铁 2 号线开始建设，2 号线中河北路站—凤起路站盾构隧道（以下简称“中—凤区间”）需下穿已运营的 1 号线区间隧道。

2.1 穿越隧道的位置关系

中—凤区间下穿既有隧道的平面关系图如图 1 所示，新建隧道在下穿段平面为直线，竖曲线最小半径为 3000m，最大坡度为 10.99‰。该工程下行线从车站推出后，需穿越一道附属结构遗留下来的废弃素混凝土连续墙，然后以 83°穿越运营中的 1 号线隧道；上行线盾构推进方向与下行线相反。

中—凤区间下穿既有隧道的剖面关系图如图 2 所示，2 号线中—凤区间上行线隧道管片顶与 1 号线上行线隧道管片底净距 2.61m，与 1 号线下行线隧道管片底净距 2.75m；2 号线

作者简介：陈用伟（1982—），男，大学本科，高级工程师，目前主要从事城市轨道交通技术与设计管理工作。电子邮箱：44859579@qq.com。

中—凤区间下行线隧道管片顶与 1 号线上行线隧道管片底净距 2.46m，与 1 号线下行线隧道管片底净距 2.64m。

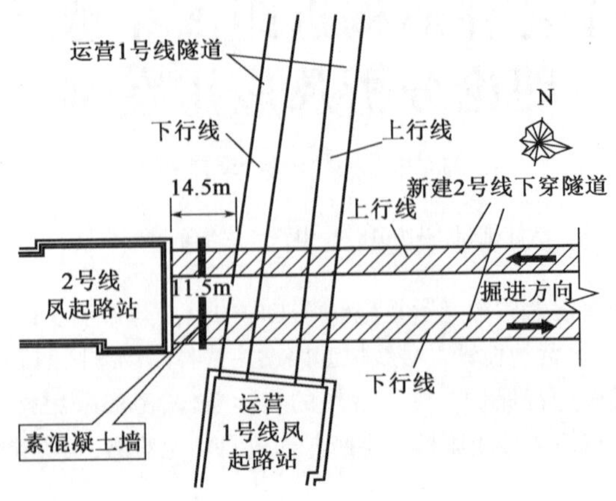

图 1　穿越隧道与既有隧道平面关系图

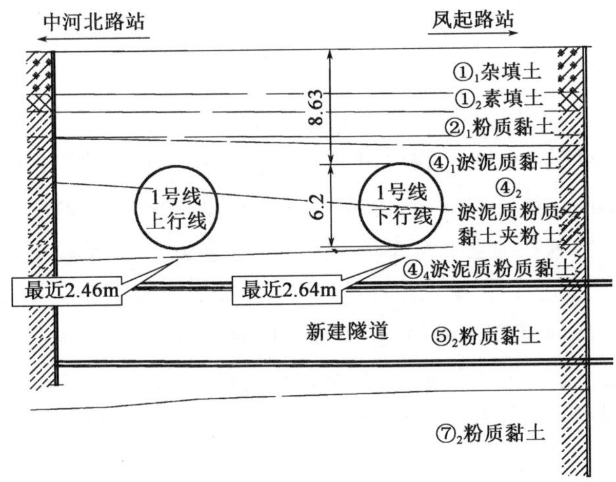

图 2　穿越隧道与既有隧道剖面关系示意图(尺寸单位:m)

2.2　既有运营隧道的前期变形情况

自 1 号线区间运营以来，在穿越主要影响段范围，监测点最大变形量上行线沉降 11.03mm，下行线沉降 14.87mm。隧道内总体情况良好，管片未开裂，但局部管片间有渗水。

2.3　工程风险分析

(1)已投入运营的地铁 1 号线盾构区间累计沉降值已超过 10mm，留给后续项目的余量十分有限。

(2)两条隧道之间的夹土层以淤泥质粉质黏土为主，力学指标较差，触变灵敏度高，扰动变形大。

(3)下行线在下穿 1 号线隧道之前，刚从车站始发，盾构掘进参数尚不稳定，且在离车站端墙 6 米范围需直接磨除原过街通道实施时预留的 800mm 厚素混凝土连续墙，通过后仅掘进 5m 左右立即下穿既有运营 1 号线隧道，过程中的盾构施工参数不具参考性，存在较大风险。

(4)下方盾构在掘进过程中易出现土方超排、掌子面地层压力控制不当等不可控因素，极易引起上方隧道的沉降，且变形不可逆。

3 工程地质与水文地质条件

拟建场地自然地面较平坦，地面标高约7.87m。工程区第四系地层厚度为40m左右，场地浅表层为分布有厚4.5m厚的填土，其下13.3m左右以软黏性土为主，软黏土下方则为硬可塑的黏土。盾构穿越土层的力学参数见表1。

土层力学参数　　表1

土层编号	土层名称	含水率(%)	黏聚力(kPa)	内摩擦角(°)	压缩模量(MPa)
④$_1$	淤泥质黏土	50.8	12	8	2
④$_2$	淤泥质粉质黏土夹粉土	34.5	13.5	10	2.8
④$_4$	淤泥质粉质黏土	41.3	14	10.2	2.4
⑤$_2$	粉质黏土	31.2	45	15.6	5.6
⑦$_2$	粉质黏土	30.3	40	14.9	4.8

2号线中—风区间隧道底为⑤$_2$粉质黏土层，2号线中—风区间与1号线风武区间之间所夹土层为④$_2$淤泥质粉质黏土夹粉土层与④$_4$淤泥质粉质黏土层，土层物理力学性质较差。

工程场地静止水位埋深2.1～3.6m，相应高程4.06～5.71m，浅层地下水水位年变幅为1.0～2.0m。

4 管棚实施方案

实施过程中比选隧道内注浆加固的方案，考虑到整体施工工期及实际加固效果，确定盾构隧道掘进前采用管棚支护方式对软土地区隧道周围土体进行加固，其主要原理是在新建隧道与既有隧道之间加入一层隔离防护措施，通过隔断结构刚度减弱盾构隧道掘进出土、同步注浆、二次注浆等过程中可能引起的位移场，进而减少新建隧道施工过程对正在运营盾构隧道的影响。

本工程主要以2号线风起路站端头作为施工作业面，通过水平打设钢管棚，并在两隧道间夹心土层中进行注浆压密，以形成一个拱形帷幕，剖面示意图见图3、图4。

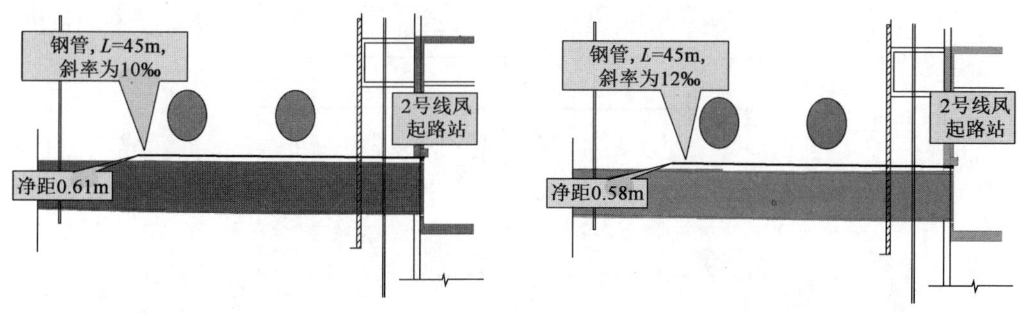

图3　上行线管棚加固剖面图　　图4　下行线管棚加固剖面图

2号线风起路站端头管棚布置示意图和管棚现场照片分别如图5和图6所示。为尽可能避开内衬墙钢筋，钢管水平间距350mm，环向中心间距350～440mm。

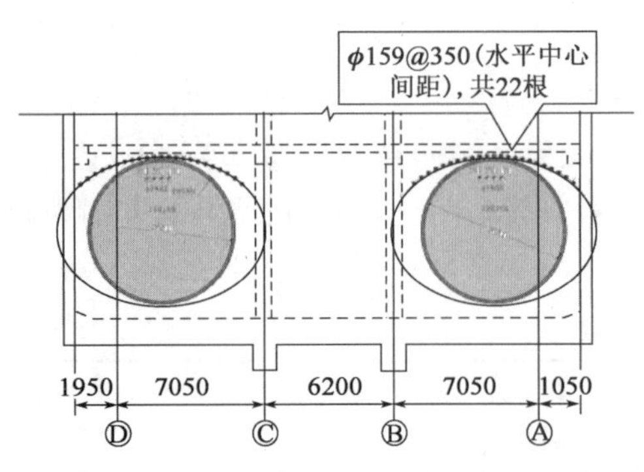

图5　管棚横剖面图(尺寸单位:mm)

图6　管棚现场照片

5　管棚设计参数

根据以往类似土层中的工程经验及现场试验结果,钢管棚设计参数如下:

(1)钢管规格:管棚为45m,用每节长4~6m的热轧无缝钢管(ϕ159mm,壁厚8mm)以丝扣连接而成。

(2)钢管采用钢花管,钢管上钻注浆孔,孔径10mm,孔间距200mm,呈梅花形布置。

(3)倾角:上行线洞门处钢管斜率10‰,下行线洞门处钢管斜率12‰。

(4)钢管施工误差:竖向不大于200mm,相邻钢管间水平向不大于100mm。

钢管棚注浆参数为:

(1)水泥浆液水灰比1:1(重量比),根据注浆试验适当添加水玻璃。

(2)注浆压力为0.3~0.6MPa(建议值),需根据1号线隧道内自动化监测数据及时调整。

(3)注浆量:以稳压控制注浆为主。

注浆需先施工最下方处钢管(距离1号线隧道最远处),根据实际情况调整注浆参数,取得管棚注浆施工经验,以便及时调整后续注浆材料、注浆量及注浆压力参数。

6　有限元数值分析

通过有限元数值计算设置管棚与不设置管棚的对比计算,以分析管棚对于盾构下穿的保护作用。计算模型如图7所示,计算结果如图8和图9所示。

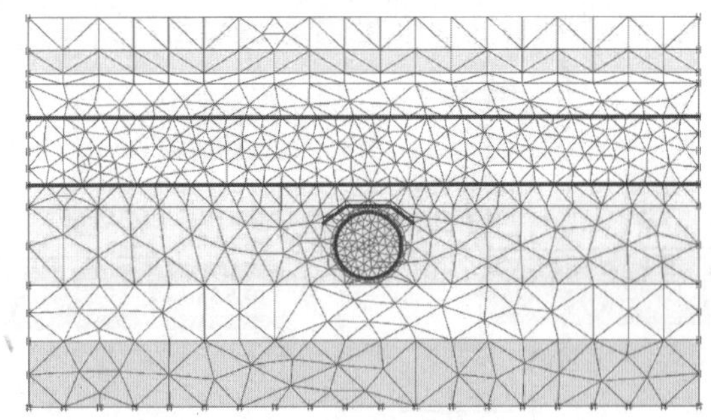
图7　计算模型

根据有限元数值计算,相对于未设置管棚支护的情况下,2号线区间隧道施工完成后,1号线隧道最大沉降值可减小15%。

图 8　水平位移云图

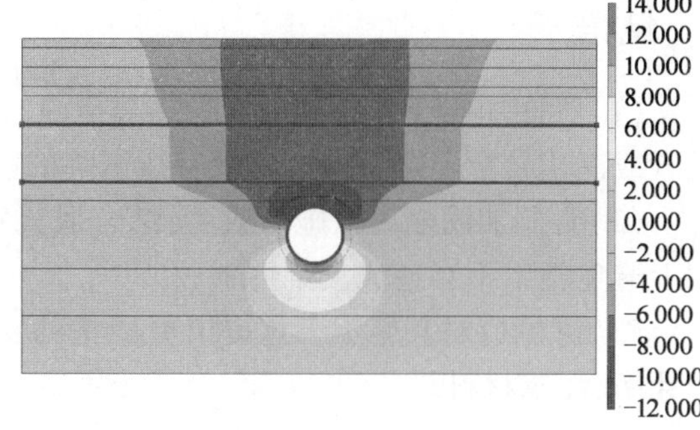

图 9　沉降位移云图

管棚的设置虽然对 1 号线沉降变形控制有一定的作用，但由于 45m 长的管棚刚度较小，且其位于流塑状的淤泥质土中，故对 1 号线沉降的控制作用有限。但管棚的设置可以一定程度限制盾构隧道掘进出土、同步注浆、二次注浆等过程中可能引起的位移，有一定的缓冲作用，降低盾构掘进施工引起运营隧道的沉降或隆起突变的风险。

7　监测结果

（1）管棚施工期间监测结果

管棚所在的土层为灵敏度较高的土层，管棚的钻进及出土造成了对土体的扰动，同时由于现场所用的钢管开孔率过低，注浆仅是对钢管的填充，并未对钻进产生的土体损失进行补偿，导致管棚施工结束后工后沉降较大，达到 5.3mm。

（2）盾构下穿期间监测结果

由于前期管棚施工产生了一定的沉降，为避免盾构穿越时加剧沉降，盾构适当提高土仓压力的设定，设定为 0.29MPa，盾构推进过程，1 号线自动化监测每阶段隆起 0.2 ~ 0.3mm，盾构刀盘推进至第 12 环时，自动化监测显示不断的隆起抵消了前期的累计沉降。盾构刀盘推进到第 17 环时，为防止前期对 1 号线上行线累计隆起过大影响，土压力调整至 0.22MPa。最终，自盾构始发至盾尾离开影响区的全过程，运营 1 号线隧道自动化监测点，最大隆起为 2.5mm，最大沉降为 1.2mm，如图 10 所示。

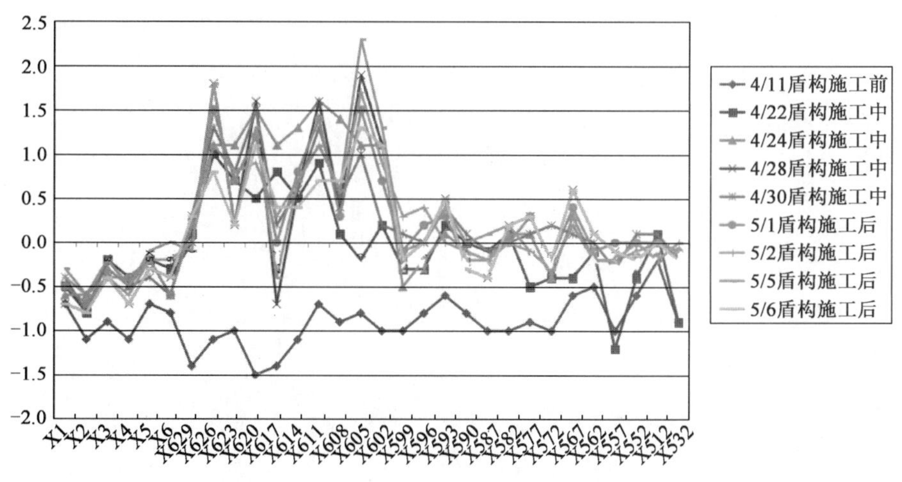

图 10　运营隧道沉降曲线

8　结语

(1)管棚加固作为一种的保护隔离措施,在一定程度上可以减缓盾构掘进出土、土仓压力设置或注浆参数不合理造成对既有线沉降的影响。

(2)管棚加固隔离措施形成后,结合盾构掘进时随挖随撑工艺,空间效应显著,可一定程度上避免施工不当造成灾难性事故。

(3)管棚应对其施工工艺提出更严格的要求,特别应明确钢管的钻进工艺、精度、钢管的开孔率、注浆材料。

参考文献

[1] 吴全立,王梦恕,朱磊,等.盾构近始发端头下穿既有地铁线路的综合施工技术研究[J].现代隧道技术,2016.

[2] 马文辉,彭华,杨成永.盾构近距下穿既有地铁盾构隧道施工参数控制[J].西南交通大学学报,2018.

硬岩地层盾构隧道管片壁后密实度检测探索与实践

赵小辉

（杭州市地铁集团有限责任公司　浙江杭州　310018）

摘　要:本文以杭州至临安城际铁路(16 号线)工程为例,介绍轨道交通工程建设中,盾构隧道管片壁后密实度检测探索与实践。通过对打音检测法、超声成像法、地质雷达检测法分别进行现场试验,综合参考检测成果可靠性、工作效率、检测成本等,比选确定采用地质雷达检测手段,分析在强风化、中风化、弱风化地质岩层的盾构隧道管片壁后密实度探测情况,为隧道壁后补浆及在运营变形评估提供依据。通过在硬岩盾构隧道管片壁后密实度检测方面的探索与成功实践,为类似工程提供参考。

关键词:盾构隧道;密实度;检测

1　概述

杭州至临安城际铁路(工程名称变更为杭州地铁 16 号线,以下简称 16 号线)工程西起临安区,向东穿越临安区青山湖科技城、余杭区中泰乡及老余杭镇后进入杭州市主城区,是连接临安区及沿线地区各组团与杭州市区的快速联系通道(图 1)。线路全长约 35.12km,其中单线隧道全长为 34.320km,其中矿山法隧道 3.812km,盾构隧道 30.508km。区间隧道结构管片外径为 6.7m,隧道结构底板埋深在 9.29 ~36.14m。

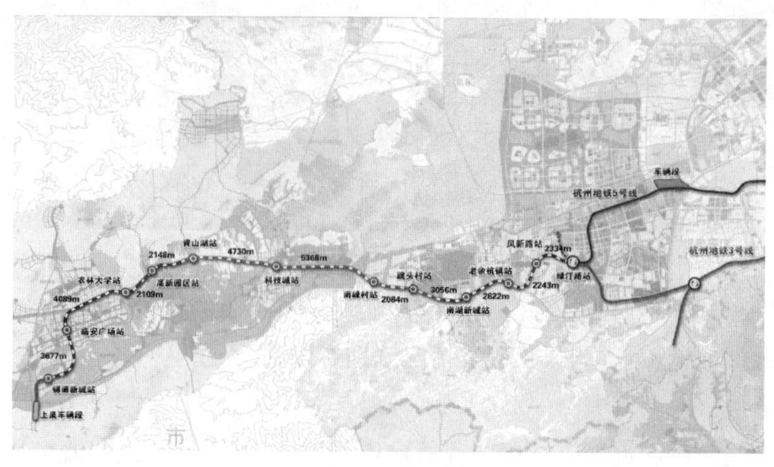

图 1　工程线路图

盾构区间穿越的主要地层为⑦$_1$ 黏土、⑧$_2$ 粉质黏土、⑨$_1$ 黏土、⑰$_1$ 黏土、㉛$_{b-1}$强风化泥质粉砂岩、㉛$_{b-2}$强风化泥质粉砂岩、㉛$_{b-3}$层中等风化泥质粉砂岩。洞体内地下水类型主要为松散岩类孔隙潜水和基岩裂隙水,其富水性主要受岩石的风化程度、节理裂隙和构造发育程度、裂隙贯通性等控制。

作者简介:赵小辉(1973—),男,大学本科,在职研究生,硕士学位,高级工程师,目前主要从事城市轨道交通工程技术与管理工作。电子邮箱:zhaoxiaohui@ hzmetro. com。

按《城市轨道交通岩土工程勘察规范》(GB 50307—2012)确定隧道范围内围岩分级主要为Ⅴ级,部分为Ⅳ级。勘察时揭露全线区间内岩体强度差异较大,根据岩石饱和抗压强度试验数据分析,大部分岩体的抗压强度值在 15 ~ 30MPa 范围内,为较软岩。但部分勘探点显示,其饱和抗压强度值大于 30MPa,最大值达 62.9MPa,为较硬岩。适应掘进断面地层不均匀等复杂地质条件的掘进,盾构法区间隧道选用复合式土压平衡盾构机,并对刀盘刀具进行强化配置。

为全面掌握盾构隧道的管片壁后注浆密实情况,以及矿山法隧道二次衬砌密实情况,处置地层松散或孔洞等施工遗留的缺陷,确保隧道结构稳固和后期运营安全,研究对 16 号线全线进行盾构隧道注浆密实度检测和矿山法二次衬砌密实情况检测。本文主要探讨盾构隧道管片壁后注浆密实度检测的探索与实践。

2 检测方法比选

2.1 打音检测法

通过敲击在衬砌管片产生、传播的声音,这种声音是根据衬砌管片的状态(厚度,强度,形状等)和打击的物体的形状以及打击强度相关的声音,其高低、音质和音压等随时间发生复杂的变化。用小波转换时间—频率的变化关系,将其表现为等值线图。使用伽柏函数分析数据,利用在打击音分析中有实际成果的小波变换,可以判定管片壁后空洞缺陷等(图 2)。

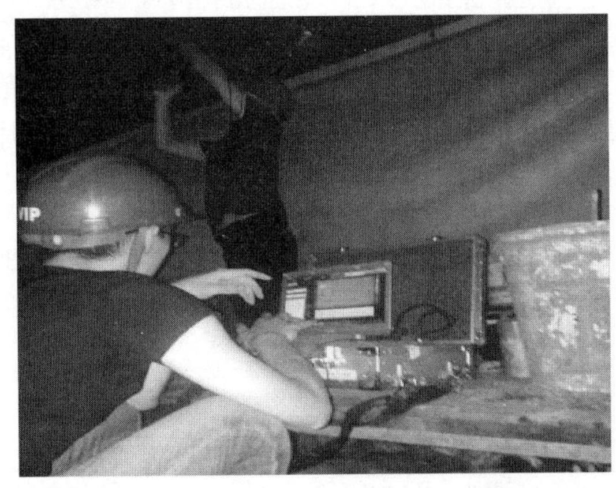

图 2 打音检测法隧道内试验

检测试验结果:本次检测试验共测试 4 条测线,25 片管片,设置 25 个测点。试验结果主要体现为工作效率较低,对空洞或不密实情况判别有误判。

2.2 超声成像法

超声成像法是一种在混凝土结构工程质量检测中应用广泛的方法,既可以用于检测混凝土强度又可以检测混凝土缺陷。阵列式超声波断层扫描技术,采用数字聚焦阵列(Digital Focus Array,简写为 DFA)技术,通过多个超声波换能器组成的阵列探头来发射和接收超声波信号(图 3)。阵列探头内的控制单元激活一排换能器作为信号发射端,而其他排的换能器作为信号接收端。此后,下一排换能器发出信号,其右侧的换能器接收信号。此过程循环重复,直至每排换能器都已经激发过信号为止。

本次测试采用俄罗斯 ACS 公司的 A1040 MIRA 阵列式超声波成像仪。该设备采用 4 × 12 个换能器的阵列,单面检测,是超声成像领域发展起来的较新设备。检测试验结果:本次检测试验采用地下和地面进行,共测试 20 片管片,试验结果表明,可以提供分辨率较高的解析图像,但工作效率较低,检测成本高,对空洞或不密实情况判别有误判。

a)扫描作业测试

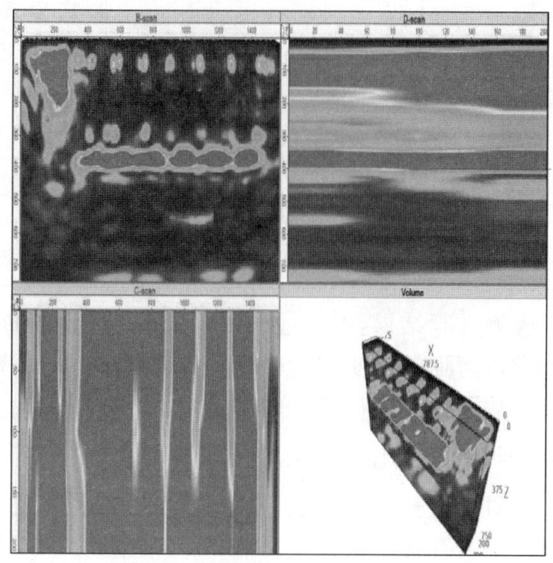

b)锦～临区波形图

图3　阵列式超声波断层扫描

2.3　地质雷达检测法

地质雷达是采用高频电磁波探测地下地质结构及物理属性空间分布的探测技术。如图4所示,由发射天线向地下介质中发射一定中心频率的电磁脉冲波,电磁脉冲波在地下介质中传播时,遇到介质中的电磁性(电阻率、介电常数及磁导率)差异分界面会发生波的反射和透射。被反射的电磁波传回地表,由接收天线接收,通过控制台进行操作和控制现场数据的采集与储存。接收天线所接收的地下反射回波信号经由光纤传输到仪器控制台,并经过处理转换成时间序列信号,在每一测点上的这种时间序列即构成该测点的雷达波形记录道,它包含该测点处所接收的雷达波的幅度、相位及旅行时间等信息。由电脑收集并存储的每一测点上的雷达波形序列形成一个由若干记录道组成的地质雷达剖面。通过对地质雷达剖面进行处理,并根据剖面上雷达回波的运动学与动力学特征便可获得沿探线的剖面下方的有关地质信息(地下目标体及基本形态、地质构造及物理属性的空间分布特征等)。

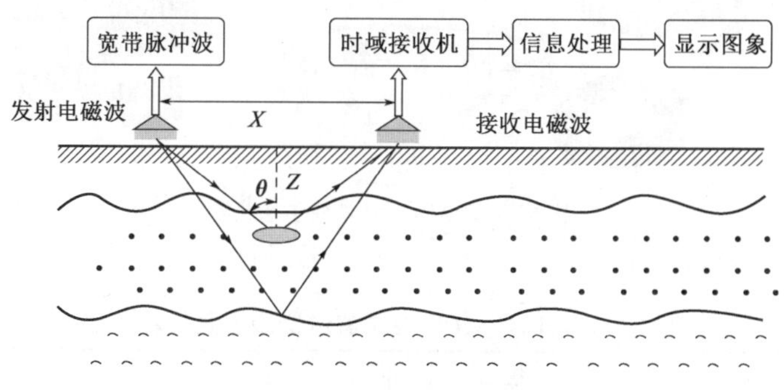

图4　地质雷达检测原理图

盾构隧道结构分管片、注浆浆液、围岩三层介质,介质的电性差异显著。不密实区域由于有空气或水充填,使得电性差异远大于正常结构层间差异,基于此可以确定异常位置。结合以往类似成果,测区内不同介质物性参数见表1。

物 性 参 数 表 表1

介　　质	相对介电常数	电磁波速度(m/ns)
空气	1	0.3
水	81	0.033
管片	8	0.1
围岩	4 ~ 8	0.1 ~ 0.15
注浆浆液	30 ~ 32	0.054 ~ 0.055

检测试验结果:本次检测试验采用地下和地面进行,共测试40片管片。试验结果表明,可以提供较清晰的地质雷达剖面图像,工作效率较高,检测成本适中,但空洞或不密实情况判别对资料数据处理人员要求较高。

2.4 检测试验比选结论

针对以上打音检测法、超声成像法、地质雷达检测法等三种测试试验情况,打音法只能定性判断是否存在不密实或孔洞,较难定量和定位缺陷的大小和具体位置。超声成像法和地质雷达法均可定量和定位缺陷的大小和位置,但超声成像法成本高、工作效率低。综合参考检测成果可靠性、工作效率、检测成本等,通过比选,最终确定在16号线采用地质雷达检测手段,检测强风化、中风化、弱风化等硬岩地层的盾构隧道管片壁后密实度情况,为隧道壁后补浆及在运营变形评估提供依据。

3 地质雷达检测及评价

3.1 仪器装备

本次地质雷达检测采用的仪器为瑞典MALA公司生产的RAMAC/GPR型地质雷达及配套专用探测天线,如图5所示。

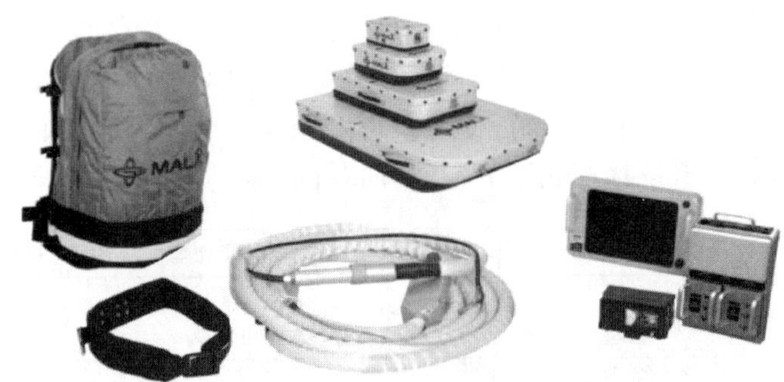

图5　RAMAC/GPR地质雷达系统

该仪器主要技术参数见表2。

MALA RAMAC/GPR 地质雷达仪器主要技术参数 表2

项　　目	参　　数	项　　目	参　　数
脉冲重复频率	10 ~ 200kHz(标准100kHz)	A/D转换	16
样点数/道	128 ~ 8192	叠加次数	1 ~ 32768(自动叠加)
采样频率	0.4 ~ 100GHz	信号稳定性	<100ps

续上表

项　目	参　数	项　目	参　数
通讯方式	ECP	通信速度	>700kB/s
数据传输率	40~400kB/s	触发方式	距离、时间、手动
内置计算机	摩托罗拉683xx	功率	25W
工作温度	-20~+50℃	环境标准	IP67

3.2　地面穿透测试

此次正式探测前，在管片堆场选择地表架空管片进行了雷达检测对比试验，对比铁片放入架空管片底部前后同线位地质雷达电磁波的穿透测试，如图6所示。地面穿透效果如图7所示[左侧坐标轴为时间轴，为电磁波收发旅行时，单位为纳秒(ns)；右侧为深度轴，单位为米(m)，为传播时间换算的深度，下同]。时间剖面0~7.8ns对应管片结构，两剖面波形特征基本一致，以预制管片厚度35cm为准(实测35cm)，电磁波速度为0.11m/ns。当管片底部放入铁片后，图7b)时间剖面在8ns后的反射回波与图7a)存在明显差异，图7b)中同相轴发生相位倒转，且存在强振幅反射，而图7a)中则表现为强衰减的低频特征。前后对比效果明显，表明电磁波能够穿透预制管片。

图6　雷达检测对比试验

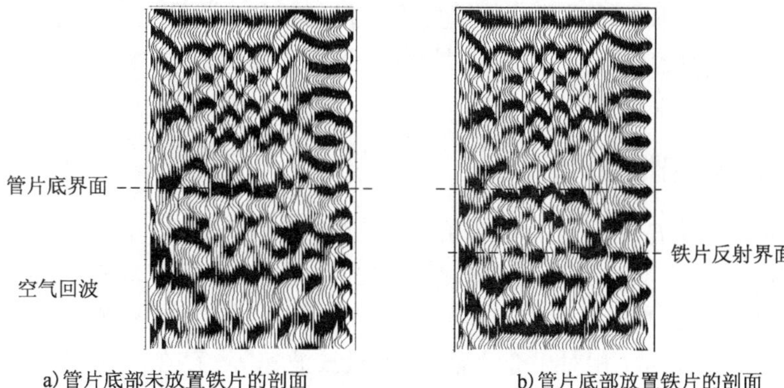

图7　地质雷达试验剖面对比

3.3　测试评价

本次检测工作，天线与隧道侧壁耦合情况良好，设置天线收发距优化等有效措施，实验测线进行正、反向对比探测,雷达原始图像走势及异常形态反映基本一致,如图8所示,数据质量良好,符合有关规范要求。

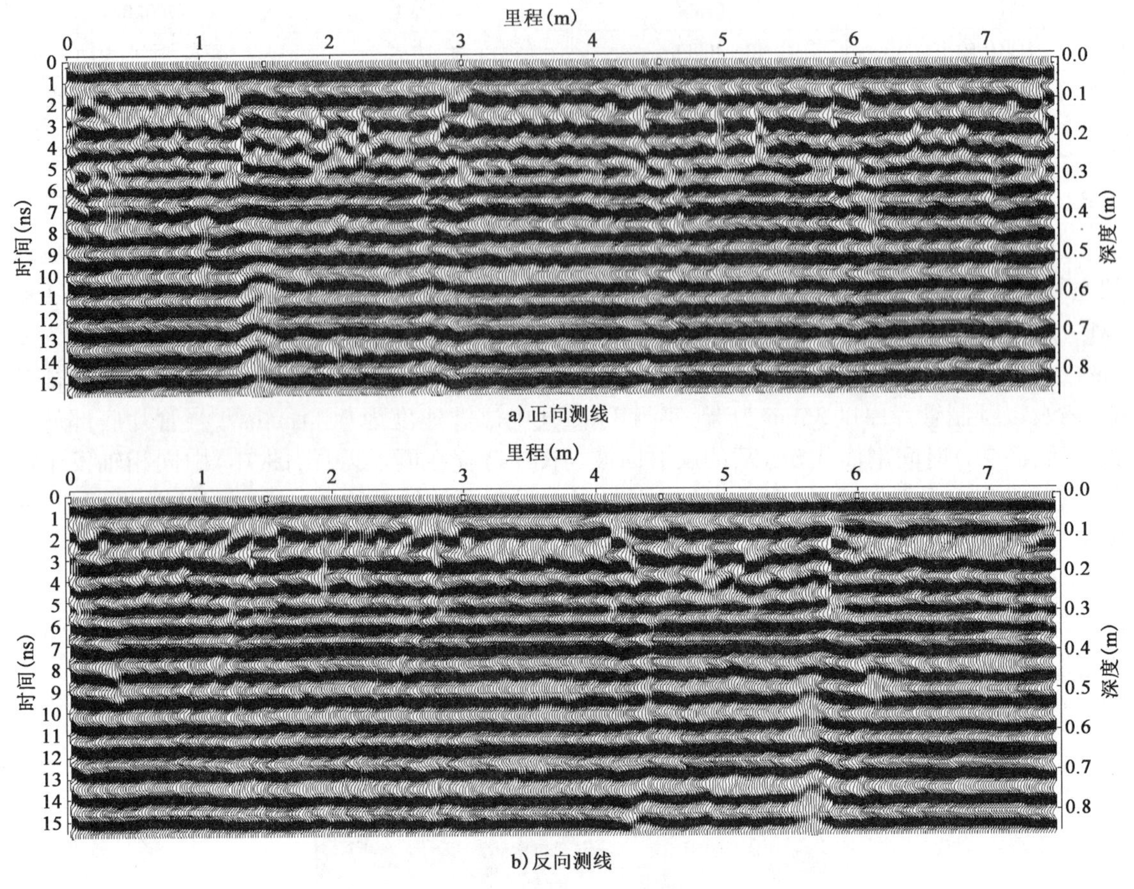

图8 地质雷达正反向探测雷达图像对比

3.4 数据处理

地质雷达数据处理采用Reflexw7.5专用软件进行处理,各处理参数应根据工区具体的地质与地球物理条件进行选取。地质雷达数据处理的目的是提高雷达剖面的信噪比与分辨率。此地质雷达资料处理主要包括以下过程:数据编辑、能量衰减增益、数字滤波处理、背景消除等(图9)。

4 地质雷达检测典型剖面分析

根据硬岩地层盾构隧道结构,雷达检测介质为三层:混凝土管片、壁后注浆材料、围岩。三类介电性质差异显著,注浆不密实区域由于有空气或水(以及惰性浆液混合体)充填,使得电性差异远大于正常结构层,基于此可以确定异常位置。采用地质雷达检测中,不同凝结时间的浆液与管片、围岩的电性参数(相对于介电常数、电磁波波速等)存在一定差异;管片钢筋网较密集,多次发射信号与注浆层反射信号重叠,对地质雷达信号产生影响,导致增加判译难度。可以通过设置天线收发距优化,有效提高电磁波的一次辐射场强而压制多次反射场强,从而提高注浆层反射波信号分辨率。

以16号线高新园区站—青山湖站区间检测为例,介绍进行雷达剖面图分析。

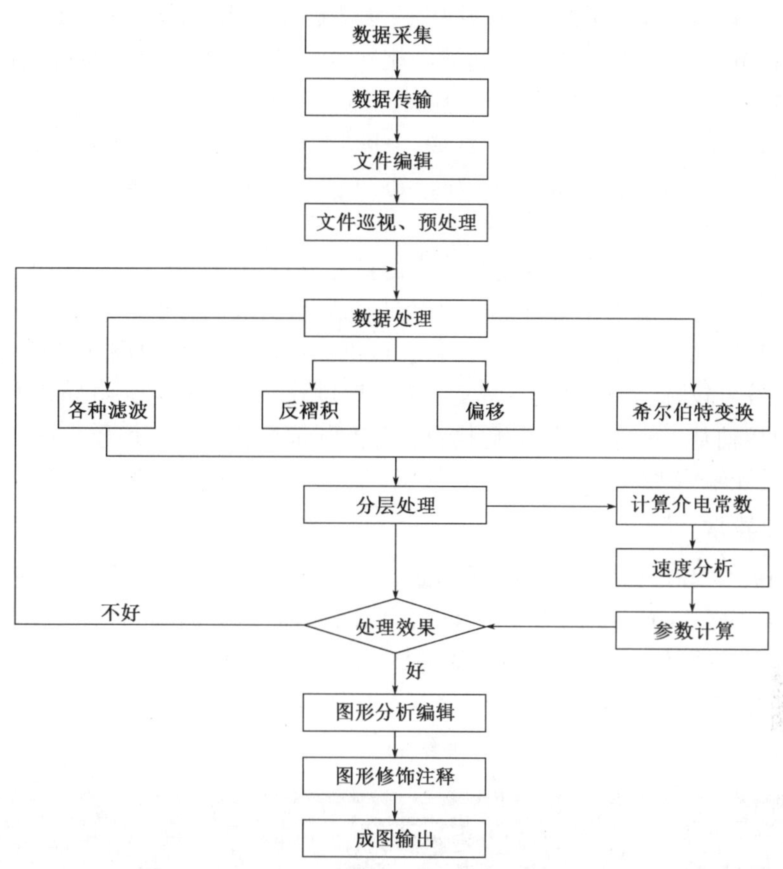

图9　地质雷达数据处理流程图

4.1　注浆密实无异常

高新园区站—青山湖站硬岩盾构区间左线拱顶245～249环地质雷达时间剖面，如图10所示。剖面横坐标表示测线里程，单位为米(m)；左侧纵坐标为时间轴，表示电磁波双程旅行时，单位为纳秒(ns)；右侧纵坐标轴为双程旅行时换算后的探测厚度，单位为米(m)。本隧道为抽样检测，每50环随机检测5环，测线沿隧道走向布置，共经过5环，每环长1.5m，共7.5m，下同。

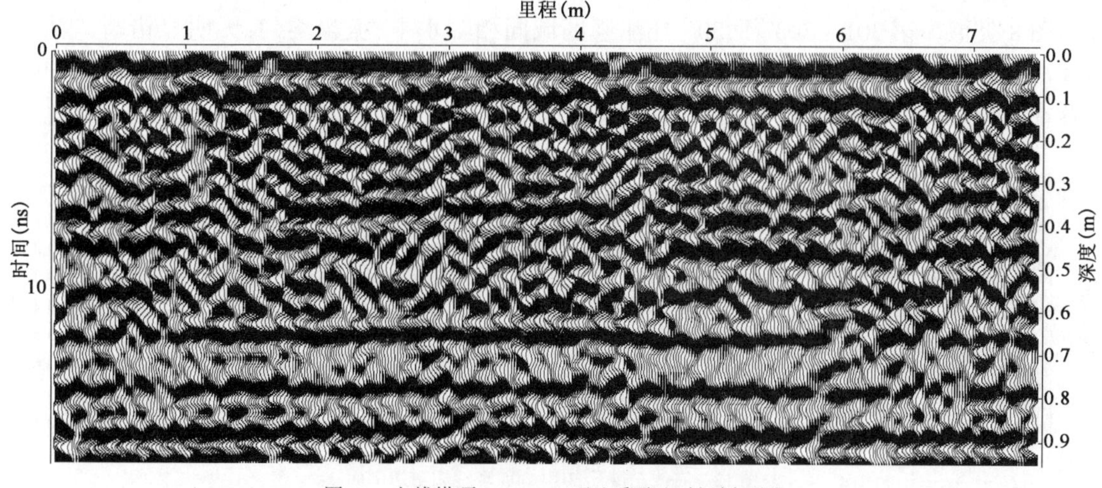

图10　左线拱顶245～249环地质雷达时间剖面图

剖面中 0 ~ 7ns(厚度 0 ~ 0.35m)范围为管片结构。该范围内厚度 0 ~ 0.1m(0 ~ 2ns)为地质雷达直达波分布区域,原本平直的直达波同相轴由于经过盾构管片连接螺栓位置,局部变得扭曲。此外,测线里程 1.5m 整数倍位置为两管片接缝处,在纵向上表现为多次波绕射特征;厚度 0.1 ~ 0.3m(2 ~ 6ns)为钢筋混凝土区域,该区域内弧形绕射波呈规律性分布,为管片连续钢筋网架(钢筋笼)的反映;厚度 0.35m(7ns)处,可见水平连续强振幅同相轴,为管片顶界面与注浆材料的分界面。

根据 16 号线使用的盾构机刀盘直径和盾构管片外径,在检测介质厚度 0.35 ~ 0.5m(7 ~ 10ns)范围为注浆区域。由于注浆材料配比存在细微变化,故高频电磁波在其中的波阻抗也存在微弱变化,同相轴趋于水平,但不完全一致。该剖面中注浆区域内同相轴振幅均衡,近水平分布,表明注浆效果较好,未见明显不密实异常。厚度 0.5 ~ 0.7m(10 ~ 14ns)主要对应基岩区域,该范围内同相轴基本水平连续,与盾构及管片实际情况相吻合。地质雷达剖面图表明区域内盾构管片壁后注浆密实。

4.2 注浆密实异常

左线拱顶 196 ~ 200 环地质雷达时间剖面,如图 11 所示。剖面中管片和围岩的波组特征与图 9 类似。第 196 ~ 197、199 ~ 200 环注浆区域同相轴水平,振幅均匀,无明显错断,表明壁后浆液充填均匀,注浆效果较好。第 198 环管片厚度 0.4 ~ 0.65m 区域,存在同相轴错断、扭曲特征,雷达剖面图中该区域介质存在明显差异变化,表明为注浆不密实的反映。

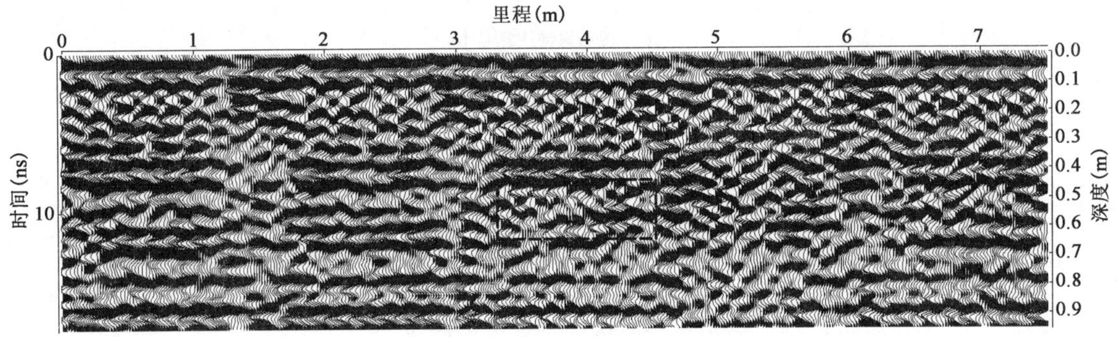

图 11　左线拱顶 196 ~ 200 环地质雷达剖面

右线左拱腰 301 ~ 305 环地质雷达时间剖面,如图 12 所示。剖面中管片和围岩的波组特征与图 8 类似。第 301 ~ 303 环、305 环注浆区域同相轴水平,振幅均匀,无明显错断,表明壁后浆液充填均匀,注浆效果较好。第 304 环管片里程 5 ~ 5.7m(厚度 0.4 ~ 0.55m)区域,同相轴存在弧形绕射特征,雷达剖面图中该区域介质存在明显差异变化,为注浆不密实的反映。

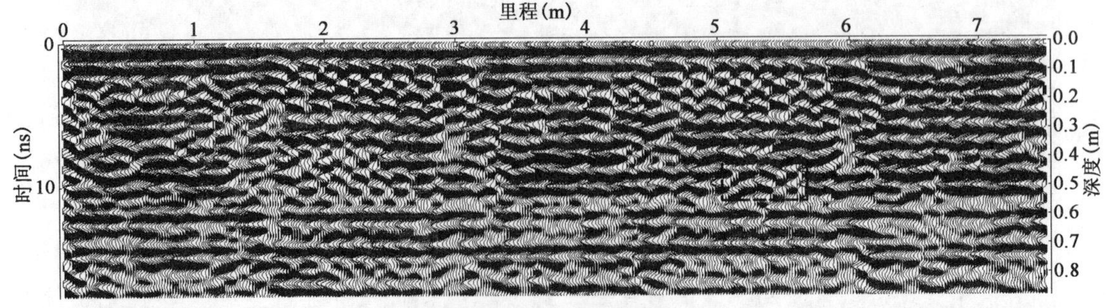

图 12　右线左拱腰 301 ~ 305 环地质雷达剖面

5 结语

16 号线采用地质雷达检测对全线隧道进行检测,其中盾构隧道管片壁后密实度按照里程长度抽检 10%,检测按照顶部、左右侧腰部共三条测线进行;矿山法隧道按照拱顶、左右侧腰部、左右侧边墙及底板共六条测线进行 100% 全检。盾构隧道和矿山法隧道检测结果总体情况良好,未发现较大范围或严重的注浆不密实或脱空现象。在检测中,对邻近联络通道钢管片部位的预制混凝土管片进行地质雷达检测,检测结果与拆卸管片后暴露出的实际注浆密实情况进行对比校核,对比情况基本吻合(图 13)。

图 13　拆卸钢管片后暴露出的实际注浆密实情况检查

以 16 号线余杭段盾构隧道区间为例,南湖新城—东工作井盾构区间的三条测线地质雷达检测合格率为 96.4% ~ 100%;老余杭镇站—东工作井盾构区间合格率 96.6% ~ 100%;老余杭镇站—风新路站盾构区间合格率 96.4% ~ 97.3%;风新路站—绿汀路站盾构区间合格率 98.3% ~ 99.8%。雷达抽测后,对检测不合格部位均进行了二次补浆及复检,复检密实合格。

16 号线通过打音检测法、超声成像法、地质雷达检测法分别进行现场试验,比选后采用地质雷达检测手段,对盾构隧道管片壁后密实度检测的探索与成功实践,有效解决在强风化、中风化、弱风化地质岩层的盾构隧道的管片壁后密实度探测情况,为隧道壁后补浆及在运营变形评估提供依据,并为类似工程提供参考。

同时,由于壁后注浆介质成分多样,物性参数存在变化,探测结果存在一定偏差和误判,尤其在分析地质雷达剖面图像时,甄别判断空洞或不密实情况,对资料数据处理人员要求较高,也直接关系检测结果的准确性。如何有效提高地质雷达剖面图像自动化分析,是采用地质雷达检测手段对盾构隧道管片壁后密实度检测研究方向。

参考文献

[1] 胡盛斌,徐国元,等.基于天线收发距的盾构壁后注浆雷达探测试验研究[J].中南大学学报,2019,50(2):360-361.

[2] 张铮.地质雷达法在城市地铁检测中的技术应用[J].交通规期与工程,2018,51:240.

[3] 张凤祥,朱合华,傅德明. 盾构隧道[M]. 北京:人民交通出版社,2004.

杭州地铁1号线三期下穿萧山国际机场综合技术研究

冯 伟[1] 陈海光[1] 艾兵兵[2]

(1. 杭州市地铁集团有限责任公司 浙江杭州 310018;2. 中铁二局集团有限公司 四川成都 610083)

摘 要:杭州地铁1号线三期工程下穿萧山国际机场飞行控制区,此工程为国内首个在富含沼气地层且无释放条件下盾构穿越国家干线机场的项目。工程具有沉降控制要求高、沼气防治难度大、长距离穿越淤泥质土层等特点。针对工程特点,为保证工程安全顺利地进行,从盾构机选型、优化隧道设计参数、施工技术研究等方面进行了研究,提出了针对性的措施。实践表明,隧道穿越所产生的变形影响均在可控范围内,且施工过程中隧道内沼气浓度在安全指标内,整个施工过程中,机场运营未受到任何影响,实现了盾构安全平稳下穿萧山国际机场的目标,对于类似工程条件下的盾构施工具有一定的借鉴价值与指导意义。

关键词:盾构;下穿机场;变形控制;沼气防治

1 引言

随着城市建设的发展,一些地铁隧道、交通隧道不得不穿越机场飞行控制区。例如上海轨道交通10号线空港一路站—虹桥东站区间隧道穿越运行中的停机坪、滑行道、跑道、新跑道、新建滑行道和停机坪。成都轨道交通10号线二期工程空港二站—双流西站区间下穿双流国际机场停机坪、航油管线等。由于机场飞行控制区的特殊性,在隧道施工过程中要满足不停航施工的要求,目前为减少隧道施工对机场的影响,隧道施工过程中首选的为盾构法施工。而盾构施工过程中如何做好对机场建(构)筑物的变形控制及沼气防治是关键问题。

温竹茵对超大直径土压平衡盾构穿越机场技术进行了研究,肖明等对盾构隧道下穿机场飞行跑道沉陷控制进行了数值模拟研究,孙琒等对上海虹桥机场飞行区三项隧道工程进行了介绍,李兴高等对穿越机场隧道的施工方法进行了研究,周松等对上海仙霞西路隧道下穿虹桥机场的施工控制技术进行了分析,并提出了技术措施,公孙铭等用数值模拟的方法对盾构隧道下穿机场跑道的影响进行了分析。本文以杭州地铁1号线三期盾构隧道下越萧山国际机场为工程背景,针对隧道沉降控制要求高、沼气防治难度大、长距离穿越淤泥质土层等重难点进行研究,提出了针对性措施,为今后此类项目建设提供有益经验。

2 工程概况

2.1 项目背景

杭州地铁1号线三期工程位于杭州市东部,线路将串联起萧山机场、杭州东站、杭州城站、杭州汽车客运中心等多个重要交通枢纽。根据工程整体筹划,向阳路站—萧山机场站区间两

作者简介:冯伟(1988—),男,硕士研究生,工程师,目前主要从事城市轨道交通建设管理工作。电子邮箱:1048266125@qq.com。

台盾构机从向阳路站始发，两台盾构机从萧山机场站始发，4 台盾构机均在中间风井接收，本文主要以向阳路站—机场风井两台盾构机为例进行研究。向阳路站—机场风井区间左右线在 680 ~ 1590 环穿越萧山机场停机坪，是杭州地铁第一次穿越机场，也是浙江省首条下穿国际运营机场地铁隧道。区间隧道埋深 16 ~ 24m，线间距 12 ~ 12.7m，最大坡度为下坡 25‰，最小圆曲线半径 450m。盾构隧道内径 5500mm，厚度 350mm，环宽 1200mm。停机坪为 5m × 5m 的方块，厚度为 38 ~ 42cm 的现浇混凝土。停机坪及草坪均在萧山机场飞行控制区内，变形控制要求严格，施工条件复杂。

2.2 地质条件

下穿机场段隧道顶覆土深度 18m，盾构穿越的主要地层为⑥$_1$ 淤泥质黏土、③$_6$ 砂质粉土、③$_5$ 砂质粉土，上覆土层为③$_6$ 砂质粉土，③$_5$ 粉砂，下卧层为⑥$_1$ 淤泥质黏土，如图 1 所示。区间沼气深度为 15 ~ 40m，其中在 17 ~ 38m 为主要富气段。勘察单位进行了 16 个专项浅层有害气体探测（机场外 9 个，机场草坪内 7 个），最大压力 0.235MPa，如图 2 所示。

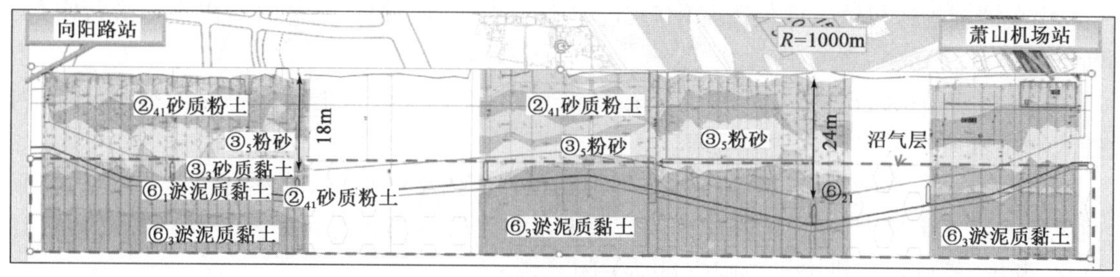

图 1 区间隧道地质剖面图

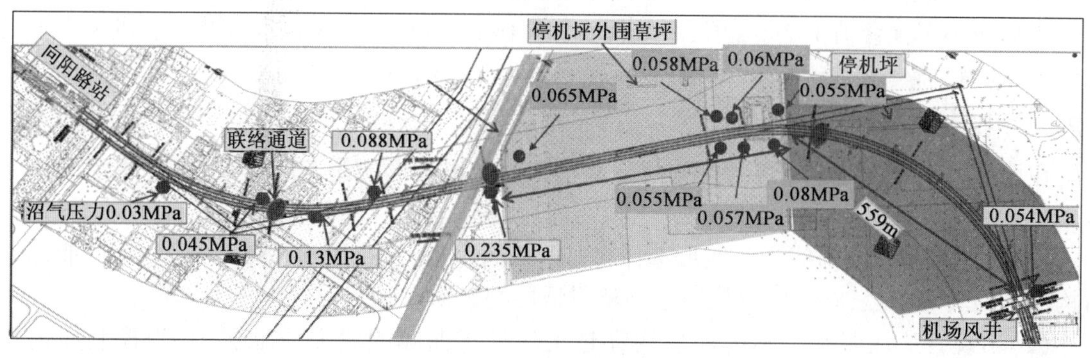

图 2 沼气压力分布图

2.3 施工风险分析

本区间盾构穿越施工期间萧山国际机场处于正常运营状态，且禁止在机场区域对隧道富含的沼气进行地面释放。因此在盾构掘进施工中确保萧山国际机场建（构）筑物的安全及区间沼气处置是本工程的重要风险。

（1）停机坪变形控制。施工过程中萧山机场每日航班流量达到 900 架次，年客运量达 4000 万人次，运行流量大、安全风险控制要求高，地面沉降要求控制在 10mm 以内，施工的技术难度和安全风险极高。根据萧山机场及主管部门的要求，穿越停机坪变形控制值：停机坪沉降限值为 10mm，平曲度不大于 1/1000，板块间差异沉降为 5mm。停机坪对变形较敏感，且每隔 5m 设置有纵向企口缝和传力杆水平缝，对施工变形要求更高。

（2）沼气防治。地层中的沼气历来都是地下工程的重大安全隐患之一，若控制措施不到位极易发生人员窒息和沼气爆炸等安全事故,如1993年东京水道局输水盾构隧道发生沼气爆炸事故,造成4人死亡。根据总体设计,向萧盾构区间长度4.8km的隧道处于砂质粉土、粉砂、流塑状淤泥质黏土等不良地层,地层内富含高压沼气,且在机场范围内无沼气地面释放条件,据统计数据显示,本工程为国内首个在富含沼气地层且无释放条件下盾构穿越国家干线机场的项目。

3 下穿机场综合技术研究

3.1 盾构机选型

针对盾构区间穿越萧山机场的地质条件、外部环境影响等相关因素,经过技术分析研究,选择中铁装备CTE6440土压平衡盾构机,开挖直径6460mm,最大推力42550kN,设备总质量460t,刀盘开口率52%,并进行了如下针对性选型设计。

(1)盾构机及配套台车上的电气设备有防爆和防短路保护装置,提高施工期间的安全保障。

(2)在螺旋输送机设置两道密封闸门,可以在检测到沼气超标时及时对出土口进行密封,隔断沼气出口。

(3)在螺旋输送机出土口、盾构机车架、土仓门、台车内安装智能红外甲烷传感器;隧道内设置大功率轴流式通风机及防爆风扇。

(4)具有瓦电闭锁功能。有害气体浓度达到预警值0.35%时,系统发出警告,隧道内轴流式通风机开启功率最大,强力稀释洞内沼气浓度。有害气体浓度达到报警值1%时,盾构机自动停机、断电,螺旋输送机出土口闸门自动关闭。

(5)具有风电闭锁功能。风速检测仪分别设置在进风侧(连接桥左)及回风侧(连接桥右),当风速小于预警值1.2m/s时,系统提示加强洞内通风,提高风机运行功率。风速小于报警值1m/s时,盾构机自动停机、断电,螺旋输送机出土口闸门自动关闭。

3.2 优化隧道设计参数

在设计上主要通过以下各项措施将隧道施工对地层变形的影响降至最低,并将沼气风险降至最低。

(1)优化穿越段隧道线形。线形选择时避开机场跑道,从跑道端头草坪穿越;尽可能加大盾构的平面转弯半径,减少因盾构姿态调整对地层的扰动。

(2)增设管片注浆孔。本区间盾构穿越土层处于深厚的淤泥质地层中,为控制周边建(构)筑物的沉降及隧道结构后期沉降,本区间所有管片每环均增设注浆孔至14个,目前杭州地铁常规每环管片为6个注浆孔。

(3)加强注浆控制。同步注浆浆液采用新型厚浆,在影响较大的地段,为减少地面沉降,可选择速凝型浆液,即在水泥浆液中添加适当比例的水玻璃。针对盾尾间隙沉降和固结沉降,应加强壁后注浆,实现阻水、固土、均匀沉降的目的。壁后注浆严格按照“注浆与掘进同时进行、确保注浆饱满”的原则进行控制,下穿段以同步注浆和二次注浆相结合的方式进行。注浆采用多点注浆的方式,按照“注浆压力、注浆量双控”的方法,实际填充注浆量控制在理论填充注浆量的150%~200%,注浆量和注浆压力可根据地层变形监测数据调整。

(4)隧道通风设计。隧道中防止瓦斯聚集的风速不宜小于1m/s,风机选型风量为30.4m^3/s(一用一备),选型风压为5900Pa,风管材料为聚氯乙烯(PVC)拉链式高强阻燃风管,其直径为1.5m,每节100m,平均百米漏风率≤1.0%。

3.3 施工技术研究

3.3.1 设置试验段

选取向阳路站—机场风井区间右线400～484环作为盾构穿越机场飞行控制区前的试验段,加强土体变形观测,检验预定情况的施工掘进参数引起的地层变形程度是否能够达到预期的目标,根据试验段的施工效果来调整盾构下穿掘进施工参数,最终通过参数的收集整理得出下穿机场飞行控制区的最佳施工参数。

通过400～484环试验段掘进参数的收集、分析,计算土仓压力与实际掘进的土仓压力对比,在计算土仓压力的数值上乘以0.95的系数,可以很好地保证地表沉降,此时土仓压力与隧道埋深的关系为:土仓压力=0.135×埋深(m)。机场范围内的地质情况不够明朗,可用此法建立土仓压力推进。在机场飞行控制区掘进施工的参数见表1。

向阳路站—机场风井区间穿越机场施工参数 表1

序　号	盾构施工参数	单　位	数　值
1	盾构土压	bar	2.0～2.4
2	推进速度	cm/min	3～4
3	刀盘扭矩	kN·m	1000～1400
4	总推力	kN	13000～15000
5	同步注浆量	m^3	5.3～5.6
6	同步注浆压力	MPa	≤0.3
7	二次注浆频次		每10环设置一个止水环箍
8	二次注浆压力	MPa	≤0.4

3.3.2 地质雷达扫描

由于穿越机场飞行控制区进行钻孔监测条件困难,根据要求调整了监测方案,同时增加地质雷达扫描等相关技术措施。盾构在萧山国际机场范围内掘进时,对萧山国际机场内使用地质雷达探测仪进行扫描,以便了解萧山国际机场下方地层是否存在空洞及异物等情况,待盾构掘进过此区域段后再次对下方地层进行地质扫描,检查地层中是否因盾构掘进而造成空洞等情况,掌握盾构施工对周边环境的影响情况,反馈数据用以指导盾构施工,确保盾构施工及机场运营安全,如图3所示。

图3　对萧山国际机场进行地质雷达扫描

3.3.3 沼气浓度监测

(1)盾构机均具备有害气体自动监测的功能,对甲烷、一氧化碳、硫化氢、二氧化碳、氧气进行实时监测。

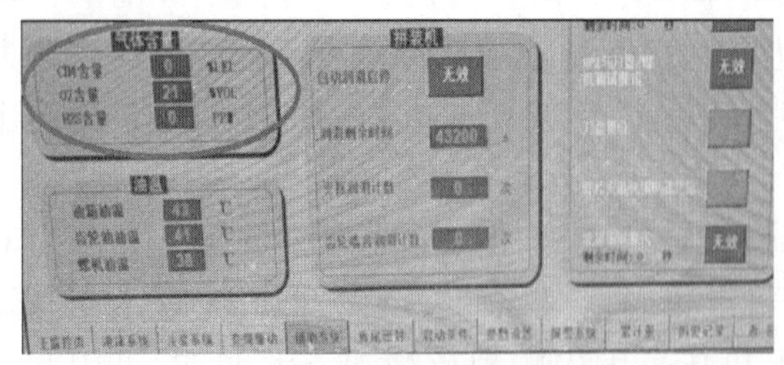

图4 辅助系统界面

盾构机自动监测仪数据显示终端在盾构机操作系统的辅助操作系统上(PLC 连接),实时显示有害气体数据,如图4 所示。

(2)为了更加安全且有对比性,引入 KJ102X 煤矿安全监控系统对洞内沼气进行实时监测,两套系统相互验证,进一步提高安全储备,在螺旋输送机出土口、皮带机出土口、洞口设置甲烷监测仪,监测仪实物如图5 所示。

图5 煤矿监测系统

(3)人工复测。为验证气体监测系统的可靠性,确保在含不良气体地层盾构施工的安全系数,对隧道内有害气体浓度进行人工复测,人工复测每 2h 对盾构机盾体、台车 1、台车 6、隧道成型区进行复测,并做好记录。人工每天进行多次复检,形成复检记录。3 套系统相互验证、补充,确保隧道施工安全。

3.3.4 区间隧道通风措施

通风是降低隧道内沼气浓度最有效的方法,根据已有铁路隧道施工通风成功方案,采用压入式通风方案能够较好地保证隧道内沼气在短时间内迅速排放到外部空间,使得隧道内沼气浓度保持在安全值以下,并采取以下措施:

(1)为了加强隧道内通风,将常规通风机(2 × 35kW)更换为大功率轴流式通风机(2 × 110kW,最大风量 $48.5m^3$,最大风压 6500Pa)投入本区间,并按照一备一用配置。

(2)在拼装平台上增设防爆风扇(型号 BT35-11-4,功率 0.25kW,风量 $3202m^3/h$),加强上部空气流动,在 1 号车架上部两侧各增设一部局部防爆风扇,使隧道内快速形成循环风流,保证新鲜风循环流动。

(3)改造风机出风口端风管,设置一个分流管对准螺旋输送机出土口处通风,在沼气气体涌出的瞬间对其进行稀释,使沼气浓度降至 0.25% 以下。

(4)螺旋输送机出土口设置一通风管至设置的离心风机处,离心风机强行抽取出土口溢出的沼气,由离心风管引导稀释后排出隧道外。在实现上述通风设计的同时,需要对原有盾构施工技术做出相应的技术优化,以保证整体施工技术与监测能够同步发挥作用,切实保证盾构施工的安全、顺利推进。

4 监测数据分析

以向阳路站—机场风井区间为例,选取盾构穿越萧山国际机场草坪区隧道第 680 ~ 1060 环监测数据,盾构于 2019 年 11 月 25 日完成穿越,如图 6 所示为 2019 年 11 月 25 日和 2020 年 6 月 17 日分别测出的沉降值,经过 6 个月后,隧道沉降值趋于稳定,累计沉降在 7mm 以内。

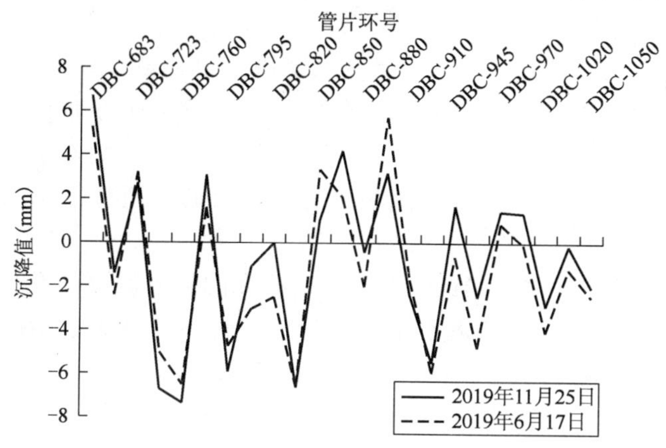

图 6 穿越机场草坪区沉降曲线

选取盾构穿越萧山国际机场货运停机坪隧道第 1100 ~ 1550 环监测数据,盾构于 2020 年 1 月 7 日完成穿越,如图 7 所示为 2020 年 1 月 7 日和 2020 年 6 月 17 日分别测出的沉降值,经过 5 个月后,隧道沉降值趋于稳定,累计沉降在 7mm 内。

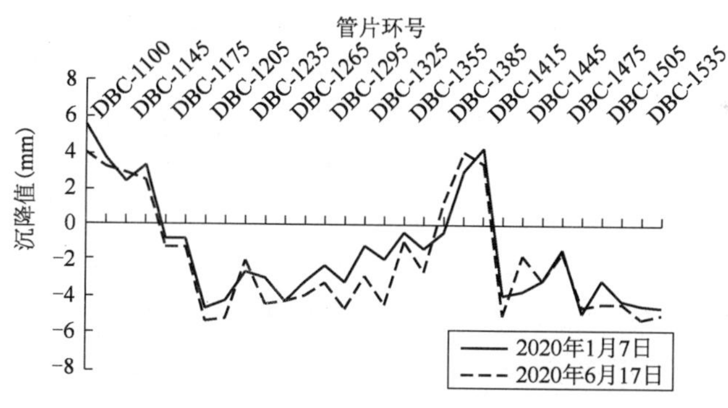

图 7 穿越货运停机坪沉降曲线

5 结语

(1)针对杭州地铁 1 号线三期下穿萧山国际机场的特殊性,及工程具有沉降控制要求高、沼气防治难度大、长距离穿越淤泥质土层等特点,从盾构机选型、优化隧道设计参数、施工技术研究等多方面采取控制措施,将设计、设备、施工等多个方面有机结合,以科学的方法解决了施工难题,为安全生产及施工提供了强有力保障,确保了盾构施工安全及萧山国际机场运营安全。

(2)通过多手段的有害气体监测相互验证,并辅以强有力的通风措施,及盾构机瓦电、风电闭锁功能等安全预控措施,在富含沼气地层且无释放条件下盾构穿越工程是可以顺利实施的。实测数据分析也表明:随着盾构掘进,地层损失率增大,停机坪沉降逐渐增加,且工后仍会有沉降量,通过注浆控制,最大沉降值在可控范围内。

(3)工程实践表明,采取合理的技术措施,在富含沼气地层且无释放条件下采用盾构法穿越机场飞行控制区是可行的,对于类似工程条件下的盾构施工具有一定的借鉴价值与指导意义。

参考文献

[1] 温竹茵. 超大直径土压平衡盾构穿越机场技术研究[J]. 施工技术,2017,46(8):52-55.

[2] 肖明,来颖. 盾构隧道下穿机场飞行跑道沉陷控制三维数值分析[J]. 隧道建设,2011,31(增刊1):32-37.

[3] 孙琈,廖少明,米思兴,等. 下穿上海虹桥机场飞行区的三项隧道工程简介[J]. 地下工程与隧道,2010,3:10-14.

[4] 李兴高,袁大军,于娇. 穿越机场隧道施工方法研究[J]. 科技创新导报,2013(31):1-2.

[5] 周松,荣建,陈立生,等. 大直径泥水平衡盾构下穿机场的施工控制[J]. 岩石力学与工程学报,2012,31(4):806-713.

[6] 公孙铭,张智梅,杨超,等. 盾构下穿机场跑道的数值模拟研究[J]. 地下空间与工程学报,2011,7(3):464-468.

[7] 沈林冲. 杭州地铁1号线下穿钱塘江工程的若干技术问题[J]. 城市轨道交通研究,2011,9:84-88.

杭州地铁地下浅层沼气分布规律及工程处理措施

王松平　梁正峰　熊　鑫　汪　星

（浙江华东建设工程有限公司　浙江杭州　310014）

摘　要：本文详细总结了杭州地铁1～8号线浅层沼气发育的形成机理与沼气分布地层组合，以及沼气专项探测与沼气排放处理方法，对盾构施工掘进过程常用的沼气防护措施进行了总结，实施效果良好，可为同类工程提供参考。

关键词：浅层沼气；储气层；专项探测；有控放气；施工措施

1　引言

杭州地铁已经开通运行线路总里程为206km，目前在建里程为310km，杭州地铁线网走向如图1所示。其中地下隧道区间均采用盾构掘进施工，在钱塘江内和南岸滨江及大江东区域沼气专项勘察时发现部分区段存在地下浅层沼气，最大压力可达0.43～1.0MPa，对工程危害较大。浅层沼气是地铁隧道盾构掘进遇到的地质风险之一，当盾构隧道推进作业时，由于高压浅层沼气从盾构机螺旋输送机口突然释放，可能造成沼气和地下水、流沙混合物喷涌进入盾构机仓内，可能造成下伏土层失稳，使已建好的隧道产生位移、断裂，甚至施工人员出现中毒或遇明火爆炸，危及人身安全，造成不可挽回的重大经济损失。

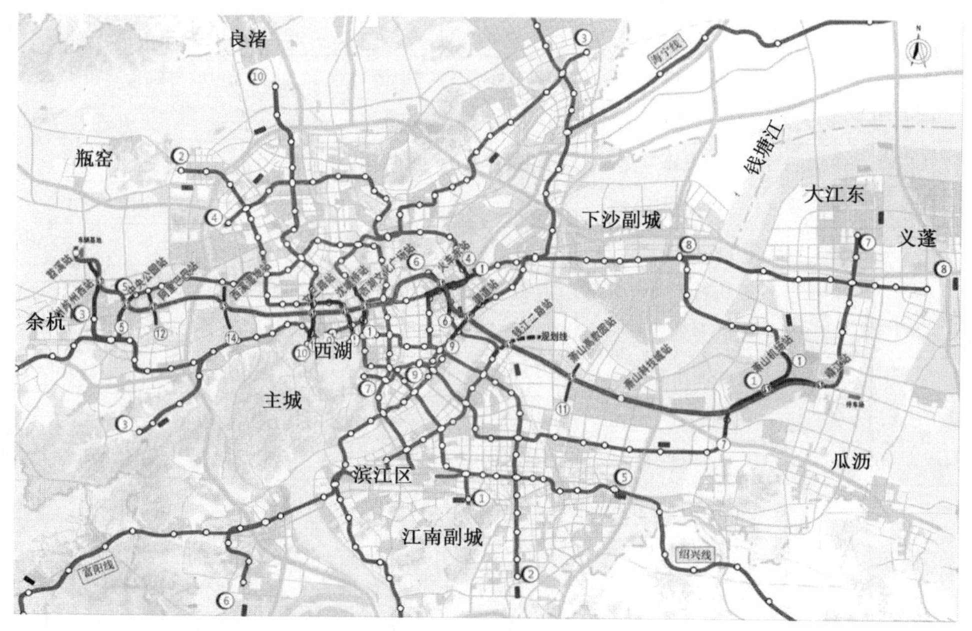

图1　杭州地铁规划线网

作者简介：王松平（1971—），男，大学本科，正高级工程师，国家注册岩土工程师，目前主要从事城市轨道交通工程勘察工作。电子邮箱：355487853@qq.com。

2 工程地质条件

2.1 沉积地貌单元分区

杭州市区分二个沉积地貌单位，分为Ⅰ区钱塘江冲海积平原与Ⅱ区滨海相沉积平原，分区界线以打铁关～湖滨～乔司～临平呈 NE 向为界，界线的东南面为Ⅰ区，主要包含钱塘江南岸的滨江及大江东区块；界线的西北面为Ⅱ区，主要位于杭州市中心一带及西北区块，现分述如下。

(1) Ⅰ区钱塘江冲海积平原：上部约 20m 为钱塘江冲积相富水的砂质粉土、粉砂，与盾构隧道设计施工影响的地层特点为：上部$③_1$～$③_7$层砂质粉土、粉砂呈稍密～中密状态，局部呈地震轻微～中等液化势，螺旋输送机口易喷涌，需做好渣土改良；其下为厚层$⑥_1$层＋$⑥_2$层高压缩性的饱和淤泥质软土，工程性能差，为沼气含气层。

(2) Ⅱ区滨海相沉积平原：地面以下均为$④_1$＋$④_2$＋$⑥_1$＋$⑥_2$层深厚滨海相淤泥质软土，累计厚度可达 25～35m。其特点为盾构掘进范围土层主要为$⑥_1$、$⑥_2$层为饱和淤泥质软土，低强度、高压缩性、低渗透性，其力学性能类似于宁波和上海的软土地层，工程性能差，为沼气含气层。

2.2 地基土的构成与特征

盾构隧道掘进施工影响范围内土层见表 1。

杭州地铁岩土层分布一览表　　表 1

时代及成因	层号	土层名称	颜色	状态	特征
Q_4^{ml}	①	杂填土	杂色	松散	松散
	②	粉质黏土	灰～灰黄色	软塑	俗称“硬壳层”
Q_4^{3al}～Q_4^{3m}、Q_4^{2al}～Q_4^{2m} 钱塘江冲积相Ⅰ区	$③_1$	砂质粉土	灰～灰黄色	稍密	静探锥尖阻力 q_c=1.5～2.5MPa
	$③_2$	砂质粉土	灰～灰黄色	稍密	q_c=2.5～4MPa
	$③_3$	砂质粉土	灰色	中密	沿线大部分布，q_c=6～7MPa
	$③_4$	砂质粉土	灰色	稍密	q_c=3～4MPa
	$③_5$	砂质粉土	灰色	稍密	q_c=4.5～5MPa
	$③_6$	粉砂夹砂质粉土	灰色	中密	沿线大部分布，q_c=6～8MPa
	$③_7$	砂质粉土夹淤泥	灰色	稍密	局部分布，q_c=1～3MPa，沼气含气层
	$③_8$	粉砂夹砂质粉土	灰～灰黄色	中密	局部分布，q_c=7～8MPa
Q_4^{2m} 第一软土层	$④_1$	淤泥质黏土	灰色	流塑	性能最差，同上海的④层土
	$④_2$	淤泥质粉质黏土	灰色	流塑	性能差，高压缩性
Q_4^{1al}～Q_4^{1l}	⑤	粉质黏土	灰黄～褐黄	硬可塑	中等压缩性，需泡沫剂渣土改良
Q_4^{1m} 第二软土层	$⑥_1$	淤泥质粉质黏土	灰色	流塑	高压缩性，沼气含气层
	$⑥_2$	淤泥质粉质黏土	灰色	流塑	高压缩性，沼气含气层
	$⑥_3$	粉砂	灰色	中密	q_c=6～7MPa，沼气含气层
Q_3^{1al}～Q_3^{1l}	$⑦_1$	黏土	褐黄色	软可塑	黏性好，需泡沫剂渣土改良
Q_3^{2l}	$⑧_1$	灰色淤泥质黏土	褐灰色	流塑	高压缩性，沼气含气层
	$⑧_2$	灰色粉质黏土	灰～青灰色	软塑	高压缩性，沼气含气层
	$⑧_3$	灰色粉砂	灰～青灰色	中密	局部分布，沼气含气层
Q_3^{2al}～Q_3^{2l}	⑨	粉质黏土	灰黄色	硬可塑	中等压缩性，黏性好，需使用泡沫剂改良渣土

3 含沼气层地层组合

浅层沼气分布地层组合:淤泥质土或淤泥质土+透镜体状或下卧粉土、粉砂,其中淤泥质土为气源层,淤泥质土及粉土、粉砂为储气层。当淤泥质土中有机质含量越高,分布于淤泥质土中间或紧接其下的粉土、砂土层越厚,沼气压力越大,7号线最大实测沼气压力高达1MPa以上。从沼气分布层位统计分析来看,沼气主要储存于③$_7$层砂质粉土夹淤泥质土、⑥$_1$+⑥$_2$层淤泥质粉质黏土、⑥$_3$层粉砂层中,含气层顶板高程一般为-11~-15m之间,其次为气压相对较小的⑧$_1$、⑧$_2$层,沼气平面范围主要分布在钱塘江内及钱塘江南岸的滨江、大江东。

图2为杭州6条地铁线路沼气分布层位(紫红色斜线范围)的地质剖面示意图,其中地铁2、3号线基本无沼气,沼气分布特征见表2。

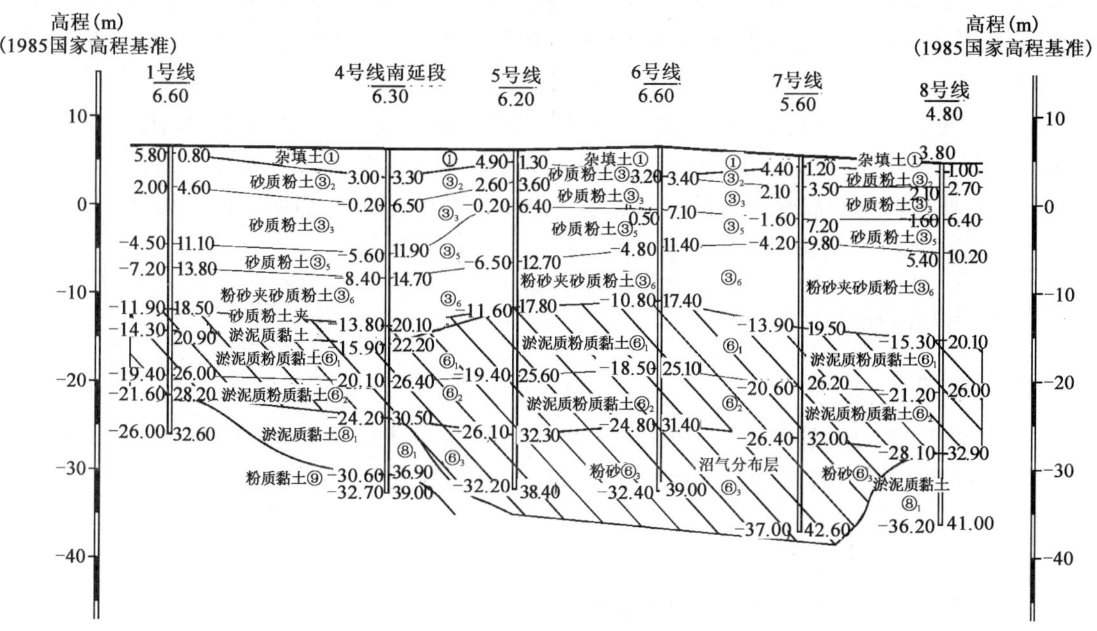

图2 杭州地铁6条线路地质剖面示意图及沼气分布层位

沼气分布特征表 表2

位 置	顶板埋深、标高(m)	钻孔喷发情况	实测压力大小(MPa)
地铁1号线	18.5、-11.9	水柱高15m	0.22~0.43
地铁4号线南延段	20.1、-13.8		0.08~0.22
地铁5号线	17.8、-11.6		0.03~0.10
地铁6号线	17.4、-10.8		0.02~0.20
地铁7号线	19.5、-13.9	水柱高40m,喷发45d	0.05~1.0
地铁8号线	20.1、-15.3	水柱高10m	0.03~0.28

4 沼气的形成条件和物理性质

杭州地区全新世以来钱塘江经历了早期河流相沉积、中期海水覆盖、晚期河口湾形成、萎缩和湖沼发育等过程,沉积了海相沉积的厚度 20 ~ 30m 的④、⑥层灰色 ~ 灰黑色的淤泥质粉质黏土层,有机碳含量一般为 0.4% ~0.8%,大量的有机物被细菌分解后生成了甲烷有害气体,其形成过程可用下式表示:

$$\text{有机物} + \text{厌氧细菌} \xrightarrow{\text{一定温度和压力}} CH_4 + CO_2 + H_2O$$

地下浅层气形成要有三个必要条件:一是气源层要有丰富的有机物,二是场地一定范围内要有稳定的相对密闭的覆盖层,三是场地有相对稳定的储存空间。滨海相淤泥质粉质黏土层富含腐殖质、植物等有机质,是良好的“气源层”,同时其又是良好的“盖层”,即淤泥质土既生成沼气又具有自封闭能力。但由于地层结构的多样性、地下气体运移、储藏条件的复杂性,使淤泥质土中地下浅层沼气的分布呈不规律的囊状、蜂窝状等不规则形状,最大气压可达 0.2MPa。当生成的气体不时向周围$③_7$层砂质粉土夹淤泥质土、⑥3 层粉砂孔隙较大的地层运移时,是良好的“储气层”,粉土、粉砂层中沼气分布范围大,气压也大,最大气压可达 0.43 ~ 1.00MPa。

浅层沼气主要成分是甲烷(CH_4),约占总体积 70%,是可燃新气体;其次为二氧化碳(CO_2)、氮气(N_2)等。甲烷在常温下是一种无色无味无毒的气体,引燃温度为 538℃,甲烷与氧气结合遇明火有燃烧爆炸的危险。浓度在 5.3% ~15% 范围并遇明火时会爆炸,当空气中甲烷含量达 25% 以上时可引起头晕甚至窒息死亡。

5 沼气专项探测方法

5.1 探测手段

沼气专项勘察采用单孔探测,利用静力触探设备仪自主改装研发的探测仪,探测原理见图 3,实测各探测孔浅层沼气的顶、底板埋深及压力、流量。

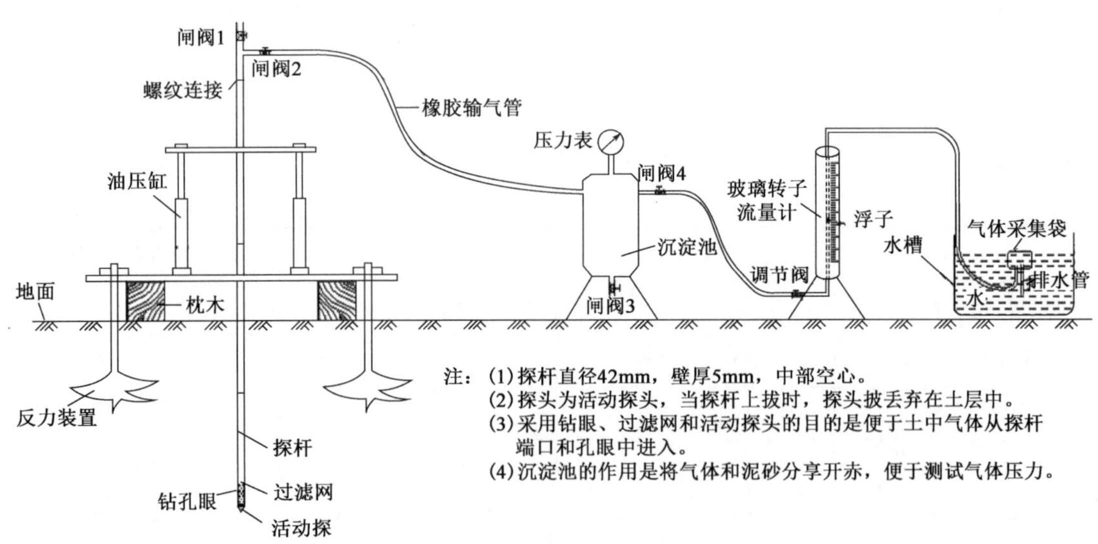

图 3 浅层气体勘探测试仪示意图

5.2 探测孔间距及孔深

地下沼气探测孔尽可能与原详勘钻孔孔位错开,并在隧道结构线两侧边线外 3m 处布置,孔间距按“之”字形投影间距 50 ~ 75m 布置，隧道左/右线单侧孔间距 100 ~ 150m，当揭露有地下沼气时，再进行加密勘察，较准确地圈出沼气的平面分布范围。探测孔孔深揭穿含沼气土层，探测孔深一般为 35 ~ 45m。

5.3 探测方法及成果资料

(1)含气层顶板、底板埋深及压力、流量的确定

用静力触探设备将空心探杆压入至预计的沼气含气层以下的预定深度，然后缓慢将探杆向上提起，沼气会从探头底部的预留孔眼进入探杆中，若有气体溢出，则该深度为沼气含气层底板深度，并实测压力和流量。继续上拔过程中沼气充分释放，当发现探杆顶部无气体喷出时，随即采用空压机向探杆内压入 0.5MPa 空气以疏通探杆底部的通气孔，若停止压气后仍无沼气从探杆逸出，该深度判定为沼气层顶板深度。

(2)成果资料绘制

单孔探测触沼气的压力、流量、分布深度后，绘制出浅层沼气压力平面分布图如图 4 所示，为设计沼气释放孔布置提供依据。

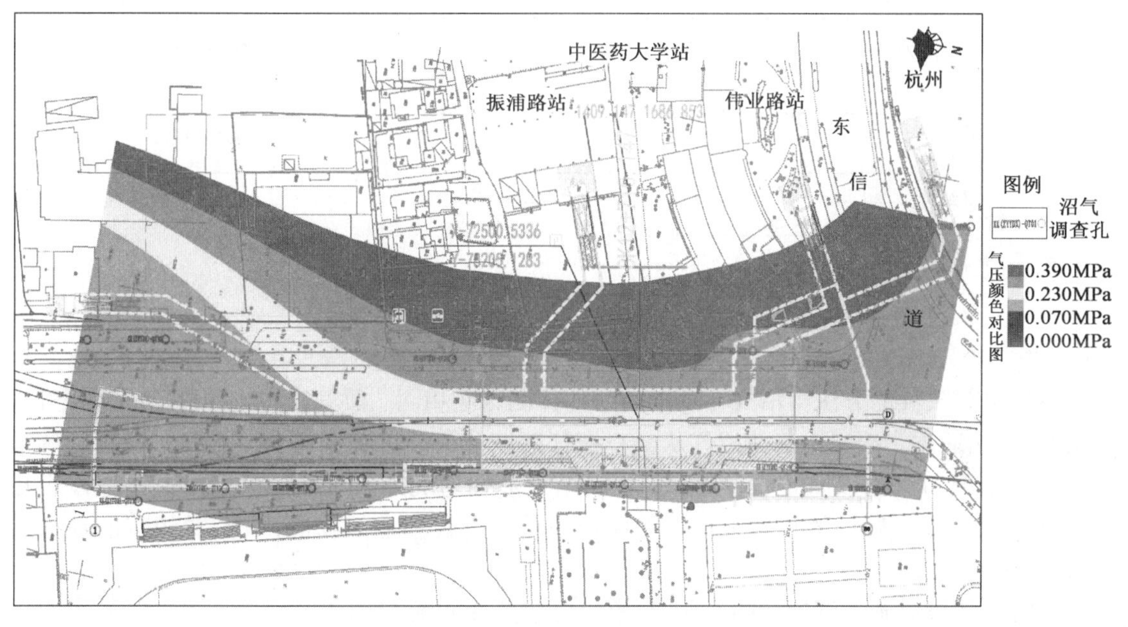

图 4 浅层沼气压力平面分布图

说明：本图有害气体压力值均为修正值。

6 浅层沼气有控放气

为减少盾构穿越过程中可能出现螺旋输送机口瞬间喷涌和盾构机内沼气含量剧增等不利工况，因此采用静探探杆单孔放气法对沼气分布区进行提前释放措施。该方法的优点是通过阀门控制沼气从探杆中缓慢逸出，以减少对土体的扰动程度，放气方法如下。

6.1 沼气释放控制原则

(1)考虑到沼气释放会对土体产生一定的扰动，且一次性放气在一定时间后沼气会有一定程度的重新回聚，按类似经验，确定沼气提前放气时间为隧道盾构掘进穿越施工前 2 ~ 3 个月。

（2）可控均匀放气原则：为减少淤泥质土和砂土扰动，减小盾构掘进时的隧道沉降，有害气体释放时，需控制沼气缓慢从探杆逸出均匀放气，以气体中不带出泥沙为控制标准。

（3）安全性原则：注重防火、防喷措施，配备瓦斯报警仪、警示灯、警示服等、加大通风、注重防火防喷的措施，确保人员、设备、航道等安全。

（4）排放终孔标准：排放后沼气实测压力小于0.05MPa，流量小于1.5m^3/h。

（5）加密放气孔标准：当含气层顶板位于隧道底板10m范围内，排放过程中实测气压大于0.2MPa且持续排放24h以上时，需对排放孔进行内插加密，加密后单侧孔间距15m左右。

6.2 放气孔间距及孔深

地下沼气放气孔距离隧道边线外3m，在隧道两侧投影间距15～20m呈"之"字形布置，隧道单侧孔间距30～40m，放气孔深度揭穿含气层底板深度，放气孔施工顺序为隧道两侧同方向进行，如图5所示。

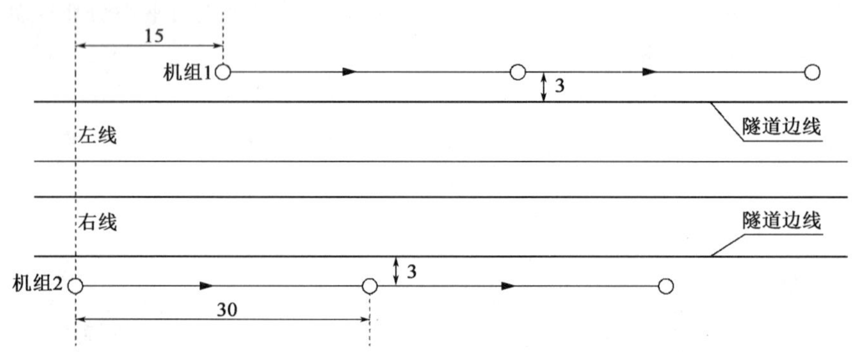

图5 放气施工顺序示意图（圆圈表示放气孔，尺寸单位：m）

6.3 单孔放气施工步骤

沼气单孔放气的方法与沼气专项勘察时的探测方法相同。放气时先将探杆压入至沼气含气层底部，然后逐步缓慢上拔使沼气从空心探杆逐渐释放。过程中若气压较大，可通过调节减压阀及出气口阀门以防止泥沙喷发，放气结束后需进行水泥浆封孔，尤其是钱塘江中更要做好封孔工作。若放气孔周边存在需保护的重要管线和建筑物时，需布置相应的地面沉降观测点。

有害气体排放施工流程如图6所示，沼气释放照片如图7、图8所示。

7 盾构施工沼气应对措施

考虑到地下沼气在淤泥质土中一般呈"囊状"分布，虽然盾构掘进前已进行了单侧孔间距30m的沼气释放，但仍不排除在放气孔之间有沼气残留，从而给盾构掘进带来一定的危害。为进一步确保施工安全，在盾构掘进工艺和盾构机内采取沼气监测、隧道通风、明火控制、注浆充填等"多重保险"措施。

7.1 沼气浓度监测

（1）盾构施工时加强对洞内沼气、CO等有害气体的监测。在盾构机螺旋输送机出土口、电器设备较多的盾构车架、盾尾等重要部位设置固定式有害气体报警仪，放置于隧道断面中部拱顶下25cm处。

（2）日常设安全员携带便携式不同品牌的沼气报警仪对作业区沼气易聚集处进行沼气浓

度的检测,每工作班至少监测一次以上,并与自动检测数据进行复核比对,确保数据真实准确。

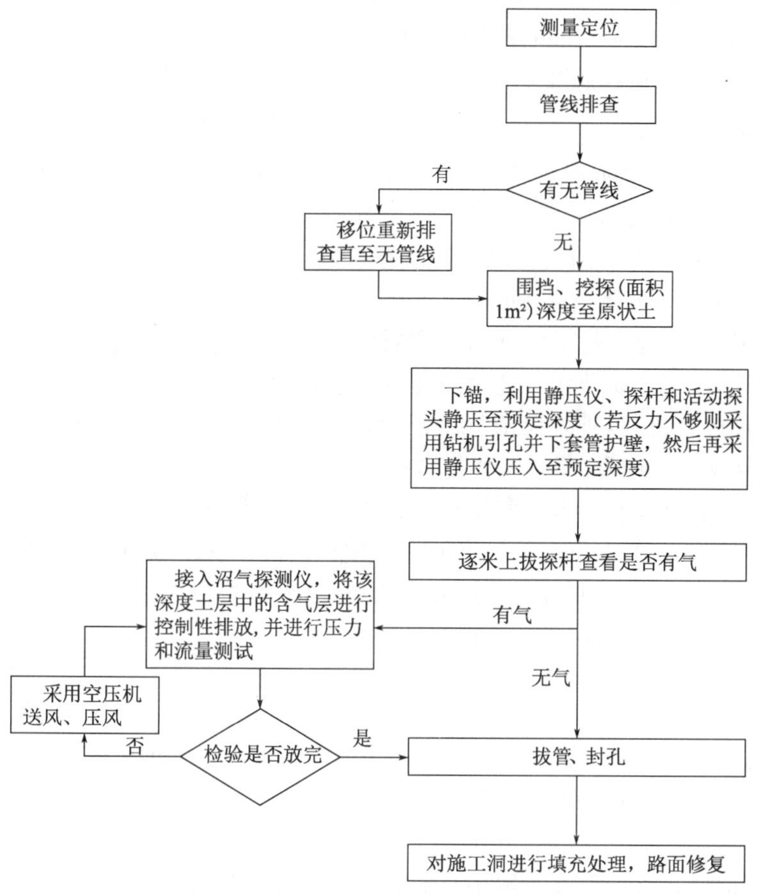

图6 有害气体排放施工流程图

图7 陆地放气(沼气+水喷发)

图8 钱塘江过江隧道放气

(3)当沼气报警时需立即关闭螺旋输送机闸门,停止盾构掘进。全体人员立即佩戴准备好的防毒面具,除盾构机操作人员外其余人员全部先撤离,检查隧道内是否有明火,并加强隧道通风,待隧道内沼气浓度小于0.25%含量时,方可恢复盾构施工。

(4)施工过程中加强电焊等动火监护管理,进入隧道严禁带明火,敏感区域禁止吸烟等。

7.2 加强隧道内通风

加强盾构机螺旋输送机口通风措施，用 $\phi600$mm 及以上的送风管送风至隧道开挖面，压入式通风系统风量不小于 900m^3/min，隧道内回流风速不低于 1m/s，通风管距离开挖面不宜大于 15m，将隧道内沼气含量控制在 0.3% 以下，当隧道内沼气浓度较大时需提高通风流量。

7.3 盾构掘进施工措施

(1)螺旋输送机出土口防喷涌措施：盾构掘进施工过程中若出现螺旋输送口喷涌、喷砂沼气溢出时，应立即关闭螺旋输送机的出土闸门，作业人员撤离到螺旋输送机的出土闸门 20m 范围外，带上防毒面具并进行沼气检测，加强通风。后续优先考虑在地面增加放气孔进行沼气释放，待沼气浓度在安全范围内恢复施工。

(2)加强盾尾密封：施工过程中随时补充盾尾进口优质油脂，沼气发育区油脂使用量建议增加 50% ~100% 以上，以防范沼气通过盾尾进入隧道内。

(3)做好管片接缝拼装：进入含沼气地层后严格控制盾构姿态，防止大幅度纠偏，避免管片拼装错缝、错台或管片碎裂，同时每环复紧螺栓。

(4)掘进中的轴线控制：在含沼气地层盾构掘进时，盾构机周围可能存在大小不一的囊状沼气，当盾构掘进时因周围土压力不均可能产生偏移，若沼气按一定孔间距释放后盾构机下方尚遗留较大气囊时，盾构掘进通过时将产生磕头风险，故需严格控制盾构机在掘进过程中的姿态，必要时增加长管注浆对盾构机姿态注浆纠偏。

8 结语

通过对杭州地铁沼气专项勘察和沼气排放处理经验，可以得出以下结论：

(1)杭州地铁沼气主要分布在钱塘江及南岸滨江和大江东区块，浅层沼气地层组合：含有机质的淤泥质土或淤泥质土 + 粉土、粉砂。沼气主要贮存于③$_7$层砂质粉土夹淤泥质土、⑥$_1$ + ⑥$_2$ 层淤泥质粉质黏土、⑥$_3$层粉砂层中，沼气顶板标高一般为 -11 ~ -15m 之间，最大气压 1MPa 以上。盾构穿越此区域时，应采取针对性设计措施。

(2)浅层沼气对盾构掘进影响大，需提前 2 ~3 个月进行地面单孔静力触探探测仪排放至实测压力 0.05MPa 以下，采用"之"字形 15m 投影孔间距的有控放气，是确保沼气浓度降低至要求范围以下的有效技术措施。

(3)盾构掘进前应对盾构机进行针对沼气的选型设计，同时做好隧道掌子面的强通风、盾尾油脂密封与管片拼装质量，以及沼气浓度监测等施工辅助措施。

参 考 文 献

[1] 王松平，陈勇华. 杭州地铁 1 号线地质条件及主要岩土工程问题[J]. 浙江建筑，2010，27(2)：12-15.

[2] 郭爱国，沈林冲，张金荣，等. 浅层气对杭州地铁施工的影响模式分析[J]. 铁道工程学报，2010，9(144)：78-81.

[3] 王勇，孔令伟，郭爱国. 有控放气措施下含浅层气地层的一维变形分析[J]. 岩土力学，2011，32(增刊 1)：241-246.

杭州地铁工程岩溶专项勘察方法研究

王松平　熊　鑫　梁正峰　王红星

（浙江华东建设工程有限公司　浙江杭州　310014）

摘　要：国内地铁隧道多数采用盾构法施工，当遇到大型溶洞时，盾构掘进时会出现“磕头”或地面塌陷，隧道运行时也会出现隧道下沉及开裂，酿成重大事故，因此较准确查明溶洞的分布形态非常重要。本文以杭州地铁6号线河山路站—凤凰公园站隧道区间为背景，详细介绍了地铁区间岩溶专项勘察过程中采用的勘察手段，主要采用工程地质调查、钻探、高密度电法、瞬变电磁法、地震波CT法、电磁波CT法、孔内地质雷达法等手段综合查明本区间岩溶的分布形态，后续岩溶3m×3m注浆孔施工过程中对岩溶分布形态进行了验证，勘察成果与后期施工揭露的溶洞分布较为吻合，由此总结出跨孔地震波CT法是杭州区域溶洞有效的勘察手段。

关键词：地铁隧道；岩溶专项勘察；物探探测；钻孔验证

1　引言

随着杭州地铁的迅速发展，其线网规划逐步从杭州市区向城际延伸，遇到的工程地质条件越来越复杂，其中岩溶不良地质首次在杭州地铁6号线中发现，根据详细勘察阶段揭露显示，杭州地区岩溶类型主要为覆盖型岩溶，部分为开口型岩溶。而杭州地区地下水位较高，第四纪地层的透水性较强，盾构掘进施工可能出现“磕头”或运营阶段的列车振动可能会加速溶洞的塌陷，导致隧道下沉或地面塌陷，这将对盾构施工、隧道结构安全、地铁运营安全以及邻近的建（构）筑物造成极大的威胁。因此需要详细查明线路及周边岩溶的分布形态，而岩溶勘察方法的选择对勘察成果的准确性至关重要。

2　工程地质条件

本次以杭州地铁6号线河山路站—凤凰公园站隧道区间岩溶发育地段作为研究背景，隧道直径6.2m，分左线和右线两个隧道。研究区位于西湖复向斜石龙山向斜核部，且发育一系列N60°E及N50°W、N80°W向区域性断裂构造，地质构造复杂。

研究区前第四系地层主要为石炭系中统黄龙组（C_2h）、泥盆系上统西湖组（D_3x）、奥陶系下统留下组（O_1l）。其中，石炭系为中厚层～块状灰岩裂隙溶洞水含水岩组，岩溶发育，可分为裸露型和覆盖型岩溶水两种，奥陶系留下组（O_1l）薄～中厚层状灰岩、泥质灰岩、白云岩、灰质白云岩裂隙溶洞水含水岩组，该组岩性成分复杂，泥质夹层多，岩溶微弱发育。

研究区岩溶最为发育的为石龙山向斜核部、石炭系中统黄龙组（C_2h）为中厚层～块状灰岩，其次为象山背斜核部、奥陶系留下组（O_1l）薄～中厚层状灰岩、泥质灰岩、白云岩、灰质白云岩，被第四系覆盖层所覆盖，为覆盖型岩溶分布区。

作者简介：王松平（1971—），男，大学本科，正高级工程师，目前主要从事城市轨道交通工程勘察工作。电子邮箱：355487853@qq.com。

3 岩溶专项勘察方法的研究

地铁施工工期通常较为紧张,岩溶勘察方法的选择尤为重要,选择合适的方法可提高勘察成果的准确性,为后期施工打下坚实的基础。本次在杭州地铁 6 号线河山路站—凤凰公园站区间岩溶发育地段采用了多种勘察手段探测溶洞的分布形态,在工程地质测绘调查基础上,主要采用钻探孔结合高密度电法、瞬变电磁法、跨孔地震波 CT 法、跨孔电磁波 CT 法、孔内地质雷法物探方法,并对各种物探方法进行钻孔验证分析,得出各种方法的适用性。

(1)工程地质调查

研究区线路以西为灵山幻境景区,其基岩与线路覆盖型岩溶场区基岩主要为石炭系中统黄龙组(C_2h)灰岩。据现场调查,溶洞主要顺走向 N25°W、N25 ~ 30°E、N75°E 等几组陡倾角结构面及 N35°W,NE∠35° ~ 40°结构面发育,为岩溶强发育区。

(2)钻探孔布置

钻孔布置在隧道结构外侧 3m 及两条隧道中间位置,共 3 排,沿里程方向钻孔间距按 20m 控制。为便于进行物探跨孔 CT 法探测,将中间一排勘探孔错开,使其与两侧的钻孔呈三角形排列,如图 1 所示。钻孔深度需保证中风化基岩面下 15m 范围内溶洞全部查明。由于现场条件限制,实施时对部分钻孔进行移位,移位后钻孔在隧道结构外侧 1 ~ 3m,纵向钻孔间距为 14 ~ 21m,中心孔与两侧孔间距为 12 ~ 19m。

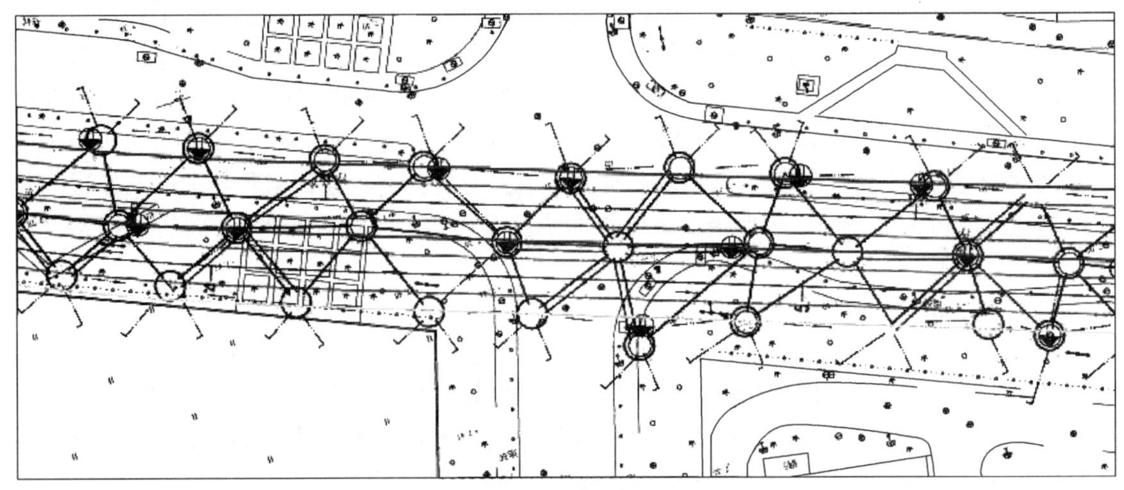

图 1 勘探线及钻孔布置平面示意图

(3)高密度电法

由于场地覆盖层较厚且多为软土,以 3m 电极距布置的长度 357m 的剖面大多测段未能探测到基岩。然后将电极距调整为 5m,但受制于现场条件,布置了 GD1、GD2 两条剖面,长度分别为 595m 和 500m(图 1)。

根据高密度电法 GD1 检测结果,在上部覆盖层中检测出 4 处小范围的低阻异常区。下伏基岩中发现一处较大范围的低阻异常区,异常区电阻率明显偏低;低阻异常区顶板埋深在 37m 左右。

高密度电法解译的低阻异常区与钻孔资料对应性较差,高密度电法未达到预期目的,就本场区岩土层组合而言其适用性较差。

(4)瞬变电磁法

沿隧道结构外侧两侧及隧道中线布置 3 条测线,测线编号为 SC1 ~ SC3,测线长度分别为 820m、785m 和 705m。以下以 SC1 剖面为例进行分析说明,SC1 剖面的平面位置与钻孔剖面的平面位置一致。在 SC1 剖面的电阻率断面图显示有 8 处低阻异常区,异常区的顶板埋深范围为 33 ~ 60m,分析该 8 处低阻异常区均位于中风化灰岩内,详见图 2。

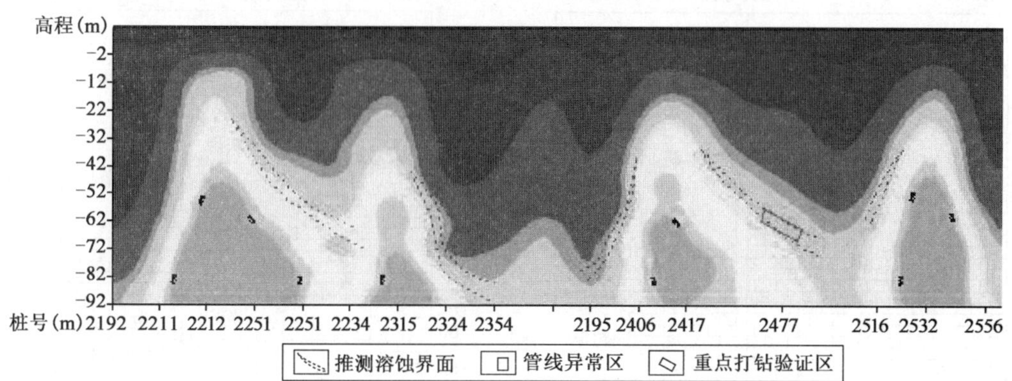

图 2　瞬变电磁法 SC1 测线电阻率断面解译图

由于瞬变电磁法存在等值效应、体积效应和旁侧效应等现象,实际地质体位置及范围与异常区可能不一致,甚至出现假异常,这也是电法类勘探方法的不足之处,精度较差。

(5)跨孔地震波 CT 法

基岩与覆盖层的界线,覆盖层波速一般小于 3000m/s;基岩中波速小于 4000m/s 的低速异常区可结合钻探资料判别为岩溶或岩溶发育区。基于该原则对本场区的地震波 CT 资料进行了解译,为验证解译结果的准确性,布置了两个验证钻孔,其验证成果见图 3。

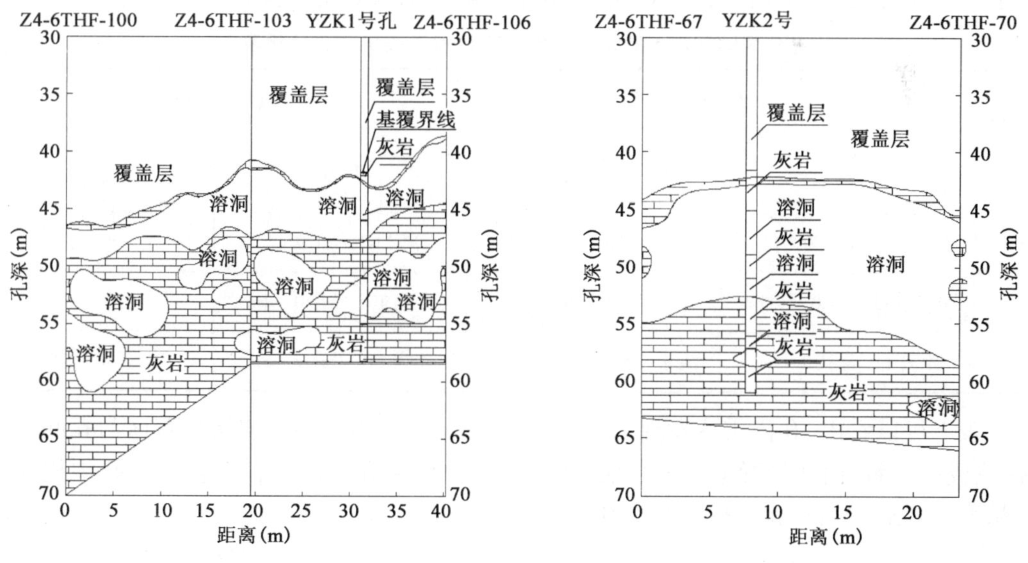

图 3　孔间地震波 CT 验证分析图

根据图 3 显示,其溶洞的形态分布与钻孔揭露显示较为一致,由此,地震波 CT 解译结果与实际情况整体上较为吻合,准确性较好,该物探方法较适用。

(6)跨孔电磁波 CT 法

基岩与覆盖层界线,覆盖层的电磁波吸收系数一般大于 0.35;基岩中电磁波吸收系数大于 0.4 的高吸收系数异常区,可结合钻探资料判别为岩溶或岩溶发育区。基于该解译原则对本场区的电磁波 CT 资料进行了解译,为验证解译结果的准确性,布置了两个验证钻孔,其验证成果见图 4。

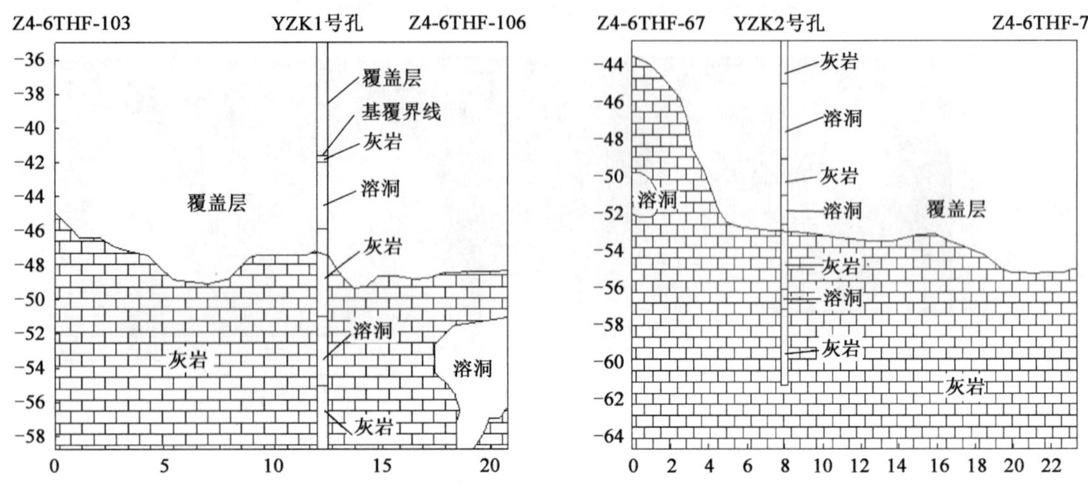

图 4 孔间电磁波 CT 解译成果及验证分析图

结合对两个验证孔的资料分析,电磁波 CT 解译结果与实际情况不符,精度较差。

(7)孔内地质雷法

本次对各钻孔疑似溶洞的电磁反射波进行识别、分析和定位,并剔除钻孔揭露的岩溶后,共发现 12 处疑似岩溶或岩溶发育区,现场未对这些疑似岩溶进行钻孔验证,但有 3 处疑似岩溶位于孔间地震波 CT 剖面上,这两种物探方法的解译结果对比分析见表 1。

孔间地震波 CT 和孔内地质雷达解译成果对比分析表 表 1

疑似溶洞编号	地震波 CT 成果		孔内地质雷达探测成果	
	位置	深度范围(m)	位置	深度范围(m)
4	距离 23-1 号孔 9 ~ 12m	36 ~ 41 和 42.5 ~ 49.5	距离 23-1 号孔 9 ~ 12m	42 ~ 50
9	距离 103 号孔 0 ~ 3.5m	55 ~ 60	距离 103 号孔 0 ~ 4m	60 ~ 65
11	距离 119 号孔 2 ~ 5m	43.5 ~ 45.5 和 47 ~ 50.5	距离 119 号孔 2 ~ 5m	40 ~ 50

由表 1 可以看出,孔内雷达发现的 4 和 11 号这三处疑似岩溶或岩溶发育区与孔间地震波 CT 探测成果一致,而 9 号疑似岩溶与地震波 CT 探测结果在深度上存在差异。孔内地质雷达探测精度需要通过钻孔验证孔来明确判定。

4 岩溶勘察成果与施工检测验证对比分析

4.1 岩溶勘察成果

为查明场区覆盖型及开口型岩溶发育范围及规律,在区间详勘的基础上进行了岩溶专项勘察,钻孔布置在隧道结构外侧3m及两条隧道中间位置,共3排,钻孔间距按20m左右控制。为便于进行物探CT法探测,将中间一排勘探孔错开,使其与两侧的钻孔呈三角形排列,共布置了10683.5m/172孔;跨孔地震波CT法209对;地面高密度电法1095m/2条;地面瞬变电磁法2310m/3条;跨孔电磁波CT法77对;孔内地质雷达121孔,详见图5。

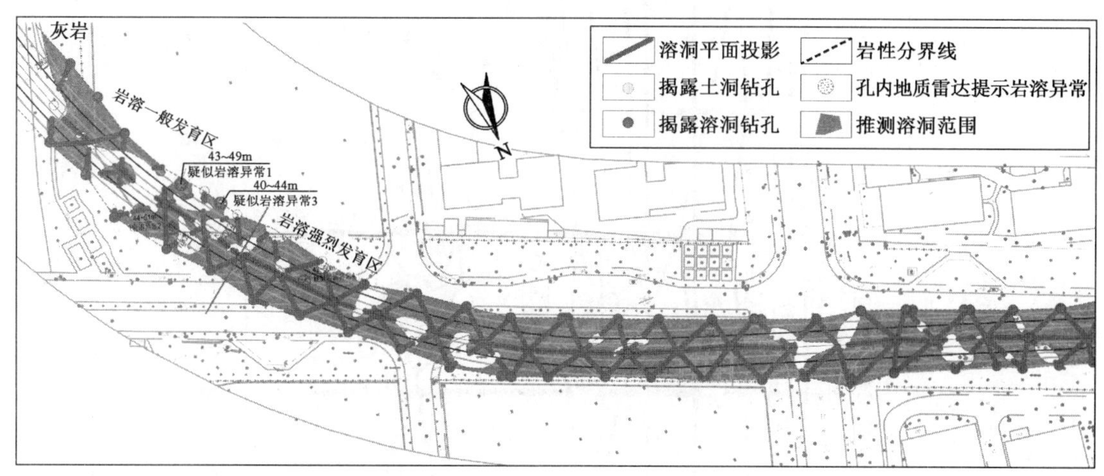

图5 场区覆盖型岩溶平面发育示意图

根据勘察成果,布置的172个钻孔均揭露有灰岩,其中127个孔发育岩溶,共揭露溶洞、溶隙292个,属岩溶强发育区。布置的209对跨孔地震波CT和77对跨孔电磁波CT中,共发现489个岩溶异常体,部分岩溶异常体的规模达数十米,详见图6,其中溶洞直径最大为19.2m,空洞占27.5%,半充填占9.1%,全充填占63.4%;布置的121只孔内地质雷达中有60只钻孔的周边发现疑似岩溶电磁反射波信号,由于单孔雷达图像可反映疑似岩溶与钻孔的水平距离,但不清楚其具体方位,需要识别不同钻孔中的类似电磁反射波且在相近深度的至少三个钻孔交会才能进行定位;经对各钻孔疑似岩溶的电磁反射波进行识别、分析和定位,并剔除钻孔揭露的溶洞后,共发现12处疑似岩溶发育区。

4.2 溶洞治理施工检测验证对比分析

本区间设计在隧道范围及边线两侧3m范围进行3m×3m方格网施打探孔兼注浆孔,对溶洞空洞或半充填先充填砾砂,再进行注浆填充。注浆完成后3个月共分1094.70m/21孔、1633.00m/31孔及456.00m/9孔三批进行钻孔取芯检测,检测的项目主要有注浆体完整性、深度、强度、均匀性,检测钻孔位置见图7。

以中线剖面为例,通过对检测钻孔进行取芯编录,与专项勘察钻孔及中线剖面进行比对,见图8。由图8可知,中线剖面及附近(投影距离3m以内)共有34只检测验证孔,总体看,检测孔揭露的溶洞与岩溶专项勘察成果基本一致。其中YDK2+265附近(ZK38)、YDK2+400~+492(ZK31、ZK30、ZK28、ZK26)、YDK2+710~+780(ZK17、ZK16、ZK15)、YDK2+810(ZK11)、YDK2+855~+870(ZK9、ZK2-9)段,检测孔揭露的溶洞与专项勘察剖面图差别较大,其原因是实际溶洞较小,连续性较差之故。

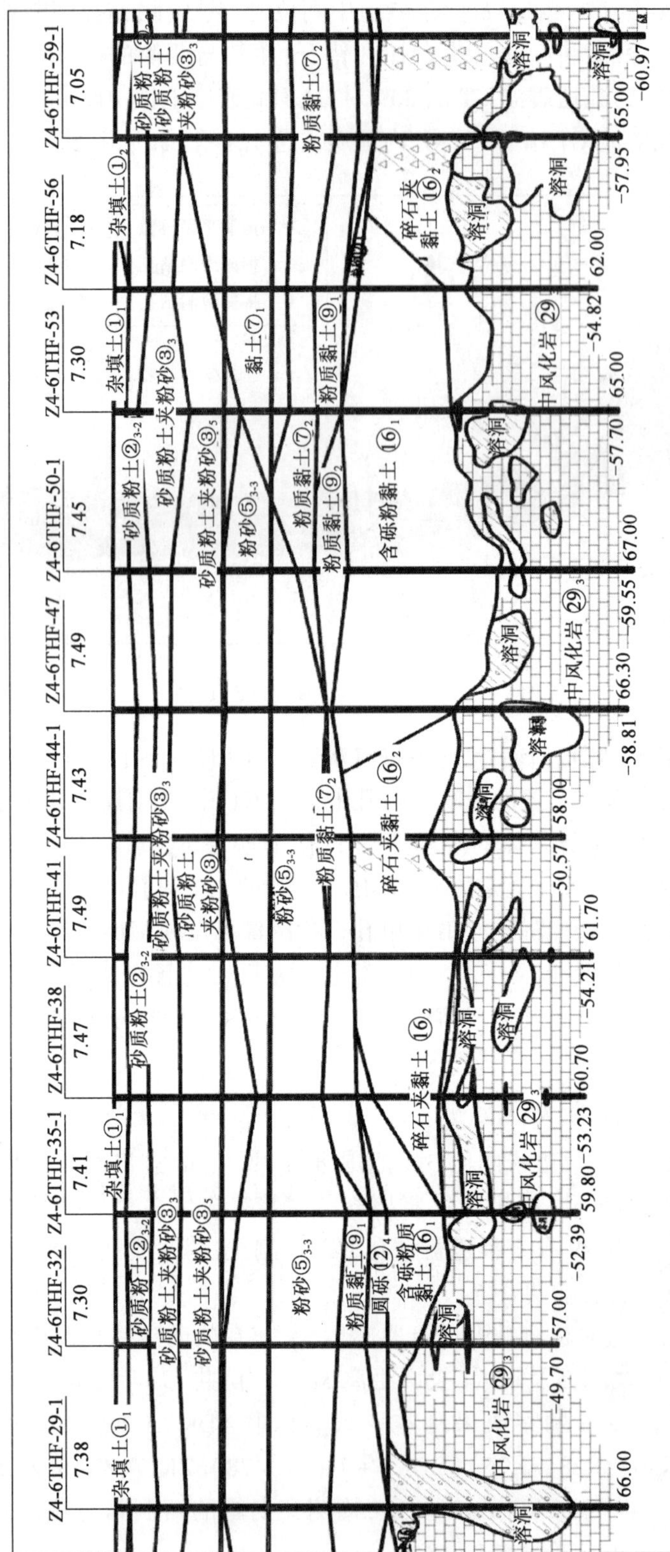

图6　场区覆盖型岩溶剖面发育示意图（以中线为例）

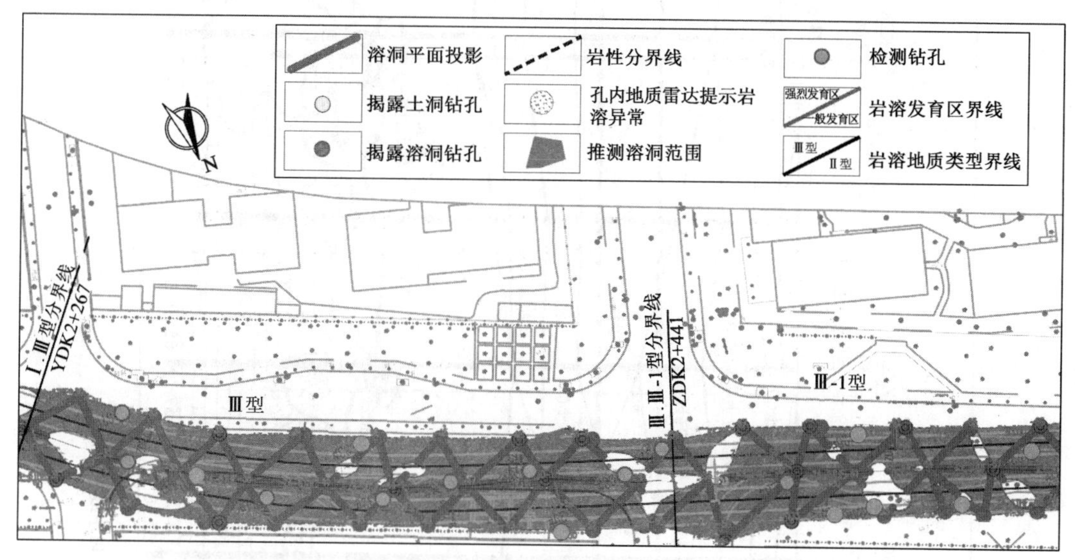

图7　场区覆盖型岩溶检测平面布置图

5　结语

本文以杭州地铁6号线河山路站—凤凰公园站盾构隧道区间为例,采用区域地质条件调查、钻探+物探等综合手段进行岩溶专项勘察,并对各物探方法的适用性进行了研究,得出以下结论:

(1)岩溶的发育情况与地质条件密切相关,通过研究河山路站—凤凰公园站隧道区间所在区域的工程地质与水文地质资料,发现本场区位于石龙山向斜的核部,水文地质方面属于碳酸盐岩类裂隙溶洞水区,因此本场区岩溶较为发育。区域地质条件调查可为岩溶专项勘察工作提供宏观上的指导。

(2)钻探是一种常用的、有效的岩溶勘察手段,可查明孔位处的岩溶发育情况。通过遇洞率、线岩溶率、岩溶发育层数、洞高、埋深和填充情况等指标可对本场区的岩溶发育情况有清晰的了解。钻孔还可为物探跨孔测试提供探测条件,钻孔验证孔可对物探解译结果的准确性进行复核比对。

(3)物探是查明线路工程钻孔之间溶洞分布的最佳勘察方法,但各种物探数据受到探测对象尺度、试验条件等方面的制约,并且物探解译具有多解性。通过对本次试验中的物探解译结果进行钻孔验证得到一些初步结论:跨孔地震波CT探测效果较好,解译结果与验证孔整体上较为吻合;单个孔内地质雷达解译结果的不足之处在于不能对岩溶进行准确定位;而高密度电法、瞬变电磁法、跨孔电磁波CT精度较差,与实际情况符合性差,因此高密度电法、瞬变电磁法仅可用于杭州地铁线路初勘阶段的岩溶发育程度的定性普查。

(4)对于覆盖型或开口型溶洞,区域地质条件调查、钻探、跨孔地震波CT法和地下水流速流向水文地质试验是有效的岩溶勘察手段,值得杭州地区岩溶专项勘察推广应用。通过岩溶专项勘察查明溶洞的分布范围并对工程影响范围内的溶洞进行填砂+注浆处理后,有效规避了隧道施工期和运营期的安全风险。

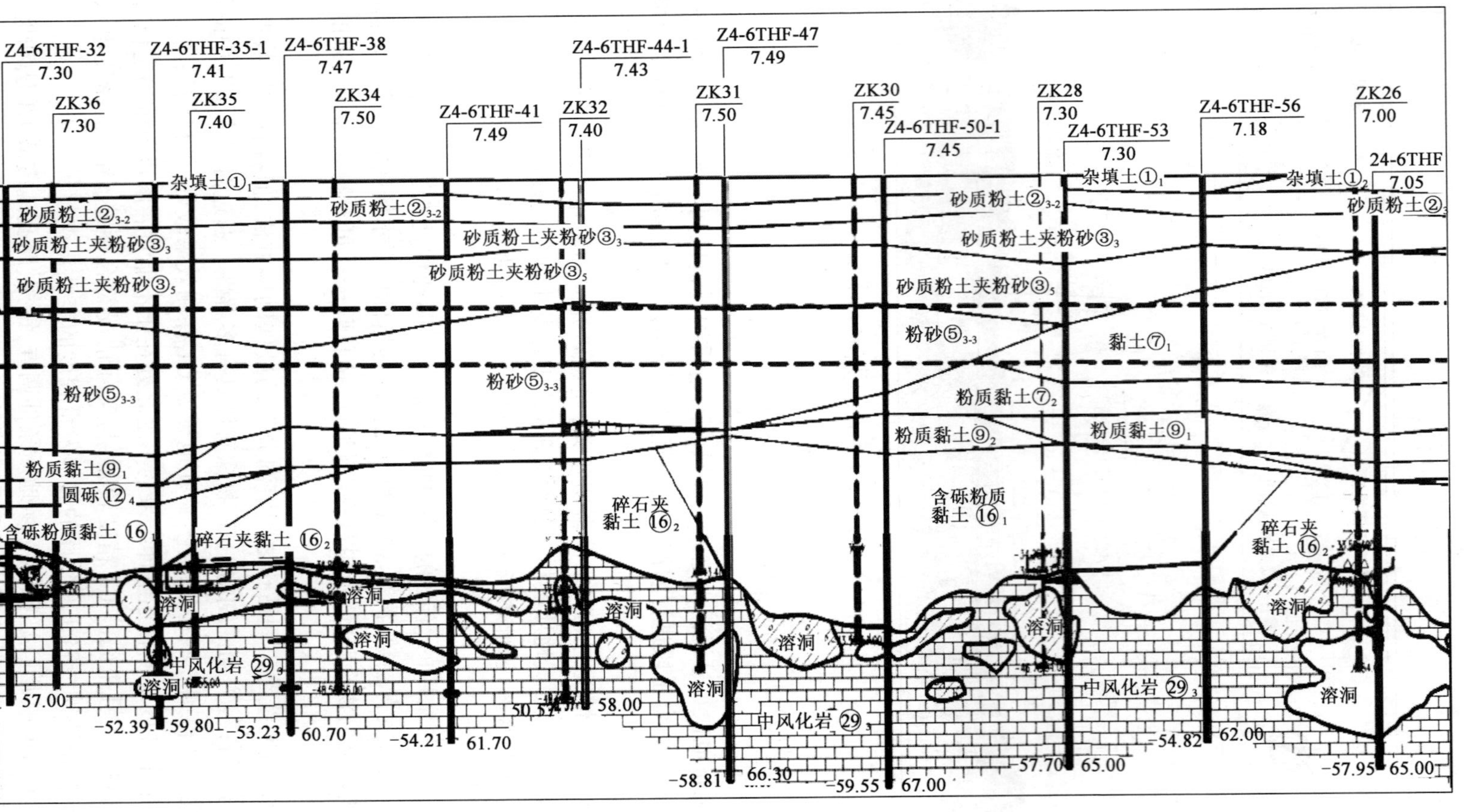

图8　场区覆盖型岩溶剖面发育示意图（以中线为例）

参考文献

[1] 罗以达,梁河,高海发,等.城市岩溶地质调查及评价方法探讨——以浙江杭州市为例[J].中国地质,2009,36(5).

[2] 赵增玉,潘懋,丛威青,等.基于群组决策模型的西湖周边岩溶塌陷危险性区划[J].高校地质学报,2009,15(2):240-245.

[3] 杭州地铁6号线一期工程河山路站—凤凰公园站区间岩溶专项岩土工程勘察报告[R].2016.

[4] 李文文,李广场.综合物探在城市轨道交通岩溶探测中的应用[J].工程地球物理学报,2018,15(1):104-111.

[5] 罗文歆.井间地震层析成像研究及其在隐伏岩溶勘察中的应用[D].长沙:中南大学,2011.

三维激光扫描技术在地铁隧道结构病害检测中的应用

郭丹烽[1]　张雄健[2]　虞梦菲[2]　姜宜杰[2]

（1. 杭州市地铁集团有限责任公司　浙江杭州　310018；
2. 浙江华东测绘与工程安全技术有限公司　浙江杭州　311122）

摘　要：三维激光扫描技术相对于常规地铁结构现状调查方式具有采集数据全面、高效便捷、数字化、成果形式丰富多样、系统化等特点，特别是集成度更高的三维激光全息成像扫描的自动化程度更高，优势更加明显，利用其获取地铁结构的形态及病害数据配合物探手段可全面获取地铁结构的现状。

关键词：三维激光扫描；隧道病害；检测

1　引言

既有地铁隧道随着服役年限增加，隧道结构因地层自然沉降、隧道长期运营、邻近施工扰动等因素影响会出现不同程度的隧道变形、结构裂缝、渗漏水等病害。上述初始病害会增大隧道结构的受力状态，而受力状态变化反过来加速隧道结构破坏。地铁隧道结构从建设到运营过程投资巨大，运营过程中修复困难。隧道病害影响列车运行平稳性，长期发展可能产生严重的结构破坏，进而诱发重大工程灾害和安全事故。

因此，开展既有隧道结构病害检测尤为必要。目前，传统检测手段主要借助游标卡尺、相机等工具通过人工观测实现，工作效率较低，且受人为主观因素影响。三维激光扫描技术作为测绘领域前沿技术，集合了许多高新技术手段，具有可快速获得目标表面所有三维坐标、激光成像等功能，可快速、准确、全面地实现地铁结构形态的快速获取及隧道病害识别。

2　三维激光扫描技术介绍

三维激光扫描技术又被称为实景复制技术，其以精度高、覆盖面广、速度快、高效率以及高精度等特点，已逐渐成为地铁隧道监测、检测的重要手段。

三维激光全息成像扫描系统采用轨道小车将各类传感器与三维激光扫描仪集成在一起，可协同完成坐标数据采集和隧道影像扫描工作。系统通过激光扫描仪发射激光并以螺旋线形式对隧道进行全断面高密度扫描；采集软件通过分析发射和接收激光信号的强度，可以获得隧道衬砌内表面的影像信息，可获得 5mm × 5mm 的状态评估影像，生成的灰度图可应用病害的初判及展示，且设备的行进在小车载体上省人省工，应用于隧道结构调查的作业行进速度约为 0.9km/h，效率更高。三维激光扫描系统原理示意图如图 1 所示。

作者简介：郭丹烽（1993—），男，大学本科，工程师，目前主要从事城市轨道交通施工与管理工作。电子邮箱：565281605@qq.com。

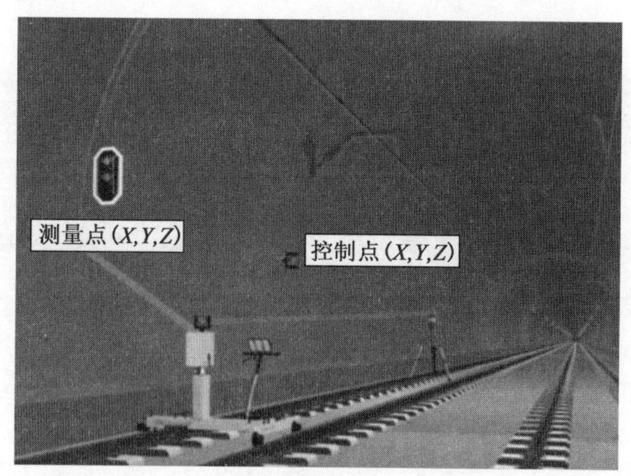

图1　三维激光扫描系统原理示意图

3　三维激光扫描作业流程

三维激光扫描主要分为准备阶段(制订检测计划、仪器准备等)、现场扫描阶段、扫描数据预处理、现场典型断面验证、扫描数据分析、成果提交等几个阶段。

在扫描准备阶段,因地铁运营的特殊性,地铁结构病害检测多在夜间天窗点进行,作业时间较为宝贵。一般在接受任务后应制订详细的测量方案,做好充足的工前准备。

在现场扫描阶段,在作业现场设备组装完毕仪器完成初始化后即可推进小车轻松完成外业数据采集。

在外业数据采集完毕后,将采集成果导入后处理软件对采集的数据进行处理,形成隧道衬砌表面展开图,再将灰度图导入 TunnelMap 软件,对隧道里各种设施和衬砌表面病害(如裂缝、渗漏水等)等进行标注和统计,最后以表格和图形的形式输出。主要工作流程如图 2 所示。

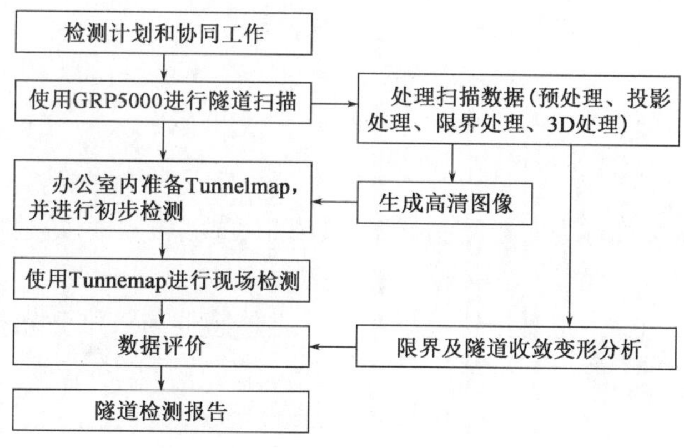

图2　隧道病害扫描检测作业流程图

4　工程应用实例

本文以某地铁区间的结构现状检测为例介绍,该区间为单圆盾构隧道,内径 6.5m,埋深约 15m。隧道西侧邻近基坑正在开挖施工,采用三维激光扫描技术对区间受影响的 256m 范围内的隧道结构进行扫描,扫描结果如图 3 所示。

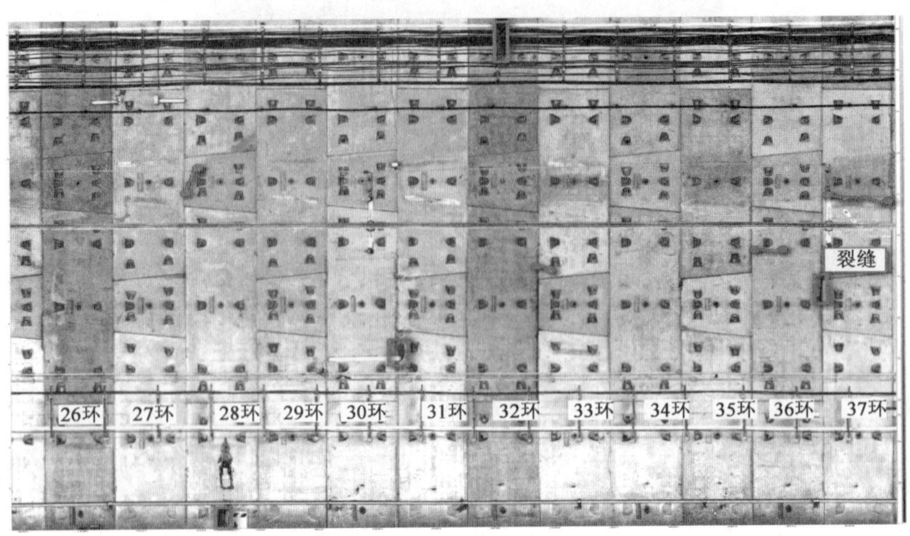

图3 三维激光扫描灰度图

基于三维激光扫描输出的高清影像(TIFF 灰度图)可识别湿迹、管片破损、掉块、麻面等病害情况,并标注病害类型、位置里程和病害属性等信息,结合信息化管理系统可建立隧道病害信息库,跟踪病害发展情况。

在三维激光扫描同时采用传统人工检测手段进行对比验证,结果表明三维激光扫描的识别准确率高于传统人工检测;尤其针对隧道裂缝识别,三维激光扫描可自动识别 0.3mm 以上的裂缝,识别精度远高于传统的人工肉眼观察,排除人为主观因素引起的干扰,如图 4、图 5 所示。在输出相同识别成果基础上,三维激光扫描的识别效率更高,识别成果更加全面。

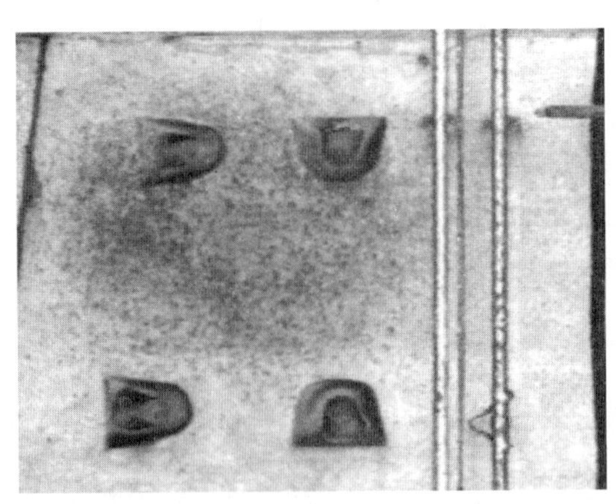

图4 灰度图(管片麻面)与现场巡查对比验证

在后期成果过程中发现,隧道病害表观特征对三维激光扫描成果识别精度存在一定程度影响,如存在湿渍的表观病害识别度高于表面干燥的病害识别度。在庞大数据量的情况下,难免会因此出现误判和遗漏,后续针对病害自动识别方法的研究对于提升隧道病害检测效率及正确率来说具有重要意义。

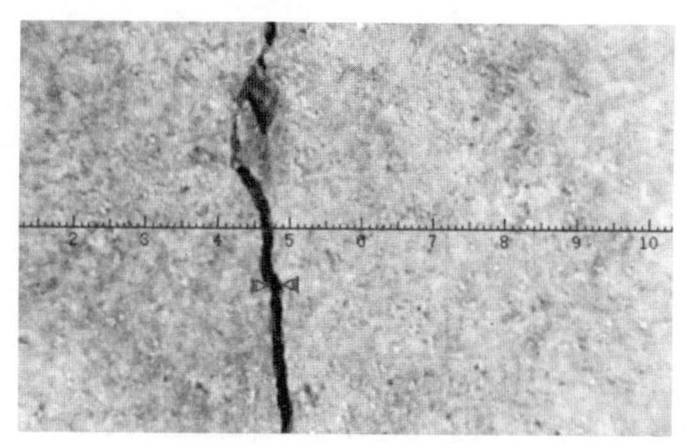

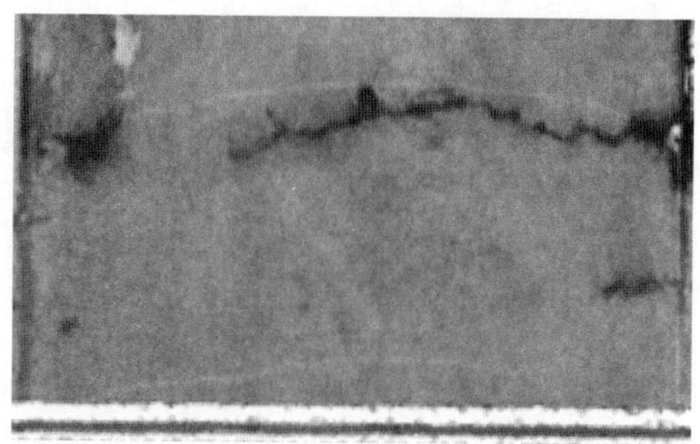

图5　灰度图与现场巡查对比验证

5　结语

本文介绍了三维激光扫描技术在隧道病害检测中技术优势、实施流程和工程应用效果，主要结论如下：

(1)相比较传统隧道结构现状调查手段，三维激光扫描技术在输出相同调查结果的基础上，具有自动化程度高、采集数据全面、完全排除人为主观因素干扰等特点。

(2)三维激光扫描输出数字化成果，不仅可以方便快捷地进行隧道相关信息的分类、查询、输入输出、统计、报表等基础管理工作，还可方便地比对同一隧道在不同时期的状态，分析隧道劣化过程，为管理部门决策提供依据。

(3)在识别精度方面，三维激光扫描技术受病害表观特征影响，针对病害自动识别方法的研究对于提升隧道病害检测效率及正确率来说具有重要意义。

参考文献

[1] 孙昊，姚连壁，谢义林，等. 隧道断面收敛测量与数据处理[J]. 工程勘察，2010(11)：70-74.

[2] 张华. 移动式三维激光扫描系统在盾构隧道管片椭圆度检测中的应用[J]. 城市勘测，2015(4)：103-106.

[3] 胡雷鸣. 地铁隧道结构断面测量方法探讨及编程实现[J]. 隧道建设，2015，35(10)：1077-1081.

土压平衡盾构钢套筒始发施工控制技术研究

李成云[1]　张灵波[2]

(1. 中铁一局集团有限公司　陕西西安　710000;2. 杭州市地铁集团有限责任公司　浙江杭州　310018)

摘　要:钢套筒密闭始发方案是盾构平衡始发施工技术的一种具体应用。不同于传统地层加固的盾构始发方式,该方案通过密闭钢套筒提供平衡掌子面的水土压力,使得盾构机在钢套筒内如同常规掘进状态始发掘进。杭州地铁9号线某区间盾构工程,始发端地层为典型的承压水富水软弱地层,在施工过程中因始发端头地面条件限制情况,在本地区内首次采用了盾构钢套筒＋微加固的始发施工方案,实施效果良好,为盾构始发施工的投资、工期、场地、安全等问题提供了新的思路,可为后续同类工程提供参考。

关键词:土压平衡盾构机;钢套筒始发;微加固;刚度;保压密闭性

1　引言

近年来,随着我国经济建设的高速发展和城市化建设步伐的加快,许多城市都面临着日益严重的交通问题,大力发展城市轨道交通,构筑多层次立体化的城市交通格局已经成为众多城市的必然选择。其中地下轨道交通以其安全、准时、快捷、运量大等优点成为解决城市交通拥挤的重要手段。

盾构法施工作为当前城市轨道交通建设成熟的主要工法,在各类地层条件下得到了广泛应用。但是随着线网的密度加大,受规划限制及地面和地下构筑物等条件的制约,地质条件、地面环境复杂工况已成为地铁建设过程难以避免的因素,受地表环境的限制,规划建设的盾构隧道始发(接收)端头必然出现不能按照常规的形式进行预加固处理的情况,且地质、周边环境条件往往比较复杂。如果施工预处理及始发施工控制不力,则会对邻近建(构)筑物产生附加内力和附加变形,而当附加应力超过既有地铁隧道衬砌结构强度或地基稳定性时,结构就可能产生开裂或者变形,影响工程环境的安全。如何采取有效的措施控制地表沉降值在安全范围内,最大程度地降低隧道施工对建筑物或既有管线的影响已成为轨道交通工程建设中一个迫切需要解决的问题。

因此,本文基于典型的杭州淤泥质富水砂性软土地层、无地面预处理条件且周边环境复杂的工况,首例采用"钢套筒＋微加固"的方案组织安全盾构始发,系统地解决了施工面临难题,对后续同类工况的施工具有一定的借鉴意义。

2　钢套筒应用的特点及问题

盾构钢套筒始发技术已经被应用于全国的地铁盾构隧道建设中。但在大部分工程中,钢套筒辅助技术是在端头加固难以确保盾构安全始发和接收时联合端头加固工艺被应用于盾构始发和接收工程中。通过调研盾构钢套筒始发和接收工程情况,发现目前钢套筒应用中存在

作者简介:李成云(1988—),男,大学本科,工程师,目前主要从事城市轨道交通工程施工及管理工作。电子邮箱:517271468@qq.com。

的主要问题如下：

(1)钢套筒刚度不足导致钢套筒在应用过程中变形量过大,可循环使用次数偏低。

(2)钢套筒与洞门预埋环板连接处开裂,钢套筒和反力架变形过大引起结构破坏。

(3)钢套筒的密闭性差,各连接部位出现渗漏水现象,导致土仓无法维持自身需要的压力而引起掌子面塌陷。

(4)钢套筒的保压性不良,难以维持钢套筒筒内压力的稳定。

3 工作原理

密闭钢套筒平衡始发依据平衡始发原理,通过钢套筒这个密闭的空间提供平衡掌子面的水土压力,使盾构机破除洞门前即已建立了水土平衡的环境,始发等同于常规掘进,从而避免了盾构机始发过程中因为欠压或渗漏而出现塌方的情况。从直径和长度进行设计,通过把直径与长度设计成比盾构略长的钢套筒与洞口密闭连接,盾构机安装在钢套筒内,然后在钢套筒内填充回填物,通过钢套筒这个密闭的空间提供平衡掌子面的水土压力,盾构在钢套筒内实现安全始发掘进进入前方土体,最终使盾构能够正常掘进施工。

钢套筒盾构施工流程如图 1 所示,施工过程三维示意如图 2 所示。

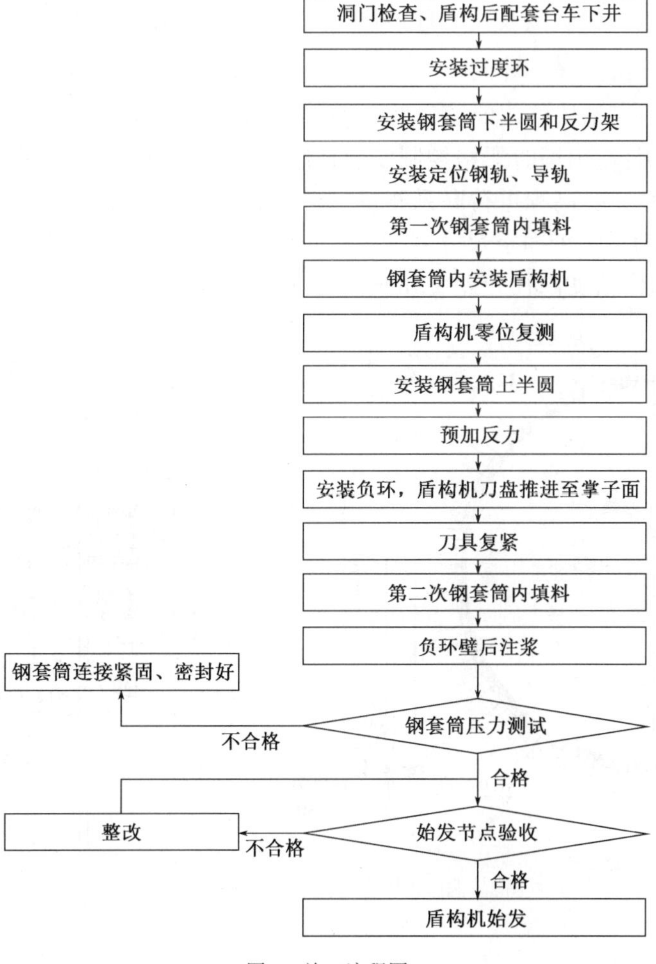

图 1 施工流程图

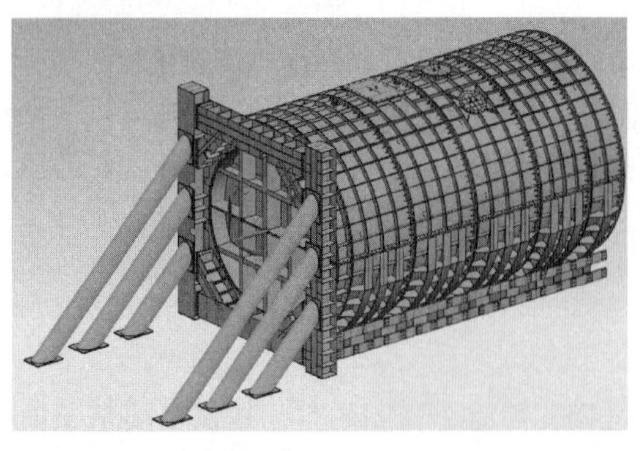
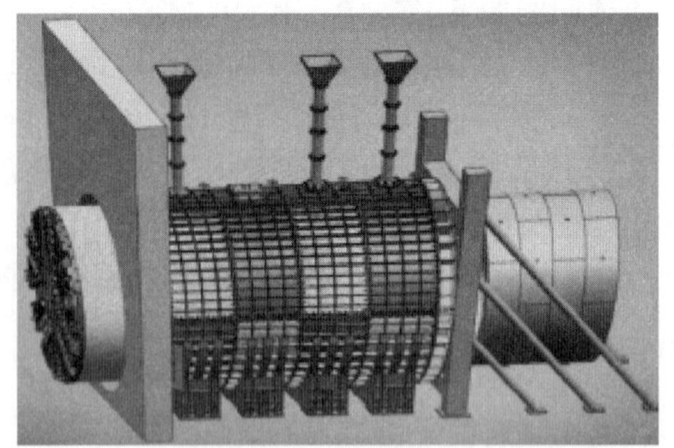

图2 三维示意图

4 施工操作要点

4.1 隧道洞门处围护结构设计及端头地层微加固

洞门范围内围护结构设计采用玻璃纤维筋,可利用盾构机刀盘的刀具直接进行洞门破除,实现快速出洞,规避了人工凿除洞门的风险。再对洞门后方因围护结构施工及基坑开挖期间扰动后存在缺陷的地层加以微改良处理,可采用一般的高压旋喷技术。

4.2 洞门预埋钢环及安装(图3)

在始发井端头内衬结构施工时,预埋洞门钢环;洞门预埋钢环加工时严格控制构件的加工精度以保证正常使用;在预埋时严格控制安装精度:洞门中心安装位置、垂直度等;盾构机在吊装下井前,需对地面导线、高程进行联系测量,并对洞门钢环中心(洞门施工水平/垂直控制偏差 ±50mm)、结构(满足图纸净空尺寸要求)进行复测,托架安装将根据洞门复测实际结果进行控制,预埋钢环制作精度内径允差 ±5mm,安装误差 ±10mm。

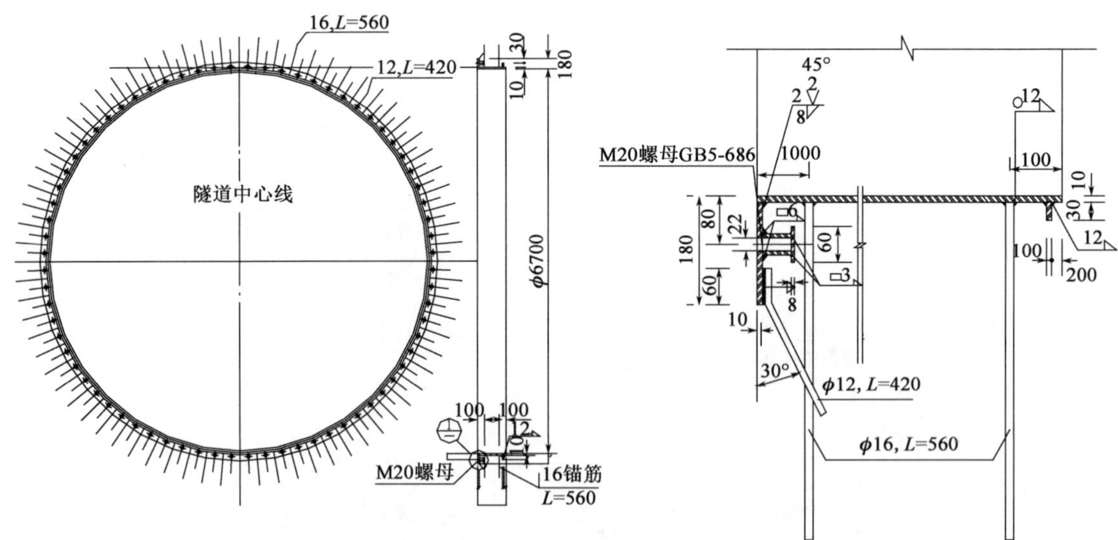

图3 洞门钢环预埋示意图(尺寸单位:mm)

4.3 钢套筒安装

(1)钢套筒为组焊件,分别用钢套筒结构 $t=16$mm、$t=20$mm、$t=40$mm 钢板加工而成,凡在对接部位均采用坡口焊接，焊缝高度≥对接钢板厚度的一半，螺栓连接部位所有孔直径均为32mm，采用 M30×120 8.8 级高强螺栓连接。采用 Q235 材质钢板辅助法兰筋板、支撑连接板、内支撑、纵筋板（筋板）进行各组件支撑和连接，能够保证套筒整体刚度，并能减少使用过程中的变形。钢套筒结构设计图如图 4 所示。

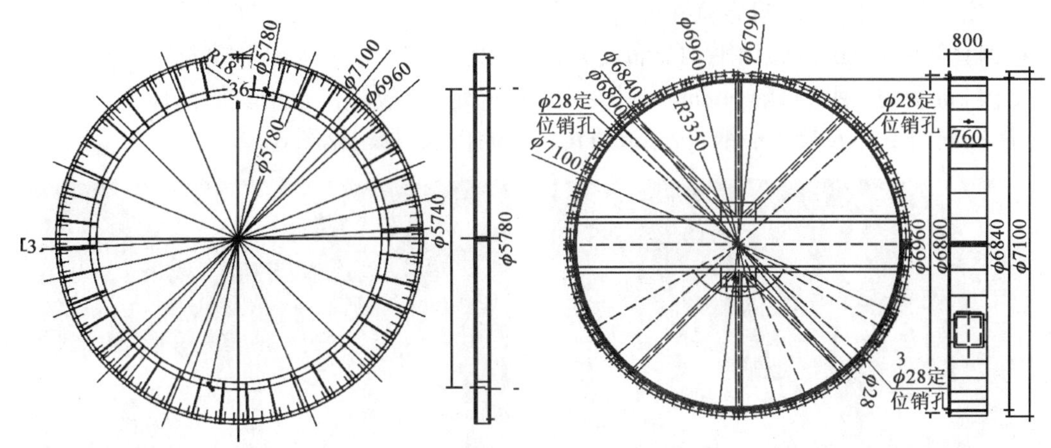

图 4　钢套筒结构设计图（尺寸单位：mm）

（2）洞门检查。

钢套筒安装前需对洞门预埋环板进行检查。为防止盾构始发时刀盘切削到连续墙钢筋或工字钢接头，造成刀盘损坏，对洞门圆周一周凿除连续墙的混凝土保护层，露出玻璃纤维筋，确认洞门范围不存在钢筋。

（3）安装过渡环（图 5）。

过渡环与预埋环板通过焊接连接，焊缝沿过渡环一圈内侧点焊，并在内侧贴遇水膨胀止水条，在过渡环与预埋环板焊接的外侧涂抹聚氨酯加强防水，并加焊槽钢进行补强。如出现过渡环与预埋环板有些地方出现较大空隙，需在这些空隙处填充钢板并连接牢固，务必将空隙尽可能地堵住。

图 5　洞门过渡环安装图

（4）安装钢套筒下半圆和反力架。

①在开始安装钢套筒之前，首先在基坑里确定出井口盾体中心线，也就是钢套筒的安装位

置,使从地面上吊下来的钢套筒力求一次性放到位,不用再左右移动。

②吊下第一节钢套筒的下半段,使钢套筒的中心与事先确定好的井口盾体中心线重合。

③钢套筒与过渡环采用螺栓连接。

④反力架的安装与常规盾构始发反力架安装一致。

(5)安装定位钢轨、洞门导轨并填料。

在钢套筒下方60°圆弧内平均分布安装2根43kg/m钢轨,钢轨从钢套筒后端铺设至洞门围护结构2m位置,钢轨每隔50cm采用压板焊接固定,压板焊接在钢套筒筒体上。根据盾构机高程,在洞门下部安装2根钢轨,靠近盾构机端制作成斜坡,见图6。

图6 钢套筒下半圆安装及筒内轨道安装及第一次填料处理

为确保底部砂层提供充足的防盾构机扭转摩擦反力,在钢套筒底部2根钢轨之间铺砂并压实,每个位置的铺砂高度高出相应钢轨的高度15mm,待盾构机放上去后,进一步压实,见图5所示。另外,为防止填料流入洞门,保证盾构周圈填料的密实度,在首节钢套筒中部焊接一道反向止浆板(可采用废旧盾尾刷),见图7。

图7 钢套筒内反向止浆板

(6)钢套筒内安装盾构机(图8)

在钢套筒内安装盾构机主体,并与连接桥和后配套台车连接。

(7)安装钢套筒上半圆(图9)

钢套筒上半圆安装好后,调整压紧螺栓,检验连接安装部位,确保其连接完好性,尤其是钢套筒的上下半圆、节与节部分之间连接,还要检查过渡连接板与洞门环板之间的连接情况,看是否存在脱开的现象,如发现有隐患,要及时处理。

(8)安装负环、盾构机刀盘推进至洞门掌子面。

钢套筒、反力架安装完毕,盾构机调试完成后,安装负环、盾构机向前推进至刀盘面板贴近洞门掌子面但不切削掌子面。第一环负环在盾尾内拼装成型后,通过千斤顶整体向后顶推至紧贴加强环梁,管片与加强环梁之间采用螺栓连接,接缝采用丁腈橡胶密封垫密封。

(9)第二次钢套筒内填料(图10)。

盾构机向前推进至刀盘面板贴近洞门掌子面后,向钢套筒内进行第二次填料(材料采用粗砂)。在填料过程中适当加水,并通过钢套筒下部的排水孔排出,以保证砂的密实。

图8　套筒内盾构机下井

图9　钢套筒安装盾构机

图10　钢套筒第二次填料

(10)压力测试。

①渗漏检测

从加水孔向套筒内加水,至压力达到3bar时停止加水,加水过程中检查各连接部位有无漏水,若出现漏水或脱焊情况,必须马上泄压并及时处理,处理后再进行压力测试,直至压力稳定在3bar并未发现漏水点方可确认钢套筒的密封性。

压力检测过程参数见表1。

压力检测过程参数 表1

序　　号	压力值(bar)	加压时(min)	停留检测时间(min)
1	0～1.0	10	10
2	1.0～2.0	15	25
3	2.0～2.5	25	45
4	2.5～3.0	45	120

②位移检测

在盾构机组装过程中在钢套筒前方、反力架后方、两侧共布置5个百分表,主要是测试钢套筒及有无变形,以及钢套筒环向连接位置的位移等,见图11。

图11　钢套筒压力试验

在试水、加压测试前,在钢套筒与洞门环板连接的部位分区域安装应变片,在钢套筒表面安装百分表,量程在3～5mm,可控制变形量或位移量精度在0.5mm左右。在加压过程中,一旦发现应变超标或位移过大,必须立即进行卸压、分析原因并采取解决措施。

(11)负环管片壁后注浆。

在盾构机刀盘贴近洞门掌子面后,通过靠近反力架两环管片的吊装孔进行壁后注浆,注浆材料采用可硬性浆液,在管片后面形成一道密封防渗环,见图12。

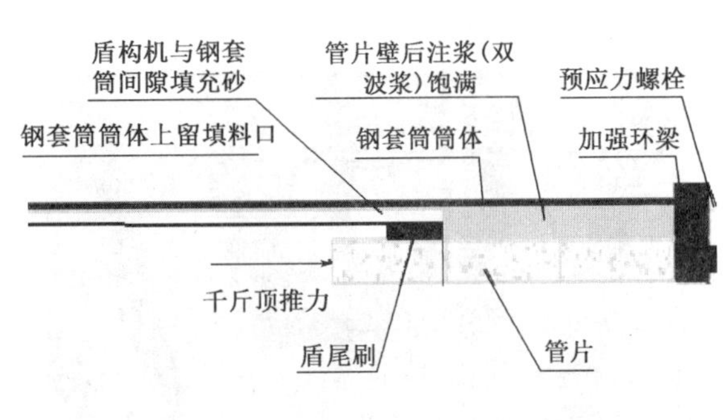

图12　盾尾与加强环梁进行密封

5　实施情况

通过借鉴以往其他城市的盾构钢套筒始发施工经验,加以优化设计,本工法在杭州地铁9号线临平站—邱山大街站区间得以实施,安全顺利完成了2台盾构机的始发工作,钢套筒回填密闭性、保压效果良好,在钢套筒密闭空间内盾构“破桩”期间仓压便可达到理论值,有效地保证了建压始发的钢套筒核心原理,使掌子面自始至终压力平衡,始发过程中地面沉降累计量<5mm。为盾构复杂条件下始发的顺利进行提供了安全保障,规避了地面条件的限制,极大地降

低了盾构始发的安全风险。钢套筒始发如图 13 所示，钢套筒回填密封效果如图 14 所示。

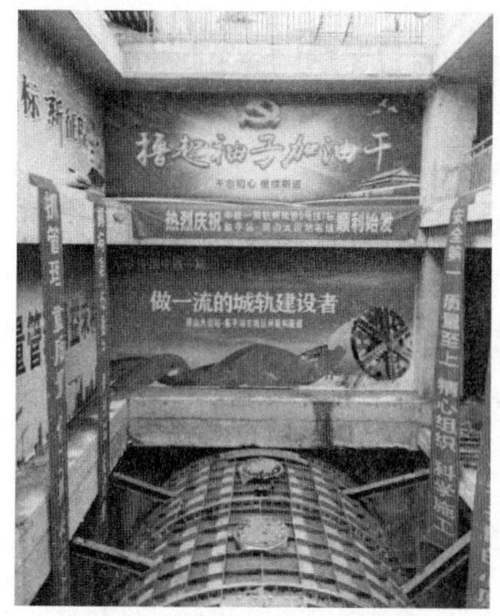

图 13　钢套筒始发情况

图 14　钢套筒回填密封效果图

6　结语

钢套筒辅助盾构始发和接收时，钢套筒刚度、密闭性、保压性以及施工参数的控制是盾构安全始发和接收的关键。通过对无端头加固条件下的钢套筒始发和接收技术进行研究，得出以下结论：

(1)改进钢套筒采用 1 节过渡环 +4 节钢套筒 +1 节密封加强环梁进行设计，采用钢板辅助法兰筋板、支撑连接板、内支撑、纵筋板(筋板)进行各组件支撑和连接，施工更加便利，整体性更强，刚度更大。

(2)洞门处及盾尾处的密封采用加强反力架一次性加力并定位，采用焊缝探伤监测和耐压试验检查接缝密封性，取消了传统反力调节装置所带来的施工复杂性和设备性能风险；个法兰连接面通过 T 型密封条(配合密封胶)进行密封，能有效减少钢套筒与洞门环板连接处以及钢套筒拼装缝处的变形和位移，提高钢套筒的密闭性能。

通过采用改进的盾构钢套筒始发和接收技术，在无端头加固的条件下，成功完成了土压平衡盾构钢套筒始发。

盾构下穿地下综合管廊变形规律的模型试验研究

林廷松

（杭州市建设工程质量安全监督总站　浙江杭州　310000）

摘　要：为研究盾构施工条件下既有地下综合管廊的变形机理，开展了相似模型试验研究。根据模型试验相似原理确定了相似比，设计了盾构机、综合管廊结构和土体模型，明确了模型试验推进过程和监测内容，对土体沉降、地下综合管廊结构沉降和弯曲应变进行了实时监测。通过数据分析整理，总结了盾构施工条件下既有地下综合管廊结构的变形规律，可为今后盾构隧道下穿既有地下综合管廊工程的安全提供理论指导。

关键词：盾构施工；地下综合管廊；模型试验；沉降监测；弯曲应变

1　引言

盾构施工作为地下工程建设的一项重要手段，不可避免地对地下结构周边土体产生较大扰动并触发相关建筑物应力重分布。本文就如何避免盾构施工对既有地下综合管廊造成的运营风险和灾害开展模型试验研究，通过数据采集与分析探究盾构下穿地下综合管廊变形规律和影响机理。

目前盾构施工对地下综合管廊的影响机理尚不明确，部分学者开展了基于模型试验的盾构施工引起地下结构变形规律研究，例如，王冉冉为模拟盾构施工引起的地层沉降和管线变形，设计了大型相似模型试验，探究了地下管线埋深和地下管线直径对地层沉降槽形态的影响；朱叶艇等以上海某地铁工程为背景，基于相似理论设计了一套模拟半自动开挖的盾构模型，为盾构模型试验设计提供了思路和方法；魏超等通过模型试验探究了盾构隧道和地下管线平行工况下盾构施工引起的地下管线形变和应力规律，探究了盾构施工对地表沉降的影响；魏纲等通过总结已有盾构施工对地下管线的相似模型试验，从盾构隧道与地下管线的相对位置关系、地下管线材质与埋深等方面进行了综述；黄晓康等通过相似模型试验模拟了盾构开挖对地下管线的变形影响，重点探究了管线与盾构开挖方向垂直、斜交、平行三种工况下的地下管线变形沉降规律和管线内力。

在综合前人研究的基础上，本文以现浇地下综合管廊为研究对象，通过室内相似模型试验分析盾构施工全过程中地下综合管廊结构的受力变形规律和土体沉降规律，力争为盾构下穿既有地下综合管廊变形控制提供理论依据和指导。

2　模型试验设计

相似模型试验是一种将实际结构根据相似理论按一定比例缩小，并对试验模型施加适当比例荷载，使模型具有实际结构的全部或部分特征，以达到推演实际结构各类分析的目标的试验。

作者简介：林廷松，硕士研究生，高级工程师，目前主要从事轨道交通工程质量、安全监督方面的工作。电子邮箱：378047565@qq.com。

2.1 相似条件的建立

在相似模型试验中,相似比为实际结构与试验模型各个相同物理量的比值,包括几何相似比 C_L、应力相似比 C_δ、应变相似比 C_ε、弹性模量相似比 C_E、重度相似比 C_γ、内摩擦角相似比 C_φ、摩擦系数相似比 C_f 和时间相似比 C_T 等。本文开展的相似模型试验涉及的物理量包括:

(1)试验土体参数:弹性模量 E、内摩擦角 ϕ、黏聚力 c、重度 γ、泊松比 μ。

(2)盾构模型参数:盾构机直径 D、刀盘转速 v_1、螺旋排土器转速 n、盾构与管廊距离 H、盾构推进速度 v。

(3)因变量:地表沉降、管廊结构沉降、管廊结构弯曲应变。

根据相似三定律及 Buckingham 定理,本模型试验只需确定 C_L、C_E 和 C_γ 三个相似比即可。结合实验室环境条件和各相似比条件下的实验模型大小,选定 $C_L=30$;由于本试验模拟砂土环境下盾构施工引起的地下综合管廊变形规律,所以选取 $C_E=C_\gamma=1$。

2.2 试验模型

本文设计了一种动态盾构模拟试验装置,旨在模拟真实盾构的运行方式,其组成部分包括土体模型箱、盾构机模型、动力系统、控制箱和自动监测系统,如图 1、图 2 所示。

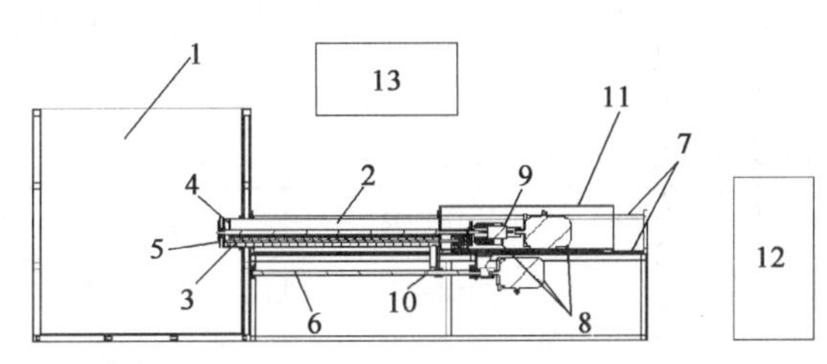

图 1　试验平台布置示意图

1-土体模型箱;2-盾构机模型;3-土料排出系统;4-土压仓;5-刀盘;6-盾构推进系统;7-盾构机轨道;8-动力系统;9-扭矩传感器;10-排土通道;11-电机封装箱;12-控制箱;13-自动监测系统

图 2　试验平台实景图

该试验装置中,土体模型箱为长方体结构,内部尺寸为 1.8m × 1.4m × 1.5m(长 × 宽 × 高),模型箱外部为由 50mm × 50mm × 2.5mm 规格方管焊接而成的框架,模型箱底部下方为 10mm 厚钢板,用于承担模型箱土体重量,模型箱四周由 10mm 厚有机玻璃板包围而成,以便观察模型箱内现象。模型箱与实验平台连接断面的亚克力板开有圆孔,模型箱和盾构模型通过尼龙套筒接触。盾构机模型的盾壳厚 3mm,由刀盘和土压仓组成,刀盘外径为 200mm,土压仓宽度为 50mm,土压仓内安装有压力盒,其下部为螺旋排土装置,盾构刀盘和土压仓如图 3、图 4 所示。实验平台动力系统由盾构推进动力、刀盘驱动动力和螺旋排土动力组成,其中,盾构推进电机转速范围为 0 ~ 5.5r/min,精密螺杆每旋转一圈盾构机可前进 5mm;盾构刀盘电机转速范围也为 0 ~ 5.5r/min,可模拟不同的刀盘切削速率;螺旋排土电机驱动螺旋钻杆,可模拟盾构机匀速、超挖和欠挖等不同工况。

图3 盾构刀盘

图4 土压仓

2.3 模型参数

地下综合管廊的建造工法有现浇法和预制拼装法两种。现浇管廊一般不设接缝,但为避免管廊节段间产生沉降和不均匀变形,应在现浇管廊节段间设置变形缝。根据《现浇混凝土综合管廊(17GL201)》图集,本文采用断面形式为 3000mm × 3000mm 的单仓现浇管廊。在实际工程中,管廊结构一般采用 C40 混凝土,但如采用混凝土材料按相似原理进行等效,管廊模型等效厚度过小且混凝土强度不好控制,故采用有机玻璃进行等效。管廊结构混凝土材料和有机玻璃材料参数见表 1。

管廊结构材料参数 表1

地下综合管廊	材 料	弹性模量(GPa)	泊 松 比	密度(kg/m³)
原型	C40 钢筋混凝土	32.5	0.20	2500
模型	有机玻璃	3.1	0.30	1190

由于本文主要研究盾构施工条件下地下综合管廊的变形规律,故在等效过程中主要考虑管廊结构的抗弯刚度。管廊结构原型与模型的刚度关系式为:

$$E_m I_m = n^{-3} E_p I_p$$

式中:E——表示材料的弹性模量(GPa);

I——表示截面惯性矩(m^4);

m——表示管廊结构模型;

p——表示管廊原型;

n——表示相似比。

本文模拟的地下综合管廊长 15m,缩尺后的模型结构长 500mm,通过计算,地下综合管廊断面结构参数见表 2。

地下综合管廊断面结构参数 表2

地下综合管廊	材 料	净高(mm)	净宽(mm)	壁厚(mm)
原型	C40 钢筋混凝土	3000	3000	200
模型	有机玻璃	100	100	21

采用有机玻璃制成的地下综合管廊模型如图5所示。

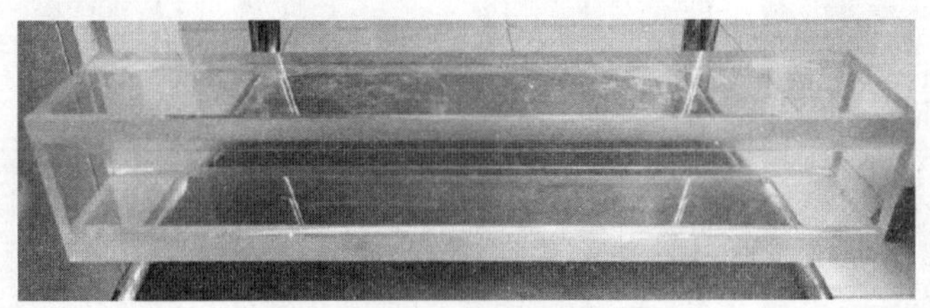

图5　地下综合管廊模型

2.4　监测布置

本模型试验每次开挖距离为20cm,相当于实际盾构施工的四节管片长度,监测项目包括地表沉降、管廊结构沉降和管廊结构弯曲应变。

(1)沉降监测

沉降监测分为地表沉降监测和管廊结构沉降监测,采用数显式自动采集型百分表(工作精度为0.01mm,监测量程为12.70mm),通过自动采集系统进行实时数据采集和监测。百分表布置共分三个断面,其中第一断面和第三断面为地表沉降监测面,第二断面为管廊结构沉降监测面,百分表总体布置如图6所示。

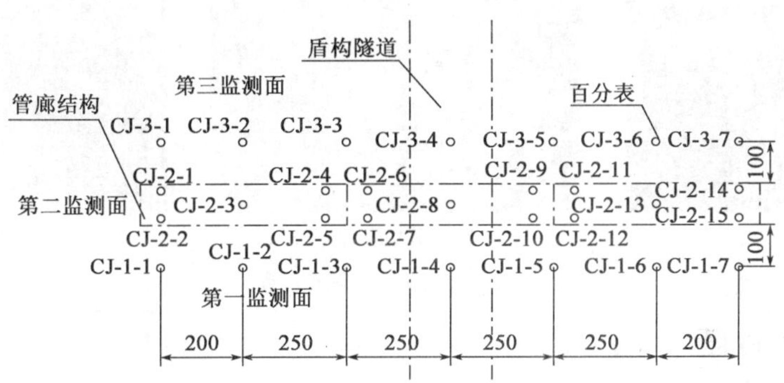

图6　沉降监测布置示意图(尺寸单位:mm)

(2)管廊结构弯曲应变监测

管廊结构弯曲应变监测项目为管廊体弯矩,测量时每节管廊布置一组测点,采用两片应变片分别粘贴于管廊上、下侧面中间部位,以半桥方式接入TZT3826E静态应力分析仪。

3　试验过程

3.1　试验模型制备

(1)模型箱制备

将制作好的模型箱进行固定并在内侧亚克力玻璃表面均匀涂抹硅油脂,以消除土体与模型箱侧壁的摩擦力使边界条件为零。在盾构机进入侧亚克力玻璃表面处每隔2cm划一条水平彩线,用于观察土体沉降。

(2)土体填筑

土体填筑按分层填筑、分层压实的原则进行,每次填筑100mm并用实锤夯实。土体填筑到管廊体下部预定位置时,对土体进行精平并将管廊模型准确放置于预定位置,根据设计图纸布置传感器，按S形铺设导线并将导线连接到相应采集器上，模型箱土体填筑过程如图7所示。

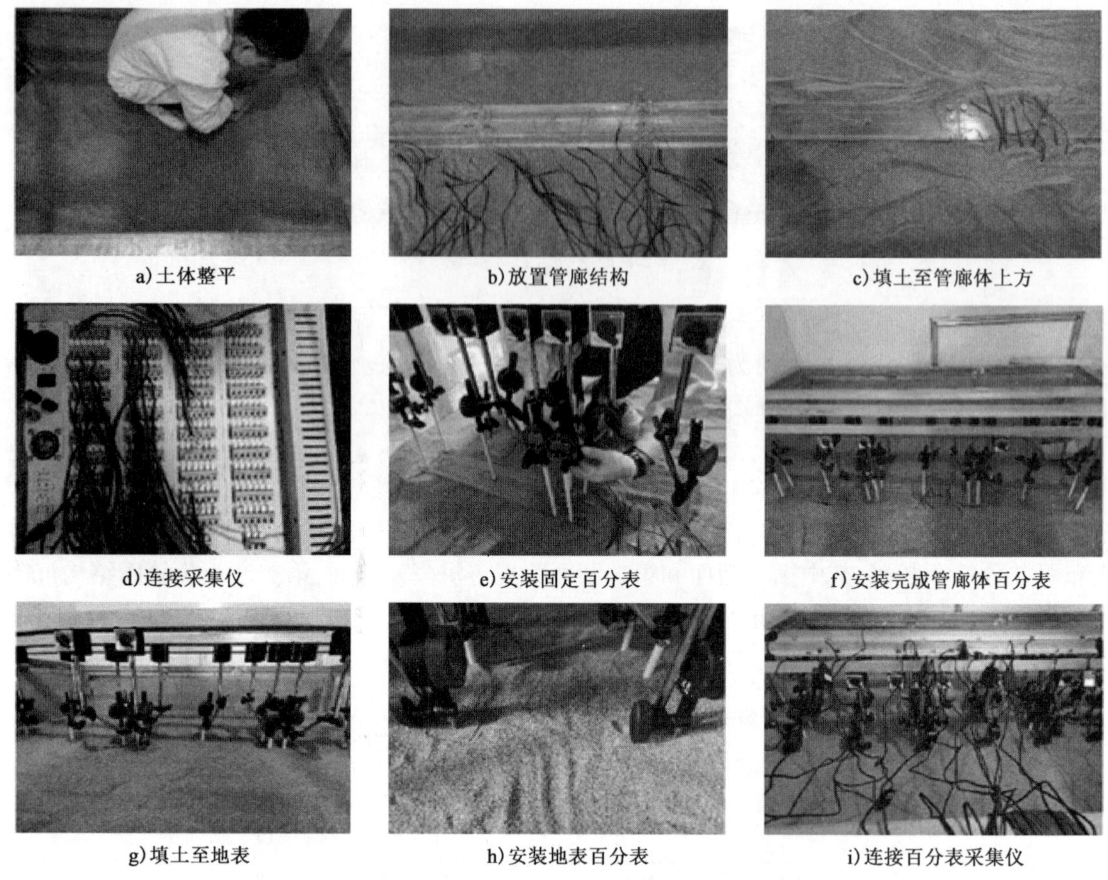

a）土体整平　b）放置管廊结构　c）填土至管廊体上方

d）连接采集仪　e）安装固定百分表　f）安装完成管廊体百分表

g）填土至地表　h）安装地表百分表　i）连接百分表采集仪

图7　模型箱土体填筑过程

3.2　开挖与监测过程

模型箱土体在无外界干扰情况下静止48h，待土体沉降稳定、管廊结构应力应变基本不变后进行盾构推进。综合时间相似比和实验模型尺寸，设定盾构机模型推进速率为10mm/min。每推进200mm（相当于实际4环结构）后，盾构机停机30min，待土体充分沉降及结构充分变形后继续推进，依次循环，直至开挖结束。为保证实验现象明显可观，本实验全部在盾构超挖条件下进行。

3.3　工况设计

在盾构施工下穿地下综合管廊工程中，管廊形变的主要影响因素为下穿角度以及盾构隧道与管廊的距离。结合我国工程实际，本模型试验在综合各最不利因素的基础上设计了垂直下穿既有地下综合管廊工况：盾构机从三节管廊中间位置下穿，盾构隧道顶部距管廊下部表面1d（d为盾构隧道直径），管廊顶面埋深3～6m，即试验中地下综合管廊上表面埋深10cm。

4　模型试验结果分析

4.1　沉降数据分析

在盾构掘进过程中，主要分析各监测点在盾构接近、到达（前侧面、后侧面）、通过和远离管廊的5个阶段，穿越过程如图8所示。

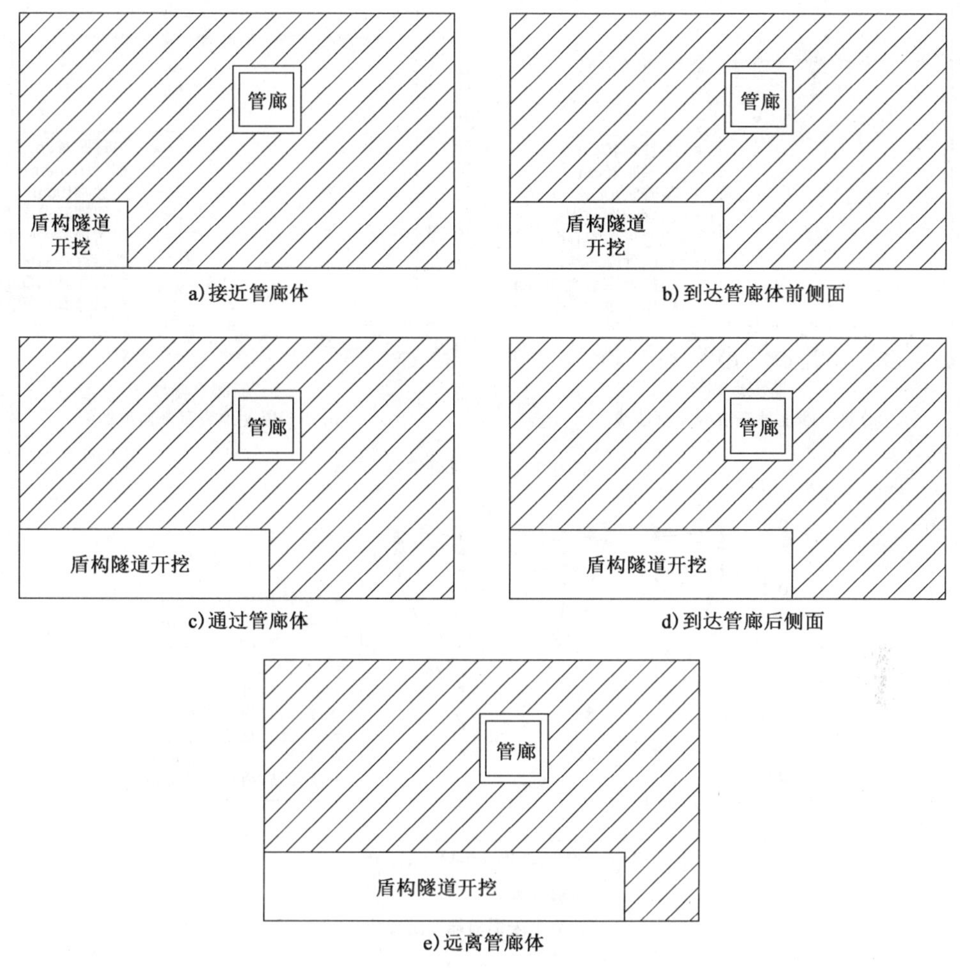

图 8　盾构穿越管廊过程

（1）地表沉降数据分析

为避免偶然因素对试验结果的影响，本次实验重复进行 3 次并对各次试验所得数据的平均值进行分析，得到了图 6 中的第一断面和第三断面在盾构不同开挖面位置时的地表沉降监测曲线，如图 9 所示。需要指出的是，第一断面距离管廊后端面 20cm 处的 3 次实验结果均达到了传感器的监测量程（12.70mm），故在图 9 中按该处实验结果为 12.70mm 进行处理，但监测曲线的总体趋势并不受此影响。

第一断面监测数据表明，在盾构隧道开挖面距管廊前端面 40～25cm 时，地表有轻微逐渐向上隆起的趋势，但总体隆起速度较慢、幅度很小。地表沉降值以盾构隧道中线为中心，基本处于对称姿态。第三断面监测数据说明，在盾构开挖到管廊后端面之前，管廊后侧土体变化较小，开挖至第三断面监测点下方期间，地表土体沉降迅速增大，这是由于盾构机经过管廊下方时土体缺失，由于地表沉降的迟滞性，当盾构继续向前开挖时，管廊后方土体向管廊下方土体缺失的地层进行补充，造成了地表的突然沉降。

（2）管廊沉降数据分析

根据监测数据，在盾构开挖面接近、到达管廊前端面、通过管廊体、到达管廊后端面以及远离管廊体过程中绘制管廊体上表面沉降值曲线，如图 10 所示。

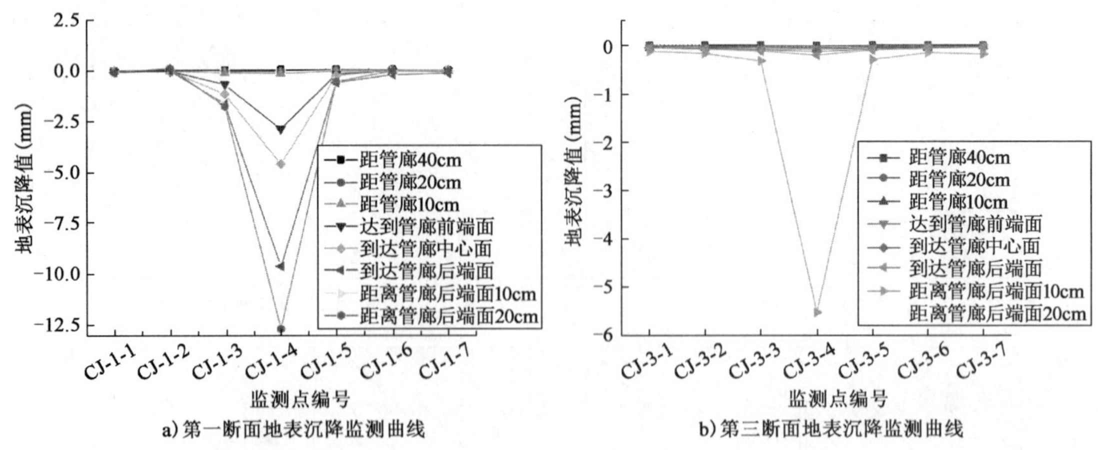

图9　监测点沉降曲线

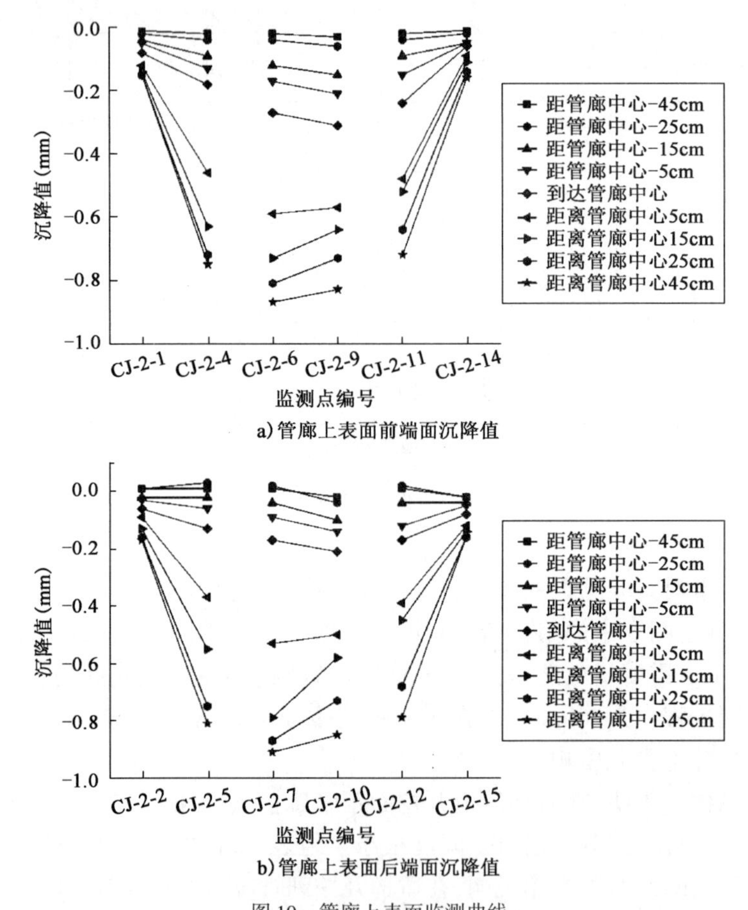

图10　管廊上表面监测曲线

由图10可知,在盾构开挖面接近管廊前端面过程中,管廊前端面监测点首先发生沉降,中间管节B沉降略大于两侧管节A和C,总体沉降幅度较小。就单节管而言,管节前端面发生沉降,后端面沉降小于前端面,甚至向上隆起,管节向前端面发生倾斜,这是由于盾构开挖面到达管廊前端面过程中,对管廊后端面下方土体影响相对较小,而管廊体相对土体刚度较大,在前端面发生沉降时,后端面会略微向上翘起。在盾构开挖面通过管廊体过程中,管廊前端面沉降速率和沉降量持续增大,此时由于盾构开挖面压力的存在,管廊后端面沉降速率和沉降量略微增大,但不是很明显。此时管节的姿态与盾构面接近管廊前端面过程中相似,仍然向管廊前端面倾斜,但倾斜角度开始减小。在盾构开挖面远离管廊后端面过程中,管廊前端面沉降速率开始逐渐减小,沉降量仍持续增加,此时管廊后端面沉降点沉降速率和沉降量增大,管廊向前端面倾斜角度减小,但倾斜角度始终存在,其最大值出现在通过管廊后端面前后。

4.2 应变数据分析

为分析管廊体在盾构穿越过程中管节的弯曲应变,在管节中间位置上、下平行粘贴应变片以反映管节的弯曲应力,曲线为正值时,表示管节上表面受拉,呈“凸”字形形变;曲线为负值时,表示管节上表面受压,呈“凹”字形形变。将三节管廊结构在盾构施工下穿过程中的应变绘制成曲线,如图11所示。

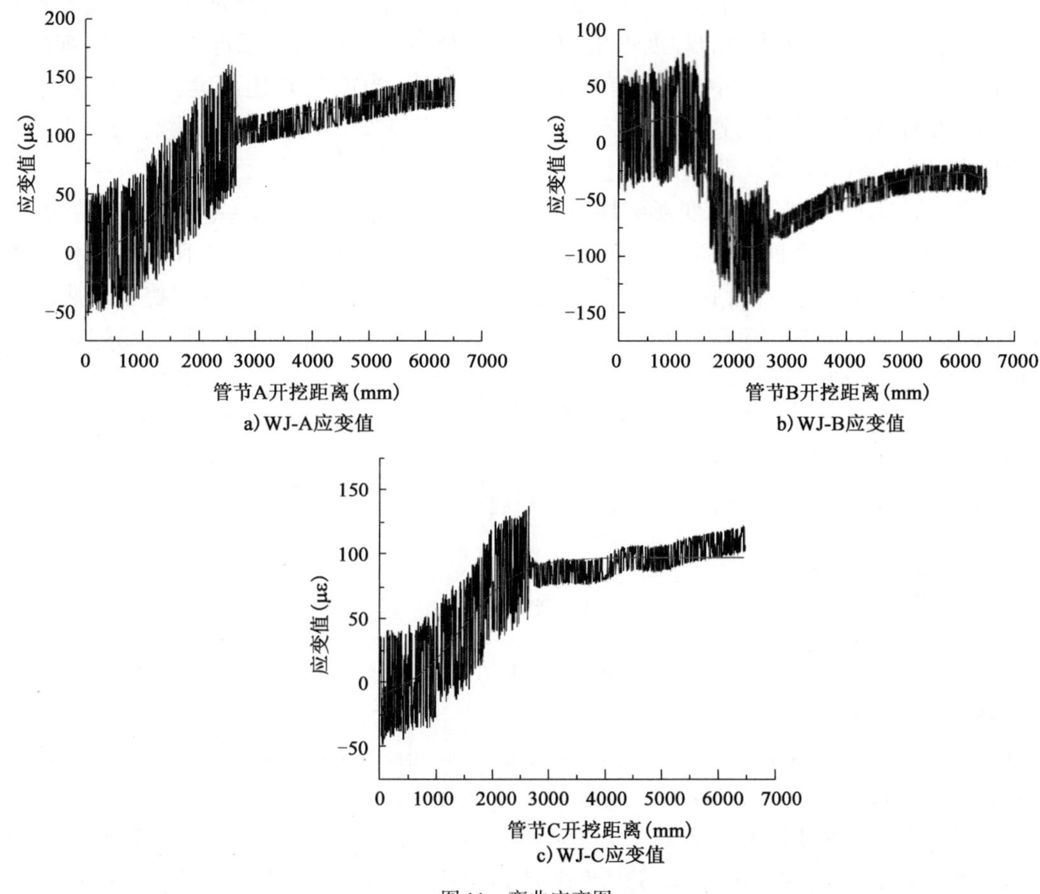

图11 弯曲应变图

管节A与管节C变形规律相似,在盾构开挖面开挖至管廊后端面之前时,管节A与管节C应变为正,表示其上表面受拉,弯曲应力逐渐增大,管节挠曲程度增大,并且随着盾构开挖面逐渐靠近管廊,管廊弯曲速率加快;当盾构开挖面通过管廊后端面之后继续推进时,管节弯曲应力缓慢增加,管节逐渐不再发生弯曲变形。管节B在盾构推进过程中,首先有轻微的弯曲应变,可能是由于土体轻微隆起造成的;随着盾构开挖到管廊下方时,管廊弯曲应变突然加大,其原因是盾构施工造成管廊下方土体缺失,管节B近似于简支梁;当盾构开挖面远离管廊结构后,管廊体弯曲应变略微变小回弹,逐渐稳定,这是由于试验中管廊体采用的是有机玻璃,在变形后有一定弹性回弹,另一方面,管廊体上方土体由于自稳性较差造成部分土体流失,使管廊上方压力减小,形成弯曲应变变小的现象。

5 结语

(1)在盾构隧道开挖面距管廊前端面 40 ~ 25cm 时,地表有轻微逐渐向上隆起的趋势,地表沉降值以盾构隧道中线为中心,基本处于对称姿态,开挖至第三断面监测点下方期间,地表土体沉降迅速增大;盾构开挖面接近管廊前端面过程中,管廊前端面监测点首先发生沉降,中间管节 B 沉降略大于两侧管节 A 和 C,总体沉降幅度较小;在盾构开挖面通过管廊体过程中,管廊前端面沉降速率和沉降量持续增大,而在盾构开挖面远离管廊后端面过程中,管廊前端面沉降速率开始逐渐减小,沉降量仍持续增加。

(2)在盾构开挖面开挖至管廊后端面之前时,管节 A 与管廊 C 应变为正,表示其上表面受拉,弯曲应力逐渐增大,管节挠曲程度增大,并且随着盾构开挖面逐渐靠近管廊,管廊弯曲速率加快;管节 B 在盾构推进过程中,首先有轻微的弯曲应变;当盾构开挖面远离管廊结构后,管廊体弯曲应变略微变小回弹,逐渐稳定。管节间差异沉降发育明显,管廊整体形变呈现“柔性”特征,基本符合 Peck 公式曲线的描述。

(3)盾构下穿地下综合管廊变形破坏形式主要包括纵向挠曲破坏、纵向及横向剪切破坏、横截面扭转破坏、横向翘曲和压弯破坏等,建议从减小地层变形、阻隔变形和变形补偿三方面提出保证盾构下穿地下综合管廊工程安全稳定的措施。例如,在盾构隧道开挖至管廊前端面以前时,地表有隆起趋势且管廊上表面受拉,这与管廊结构设计受力方向相反,易造成横向剪切破坏,因此盾构掘进过程应控制合适的土压力和推力。

(4)本文通过模型试验揭示了盾构下穿地下综合管廊的影响机理和变形规律,可对该类工程的安全提供理论指导,但盾构下穿地下综合管廊变形破坏的时空效应对实际施工的变形控制更具应用价值,作者将在后续工作中对此开展研究。

参 考 文 献

[1] 孙书伟,朱本珍,马宁. 城市地下综合管廊开挖方法及设计参数分析[J]. 铁道工程学报,2019(3):61-66.

[2] Ouyang M, Liu C, Wu S Y. Worst-case vulnerability assessment and mitigation model of urban utility tunnels[J]. Reliability Engineering & System Safety,2020(197).

[3] 王冉冉. 隧道施工引起地下管线与地层位移模式模型试验研究[D]. 南京:东南大学,2013.

[4] 朱叶艇,张桓,张子新,等. 盾构隧道推进对邻近地下管线影响的物理模型试验研究[J]. 岩土力学,2016, 37(2):151-160.

[5] 魏超,徐鹏举,马程昊. 管隧平行下盾构隧道与管线的模型试验研究[J]. 山西建筑,2016, 42(2):160-162.

[6] 魏纲,王辰,崔程虹. 盾构施工对邻近地下管线影响的模型试验综述[J]. 低温建筑技术,2018,40(9):103-106.

[7] 黄晓康,汪维东,朱大勇,等. 地铁盾构施工对地下管线影响的模型试验研究[J]. 合肥工业大学学报(自然科学版),2018,41(6): 805-811.

[8] 魏纲,王辰,蔡诗淇,等. 类矩形盾构施工对地下管线影响的模型试验研究[J]. 岩土工程学

报. 2019,41(8): 1489-1495.

[9] Ye G L, Han L, Yadav S K, et al. Investigation on the tail brush induced loads upon segmental lining of a shield tunnel with small overburden[J]. Tunneling and Underground Space Technology,2020(97).

[10] 刁钰,郭勇志,宋欣欣,等. 管廊接头变形对接头防渗性能的影响[J]. 土木工程学报,2019,52(增刊1):113-119.

[11] 安泽宇,郭旺. 地下轨道交通和综合管廊协同建设相关问题研究[J]. 隧道建设,2019,39(1):130-137.

[12] Ma E L, Lai J X, Wang L X, et al. Review of cutting-edge sensing technologies for urban underground construction[J]. Measurement,2021(167).

[13] Goel R K. Status of tunneling and underground construction activities and technologies in India[J]. Tunneling and Underground Space Technology,2001,16(2):63-75.

[14] 谭忠盛,陈雪莹,王秀英,等. 城市地下综合管廊建设管理模式及关键技术[J]. 隧道建设,2016,36(10):1177-1189.

[15] Li X J, Zhu H H. Development of a web-based information system for shield tunnel construction projects[J]. Tunneling and Underground Space Technology,2013(37):146-156.

[16] 王全胜,李洋,杨聚辉,等. 综合管廊U形盾构机械化施工工法研究与应用[J]. 隧道建设,2018,38(5):839-845.

盾构河底遇孤石处理技术研究

卜　铭　葛　俊

（杭州市地铁集团有限责任公司　浙江杭州　310018）

摘　要：根据杭州地铁5号线盾构掘进过程遇到孤石的工程实例，深入分析研究孤石分布状况、周边环境情况及孤石处理的难点与风险，提出了地面机械处理结合盾构带压进舱换刀的处理方式，针对孤石位置位于河底，同时采用河道围堰的形式提供地面机械处理场地，介绍了孤石处理主要采取的方法及施工采取的措施。根据各种处理方法的优势和劣势，针对现场施工环境合理地将各种施工方法应用于工程之中。

关键词：隧道工程；地铁；盾构；孤石；带压进舱；河底

1　引言

随着国内轨道交通建设的快速发展，盾构机的使用越来越广泛，盾构掘进过程中遇到孤石的情况时有发生。由于盾构区间范围内存在孤石的影响，导致盾构机在施工过程中无法正常掘进，需采用地面机械处理及带压进舱等各种处理方式对孤石移除或破碎，同时因周边环境的不同导致孤石处理方法及难度有所不同。

杭州地铁5号线候潮路站—南星桥站区间右线在掘进过程中遇到孤石，盾构机无法正常推进，盾构机刀盘部分已进入河底。通过本次盾构遇到孤石的处理案例，总结分析施工过程中存在的经验教训，找到一种盾构河底孤石处理切实有效的施工方法。

2　工程概况

杭州地铁5号线SG5-14标候潮路站—南星桥站区间右线全长955.4m，区间所处位置为市中心繁华地段。盾构机选用辽宁三三工业有限公司T6480型土压平衡盾构机，刀盘整体开口率为40%，中心开口率为50%，刀盘及螺旋机设计最大可通过粒径为30cm，最大总推力36000kN，额定扭矩6650kN·m，脱困扭矩8320kN·m。盾构掘进至第212环时扭矩突增至5000kN·m，转速0.3～0.6r/min，推进速度仅为1mm/min左右，推力陡增，且盾构机刀盘出现异响、盾体抖动严重，渣土里含石块和铁屑，初步判断刀盘前遭遇坚硬异物且刀具受到严重磨损，致使盾构机无法掘进。

2.1　周边环境

盾构停机位置处于市中心凤山公园内，中河挡墙和凤山公园片石挡墙之间。刀盘已进入中河1.5m，在盾构机尾部第205环位置有一座凤山公园休息亭。中河河道深为2.5m，水位深度为2.1m，凤山公园片石挡墙与中河挡墙高差为3m，如图1、图2所示。

作者简介：卜铭，现任杭州市地铁集团工程二部副部长，目前主要从事工程管理方面的工作。电子邮箱：103875199@qq.com。

图1　盾构停机位置周边环境图

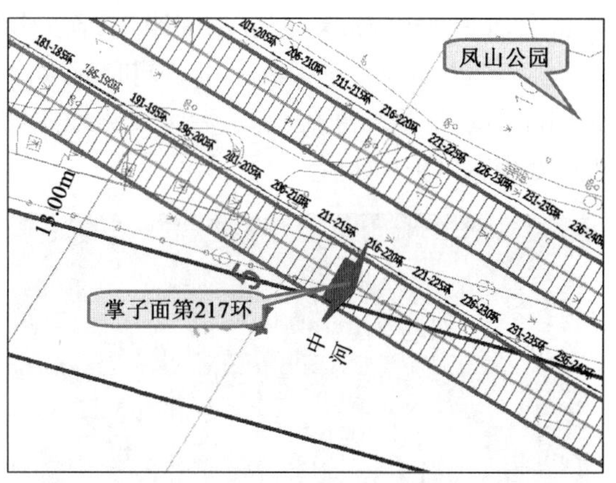

图2　盾构停机位置平面示意图

2.2　水文地质条件

区间隧道断面地勘报告显示，盾构停机位置地层自上而下依次为①$_1$ 杂填土、①$_2$ 素填土、①$_3$ 淤泥质填土、③$_2$ 砂质粉土、③$_5$ 砂质粉土夹粉砂、⑯$_2$ 碎石夹黏土及⑯$_1$ 含砾粉质黏土。盾构停机位置断面地层为③$_5$ 砂质粉土夹粉砂、⑯$_2$ 碎石夹黏土及⑯$_1$ 含砾粉质黏土，顶部覆土厚度 13.6m，盾构开挖直径为 6.48m，隧道底部埋深为 20.1m，如图 3 所示。

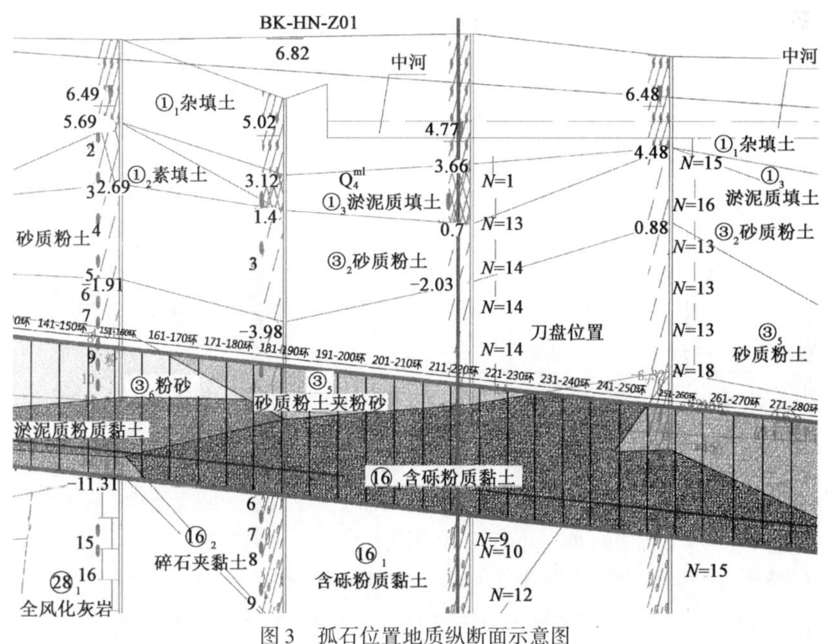

图3　孤石位置地质纵断面示意图

场地地下水类型主要是第四纪松散土层孔隙水，可划分为孔隙潜水、孔隙承压水和基岩裂隙水三大类。孔隙潜水主要赋存于表层填土、②层、③层砂质粉土、粉砂中；孔隙承压水主要分布于场地深部的⑧$_3$ 层粉砂夹粉质黏土、⑨$_3$ 层砾砂、⑩$_3$ 层粉砂夹粉质黏土、⑫$_1$ 层粉砂、⑫$_2$ 层含砾中砂、⑫$_4$ 层圆砾、⑫$_2$ 层圆砾、⑯$_2$ 层碎石夹黏土中；基岩裂隙水主要分布于基岩内。

3　孤石地面处理措施及步骤

3.1　探明孤石及确定处理方案

采用钻孔取芯的方式探明孤石的分布情况。对盾构机刀盘前端进行补勘，在刀盘前部

20cm 位置按照 45cm×45cm 的间距进行钻孔取样,并根据施工情况合理布置后续探孔位置,确定孤石具体位置、轮廓及大小。同时对取出芯样进行抗压试验确定孤石强度。并沿线路中线每隔 10m 布置补勘孔,确定后续线路地质情况,判断后续线路是否存在块石情况,可提前预判及处理,如图 4 所示。

图 4　补勘取芯施工图

根据补勘地质情况,判断刀盘前方存有两块高强度上下叠合孤石,上部孤石大小约 3.5m×2m×3m,下部孤石大小约 2.5m×2m×0.8m。根据岩样检测分析,该孤石为石英岩。经抗压试验检测,送样岩石最低抗压强度 123MPa,最高抗压强度 224MPa,平均抗压强度155.6MPa,如图 5 ~ 图 7 所示。

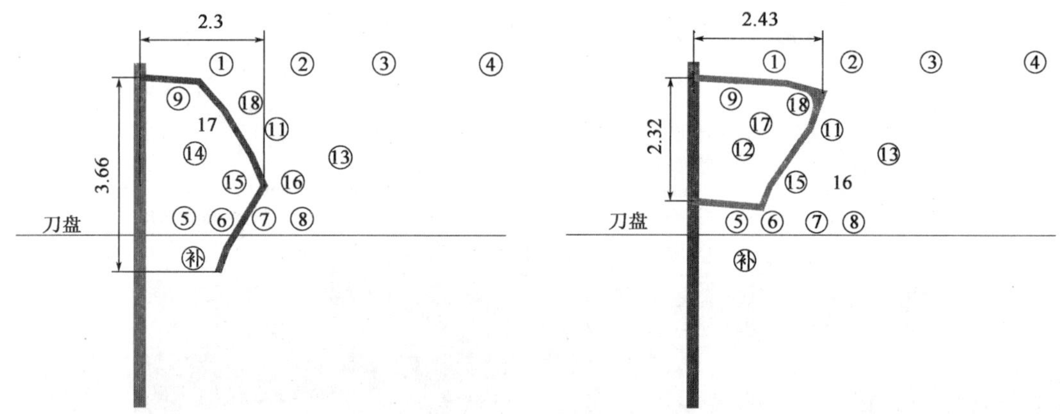

图 5　补勘取芯探明上部孤石平面图(尺寸单位:m)

图 6　补勘取芯探明下部孤石平面图(尺寸单位:m)

根据探明孤石的大小、形状、所处的环境位置及工期等综合因素考虑,确定采用全套管顶驱式破碎钻和全回转钻机+旋挖钻的地面机械处理方法,同时结合盾构机滚刀破碎处理。因盾构机部分进入中河河底,采用河道围堰方式提供地面机械施工场地。

3.2　全套管顶驱式破碎钻处理

全套管顶驱式破碎钻机型号为 ZML-100,后台配置一台 BKCY-17/17 柴油移动式螺杆空压机、一台 300kW 发电机及其他小型配套设备若干。全套管顶驱式破碎钻机密布钻孔法碎裂孤石,孔径 16cm,孔距 30cm×30cm 梅花形布置,可高效快速地完成孤石破碎施工。破碎钻施工前对盾壳周围通过盾构机径向孔注克泥效,防止破碎钻高压气体通过盾壳间隙击穿盾尾刷产生漏水,施工时安排专人盯控,保持与地面作业通讯畅通。破碎钻钻进时确保垂直度,防止损伤刀盘和串孔。孤石蜂窝破碎后可减小孤石整体强度,待盾构复推时,孤石受到刀盘正面的切削作用而更易破碎。成孔结束后采用双液浆对钻孔及时封堵,水泥浆液配比为 1∶1,水泥浆∶水玻璃 = 1∶1。

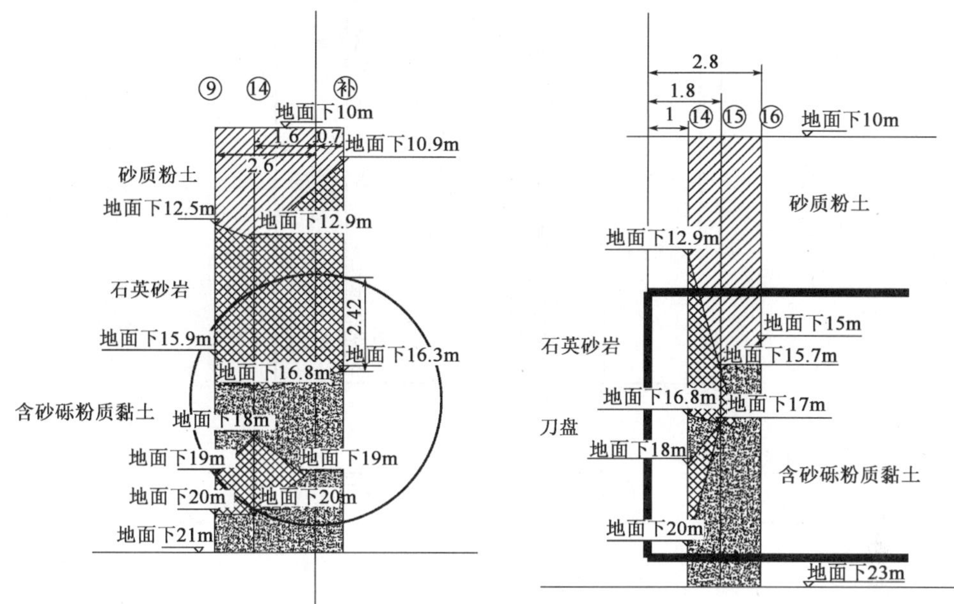

图 7　补勘取芯地质剖面图(尺寸单位:m)

根据孤石的位置情况,先行处理河道挡墙及公园片石挡墙之间的区域,共计打孔 132 个;待河道 1/3 围堰施工完成后处理河道内及河道挡墙位置的孤石,累计打孔 146 个,如图 8 所示。

图 8　全套管顶驱式破碎站施工图

全套管顶驱式破碎钻机密布钻孔法碎裂孤石施工速度快,能对孤石起到一定的破坏作用。同时,占地少对施工场地要求相对较低。缺点是无法完全破碎,属蜂窝式处理方法,需与盾构机滚刀破碎相结合。且振动大对周边地层干扰大,需对周边片石挡墙做好加固措施。

3.3　河道围堰施工

首先施工河道 1/3 围堰,为全套管顶驱式破碎站及加密注浆提供施工场地。围堰顺水流方向围堰长 16m,垂直水流方向围堰长 3.9m,所占河道不足河宽的 1/3(河宽 12.2m),采用吹砂回填法进行施工,如图 9 所示。

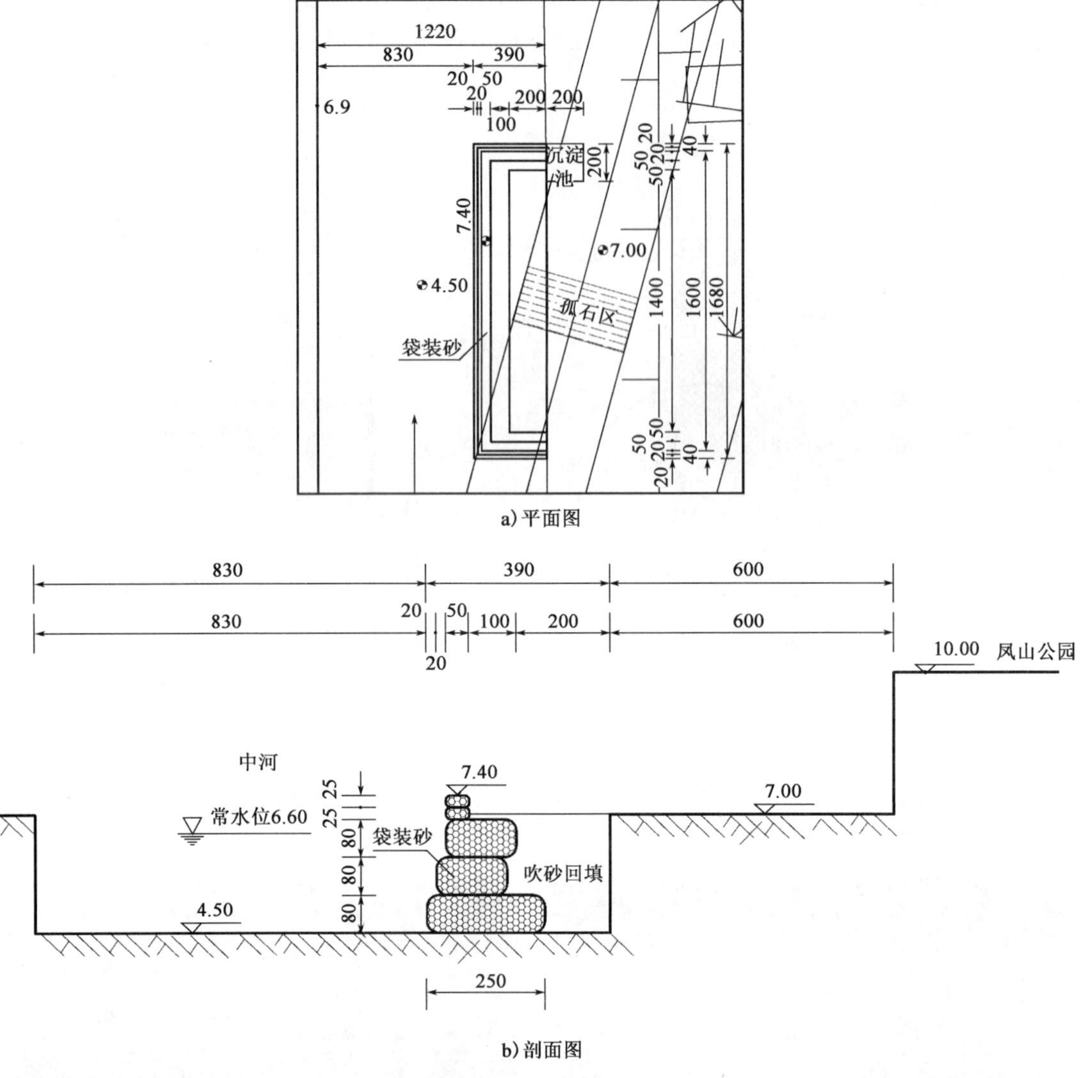

图9　河道1/3围堰施工平剖面图(尺寸单位:mm)

全断面河道围堰建立在1/3围堰基础上进行续建,围堰施工结束后安排全回旋全套管钻机与旋挖钻及其相关配套机械进场施工。围堰顺水流方向顶面长16m,垂直水流方向长12.2m,同样采用吹砂回填法施工。考虑到龙山河行洪排涝安全及供水需求,河道围堰施工后,需对上游来水进行导流引至围堰下游。经过计算本次方案采用5根DN1200钢管(壁厚12mm)对河道上游来水进行导流。为减小施工期间钢管的不均匀沉降,钢管底部铺设40cm厚片石,其上安放10mm厚钢板,如图10所示。

3.4　全回转钻机+旋挖钻处理

对破碎后孤石利用全回旋全套管钻机从地面钻进咬合切割孤石,并取出石头,孔间采用咬合工法。施工过程中采用360°旋挖钻配合施工,以加快处理速度。根据孤石探明情况确定孤石处理范围为刀盘前3m,在刀盘前3m范围内用全回转钻取孤石,取出后采用M7.5砂浆进行回填,回填砂浆至原河床标高。因该孤石不规则、强度高导致全回旋钻和旋挖钻偏钻严重无法钻进,且刀具磨损严重以及工期紧等因素,本工程最终放弃该方法,如图11所示。

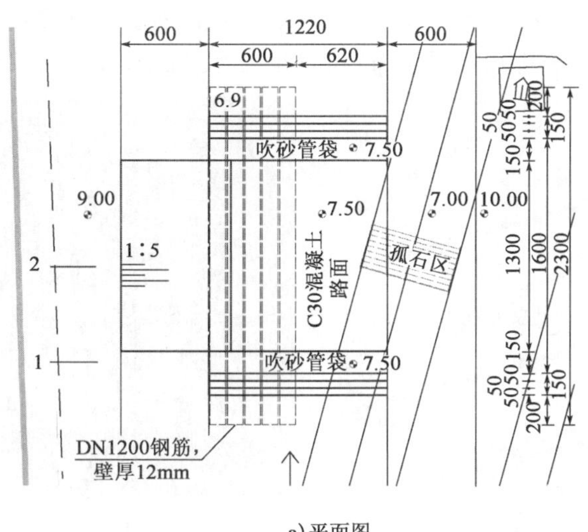

a) 平面图

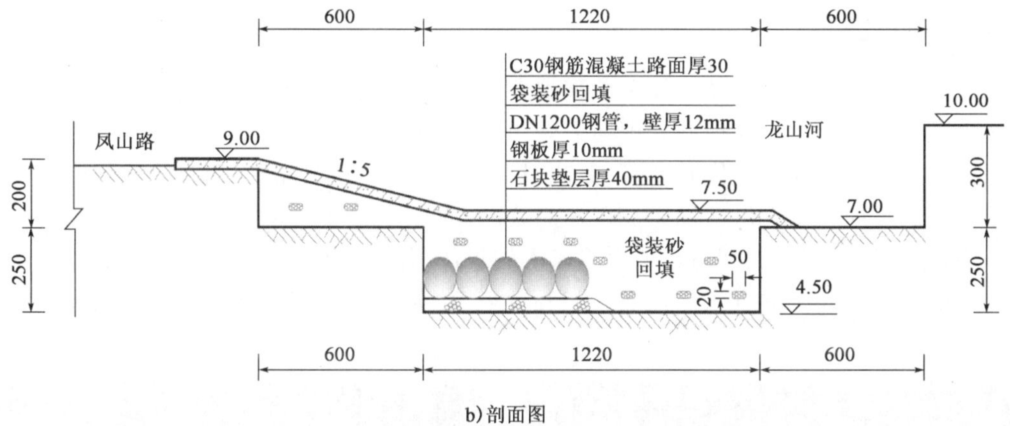

b) 剖面图

图10　河道全围堰施工平剖面图(尺寸单位:mm)

图11　全回转钻机＋旋挖钻施工图

3.5　地面注浆保压措施

前期钻孔及硬推过程对土体造成一定程度扰动。为确保带压进舱安全,确保成功建舱,在影响区域采用深孔双液注浆方法。地面注浆前,需对土仓用克泥效置换,防止浆液固结土仓卡死刀盘。钻注一体机分层提升注浆,加固范围考虑刀盘前6m、刀盘后3m、隧道边线左右各

2m,盾体区注浆深度至地面以下12.5m(隧道拱顶以上2m),刀盘前注浆深度至地面以下21.5m(隧道底以下1m),刀盘前第一排孔离刀盘1m位置布设,孔间距1m×1m,如图12、图13所示。

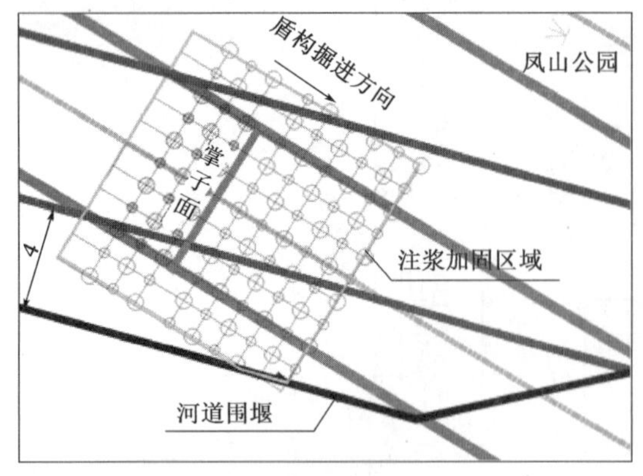

图12 注浆加固平面布置图

图13 注浆加固施工图

4 带压进舱及换刀

考虑到前期尝试过硬推及渣样中检测到大量铁屑,刀具肯定存在磨损情况,为确保盾构能够一次性顺利穿越孤石。在地面处理结束后,开始带压开舱对盾构机的刀具进行检修及更换。

在刀盘前方掌子面形成优质泥膜,保证刀盘前方周围地层稳定。开挖舱满足气密性要求,开挖舱上部通过稳压系统供气稳压。在开挖舱内,通过压缩气体作用在泥膜上平衡刀盘前方水土压力,达到稳定掌子面和防止地下水渗入的目的,作业人员在气压条件下,通过人舱和开挖舱之间的人闸门安全地进入开挖舱内进行检查、维修保养和刀具更换等过程作业,如图14所示。

图14 掌子面孤石图

4.1 密封措施

因前期地面补勘及处理还可能存在通道,为确保建舱成功,决定采用高质量、高黏度的泥膜护壁和注浆加固进行密封。

(1)盾尾及螺旋机的密封

盾尾注入盾尾油脂,在盾尾后2~7环的每环环向吊装孔开孔,注入双液浆止水环,注入压力控制在3~4bar。因管片背后空腔范围无法估算,因此,以注入压力进行控制,确保管片背后空腔填充密实,避免水通道形成。螺旋机通过检查闸门密封及螺旋机中注入克泥效保证密封。

(2)盾构机中盾密封

在中盾 4 个径向孔注入克泥效,形成环向止水环,起到密封盾尾后方来水的效果。注入量根据注入压力控制,具体注入压力根据该地层施工经验,盾构机密封系统的设计压力综合确定控制在 4bar 左右。

(3)土仓密封

根据近三环掘进渣样、掘进参数以及地质补勘对地质情况进行分析确定制作泥膜,主要采用用高质量克泥效制作。克泥效 A 液搅拌质量由克泥效材料厂家技术人员确认,并且塑化黏度达到 600dPa·s 以上方可使用。A 液(A 粉:水)配合比为 1:2,克泥效(A 液:B 液)配合比为 15:1,所有的配合比均为质量比。本次土仓密封共计使用克泥效 30t。

4.2 开舱判断标准

浆气置换完成后,在保压系统开启情况下,能够保压 6h 以上,则认为克泥效泥膜护壁完成。通过克泥效置换、分级加压、浆气置换、过程中具体泄压时间、克泥效补注量的详细记录情况,综合分析,并确定是否具备开舱条件以上两条缺一不可。同时,在地面精确放样刀盘位置,然后土仓加气,检查地面及河道是否存在漏气情况,如图 15 所示。

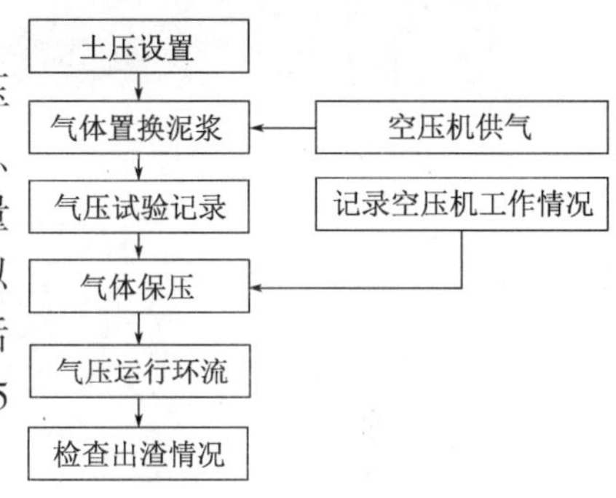

图 15 保压试验流程图

4.3 带压进舱换刀

(1)带压进舱换刀

①刀具螺栓检查

用手锤敲击螺栓垫,通过声音判断螺栓是否松动,或一边敲击一边用手感觉其振动程度来判断紧固程度;同时检查刀具螺栓保护帽的缺损情况。

②刀具磨损量检查

换刀顺序严格按照刀盘外缘刀具至中心刀具进行,刀具的刀号为切削轨迹由小到大排布,盾构掘进过程中外缘刀具的磨损量要大于中心刀具的磨损量。换刀时先检查更换最外缘先行刀,当刀具磨损量大于 15mm 时进行更换,并继续抽查相邻小轨迹刀具,直至连续两把刀具磨损量均小于 15mm 时,结束本刀臂刀具更换。

③换刀工具及刀具准备

将换刀工具准备齐全,并加工好换刀吊耳、换刀平台等临时设施。按照拆一把换一把的原则进行换刀,以便土仓周边土层发生变化时可及时恢复掘进。换刀时应记录刀编号,与相应刀座编号对应。根据刀具磨损检查,共计换刀 29 把,见表 1 和图 16。

更换刀具统计表 表 1

序号	刀具名称	单位	数量
1	17 寸单刃镶齿滚刀	把	13
2	17 寸单刃滚刀	把	12
3	17 寸中心双联加密扁齿滚刀	把	2
4	17 寸中心双联滚刀	把	2

图 16　刀具磨损及更换图

④换刀过程注意事项

换刀过程中应有专门人员对掌子面的土体进行观察，若遇到涌水和掌子面流沙，应停止换刀作业。刀具更换全部完成并逐个复紧，带压进舱人员检查合格后，试转刀盘若干圈，确认刀盘转动正常，所有人员检查随身携带物品，无工具和材料掉落在土仓内，退出土仓，关闭仓门，恢复掘进。

(2)安全保障措施

①带压进舱前严格检查各仪器、阀门及仪表干净正常使用，确保带压进舱人员身体健康，带压过程中密切关注仪器、仪表及人员身体状况。

②带压进舱过程中密切关注气体检测仪，安装自动补压装置，随时确保舱内压力及气体状况正常，如图 17 所示。

②严格安装带压进舱方案施工，配备备用空压机、发电机等应急消防设备，并配备足够医疗防护物资，发电机配有断电自动切换开关。

③舱内及舱外安装摄像装置，并将网络引出至地面值班室，24h 密切监控，确保通信设备正常使用。

④安排专人进行值班，并建立领导值班制度，确保时刻把控，能迅速做出应急处置。

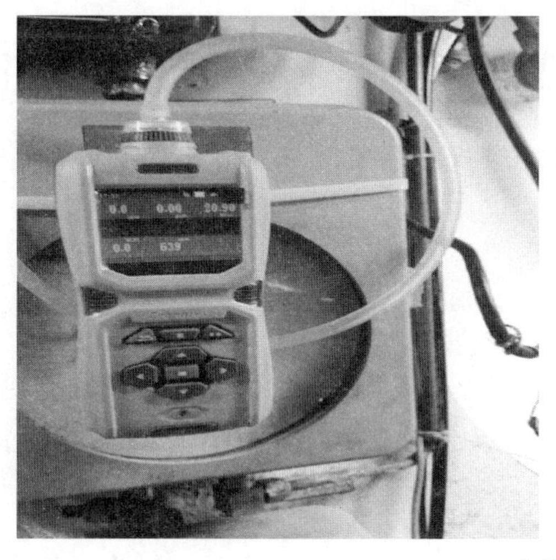

图 17　气体检测仪及压力表

5　恢复掘进控制措施

根据方案带压进舱换刀及地面处理结束后,盾构机开始复推。通过控制掘进参数及相关措施,盾构顺利穿越孤石。

(1)掘进参数为:刀盘转速 0.5r/min,推进速度 3mm,刀盘贯入度 6mm/r,刀盘扭矩 800kN · m,推力 9000kN,土仓顶部压力 1.6bar。

(2)舱内泥位控制在中线位置,掘进过程中专人观察稳压系统工作状态、补气量及空压机加载频率和压力,确保稳压系统显示压力与控制室内土仓显示压力一致。

(3)专人地面巡视,对刀盘区域密切检查,是否出现漏气、地面开裂、地面隆起沉降等情况,并进行每日 3 次监测。

(4)连续推进开始出渣时,对每斗渣进行两次定量取渣(每环 5 ~ 6 次),用吸铁石吸取渣内铁物,进行渣样分析,若出现铁片、铁丝或铁屑量明显增加的情况立即停止推进,并安排专人在螺旋机出渣口位置进行实时观察,发现异物情况立即通知停止推进,取出异物进行分析。

(5)保证同步注浆泵密封性完好,确保同步注浆浆液持续注入,通过罐内砂浆量变化判断是否反气,是否正常在注入,若不正常则对盾尾注浆管路在盾尾处拆开检查,并在拆开状态下注几下,待同步注浆管路满管出浆时再接回盾尾继续注浆。

6　结语

根据孤石的大小、位置、周边环境及施工风险等因素确定施工方案,最终采用地面处理加盾构切削相结合,安全高效。因施工环境影响,在孤石位于河底时可采用围堰的方式提供施工场地,周边施工场地狭小可采用全套管顶驱式破碎钻机对孤石破碎处理。带压进舱首先确保建舱成功,满足带压进舱施工要求,严格标准作业,确保安全。在采取针对性措施及参建各单位的共同努力下,最终成功穿越河底孤石区域。

参 考 文 献

[1] 张恒,陈寿根,谭信荣, 等. 盾构掘进孤石处理技术研究[J]. 施工技术,2011,40(19):

78-81.
[2] 陈建福. 盾构机穿越海底复杂地层带压进舱孤石处理技术探析[J]. 铁道建筑技术, 2016(8):63-67.
[3] 竺维彬,李世佳,方恩权,等. 衡盾泥泥膜护壁工艺在富水砂层带压开舱作业中的应用[J]. 市政技术,2018(2):91-94.